德国物法体系的
历史形成与发展

Historical Foundation and Development of
German Property Law

王伟伟　著

图书在版编目(CIP)数据

德国物法体系的历史形成与发展/王伟伟著. —北京:北京大学出版社,2022.12

国家社科基金后期资助项目

ISBN 978-7-301-33553-6

Ⅰ.①德… Ⅱ.①王… Ⅲ.①物权法—研究—德国 Ⅳ.①D951.632

中国版本图书馆 CIP 数据核字(2022)第 202326 号

书　　　名	德国物法体系的历史形成与发展
	DEGUO WUFA TIXI DE LISHI XINGCHENG YU FAZHAN
著作责任者	王伟伟　著
责 任 编 辑	孙嘉阳　钱　玥
标 准 书 号	ISBN 978-7-301-33553-6
出 版 发 行	北京大学出版社
地　　　址	北京市海淀区成府路 205 号　100871
网　　　址	http://www.pup.cn
新 浪 微 博	@北京大学出版社　@北大出版社法律图书
电 子 邮 箱	编辑部 law@pup.cn　总编室 zpup@pup.cn
电　　　话	邮购部 010-62752015　发行部 010-62750672
	编辑部 010-62752027
印 刷 者	北京圣夫亚美印刷有限公司
经 销 者	新华书店
	730 毫米×980 毫米　16 开本　28.5 印张　511 千字
	2022 年 12 月第 1 版　2022 年 12 月第 1 次印刷
定　　　价	136.00 元

未经许可,不得以任何方式复制或抄袭本书之部分或全部内容。
版权所有,侵权必究
举报电话: 010-62752024　电子邮箱: fd@pup.cn
图书如有印装质量问题,请与出版部联系,电话: 010-62756370

国家社科基金后期资助项目
出版说明

　　后期资助项目是国家社科基金设立的一类重要项目，旨在鼓励广大社科研究者潜心治学，支持基础研究多出优秀成果。它是经过严格评审，从接近完成的科研成果中遴选立项的。为扩大后期资助项目的影响，更好地推动学术发展，促进成果转化，全国哲学社会科学工作办公室按照"统一设计、统一标识、统一版式、形成系列"的总体要求，组织出版国家社科基金后期资助项目成果。

全国哲学社会科学工作办公室

序

  罗马法在世界法律文明中有重要的地位。我一直对罗马法的研究有所关注。罗马法经历了不同的发展阶段。优士丁尼的《国法大全》是罗马法的总结。优士丁尼《法学阶梯》借鉴了盖尤斯《法学阶梯》关于物的分类。盖尤斯《法学阶梯》作为体系化的罗马法教科书，对要式物和略式物、有体物和无体物的分类，引发了很多学术关注。

  德国民法学是在罗马法的基础上发展起来的，潘德克吞法学派的名称即来源于《学说汇纂》。物债二分是潘德克吞民法学的特色。德国民法典体现了潘德克吞法学卓越的成就，但法典被认为是十九世纪的尾声。普遍性的观点认为，法典的创新性不足。当然，德国民法学和司法实践不是故步自封的。在当代，欧洲范围内的私法的一体化问题又重新提出来，德国民法理论仍有重要的影响力。对于德国民法学的研究，具有继往开来的意义。

  我国的民法学也可以说是受到罗马法的影响而形成和发展的。《民法通则》的体例是我国民事立法的创造，其后又相继制定了《担保法》《合同法》《物权法》《侵权责任法》《民法总则》等。可以说，《民法典》的编纂是对我国改革开放以来民事立法的总结。《民法典》采纳的是总分则体例。与德国相比，我国的总分体系也是颇具特色的。从体系而言，我国民法典的体例还有完善的空间，特别是总分则的关系，包括处分行为的概念，以及财产法的体系问题。对于知识产权法与物权法的关系当时也曾引发很大的争论。无体财产的物权法定位也没有解决。《民法典》已编纂完毕，但这些问题仍然值得探讨。

  本书是对德国物法的系统研究。作者是我的学生。他从德国物法的历史形成和法律发展的角度，试图描绘出德国物法体系的基本内容，以及物法体系应有的制度构成。作者从本源的角度解决物法体系的问题，这体现了作者的一点学术追求。在资料选取和观点方面，本书体现了作者颇为独到的眼光和见解。作者提出开放的物法体系，有相当的突破性。

  我们要构建我国独立自主的知识体系。我期待这本书能为读者带来一些启发，也希望作者能够继续加深和拓展自己的研究，不仅在追赶欧洲法律文明和法律文化交流的角度，也在我国民法体系及制度建设方面，能够有所贡献。

2020 年 12 月

关于"物法"的说明

"物权法"是我国大陆及台湾地区的通用表达。故此,称"物法"可能会引起很大的非议。但是,从Sachenrecht的德文表述来看,由Sachen和Recht组合而成,可直译为"物法"或"物权"。从字面来看,是不包含"物权法"这一含义的。德语中也没有Sachenrechtrecht的用法。一般而言,主观权利与客观法相对应。作为德国民法典关于"物"的规范,物法的表述符合客观法与主观权利二分的逻辑。

"物法"的用语并非"孤例"。卡泽尔与克努特尔的《罗马私法》教科书与德国民法典的体例相似,分为人法、物法、债法、家庭法、继承法等。该书使用Sachenrecht的表述,田士永也译为"物法",涵盖占有、所有权、用益物权、担保物权等制度。也就是德国民法典物法编的相关内容。江平、米健的《罗马法基础》一书,也以"物法"而非"物权法"作为相应章节的名称,其内容也涵盖德国民法典物法编的内容。这是国内外既有罗马法作品采取与笔者相似表述的实例。当然,采用物法的表述有独立的考虑,并不是套用既有的用法,也并未参照。

"物法"的用语符合历史逻辑。之所以采用"物法"的表述,在于强调德国私法与罗马法的关联性、传承性。罗马私法特别是盖尤斯法学阶梯所使用的即为"物法","人法""物法"与"诉讼法"的三分为人们所熟悉。这种表述逻辑一直传承下来。潘德克吞甚至只是法学阶梯体系的另一种表象或呈现。正如潘德克吞学者所标榜的是对古典罗马法的"回归","物法"的表述具有历史性、传承性。这并非一种"倒退",不是对主观权利概念的否定。

"物法"的表述符合体系逻辑。从体系来看,德国民法典物法与债法的区分,不仅仅是从交易的起点和终点这种角度,将两者作为一个连续的过程,而是将物和债的取得、消灭、处分和保护完全分开甚至隔绝,形成两个不同的法律领域。物法编具有独立的规范结构,包括物权的保护、物权变动,以及相对人的不作为义务等内容。这在继承编遗产的保护和变动上也有体现,"遗产"也有不同的请求权基础和变动规则。"物法"的表述能涵盖"物权法"的内容，且能更好地体现与债法和继承法的分立关系。否则继承法宜翻译为"继承权法"。实际上，德国民法典各编之间以独立性、自洽性为主，物法、继承法对债的关系法的参照适用不否定这一点。"物法"更符合物法独立性的体系逻辑。

"物法"的表述并不否认其权利法的定位。物法主要围绕物权展开，包括物权归属和变动的规则。物法是权利法。"物法"的表述能涵盖德国物权法所指的规范内容，在这一点并无不同。但除此之外，"物法"的表述更具有包容性、更准确。德国民法典物法编规定了占有，而占有的法律本质存在争议。从占有事实说出发，物权法的表述无法涵盖占有规范。而德国民法典物法编开篇即为对占有的规定。虽然值得商榷，但占有事实说具有很多的追随者。所以，从条文内容的角度看，"物法"更为妥当，物权法则存在涵盖不足的问题。对于持占有事实说者尤为如此。而且，从德国民法典立法所采用的物债二分理论来看，物法与债法是彼此独立的。这也体现为救济规则或者说请求权基础规则。物法中的法律关系也具有相对性。比如，物上请求权，所有人与占有人之间的费用补偿关系，相邻关系，用益权人、担保权人与所有人之间的相对性的法律关系等，也是德国物法的内容。从这些关系来看，德国民法典的物法编不完全都是权利法，而且包括义务性规则。物权法不仅仅是权利法。就此而言，"物法"的表述更准确、全面。

"物法"的表述可以更具有突破性，体现出私法传统对新事物的接纳。从法律发展的角度来看，尤为如此。相对于通常意义的"物权法"，"物法"在相对性的物权、有权占有等涉及与债法的关系的处理上，以及权利客体化、无体财产等方面，内涵可以更丰富、涵盖性更强。特别是，"无体物"可以纳入物法体系。这是从"超越"的角度来看的。就此而言，"物法"的表述与德国民法典第90条所封印的有体物法体系不同。故此，"物法"的表述也有求同存异的感觉，或许可以说是"别有韵味""别开生面"。甚至"物法"的表述也更真实，符合德国人的思维习惯或者学说传统。也许这里所极力主张的，在德国学说那里是平常的表达。所谓的创新，也正是从德国学理本身出发而实现的。

总体而言，"物法"的表述更符合德语字面含义，符合客观法与主观权利二分的规范逻辑，符合债的关系法编、物法编、继承法编分立的体系逻辑，体现德国私法相对于罗马法的历史传承性，符合德国民法典物法独立性及物债二分的体系逻辑，能更好地涵盖物法编的非权利法内容，符合请求权基础思维或对准诉讼的考量。从法律发展的角度，更具有一定的创新性。这是基本的理由。

当然，"物法"的表述并不否定物权法通用表述在我国的可用性、正确性，只是用了一个略微不同的表述。说大可大，说小其实也很小。

王伟伟

2022 年 12 月 7 日

简 目

引 言 ·· 1

第一章 成文法与判例法相互作用下的法典体系 ·············· 4
  第一节 历史法学派与罗马法的体系化 ························ 4
    一、罗马法的非体系性特征 ···································· 4
    二、历史法学派与罗马法的体系化 ························· 9
    三、小结 ·· 16
  第二节 德国民法典的发展与判例拘束力 ···················· 16
    一、德国民法典的判例化发展 ································ 16
    二、与判例发展相协调的民法体系 ························· 23
  第三节 本章小结 ·· 31

第二章 有体物概念与德国物法体系的形成 ···················· 33
  第一节 盖尤斯《法学阶梯》中的物法体系 ················ 33
    一、《法学阶梯》"物"法体系的解读 ······················ 35
    二、无体物概念的体系价值 ···································· 53
  第二节 潘德克吞法学与物法的独立体系 ···················· 65
    一、潘德克吞法学中的有体物概念及物法独立体系 ······ 65
    二、日耳曼法与潘德克吞法学的"对立" ·················· 78
  第三节 本章小结 ·· 88

第三章 有体物概念的体系功能及教义学发展 ·················· 90
  第一节 有体物的概念与德国物法的独立性 ················ 90
    一、物的概念及其与客体的关系 ····························· 90
    二、有体物概念对于物法和债法的意义 ··················· 96
    三、小结 ·· 104

第二节　有体物概念的教义学规则及法律发展 …………… 105
一、有体物作为物权客体的标准 ………………………… 106
二、物的整体性与可分性的法律发展 …………………… 126
第三节　本章小结 ……………………………………………… 142

第四章　有体物占有保护与物的法律归属 ……………………… 144
第一节　占有与物的法律归属 ………………………………… 145
一、占有保护与事实支配 ………………………………… 145
二、占有保护及其法律理由 ……………………………… 155
三、小结 …………………………………………………… 171
第二节　无权占有保护与权利保护的优先性 ………………… 172
一、无权占有相对于非权利人保护的正当性 …………… 173
二、无权占有相对于权利保护的无效性 ………………… 180
三、诉讼保全制度与恶意无权占有保护——权利抗辩排除合理性 …………………………………………………… 189
四、小结 …………………………………………………… 193
第三节　有权占有保护与"债权物权化" …………………… 194
一、"债权物权化"的实证规定 ………………………… 194
二、"债权物权化"的理论解说 ………………………… 199
三、占有与原因关系的分或合 …………………………… 210
四、小结 …………………………………………………… 212
第四节　本章小结 ……………………………………………… 213

第五章　第一买受人与物的法律归属 …………………………… 215
第一节　"向物权(ius ad rem)"与第一买受人法律地位 … 217
一、罗马法的交付原则与"一物二卖" ………………… 218
二、"向物权(ius ad rem)"及对第一买受人地位的影响 … 224
第二节　"一物二卖"与第一买受人保护 …………………… 233
一、物债二分下的第一买受人法律地位 ………………… 233
二、不动产有权占有、预告登记与第一买受人保护 …… 242
第三节　不动产占有、不动产登记簿与交易安全保护 ……… 254
一、土地登记簿制度的历史及不动产占有权利公示排除 …… 255

二、不动产交易安全与第一买受人的优先保护 …………… 258
　　三、不动产权利占有公示与登记公示的冲突与共容 ……… 265
　第四节　本章小结 ……………………………………………… 269

第六章　物的归属的绝对性与相对归属 ……………………… 271
　第一节　物的绝对归属与相对归属 …………………………… 272
　　一、物的绝对归属规则体系 …………………………………… 272
　　二、物法中的相对性归属 ……………………………………… 277
　第二节　裁判理由与相对归属规则 …………………………… 284
　　一、在先买卖合同与相对性的归属 …………………………… 285
　　二、对价支付与物的相对归属 ………………………………… 290

第七章　物权行为理论与客体的归属 ………………………… 293
　第一节　物权行为理论的归属意义 …………………………… 293
　　一、物债二分下的买卖合同及其履行 ………………………… 294
　　二、物权行为的修正与变化可能性 …………………………… 308
　第二节　物权变动中的意思自治 ……………………………… 326
　　一、作为处分行为的物权行为 ………………………………… 327
　　二、体系协调性 ………………………………………………… 329
　第三节　本章小结 ……………………………………………… 332

第八章　无体物与物法体系的扩展 …………………………… 334
　第一节　权利客体化与物法体系扩展 ………………………… 334
　　一、权利客体化及其体系意义 ………………………………… 334
　　二、客体化权利变动的物债分割 ……………………………… 340
　　三、小结 ………………………………………………………… 361
　第二节　非权利类无体物与物法上的绝对归属 ……………… 362
　　一、集合物的物权客体地位 …………………………………… 363
　　二、有体物所有权与知识产权 ………………………………… 376

第九章　新型无体财产的绝对归属 …………………………… 384
　第一节　物权客体三分法及新型无体财产的体系定位 ……… 385
　　一、无体物的可支配性 ………………………………………… 385
　　二、主客体关系视角下的无体物归属 ………………………… 390

第二节 新型无体财产及其归属规则 …………………………… 395
   一、互联网域名 ……………………………………………… 395
   二、网络虚拟财产 …………………………………………… 399
   三、数据 ……………………………………………………… 408
 第三节 本章小结 ………………………………………………… 412

结　语 …………………………………………………………… 415

参考文献 ………………………………………………………… 417

后　记 …………………………………………………………… 431

细　　目

引　言 ··· 1

第一章　成文法与判例法相互作用下的法典体系 ············· 4
　第一节　历史法学派与罗马法的体系化 ························· 4
　　一、罗马法的非体系性特征 ······································· 4
　　　（一）罗马法的外在非体系性 ································· 4
　　　（二）罗马法作为判例法的问题 ······························ 6
　　二、历史法学派与罗马法的体系化 ····························· 9
　　　（一）理念主义与法的内在体系 ····························· 10
　　　（二）归纳逻辑与法的科学化 ································ 13
　　三、小结 ·· 16
　第二节　德国民法典的发展与判例拘束力 ····················· 16
　　一、德国民法典的判例化发展 ··································· 16
　　　（一）德国民法典立法之前的判例拘束力 ················· 17
　　　　1. 判例作为法源的历史事实 ································ 17
　　　　2. 自然法思想对判例拘束力的反对 ······················· 17
　　　　3. 历史法学派的法源理论与判例拘束力 ················· 18
　　　　4. 德国帝国法院判决的拘束力 ······························ 19
　　　（二）民法典立法与判例拘束力 ······························ 19
　　　　1. 德国民法典的实证主义性质 ······························ 19
　　　　2. 立法者对判例拘束力的观点 ······························ 20
　　　（三）判例与德国民法典的发展 ······························ 21
　　二、与判例发展相协调的民法体系 ····························· 23
　　　（一）法官法作为法源的现实性 ······························ 23
　　　（二）判例拘束与民法外在体系 ······························ 25
　　　（三）价值多元性与民法外在体系 ··························· 26
　　　（四）法典与判例相协调的民法体系 ························ 28
　第三节　本章小结 ·· 31

第二章　有体物概念与德国物法体系的形成 ······ 33
第一节　盖尤斯《法学阶梯》中的物法体系 ······ 33
一、《法学阶梯》"物"法体系的解读 ······ 35
（一）盖尤斯体系的"形式主义"解读 ······ 37
1. 盖尤斯作为非古典主义者 ······ 38
2. 盖尤斯作为古典主义者 ······ 39
3. "形式主义"观点下的物的概念 ······ 40
（二）盖尤斯体系的"实质主义"解读 ······ 41
1. 罗马法上的物与主观权利 ······ 41
2. 贝伦茨对盖尤斯的解读 ······ 43
3. Bretone 对盖尤斯的解读 ······ 48
（三）盖尤斯体系与罗马法的物债关系 ······ 50
1. 盖尤斯体系与物债二分 ······ 50
2. 古典罗马法与物债二分 ······ 51
二、无体物概念的体系价值 ······ 53
（一）无体物及无体物的归属 ······ 54
（二）无体物归属的取得和变动 ······ 58
（三）盖尤斯物法体系的意义 ······ 64
第二节　潘德克吞法学与物法的独立体系 ······ 65
一、潘德克吞法学中的有体物概念及物法独立体系 ······ 65
（一）从《法学阶梯》体系到潘德克吞体系 ······ 65
（二）潘德克吞体系与物债绝对二分 ······ 67
1. 债法从物法的"分离" ······ 68
2. 主观权利概念的形成及其对物的概念的替代 ······ 71
3. 物权、债权区分的绝对化 ······ 73
二、日耳曼法与潘德克吞法学的"对立" ······ 78
（一）日耳曼法派与罗马法派的对立对物的概念的影响 ······ 78
1. 日耳曼法上"物"的概念的开放性 ······ 78
2. 潘德克吞体系的"客体"概念 ······ 80
3. 小结 ······ 85
（二）学派分立对物的概念及物法体系的影响 ······ 86
第三节　本章小结 ······ 88

第三章　有体物概念的体系功能及教义学发展 … 90
第一节　有体物的概念与德国物法的独立性 … 90
一、物的概念及其与客体的关系 … 90
（一）客体概念的观点争议 … 90
　　1. 德国民法典涉及客体的规定 … 90
　　2. 关于客体的观点争议 … 91
（二）物的概念与客体的概念 … 94
　　1. 民法典上的有体物的概念 … 94
　　2. 有体物与客体的关系 … 95
二、有体物概念对于物法和债法的意义 … 96
（一）物的有体性对于债法的意义 … 96
　　1. 关于德国民法典总则第90条的观点争议 … 96
　　2. 物上之债与权利之债 … 99
（二）有体物概念与物法的独立性 … 101
　　1. 物法的独立性 … 101
　　2. 物的概念与物法的独立性 … 103
三、小结 … 104
第二节　有体物概念的教义学规则及法律发展 … 105
一、有体物作为物权客体的标准 … 106
（一）物的可分性与整体性 … 107
　　1. 物的成分与物的法律一体性 … 108
　　2. 物的成分及教义学标准 … 109
（二）物及物的成分制度与物法的关联 … 117
　　1. 物的重要成分制度的体系不协调之处 … 118
　　2. 物的重要成分与添附制度 … 123
　　3. 物的重要成分的规范定位 … 125
二、物的整体性与可分性的法律发展 … 126
（一）物的重要成分概念的发展 … 127
　　1. 司法判决对物的重要成分理论的发展 … 127
　　2. 物的重要成分与表见成分的转换 … 130
　　3. 法律理由与物的重要成分概念 … 132
（二）物的整体性与物的概念的发展 … 134
　　1. 物的整体转让与客体特定原则 … 134
　　2. 浮动让与担保 … 139

第三节　本章小结……………………………………………… 142

第四章　有体物占有保护与物的法律归属……………………… 144
第一节　占有与物的法律归属…………………………………… 145
　一、占有保护与事实支配……………………………………… 145
　　（一）占有的概念争议……………………………………… 146
　　　1. 统一说…………………………………………………… 146
　　　2. 非统一说………………………………………………… 147
　　（二）事实支配及其观念化………………………………… 148
　　　1. 事实支配的界定………………………………………… 148
　　　2. 事实支配的"观念化"…………………………………… 152
　　（三）占有的本质…………………………………………… 153
　二、占有保护及其法律理由…………………………………… 155
　　（一）占有保护功能的制度框架…………………………… 155
　　　1. 法律禁止的自力………………………………………… 155
　　　2. 占有防御权、占有物取回权…………………………… 155
　　　3. 占有保护请求权………………………………………… 156
　　（二）占有保护的法律理由………………………………… 157
　　　1. 占有保护的学说………………………………………… 158
　　　2. 德国法的实证分析……………………………………… 165
　三、小结………………………………………………………… 171
第二节　无权占有保护与权利保护的优先性…………………… 172
　一、无权占有相对于非权利人保护的正当性………………… 173
　　（一）占有保护规则与权利取得规则的区别与联系……… 173
　　　1. 占有保护相对于权利保护的非终局性………………… 173
　　　2. 占有保护规则与权利取得规则的关联………………… 176
　　（二）恶意占有保护的法律理由…………………………… 178
　二、无权占有相对于权利保护的无效性……………………… 180
　　（一）无权占有保护与权利保护的冲突…………………… 180
　　（二）德国司法判例在无权占有保护问题上的转变……… 183
　　　1. 德国法院判决主要观点及其变动……………………… 184
　　　2. 对德国联邦最高法院判决的分析……………………… 187
　　　3. 问题之所在——占有归属与所有权归属的
　　　　 冲突………………………………………………………… 188

三、诉讼保全制度与恶意无权占有保护——权利抗辩
排除合理性 189
(一) 占有保护与权利抗辩 189
　　1. 占有保护与诉讼保全 189
　　2. 占有保护与权利抗辩 190
　　3. 无权占有保护制度的存在价值 191
(二) 自力救济的限度与占有侵夺人的权利保护 192
四、小结 193

第三节　有权占有保护与"债权物权化" 194
一、"债权物权化"的实证规定 194
(一) 动产占有与债权物权化 196
(二) "买卖不破租赁"与债权物权化 197
(三) "一物二卖"与不动产占有权击破 198
二、"债权物权化"的理论解说 199
(一) 占有与债权的公示 200
(二) 有权占有保护与占有(Gewere)权利外观 201
(三) 有权占有与"相对性的支配权" 204
(四) 有权占有与"物权化权" 206
(五) 债权物权化否定说 208
　　1. 对德国民法典第986条第2款的解说 208
　　2. 对买卖不破租赁的解说 209
三、占有与原因关系的分或合 210
四、小结 212

第四节　本章小结 213

第五章　第一买受人与物的法律归属 215

第一节　"向物权(ius ad rem)"与第一买受人法律地位 217
一、罗马法的交付原则与"一物二卖" 218
(一) 罗马法上的买卖合同与交付 218
　　1. 罗马法上的买卖合同 218
　　2. 买卖合同与交付原则 219
(二) 一物二卖与在先权利人的法律地位 221
　　1. 一物二卖与在先占有人法律地位 221
　　2. 在先买受人的相对归属地位 222

二、"向物权(ius ad rem)"及对第一买受人地位的影响 …… 224
(一)向物权的概念 …… 224
1. "向物权(ius ad rem)"的源流 …… 224
2. 向物权的内涵 …… 225
(二)向物权与交付原则 …… 228
1. 向物权与交付原则 …… 228
2. 向物权与一物二卖 …… 231

第二节 "一物二卖"与第一买受人保护 …… 233
一、物债二分下的第一买受人法律地位 …… 233
(一)"一物二卖"与物权变动规则 …… 233
(二)第一买受人的保护措施 …… 234
(三)第一买受人保护的有限性 …… 237
1. 动产临时保全措施对第一买受人保护的有限性 …… 237
2. 不动产预告登记与第一买受人保护 …… 239
(四)小结 …… 241
二、不动产有权占有、预告登记与第一买受人保护 …… 242
(一)不动产承租人与预告登记权利人 …… 242
(二)不动产承租人有权占有的体系价值与类推适用 …… 245
1. 观点争议 …… 245
2. 德国联邦最高法院在不动产有权占有问题上的观点变化 …… 247
(三)不动产占有与不动产登记簿的关联公示 …… 251
1. "一物二租"与不动产租赁权善意取得 …… 251
2. 预告登记人的有权占有 …… 253
(四)小结 …… 254

第三节 不动产占有、不动产登记簿与交易安全保护 …… 254
一、土地登记簿制度的历史及不动产占有权利公示排除 …… 255
二、不动产交易安全与第一买受人的优先保护 …… 258
(一)不动产交易安全的首位性 …… 258
(二)不动产交易安全、债权公示与物债二分 …… 260
1. 第一买受人的侵权法保护 …… 260
2. 不动产占有与在先权利保护 …… 262
三、不动产权利占有公示与登记公示的冲突与共容 …… 265

第四节　本章小结 ………………………………………… 269

第六章　物的归属的绝对性与相对归属 ………………… 271
第一节　物的绝对归属与相对归属 ……………………… 272
一、物的绝对归属规则体系 ……………………………… 272
（一）独立的物的取得规则 ……………………………… 272
（二）物权的权利表象规则 ……………………………… 275
二、物法中的相对性归属 ………………………………… 277
（一）受处分禁止保护的买受人 ………………………… 278
（二）不动产预告登记买受人 …………………………… 279
（三）信托关系中的所有权 ……………………………… 279
（四）期待权 ……………………………………………… 283
第二节　裁判理由与相对归属规则 ……………………… 284
一、在先买卖合同与相对性的归属 ……………………… 285
（一）买受人的相对归属地位 …………………………… 285
（二）买受人在诉讼法上的地位 ………………………… 286
（三）强制执行程序中的买受人 ………………………… 287
（四）在先买受人的保护 ………………………………… 289
二、对价支付与物的相对归属 …………………………… 290
（一）物权变动的要件 …………………………………… 290
（二）同时履行抗辩权 …………………………………… 291
（三）共存性 ……………………………………………… 291

第七章　物权行为理论与客体的归属 …………………… 293
第一节　物权行为理论的归属意义 ……………………… 293
一、物债二分下的买卖合同及其履行 …………………… 294
（一）分离原则与抽象原则 ……………………………… 294
1. 物权行为 ……………………………………… 294
2. 分离原则与抽象原则 ………………………… 296
（二）对物权行为的批评与回应 ………………………… 297
1. 生活逻辑 ……………………………………… 297
2. 罗马法 ………………………………………… 299
3. 不当得利 ……………………………………… 301
4. 交易安全 ……………………………………… 304

　　　　5. 无因物权行为的独立性 …………………………………… 306
　二、物权行为的修正与变化可能性 ……………………………… 308
　　（一）合意或一体性原则 ……………………………………… 309
　　　　1. 行为一体性 …………………………………………… 309
　　　　2. 隐藏的合意原则 ……………………………………… 312
　　（二）要因交付 ………………………………………………… 314
　　　　1. 瑕疵同一性 …………………………………………… 315
　　　　2. 约定的要因原则 ……………………………………… 317
　　（三）抽象原则与不动产登记 ………………………………… 319
　　　　1. 瑕疵同一性 …………………………………………… 320
　　　　2. 条件关联性 …………………………………………… 321
　　　　3. 行为一体性 …………………………………………… 325
第二节　物权变动中的意思自治 …………………………………… 326
　一、作为处分行为的物权行为 …………………………………… 327
　　（一）处分意思表示的拘束力 ………………………………… 328
　　（二）公示规则的对抗性 ……………………………………… 328
　二、体系协调性 …………………………………………………… 329
　　（一）物权变动模式 …………………………………………… 329
　　　　1. 公示对抗与合意原则 ………………………………… 329
　　　　2. 公示对抗与要因主义 ………………………………… 330
　　　　3. 公示对抗与无因原则 ………………………………… 330
　　（二）物权合意与相对性物权 ………………………………… 330
　　　　1. 相对性物权 …………………………………………… 330
　　　　2. 物权法定与相对物权 ………………………………… 331
第三节　本章小结 …………………………………………………… 332

第八章　无体物与物法体系的扩展 ………………………………… 334
第一节　权利客体化与物法体系扩展 ……………………………… 334
　一、权利客体化及其体系意义 …………………………………… 334
　　（一）无体物在民法典中的定位 ……………………………… 334
　　　　1. 共同法及自然法与潘德克吞学派 …………………… 334
　　　　2. 无体物概念在民法典中的体系地位 ………………… 336
　　（二）无体物概念与物债二分 ………………………………… 337
　　　　1. 无体物概念的语境及其转换 ………………………… 337

  2. 无体物所有权与物债二分 ················· 339
 二、客体化权利变动的物债分割 ················· 340
  （一）债法中的权利客体化：权利买卖与权利转让规则 ··· 341
   1. 权利买卖与物的买卖规则的统一 ············ 341
   2. 权利归属的变动规则 ················· 345
  （二）物法中的权利客体化：权利上的用益权与担保权 ··· 351
   1. 权利上的用益权 ·················· 353
   2. 权利上的"担保权" ················· 357
 三、小结 ···························· 361
第二节 非权利类无体物与物法上的绝对归属 ··········· 362
 一、集合物的物权客体地位 ··················· 363
  （一）集合物的客体属性 ··················· 363
   1. 集合物的类型 ··················· 363
   2. 罗马法上的集合物 ················· 364
  （二）集合物所有权的学说与实务 ··············· 365
   1. 学理对整体物所有权的探讨 ············· 366
   2. 司法实务 ····················· 368
  （三）集合物所有权的可能性 ················· 369
   1. 作为有体物的集合物所有权 ············· 371
   2. 集合物所有权的其他情形 ··············· 371
 二、有体物所有权与知识产权 ··················· 376
  （一）知识产权的概念争议 ·················· 377
  （二）知识产权的财产权性 ·················· 379
  （三）物法在知识产权上的可适用性 ············· 380
   1. 知识产权客体的可支配性 ··············· 380
   2. 知识产权的占有 ·················· 381
   3. 知识产权与物法具体制度的衔接 ············ 383

第九章 新型无体财产的绝对归属 ················ 384
第一节 物权客体三分法及新型无体财产的体系定位 ······· 385
 一、无体物的可支配性 ····················· 385
  （一）物的有体性与可支配性 ················· 385
   1. 有体性与物的事实可支配性 ············· 385
   2. 物的有体性与法律行为支配 ············· 387

（二）无体物的占有 …………………………………………… 388
　二、主客体关系视角下的无体物归属 …………………………… 390
　　　（一）无体物作为归属权客体的类型 …………………………… 390
　　　（二）绝对权与排他性 …………………………………………… 392
第二节　新型无体财产及其归属规则 ……………………………… 395
　一、互联网域名 ……………………………………………………… 395
　　　（一）学说争议 …………………………………………………… 395
　　　（二）司法裁判观点 ……………………………………………… 396
　　　（三）域名的转让规则 …………………………………………… 397
　二、网络虚拟财产 …………………………………………………… 399
　　　（一）网络游戏装备 ……………………………………………… 400
　　　　　1. 合同关系 ………………………………………………… 400
　　　　　2. 归属问题 ………………………………………………… 401
　　　（二）虚拟货币 …………………………………………………… 403
　　　　　1. 虚拟财产 ………………………………………………… 404
　　　　　2. 支付中介 ………………………………………………… 405
　　　（三）非同质化存证 ……………………………………………… 406
　三、数据 ……………………………………………………………… 408
　　　（一）数据的客体定位 …………………………………………… 408
　　　（二）个人数据作为"对待给付" ………………………………… 409
　　　（三）数据所有权 ………………………………………………… 410
第三节　本章小结 …………………………………………………… 412

结　语 …………………………………………………………………… 415

参考文献 ………………………………………………………………… 417

后　记 …………………………………………………………………… 431

引　言

　　私法的历史源远流长。中华民族参与私法形成与发展的历程。从罗马法的诞生到它在欧洲的复兴，再到东方国家对罗马法的继受和发扬，私法的发展历经千年。而民法的体系是永恒的主题。

　　从立法历程来看，《民法通则》奠定了我国民法的体系基础，而《民法通则》的体例是我国民法典编纂的基础。在民法典编纂过程中，《民法总则》延续和继承《民法通则》的体例。可以说，我国民法体系的形成和发展具有延续性。《民法通则》的体系或可追溯到盖尤斯的《法学阶梯》，我国《民法通则》的体系与盖尤斯《法学阶梯》体系是传承和发展关系。或者说，两者具有一定的相似性。这不仅体现在民事责任的规定，也体现在"财产法"的体系。

　　在物法，盖尤斯《法学阶梯》区分有体物和无体物，有体物和无体物具有同等的体系重要性。《民法通则》确立债权、物权、知识产权等权利列举模式，各类型权利具有同等的体系重要性。特别是，《民法通则》对知识产权、债权等无体物的归属给予同等的体系关注，而不单单将债作为实现权利得丧变更的手段。在体系结构上，《民法通则》的有体财产权和无体财产权列举模式与《法学阶梯》的广义物法体系具有相似性。

　　《民法通则》颁布之后，我国民法理论受到德国潘德克吞体系影响较大。在我国民法上，财产法主要由《物权法》《合同法》以及与知识产权相关的单行法构成。随着《民法典》编纂的完成，部分单行法纳入《民法典》的分则中。从立法来看，《物权法》只规定有体物的规则。按照《物权法》第 2 条规定，物权的客体是动产和不动产，权利也可以按照法律的规定作为物权的客体。我国《民法典》第 115 条作了同样的规定。这没有突破以德国民法典为代表的传统民法体系框架，德国民法典将物限定在有体物，有体物包括动产和不动产，作为例外，德国法也将权利作为物权的客体。① 在物权客体的有体性上，我国法与德国法具有相似性。与德国不同，我国《民法典》第 123 条、第 124 条、第 125 条、第 126 条、第 127 条对知识产权、继承权、股权、数据、网络虚拟财产进行了规定，但并未解决体系性问题。相反，无体物的体系定位突显出

---

① Baur/Stuerner, Sachenrecht, 17. Aufl., Verlag C. H. Beck, München, 1999, S. 771 ff.

来。换言之,如何将总则列举的财产权类型体系化,形成与物法协调的体系结构,有待探究。实际上,这也是德国法所面临的问题。

物权客体及物法体系涉及物债关系问题。在我国学理上,物债关系仍处于争论中。在罗马法传统上,物法体系的独立性是相对于债法而言的,也就是所谓的物债二分。物法相对于债法具有体系的独立性,这主要是在潘德克吞法学的意义上而言的。物权的客体是有体物,无体的债权等权利不是物权的客体。然而,物债二分与权利客体化的关系值得探讨。在德国法上,物债二分是民法基本的概念框架。以有体物为客体的物法,在德国民法典的框架内与债法互相独立。在盖尤斯的《法学阶梯》体系中,物分为有体物和无体物,物法和债法在形式上也没有明确划分开来。有体物概念与物债二分的关系,以及物债二分体系的形成和发展,这些问题仍有待澄清、探讨,特别是权利作为物法客体涉及物法体系封闭的问题。

物法体系的独立性也在与其他无体财产权的关系上有意义。我国的《民法通则》已将知识产权纳入财产法体系,知识产权制度作为财产法的组成部分,具有制度传统。虽然我国的《物权法》没有规定知识产权,这或也无可厚非。但是,物法与知识产权制度的关系,物法能否与知识产权制度统一,这些问题对于物法体系的现代化扩展有意义。在《民法典》编纂后,知识产权的概念纳入法典体系,但如何处理知识产权与民法典具体制度的关系,如何看待知识产权的体系定位,仍是需要解决的问题。这涉及民法体系更新的问题。同时,互联网和数字经济时代带来民法的新问题。在当代的生活世界里,网络虚拟财产、域名、体育赛事节目、数据等,为无体财产的体系化提出新的挑战。可以说,基于生活世界本身的客体增量而导致的财产法的体系扩展和物法再体系化问题,是当代民法所无法回避的。物法的客体结构以及物债二分的逻辑需在德国法的框架内继承、发展甚至重构。

德国学者很早已斟酌物法与财产法的关系的问题,不乏有德国学者试图对德国财产法的体系进行重构。[1] 欧洲法律一体化及全球法律文化互相涤荡与融合的问题,也提醒人们要有开阔的眼光,而不是在传统的制度上固步自封。维亚克尔先生对包括中国在内的亚洲国家在全球法律文化形塑上的善意"假设"及"预见",也应激励我们不仅仅是做忠实的追随者。[2] 从我国本土学术的角度而言,对物法如何评价和畅想,如何看待民法的体系性,也是完全可以自由讨论的学术问题。我国学者也主张以"比我们的先人们前进

---

[1] Wieacker, Sachbegriff, Sacheinheit und Sachzuordnung, AcP 148 (1943), 57.
[2] 〔德〕弗朗茨·维亚克尔:《近代私法史(下)》,陈爱娥、黄建辉译,上海三联书店2006年版,第488页。

一大步"的态度来学习德国法。① 这要求在学习的前提下,看到德国法的发展,并试图反思这种发展。

就民法而言,德国民法典以及德国民法学不是原本意义上的罗马法,但德国民法典本身也是罗马法的保存、发展和扬弃。② 德国民法典及其教义学是以罗马法为基础的私法发展历程的重要阶段。民法学也并不是一种具有强烈主权或民族色彩的学问,民法学的研究也要讲求传承性,要求具有一定的保守和历史的眼光。物的概念经历了从罗马法到德国民法典的形成和发展历程,德国民法典将物限于有体物,有体物是其标志性概念之一。因而,对物及物法问题的讨论应在以罗马法为根基的德国民法典的基础上追溯、展开和推进。

一般认为,德国民法典的直接学术背景是潘德克吞法学,这在方法论上后来被赋予概念法学的美名。概念法学及演绎逻辑作为一种法学方法及裁判逻辑,有其合理性并仍有学者为其辩护,但普遍的观点认为它建立在严格的科学观的基础上,而这种科学观即使相对于自然科学而言,也不现实。法律的适用即使并非绝对不是涵摄或归入模式,在很多数情况下也主要是一种论证的过程。将法官、律师等法律人的思维限定于机械的、固定的模式是将人类的思维过于简化的结果。

从法的外在形式而言,司法"判例"和司法裁判中存在的稳定的法律理由和裁判规则对法律的发展有重要影响。甚至可以说,离开判例已经无法看清德国民法的全貌。在这样的背景下,物的概念甚至民法典的外在物法体系是否依然有意义,物债二分体系与着眼于实务问题解决的法律论证及司法裁判之间是否存在一致性? 在判例和学理的作用之下,德国民法典物的概念及物法体系结构存在哪些变动,有体物概念的体系价值能否维持? 物法体系是否存在扩展空间,存在何种扩展空间? 这是从德国民法典发展的角度提出的问题。在探讨物法体系的问题时必须要考虑体系的局限性,并反过来将体系的局限性化解在对体系的解读和建构中。

概而言之,本书将从历史和法律发展的角度,探讨有体物概念的体系价值题,物债关系、物法的客体范围以及物法独立体系的形成与发展是主要的探讨对象。无论时空转换、岁月更迭,着眼于具体问题和论辩理由的法教义学始终是建构体系的基石,法律发展并不否定体系的意义,反而为体系的发展和更新提供了可能性。而盖尤斯体系与潘德克吞体系的"前后相继"和"彼此成就"关系,也为物法体系的扩展提供了基本的框架。

---

① 谢怀栻:《从德国民法百周年说到中国的民法典问题》,载《中外法学》2001年第1期。
② Ludwig Kuhlenbeck, Von den Pandekten zum Bürgerlichen Gesetzbuch, erster Teil, Carl Heymanns Verlag, Berlin, 1898, Vorwort. IV.

第一章 成文法与判例法相互作用下的法典体系

第一节 历史法学派与罗马法的体系化

一、罗马法的非体系性特征

（一）罗马法的外在非体系性

罗马法的法源主要有：法律、平民会议的决议、元老院的决议、国王的谕令、裁判官告示、法学家的学说、习惯。① 斯奇巴尼教授认为，这些法律渊源可以分为两类，一类是制定法，一类是法学家学说。而法律在法源体系中的首要地位不容置疑。② 彭梵得将法的渊源确认为习惯和法律。③ 无论如何，判例作为法的渊源的问题似乎是无从谈起的。罗马法学家不援引裁判官的判决来进行论证，也从未明确将判决作为法源来对待。④ 然而，罗马法学家也并没有明确的法源概念。⑤ 对罗马法的表现形式可以作出不同的理解。

大陆法系的罗马法学者更多关注法学家的活动，这与罗马法独特的发生背景有关。斯奇巴尼教授说道："我不考察习惯和在罗马法体制中进行司法活动的裁判官所发布的告示，而只关注法学家。他们从最初的时候就与法律密切联系。"⑥相反，"英美法学者对于取向于个案（Rechtsfall）的罗马法，起码在一定的限度内，是否也是一种判例法的问题非常感兴趣"⑦。当然，这种一般性的说法的有效性是有限的。

在罗马法前古典时期和古典时期，裁判活动不是由专业的法官或者法律

---

① 江平、米健：《罗马法基础》（修订本第三版），中国政法大学出版社2004年版，第88页。
② 〔意〕桑德罗·斯奇巴尼：《法学家：法的创立者》，薛军译，载《比较法研究》2004年第3期。
③ 〔意〕彼得罗·彭梵得：《罗马法教科书》（2017年校订版），黄风译，中国政法大学2018年版，第13页。
④ Max Kaser, Das Urteil als Rechtsquelle im römischen Recht, in: Festschrift fuer Fritz Schwind zum 65. Geburtstag, Wien: Manzsche Verlags-und Universitätsbuchhandlung, 1978, S.118.
⑤ Max Kaser, a.a.O., S.118.
⑥ 〔意〕桑德罗·斯奇巴尼：《法学家：法的创立者》，薛军译，载《比较法研究》2004年第3期。
⑦ Max Kaser, a.a.O., S.115.

学者承担，它建立在非专业性的裁判官（Praetor）和法官（Urteilsrichter）对个案裁判的分工基础之上。① 换言之，诉讼活动较早地区分为法律审和裁判审两个阶段。裁判官和法官是罗马社会的上层人士，不具备专业的法律知识。② 裁判官承担官方的司法权，而法官是私人性的。担任法官职能的资格不取决于是否具有专业知识，任何已成年且自由的、非不名誉的、不存在因身体或精神方面的疾患而不适宜担任审判职能的人，都可以担任法官。③ 罗马法经历了法定诉讼、程式诉讼、非常诉讼等发展阶段。在早期，诉讼有严格的程式（formula），裁判通过口头作出，并且不对判决理由进行说明。④ 由于罗马社会的发展，严格的诉讼形式和古老的市民法不能适应社会的需要，裁判官通过修改程式，并且经常通过裁判官告示（谕令）公布，以适应新的情况。⑤ 新的诉讼程式相对于法定的诉讼程式被称为事实诉讼，纳入裁判官谕令的事实诉讼仍不能满足需求，对这些诉讼程式的发展则称为扩用之诉。⑥ 虽然判决程式对裁判官没有严格的拘束力，但经常使用的判决程式被记录下来。这些裁判经由法学家保存、整理，并对其中的具体问题进行专业性的论辩。⑦ 个案的裁决因而具有某种连续性，裁判官法就这样发展起来。罗马法是个案纠纷的副产品（by-product）。⑧ 卡泽尔称这些在前古典时期和古典时期，经由裁判官所发展出来的，具有个案色彩的法为法学家法，法学家在这里是在广义上被使用。⑨

在罗马法发展的过程中，裁判官、法官与法学家之间的关系如何？在共和国早期，法律贵族垄断法律，他们对个案的意见是决定性的。随着贵族的衰落和法学家阶层的世俗化，法学家的意见仅具有参照作用，虽然法学家的咨询意见也经常被采纳，裁判官可以超越法学家的意见而作出判断。裁判官

---

① Kaser/Knuetel, Roemisches Privatrecht. 19. Aufl., Verlag C. H. Beck, München, 2008, S. 21.
② 有学者对承审员是否具有法律知识的问题提出质疑，参见：[英]O. E. 特里根-克佩鲁斯：《论承审员在程式诉讼中的作用》，陈松、殷秀峰译，载徐国栋主编：《罗马法与现代民法》（第五卷），中国人民大学出版社2006年版，第38页以下。
③ Kaser/Knuetel, Roemisches Privatrecht. 19. Aufl., Verlag C. H. Beck, München, 2008, S.410.
④ Dawson, *The Oracles of the Law*, William S. Hein & Co., New York, 1968, p.105.
⑤ Ibid., p.106.
⑥ Kaser/Knuetel, Roemisches Privatrecht. 19. Aufl., 2008, S.413. 另见，[德]卡泽尔/克努特尔：《罗马私法》，田士永译，法律出版社2018年版，第811页。
⑦ Dawson, *The Oracles of the Law*, William S. Hein & Co., New York, 1968, p.107.
⑧ Ibid., p.117.
⑨ Kaser/Knuetel, Roemisches Privatrecht, 19. Aufl., Verlag C. H. Beck, München, 2008, S.21.

也可以按照自己的判断创立新的救济方式,这意味着新的规则的产生。① 但法学家因其专业性意见而对司法裁判发生影响,至于法学家的解答在何种程度上对于个案裁判有决定力,是没有解决的问题。② 虽然存在部分法学家的解答权,但裁判还是最终由法官作出的。至少可以说,法学家和裁判官、法官对罗马法的形成和发展,均有贡献。当然,由于裁判官的任期较短,同时法学家群体为裁判官提供咨询意见,专业化的法学家对于罗马法的贡献更大。罗马社会所存在的专业法学家阶层是独特的文化现象。世俗化的专业罗马法学家通过提供咨询意见,通过起草和修改诉讼程式,维护罗马法的统一性并促进罗马法的发展。③

从罗马法的形成过程来看,罗马法学家主要不是进行概念体系的建构,而是着眼于具体问题的解决。④ 罗马法不是概念式的,它也没有建立体系,在这一点上,人们不应为盖尤斯的作品所迷惑。⑤ 他们的工作风格是取向于实务问题的,虽然他们也不缺乏体系的思想。⑥ 艾伦·沃森说道:"罗马法学家们过分地注重解释现实中的活法,而对自然法却很少提及,虽然《国法大全》中少量的对自然法的提及为后来其对民法的影响甚至改造发挥了重要的作用。"⑦罗马法是法学家学术讨论的结晶,是针对具体案件又超越具体案件,经由不断地辩驳而发展出的解决方案。⑧ 即使在查士丁尼垄断立法权的帝制时代,《国法大全》的《学说汇纂》更多的也是一种实例汇编或者问题解答,而非抽象概念体系那样的法典。⑨

(二) 罗马法作为判例法的问题

对于罗马法这样的法律文明,不能认为它是立法者理性设计的产物。德国学者卡泽尔说到,与现代的民法典不同,罗马法没有将其规则在统一的理念下组建为一个封闭的体系,罗马法既没有外在的统一性,也没有内在的统

---

① Alan Watson, The Importance of "Nutshells", 42 Am. J. Comp. L. 1, 4 (1994).
② 〔英〕巴里·尼古拉斯:《罗马法概论》,黄风译,法律出版社2004年版,第31页。
③ Hans-Dieter Spengler, Zum Menschenbild der römischen Juristen, JZ 2011, 1021.
④ Dawson, supra note ①, p.114.
⑤ Max Kaser, Das Urteil als Rechtsquelle im römischen Recht, in: Festschrift Fritz Schwind zum 65. Geburtstag, Wien: Manzsche Verlags-und Universitätsbuchhandlung, 1978, 115-30.
⑥ Dawson, The Oracles of the Law, William S. Hein & Co., New York, 1968, pp.113, 114.
⑦ 〔美〕艾伦·沃森:《民法法系的演变及形成》,李静冰、姚新华译,中国政法大学出版社1992年版,第110页以下。
⑧ 〔意〕桑德罗·斯奇巴尼:《法学家:法的创立者》,薛军译,载《比较法研究》2004年第3期。
⑨ Dawson, supra note ①, p.115.

一性,与当今的英格兰法相近,它是从实践中自然生长起来的。① 那么,罗马法是否为判例法?虽然 Dawson 试图突出裁判官及法官在法律发展上的地位,但是,他无法证明罗马法明确地发展出了判例法的法源。② 普遍的观点认为,罗马法上不存在判例法。③ 不过,由于罗马法自身所表现出的特征,还是有学者试图证明起码在一段时间之内,存在法官之间的相互援引,法官对法的发展也有贡献。④

对于罗马法上是否存在判例法的问题,德国罗马法学者卡泽尔认为,对于罗马法是否为判例法的问题要区别个案裁判对本案所涉人事的拘束力和对后来案件的拘束力,对于前者,由于古罗马法早期尚处于"一事一决"的法律形成阶段,罗马法的裁判具有法的效力。至于罗马法是否具有英美法先例意义上的拘束力,他与普遍的观点一致,认为罗马法不存在现代意义上的判例法。⑤ 法学家针对个案的解答(Responsen)所包含的法律思想对未来的类似案件不具有拘束力。⑥ 对于罗马法是否为判例法的问题,雅科布斯说到,德国民法典用成文法取代了罗马人的判例法。⑦ 他的观点可能在于突出罗马法的非法典特征。不过,他对罗马法是判例法可能也是持赞同态度的。他说道:"在罗马法中,人们提出的问题是:从已决案件中能够抽象出某些规则并精确地把握这些规则。"⑧而这与德国民法典从抽象到具体的法律方法不同。如上所述,法学家作为法的创立者,不排斥法的个案化色彩,法学家的解答所包含的法律思想是否具有拘束力也不是一个绝对的问题。

由于个案裁判的论证和整理实际上由法学家进行,并且法学家的观点具有延续性,加之罗马法着眼于解决实践中的具体问题的特征,可以认为,法学家与裁判官、法官共同创造了一种"判例法"。固然个别案件的裁判可以没有判决理由,但法学家结合裁判官对个案的处理,不断地讨论和辩驳,并且法学家的观点延续下来,法学家会在以后的咨询中作出类似的解答,先前的判

---

① Kaser/Knuetel, Roemisches Privatrecht. 19. Aufl., Verlag C. H. Beck, München, 2008, S. 20.
② Dawson, supra note ①, p. 145 ff.
③ Ernest Metzger, Roman Judges, Case Law, and Principles of Procedure, 22 *Law & Hist. Rev.* 243, 252.
④ Ibid., pp. 257-260.
⑤ Max Kaser, Das Urteil als Rechtsquelle im römischen Recht, in: Festschrift fuer Fritz Schwind zum 65. Geburtstag, 1978, S. 115.
⑥ Max Kaser, Zur Problematik der roemischen Rechtsquellenlehre, in: Festschrift fuer Werner Flume zum 70. Geburtstag, Carl Heymanns Verlag, Köln, 1978, S. 108.
⑦ 〔德〕霍尔斯特·海因里希·雅科布斯:《十九世纪德国民法科学与立法》,王娜译,法律出版社 2003 年版,第 4 页。
⑧ 同上书,第 5 页。

决因此对后来的类似案件具有"榜样"作用。一方面是诉讼程式的延续性，另一方面是法学家学说的延续性，罗马法作为判例法的特征因而呈现出来。以英美法的先例原则作为标准，来否定罗马法的判例法特征的论证逻辑要打折扣，先例原则的含义和贯彻的严格程度也要进一步讨论。

抛开罗马法是否为现代意义上的判例法的问题，罗马法注重实务，着眼于具体法律问题解决的特征应该是很明显的。鉴于罗马法非制定法实证主义的明显特征，长期以来罗马法学家探讨罗马法的法源定位问题。虽然弗卢梅提出古典罗马法定位于习惯法的问题，① 但舒尔茨等学者不认同罗马法存在现代意义上的习惯法。罗马法学家卡泽尔认为，罗马法学家回避理性基础的论证，他们作为实务家首要的是从经验出发。② 除个别立法外，罗马法上的法学家法是针对个案问题的解决方案。③ 罗马法学家针对具体的问题，不断地权衡和讨论，罗马法就是在罗马法学家互相援引和辩驳中逐渐发展起来的。④ 甚至罗马法是否就是罗马法学家个案观点的集合，都是可以讨论的问题。⑤ 我国罗马法学者也指出，裁判官的告示、皇帝的敕令具有个案化的色彩，甚至裁判官的告示和英美法的令状和案例有极相似之处。⑥

不过，维亚克尔认为，罗马的法学家受到社会环境、希腊哲学等的影响，对罗马法的研究有多种方法。⑦ 贝伦茨也反驳说罗马法学家的决定从所谓的"实用主义"的基础出发是一种非历史的、臆想的观点，罗马法具有内在的体系性。⑧ 卡泽尔也不否认，在共和晚期，罗马法受希腊哲学的影响。⑨ 希腊哲学对罗马法的影响，我国学者徐国栋也有论述。⑩ 在罗马法中具有稳定含

---

① Flume, Gewohnheitsrecht und römisches Recht: 198. Sitzung am 13. November 1974 in Düsseldorf, 1974, Dusseldorf, S.1, 10.
② Max Kaser, a.a.O., S.120.
③ Kaser/Knuetel, Roemisches Privatrecht. 19., Aufl., Verlag C. H. Beck, München, 2008, S.21.
④ Max Kaser, Zur Problematik der roemischen Rechtsquellenlehre, in: Festschrift fuer Werner Flume zum 70. Geburstag, S.121.
⑤ Max Kaser, a.a.O., S.118.
⑥ 江平、米健:《罗马法基础》(修订本第三版)，中国政法大学出版社2004年版，第94,97页。
⑦ Franz Wieacker, Zur Ideologie der roemischen Juristen: vom Gebrauch aktueller Erklaerungsmodelle in der heutigen Romanistik, in: Festschrift fuer Werner Flume zum 70. Geburstag, Verlag Dr. Otto Schmidt, Köln, S.233-254.
⑧ Okko Behrends, Die lebendige Natur eines Baumes und die menschliche Struktur eines Bauwerks. Eine dualistische Entscheidungsbegruendung aus dem vorklassischen Servitutenrecht und ihre theoretische Begruendung nebst dem klassischen Gegenbild, in: Festschrift fuer Joseph Georg Wolf zum 70 Geburstag, Duncker & Humblot, Berlin, S.5.
⑨ Kaser/Knuetel, Roemisches Privatrecht, 19. Aufl., Verlag C. H. Beck, München, 2008, S.3.
⑩ 徐国栋:《共和晚期希腊哲学对罗马法之技术和内容的影响》，载《中国社会科学》2003年第5期。

义的基本概念也为法学家塑造出来。① 拉伦茨在关于非韦格类观点学的评论中引述,罗马民法采取一种已经从被裁判的个案中极端抽象化的案件裁判的形态,因而可以轻易地将之改写为一项定理。②

《国法大全》传下来的罗马法虽然与19世纪的潘德克吞学派的体系化的罗马法不同,但它与英美法的判例相比又更具有抽象性的特征,这体现在罗马法对判决事实的简化上。③ 这样的罗马法为后世的学者将其进一步抽象化提供了基础。

二、历史法学派与罗马法的体系化

历史法学派继自然法学之后尘发展而来。理性自然法伴随着拿破仑的战败而沉寂,以自然法为背景的"法典化"运动也暂时告一段落。④ 在此期间发展起来的康德哲学也摧毁了理性自然法的权威,⑤继之而起的是一种具有非理性色彩的浪漫主义和进化论。历史法学派就是在这样的学术背景下产生的。⑥ 同时,普鲁士和奥地利都在19世纪各自制定了法典,而"德意志联邦"(Der Deutsche Bund)并没有自己的立法权限,共同法发挥很大作用,地方法(lokalen und territorialen Rechten)继续有效,法律处于分裂状态。⑦ 1814年蒂堡发表了著名的、以理性自然法为基础的具有强烈政治色彩的《论统一市民法典对德意志的必要性》,倡导制定一个包括刑法、民法和诉讼法在内的法典。⑧ 同年,萨维尼发表《论立法与法学的当代使命》反驳,为历史法学

---

① Kaser/Knuetel, a. a. O., S. 22.
② 〔德〕卡尔·拉伦茨:《法学方法论》,陈爱娥译,商务印书馆2003年版,第26页。
③ Imre Zajtay, Begriff, System und Praejudiz in den kontinentalen Rechten und in Common Law, AcP 165 (1965), 109.
④ Hans Schlosser, Grundzuege der Neueren Privatrecht Geschichte, 10. Aufl., C. F. Müller Verlag, Heidelberg, 2005, S. 143.
⑤ 〔德〕弗朗茨·维亚克尔:《近代私法史》,陈爱娥、黄建辉译,上海三联书店2006年版,第351页以下。Hans Schlosser, Grundzuege der Neueren Privatrecht Geschichte, 10. Aufl., 2005, S. 144.
⑥ 不过,按照维亚克尔的观点,历史法学派并不是浪漫主义的产物,参见〔德〕弗朗茨·维亚克尔:《近代私法史》,陈爱娥、黄建辉译,上海三联书店2006年版,第354页以下。Joachim Rückert 认为萨维尼的理论核心是一种"客观理念主义",参见Joachim Rückert, Idealismus, Jurisprudenz und Politik bei Friedrich Carl von Savigny, Verlag Rolf Gremer, Ebelsbach, 1984, S. 302 ff.
⑦ Helmut Coing, Europaeisches Privatrecht, Band: 2, 19. Jahrhundert, Überblick über die Entwicklung des Privatrechts in den ehemals gemeinrechtlichen Ländern. München: Beck, 1989, S. 40.
⑧ Hans Schlosser, Grundzuege der Neueren Privatrecht geschichte, C. F. Müller Verlag, Heidelberg, 10. Aufl., 2005, S. 143.

派产生的标志性事件。此后,德国的学术界主要是历史法学派的天下。① 基于《学说汇纂》的渊源,历史法学派也称作潘德克吞法学派(Pandektistik)。②

虽然理性法已然衰落,但它的体系化思想却延续下来。按照维亚克尔的观点,"古老理性法中的公理、体系或概念建构,只要不和康德的批判相矛盾,历史法学派便将之纳入实证法学研究的建构中去"③。甚至有学者认为历史法学派是"秘密的自然法学者"(crypto-natural-lawyers)。④ 卡泽尔也指出,历史法学派和它的名称只是部分地相符的,它追寻的不是历史而是体系的目标,即立基于古典时期的罗马法学为当代的法律服务。⑤ 施罗德也认为,历史法学派的概念、原则及体系虽然与18世纪的自然法不同,但近代的理性主义(Rationalismus)对其有决定性的影响。⑥

这里也体现了一种学术历史的连续性,历史法学派的法律方法中蕴含着体系化的目标,它延续了自然法学者的体系化思想,而他们的工作对象也同样是罗马法的遗产。

(一) 理念主义与法的内在体系

法国大革命时代的理性法学者将制定法视为唯一的法源,历史法学派反对这种法源观。⑦ 在萨维尼看来,法存在于民族的生活秩序之中,法是"民族的精神"而不是立法者意志的体现。在制定法与法的关系上,前者仅具有次要和补充的地位,并且制定法也是民族的精神的一个出口,而非立法者的意志。⑧ 与蒂堡相反,萨维尼认为,法律生活的统一应通过学者而不是立法来实现。⑨ 德国学者科英认为:"萨维尼从根本上(grundsaetzlich)而言,反对法典的制定。"⑩相反,德国学者Schlosser认为:"从根本上而言(grundsaetzlich),

---

① Jan Schröder, Recht als Wissenschaft, Geschichte der juristischen Methode vom Humanismus bis zur historischen Schule, Verlag C. H. Beck, München, 2001, S.191.
② Kaser/Knuetel, Roemisches Privatrecht. 19. Aufl., Verlag C. H. Beck, München, 2008, S.11.
③ [德]弗朗茨·维亚克尔:《近代私法史》,陈爱娥、黄建辉译,上海三联书店2006年版,第363页。
④ Dawson, The Oracles of the Law, William S. Hein & Co., New York, 1968, p.454.
⑤ Kaser, Der roemische Anteil am deutschen Buergerlichen Recht, JuS 1967, 338.
⑥ Jan Schröder, Recht als Wissenschaft, Geschichte der juristischen Methode vom Humanismus bis zur historischen Schule, Verlag C. H. Beck, München, 2001, S.270.
⑦ Helmut Coing, Europaeisches Privatrecht, Band: 2, 19. Jahrhundert, Überblick über die Entwicklung des Privatrechts in den ehemals gemeinrechtlichen Ländern, Verlag C. H. Beck, München, 1989, S.2, 41.
⑧ Jan Schröder, a.a.O., S 200.
⑨ Helmut Coing, a.a.O., S.17.
⑩ Helmut Coing, a.a.O., S.18.

萨维尼并不反对私法的统一化,在这一点上,萨维尼和蒂堡关于法典的争论并不处于互相反对的两个极端。"①这两种看似矛盾的观点,体现了历史法学派与法典的纠葛关系。法典作为制定法的一种,历史法学派是认可其存在的。从这一点来说,历史法学派不反对法典编纂。但从历史法学派的基本观点来看,法典作为制定法即使存在,也处于次要地位,其主要作用在于修正和确认习惯法。② 而历史法学派关于法的体系性的立场,为法典化铺平了道路。历史法学派的观点是发展的,对法典的态度也是变化的。③ 19 世纪中期,历史法学派发展为法学实证主义甚至进一步发展为法律实证主义,对法典的态度已完全转变,不再反对法典的制定。④ 法律的统一适用及避免漫无止境的学说分歧也是重要的现实原因。

萨维尼并没有回到日耳曼习惯法或中世纪以来的共同法,而主要是回到《国法大全》(Corpus Iuris),他意图在此发现法的科学体系。⑤

按照科英的理解,萨维尼视《国法大全》为仍然有效的制定法,而不是习惯法,共同法传统(die gesamte gemeinerchtliche Tradition)因此也仅仅是一种解释,而不是新的法律的发展。⑥ 不过,《国法大全》汇集了几乎无法概览的法律素材,并因此提供了几乎任意的学理建构可能。历史法学派对原始文献的选取几乎是任意的(ruecksichtslos)。⑦ 萨维尼所倡导的对未经"世俗化"的、纯粹的罗马法进行研究,可以在理念主义哲学下对罗马法进行体系建构。

萨维尼对法的体系化的追求,一方面通过以他的理念主义哲学背景为基础所建立的体系框架,另一方面通过对罗马法素材的加工处理。体系的形成在此是一个双向的过程。当然,这种双向的过程仅仅是在一种大的轮廓上能够成立。历史法学派对罗马法进行加工整理,推动具有个案决疑色彩的罗马法的概念化和体系化,而这项工作已经为理性自然法学者所开创,只是两者的哲学基础似乎并不相同。在 16 世纪,德国的学者已致力于克服"学说汇

---

① Hans Schlosser, Grundzuege der Neueren Privatrecht geschichte, C. F. Müller Verlag, Heidelberg, 10. Aufl., 2005, S. 144.
② Helmut Coing, a. a. O., S. 18.
③ Reinhard Zimmermann, Das Buergerliche Gesetzbuch und die Entwicklung des Buergerlichen Rechts, in: HKK, 2003, S. 7-8.
④ Schubert, die Entstehung der Vorschriften des BGB ueber Besitz und Eigentumsuebertragung—Ein Beitrag zur Entstengsgeschichte des BGB, De Gruyter Recht, Berlin, 1966, S. 7.
⑤ Rueckter 认为萨维尼的《当代罗马法体系》所关注的是当代的法源,并不局限于古典罗马法。
⑥ Helmut Coing, a. a. O., S. 45.
⑦ Wieacker, Pandektenwissenschaft und Industrielle Revolution, in: Juristen Jahrbuch 9. Bd., 1969, S. 12.

纂"的无序性而实现法的体系化。① 不过,与法国学者 Jean Domat 对《法学阶梯》富有勇气和创造力的解读相比,当时的德国学者比较忠实于《法学阶梯》的体系。② 在德国,毋宁是自然法学者通过对《法学阶梯》的批判性解读而致力于法的体系化。德国学者 Schwarz 说到,历史法学派的体系一方面是立基于《法学阶梯》,另一方面从自然法学者的体系发展出来。③ 萨维尼及其历史法学派所进行的民法体系化只是对之前的学者所进行的体系化的延续和发展。④ 相对于法国民法典,德国民法典的总则结构更多地体现了自然法思想对它的渗透。⑤

人们对萨维尼的理解也是随着时代而变化的。⑥ 虽然德国学者雅科布斯认为,萨维尼的法源学说源于罗马法经验,而与同时代的哲学理论没有关系。⑦ 人们倾向于认为,萨维尼的法源和私法自治理念受到康德哲学的影响。⑧ 德国学者 Rueckert 认为,萨维尼的法源观建立在"客观的理念主义"之上,康德的思想也仅是没有排除在外。⑨ 萨维尼并不是完全意义上的康德主义者。⑩ 按照拉伦茨的观点,费希特、谢林、黑格尔的理念主义均对萨维尼的法学观点发生影响。⑪ Rueckert 认为,无论康德还是黑格尔均可归入当时流行的德意志的"理念主义"(Idealismus),而与经验主义和怀疑主义相对。⑫ 这种理念主义,也即哲学上所谓的客观唯心主义。据此,法不再是立法者的任意,而是具有内在的体系性特征,是一种内在的理性和秩序,可以作为科学研究的对象。⑬ 历史法学派回避现实(Wirklichkeit)与理念(Verkunft)彼此互不相关的观念,与康德的二元的法律观不同。⑭ 现实存在的法在理念主义哲

---

① Schwarz, Zur Entstehung des modernen Pandektensystems, in: Rechtsgeschichte und Gegenwart, C. F. Müller Verlag, Heidelberg, 1960, S. 4.
② Schwarz, a. a. O., S. 5.
③ Schwarz, a. a. O., S. 7.
④ Wieacker, Griechische Wurzeln des Institutionensystems, SZ (Roem. Abt.) 70 (1953), 125.
⑤ 〔美〕艾伦·沃森:《民法法系的演变及形成》,李静冰、姚新华译,中国政法大学出版社1992年版,第178页。
⑥ Karl A. Mollnau, The Contributions of Savigny to the Theory of Legislation, 37 *Am. J. Comp. L.* 81(1989).
⑦ 〔德〕霍尔斯特·海因里希·雅科布斯:《十九世纪德国民法科学与立法》,王娜译,法律出版社2003年版,第18页。
⑧ Astrid Strack, Hintergründe des Abstraktionsprinzips, JURA 2011, 5.
⑨ Joachim Rueckert, a. a. O., S. 232 ff. Hans Schlosser, a. a. O., S. 151.
⑩ Joachim Rueckert, Savignys Dogmatik im "System", in: Festschrift fuer Claus-Wilhelm Canaris zum 70. Geburtstag, Verlag C. H. Beck, München, 2007, S. 1273.
⑪ Larenz, Methodenlehre der Rechtswissenschaft, 6. Aufl., Springer, Berlin, 1991, S. 19.
⑫ Joachim Rückert, Idealismus, Jurisprudenz und Politik bei Friedrich Carl von Savigny, Verlag Rolf, Gremer, Ebelsbach, 1984, S. 2.
⑬ Jan Schröder, a. a. O., S. 194.
⑭ Jan Schröder, a. a. O., S. 193.

学的视角下具有一种内在的体系性。

笔者以为,从萨维尼将主体意志支配作为私法的体系基础来看,并且基于他的民族精神的法源学说等,可以认可后人贴给萨维尼的客观理念主义标签。从法的外在表现形式来看,历史法学派的实在法体现为习惯法、科学法和制定法。习惯法相对于制定法具有本质性。习惯法又具体分为民族习惯法(Volksrecht)和法学家法(Juristenrecht),其效力建立在法的确信的基础之上,相反,长久的惯行是不需要的。① 施罗德认为,在习惯法之外还存在科学法和制定法,前者的效力建立在其真理性的基础上,而与法学家法建立在法的确信上不同。

在笔者来看,历史法学派的实在法是一个已经存在的"内在体系"。无论制定法、习惯法、科学法作为法源都仅仅是对它的表达,法律科学实际上在历史法学派的法源观中处于核心地位。

(二) 归纳逻辑与法的科学化

对于萨维尼的法学方法,德国学术界也存在不同的观点,这主要体现在其思想是否发生转变上。维亚克尔认为,萨维尼一以贯之地坚持了青年时期即已创立的方法。② 德国学者 Rueckert 认为萨维尼从青年就确立了他的"理念主义"。而拉伦茨则认为,萨维尼的法学方法经历了深刻的转变。③ 他特别对 Rueckert 的观点进行了反驳,坚持萨维尼早期持一种制定法实证主义(gesetzepositivistisch)立场的观点。④ 不过,他们对萨维尼后期的非制定法实证主义立场没有争议。在这种有限的共识之下,萨维尼的法学方法是什么呢?

雅科布斯将历史法学派(也即学说汇纂法学派)的方法称为实证主义,是一种法学实证主义而非制定法的实证主义。⑤ 这种法学实证主义视法律为法学的产物,也就是法律科学的产物,而法学是关于客观的概念规则的科学,法学家的任务是发现客观法律规则。法学与政治、伦理和经济方面的考虑不相关。在法学实证主义者眼中,法典无非是将法学实在法化。⑥ 法典的弊端在于可能无法客观地反映客观法,并且阻碍法学和法的发现和发展。萨

---

① Jan Schröder, a. a. O., S.194.
② 〔德〕弗朗茨·维亚克尔:《近代私法史》,陈爱娥、黄建辉译,上海三联书店 2006 年版,第 361 页。
③ Larenz, Methodenlehre der Rechtswissenschaft, 6. Aufl., Springer, Berlin, 1991, S.13.
④ Larenz, a. a. O., S.12, Fn. 2.
⑤ 〔德〕霍尔斯特·海因里希·雅科布斯:《十九世纪德国民法科学与立法》,王娜译,法律出版社 2003 年版,第 6 页。
⑥ 同上书,第 158 页。

维尼和历史法学派反对法典化的制定法,反对蒂堡以政治论点为基础的法典化主张,也就不足为奇。

历史法学派的法学方法论体现在历史法学派的旗手萨维尼的法学作品中。萨维尼的《当代罗马法体系》是其晚期作品,是以理念主义哲学作为思想基础,以逻辑的方法处理罗马法及其所处时代其他法源的作品。他所运用的方法也就是哲学的和历史的。他的哲学化方法也就是体系的方法,而体系作为整体连接着理念主义哲学。萨维尼塑造了私法中的主体、权利、物的基本概念。通过自由的主体与不自由的自然的区分,通过权利作为自由空间对不自由的自然及他人行为的支配,物权、债权都逻辑地呈现出来。但是,按照他的观点,毋宁是"法律制度"或者"法律关系"才是根本性的,从中导出具体的规则。① 所谓法律制度是一种从生活事实出发的观点,例如婚姻、所有权、合同这些社会事实,从中导出具体的规则和概念。这也是一种现在所谓的"事物的本质"的方法。② 而人们对之的把握是通过所谓的"直观",在直观与已形成的概念之间要有不断的"沟通"过程。③ 于此,萨维尼将规范与事实之间的联系建立起来。

不过,这里存在不一致的地方,就是理念主义如何与类型化的、直观的"法律制度"相协调? 也许诚如拉伦茨所言,萨维尼并没有解释如何在事实直观与法律规范之间循环往复。④ 对此,德国学者 Rueckert 认为,萨维尼的理念主义与生活直观之间是重合的(Doppelung),这与当时的理念主义的哲学背景是一致的。⑤ 这里涉及哲学问题的进一步考察。从民法上来看,萨维尼实际上开辟了潘德克吞法学的先河,他所建立的当代罗马法体系在私法部分实际上是一种概念体系,其后继者更是将这种概念体系发展到极致。⑥ 也就是说,法律制度作为生活事实或生活直观的观点被忽略了,而概念建构被发扬到极致。拉伦茨对此表示出惋惜,如果其后继者沿着萨维尼着眼于法律制度的方法行进,就不会走上为后世所诟病的"概念法学"之路。⑦

---

① Friedrich Carl von Savigny, System des heutigen römischen Rechts, Band 1, De Gruyter, Berlin, 1840, S.9.
② 按照 Rueckert 的观点,所谓经由法律所规范的生活关系的"法律",要在萨维尼的体系之内加以理解,他所指的法律并不是立法者的任意。参见 Joachim Rueckert, Savignys Dogmatik im "System", in: Festschrift fuer Claus-Wilhelm Canaris zum 70 Geburtstag, Verlag C. H. Beck, München, 2007, S.1286.
③ Larenz, Methodenlehre der Rechtswissenschaft, 6. Aufl., Springer, Berlin, 1991, S.14.
④ Larenz, a.a.O., S.15.
⑤ Steindl, Idealismus, Jurisprudenz und Politik bei Friedrich Carl von Savigny, NJW 1985, 1613.
⑥ Steindl, a.a.O., S.1613.
⑦ Larenz, a.a.O., S.15.

历史法学派追求并部分实现了法的科学化。① 按照德国学者 Rueckert 的说法："13世纪以来,虽经过自然法学派、评注法学派及现代运用的加工处理,但法律续造与法律演变上的严重判例化倾向,已经导致法律现状混乱不清,并且启蒙哲学所要求的法律的安定性也无从谈起。"②《国法大全》缺乏体系性,它着眼于实务问题的解决。德国学者 Huebner 指出,虽然经过注释法学派和评注法学派的整理,《国法大全》的判例化特征还是明显的。③《国法大全》并不是现代意义上的法典,它松散地汇集了不同时期的法律材料。④ 按照自然法学者的观点,它包含了太多的个案决定,甚至它只是法律的应用,而不是法律本身。⑤ 如何在卷帙浩繁的罗马法中实现逻辑体系的清晰化,是学术的目标。

萨维尼对罗马法的体系化可以说也在于清除这种法律的混乱状态。如上所述,历史法学派首先将实在法看作一个完整的具有内在理性的体系,在这样一个体系前提下,归纳和类推为具体的逻辑工具。在以理念主义哲学为基础的基本概念框架下,对罗马法进行加工整理就不再是那么困难,而是有章可循的事情。归纳作为一种逻辑手段,其科学性之前不被认同,但在世界统一于理念的整体性以及法的固有体系化思想的前提下,归纳逻辑的科学性大为加强,即通过将归纳所得的概念和规则再次置入其所在的体系中去,如果能够协调一致,则概念及规则的科学性和真理性能够成立。⑥ 然而,问题在于理念的整体性能否以及如何与概念形成协调。施罗德教授将此类比为一种"拼图游戏"。⑦ 所谓归纳,即如,从基于错误的买卖合同和遗嘱无效,推导出每一个基于错误的意思表示无效;或者从未成年人和精神病人的意思表示无效,推导出一个欠缺理性能力的人的意思表示无效。这样的结论在逻辑上存在问题,只有当所有的种概念都已知,才可以从种概念推导出属概念;我认识几个黄头发的瑞士人,不能得出结论,所有瑞士人都是黄头发。⑧ 不过,

---

① Jan Schroeder, Die deutsche Rechtswissenschaft des 19. Jahrhunderts: Theorie und Verbindungen zur Rechtspraxis, ZNR 28 (2006), 33-47.
② Joachim Rueckert, Savignys Dogmatik im "System", in: Festschrift fuer Claus-Wilhelm Canaris zum 70 Geburtstag, Verlag C. H. Beck, München, 2007, S.1263.
③ Heinz Huebner, Allgemeiner Teil des Buergerlichen Gesetzbuches, Springer, Berlin, 1996, S.48.
④ Helmut Coing, Europaeisches Privatrecht, Band: 2, 19 Jahrhundert, Überblick über die Entwicklung des Privatrechts in den ehemals gemeinrechtlichen Ländern, Verlag C. H. Beck, München, 1989, S.7.
⑤ Helmut Coing, a.a.O., S.8.
⑥ Jan Schroeder, Die deutsche Rechtswissenschaft des 19. Jahrhunderts: Theorie und Verbindungen zur Rechtspraxis, ZNR 28 (2006), 33-47.
⑦ Jan Schroeder, a.a.O., S.33-47.
⑧ Jan Schroeder, a.a.O., S.33-47.

19世纪的概念法学并不视其所得的原理为颠扑不破的,而仅仅是一个不断的试错程序。① 历史法学派对《国法大全》的案例汇总式的非法典化结构进行了加工处理和体系化。这种体系化是自然法学者工作的延续,并最终形成物债二分的潘德克吞学说体系。

三、小　结

罗马法具有非体系性的特征,是法学家对准个案问题的实践智慧的结晶。但罗马法是否为判例法存在疑问,基于法学家团体的存在和判决程式的延续,相同的个案裁判应具有一定的稳定性。罗马法是否存在形式意义上的判例法这一问题,不具有实质意义。在罗马法着眼于个案的解决方案中,存在一些内涵相对稳定的概念,加上罗马法段落化的构成方式,都为进一步体系化提供了可能性。

历史法学派以理念主义为哲学基础,以归纳逻辑为工具,对罗马法进行归纳整理,形成著名的潘德克吞体系。这种体系是德国民法典的立法基础。在民法典立法过程中,德国学者 Kindel 对这种经由立法而将某种科学体系法典化的做法表示怀疑,他说道:"没有立法者可以将某种学说体系法典化。"② 从实际情况而言,法典化在当时的历史条件下对于法律的统一有意义。法的外在体系化也有利于法的概览和规范结构的优化。

第二节　德国民法典的发展与判例拘束力

一、德国民法典的判例化发展

经由19世纪潘德克吞学派的学术化处理,具有个案色彩的罗马法最终体系化、法典化。但法的安定性与法律的发展是永恒的矛盾,法典面临法律发展及再次判例化的问题。德国民法典也在实际上经由判例而发生变革。那么,德国法如何处理法典与判决所确立的规则之间的关系?德国民法典是否排斥经由判决创设规则的存在空间?法典法能否容纳判例法的存在,两者的关系如何?

这些问题的回答对于理解法典本身有意义。在回答这些问题之前,应对

---

① Jan Schröder, Recht als Wissenschaft, Geschichte der juristischen Methode vom Humanismus bis zur historischen Schule, Verlag C. H. Beck, München, 2001, S. 253.
② Wilhelm Kindel, Das Recht an der Sache: Kritische Bemerkungen zum 3 Buche des Entwurfs eines bürgerlichen Gesetzbuches für das Deutsche Reich, Archiv für bürgerliches Recht, Bd. 4, Morgenstern Verlag, Breslau, 1890, Einleitung XI.

德国民法典立法之前判决的法律效力问题进行追溯。这里的问题是,德国民法典之前法院的判决的法律地位如何?它是否仅仅是一种法的适用,而不具有规范宣告的效力?德国民法典立法是否延续之前的法源传统,抑或在法典生效后判决的意义完全丧失?

(一) 德国民法典立法之前的判例拘束力

1. 判例作为法源的历史事实

如上所述,罗马法具有个案化色彩,罗马法本身能否作为判例法的问题可以探讨。《国法大全》对于判决效力的问题也有所涉及,但罗马法原始文献关于判例拘束的观点并不统一。按照 C.7,45,13 的规定,法官根据法律和公正判案,不受之前不正确判决的拘束;而 D.1,3,38 规定,相同案件的类似判决具有法律的效力。① 学者通过解释,将判例拘束力归入习惯法之中,试图消除这种矛盾。②

在 16 世纪,德国法院的判决具有法源的效力。按照当时的法律,对于疑难问题帝国最高法院(Reichskammergericht)③的"决定"(Entscheiden)具有普遍的拘束力。④ 先前判例对之后案件的拘束力是明确的。⑤ 在 18 世纪,帝国最高法院全体大会(Plenum)的决定具有普遍的效力,后来个别审判庭(Senate)的判决也具有这样的效力,并且个别审判庭之间的判决也不能互相违背。⑥ 当然,法院判决的拘束力是补充性的,不得与共同法或帝国制定法违背。帝国最高法院这两种决定形式的"先例效力"(Praejudizienbindung),即全体决定和个别审判庭的决定的先例效力,建立在相同的论据之上,即对相似的案件应同等对待。⑦ 帝国最高法院的先例实践建立在法律多元主义的背景之下,制定法作为主权者的意志的绝对优势地位尚未建立。⑧

2. 自然法思想对判例拘束力的反对

自然法学者对罗马法持批评态度,他们主张以普遍适用的一般法律规则

---

① Ulrike Muessig, Geschichte des Richterrechts und der Praejudizienbindung auf dem europaeischen Kontinent, ZNR 28 (2006), 79, 81.
② Ulrike Muessig, a.a.O., ZNR 28 (2006), 81.
③ 1495 年,德国成立帝国最高法院,又称为帝国枢密法院。Vgl. Odersky, 500 Jahre Reichskammergericht, NJW 1995, 2901.
④ Ulrike Muessig, a.a.O., ZNR 28 (2006), 83.
⑤ Ulrike Muessig, a.a.O., ZNR 28 (2006), 83.
⑥ Ulrike Muessig, a.a.O., ZNR 28 (2006), 85.
⑦ Ulrike Muessig, a.a.O., ZNR 28 (2006), 85.
⑧ Ulrike Muessig, a.a.O., ZNR 28 (2006), 86.

作为法的形式。① 启蒙运动的理性自然法将法律视为立法者的意志,这种制定法实证主义的观点自然也排斥法官判决的拘束力。法官造法的权限也与自然法学家权力分立的宪政理论相左。② 自然法学家试图通过将所有的法源汇集到一部体系性的法典中去,从而实现法律的统一性、明确性和稳定性。③ 判例被认为是模糊的,不清晰的,无法保证自然法学者对法的确定性的要求。法官仅仅是法律的适用者,不能在制定法之外创制规则。④

在自然法学者法律观的影响下,普鲁士普通邦法、奥地利民法典等法典被制定。判例拘束力似乎也湮没在这种理性的浪潮中。不过,两部法典均允许类推适用,甚至存在一种新类型的法源,"类推法"(Analogia iuris)。⑤ 它是否为法官法虽然没有明确,但作为在制定法之外发展出的一种法,其与法官法或者判例法有很大相似性。按照施罗德的观点,即使在19世纪历史法学派的法源观居统治地位的时期,法院的惯例(Gerichtsgebrauch)是否在制定法和习惯法之外,作为独立的法源存在,也是不太清楚的。虽然在19世纪上半期,法官判例作为法的观点很可能不成立,但是,在法官法、习惯法和法学家法之间的界限并不清晰,邦国的立法也可以明确法院的判例具有法的效力。⑥

3. 历史法学派的法源理论与判例拘束力

历史法学派对19世纪的德国民法学有决定性的影响,这也体现在判例拘束力的问题上。历史法学派将习惯法视为首要的法源,制定法仅处于次要地位。判例无法在制定法中存在自不必说,历史法学派的习惯法要么建立在民众的法的确信的基础之上,要么建立在学者观点的普遍性之上,而法官法似乎不在其中。在这种法源观中,判例法或者法官法没有一席之地。

德国有学者认为,历史法学派的实在法理论,没有给法官法留有空间,并不是私法的统一化和法典化取消了判例作为法源的可能性,问题的根源在于历史法学派的法源理论。⑦ 不过,这里似乎存在一定的不明确之处,施罗德教授一方面否定法官法的存在,另一方面指出其与习惯法及科学法之间界限

---

① Staudinger/Coing/Honsell (2004) Einl 43 zum BGB.
② 〔德〕诺贝特·赫斯特:《法律实证主义辩护》,袁治杰译,载《比较法研究》2009年第2期。
③ Ulrike Muessig, a. a. O., ZNR 28 (2006), 95.
④ Helmut Coing, Europaeisches Privatrecht, Band: 2, 19 Jahrhundert, Überblick über die Entwicklung des Privatrechts in den ehemals gemeinrechtlichen Ländern, Verlag C. H. Beck, München, 1989, S. 8.
⑤ Jan Schroeder, Recht als Wissenschaft, Geschichte der juristischen Methode vom Humanismus bis zur historischen Schule, Verlag C. H. Beck, München, 2001, S. 176.
⑥ Jan Schroeder, a. a. O., S. 198.
⑦ Ulrike Muessig, a. a. O., S. 97.

的模糊。如果法官法可以归入习惯法,则它事实上是存在的。当代德国学者通过将长期的判例所形成的裁判准则作为习惯法,来解释司法判决规范性的问题。① 这种解释具有一定的说服力,但还不能令人完全满意。

将法官法纳入习惯法,与法官法本身的界定是否能够一致,存在可探讨之处。法官法与习惯法还是不同的法律形式。在罗马法上,习惯法、制定法和法官的个案裁判也是区分的。申言之,法官的个案裁判对类似案件的拘束和在法官裁判基础上所可能形成的民众对法的存在的确信之间,存在差异。

4. 德国帝国法院判决的拘束力

虽然自然法学者和历史法学派反对司法判决作为法源的拘束力,但并没有改变法院的司法实践。在民法典之前,帝国法院(RG)虽然信奉制定法的拘束力,但它自信法律发现不是简单的归入过程,而是一种创造性的活动。② 它的法律发现方法是多元的,是以论证和说服力为中心的。德国帝国法院的判决具有连续性,这与之前的司法传统毋宁是一致的。实际上,民法典通过后,德国帝国法院的法官的裁判方法并没有因此而有特别的不同。③ 虽然法官更加注重法典条文的文义、目的和历史,但只是第一次世界大战所导致的社会变革似乎才给法院的裁判风格带来较大的变动。④

在德国联邦法院时期,德国的联邦法院的法官们专门出了一套民法典评注(RGRK),对帝国法院的相关民事司法裁判给予了特别的关注。这也体现了对民事司法裁判连续性问题的重视。无论如何,援引之前的类似判决作为论证的依据,这在帝国法院和联邦法院并没有不同。

(二) 民法典立法与判例拘束力

1. 德国民法典的实证主义性质

对于民法典与实证主义的关系,德国学理的争论"混乱不清"。这与后期历史法学派在法学实证主义与法律实证主义的关系上并不清晰有关。⑤ 在德国民法典立法之时,法律实证主义处于主导地位。⑥ 维亚克尔说道:"呼

---

① 〔德〕卡尔·拉伦茨:《德国民法通论》(上册),王晓晔、邵建东、程建英、徐国建、谢怀栻译,法律出版社2003年版,第16页。
② Mertens, Untersuchungen zur zivilrechtlichen Judikatur des Reichsgerichts vor dem Inkrafttreten des BGB, AcP 174 (1974), 333, 349.
③ Mertens, a.a.O., AcP 174 (1974), 333, 373.
④ Mertens, a.a.O., AcP 174 (1974), 333, 374.
⑤ 〔德〕霍尔斯特·海因里希·雅科布斯:《十九世纪德国民法科学与立法》,王娜译,法律出版社2003年版,第132页。
⑥ 〔德〕弗朗茨·维亚克尔:《近代私法史》,陈爱娥、黄建辉译,上海三联书店2006年版,第441页。

应(无漏洞与法官受法律严格拘束之)实证主义的理想,民法典是一种法典化,质言之,意欲对素材作终局穷尽的描述。借由严格的概念运用与全面放弃逐案决疑的方式,它达到值得称许的概观性与简洁性。"①卡泽尔也说到,总则的设立是封闭体系的一种外在体现,概念和制度都有它固定的位置。②

与此相反,有些学者认为德国民法典是非实证主义的。德国学者齐默尔曼指出,德国民法典并不在于穷尽每一个可以想到的个别情况并为此提供个别性的规则,它把很多问题的解决留给了学术。③ 他说道:"德国民法典虽然受潘德克吞法学的极大影响,但却不是教条的(doktrinaer)。立法者并不认为自己的任务在于,对于如合同、意思表示、损害、因果关系或违法性这样的概念进行定义,并且因此取消学术的讨论。"④他特别提到物权行为并非法律概念的问题:"对于法律上'正确'的设计(rechtige rechtliche Konstruktion)的问题——例如,履行仅仅是一个事实上的行为,还是需要一个合同,即履行与受领的意思明确的一致性约定——德国民法典也没有在法律上预先规定。"⑤

固然,德国民法典是代议制民主立法下的制定法,它的立法过程自然体现出它的法律实证主义面相。但是,从法典内容来看,它主要是将潘德克吞法学实证化,而潘德克吞法学所追求的是法学实证主义,是科学和客观的法,这种法的效力最终不在于主权者的意志。并且,法典起草者并没有也无法穷尽所有的民事规则,立法者也将诸多问题留给了法学。法典具有法学实证主义与制定法实证主义的双重性,相比之下前者更重要。无论如何,法律的发展是必然的。

2. 立法者对判例拘束力的观点

对于判例在民法典中地位的问题,追溯其立法过程,我们也许会有所启发。德国民法典第一委员会即面临判例拘束的问题,民法典第一草案第2条规定,习惯法仅在制定法对其援引时才有效。习惯法的效力基本上是被排除了。不过,草案第1条为法律漏洞的填补提供了类推,以及在缺乏类推条款的情况下诉诸法秩序中的精神(Geist)的解决办法,并因此为一个灵活的

---

① 〔德〕弗朗茨·维亚克尔:《近代私法史》,陈爱娥、黄建辉译,上海三联书店2006年版,第456页。
② Kaser, Der roemische Anteil am deutschen buergerlichen Recht, JuS 1967, 340.
③ HKK/Zimmermann, Vor § 1, Rn. 20, 21.
④ HKK/Zimmermann, Vor § 1, Rn. 20, 21.
⑤ HKK/Zimmermann, Vor § 1, Rn. 20, 21.

(beweglich)体系至少开了一扇门。① 草案的规定经历了激烈的讨论。民法典第二委员会删除了该条款,多数意见认为,法律解释与类推是并列的概念,而草案没有规定法律解释,类推也是不必要的。② 第二委员会相对于第一委员会更强调准确性的优点,而尽量避免概括性条款。③ 最后,限制法官造法权限的观点取得了胜利。法典无漏洞的要求(Totalitaetsanspruch)与严格的概念和体系化思想相一致,法典化思想与法学实证主义联合,法官对法的发现被排除了。④

不过,按照德国学者科英和 Honsell 的观点,在德国民法典公布时期对法官发展法律的理论和实践的情况,需要新的研究,那种通常的观点,即严格的实证主义和法律无漏洞的教条,可能并不符合实际。他们认为,至少材料表明,德国民法典的制定者从来没有相信法典的无漏洞性,并且通过法学和判例进行的法的发展是被认可的。⑤ 民法典第二委员会乐于将法官的续造活动归入习惯法中去。⑥

从立法过程中关于法源的争论来看,习惯法或类推等没有成为法典的规则,民法典也没有关于法源的规定,民法典的条文中也缺乏明确授予法官造法的权限。但是,民法典无漏洞的观点在当今无疑少有追随者。德国民法典是法学实证主义的产物,而并非主权者可以任意贯彻某种价值理念的肆意。并且,德国学者也认为,以法学实证主义的科学的立场看待德国民法典,有助于认清法与制定法关系的历史,并且有助于冷静对待民法典的修订。⑦ 相反,争论德国民法典是否为法律实证主义的实际意义有限,通过学理、判例和修法对民法典进行发展和续造是活生生的现实。

(三) 判例与德国民法典的发展

德国民法典颁布后不久的时间内,法官对法律的发展就开始了。在民法典没有生效之前的 19 世纪末,就有学者将制定法与法官关系的问题,以与主流理论完全不同的方式提出来,法典生效以后,自由法运动成为这个问题的

---

① Heinz Huebner, Kodifikation und Entscheidungsfreiheit des Richters in der Geschichte des Privaterechts, Peter Hanstein Verlag, Königstein, 1980, S. 56, 57.
② Heinz Huebner, a. a. O., S. 60.
③ Heinz Huebner, a. a. O., S. 66.
④ Heinz Huebner, a. a. O., S. 67.
⑤ Staudinger/Coing/Honsell (2004), Einl 204 zum BGB.
⑥ Staudinger/Coing/Honsell (2004), Einl 204 zum BGB.
⑦ [德]霍尔斯特·海因里希·雅科布斯:《十九世纪德国民法科学与立法》,王娜译,法律出版社 2003 年版,第 159 页。

标志性表达。① 不过,自由法学派的观点不在于否定法官受制定法约束,其所主张的毋宁是在制定法存在漏洞的情况下,法官不是从法典寻找而是经由自由决定对法律漏洞进行填补。② 同时,相对于涵摄的裁判逻辑,法官的法律创造被强调。甚至在 1906 年,有学者倡导以英美法法官形象为导向的司法改革。③ 自由法运动并没有取得明确的成果,取代它的是方法论相对明确的利益法学。④ 利益法学同样是法典概念逻辑的反对者。

学术界对于民法典拘束力的激烈讨论,对司法实务产生影响。维亚克尔认为,民法典生效以后的一段较短时间以内,出于对新法典权威的敬畏,德国帝国法院对自身的权限的限制是比较严格的,之后由于货币贬值等剧烈的社会变动,法院谨慎地担当起发展法律的职责。⑤ 德国联邦最高法院更是在宪法的授权和鼓舞下,以相较于帝国法院更积极的姿态介入到法的续造中去。甚至仅仅从法典文本中,人们已经无法看清德国民法的实际状况。法典并没有束缚法官的创造力,这毋宁是生活本身,而非法官或者立法者的意愿所决定的。

有德国学者在研究了德国法院民事裁判后甚至认为,虽然民法典立法导致法院判决更多地诉诸文义、目的和历史,但帝国法院的判决风格并没有立即因为民法典的通过而有显著的变化。⑥ 齐默尔曼甚至指出,法院并没有受到民法典的制约,它沿着之前的传统在维持法的统一和续造的道路上继续前行。⑦ 按照 Hubner 的说法,概念法学的方法从未在法院的实践中贯彻。⑧ 他同时引用 Esser 的观点说,概念法学的构想(Konstruktion)经常仅仅是作为从权利和事实关系(Rechts-und Sachverstaendnis)出发而作出的判决事后合法化(lege artis)的手段。⑨ 有学者指出,德国民法典的规范已经不能与 1900 年的民法典同日而语了,这即使是在立法没有介入的领域也是如此。⑩ 德国学者 Horn 说:"情况总是这样,当人们要解决一个特定的法律问题时,仅仅查看

---

① Staudinger/Coing/Honsell (2004), Einl 205 zum BGB.
② Staudinger/Coing/Honsell (2004), Einl 205 zum BGB.
③ Staudinger/Coing/Honsell (2004), Einl 205 zum BGB.
④ Staudinger/Coing/Honsell (2004), Einl 205 zum BGB.
⑤ 〔德〕弗朗茨·维亚克尔:《近代私法史》,陈爱娥、黄建辉译,上海三联书店 2006 年版,第 480 页以下。
⑥ Mertens, Untersuchungen zur zivilrechtlichen Judikatur des Reichsgerichts vor dem Inkrafttreten des BGB, AcP 174 (1974), 333, 374.
⑦ HKK/Zimmermann, Vor §1, Rn17.
⑧ Heinz Huebner, Allgemeiner Teil des Buergerlichen Gesetzbuches, Springer, Berlin, 1996, S. 57.
⑨ Heinz Huebner, a. a. O., S. 57.
⑩ Coing/Honsell, in: Staudinger/Eckpfeiler (2008), S. 38.

法律条文是不够的。只不过,百年来重心在判决和学者的文献间存在摆动。"①德国学者 Otto 指出,20 世纪前半叶,人们还主要是在一般条款中寻找法官发展法律的依据,20 世纪后半叶,人们已经冲破条文文义的拘束而实现法律的发展了。② 可见,判例对德国民法的发展及判例的法律地位是不容忽视的,潘德克吞体系仅是德国民法典的部分现实,而且还受到司法裁判规则的洗礼。

二、与判例发展相协调的民法体系

(一) 法官法作为法源的现实性

德国法院的司法判决在多方面对民法典的制度进行发展,法院的判决也为其他司法裁判所援引,判决的权威性是毋庸赘言的。在德语法学圈对于法院判决的法源地位问题有很多不同的观点,判决的事实说、规范说、中间说等均有论者。③ 很早就有德国学者认可判决的法源地位。德国主流学说认为,司法判决虽然有事实上的拘束力,但与英美法上的先例不同,没有法律上的拘束力。④ 判决是法律认识的来源而非法源,它与学术著作和法典评注没有区别。这种传统的观点不断遭到学者的挑战,人们试图证明,德国的司法判决也具有法的拘束力,英美法的先例制度与德国法的判决拘束力仅仅有程度上的差异。判例作为法源的问题在法学方法的讨论上是一个没有完全解决的问题。⑤

无论如何,德国法院尤其是最高法院的司法裁判具有权威性,是否作为形式上的法源相反倒是次要问题。司法裁判不但被援引,而且为之后的司法裁判所尊重,德国联邦最高法院的判决更是具有权威性。其原因在于,稳定的司法裁判代表了法院对于同类法律问题的观点,这里存在所谓的信赖保护原则。司法实务界对判决的倚重使法院也不能轻易背离之前判决的观点。与之前的裁判偏离的判决也需要特别的法律论证和理由支持,这对于法官而言无疑也是一种麻烦和风险。虽然基于民主和法治的形式原则,判决的效力不能与制定法的效力同日而语,但判决有法的效力,可以在事实上排除制定法的拘束。判决拘束力的根源在于同等情况同等对待的原则,而这要求之前

---

① Horn, Ein Jahrhundert Bürgerliches Gesetzbuch, NJW 2000, 40.
② Sandrock Otto, Das Privatrecht am Ausgang des 20 Jahrhunderts-Deutschand-Europa-und die Welt, JZ 1996, 4.
③ Franz Bydlinski, Hauptpositionen zum Richterrecht. , JZ 1985, 149.
④ Stuerner, Der hundertste Geburstag des BGB-nationale Kodifikation im Greisenalter? JZ 1996, 750.
⑤ Ansgar Ohly, Generalklausel und Richterrecht, AcP 201 (2001), 2.

的同类判决为后来的判决所遵守,这与英美法上的所谓的"遵循先例"原则具有同样的事理逻辑。有德国学者比较了德国的判例拘束和美国法上的"先例原则"后认为,两者的差别并没有表面上的那么大,甚至在与美国法的比较上可以发现,判决在德国法上也具有规范性的效力。① 在美国法上,严格的先例拘束也并非现实。② 正如有学者指出的,两大法系的差别更应从法的发展历史寻找。大陆法系的概念主义和体系化思想是两者的差别所在。③ 然而,在"教义学已死"的夸大其词之下,大陆法系的概念逻辑经历着司法实用主义的洗礼。就笔者所见,德国法院的司法裁判所进行的法律论证,对于形式上的法源与法律认识的来源的区分也并不严格。

当今已经没人怀疑制定法漏洞的存在,三权分立以及法官严格受制定法约束的观点已经被超越,法官不仅仅是法律的适用者而同时对于法的形成和塑造有重要影响的观点为很多学者所认同。④ 德国联邦最高法院也不断地表示,法官对于法的塑造有积极的功能,法官不仅仅是法的适用者,法不仅仅是制定法,法官法与制定法都是一种法的存在形式。⑤

对此,仍有德国学者从制定法拘束的角度进行反思。传统的制定法实证主义观点仍然有很大的市场,它完全不认可判决的法源地位,这与民主观念和法治国原则不符。从传统的法治国立场出发,在法律没有明确规定的情况下,也应回到历史上的立法者立场进行法的续造,而不是采纳所谓的客观解释原则,客观解释所宣扬的科学主义不过是法官自由裁量的"借口"。⑥ 基于此,有人不断重申,德国事实上已从民主法治国转化为司法国(Richterstaat)。⑦ 批评者认为这言过其实,虽然法官可能无法摆脱前理解,但他不能按照自己的主观意志恣意解释或发展法律。⑧ 将法官的角色锁定为制定法的侍者不符合现实情况,法官不是涵摄机器,他在法律发现中发挥创造性的作用。在制定法之外承认可能与制定法相冲突的法(Recht)的存在,以及法官并非毫

---

① Imre Zaitjay, Begriff, System und Praejudiz in den kontinrntalen Rechten und im Kommon Law, AcP 165 (1965), 103. Ansgar Ohly, Generalklausel und Richterrecht, AcP 201 (2001), 19.
② Imre Zaitjay, a. a. O., AcP 201 (2001), 19.
③ Imre Zaitjay, a. a. O., AcP 201 (2001), 19.
④ MüKoBGB/Säcker, 5. Aufl., 2006, Rn. 66. Karl Larenz, Entwicklungstendenzen der heutigen Zivilrechtsdogmatik, JZ 1962, 109. Stuerner, Der hundertste Geburstag des BGB-nationale Kodifikation im Greisenalter? JZ 1996, 750.
⑤ MüKoBGB/Säcker, 5. Aufl., 2006, Rn. 68.
⑥ Ruethers, Methodenreakismus in Jurisprudenz und Justiz, JZ 2006, 53, 60.
⑦ Ruethers, Methodenreakismus in Jurisprudenz und Justiz, JZ 2006, 53, 60. Ruethers, Richterrecht im Diskurs Zugleich eine Buchbesprechung, RabelsZ 79(2015), 142, 161.
⑧ Guenter Hirsch, Auf dem Weg zum Richterstaat? Vom Verhaeltnis des Richters zum Gesetzgeber in unserer Zeit. JZ 2008, 853, 855.

无例外地遵从制定法,也是法治国的内涵。① 据此,所谓的司法国只是法治国的具体化或者说是法治国的一部分。

虽然法官法存在诸多争议,现实情况是法官在立法之外进行法律发展是显然的事实。② 对于法律工作者而言,忽视相反的、稳定的判决观点而单纯从制定法作出咨询或决定将导致法律责任。③ 在此,不仅仅是制定法的漏洞,甚至明确的制定法文义也不再是法官法的界限。德国基本法承认在制定法之外的法的存在,也为联邦最高法院发展法律和法官法提供了正当性基础。④ 德国联邦最高法院的法官们也一直"宣传"法官造法的合理性。拉伦茨以科学主义的态度持法的客观主义解释原则,为法官发展法律提供了方法论上的基础,他的方法论为很多法官所信奉。德国联邦宪法法院的判决更是在法官与制定法约束之间进行了大的跨越,直接将自己置于立法者的位置进行论证。⑤ 制定法约束甚至也仅是法官个案论证的一个重要因素而已。

(二) 判例拘束与民法外在体系

判例拘束涉及与体系化的民法典的关系的问题。判例拘束对于民法典的意义可以在两个方面提出。首先,判例作为法源意味着民法典所规定的制度被补充、修正和废弃,这导致民法制度的发展和演变,在判例对法律发展的情况下,人们不能仅从法典的条文来展开对德国民法的理解。民法的法源具有成文法和非成文法相结合的特征。其次,判例拘束的更深远的意义在于对民法典理解的转变。如上所述,封闭的、抽象的概念体系排斥判例对法律的发展,承认判例制度的存在意味着一种反体系性。体系性的法教义学和立基于个案的司法实用主义处于一种相互调和的紧张关系之中。⑥

在判例作为事实上的或法律上的法源与体系化的民法典之间存在紧张关系。这种紧张关系需要通过方法论上的创新加以缓解,而这自然涉及对民法典理解和定位问题。体系化的民法典排斥判例拘束,它要求裁判从民法典的规范中推导出来,涵摄模式与法典无漏洞是相互统一和协调的。相反,判

---

① Guenter Hirsch, Auf dem Weg zum Richterstaat? Vom Verhaeltnis des Richters zum Gesetzgeber in unserer Zeit. JZ 2008, 853, 854.
② Ruethers, Richterrecht im Diskurs Zugleich eine Buchbesprechung, RabelsZ 79(2015), 142, 161.
③ Franz Bydlinski, Hauptpositionen zum Richterrecht, JZ 1985, 149, 152.
④ Guenter Hirsch, Auf dem Weg zum Richterstaat? Vom Verharltnis des Richters zum Gesetzgeber in unserer Zeit, JZ 2008, 853, 854.
⑤ Moeller, Nachvollzug ohne Maßstabbildung: richterliche Rechtsfortbildung in der Rechtsprechung des Bundesverfassungsgerichts, JZ 2009, 668.
⑥ Winfried Hassemer, a. a. O., ZRP 2007, 213.

例制度及判例拘束具有反体系特征,个案的解决本身与体系无关。判例拘束或法官法在无漏洞的法典体系假设下没有存在空间。德国学者认为,经由判例所发展起来的法律制度自始欠缺外在的体系性,它与民法典制度只能通过民法典的抽象条款、法律关系的内在结构等建构出内在的、价值上的统一性。①

判例的生长也意味着对民法外在体系及其方法的颠覆。在个案中法的发现不是单纯的归入模式,它甚至是一种有待进一步澄清的复杂过程。② 这里人们会想到所谓的法律论证理论,以及价值权衡的方法论,常识性的思维在法律发现中的意义也不可忽视。也不乏有德国司法实务界的人士(如Wolfgang Zeidler)宣扬一种反方法的思维,认为每一个案件都有独特的方法。③ 从人的行为和思维方式出发,应当认为法官在裁判中也是有限理性的。有人将法官的裁判比喻为拉小提琴,以标榜法官在规则约束下进行裁判的创造性。④ 这固然是生动形象的,但人类的思维活动可能与拉小提琴存在不同。法官的思维方式应当是伴有启发式的思维方式,法官要在多种解决方案中进行权衡取舍,影响他们的可能有具体法律规则、习惯、公平正义感、伦理观念甚至个人偏见。单纯的归入法或涵摄模式固然是人类的一种思维方式,但它过于简化以至于不能反映裁判过程的本质。基于裁判方法上的反思,也不必追求严格概念逻辑的法典模式。

(三) 价值多元性与民法外在体系

判例拘束对于民法外在体系的解构作用也体现在民法价值多元性的问题上,判例制度所采取的实用主义的、反体系性的个案思维与价值多元主义是协调的。而民法典的基本出发点是历史法学派和潘德克吞法学在意志理论背景下的自由主义,私法自治在法律行为以及主观权利理论的配合下,造就了价值一元主义的民法基本出发点。⑤ 甚至罗马法也渗透着私法自治思想。萨维尼在关于意思表示理论的阐述中也曾说道:"唯一重要的和真实的是意志本身。"⑥当事人意思表示本身成为合同效力的判断依据,只要当事人

---

① Larenz, Entwicklungstendenzen der heutigen Zivilrechtsdogmatik, JZ 1962, 109.
② Winfried Hassemer, Gesetzesbindung und Methodenlehre, ZRP 2007, 213.
③ Ruethers, Methodenrealismus in Jurisprudenz und Justiz, JZ 2006, 54.
④ Guenter Hirsch, Auf dem Weg zum Richterstaat? Vom Verharltnis des Richters zum Gesetzgeber in unserer Zeit, JZ 2008, 853, 857.
⑤ Christian Badlus, Roemische Privatautonomie, AcP 210 (2010), 3.
⑥ Savigny, System des heutigen römischen Rechts, 1840, Band 3, S. 258. Jens Petersen, Privatautonomie und ihre Grenzen, JURA 2011, 184.

的意思表示真实合同就是有效的,特别是客观等价性对于合同效力的判断不具有重要性。① 对当事人主观意志的看重也体现在物债二分的问题上,物权和债权作为一种主体的意志支配,贯彻着意思自治的基本逻辑,主观权利理论是对它的最好说明。财产权利的变动唯当事人的意思表示本身具有决定性,而交付或登记也只是当事人自由意志的外在形式,是处分意思表示的外在载体。对于私法自治的主导地位,19世纪的理性自然法思想和自由主义传统对当时的民法理论无疑发生影响。而所有权自由也是民法典时代的自由主义和个人主义价值观的写照。② 毋庸置疑,当事人自由决定私人事务也涉及民法的根基。③ 私法自治作为民法的基本价值无疑是应当认同的。

然而,民法中不可能仅有一种价值具有绝对的优先性,民法也需在整个社会的多元价值中维持一种平衡。当今,私法自治仍然是民法的基本思想基础。在合同效力问题上,仍然是当事人的意思表示本身具有重要性,而不是形式、原因或对价。④ 但是,意思自治原则也受到诸多的限制。⑤ 在意思表示解释问题上,主流学说采取一种接近规范主义的客观解释原则,当事人的内心主观意思反而不具有重要性。人们也至少认为,主观权利并不是民法体系构建的唯一工具,法律关系或法律制度是重要的替代。⑥ 德国民法典的内在价值体系具有可建构性,法典为价值多元留有接口和解释的空间。在当代的民法理论上,诚实信用原则、权利不得滥用原则、实质公正理念对民法问题解决有实质意义。至于与法律行为相伴而生的信赖保护原则、客观等价原则等更是对私法自治的一种限制。⑦ 虽然客观等价原则不影响合同的有效性,并且原则上等价性不是合同效力的考虑因素。⑧ 但在司法裁判的作用下,在德国民法典第138条第2款和第1款的解释空间内,客观等价原则和实质公平原则重新成为民法的重要观念基础。⑨ 自维亚克尔以来,卡纳里斯等也在强

---

① Zimmermann, das roemisch-kanonische ius Commune als Grundlage europaeischer Rechtseinheit., JZ 1992, 19.
② Martin Wolf/Ludwig Raiser, Sachenrecht, Mohr Siebeck Verlag, Tübingen, 1957, S.5.
③ Flume, Allgemeiner Teil des Bürgerlichen Rechts, 2 Band. Das Rechtsgeschäft, 4. Aufl., Springer, Berlin, 1992. S.1.
④ Zimmermann, *The Law of Obligations Roman Foundations of the Civilian Tradition*, Oxford University Press, 1996, p.559.
⑤ 〔德〕迪特尔·梅迪库斯:《德国民法总论》,邵建东译,法律出版社2000年版,第143页。
⑥ 同上书,第64页。
⑦ 〔德〕迪特尔·梅迪库斯:《德国民法总论》,邵建东译,法律出版社2000年版,第358页。
⑧ Staudinger/Otto (1995), Vorbem zu §§ 32-322 Rn.7.
⑨ Zimmermann, das roemisch-kanonische ius Commune als Grundlage europaeischer Rechtseinheit., JZ 1992, 19.

调,私法的实质化是 19 世纪以来德国民法发展的重要主线。① 甚至在德国现代的损害赔偿法中,也要贯彻惩罚性的"非私法"价值,预防性的观念在民法中也不乏存在。民法对公共利益的保护更是不可否认的现实。多元的民法价值理念无法保证一种稳定的外在体系,民法外在概念所蕴含的价值必然处于冲突之中,需要在制度及个案层面进行协调、平衡,这要求一种可变的、动态的、灵活的民法体系,这是严格限定的概念体系所无法承担的。因而,判例拘束与民法外在体系的严格性之间存在矛盾,后者无法在价值多元性的民法"内在体系"下维持。

在历史上,经由形式逻辑所建构的外在体系曾经是一种学术上的追求,这是法学的学术性或科学性所在,个案争议的解决在此具有次要的地位。这种学术追求所致力的封闭体系无法实现,但这不意味着外在体系毫无价值,外在体系对于法的概览有意义,没有外在的表现形式法也无可概览的存在,判例制度作为一种法的表现方式,其可概览性恰恰是不足的。在这个意义上而言,抽象的概念语句所表现出来的外在的民法典有它的实际意义。拉伦茨说道:"发现个别法规范、规则之间,及其与法秩序主导原则间的意义脉络,并以得以概观的方式,质言之,以体系的形式将之表现出来,乃是法学最重要的任务之一。"②外在体系的建构仍然是最重要的民法任务,只是抽象的概念体系的方法已经不再有效,这里存在概念及其功能的更新。③ 对此,拉伦茨认为,学术的任务在于建构出具有实质内容的概念和体系,并对经由一般条款所形成的案例进行类型化的把握,这是对法官法的一种学术上的限制。④ 他在所著《法学方法论》中,宣传功能取向的概念和类型化的法律方法。拉伦茨所提到的法学家对法官法的学术限制作用至关重要,这里涉及法学的功能及法学家相对于法官及法官法的优越地位问题。

(四) 法典与判例相协调的民法体系

面对法律发展对传统法典价值的颠覆,民法典的存在意义遭到怀疑。⑤ 人们甚至提出,在个别法规范与判例相互作用下的开放的民法体系的问题,这在英美法上有典型的表现。不过,施蒂尔纳教授认为,这种所谓的开放的

---

① Bernhard Jakl Handlungshoheit, Die normative Struktur der bestehenden Dogmatik und ihrer Materialisierung im deutschen und europäischen Schuldvertragsrecht, Mohr Siebeck, Tübingen, 2019, S. 1.
② 〔德〕卡尔·拉伦茨:《法学方法论》,陈爱娥译,商务印书馆 2003 年版,第 316 页。
③ Larenz, Entwicklungstendenzen der heutigen Zivilrechtsdogmatik, JZ 1962, 109.
④ Larenz, a. a. O., JZ 1962, 110.
⑤ Stuerner, Der hundertste Geburtstag des BGB-nationale Kodifikation im Greisenalter? JZ 1996, 741.

民法体系缺乏法的可概览性,而对于民法这样的法律现象而言,可概观的、外在的法的存在形态,尤其在成文法传统下是不能拒绝的。既然封闭的、抽象的概念体系的民法典无法实现,也不值得追求,一种将民法规范以可概览的方式汇集在一起的法典模式,就是值得倡导的法典模式。① 实际上,实用主义的法律方法和法律体系并不是一种新鲜事物,当年耶林正是以一种实用主义的姿态来展开对概念法学的批判。② 而且,实用主义与开放体系并不矛盾。相对于概念演绎的封闭体系,开放的民法典具有实用主义的特征。

开放的民法典体系与概念化的、抽象化的法典体系相对,后者在一定的哲学背景下,试图对整个民法的体系作全面的、封闭的塑造,不是生活中的事理结构和价值判断,而是概念逻辑的演绎发挥决定性的作用。相反,作为现实中的法规范整理的汇编式的民法典不过分强调民法典的哲学基础,放松概念逻辑的规范效力,强调民法规范内在的一般法律思想和价值判断的重要性,这里一般条款和具有实质内涵的概念是形成体系的工具。③ 开放的民法典中的法条更多的是存储法律理由的工具,它不排斥甚至支持律师、法官等法律适用者在个案中对法律理由的权衡和论辩。也就是说,法典法是法律论证的工具,法律的适用过程不排斥决疑术。法律论证既不以涵摄模式为出发点,也不是非理性主义的自由法学。④ 除制定法外,学说、司法裁判以及法律理由等证成裁判的都是广义上的法源。⑤ 在此,我们或许可以同意英美法学家的说法,当立法理由或法律理由消失,则法律也不复存在。⑥ 在法的发现的问题上,开放的法典拒绝采取一元主义的单向归入模式,而主张多元的法律论证理论,甚至常识性的、去方法论化的法律发现方法在一定程度上也是现实。有德国学者也指出,法官的法律发现过程至今仍然具有实用主义的神秘性。⑦ 无论如何,法官、律师等法律职业共同体成员在参与法的续造方面的能动作用有足够的空间。当然,法律共同体成员参与法律的发现和续造,应当尊重和发扬法的安定性价值,而不是任凭法官的主观专断肆意发挥。

开放的民法典不意味着不进行外在的概念和体系建构。只不过,外在体系建构的价值仅在于将法表现出来,而不是将法塑造出来,这样的体系不要求概念之间的严格界定,当然,这不意味着完全放弃既有的民法概念,这是不

---

① Stuerner, a.a.O., JZ 1996, 750
② Larenz, Methodenlehre der Rechtswissenschaft, 6. Aufl., Springer, Berlin, 1991, S.43.
③ Larenz, Entwicklungstendenzen der heutigen Zivilrechtsdogmatik, JZ 1962, 110.
④ 〔德〕乌尔弗里德·诺伊曼:《法律论证学》,张青波译,法律出版社2014年版,第2页。
⑤ 同上书,第15页。
⑥ 〔美〕凯斯.R.孙斯坦:《法律推理与政治冲突》,金朝武、胡爱平、高建勋译,法律出版社2004年版,第150页。
⑦ Hassemer, Gesetzesbindung und Methodenlehre, ZRP 2007, 213, 218.

能实现的。然而,概念本身不再是决定性的标准,物权和债权的区分也仅仅是一种法律现象。物权和债权虽然具有体系划分的意义,但这不排斥中间形态的存在。实际上,德国学者梅迪库斯早就指出外在体系的建构仅仅具有次要的意义,他在对准诉讼的思想指引下提出的请求权基础理论,是对传统的概念化的民法体系的一种颠覆。① 虽然他主要还是从法学教育的角度出发的,但外在体系的价值如果在法学教育中也仅具有次要的地位,它在司法实务中的价值就更是次要的。更何况,法学教育所展现出来的法的状态,与法本身的理解性的存在也应具有很大的重合性。梅迪库斯也指出,相对于萨维尼以来的绝对权与相对权划分的体系建构而言,以请求权与抗辩(Einrede)为骨架的法律观(Gesetzfassung)应当具有优越性。② 罗马法具有对准诉讼的特征。③ 实际上,考虑采取对准纠纷和诉讼的罗马法式的法律方法、以纠纷解决为中心的立法观,而不是理念主义和概念体系式的法典观念,是法典编纂理念上的重要问题。

在开放的民法体系下,由于并非严格的概念逻辑在发挥绝对的支配作用,法典与判例毋宁是一种相互补充和发展的关系,立法通过一般条款和价值原则授权判例进行法律发展,判例补充、更新法典规范的缺漏和不足;判例将民法的抽象制度具体化、细化,立法将成熟的判例制度法典化,如此往复。判例和法典的关系处于永恒的相互作用的循环中,法律教义学与法律实用主义应维持彼此协调的关系。这实际也是德国民法发展的现实状况,德国学者比较德国法与英国法在立法与判例关系上的不同后认为:"立法与判决之间的对话(Zwiesprache)是德国法律文化特别的优越性所在。"④德国联邦最高法院也说道:"毫无疑问,在任何时代现实的法是制定法和法官法的混合,并且司法裁判中的法与制定法从未完全重合。法官法的存在并非是否、而是一个程度的问题。"⑤在立法之外承认判例的拘束力,意味着法典本身的转变,而法典与判例的互动也是法律发展的必然。

有学者颇为不满地指出,在潘德克吞时代的科学实证主义和20世纪的

---

① Medicus, Anspruch und Einrede als Rueckgrat einer zivilistischen Lehrmethode, AcP 174 (1974), 313.
② Medicus, Anspruch und Einrede als Rueckgrat einer zivilistischen Lehrmethode, AcP 174 (1974), 324.
③ 〔德〕孟文理:《罗马法史》,迟颖、周梅译,商务印书馆2016年版,第73页。
④ Holger Fleischer/Frauke Wedemann, Kodifikation und Derogation von Richterrecht, AcP 209 (2009), 598, 627.
⑤ BGH NJW 1967, 816. MüKoBGB/Säcker, 9. Auflage, 2021, Einleitung, Rn.79.

制定法实证主义潮流过后,法官法作为法源的时代已经开启。① 不过,他认为,法教义学(Dogmatik)而不是法官法才应当是获取法律规则的源泉。② 这实际涉及法律学者与法官的分工和相互关系的问题。罗马法学家的解答曾具有法源的地位,但法学理论在当代主权国家中缺乏法源的权威性。相对于制定法和法官法而言,法学承担的更多是学术性的功能。也就是说,法学在法官法与制定法相互的矛盾冲突中,发挥批判、总结和体系化的作用。另外,萨维尼关于法源的学说在此仍具有重要性,法学家对裁判观点的批判功能是法学的基石,而法学的体系化功能也是科学性的基础。古罗马法学家杰尔苏将法学或法定义为善良与公正的技艺。③ 这也仍极具重要意义。如上所述,在法官个案的法律发现中,制定法、先例、学说等都是法律论证的渊源,所谓的正式法源和非正式法源的区分,与任何事物一样有它的相对性。

基于上述,发现或发展出一种继承性和包容性兼具的法典体系具有重要性。而本书试图作出这样的尝试,这种尝试在民法较为重要的财产法领域展开。应当说,德国民法典体系化的重要功绩即在于财产法的物债二分,而这种绝对的物债二分的形成、发展以及扩展空间就是本书试图探索的对象。

第三节 本章小结

德国民法的发展是法的稳定性与灵活性矛盾的体现。罗马法本身是一个法的发生和发展的过程,蕴含着私法不断适应个案裁判的基因。19世纪的潘德克吞学者将罗马法体系化,潘德克吞体系成为德国民法典的框架。民法典并非一成不变,新的规则和制度在民法典之外产生,德国法在不断发展。封闭的概念体系不具有超越时代的说服力,它表达的是过往时代的观点。德国民法有很多值得借鉴之处,但仅仅看到法律的稳定性是不够的,发展地看待德国法要求我们看到德国民法典的变动性,抽象的概念体系不是德国法的全部现实。

德国民法典是制定法与判例法矛盾的体现。罗马法具有判例法的色彩,在外在表现形式上是非体系化的。19世纪的德国学者对罗马法进行了体系化处理,经过他们的概念建构和学术加工,非体系化的罗马法具有了外在的

---

① Picker, Richterrecht oder Rechtsdogmatik-Alternativen der Rechtsgewinnung? —Teil 1, JZ 1988, 1.
② Picker, Richterrecht oder Rechtsdogmatik-Alternativen der Rechtsgewinnung? —Teil 2, JZ 1988, 75.
③ 〔意〕彼得罗·彭梵得:《罗马法教科书》(2017年校订版),黄风译,中国政法大学出版社2018年版,第5页。

体系性。在这个意义上可以说,德国民法典从判例法发展而来。德国民法典的制定没有阻碍判例对法律的发展,德国的帝国法院和联邦法院在司法裁判中创制新的规则和制度。判决作为法源有事实上甚至法律上的拘束力。制定法和判决都是德国法的法源。

从法律的发展和法源的角度,民法典无法维持体系的严格性,体系必须保持开放,司法判决必然不断地对立法的规范进行补充、细化甚至改动,立法也需对司法中的规则进行确认和更正,法典与判例的互动关系是持续性的。法典的规则作为多元价值的载体,应对法的可概览性起到积极作用,法官在个案中对法的创制功能亦不应否定。法的外在体系与承载具体法律理由的个案裁判规则之间的紧张关系始终存在,民法的体系只是组织法律规则宏观架构,它不应无限延伸,而是应当与具体法律规则之间维持相对的独立,方能维持外在体系的存在和正当基础。

私法的发生和发展来自生活,通过哲学方法对具有历史性的法律素材进行体系化的方法,有简单化的好处,但普适永恒的概念结构既是对过往的剪裁,也造成对未来的强制。德国法的形成和发展已经表明法律与生活事实之间的互动关系。制定法与生活世界之间的沟通,经由法官和学者的媒介,倒是普遍的事实。开放的民法体系是值得倡导的模式,在制定法规范与判例相互作用关系中的民法秩序才是一种真实、有效的"存在"。

德国物法具有较强的法定主义色彩,且被认为维持了相当的稳定性。但也必然处于与司法裁判和生活世界的互动和发展中。笔者将基于上述判断展开对德国物法体系的讨论,这里的结论毋宁也需要在物法具体的制度实践中检验。笔者并试图基于物法的历史与发展"构造"出开放的物法体系。

第二章　有体物概念与德国物法体系的形成

第一节　盖尤斯《法学阶梯》中的物法体系

自从欧洲民法体系化进程的开始,将物上法律关系作为一个独立的部分就已经是一个平常的现象。① 按照德国学者 Wieling 的观点,自成一体的物法可以追溯到罗马法。盖尤斯将他的教科书分为三部分,第一部分包括人格法和家庭法(personae),第二部分包括物法和继承法(Sachen-und Erbrecht),第三部分为债法(诉讼)。19 世纪的潘德克吞学派在历史法学派的导引下,对这个体系进一步发展,并添加了一个总则。② 当然,更为直接的可能是优士丁尼的《法学阶梯》。艾伦·沃森说到,现代民法典在结构上和内容安排上直接与优士丁尼的《法学阶梯》一脉相承。③ 我国学者对盖尤斯《法学阶梯》和优士丁尼《法学阶梯》做了对比,并且分析了两者在内容和体例上的不同。④ 但是,盖尤斯的《法学阶梯》体系有开创性意义,优士丁尼《法学阶梯》同样采纳了盖尤斯人法、物法与诉讼法的体系,并且同样区分有体物和无体物,它为近代欧洲各国的民法典奠定了体系的基础。⑤ 另外,按照"引证法"(Zitiergesetz)盖尤斯《法学阶梯》作为罗马市民法的来源(Quelle),在后古典罗马法时期广为传播。⑥ 无论如何,从德国民法典体系化进程来看,对盖尤斯《法学阶梯》的理解和批判是一个重要的阶段。⑦ 那么,潘德克吞学派对盖尤斯《法学阶梯》的体例进行了怎样的发展？物的概念对于物法的独立性有什么意义？

从盖尤斯《法学阶梯》开始,物在民法体例划分上的意义就凸现出来,他

---

① Staudinger/Seiler Einl 1 zu §§ 854 ff.
② Wieling, Sachenrecht, 5. Aufl., Springer, Berlin, 2007, S 1.
③ 〔美〕艾伦·沃森:《民法法系的演变及形成》,李静冰、姚新华译,中国政法大学出版社 1992 年版,第 110 页以下。
④ 徐国栋:《从盖尤斯〈法学阶梯〉到优士丁尼〈法学阶梯〉:代序言》,载《优士丁尼〈法学阶梯〉评注》,北京大学出版社 2011 年版,第 15—20 页。
⑤ Kaser/Knuetel, Roemisches Privatrecht, 19., Aufl., Verlag C. H. Beck, München, 2008, S. 27.
⑥ Bastian Zahn, Einführung in die Quellen des römischen Rechts., Jura 2015, 448, 454.
⑦ Wieacker, Griechische Wurzeln des Institutionensystems, SZ (Roem. Abt.) 70 (1953), 125.

的《法学阶梯》分为人、物、诉讼三编,而物分为有体物和无体物,无体物主要是债、用益、继承等。潘德克吞学派对这种含义过于宽泛、逻辑不清晰的物的概念,是持否定意见的。① 海瑟(Heise)将他的教科书分为五编,他的体例为萨维尼所采纳。在萨维尼看来,法律关系的本质是个人意志独立支配的领域,而法律关系的客体为不自由的自然和他人。② 而不自由的自然不能作为一个整体为我们所支配,我们只能支配其有特定空间限制的部分,这种有限的空间范围称为物。③ 在萨维尼的理论体系中,物被限定在有体物,其为物权的客体。物的有体性与绝对所有权的概念相呼应,物的概念与物法的独立性存在一体性的关联。正是将物限定在有体物才解决了盖尤斯物法体系过于庞杂的问题,将物限于有体物一方面排除了物法体系中的异质因素,另一方面实现了物法的独立和纯粹。可见,从学术史的角度而言,对盖尤斯体系中物的概念的纯化是物法独立性重要的一环。

德国学者说到,18 世纪的物法在立法和理论上仍然是混乱的局面,对于物权的本质特征、体系划分及功能同样不清晰。④ 奥地利民法典与法国民法典作为自然法思想影响下的民法典,其对于物、债关系的处理仍然是不清晰的,是这种现实的最好反映。以萨维尼为代表的历史法学派学者及其后继者的理论体系实现了物法体系的清晰性,这一方面在于对物权本质的界定,另一方面也与有体物的限定联系在一起。实际上后者的意义甚至更为关键,它与对流传下来的罗马法素材的理解和整理有关,甚至前者也建立在后者的基础之上。正是对《法学阶梯》物法体系的改造,排除无体物,才实现物法体系的独立和纯粹。

从《法学阶梯》体系到潘德克吞体系的发展,也就是物债二分的形成,固然与理念主义哲学有关,但物债关系涉及罗马法解读的问题,而物法体系的封闭性以及对知识产权等新财产法律现象的排除,也值得探讨。这些需要从法律史的角度梳理和把握。

德国民法典的物债二分以及物法的独立体系,是潘德克吞法学从古典罗

---

① Staudinger/Seiler Einl 2 zu §§ 854 ff.
② [德]萨维尼:《当代罗马法体系 I——法律渊源·制订法解释·法律关系》,朱虎译,中国法制出版社 2010 年版,第 260 页。
③ Savigny, System des heutigen Roemischen Rechts (1840) Band I, Buch 2, 331. Wiegand, Numerus clausus der dinglichen Rechte. Zur Enstehung und Bedeutug eine zentralen zivirechtelichen Dogmas, in: Festschrift für Kroeschell, Peter Lang Verlag, Frankfurt am Main, 1987, S.631.
④ Wiegand, Numerus clausus der dinglichen Rechte. Zur Enstehung und Bedeutug eine zentralen zivirechtelichen Dogmas, in: Festschrift für Kroeschell, Peter Lang Verlag, Frankfurt am Main, 1987, S.630.

马法发展出来的。而《法学阶梯》的体系框架影响深远,甚至作为罗马法的"第一个"体系化的作品,它的三分法体系,即人法、物法和诉讼法,奠定了主、客体世界以及权利实现的逻辑结构,对实体法与诉讼法关系的处理和物债关系都有重要意义。潘德克吞体系正是在继承和发展《法学阶梯》体系的基础上形成的。甚至英美法也可以从《法学阶梯》体系中找到最初的体系基础。① 鉴于优士丁尼《法学阶梯》与盖尤斯《法学阶梯》的渊源关系,以及有体物与无体物区分的相似性,本书聚焦在盖尤斯《法学阶梯》特别是有体物与无体物的分类及体系意义。

在盖尤斯的《法学阶梯》体系中,物的概念分为有体物和无体物。这一分类不是无关紧要的,它在《法学阶梯》的物法体系中具有核心的重要意义。② 后世学者也正是从广义的物的概念出发,或者建立广义的物法体系,或者将广义的物法体系拆分为物法、债法和继承法。虽然对人诉讼与对物诉讼对于物债关系的逻辑基础可能有较大的影响,但是,单纯基于对人诉讼与对物诉讼的区分,还无法对法律进行体系化处理,而物的概念本身则涉及法律材料的组织,盖尤斯《法学阶梯》本身所蕴涵的体系逻辑对于物法体系的逻辑组成则是基础性和决定性的。

无论如何,对于德国民法典物法体系形成的考察,不能忽视《法学阶梯》的重要性。基于民法形成和发展的历史性,对于德国民法典物法体系的采纳或批判,也要从《法学阶梯》中寻求灵感和启示。

一、《法学阶梯》"物"法体系的解读

如上文所述,罗马法欠缺外在的体系性。按照卡泽尔的观点,罗马法也欠缺内在的体系性,虽然它在古典时期受到希腊哲学的浸染。③ 盖尤斯的《法学阶梯》体系在罗马法的"混乱局面"中是一种例外,他将所有的法分为人法、物法和诉讼法。

按照有学者的观点,这一著名的三分法④体系不仅为优士丁尼的《法学阶梯》所采纳,同时也作为优士丁尼整个法典体系的精髓,即《法学阶梯》作

---

① Stephen P. Buhofer, Structuring the Law: The Common Law and the Roman Institutional System. Swiss Review of International and European Law., 5/2007, pp. 703-741. http://www.szier.ch/index.php? id=70(2018 年 8 月 21 日访问)。
② Hans Kreller, Res als Zentralbegriff des Institutionensystems. SZ 66 (1948), 572, 599.
③ Kaser/Knuetel, Roemisches Privatrecht, 19. Aufl., Verlag C. H. Beck, München, 2008, S.20, 22, 28.
④ 罗马法学者 Stein 指出,在罗马法的某个时期,"一分为三"曾经是流行的分类方法。S. Peter Stein, "The Development of the Institutional System", in: Hrsg. Peter Stein Studies in Justinian's Institutes in memory of J. A. C. Thomas, London: Sweet & Maxwell, 1983, S.156.

为 Codex 和 Digest 的精简版,后两者的内容已经(被假定)在《法学阶梯》中存在。① 优士丁尼把他的《国法大全》作为统一的整体,而《法学阶梯》作为它的总则,虽然与德国民法典的抽象概念体系不同,但也被赋予决定法典体系的作用。② 当然,对此也有不同的观点。据说 Martin Avenarius 即认为,优士丁尼的《法学阶梯》与《国法大全》的《学说汇纂》相比具有相对的独立性,《法学阶梯》的独立体系在欧洲继受罗马法过程中发挥了决定性(praegend)的影响力。③ 从事实来看,可能这种观点更易于为人们接受。无论如何,盖尤斯《法学阶梯》所提供的物的分类以及三分法体系对于欧洲民法体系化有基础性的重要意义。

盖尤斯《法学阶梯》体系是西欧民法体系化及法典化的开端和基础。法国学者在《法学阶梯》的基础上构建了法国民法典的体系基础。人们认为,法国民法典继受了较多的罗马法。不过,按照持有潘德克吞世界观的德国学者的说法,法国民法典非常不幸运(nicht gluecklich),它不仅背离了《法学阶梯》体系,也背离了法国的主流学说,当时的法国学说也是物债二分的。④ 法国的人文主义者虽然从《法学阶梯》出发,但大胆地背离了《法学阶梯》的体系。⑤ 无论如何,《法学阶梯》是重要的一环,它是法国民法典的体系基础,特别是法国民法典保留了广义的物的概念。对于德国民法典与《法学阶梯》的关系,通常认为两者是不同的体系,三分法和五编制是不同的,物的分类和物法体系也是不同的,德国民法典的物债二分是区别于法国法的重要特征。但是,按照德国学者 Kupisch 的观点:"《法学阶梯》体系与潘德克吞体系密切相关,或者更准确地说:潘德克吞体系也是从《法学阶梯》体系中发展出来的。"⑥潘德克吞体系不是无中生有,而是《法学阶梯》的传承和发展。

那么,潘德克吞体系如何从《法学阶梯》体系中发展出来,物的概念在这个体系的延续和重构中起到何种作用? 可以想象,既然物债二分是德国民法

---

① Behrends, Die Institutionen Justinians als Lehrbuch, Gesetz und Ausdruck klassischen Rechtsdenken, in: Corpus Iuris Civilis, Text und Uebersetzung I Institutionen, Behrends, Knuetel, Kupisch, Seiler. 1. Aufl., C. F. Müller, Heidelberg, 1990, S. 272.
② Behrends, a. a. O., S. 272.
③ Anna Seelentag, Hermeneutik der Quellentexte des Römischen Rechts: Symposium am Institut für Römisches Recht der Universität zu Köln, 16.-17. Juni 2006., SZ 124 (2007), 728.
④ Kupisch, Zur Wirkungsgeschichte der Institutionen, in: Corpus Iuris Civilis. Text und Uebersetzung I Institutionen, Behrends, Knuetel, Kupisch Seiler. 1. Aufl., C. F. Müller, Heidelberg, 1990, S. 286.
⑤ Schwarz, Zur Entstehung des modernen Pandektensystems, in: Rechtsgeschichte und Gegenwart, C. F. Müller Verlag, Karlsruhe, 1960, S. 5. 陈颐:《16 世纪法国人文主义法学与法律科学的体系化》,载何勤华主编:《多元的法律文化》,法律出版社 2007 年版,第 457—477 页。
⑥ Kupisch, a. a. O., S. 293.

典的典型特征,而物的概念尤其是物的分类在《法学阶梯》中是如此引人注目,则物的概念对于潘德克吞体系中的物债二分必然是关键的问题。

(一)盖尤斯体系的"形式主义"解读

德国学界对盖尤斯在古典罗马法中的学术地位褒贬不一,《法学阶梯》的真假也是怀疑的对象。德国学者卡泽尔认为,盖尤斯不过是一个二流的法学教师,他的作品仅仅是一种初级读物。[1] 他认为,批评者所认为的,盖尤斯不是一个古典主义者的观点,是值得赞同的。[2] 相反,德国学者弗卢梅对此表示反对,他认为虽然盖尤斯的《法学阶梯》与古典时期的作品"风格迥异",甚至《法学阶梯》也未被同时代的法学家援引,但盖尤斯作为古典主义者是不容否定的。[3] 古典主义法学家的作品也是多样的。[4] 从盖尤斯所处的时期、地位和作品内容而言,罗马法学者一般还是认同其古典法学家地位的。[5]

所谓古典罗马法,正如古典主义的通常含义,表达的是罗马法在古典时期所达到的学术水准,是罗马辉煌时期的罗马法经典。古典主义法学家也即具有代表性的罗马法经典文献的作者,他们的作品仅有小部分得以流传下来,大部分作品都被优士丁尼《国法大全》过滤掉。[6] 基于此,它也在相对于经《国法大全》所改写的罗马法原始文献的意义上表达其存在性。古典罗马法之所以是经典的,在于它的高超水准和对后世的权威性。[7]

对于古典罗马法的存在,德国罗马法学者没有争议。但对于古典罗马法的内涵,以及罗马法古典时期的划分,则有不同的观点。[8] 以罗马法学者舒尔茨、卡泽尔等为代表的传统观点认为,罗马法的古典主义时期即帝政(Prinzipate)时期。[9] 古典主义的罗马法一方面与前古典主义的古罗马法相对,另一方面也与后期世俗化的罗马法相对,被认为是罗马法发展的高峰,其

---

[1] Kaser, Gaius und die Klassiker, SZ 70 (1953), 129.
[2] Kaser, a. a. O., SZ 70 (1953), 176.
[3] Flume, Die Bewertung der Institutionen des Gaius, SZ 79 (1962), 1.
[4] Ulrich Manthe, Geschichte des Römischen Rechts, 3. durchgesehene Auflage, Verlag C. H. Beck, München, 2007, S. 89.
[5] Ulrich Manthe, a. a. O., S. 89.
[6] Ulrich Manthe, a. a. O., S. 87.
[7] Fritz Schulz, Geschichte der roemischen Rechtswissenschaft., Duncker & Humblot, Berlin, 1961, S. 117 ff.
[8] Wolfgang Kaiser/Andreas McDougall, Klassisches Recht, in: Examinatorium Rechts-geschichte, Verlag Franz Vahlen, München, 2008, S. 343.
[9] Kaser/Knuetel, Roemisches Privatrecht, 19. Aufl., 2008, Verlag C. H. Beck, München, S. 3. Fritz Schulz, Geschichte der roemischen Rechtswissenschaft, Duncker & Humblot, Berlin, 1961, S. 117.

又分为前期、中期和后期。① 德国学者对于古典罗马法在具体分期以及圈子范围问题上是有争议的。按照维亚克尔的观点,古典主义并不是一个时间的概念,它不意味着一种时间上的严格划分,古典主义之所以与前古典主义和后古典主义罗马法相对,主要是文献意义上的文化(literarische Kultur)概念。② 古典主义的特征相对于时间分期更为重要。③

在此,贝伦茨提出了不同的理解方式,值得关注。他在罗马法受希腊哲学影响的意义上阐述古典罗马法,即古典罗马法受到斯多葛哲学和怀疑主义哲学的影响而丰富和发展。④

1. 盖尤斯作为非古典主义者

按照德国学者 Kunkel 的观点,古典罗马法是古典主义法学家的法学作品。古典主义者在古典时期也仅仅是一种小团体,大部分其余的法学家不能算作真正的古典主义者。⑤ 卡泽尔对这种观点表示同意,他提到,古典主义者仅在圈子范围内写作,他们的作品是写给那些向裁判官、皇帝、当事人提供专家意见的同类法学家的,这些作品没有体系性。

盖尤斯的作品在写作风格上与古典主义法学家不同,他基于教学的目的进行了体系化处理,从这一点来看,它是非古典主义的。⑥ 虽然盖尤斯生活的年代属于罗马法的古典时期,但盖尤斯是古典时期的非古典主义者。而从内容本身来看,盖尤斯作品对法律问题的表达有时水准很高,有时则不那么高,人们明显地可以在盖尤斯的作品中分辨出古典主义和非古典主义两种倾向。⑦ 这种内容上的不同尤其也体现在盖尤斯对概念及体系的建构上,人、物的对立,以及将物划分为有体物和无体物,这在古典主义的、非体系性的作品中是没有的。

基于这些理由,卡泽尔等学者认为盖尤斯不是古典主义者。

---

① Kaser/Knuetel, Roemisches Privatrecht, 19. Aufl., 2008, S. 2 ff. Waldstein/Rainer, Roemische Rechtsgeschichte, 10. Aufl., Verlag C. H. Beck, München, 2005, S. 260 ff. Wieacker, Über das klassische in der römischen Jurisprudenz. In: Wieacker, Vom Römischen Recht. Mohr Siebeck Verlag, Tübingen, 1950, S. 161ff.
② Wieacker, a. a. O. S. 161.
③ Mayer-Maly/Honsell, Rechtswissenschaft: Eine Einführung in das Recht und seine Grundlagen, 6. Aufl., Springer, Berlin, 2015, S. 193.
④ 〔德〕马克斯·卡泽尔、罗尔夫·克努特尔:《罗马私法》,田士永译,法律出版社2018年版,第6—7页。
⑤ Kunkel, Herkunft und soziale Stellung der roemischen Jutisten, 1967, S. 375 ff, s. Kaser, Gaius und die Klassiker, SZ 70 (1953), 129.
⑥ Kaser, Gaius und die Klassiker, SZ 70 (1953), 131 ff.
⑦ Kaser, a. a. O., SZ 70 (1953), 129, 135.

2. 盖尤斯作为古典主义者

如上所述,德国学者弗卢梅认为盖尤斯仍然是古典主义者。① 这主要体现在他对盖尤斯体系与经由体系所组织的材料之间关系的问题的判断上。从盖尤斯所使用的材料来看,它是来源于古典时期的法,这已经可以说明盖尤斯是古典主义者。而同时代的法学家不引用盖尤斯的作品不能说明盖尤斯的学术水准不高,原因在于,着眼于个案解决的法学家们不必援引一部教材。这也体现在盖尤斯与其他法学家作品的不同风格上,所谓的经典的古典主义者如萨宾(Sabinus)和杰尔苏(Celsus)的作品主要是集中在个别案件和个别问题的阐述上,是非体系性的。②

盖尤斯之所以是古典主义者,也体现在他对概念的使用和体系的建构上。弗卢梅区分了教义学的概念(dogmatischer Begriff)和阐释性概念(Darstellung sbegriff),与现代的潘德克吞体系不同,盖尤斯对概念的使用仅仅是为了对当时的法律进行阐述或表达,而不是为了从概念中推导出规范和体系。就是说,盖尤斯所使用的概念不决定法的实质内容,而仅仅是对法的阐述的一种辅助。弗卢梅说道,在盖尤斯看来,并不存在所谓的合同法(Kontraktsrecht),而只存在所谓买卖法、租赁法、要式买卖法(Stipulation)等,因为盖尤斯是一个古典主义者。③

盖尤斯的这种古典主义与非古典主义之争,是从不同角度出发的。实际上,卡泽尔和弗卢梅均认可盖尤斯的《法学阶梯》中的内容可以作为古典主义法的认识来源。卡泽尔虽然说盖尤斯不是古典主义者,但同时也认为关于盖尤斯的对立观点之间的区别并非不可调和,盖尤斯也是对当时有效的法进行阐述,他对古典主义的偏离是有限的,从实质内容来看,盖尤斯的作品中所体现出来的仍然是古典主义的法。④ 而弗卢梅说盖尤斯是古典主义者,也是在对盖尤斯体系中的概念成分和古典主义法的实质内容进行区分的基础上提出的,概念仅仅是为了阐述古典时期有效的法,这些概念及体系对法本身没有型塑的功能。从《法学阶梯》所展现的内容来看,盖尤斯是古典主义法学家。

弗卢梅的观点对于理解盖尤斯体系中物的概念以及有体物与无体物的分类有影响。显然,在这种观点之下,物的概念以及有体物与无体物的分类,仅仅具有外在的、形式性的意义,对于具体的制度构成没有价值。同时,既然这种形式性的物的概念及其分类并非古典罗马法所固有,则其来源成为问

---

① Flume, Die Bewertung der Institutionen des Gaius, SZ 79 (1962), 20 ff.
② Flume, a.a.O., SZ 79 (1962), 20 ff.
③ Flume, a.a.O., SZ 79 (1962), 22.
④ Kaser, Gaius und die Klassiker, SZ 70 (1953), 178.

题。对此,德国学者之间存在争议,有观点认为这种区分来源于语法学(Grammatik),有观点认为这种区分并非来自语法学,而是来自于希腊哲学。① 卡泽尔则既提到语法学也提到哲学的影响。② 无论如何,这里存在用其他学科的知识来处理法律材料的问题。

3. "形式主义"观点下的物的概念

如果不从实质的角度来对物的概念及有体物与无体物的分类进行理解,则这些概念的实际价值自然有限,它不影响罗马法的实质内容,人们甚至可以批评,这种对罗马法材料的组织方法是不合逻辑的。

卡泽尔说道:"为了让这种基于人、物、诉讼的三分法能够成立,他不得不采用一种非常广的物的概念。"③这种与"人"相对的"物"的概念,应理解为权利客体(Rechtsobjekt)。"为了能够让这种广义的物的概念有用处,他立即区分了有体物和无体物。"如上所述,卡泽尔对盖尤斯体系并不抱有积极的评价,在物的概念及其分类的问题上,他认为这种基于教学目的的区分没有什么实际的用处。④ 他说道:"这种广义的物的概念没有实际的价值。"⑤ 显然,如果物的概念及其分类仅仅是从其他学科借用过来,并用于对罗马法的阐释,这种关于物的分类的价值的观点是有合理性的。

按照卡泽尔的观点,盖尤斯将有体物与所有权等视同观,而有体物与作为权利的无体物不应处于同一层面,有体物也仅仅是权利的客体。因此,这种区分的逻辑是不合理的。卡泽尔对盖尤斯体系的批评实际与他对罗马法的整体观点相一致,他的罗马法教科书认为,在罗马法古典时期,所有权、债与当今的概念没有根本的差异。⑥ 卡泽尔认为,罗马法对 ius 有时在客观法的意义上使用,有时也在主观权利的意义上使用。⑦ 罗马法中已经存在主观权利的概念,"在对人诉讼中,债权(主观权利)隐藏在诉讼中,所有权作为主观权利,作为对物诉讼的基础,具有广泛的内容:它包括所有的对物支配的权限,诉权仅是其中之一"⑧。罗马法上存在所有权的概念,是卡泽尔明确的观

---

① Wieacker, Griechische Wurzeln des Institutionensystems, SZ 70 (1953), 93, 95, 112, 113.
② Kaser/Knuetel, Roemisches Privatrecht, 19. Aufl., Verlag C. H. Beck, München, 2008, S. 27.
③ Kaser, Gaius und die Klassiker, SZ 70 (1953), 142.
④ Kaser/Knuetel, Roemisches Privatrecht, 19. Aufl., Verlag C. H. Beck, München, 2008, S. 104.
⑤ Kaser, Gaius und die Klassiker, SZ 70 (1953), 143.
⑥ Kaser/Knuetel, Roemisches Privatrecht, 19. Aufl., Verlag C. H. Beck, München, 2008, S. 119, S. 171.
⑦ Kaser/Knuetel, a. a. O., S. 29.
⑧ Kaser/Knuetel, a. a. O., S. 40.

点:在罗马法古典时期,所有权一方面与占有相区分,另一方面与他物权相区分,这与德国民法典上的所有权概念没有不同。① 不过,他同时认为,罗马法是非体系性的,是着眼于个案的。② 卡泽尔的观点面临罗马法的法源与概念逻辑的协调问题,受到潘德克吞体系的影响。

虽然卡泽尔认为物的概念没有实际价值的观点为弗卢梅所认同,但他对卡泽尔的观点持否定的态度。弗卢梅说到,物的概念作为辅助性的阐释性概念,本就不应有实际的价值,他批评卡泽尔及其他学者没有摆脱潘德克吞体系的观点来看待物的概念,在罗马法上并没有主观权利这样的概念,人们不能用主观权利甚至物债二分的观点来对有体物和无体物的区分进行解读。③ 罗马法上存在有体物,也存在无体物,因为后者是无体的,所以就叫作无体物。④ 有体物和无体物的分类并不是对物的概念的进一步限定,这里不存在教义学意义上的有体物与无体物的上位的物的概念。弗卢梅认为,有体物和无体物的分类作为盖尤斯体系的基础,是成立的。⑤

可见,虽然两位罗马法学者对盖尤斯体系中的古典主义因素均持肯定态度,并且均对物的概念及有体物与无体物的分类的实际价值持否定态度,但两者对盖尤斯体系中物的概念及分类的解释,仍然是完全不同的。不严谨地讲,我们可以将其区分为潘德克吞式解读和非潘德克吞式解读两种,卡泽尔对盖尤斯体系持批评的、消极的评价,其原因部分在于按照他的观点,罗马法古典时期已经存在物债二分,而盖尤斯作为后期古典主义者,没能很好地反映这种划分,至少他将物与所有权等同是有问题的。他从"古典罗马法"出发来批评盖尤斯的体系,认为其不符合古典罗马法的物债二分。卡泽尔的观点给人的感觉有些矛盾,他一方面认为,罗马法没有体系性,另一方面认为古典罗马法中存在物债二分。而弗卢梅的解读至少没有这样的问题,但古典主义罗马法本身是否为物债二分则又需要再追问,而这可能又要回到卡泽尔的古典罗马法的解读。

(二) 盖尤斯体系的"实质主义"解读

1. 罗马法上的物与主观权利

对盖尤斯体系的实质解读,意味着将盖尤斯所使用的概念与罗马法的具

---

① Kaser/Knuetel, a. a. O., S. 119 ff.
② Kaser/Knuetel, a. a. O., S. 28.
③ Flume, Die Bewertung der Institutionen des Gaius, SZ 79 (1962), 24.
④ Flume, a. a. O., SZ 79 (1962), 25.
⑤ Flume, a. a. O., SZ 79 (1962), 23.

体制度相联系。物的概念具有教义学意义上的建构性。物的概念及有体物和无体物的分类,不仅仅是一种组织材料的工具,而是一种与制度构成相关的法律概念。这种观点的最大支持理由在于,罗马法没有主观权利的概念,与有体物结合的所有权只能是有体物本身,而债、遗产和限制物权则仅仅是无体物。① 从罗马法没有主观权利的概念,得出有体物与无体物分类合理性的观点,是否意味着物的概念具有实质的制度构成价值,处于不确定之中? 如上所述,弗卢梅即认为有体物与无体物的分类虽然具有事理上的正当性(sachgerecht),但这种分类对于法的存在和构成本身没有意义。换言之,盖尤斯的概念是阐释性的。

物的概念及其分类是否与法律上的概念和制度构成有关,可以有不同的观点。人们可以认为,盖尤斯体系中的广义的物的概念与"所有"的观念联系在一起。这体现在,罗马人有时也将他物权作为一种所有,例如后古典时期尤里安将用益权称为"dominium am ususfrutuctus"。② 至于 dominium 本身,人们可以认为这不是主观权利,而是一种非体系化概念意义上的"所有"(haben)的观念。③ 普赫塔也认为,盖尤斯体系是从这种广义的所有观念出发的。

从概念的实质解读出发,有体物和无体物分类的意义也应体现在其制度构成上,就是说这些概念也和盖尤斯体系中的具体制度相联系,而不仅仅是用于组织材料。在盖尤斯的体系中涉及无体物的段落主要有:Gai, 2.12, Gai, 2.14, 是关于有体物和无体物的概念和分类的; Gai, 2.17, Gai, 2.19, Gai, 2.28、29, 是关于无体物的转让的; 还有就是 Gai, 4.139, 是关于占有和准占有保护的。④ 有学者指出,罗马法的无体物制度主要和地役权制度有关。⑤ 对于罗马法上的有体物及无体物的分类及其意义,地役权是一个非常重要的制度,它既和物的概念也和占有的概念相联系。对此,德国学者贝伦茨和意大利学者 Bretone 又有不同的解读。

---

① Coing, Zum Geschichte des Begriff „subjektives Recht", in: Das Subjektive Recht und der Rechtsschut der Personlichkeit, Wolfgang Metzner Verlag, Frankfurt am Main, 1959, S. 8 ff.
② D 7.6.3., Haedicke, Rechtskauf und Rechtsmaengelhaftung. Forderungen, Immaterialgueterrechte und sonstige Gegenstaende als Kaufobjekte und das reformierte Schuldrecht, Mohr Siebeck Verlag, Tübingen, 2003, S. 20.
③ Dubischar, Ueber die Grundlagen der schulsystematischen Zweiteilung der Rechte in sognannte absolute und relative. Ein dogmengeschichtlicher Beitrag zur Lehre vom subjektiven Privatrecht, Dissertation, Tuebingen, 1961, S. 15.
④ 参见〔古罗马〕盖尤斯:《盖尤斯法学阶梯》,黄风译,中国政法大学出版社 2008 年版,第 58、59、259 页。
⑤ John Spencer Muirhead, *An Outline of Roman Law*, 2. Aufl., William Hoelge & Company Ltd., 1947, S. 82.

2. 贝伦茨对盖尤斯的解读①

贝伦茨对物的概念的解读和他对罗马法的整体观点存在联系。在贝伦茨看来，罗马法在共和国时期即受到希腊哲学的影响。② 从大的结构上而言，在市民法和万民法的关系上，他采取一种规则与原则的解释方式，市民法作为一种严格法，裁判官不能直接进行变动，但自然法的原则实际上可以超越市民法的僵化规范，从而实现法律的发展。③ 在罗马法上也存在一种规则和原则的冲突和协调。而这里的法律原则，则主要涉及希腊哲学，后者对罗马法的影响又可分为前期的斯多葛哲学和后期的怀疑论（Skeptizismus），在前者，"善意"（bona fide）通过自然法对罗马法的发展发挥重要影响，在后者，盖尤斯的人、物、诉讼的三分法与此相连。④ 甚至在贝伦茨看来，萨维尼的历史法学派也可以归属到希腊哲学的怀疑论中去，这既体现在"人的形象"的问题上，也体现在有体物与无体物的分类上。⑤

笔者以为，既然哲学也是对生活常识的一种更为深刻的解读，那么，即使罗马法是在实践中发展出来的个案的集合，古代的罗马法学家在个案解决中是否已经运用希腊哲学，倒也并非必然是一个应予否认的问题。以下对贝伦茨关于盖尤斯体系观点的提取，主要是来自他的一篇论文，即《树的自然生命本质和建筑物作为人类行为的结果——前古典时期地役权判决的二元理由及其与古典法时期理论对比下的学理解读》。⑥ 这篇论文对于理解贝伦茨对盖尤斯体系的解读是重要的。

贝伦茨的论文是从一个前古典时期关于地役权的案例出发的，这个案例体现了 Mucius 关于地役权时效取得条件的观点，这个案例在 D. 8,2,7，内容如下：

> 我通过我的建筑物所能实现的，如人们所说的，即通过时效取得使

---

① 相关文献参见：Cosima Möller, Die Servituten-Entwicklungsgeschichte, Funktion und Struktur der grundstücksvermittelten Privatrechtsverhältnisse im römischen Recht, Mit einem Ausblick auf die Rezeptionsgeschichte und das BGB, Wallstein Verlag, Göttingen, 2010, S. 13 ff.
② Kaser/Knuetel, Roemisches Privatrecht, 19. Aufl., Verlag C. H. Beck, Müncher, 2008, S. 4.
③ Behrends, Institutionelles und prinzipielles Denken im roemischen Privatrecht, SZ 95 (1978), 189.
④ Martin Avenarius, Der pseudo-ulpianische *liber singularis regularum*. Entstehung, Eigenart und Ueberlieferung einer hochklassischen Jutistenschrift, Wallstein Verlag, Göttingen, 2005, S. 86 ff.
⑤ Behrends, Die gestige Mitte des roemischen Rechts, SZ 125 (2008), 25.
⑥ Behrends, Die lebendige Natur eines Baumes und die menschliche Struktur eines Bauwerks: Eine dualistische Entscheidungsbegruedung aus dem vorklassischen Servitutenrecht und ihre theoretische Begruendung nebs dem klassischen Gegenbild, in: Quaestiones Iuris, Festschrift fuer Joseph Georg Wolf zum 70 Geburstag, Duncker & Humblot, Berlin, 2000, S. 1.

土地免于地役权,对此,如 Mucius 所说,当我在同一地块上立有一棵树,我不能实现。Mucius 所说的是对的,因为一棵树不是如一堵墙那样固定地立于一个地方,也即树是自然运动的。①

贝伦茨花了很多笔墨来论证这个案例如何体现了罗马法从前古典时期到古典时期"法律体系"的变动,而其中关键的问题在于罗马法不同时期对占有及其客体的理解的不同,对此,可以区分前古典时期(vorklassisch)的 Mucius、古典前期的 Servius 对前古典时期法学的批评,古典中期的 Sabinianer 与 Prokulianer 两派的对立以及古典后期(hochklassisch)的盖尤斯在追随其所属的 Sabinianer 派别下的折中三个阶段②。

(1) 前古典时期(vorklassisch)的地役权及占有理论

按照贝伦茨的看法,Mucius 对该案的观点体现了他作为斯多葛哲学信徒所应持有的观点。在市民法上,与斯多葛哲学对世界的看法相一致,所有权和地役权作为"严格法"与物是一体的,通过物本身的界限来确定权利的界限。③ 地役权之所以能够通过时效取得而在有利于供役地所有权的意义上消灭,原因在于地役权作为一种化体于物中的权利本身是有体的,或者说地役权与物是一体的,在这一点上它与物的所有权相同,两者均为对物的外在的控制(custodia、Obhut),但在内容上存在不同。④ 而供役地所有权人对需役地所有人所享有地役权的占有,作为一种人的行为,不能通过归属于自然界的树木体现出来,即作为人的行为的结果的墙的存在与按照斯多葛哲学作为具有自体性的、理性的、神化的自然之间,在导向于地役权时效取得要件的自主占有的成立上存在根本的区别。

贝伦茨同时认为,这种对地役权的自主占有与严格法上的地役权及所有权不同,这种自主占有虽然本身是一种对物的外在的支配,但却是无体的(unkoerperlich)或者说是"无形的""非外在的"(koerperlos),但同时致力于严格法上的有体性,即致力于通过时效取得而有体化为权利。这种无体的自主占有仅仅是一种"使用"(usus⑤),没有化体为权利,或者说与有体性无关,它的存在意味着对他人严格法上的有体的权利的承认。⑥ 对这种无体的占

---

① Behrends, a. a. O., S. 2.
② 这里的划分和卡泽尔、克努特尔的时间段划分比较吻合,或者说,卡泽尔、克努特尔的划分与贝伦茨的比较吻合。Kaser/Knuetel, Roemisches Privatrecht, 19. Aufl., Verlag C. H. Beck, München, 2008, S. 3.
③ Behrends, a. a. O., S. 15 ff, S. 37.
④ Behrends, a. a. O., S. 20.
⑤ „Usus ist die tatsaechliche Gewalt, deren es fuer die Ersitzung bedarf." Kaser/Knuetel, Roemisches Privatrecht, 19. Aufl., Verlag C. H. Beck, München, 2008, S. 108.
⑥ Behrends, a. a. O., S. 21.

有的保护也不是通过权利的救济方式,而是通过令状制度。① 这里严格法上的权利和善意自主占有是严格区分的,但后者致力于并最终化体为前者。

在笔者看来,这种作为使用的占有的无体性能否在斯多葛哲学上进行解释,存在一定的疑问。

贝伦茨说道:"按照 Aelius Gallus 向我们传递的前古典时期(vorklassisch)法学家的想法,即存在于使用(usus)中的占有,不属于这样的客体(Gegenstaende),即化体在物中,并可以通过返还原物(vidikationsritual)的法律诉讼(Legisaktionenverfahren)来保护。那么,这里不是在哲学而是在法律的语境下来讲的。"这里,对占有的无体性没有回到斯多葛哲学上进行解释,贝伦茨在此区分了法律和哲学。贝伦茨接着说道:"另外,当然并非所有的,在斯多葛哲学自然理论(Naturlehre)上是'有体的'——万民法原则上无疑也属于这种情况,并且它成就'使用性的占有'(usus-Besitz)——均是人们在日常意义上所能触摸和抓住的东西;斯多葛哲学只理解或掌握(begreift)'实在的'(wirklich)并且在'有体的'(koerperlich)的意义上(来理解),然而这当然不意味着,所有'可把握的'(begreifbar)也是可以用手握住的。这是 Mario Bretone 总是发生误解的地方。"②

(2) 古典时期的地役权和占有理论

古典时期的法学理论是在对前古典时期批评的基础上进行的。谢沃拉(Quintus Mucius Scaevola)的前古典主义罗马法为 Servius Sulpicius Rufus 的古典主义的、制度性的(institutionell)法学所取代。③ Servius 批评前古典主义罗马法学家的理论是做梦做出来的,Cicero 和 Servius 都反对前古典主义的理论。④ 古典时期与前古典时期的理论的不同,按照贝伦茨的观点在于两者的哲学基础不同,前古典时期的民法理论采取一种"义务伦理"下的信赖原则,善意在其中发挥重要作用,其哲学基础是希腊的斯多葛哲学;而古典时期的罗马法的哲学基础是希腊哲学上的怀疑主义(Skeptizisum),这种怀疑主义认为人是万物的尺度,法律制度也仅仅是一种人造物,而非自然的产物。怀疑论者的自然的概念,是一种与人相对的,外在的、经验的客体意义上的

---

① Behrends, a. a. O., S. 17.
② Behrends, a. a. O., S. 38.
③ Behrends, Mucius Scaevola, Quintus, in: Juristen. Ein biographisches Lexikon von der Antike bis zum 20. Jahrhundert, herausgegeben von Michael Stolleis, Verlag C. H. Beck, München, 1995, S. 444.
④ Behrends, Die lebendige Natur eines Baumes und die menschliche Struktur eines Bauwerks: Eine dualistische Entscheidungsbegruedung aus dem vorklassischen Servitutenrecht und ihre theoretische Begruendung nebst dem klassischen Gegenbild, in: Quaestiones Iuris, Festschrift fuer Joseph Georg Wolf zum 70 Geburstag, Duncker & Humblot, Berlin, 2000, S. 21 ff.

自然。

在古典时期,前古典主义时期作为使用(usus)的无体的占有以及化体于物中的权利遭到批评,这里发生了范式转换。① 占有和所有现在均被理解为外在的对物支配,即占有是对物的事实支配,所有权(Eigentum)是对物的法律上的支配,后者在概念层面上用 dominium 来称谓。② 占有不再是一种法律关系(Rechtsverhältniss),而是一种事实。贝伦茨说道:"对物的利用(Die Nutzung einer Sache)、占有与所有权彼此严格区分。利用不是支配。支配某物还不意味着利用;同时,谁利用某物,不必然是一种支配(beherrschen)。"③ 支配与使用彼此严格区分,使用不意味着支配,也就不意味着占有。④

地役权不再意味着对土地的占有,这种对土地的部分使用(Teilnutzung)不是一种占有权(Besitzrecht)。这样,前古典时期地役权作为化体于物中的权利在古典法中也无法通过占有来时效取得。如上所述,利用不是一种占有,两者是完全区分的。就是说,在古典时期的理论上,根据地役权对他人土地的使用,不再被认为是一种支配意义上的对物的占有。既然地役权不能因为占有而时效取得,则它的消灭需要新的理由,不行使(non usus)因而成为古典法上地役权消灭的理由,这在后来的 Lex Scribonia 法上也有明证。⑤ 这里的逻辑在于,之所以发生地役权消灭的新理由,原因是地役权不能再通过基于占有的时效取得而消灭。

(3) 古典后期(hochklassisch)的地役权及占有理论

古典后期的法学家试图调和前古典时期和古典时期法学理论之间的分歧,这体现在作为后尤里安派(postjulianisch)的归属于萨宾派的盖尤斯对地役权与占有的理论之上,盖尤斯在城市地役权(staedtische Dienstbarkeit)的消灭上采取古典时期的不使用(non usus)和前古典时期的时效取得(Freiheitsersitzung)的中间立场。⑥ 这被认为是对前古典时期和古典时期理论的一种折中。

在古典中期,萨宾派与普鲁库鲁斯派相对立,前者是前古典法理论的继承者,在占有的理论上,萨宾和盖尤斯采取前古典时期的在内容上包含使用(usus)的占有理论,不过,采取的是一种折中的立场。⑦ 城市地役权

---

① Behrends, a. a. O., S. 22.
② Behrends, a. a. O., S. 23.
③ Behrends, a. a. O., S. 23 ff.
④ Behrends, a. a. O., S. 24.
⑤ Behrends, a. a. O., S. 24.
⑥ Behrends, a. a. O., S. 30.
⑦ Gaius 4, 139. D. 8,2,32,1. Behrends, a. a. O., S. 30.

(servitutes urbanorum praediorum)的消灭,仅仅是地役权人的不行使还不够,而且要有供役地所有人对土地进行变动,以成就地役权时效取得所需要的条件。① 这是一种前古典时期理论的体现。

贝伦茨说道:"盖尤斯在他的《法学阶梯》中,以巨大的体系上的明晰性将地役权作为——不能进行占有法意义上的交付——无体物。但这并没有排除将占有的制度在地役权上应用。"② 与他所归属的学派相一致,他将地役权归入准占有,尤里安已经一方面说地役权按照它的本质不能占有,但是马上补充说占有同样可以转用到地役权上。③ 这里,我们可以看到,按照贝伦茨的看法,盖尤斯区分有体物和无体物,有制度上的合理性。

按照贝伦茨的观点,盖尤斯一派的观点体现了古典时期对自然的不同理解。按照严格区分"占有"与"使用"的古典理论,自然仅仅是一种为人类的意志所支配的客体世界,是一种描述性的、外在可感知的世界。占有与所有都是对外在的客体的支配。这既与前古典时期的自然也与古典后期的自然理论不一致。而按照盖尤斯所属的延续萨宾派的尤里安的古典后期的自然理论,自然不是一种外在的事实,而是一种自然理性(naturalis ratio)。④ 尤里安采前古典时期和古典时期理论的折中立场,将古典时期的 institutio aequitati 引入到萨宾派之中。在古典法上,自然(natura)和制度或规范(institutio)是截然分开的,尤里安将自然和制度拉近,自然是一种自然理性,具有一般的规范性特征。⑤ 按照贝伦茨的推测,盖尤斯是在这种受到他的学派所影响的"自然理性"的观念下才完成他的《法学阶梯》的。⑥《法学阶梯》的名称有"法律制度"的含义。

盖尤斯的自然观念体现在他的《法学阶梯》第一编的第 1 段,他仅区分与自然理性(naturalis ratio)等同的万民法(ius getium)和市民法(ius civile)这两种法源。而乌尔比安作为古典时期自然理论的追随者则认为,一方面存在一种描述性的、感觉意义上的、事实上的自然,并因而存在与此相应的自然法(ius naturale);另一方面,在人类的秩序中存在市民法与万民法的区分。⑦ 这里存在二分法和三分法的不同。盖尤斯与乌尔比安关于法的分类正好体现了它们关于自然的不同的观点,盖尤斯的自然观念是理性化的自然。

---

① Behrends, a. a. O. , S. 31.
② Behrends, a. a. O. , S. 31.
③ Behrends, a. a. O. , S. 31.
④ Behrends, a. a. O. , S. 32.
⑤ Behrends, a. a. O. , S. 33.
⑥ Behrends, a. a. O. , S. 32.
⑦ Behrends, a. a. O. , S. 33.

贝伦茨认为,在尤里安一派的自然理论中,占有不是一种纯粹的、自然直觉意义上的事实(factum),而是一种在自然理性所调整之下的"法律关系"(Rechtsverhältnis)。① 同时,"无体物不再是客观的法律规范(objektive Regelungen des Rechts),即不再是有体性的对物归属、利用及履行(Leistungen)的标准,并可以通过法庭来执行,而是尽管其具有无体性而表现为实体性的(substantiell)法律关系(Rechtsverhaeltnisse),人们可以准经验性地(quasi-empirisch)与之建立起关联"②。即无体物可以准占有。贝伦茨说道:"盖尤斯的《法学阶梯》即体现了这种观点,一方面他将地役权作为无体物与有体物放在同一层面——盖尤斯虽然没有明确说明,但其逻辑在于准占有制度——另一方面有体物上的所有权被当作合法的自主占有。"③就是说,盖尤斯将有体物和无体物放在同一层面的原因在于两者均可作为占有的客体。贝伦茨补充说道:"所有权如从前从自主占有中导出,地役权则再次成为客体,虽然不能对其进行抓取,但是属于化体于物中的财产性的客体(Vermoegensgegenstaende),而不仅仅是一种可规范的客观秩序结构(regelhafte Strukturen der objektiven Ordnung)。"④就是说,有体的物和无体的地役权都发生占有,都是一种针对客体的、在同一层面的结构,有体物是自主占有及所有权的客体,地役权是准占有的客体。将有体物和无体物放在同一层面,符合逻辑。

我们可以看到,贝伦茨对盖尤斯体系采取一种实体性、制度性的解读方法,无体物的占有是其中的关键。他的观点是非常值得重视的。贝伦茨对古典时期占有理论的解读是符合潘德克吞学派的占有理论的。对此,他与卡泽尔的观点一致。在贝伦茨看来,盖尤斯的体系是一种折中前古典时期与古典时期的立场,盖尤斯的观点与古典主义自然有不同。

3. Bretone 对盖尤斯的解读

Bretone 对罗马法的研究方法论并不是一种文本的研究,他认为,法律概念的发展本身并没有延续性,尤其是在近代以来在主观权利概念下型塑的罗马法存在与罗马法本身的断裂。他似乎采取一种具体的、碎片化的历史观。Bretone 的观点与贝伦茨对于历史的观点不同,并受到后者的批评。⑤ Bretone 似乎也对所谓的"新潘德克吞"(Neopandektist)的方法早有批评,甚

---

① Behrends, a. a. O., S. 33.
② Behrends, a. a. O., S. 33.
③ Behrends, a. a. O., S. 33.
④ Behrends, a. a. O., S. 33.
⑤ Behrends, Die Person oder die Sache, in: Labeo 44 (1988), 26.

至可以说两者在学术方法上"结怨已久"。上文我们已经看到贝伦茨对 Bretone 的批评,他在行文中也体现出对 Bretone 观点的注意。

Bretone 对盖尤斯体系的解读体现在他的一部意大利文著作中。① 他的该部作品为德国学者所评介,笔者也正是通过这种评介来了解他的观点的。因此,笔者的理解是有限的、不完全的。尽管如此,这里仍然可以有一些有价值的信息,Bretone 的著作被认为是富有启发性的,不容忽视的。② 由于不止有一位德国学者对 Bretone 的著作进行评介,笔者也可以在比对的基础上,增强对 Bretone 解读的准确性。

Bretone 所要解决的问题在于,罗马法上有体物和无体物的分类渊源何在,以及这种分类在后世罗马及其他法秩序中发挥什么样的作用。③ 他不是从罗马法的原始文献出发,而是从一种文化和社会的角度出发来处理这个问题,他对物(Res)在罗马时代的使用进行广泛的分析和研究。按照他的观点,物作为一种抽象的概念在公元前 2 世纪至 3 世纪已经是一般的法律概念了,物不仅用来指称物理世界中的物,包括具体的物本身和抽象的物的种类,也用来指称多个物的集合,如遗产。④ 而罗马法的特征也在于对抽象概念的使用,而不是从经验性的具体事实出发。⑤ 在十二表法和 Lex Aquilia 法中,物已经是在抽象的意义上使用。⑥ 因此,盖尤斯对物的概念的使用没必要诉诸语法学,没必要在 Charisius 与盖尤斯之间建立学术上的联系。⑦ 但希腊哲学尤其是斯多葛哲学对罗马法的概念种属界定有影响。⑧

Bretone 认为,罗马法上的物的概念存在一个从有体物到无体物的发展过程。在盖尤斯的概念中,无体物不仅仅是一种财产权的客体,而且也包括在法律制度(Rechtsinstitute)内。⑨ 作为一种法律制度的无体物体现罗马法在物的概念上的进一步抽象。物最初在罗马法的观念中是那些可以看得见的、占据一定空间的客体。⑩ 在早期罗马人的观念中制度性的存在也是有体

---

① Mario Bretone, I fondamenti del diritto romano. Le cose e la natura, 2. Aufl., Editori Laterza, Bari 1998.
② Tiziana J. Chiusi, a.a.O., S.112.
③ Tiziana J. Chiusi, Res: Realitaet und Vorstellung, in: Iurisprudentia universalis, Festschrift fuer Theo Mayer-Maly, Böhlau Verlag, Köln, 2002, S.101.
④ Tiziana J. Chiusi, a.a.O., S.103. Groeschler, SZ 170 (2000), 579.
⑤ Tiziana J. Chiusi, a.a.O., S.102.
⑥ Groeschler, SZ 170 (2000), 579.
⑦ Tiziana J. Chiusi, a.a.O., S.102.
⑧ Tiziana J. Chiusi, a.a.O., S.108.
⑨ Tiziana J. Chiusi, a.a.O., S.106.
⑩ Tiziana J. Chiusi, a.a.O., S.106.

的。① 例如,债在最初的含义上是一种有体的,债的侵害在 Lex Aquilia 法上还等同于一种物的侵害(Sachbeschaedigung)。② 直到古典时期,债才被当作无体的。而地役权也存在从有体到无体的发展过程,直到在公元前 1 世纪左右,Lex Scribonian 才禁止地役权通过占有而时效取得。③ Tiziana J. Chuisi 引述 Bretone 的观点说道:"正是地役权从时效取得到不行使而消灭的法律发展,体现了地役权从有体到无体的发展过程。"④相同的情况也发生在占有,就是说,占有也存在从有体到无体的发展过程,占有最初是有体的。Tiziana J. Chuisi 说道:"Aellus Gallus 把占有(possessio)作为对土地的使用(usus)而非土地本身,已经表明了占有的无体性。"⑤Bretone 在此试图说明法律制度有从有体到无体的发展过程,或者至少存在上述现象。有体物和无体物的分类体现了世界的二元性(dupicazione),对此 Bretone 没有进一步说明。⑥ 这里,似乎两位评论者对 Bretone 的解读在哲学问题上还存在一些不同,对此,笔者不能进一步涉及。

我们可以看到,Bretone 对有体物与无体物区分的解释与贝伦茨的解释不同,尤其是在地役权以及占有的问题上。这里,Bretone 对前古典时期地役权占有的态度还需进一步追问。不过,我们可以看到,贝伦茨和 Bretone 均是结合具体的罗马法制度来对有体物和无体物的分类进行解释的,这或许可以称为一种实质性的解释方法,物的概念及有体物和无体物的分类均在具体制度的层面有意义。无论如何,罗马法存在从有体物到无体物的发展过程,是很有启发性的。

(三) 盖尤斯体系与罗马法的物债关系

1. 盖尤斯体系与物债二分

以上我们看到了学者们对盖尤斯体系的解读,特别是物的概念及有体物和无体物分类在盖尤斯体系中的意义的问题。无论采形式主义解读还是实质主义解读,盖尤斯体系本身都不是物债二分的。

弗卢梅认为,盖尤斯体系中的物的概念是一种阐释性的概念,对罗马法本身没有形塑功能,有体物和无体物的分类仅仅是用来阐述具有个案化色彩的罗马法,有体物和无体物的分类既与权利无关,也与物债二分无关。卡泽

---

① Groeschler, SZ 170 (2000), 587.
② Groeschler, SZ 170 (2000), 587. Tiziana J. Chiusi, a. a. O., S.108.
③ Tiziana J. Chiusi, a. a. O., S.109. Groeschler, SZ 170 (2000), 587.
④ Tiziana J. Chiusi, a. a. O., S.109.
⑤ Tiziana J. Chiusi, a. a. O., S.109.
⑥ Tiziana J. Chiusi, a. a. O., S.109. Groeschler, SZ 170 (2000), 588.

尔从古典罗马法的立场批评盖尤斯体系的不合理性,《法学阶梯》将所有权和所有权的客体相混淆,而无体物的概念则没有实际的用处,从潘德克吞体系的角度来看是不合逻辑的。Bretone认为有体物和无体物的分类是从法律制度出发的,法律制度的发展存在从有体向无体的发展过程,债、占有、地役权均存在从有体向无体的发展过程。贝伦茨则从前古典时期、古典时期和古典后期的学说变化来对盖尤斯体系进行解读,他认为,作为后古典主义者,盖尤斯对有体物和无体物分类的逻辑在于占有制度,即地役权作为无体物(即实体的法律关系),可以作为准占有的客体,这与有体物作为占有的客体是具有可比性的。

无论如何,从这些结论均可以得出,盖尤斯体系本身并非物债二分。盖尤斯体系以及有体物与无体物的分类对物债关系的意义即需要进一步的分析解读。

2. 古典罗马法与物债二分

上述学者对盖尤斯体系的解读,涉及古典罗马法与物债二分的关系,由于盖尤斯《法学阶梯》的非物债二分性,罗马法的物债二分是否存在,存在于盖尤斯之后还是盖尤斯之前,成为问题所在。

由于罗马法的非体系性,对于罗马法上的物债二分问题的解读,已经存在疑问。诚然,判例化的法的存在形式,不排斥体系化解释的可能。在英美法上,虽然普通法的法律形式是判例化的,但财产法、合同法这样的大框架式的划分还是可能的。一般认为,对物诉讼和对人诉讼是物债二分的基础。不过,如上所述,就古典罗马法是否是物债二分的问题,仍存在严重的争论。在萨维尼和潘德克吞学者看来,古典罗马法无疑是物债二分的。按照当代罗马法学者卡泽尔与贝伦茨的观点,古典罗马法是可以从物债二分进行解释的。贝伦茨对盖尤斯体系的解读暗含罗马法古典时期存在物债二分,罗马法古典时期物的概念、占有和所有权的区分以及主客体关系,是与潘德克吞物债二分相吻合的,而历史法学派正是从古典罗马法出发来建构体系。贝伦茨也把古典罗马法在哲学上的怀疑论的哲学基础传递给萨维尼,这是一种主客体支配关系的结构。因此,贝伦茨的论说中有潘德克吞体系存在的正当性,古典罗马法正是潘德克吞体系物债二分的"家园"。只不过,盖尤斯体系超越了物债二分的结构。

按照卡泽尔的观点,罗马法上的所有权有一个从相对到绝对的发展过程:在前古典时期所有权的效力是相对的;而在古典法时期,所有权一方面与占有相对,另一方面与他物权相对,占有、所有权与他物权关系已经形成,其与潘德克吞体系没有根本的不同。而之所以能够实现这样的转变,一方面与概念化的法学方法的运用有关,罗马法学家运用概念的方法对流传下来的具有判例化色彩的法源进行阐释和解读;另一方面与诉讼制度的发展有关,对物诉讼从前是双方共同主张所有权,这里存在法律理由上的比较,谁的法律理由更有优势,谁是所有权人,因而所有权具有相对化的特征,而古典时期的对物诉讼则是一种真正的对物诉讼,在这个诉讼中,所有人负担举证责任,而占有人则不必出现。① 古典罗马法上存在 dominium 和 proprietas 两种所有权的表述,前者表示人对物的支配权。② 这是绝对所有权观念的基础。因而,从学说概念和对诉讼的发展历史中可以解释出罗马法的物债二分。

有德国学者也持类似观点。Kaiser 和 McDougall 即认为,在罗马法古典时期,罗马法学家逐渐建构出所有权、债、占有这样的概念,这些概念是古典罗马法区别于前古典时期和罗马法"世俗化"时期的一个特征。③ 如上所述,罗马法是针对个案的实务解答,本身是非体系性的。但罗马法学者的这些概念建构至少为体系化奠定了基础,也许物债二分只是古典罗马法呼之欲出的结果,甚至已经预先存在于古典罗马法的学说之中。罗马法也存在着教学概念和正式法源本身的不同。由于这些教学概念是对罗马法的解释,认为古典罗马法是物债二分的观点,也有部分的合理性。卡泽尔的观点也许可以由此得到部分的解释。从贝伦茨的观点来看,古典罗马法的概念也与当代的德国物法有很大的相似性。

按照卡泽尔和克努特尔的观点,《国法大全》的《学说汇纂》更多地采自罗马法古典时期的法学家的观点。④ 历史法学派也主要是对古典罗马法进行学术整理。而按照贝伦茨的观点,古典罗马法中存在人对物支配的自然观下的占有、所有、地役权这样的概念,这样,即使罗马法具有个案化色彩,历史法学派从古典罗马法中发现物债二分起码是具有历史合理性的。卡泽尔观点中所体现出的罗马法的非体系性与体系性的矛盾,也许正是罗马法本身的特征。

从弗卢梅的观点来看,古典罗马法的非体系性和基于教学目的的概念之间可以协调,因为盖尤斯的物的概念仅仅是一种法的描述方式,不具有概念法学的塑造功能。罗马法本身是非体系性的、个案化的,不排斥基于教学目

---

① Kaser, Eigentum und Besitz im aelteren roemischen Recht, Böhlau Verlag, Köln, 1956, S. 277 ff. Kaser/Knuetel, a. a. O., S. 119 ff.
② Louis Pahlowl, Eigentum, in: Examinatorium Rechts-geschichte, Verlag Franz Vahlen, München, 2008, S. 71.
③ Wolfgang Kaiser/Andreas McDougall, Klassisches Recht, in: Examinatorium Rechts-geschichte, Verlag Franz Vahlen, München, 2008, S. 343.
④ Kaser/Knuetel, a. a. O., S. 20.

的进行体系化处理,这尤其是一部入门性的教材所应实现的。按照弗卢梅的观点,古典罗马法本身是非体系性的。实际上,卡泽尔也表达了类似的观点,他在批评盖尤斯体系的过程中认为,古典罗马法本身是非体系性的,针对个案的。只不过,按照弗卢梅的观点,盖尤斯体系中不存在物债二分,也不必从物债二分角度进行解释或批判。

从 Bretone 的论证中,人们不能在罗马法中发现潘德克吞体系的影子。实际上,Bretone 恰恰认为,经由主观权利对无体物的概念的改造,才发展出潘德克吞体系的,这里存在历史的断裂。而实现这种范式转换的关键人物是多内鲁斯(Donellus)和萨维尼,后者继承了多内鲁斯的主观权利的概念。Bretone 批评后世罗马法学者对盖尤斯体系的错误解读,认为正是这种错误解读才导致人们无法正确理解盖尤斯体系中的无体物概念。① 在 Bretone 看来,只有人们误解无体物概念的本来含义,才可能在后来发展出潘德克吞体系。相反,他认为所有权、占有与债都是无体的。

虽然罗马法具有个案化色彩,这并不能否定罗马法的体系可能性,体系性可以是一种解读和发展。无论如何,《法学阶梯》对后世民法的发展是至关重要的。至于《法学阶梯》物法体系的真正含义及其与潘德克吞体系的关系,存在精彩纷呈的解读。

二、无体物概念的体系价值

一方面,盖尤斯《法学阶梯》区分有体物和无体物,潘德克吞体系在盖尤斯体系基础上发展出物债二分。另一方面,潘德克吞体系及德国民法典所建立的物债二分体系,将物权客体限定于有体物并将权利排除在物权客体之外。② 而在盖尤斯《法学阶梯》,债权、用益物权、遗产等无体物均作为"属于我们的财产"。盖尤斯体系中物的概念是开放的。如何理解潘德克吞体系与盖尤斯体系的关系,如何评价盖尤斯的《法学阶梯》体系,仍有重要的理论和实际意义。在潘德克吞物债二分体系已经取得相当说服力的当代,盖尤斯体系反过来为财产法提供了另外一种体系的可能性。

如上所述,后世罗马法学者对盖尤斯体系中有体物和无体物的划分及其意义存在很大的学术争议。这为我们将盖尤斯体系作为一种新的财产法体系的历史基础增添了困难。因此,有必要对盖尤斯体系中无体物概念的体系及实际意义及其在罗马法上的存在性等问题进行探讨。也就是说,笔者必须要对盖尤斯体系有自己的判断。这意味着必须对将权利等无体物作为物权

---

① Tiziana J. Chiusi, a. a. O., S. 110.
② HKK/ Ruefner, §§ 90-103, Rn. 9.

或财产权客体的逻辑和可能性予以阐明。

（一）无体物及无体物的归属

盖尤斯《法学阶梯》作为当时的罗马私法教科书，具有它的体系性。当代对该体系与谢沃拉、萨宾体系的关系及其独创性有争议。普遍的观点认为盖尤斯开创了人法、物法和诉讼法的三分体例，并对后世民法立法和学理的影响巨大。① 盖尤斯的物法体系首先区别人法物和神法物（Gai，2.9-11），并将人法物区分为公有物和私有物。紧接着，盖尤斯引入有体物和无体物的区分（Gai，2.12），以及要式物与略式物（Gai，2.14a-16）的区分。如上所述，对于有体物和无体物分类的逻辑、功能以及价值的评价众说纷纭，特别是对无体物概念的争议极大。

盖尤斯提出无体物概念的意义何在？无体物的概念有什么用处吗？如上文所述，对于盖尤斯有体物与无体物分类的逻辑性和意义存在异彩纷呈和"变幻莫测"的研究。德国的著名罗马法学者卡泽尔认为有体物和无体物的分类是不合逻辑的，无体物的概念没什么用处。这种观点不乏广泛的支持者，萨维尼、温德沙伊德等潘德克吞学者也认为盖尤斯的分类不合逻辑。而弗卢梅认为有体物和无体物的分类在于描述现实存在的无体物，有体物和无体物不具有建构功能，不应有实际的用处，盖尤斯的分类是合乎逻辑的。还有的观点认为，盖尤斯有体物和无体物的分类在于两者都可以是所有权的客体。② 这或许是从英美法上的所有权观念出发的。较新的观点则认为，盖尤斯有体物和无体物的分类在于对物诉讼的诉讼程式（formula der actiones in rem）。③ 这是着眼于罗马法对准诉讼和争议解决的角度而言的，有体物和无体物都可以成为对物诉讼保护的对象。

从《法学阶梯》文本的逻辑出发，依笔者浅见，仍然应当认为，盖尤斯提出有体物和无体物是在归属意义上而言的，有体物和无体物均是归属的客体；而盖尤斯区分有体物和无体物的意义在于有体物和无体物的取得或转让方式不同。这是盖尤斯引入有体物和无体物区分的原因。虽然罗马法具有实体法和诉讼法并未完全区分的特征，但盖尤斯的《法学阶梯》不同，他是在实体而非程序法的意义上区分有体物和无体物。虽然无体物也是对物诉讼和占有保护的客体，不过盖尤斯有体物与无体物的分类与诉讼程式相关联的

---

① 徐国栋：《优士丁尼〈法学阶梯〉评注》，北京大学出版社2011年版，第11页。
② Peter Birks, *The Roman Law Concept of Dominium and the Idea of Absolute Ownership*, 1985 Acta Juridica 1 (1985).
③ Francesco Giglio, Coherence and Corporeality: On Gaius II, 12-14., ZRG RA 130 (2013).

观点,从盖尤斯区分物法与诉讼的体例结构以及关联性来看,显得过于遥远。至于盖尤斯体系也是物债二分甚至也是五编制的观点,固然不排除这种解读的逻辑性,但从文本而言,特别是比照德国民法典的体例,仍有过度解读之嫌。

从潘德克吞体系物债二分的角度而言,债的客体是行为,债没有归属内容。但是,盖尤斯物法体系与近代以来以有体物为客体的绝对所有权意义上的归属概念不完全相同。盖尤斯关于有体物和无体物的分类中,特别是在无体物中没有提到所有权,这成为罗马法学者们谈论的话题。对此,在学说上仍存在较大的争论。所有权的概念成为有体物与无体物分类理由及合理性的重要战场。

对于罗马法特别是古典罗马法上是否存在绝对所有权概念,存在不同的观点。这又可以分为潘德克吞与非潘德克吞的解读。在持罗马法古典主义的学者内部,也存在不同的观点。如上所述,德国罗马法学者卡泽尔认为,古典罗马法存在与占有和限制物权相区分的绝对所有权概念(Eigentumsbegriff)。[1] 所有权的客体限于有体物,对物诉讼只是所有权诸多权能之一。[2] 那么,为何盖尤斯关于物的分类没有列举所有权,需要进行合理化说明。卡泽尔认为,盖尤斯的分类将所有权与客体混淆,犯了逻辑错误。对此,相反的观点则认为,盖尤斯之所以没有把有体物的所有权放在无体物中,原因在于有体物和有体物的所有权是一体的。也就是说,在盖尤斯的《法学阶梯》中,所有权的客体限于有体物[3],并不是无体物也可以作为所有权的客体。恰恰相反,无体物作为与有体物相对的范畴,正说明所有权限于有体物以及无体物不是所有权的客体的事实。这种观点具有一定的普遍性。[4] 盖尤斯将有体物与有体物的所有权一体化,而在关于物的分类中没有列举所有权,合乎罗马法有体物绝对所有权的逻辑。这是潘德克吞学者内部的争论。

与潘德克吞法学相反的观点认为,罗马法没有现代意义上的绝对所有权概念。具有一定普遍性的观点认为,在罗马法上并不存在所有权或支配权的

---

[1] Kaser/Knuetel, Roemisches Privatrecht. 19. Aufl., Verlag C. H. Beck, München, 2008, S. 119ff.

[2] Kaser/Knuetel, Roemisches Privatrecht. 19. Aufl., Verlag C. H. Beck, München, 2008, S. 40.

[3] Haedicke, Rechtskauf und Rechtsmaengelhaftung. Forderung, Immaterialgueterrechte und sonstige Gegenstaende als Kaufobjekte und das reformierte Schuldrecht, Mohr Siebeck Verlag, Tübingen, 2003, S. 20.

[4] Giglio, Pandectism and the Gaian Classification of Things, 62 *University of Toronto Law Journal* (2012)1, 26.

客体限于有体物的观念。① 正式的所有权概念(formal definition of ownership)在罗马法上是没有的,Bartolus 在 14 世纪对 D 45.1.58 的评注(commentary)中第一个提出所有权的正式概念。② 我国罗马法学者也认为,罗马法尚未形成近代意义上的绝对所有权概念。③ 罗马法没有所有权概念,盖尤斯体系从广义的所有观念出发的逻辑性即能够成立。我国有学者也指出,盖尤斯在无体物中没有列出具有"极端重要性的所有权(dominium)",在于罗马法没有所有权的概念,有体物和无体物都是 dominium 的客体。④

对于罗马法是否存在所有权概念以及所有权绝对性的探讨仍在延续。⑤ 除此之外,脱离潘德克吞战场的观点也是存在的。弗卢梅、Bretone 等关于盖尤斯有体物与无体物分类的解释,即跳出了对盖尤斯体系进行潘德克吞式解读的窠臼。

无论如何,从归属的角度理解有体物和无体物,即无体物也作为归属的客体,是能够成立的,这合乎盖尤斯《法学阶梯》的文义解释和上下文逻辑,甚至是显而易见的。而有体物和无体物之所以作为一对概念,在于罗马社会存在无体物的观念和事实。在罗马法文献中,优士丁尼法典取消要式物与略式物的区分,并将有形物和无形物作为自家物而与万家物相对。⑥ 自家物下再区分有体物与无体物,其演绎逻辑应在于归属。优士丁尼《法学阶梯》也明确谈道:"物要么被设定为在我们的财产之内,要么被设定为在我们的财产之外。"⑦也就是说,无论盖尤斯还是优士丁尼《法学阶梯》,都是在归属于私人所有的意义上使用有体物和无体物这一对概念的,无体物也是归属于私人的物。当然,归属作为有体物和无体物的上位逻辑,还不能完全说明区分两者的理由。两者的不同在于移转方式。

按照盖尤斯的阐述,有体物是那些可以触摸的物,即可以被感觉到的物。而无体物是那些不能触摸的物,并且它们主要是那些由权利构成,如遗产、用

---

① Jänich, Geistiges Eigentum-eine Komplementärerscheinung zum Sacheigentum? Mohr Siebeck Verlag, Tübingen, 2002, S.35 ff.
② AJ van der Walt, Bartolus's Definition of Dominium and Interpretations Thereof since the Fifteenth Century, 49 THRHR (1986) 305.
③ 江平、米健:《罗马法基础》(修订本第三版),中国政法大学出版社 2004 年版,第 215 页。费安玲主编:《罗马私法学》,中国政法大学出版社 2009 年版,第 166 页。
④ 方新军:《盖尤斯无体物概念的建构与分解》,载《法学研究》2006 年第 4 期。
⑤ Helen Scott, Absolute Ownership and Legal Pluralism in Roman Law: Two Arguments, 1 Acta Juridica (2011) 23.
⑥ 江平、米健:《罗马法基础》(修订本第三版),中国政法大学出版社 2004 年版,第 179 页。
⑦ Ins,1.2,1pr. 徐国栋:《优士丁尼〈法学阶梯〉评注》,北京大学出版社 2011 年版,第 11 页。

益物权和以任何形式缔结的债(Gai, 2.14)。① 人们在此可以提出异议,作为权利的无体物本身意味着归属,权利必然是与主体相联系的,权利作为归属的客体是逻辑重复。对此,如上所述,有的学者的解释是,罗马法没有近代以来特别是自然法学者所提倡的权利概念,我们所理解的权利在罗马人那里就是物。然而,盖尤斯并没有忽视所有权与有体物的区别,他的《法学阶梯》中有关于所有权的段落。他说道(Gai, 2.40):"在异邦人那里只有一种所有权,一个人或者是所有主,或者不被认为是所有主,罗马共同体一度也曾遵循过这一法则:某人或者根据罗马法是所有主,或者不被视为所有主。但后来,人们接受了一种对所有权的划分,因而,一个人可以根据罗马法是所有主,而另一个人则可以享用物。"② 显然,在盖尤斯那里所有权的客体与所有权是相对独立的,至少盖尤斯的《法学阶梯》是有基于客体而发生归属的所有权观念的,并且是与客体相对分离的。否则,盖尤斯没必要用两个不同的段落表述同样的事情。也就是说,人与有体物的归属关系,盖尤斯是通过所有权概念或观念来表达的。而物的概念及有体物与无体物的划分仍然应当在客体的意义上而言,盖尤斯无意至少不是在概念或技术层面在有体物和无体物分类那里向我们阐释物的归属。而且,既然盖尤斯在不同的段落阐述了有体物和有体物的归属,认为盖尤斯体系未区分所有权和所有权客体的观点,似乎是难以成立的。

按照弗卢梅的说法,盖尤斯并没有联想到主观权利,他只是在客体的意义上列举有体物和无体物,以及要式物和略式物。这些物在罗马法上是存在的。笔者认为,弗卢梅在客体的意义上定位物的概念和分类是值得赞同的。但是,需要追问的是,盖尤斯列举的客体的目的和作用何在?应当认为,他还是在说物的归属以及物的取得和转让这些人与物之间的法律关系。否则,他没必要列举。也就说,盖尤斯列举有体物和无体物、要式物和略式物,是为了阐述后面的物的归属和变动。德国学者 Pflüger 也持这种观点。③ Pflüger 说道,无体物被当作(als ob)有体物,可以取得、拥有、丧失和诉讼(streiten),这就是盖尤斯无体物概念的全部秘密。类似的还有 Kupisch,他认为,盖尤斯

---

① 〔古罗马〕盖尤斯:《盖尤斯法学阶梯》,黄风译,中国政法大学出版社 2008 年版,第 58 页。但是,盖尤斯体系中的无体物还包括非权利类无体物,故将无体物限于权利并不准确。另,D.1,8,1,1,参见〔意〕桑德罗·斯契巴尼选编:《物与物权》,范怀俊译,中国政法大学出版社 1999 年版,第 1 页。

② Gai, 2.40. 〔古罗马〕盖尤斯:《盖尤斯法学阶梯》,黄风译,中国政法大学出版社 2008 年版,第 64 页。费安玲主编:《罗马私法学》,中国政法大学出版社 2009 年版,第 169 页。

③ Pflüger, Über körperliche und unkörperliche Sachen, *Zeitschrift der Savigny-Stiftung für Rechtsgeschichte: Romanistische Abteilung*, 65(1), S. 339-343, 341. (笔者于 2018 年 6 月 30 日自"sci-hub"获取该补充文献)

《法学阶梯》展开的整体逻辑立基于物的分类和物的取得方式的不同。[①] 这也就意味着,无体物在罗马法上是客观存在的。无体物并不是盖尤斯为了阐述他的体系而借用的概念,至少个别类型的无体物是存在的,如债、遗产、用益权等本身就是无体物。特别是,盖尤斯提到遗产能否作为时效取得的客体的问题,存在新旧观点的转换。类似的,还有贝伦茨提到的地役权时效取得观念的新旧转换问题。无体物可能是从有体物概念发展出来的,盖尤斯或者其他罗马法学家总结了它们,并用无体物来称呼。

盖尤斯之所以没在无体物中列举所有权,原因在于那样做是没有意义的。即使所有权在逻辑上可以归入无体物,但在罗马法上有体物的取得和转让仍然与物的实体联系在一起。也就是说,即使罗马法存在所有权的观念甚至绝对所有权的概念,有体物所有权变动的规则也是与有体物的取得和移转相结合的,脱离占有移转的所有权变动规则并不存在。无论要式物还是略式物,都有法定的移转方式和规则。相反,将所有权列入无体物,无法说明有体物上的所有权的取得和移转规则,反而会引起无体物取得及移转规则与有体物取得及移转规则的混乱。无体物的转让规则与有体物不同,将有体物所有权列入无体物,逻辑上将导致有体物无法适用有体物的移转规则。另外,对于有体物的返还之诉(Rei vindicatio),也是直接对物而发生的权利,称之为对物诉讼。这种对物诉讼是对物的抓取(der Zugriff)的权利。[②] 对于有体物所有权的保护与有体物本身及占有是紧密结合的。将有体物所有权列入无体物,也会导致有体物所有权保护出现问题。

基于上述理由,不能将有体物所有权列入无体物,否则无体物与有体物的区别将无法成立。盖尤斯不在无体物中列举所有权的奥秘应在于此。也就是说,盖尤斯列举有体物和无体物,意在表明可以作为归属于我们的物的范围,并且为有体物和无体物的取得及移转规则作准备。但盖尤斯并不否认,有体物的归属与有体物所有权是一体的,他认可有体物上的所有权观念,不将有体物"所有权"列入无体物,甚至是理所当然或自然而然的。

(二)无体物归属的取得和变动

盖尤斯区分有体物和无体物的意义在于谈论物的归属,即列举出归属于私人的财物。[③] 但他不仅止于此,否则盖尤斯只需要具体列出包括有体和无

[①] Kupisch, Institutionensystem and Pandektensystem: Zur Geschichte des Res-Begritf, 25 lrish Jurist (N.S.)293, 294.
[②] Kaser/Knuetel, Roemisches Privatrecht, 19. Aufl., Verlag C. H. Beck, München, 2008, S.38.
[③] HKK/Ralf Michaels, Vor § 241, Rn.28.

体的个别化的归属客体即可,没必要引入有体物和无体物的区分。如上所述,盖尤斯引入无体物的概念在于说明无体物转让规则的不同。实际上,盖尤斯在《法学阶梯》的文本中已经明确指出,无体物不能让渡(Gai,2.28)。无体物不能以交付的方式转让,这是无体物相对于有体物所特有的,也是所有无体物的共同特征。无体物不能让渡,这是无体物的概念的实际意义和价值。也就是说,有体物与无体物的变动规则不同。

物的可让渡性是盖尤斯《法学阶梯》所特别关注的。他区分略式物和要式物,并且指出几乎所有的无体物都是略式的。同时,虽然无体物是略式物,但不属于可以通过让渡(traditio)转让的物(Gai,2.19)。他在阐述要式物和略式物的分类时,还要引入无体物不可让渡的规则,说明对该规则的重视。可让渡性的重要性还体现在盖尤斯对包括有体物和无体物作为单一物转让规则的总结上。盖尤斯说道:"从我们以上的论述中可以看出,对某些物的转让是根据自然法,比如那些以让渡的方式转让的物品;对某些物的转让是根据市民法,因为要式买卖、拟诉弃权和时效取得是罗马市民所特有的(Gai,2.65)。"这意味着,无体物无法按照自然法规则被让渡,而只能适用市民法而非自然法。自然法在盖尤斯《法学阶梯》内是有明显的痕迹的。而自然法在盖尤斯这里即万民法(Gai,1.1)。无体物与有体物的转让甚至与市民法和万民法的区分相联系。至于能否基于盖尤斯关于自然的理解,再挖掘出有体物与无体物更深层次的区别,则涉及盖尤斯与斯多葛哲学之间的关联,这是贝伦茨关注的话题。

在盖尤斯《法学阶梯》中,无体物不仅不能占有和让渡,也不能时效取得。无体物不能时效取得的规则有多处体现。在关于遗产的取得中,盖尤斯说道:"遗产曾被认为属于其他物,它不是土地物,因为它连有形物也不是。虽然后来人们认为不能对遗产继承本身实行时效取得,然而对于所有的遗产物包括与土地有关的物,仍适用一年期的时效取得(Gai,2.54)。"①这段话透露出两个重要信息:第一,遗产作为无体物不能时效取得;第二,但人们曾经一度认为遗产可以时效取得。② 现在(盖尤斯的语境)人们认为遗产不能时效取得。③ 故此,盖尤斯提出无体物的概念和分类,并且特别提到遗产无论是否包括有体物,都属于无体物,在于突出无体物不能被让渡和时效取得,他可能有归纳和强调的意味。遗产被作为无体物也体现出罗马人超越具体物

---

① 〔古罗马〕盖尤斯:《盖尤斯法学阶梯》,黄风译,中国政法大学出版社2008年版,第68页。
② 〔德〕马克斯·卡泽尔、罗尔夫·克努特尔:《罗马私法》,田士永译,法律出版社2018年版,第259页。
③ 同上书,第737页。

的构成而发展出整体物和无体物的观念。

无体物不能被占有和时效取得还体现在用益物权转让上。用益物权可以通过要式买卖、拟诉弃权、简约、要式口约等方式转让；但是，无法通过占有和交付的方式转让。盖尤斯说道："相反，用益权人却不能实行时效取得，首先因为他并未占有，而只是享有使用权和用益权（Gai,2.93）。"①也就是说，在盖尤斯看来，作为无体物的用益权是不能被占有的，这恰恰也是用益权无法时效取得的原因。显然，有体性、占有与让渡在盖尤斯的文本中存在关联，是盖尤斯区分有体物和无体物的重要逻辑基础。

在优士丁尼《法学阶梯》中，也有盖尤斯关于对无体物不能被让渡和时效取得的强调。盖尤斯在《论行省告示》中说道："很明显，无体物既不能被交付，也不能被时效取得。"(Inst, 41.1.43.1)②他同时强调："可以时效取得的物主要是有体物，但神圣物、神护物、归罗马民众和城邦公共所有的物以及自由人除外(Inst, 41.3.9)。"③可见，盖尤斯对有体物与无体物的区分是非常重视并且是一贯重视的。

从盖尤斯《法学阶梯》和其他地方的这些段落来看，盖尤斯提出无体物和有体物的区分，是有其实际功能和作用的，从文本中可以明显看出盖尤斯对无体物概念及与有体物区分的关注。维亚克尔认为盖尤斯《法学阶梯》体系没有先例（Vorgang）。④ 舒尔茨认为盖尤斯体系源自谢沃拉（Q. Mucius Scaevola）的《市民法》体系。⑤ Stein 认为盖尤斯体系与谢沃拉以及萨宾的体系存在传承和发展关系。⑥ 卡泽尔推测盖尤斯体系可能源自先例的影响。⑦ 如果无体物的概念在罗马法某个时期有普遍意义，则盖尤斯体系的合理性将得到增强。无论盖尤斯对无体物概念及无体物转让规则的总结是否为原创，从《法学阶梯》文本本身来看，无体物的概念有重要意义。无体物在罗马法上也是存在的。这是很多德国学者所忽视的。当然，这里所谓的实际作用也只是在组织材料和体系架构的意义上而言的，盖尤斯的无体物概念的引入并不在于改变罗马法的规则，即不在于在有体物和无体物的分类下建构封闭的

---

① 〔古罗马〕盖尤斯：《盖尤斯法学阶梯》，黄风译，中国政法大学出版社2008年版，第78页。
② 〔古罗马〕优士丁尼：《学说汇纂（第四十一卷）所有权、占有与时效取得》，贾婉婷译，〔意〕纪蔚民校，中国政法大学出版社2011年版，第55页。
③ 同上书，第155页。
④ Wieacker, Griechische Wurzeln des Institutionensystems, SZ (Roem. Abt.) 70 (1953), 125.
⑤ 徐国栋：《优士丁尼〈法学阶梯〉评注》，北京大学出版社2011年版，第9页。
⑥ Stein, The Development of the Institutional System, in: Peter Stein Studies in Justinian's Institutes in memory of J. A. C. Thomas, London: Sweet & Maxwell, 1983, S.154.
⑦ Kaser/Knuetel, Roemisches Privatrecht, 19. Aufl., Verlag C. H. Beck, München, 2008, S.27.

概念和规则体系。弗卢梅的观点值得赞同,盖尤斯提出的无体物的概念没有实际的(规范)作用是成立的,即有体物和无体物的这种分类是描述性的。

盖尤斯体系非常关注无体物及无体物的转让规则,这是盖尤斯体系相对于后世民法体系特别是潘德克吞体系的不同。这体现出盖尤斯体系的独特之处,它基于有体物及无体物的动态的变动规则(Gai,2.65,Gai,2.97,Gai,2.191)。我国罗马法学者周枏也提及无体物不能占有及在财产取得上的意义。① 当然,盖尤斯体系中的转让包括取得和转让,也包括基于添附、加工等原因的取得,以及特别重要的时效取得。甚至遗嘱也是被作为遗产取得的方式而与遗产的转让一起来阐述。这里也蕴含了潘德克吞物债二分体系的可能性,物的归属和变动是自成一体、相对独立的,特别是基于单纯的买卖合同不能取得物。

盖尤斯除了阐明无体物不能被占有和时效取得的消极规则外,还详细地阐述了无体物取得和转让的积极规则。也就是说,他不仅要阐述无体物与有体物转让规则的不同,不仅要指明无体物不能被占有和时效取得,而且要阐述不同无体物的具体转让规则。在盖尤斯的罗马法中,无体物不存在统一的转让规则。地役权区分为乡村地役权和城市地役权而有不同的转让规则,即城市地役权通过拟诉弃权转让,乡村地役权通过要式买卖转让(Gai,2.29)。在意大利的土地上,用益物权只能通过拟诉弃权的方式在与物的所有者之间设立和转让(Gai,2.30)。在行省的土地上,则不适用要式买卖和拟诉弃权,只能通过简约和要式口约设立(Gai,2.31)。遗产作为无体物,在继承人决定接受继承或以继承人身份行事之前,可以转让。但是,遗产作为无体物只能采取拟诉弃权的方式转让(Gai,2.34,Gai,2.85)。特别值得注意的是债的转让,尤其是考虑到拟诉弃权后来为优士丁尼所废止。

关于债的变动,盖尤斯也给予了充分的关注,因为债也属于无体物,而盖尤斯的体系要解决债的归属和转让。他说道:"对于任何形式缔结的债,均不适用上述规则。实际上,如果我想把某人欠我的东西给你,我绝不能采用那些据以向他人转让有形物的方式,而必须让你在我的准许下同他人达成要式口约;这样将使得他人摆脱与我的债务关系并且开始向你负债,这被称为债的更新(Gai,2.38)。"盖尤斯仍然将债的转让纳入他的体系,他比较了债的主体变更与物的转让的关系,并且提到债不能像有体物那样交付和转让。这里同样体现有体物和无体物区分的逻辑在于转让方式的不同(在此,Giglio②

---

① 周枏:《罗马法提要》,北京大学出版社2008年版,第52页。
② Giglio, Pandectism and the Gaian Classification of Things, 62 *University of Toronto Law Journal*, (2012) 1.

的观点值得商榷,盖尤斯体系中无体物与有体物的区分有实体法上的重要性,并且,盖尤斯体系实体法与诉讼法相分离。这是盖尤斯相对于同时代法学家的不同,他着眼于实体法体系的建设)。盖尤斯将债这种无体物纳入它的物法体系,他以债的更新对债这种无体物的转让进行表达。显然,债的更新在实质效果上几乎与我们现在所讲的债的转让相同。可以说,盖尤斯在列举了无体物的类型后,紧接着就详细阐述了各种无体物的变动规则,特别是对"不具有可转让性"的债阐述了债的"转让"规则。当然,对此主要应当在体系编排而非具体规则意义上而言。

盖尤斯的《法学阶梯》不止一次提到遗产占有。遗产作为无体物,如何成立遗产占有是颇让人费解的事。特别是,盖尤斯提到遗产整体上的占有。在十二表法上,遗产(Erbschaft)为 usus(事实支配)的客体,属于可以时效取得的物。① 在盖尤斯体系中,遗产属于无体物,而无体物不能成立占有。盖尤斯提到遗产整体曾经作为时效取得的客体,但是,遗产作为整体不是有体物,后来人们认为遗产不能作为时效取得(Gai,2.54)的客体。可见,在古典时期,遗产作为无体物不能成立事实支配意义上的占有。这里也许还涉及盖尤斯对遗产作为无体物和概括物的模糊之处。一方面盖尤斯将遗产作为无体物,并且作为无体物的遗产可以包含有体物(Gai,2.14);但是另一方面,盖尤斯又将遗产作为有体物,也就是由物构成的集合体物(Gai,2.97)。

在占有的令状保护中,盖尤斯提到遗产的整体性,即遗产作为独立的整体区别于个别遗产。他说道:"遗产占有人可以为取得占有而要求令状……明知不归自己所有而无故占有某一遗产物或者整个遗产的人是以占有人身份实行占有的人。人们之所以称其为取得占有令状是因为……"(Gai,4.144)②并且,他在不同的地方提到遗产的比例问题,而作为具体的物的遗产是很难提到比例的。而且,在物的分类,盖尤斯将遗产作为区分于有体物的无体物,是明确的。基于此,应当认为,盖尤斯将遗产归入不能时效取得的无体物。在此应区分市民法上的时效取得占有与裁判官法遗产占有。③ 但在罗马法中没有明确的遗产准占有制度,虽然遗产受到占有令状的保护。盖尤斯在不远处提到准占有(Gai,4.139)。并且,盖尤斯的对物诉讼除了包括有体物,也包括使用权、地役权等权利(Gai,4.3)。人们可以推测,这与有体物和无体物的分类是相呼应的。但是,我们尚不能确定盖尤斯准占有的体系定

---

① Kaser/Knuetel, Roemisches Privatrecht, 19., Aufl., Verlag C. H. Beck, München, 2008, S.108.
② 〔古罗马〕盖尤斯:《盖尤斯法学阶梯》,黄风译,中国政法大学出版社 2008 年版,第 260 页。
③ 参见〔德〕马克斯·卡泽尔、罗尔夫·克努特尔:《罗马私法》,田士永译,法律出版社 2018 年版,第 694、737、749 页。

位和规则,他只是提到准占有,特别是联系到他对无体物转让规则的阐述(除非我们将拟诉弃权作为占有拟制),他可能无意在准占有与无体物之间建立联系,而是强调排除占有和交付在无体物上的适用。无论如何,尚不能在盖尤斯《法学阶梯》中找到准占有和无体物之间的明确关联。相反,盖尤斯认为无体物是不能被占有和让渡的,这是被强调的。

如上所述,贝伦茨认为盖尤斯关于有体物与无体物区分的意义在于地役权的准占有。虽然地役权规则体现出变动性,在优士丁尼的《学说汇纂》中有关于地役权不行使(Inst,41.3.4.27)以及地役权时效解除(Inst,41.3.4.29)的规则。① 但是,从盖尤斯的文本中似乎很难明确得出贝伦茨想要得出的结论。当然,至少贝伦茨的解释还是合乎逻辑的。卡泽尔认为,盖尤斯是在非技术(untechnisch)意义上使用准占有的。② 准占有可能是在盖尤斯之后发展出来的。③ 无论如何,盖尤斯体系中有准占有的痕迹,但可能尚没有准占有与无体物的体系关联和明确的规则。目前来看,至少盖尤斯并没有明确地将准占有与无体物之间的体系关联明确出来,他没有明确提到准占有适用于权利类无体物。特别是联想到有体物和无体物转让规则的不同,也许准占有在盖尤斯体系内的意义尚不重大,毕竟债权等无体物的准占有是后世学者解读和发展的结果。

当然,无体物与准占有关联的解释可能性还是存在的,至少是可以如此解读的。虽然交付指向的是有体物,但无体物转让的拟诉弃权所模拟的所有物返还④是不是也可以算作法庭上的交付,存在解释的空间。如果将拟诉弃权"比喻"为占有,则有体物与无体物的转让规则也可以类比。另外,遗产作为无体物受到占有令状保护,并且在 Gai,4.139 关于占有与准占有的表述与 Gai,4.144 遗产占有之间,存在上下文的体系关联。特别是,考虑到盖尤斯在 Gai,2.54 明确将遗产作为不能时效取得的无体物,则准占有的介入有逻辑空间。否则,无法很好解释占有令状对作为无体物的遗产的保护。故此,虽然没有明确提出,无体物的准占有规则至少也是符合盖尤斯的体系逻辑的,也就是说,在占有保护的意义上可以认为有体物与无体物具有相似性。贝伦茨就是以占有和准占有来作为盖尤斯区分有体物和无体物的理由。这

---

① 〔古罗马〕优士丁尼:《学说汇纂(第四十一卷)所有权、占有与时效取得》,贾婉婷译,〔意〕纪蔚民校,中国政法大学出版社2011年版,第153页。
② Kaser/Knuetel, Roemisches Privatrecht. 19. Aufl., Verlag C. H. Beck, München, 2008, S.111.
③ 费安玲主编:《罗马私法学》,中国政法大学出版社2009年版,第251页。
④ 〔德〕霍尔斯特·海因里希·雅科布斯:《物权合同存在吗?》,载《十九世纪德国民法科学与立法》,王娜译,法律出版社2003年版,第199页,注释[102]。

里又需要提出的是,虽然他在哲学层面解释无体物概念,占有和准占有只是在另一个角度谈论归属问题。

(三) 盖尤斯物法体系的意义

盖尤斯物法体系具有多重解读的可能性,它直接影响了欧陆等国家的民法典体系。人们认为,法国民法典的物法体系在很大程度上是盖尤斯体系的翻版。德国民法典的潘德克吞体系也从盖尤斯体系发展出来的。无论如何,盖尤斯《法学阶梯》为后世民法典提供了体系建构的基础。在欧洲私法一体化的舆论中,盖尤斯的重要性再次彰显出来。

盖尤斯物法体系具有动态性、开放性的特征。他在体系上首先区分实体法与程序法,其在实体法与诉讼法分离上作出的贡献不应为人们所忽略,他还区分人法与物法。这些重大的结构性区分影响深远。在物法中,盖尤斯着眼于物的取得和转让。无论是要式物与略式物的分类,还是有体物与无体物的分类,盖尤斯均意在表达物的取得和转让规则。要式物与略式物的取得和转让规则不同,有体物与无体物的转让规则也不同。盖尤斯的《法学阶梯》并不在于描述物的静态的归属,他着眼的是物的归属的取得和变动。对此,盖尤斯在他的《法学阶梯》中毫不讳言,他不但区分不同类型的物的转让规则的不同,并且还进一步区分单个物的转让和聚合物的转让规则,并对各种物的取得和转让规则进行详细的阐述。

盖尤斯物法体系不是一个封闭的逻辑结构,而是具有开放性。根据现实中物的不同类型,盖尤斯的物法体系可以不断地扩展。盖尤斯不是从演绎的概念逻辑出发来建构物法体系,而是从既存的生活现实中加以归纳,并根据归纳的结果再次进行概念演绎。在这一过程中,盖尤斯并不对规则进行创新或改动,而是以逻辑的方式描述它们,他不试图改变既有的规则或提出更好的规则选项。盖尤斯不是一个规则建构意义上的立法论者。基于盖尤斯体系的开放性逻辑,完全可以根据新的生活事实而有不同的物的分类加入进来。就此而言,盖尤斯体系为潘德克吞体系的扩展和新型财产权的体系化提供了可能性。

在盖尤斯的物法体系中,债作为无体物而纳入物的转让和取得的范畴。但是,在盖尤斯对债的具体谈论(Gai, 3.88-225)中,无体物作为取得和转让的客体的逻辑不复存在。也就是说,债法在盖尤斯的物法体系中具有相对的独立性,不仅是段落集中意义上的独立性,而且是体系逻辑上的独立性。盖尤斯在无体物的逻辑下阐述债法,但它的物、债是相对区分的。盖尤斯《法学阶梯》对人诉讼和对物诉讼的区分也奠定了物债区分的逻辑基础。盖尤斯说到，对人诉讼是我们据以针对某个因契约或私犯行为向我们负债的人提起的诉讼，也就是说，在提起诉讼时我们要求"应当给付、做或者履行"。而对物诉讼是我们据以主张某个有形物是我们的或者主张我们享有某项权利的诉讼；或者说，在这种诉讼中，对立方当事人提起的是排除妨碍之诉。① 物法和债法在盖尤斯的体系中是存在区分基础的。这是罗马法本身所固有的，也是生活逻辑的"必然"。至于盖尤斯为何在物法体系中处理契约之债和私犯之债，而不是将其单独出来，的确有些令人疑惑。但是，这些债至少也可以作为无体物而发生、取得和灭失，特别是，当我们联想到罗马法上债作为"法锁"的观念。

在笔者看来，一方面，盖尤斯体系是开放的，基于物的取得和转让，物法体系具有广泛的包容性、开放性，无体物可以存在于这样的体系之中，并且有体物与无体物的并列在逻辑上能够成立；另一方面，盖尤斯体系又是涵盖物债相对二分的逻辑的，盖尤斯的物法体系不在于超越物法与债法天然的不同，甚至萨维尼所提出的物法与债法的绝对二分，也可以在此找到一定的依据。盖尤斯体系的这种双重性、开放性，恐怕是盖尤斯物法体系带给我们的重要启示。

第二节　潘德克吞法学与物法的独立体系

一、潘德克吞法学中的有体物概念及物法独立体系

如上所述，卡泽尔等当代罗马法学者不认为盖尤斯体系是物债二分的，而19世纪罗马法学者的潘德克吞体系恰恰是从盖尤斯体系中发展出物债二分。如果不存在抛弃和断裂，这种发展似乎很难实现。从盖尤斯体系转变到潘德克吞体系的过程和脉络，对我们理解德国的物法体系有意义。

（一）从《法学阶梯》体系到潘德克吞体系

盖尤斯体系的重要意义不仅在于它对罗马法的体系框架为优士丁尼的《国法大全》所采纳，也在于它对后来民法体系的影响。潘德克吞体系也是直接溯源于《法学阶梯》并从《法学阶梯》体系中发展出来的。德国学者卡泽尔对此评价到，从《法学阶梯》体系的三分法到潘德克吞体系的五编制，仅仅是前进了一小步（kuerzer Schritt）。② 不过，这一小步的实现还是比较艰

---

① 〔古罗马〕盖尤斯：《盖尤斯法学阶梯》，黄风译，中国政法大学出版社2008年版，第207页。
② Kaser, Der roemische Anteil am deutschen buergerlichen Recht, JuS 1967, 338.

难的。

卡泽尔的观点给人以矛盾的感觉：一方面，卡泽尔认为，盖尤斯体系是第一个为事理逻辑所支配的(von Sachlogischen Prinzipien)体系，它基于教学的需要，并受到希腊的语法学和哲学的影响。① 潘德克吞体系是从盖尤斯体系(gajanische System)发展出来的，后者仅仅是向前迈了一小步②；另一方面，他又认为，盖尤斯的体系并不符合古典罗马法的体例，在罗马法古典时期已经存在物债二分体系，古典罗马法已经存在与现代德国潘德克吞体系相符的所有权和债的概念。③ 他在不同地方对盖尤斯的评价存在矛盾之处。卡泽尔的罗马法教科书的潘德克吞体例与盖尤斯的三分法也是不同的。除非我们认为，后来的潘德克吞学者经由盖尤斯的"体系"回到古典罗马法，并在古典罗马法的基础上重新找到本已存在的物债二分体系，才可以解释卡泽尔的观点。但这种解释又与他对罗马法的整体认识相矛盾，即罗马法是非体系性的。④ 他所认为的盖尤斯《法学阶梯》的体系开创性意义也与这种古典罗马法的物债二分的观点相矛盾。上文我们已经对卡泽尔观点的内在矛盾性进行了阐释，另外，合理的理由可能是罗马法学家的观点是在不同时期提出的，并且是发展变化的。

如果人们是从盖尤斯的体系中发展出物债二分的，则起码在《法学阶梯》体系中存在这种可能，至少在批判的意义上存在这种可能。按照德国学者具有一定普遍性的观点，盖尤斯通过物的概念将财产法笼络在一起，在这个体系中，有体物作为所有权的客体与所有权本身等同，而他物权、继承及债则作为所有权以外的财产权。⑤ 就是说，这里存在所有权和其他财产权的"二元对立"。有体物上的所有权对于物法体系的独立性有重要的意义。债在盖尤斯的财产法体系中，位置很尴尬，它不属于能够传来取得的所有权，罗马法对于债的让与仍然是陌生的，而继承作为传来取得的方式与所有权的传来取得具有一致性。同时，债在盖尤斯的体系中位于继承之后，即实体法的末尾，债与其他物的制度之间的关系是孤立的(isoliert)。⑥ 可以说，盖尤斯体系中已经在一定程度上(in gewisser Weise)蕴含了潘德克吞体系的物债二分。⑦ 不过，Kupisch 同时指出，只有到了 18 世纪、19 世纪物作为上位的体系

---

① Kaser/Knuetel, Roemisches Privatrecht, 19. Aufl., Verlag C. H. Beck, München 2008, S.27.
② Kaser/Knuetel, a. a. O., S.27.
③ Kaser/Knuetel, a. a. O., S.119, 171.
④ Kaser/Knuetel, a. a. O., S.28.
⑤ Kupisch, Institutionensystem und Pandektensystem: zur Geschichte des Res-Begriffs, in: the Irish Jurist. XXV-XXVII, 1990-1992., S.294.
⑥ Kupisch, a. a. O., S.294.
⑦ Kupisch, a. a. O., S.295.

概念被放弃后,才能真正实现物债二分的潘德克吞体系。①

当然,有观点认为,盖尤斯的《法学阶梯》与潘德克吞体系几乎是相同的(identisch),盖尤斯体系也是五编制,即总则,物法与债法区分(libri singulares),家庭法和继承法相区分,以及诉讼法与实体法的区分(tituli de rebus)。② 该学者关注了盖尤斯体系缺乏家庭法部分的问题,并对此予以说明。笔者以为,他的观点和论证即便有合理之处,但明显的是,盖尤斯体系与潘德克吞体系之间存在不小的差异。只能说,该学者的观点是从罗马法中寻找潘德克吞体系的又一尝试。

笔者以为,罗马法本身已经是物债二分的观点能否成立还存在疑问。至少罗马法存在进一步发展出物债二分的可能性,则是可能成立的观点。德国学者 Haedicke 也持这种观点,他认为,财产法的物债二分是历史法学派经由罗马法而发展出来的,而它又是从盖尤斯有体物和无体物二分中发展出来的。③

无论后来的学者是从非物债二分的盖尤斯体系中发展出物债二分,还是越过盖尤斯体系在罗马法中找回发现物债二分,或者是在盖尤斯的体系框架的基础上结合古典罗马法的材料发展出物债二分,总之,在《法学阶梯》中存在一种物债二分的可能性,或者至少可以说,人们从盖尤斯体系的基础上发展出物债二分的模式。

(二) 潘德克吞体系与物债绝对二分

从盖尤斯体系到潘德克吞体系,也就是中世纪到 19 世纪潘德克吞体系形成的历史。人们将潘德克吞五编制的发端归功于胡果(Gustav Hugo)④和海瑟(Anold Heise)⑤罗马法和共同法的著作,萨维尼则是物债二分的集大成者。特别是胡果对债法与物法分离的贡献不容忽视。⑥ 潘德克吞体系的形成是在特定历史背景和条件下形成的,并非毕其功于一役。笔者选择几个有限的点来展开对问题的讨论。笔者以为,物债二分至少意味着以下几个现象

---

① Kupisch, a. a. O., S. 295.
② Stagl, J. F., Das didaktische System des Gaius., SZ (Roem. Abt.) 131 (2014), 313.
③ Haedicke, Rechtskauf und Rechtsmaengelhaftung. Forderung, Immaterialgueterrechte und sonstige Gegenstaende als Kaufobjekte und das reformierte Schuldrecht, 2003, Mohr Siebeck Verlag, Tübingen, S. 43.
④ Gustav Hugo, Institutionen des heutigen römischen Rechts, Verlag Berlin August Mylius, Berlin, 1789, S. 18ff.
⑤ Arnold Heise, Grundriss eines Systems des gemeinen Civilrechts zum Behuf von Pandecten-Vorlesungen-3. verb. Ausg. Heidelberg: Mohru. Winter, 1819, S. 16(Fn. 5).
⑥ [德]霍尔斯特·海因里希·雅科布斯:《物权合同存在吗?》,载《十九世纪德国民法科学与立法》,王娜译,法律出版社 2003 年版,第 186 页。

的发生:首先债要从物中分离出来,这是物债二分的前提和基本要求,即使这种分离仅仅是一种外在的形式,也必须有这种分离;其次,必须有主观权利这样的概念,否则无法实现对盖尤斯体系的更新;最后,物债二分的绝对化必须经由纯粹的概念建构才能最终实现。笔者以下就对这三个问题点展开讨论。

在这里,可以提出的问题是,是从广义的物的概念中发展出物债二分的,还是从对物诉讼与对人诉讼中发展出物债二分的?主观权利的概念是怎么形成的,无体物的概念与主观权利的概念之间是否存在关联?主观权利与物债二分之间存在何种关系?由于物或者是与权利本身重合或者是作为权利的客体,因此,这两组问题彼此也是相关联的。

1. 债法从物法的"分离"

德国罗马法学者 Kupisch 认为,在盖尤斯的体系中,已经包含了物债二分的可能性,债在物法体系中是孤立的。债法从盖尤斯物法体系中分离是实现物债二分的必然步骤。因此,我们就沿着这个思路前行。如上所述,实体法与诉讼法的分离在盖尤斯《法学阶梯》中即有明显的体现。物法与债法的分离部分涉及诉讼与实体的关系。在罗马法上,债还隐藏在诉讼之中。① 债法与诉讼的关系,在东罗马帝国时期,作为优士丁尼《法学阶梯》的御用编纂者,迪奥菲尔(Theophilus)对优士丁尼《法学阶梯》的阐释中已经有所显现,他在物法之后对债法进行阐释,而诉讼却没有被涉及。② 对此的解释是:"谁谈论债,也是在无声地谈论诉讼;债是诉讼之母。"③迪奥菲尔将债从物法中独立出来的处理模式为胡果所关注,为胡果以《法学阶梯》为基础将物债二分向前推进提供了基础。④ 无论是在盖尤斯还是在优士丁尼的《法学阶梯》中,诉讼法与实体法在外在体系上是分别阐述的。当然,相对于优士丁尼《法学阶梯》,应当是盖尤斯《法学阶梯》在烦琐的诉讼程式中"雕饰"出实体法的制度和体系逻辑。当然,罗马法本身仍然是诉讼与实体不分的。⑤ 而且,"无声地谈论诉讼"的解释的合理性也是有疑问的。虽然我们可以认为,对人诉讼与债之间存在关联,并且债作为权利可以掩盖在诉讼之下,但这无法解释对物诉讼,而对物诉讼和对人诉讼作为基本的分类存在于盖尤斯体系

---

① Kaser/Knuetel, a.a.O., S.40.
② Dubischar, Ueber die Grundlagen der schulsystematischen Zweiteilung der Rechte in sognannte absolute und relative. Ein dogmengeschichtlicher Beitrag zur Lehre vom subjektiven Privatrecht, Dissertation, Tuebingen, 1961, S.26.
③ Dubischar, a.a.O., S.26.
④ 〔德〕霍尔斯特·海因里希·雅科布斯:《物权合同存在吗?》,载《十九世纪德国民法科学与立法》,王娜译,法律出版社2003年版,第181页。
⑤ 〔德〕马克斯·卡泽尔、罗尔夫·克努特尔:《罗马私法》,田士永译,法律出版社2018年版,第779页。

的最后部分。如果说对物诉讼也是债，那无法呼应我们所认同的对人诉讼和对物诉讼的区分对物债二分的意义。迪奥菲尔弃置诉讼的"诉债一体说"的解释，似乎还不能说明盖尤斯的《法学阶梯》体系实体与程序分离的体系结构。

但如上所述，债法在盖尤斯的《法学阶梯》的物法体系中具有一定的独立性，债法的构成很难与物法形成整体，至少《法学阶梯》体系中蕴含着物债外在二分体系的可能性。另外，虽然不能将对物诉讼理解为人与人之间的法锁，但至少从当代而言，物上请求权也是针对特定主体的请求权。只是出于体系和理解的原因，我们将之作为物权的内容而不是作为债权来定位。至少从请求权角度而言，物权请求权与债权请求权还是具有共同性的。如果从这个结论出发，诉债一体说有值得赞同之处。

当然，潘德克吞式物债二分的超前体例可能也没有为注释法学家所采纳；注释法学者仅限于对罗马法的片段进行评注，他们作为解释论者并不寻求体系化，从他们的注释方法中不能发展出如潘德克吞体系这样的物债二分的结构。① 不过，科英认为，注释法学家实现了诉讼法和实体法的分离，诉讼作为保护主观权利的手段而与之并立。② 对于这种观点，应从主观权利的萌芽以及诉讼作为保护主观权利的手段的意义上来理解。而且，至少盖尤斯的《法学阶梯》也区分了实体法和程序法，这也是它区别于同时代法学家的重要体例特征。直到萨维尼实体法与程序法尚未完全分离，萨维尼追溯到多内鲁斯的观点，仍然认为诉讼是保护实体权利的手段。③ 当然，萨维尼区分了实体权利与保护实体权利的手段。温德沙伊德通过实体法上的请求权的概念才实现诉讼法与实体法的完全分离，债权作为请求权脱离诉讼而独立出来。

对于19世纪之前的罗马法体系，德国学者一般会追溯到 Johannes Apel 以及多内鲁斯，而在他们之前，人们还要提一下12世纪法国的"Brachylogus"体系，虽然它还不能说是体系化的，但其论述顺序如下：第一部分是人法，然后是物法和继承法，第三部分是债的关系法，第四部分是诉讼。就是说，在12世纪的法国已经出现了物债二分雏形，这表现在债法从物法中独立出来

---

① Dubischar, Ueber die Grundlagen der schulsystematischen Zweiteilung der Rechte in sognannte absolute und relative. Ein dogmengeschichtlicher Beitrag zur Lehre vom subjektiven Privatrecht, Dissertation, Tübingen, 1961, S.41.
② Coing, Zum Geschichte des Begriffs „subjektives Recht", in: Das Subjektive Recht und der Rechtsschutz der Persönlichkeit, Wolfgang Metzner Verlag, Frankfurt am Main, 1959, S.14.
③ Savigny, System des heutigen römischen Rechts, Band 1, Berlin 1840. S.401 ff. Zimmermann, The Law of Obligations Roman Foundations of the Civilian Tradition, Oxford University Press, 1996, S.29.

而作为与之相对的独立的部分。① Apel 也对《法学阶梯》体系持批判态度，在 Apel 的体系中，物的概念被限定在有体物，并作为所有权的客体，而所有权与债相对应。他在这里使用了一对用来表现物债二分的抽象概念，即物（中）权（ius in re）和向物权（ius ad rem）。② 他的这对概念还是对准物的，与盖尤斯的体系具有亲近性。他在物中权又划分三个类型：所有权（dominum）、准所有权（das quasi dominum）和特别所有权（ius in re specificum），在"向物权"中他又分了市民法之债（obligatio civilis）和自然之债（obligatio naturalis）。③ 可见，他的这个物债二分体系仍然倾向于使用物作为分类的基础，向物权（ius ad rem）在此非常关键，我们后文还会述及。按照 Dubischar 的观点，Apel 的体系明晰了物、债之间的分立。④

对于向物权（ius ad rem）概念的形成，我国学者也有所着墨，甚至有较深入的讨论。⑤ 不过，这个概念的来源还存在争议，其含义在历史中也不完全确定。⑥ 无论如何，这种关于物的权利的分类延续下来，并在普鲁士普通邦法中成为一种制度现实，在普鲁士普通邦法中存在向物权的制度，而在奥地利民法典也存在相对性所有权。Wesener 说道："在16、17 世纪，Apel 对法学体系和概念的影响表现在他的（关于物权分类体系的）表述在一些辞典中再现出来。"⑦德国学者 Dubischar 说道："17、18 世纪的法学将私法分为人法（ius personarum）和物法（ius rerum），而物权与债权的区分主要涉及的是后者，即 ius rerum，它又进一步分为 ius in re 和 ius ad rem。"⑧这里，ius in re 和 ius ad rem 是物、债相区别的划分。

从上面这些简化的阐述中，我们可以获得一种印象，在很早的时候，债法就呈现与物法分离的"态势"，而由于盖尤斯体系的影响，债仍然从物的角度

---

① Kupisch, Institutionensystem und Pandektensystem: zur Geschichte des Res-Begriffs, in: the Irish Jurist. XXV-XXVII, 1990-1992, S. 296.
② Dubischar, a. a. O., S. 47.
③ Dubischar, Ueber die Grundlagen der schulsystematischen Zweiteilung der Rechte in sognannte absolute und relative. Ein dogmengeschichtlicher Beitrag zur Lehre vom subjektiven Privatrecht, Dissertation, Tübingen, 1961, S. 47.
④ Dubischar, a. a. O., S. 47.
⑤ 金可可：《对人权与对物权的区分理论的历史渊源——从罗马法的复兴到自然法学派》，载《私法研究》2004 年第1 期。冉昊：《"对物"、"对人"概念的几层含义及其来源》，载《私法研究》2004 年第1 期。
⑥ Wesener, Dingliche und persoenliche Sachenrechte—iura in re und iura ad rem. Zur Herkunft und Ausbildung dieser Unterscheidung, in: Festschrift fuer Hubert Niederlaender, Universitätsverlag Winter, Heidelberg, 1991, S. 195 ff.
⑦ Wesener, Dingliche und persoenliche Sachenrechte—iura in re und iura ad rem. Zur Herkunft und Ausbildung dieser Unterscheidung, in: Festschrift fuer Hubert Niederlaender, Universitätsverlag Winter, Heidelberg,1991, S. 200.
⑧ Dubischar, a. a. O., S. 65.

来称呼,所谓的向物权作为债仍然是对准物的。而物在这个体系中,并不是直接作为体系划分的对象,这里存在一种用物权与"债权"的二分来取代有体物与无体物划分的现象。只不过物债二分的严格性还没有实现。如上文所述,在欧洲法学的历史上,存在不断背离盖尤斯《法学阶梯》体系的现象,而这主要体现在由物到权利,由物债一体到物债二分,两者应该是相互关联的。那么,我们下面就来看主观权利是怎么取代物的概念而成为私法体系的核心概念的。

2. 主观权利概念的形成及其对物的概念的替代

与债法从物法分离现象相伴随的是主观权利概念的形成。这里必然存在一种用主观权利的概念来取代有体物和无体物分类的问题。如上所述,在物权和向物权的分类中,物已经不是直接的分类对象,权利(ius)已经成为统领物的上位概念。那么,权利的概念是怎么产生的?它如何实现对物的概念的替代?

如上所述,罗马法上是否存在主观权利的概念存在争议,主流观点认为罗马法上不存在主观权利。我国有学者经过对法国学者 Villey 的观点的批判,认为罗马法上存在主观权利的概念。[1] 卡泽尔认为,罗马法对 ius 的使用有时在主观意义上,有时在客观意义上。在罗马法的片段中可能存在具有较为稳定含义的概念。[2] 他甚至认为,罗马法中存在物债二分。按照德国学者科英的观点,就其实际作用及体系价值而言,罗马法上不存在主观权利,主观权利存在一个在近代产生的历史过程。[3] 从罗马法的判例化色彩出发,很难得出罗马法上存在主观权利的概念,而罗马法学家也不致力于体系和概念的建构。德国罗马法学者温德沙伊德认为,罗马法上不存在主观权利的概念,诉讼(actio)与潘德克吞体系所理解的主观权利不同,诉讼与权利、请求权不同,罗马法也不存在侵害原权而产生新的权利(neues Recht)的逻辑。[4] 罗马法古典时期是否存在物债二分存在很大争议。但古典罗马法尚未发展出近代以来的权利概念似乎应获得认同。

如上述,按照科英的观点,在注释法学时期,诉讼法已经与实体法分离,

---

[1] 李中原:《ius 和 right 的词义变迁——谈两大法系权利概念的历史演进》,载《中外法学》2008 年第 4 期。

[2] Kaser/Knuetel, a. a. O., S. 22.

[3] Coing, Zum Geschichte des Begriffs „subjektives Recht", in: Helmut Coing/ Frederick Henry Lawson/ Kurt Grönfors, Das Subjektive Recht und der Rechtsschutz der Persönlichkeit, Wolfgang Metzner Verlag, Frankfurt am Main, 1959, S. 9-12.

[4] Windscheid, Lehrbuch des Pandektenrechts, 6. Aufl., Scientia Verlag, Frankfurt am Main, 1887, S. 114.

实体权利作为诉讼的原因,而与之并立。Dubischar 对此有不同观点,他认为注释法学者尚不能发展出权利的概念。① 科英同时认为,在 16、17 世纪的自然法时期,主观权利与诉讼的关系进一步发生转变,诉讼仅仅是作为保护主观权利的手段,相对于主观权利处于次要地位。② 无论如何,这里存在一个主观权利与诉讼保护的此长彼消的过程,从实体法的角度出发的权利化思维逐渐取代诉讼成为私法的建构工具。

应该能够确定的是,主观权利的概念是与自然法思想相联系的,正是自然法思想才促成了权利概念对物的概念的取代。科英指出,自然法对德国的私法发生影响是一个独特的现象,这与在英国自然法思想主要对政治哲学这样的公法领域发生影响不同,在德国它主要在私法对主观权利的概念的形成起到关键作用。③ 自然法学者同时是体系论者,他们对法的阐述不受实证法的约束,他们的法具有超实证的基础。这在两个方面对民法发生影响,一个就是主观权利的概念,一个就是私法的体系化。正是因为缺乏实证的基础,法的公理体系才显得尤为重要。④ 众所周知,普芬道夫、沃尔夫和格老秀斯都是自然法学者,而他们的自然法著作同样也是包括私法在内的体系化的著作。虽然细节有所不同,主观权利以及物债二分都存在于上述著者的作品之中。⑤ 康德的法哲学著作也仍然在谈论主观权利和物债二分的问题。⑥ 而自然法的权利观念和体系观念被历史法学派继受下来。萨维尼虽然将着眼于生活领域的法律制度作为根本,但按照科英对此的见解,萨维尼没能将他的法律制度坚持到底,他的主观权利的概念消解了有机性的、取向于生活的法律制度。⑦

我们可以认为,在不断对罗马法进行学术化处理的过程中,基于盖尤斯体系的罗马法自身所存在的物债二分的可能性,在自然法学者的权利观念和体系观念的影响下,物债二分逐渐取代了盖尤斯的物法模式,而实现了物债关系以及物法独立性的范式转化。意大利学者 Bretone 也指出,多内鲁斯发展出的主观权利的概念逐渐导致对盖尤斯物的体系的背离。Wesener 也指

---

① Dubischar, a. a. O., S. 32 ff, S. 41.
② Coing, Zur Geschichte des Begriffs „subjektives Recht", in: Helmut Coing/Frederick Henry Lawson/ Kurt Grönfors, Das Subjektive Recht und der Rechtsschutz der Persönlichkeit, Wolfgang Metzner Verlag, Frankfurt am Main, 1959, S. 16.
③ Coing, a. a. O., S. 18.
④ Coing, a. a. O., S. 17.
⑤ Wesener, Dingliche und persoenliche Sachenrechte—iura in re und iura ad rem. Zur Herkunft und Ausbildung dieser Unterscheidung, in: Festschrift fuer Hubert Niederlaender, Universitätsverlag Winter, Heidelberg, 1991, S. 207.
⑥ Dubischar, a. a. O., S. 65 ff.
⑦ Coing, a. a. O., S. 19.

出,多内鲁斯的权利概念从罗马法的文献中推导出来,而他的体系分类也与Apel 的观点存在吻合。①

虽然主观权利以及物债二分具有自然法的基础,但物债之间的严格二分则是历史法学派和潘德克吞学派的结论,至少是经由这些罗马法学者,物债二分的体系才成为广为接受的罗马法阐述方式。在这个过程中,概念逐渐取代生活本身作为规范的基础,法的体系脱离经验领域而演变为纯粹的概念建构,这对于物债严格二分的形成具有方法上的决定性,而所谓的法学上的范式转换在此发挥决定性的影响。我们说私法的历史具有延续性,但这种延续性是与概念的变动相伴随的,在何种程度上存在概念和制度的延续性和变动性则只能是个别判断,并且难以回答。

3. 物权、债权区分的绝对化

按照上面的论述,当物法和债法在外在形式上彼此分开,并且主观权利成为统领整个私法的体系概念,则物法和债法区分的严格性是否发生,也不是必然的。19 世纪的奥地利民法典、普鲁士普通邦法和法国民法典都存在无体物的概念,在此之下主要是债权和限制物权。② 德国学者认为,这与共同法(ius commune)的传统一致。③ 人们从盖尤斯的体系出发,试图在有体物和无体物上建立起占有和所有权,权利占有在共同法时期成为广泛的讨论对象,并且债的移转也是类比所有权的移转而塑造的。④ Johow 在民法典物法编草案的理由阐述中也认为,在德国民法典之前,人们将无体的权利放入物的概念之中,称为无体物,并且试图将仅在有体物上适用的物法规则也在债权上适用。⑤

这里的观点实际与上文关于用权利及物债二分取代盖尤斯体系有体物与无体物划分的观点存在一定的"分歧",上文认为存在从物向权利及物债二分的转化或发展,而此处则存在将债权作为无体物并进而归入物法的问题,就是说,盖尤斯的体系模式是被尊重的。

这个困惑是可以解释的。实际上,民法典之前存在潘德克吞学说体系与共同法传统的"对立"。潘德克吞学派背离了共同法的传统,而潘德克吞学

---

① Wesener, Dingliche und persoenliche Sachenrechte—iura in re und iura ad rem. Zur Herkunft und Ausbildung dieser Unterscheidung, in: Festschrift fuer Hubert Niederlaender, Universitätsverlag Winter, Heidelberg, 1991, S. 200.
② HKK/Ruefner, §§ 90-103, Rn. 5.
③ HKK/Ruefner, §§ 90-103, Rn. 5.
④ HKK/Ruefner, §§ 90-103, Rn. 5.
⑤ Schubert, Die Vorlagen der Redaktoren fuer die erste Kommission zur Ausarbeitung des Entwurfs eines Buergerlichen Gesetzbuches, Sachenrecht, Teil 1, Allgemeine Bestimmungen, Besitz und Eigentum, Verfasser: Reinhold Johow, De Gruyter, Berlin, 1982, S. 2.

派也不可能将其完全推倒重来,它必然是在延续旧有学说的基础上,建构物债二分的体系划分。而后世学者试图对潘德克吞体系进行一种连续性的历史解读,也就将之前的学术基础作为潘德克吞体系发展的一个阶段来理解。而实际情况则是,历史法学派在"延续"的基础上实现了断裂。共同法或者称之为世俗化了的罗马法在延续盖尤斯体系的情况下突显了物和债的对立,并且主观权利的概念也进入到这种体系中来,然而,这不意味着物权(ius in re)和向物权(ius ad rem)与潘德克吞体系中的物权和债权的划分是完全一致的。共同法上的理论可能还是倾向于从与物的关系的角度,而不是从与人的关系的角度对债进行理解,或者至少这里还存在不清晰性。因而,债的占有以及所有在共同法上进一步发展出来。这里既存在相对于盖尤斯体系的物债二分的区分性,也存在相对于盖尤斯体系下(潜在的)物的概念的延续性。

在共同法的传统上,物债严格二分还没有实现。债权与物权的进一步分离是一个关键的问题,向物权(ius ad rem)这样的概念的"抛弃"对于实现物债二分是必要的。向物权(ius ad rem)有广义和狭义之分,在广义上,"ius ad rem 是这样一种权利,通过它某人以他自己的行为向我们负有义务,即给予、作为或者容忍"。① 在狭义上它意味着,买卖合同签订后,买受人取得一种对物的权利,一种相对性的所有权,但不具有对抗第三人的效力;其实际意义主要在于"一物二卖"的问题之上,即如果第二买受人知道第一买受人的存在,则它不能对抗第一买受人,不能有优于第一买受人的权利。② 狭义的向物权(ius ad rem)的概念与物债二分是不符的,必然存在债的概念的更新和对向物权(ius ad rem)的替代。而至少广义的向物权(ius ad rem)与债权并没有实质的区别,只是理解方式可能存在不同。

另外,主观权利这样的抽象概念也只能存在于总则之中,在分则中人们是无法为这样的概念找到容身之所的。主观权利的概念也并非是孤立的,它需要配套的制度。主观权利的概念同时意味着进一步的概念建构,否则它同样是没有用处的。因而,虽然萨维尼在给海瑟的信中表达了对总则的厌弃之情,但抽象的概念体系所达到的理论高度,要求总则的存在,主观权利以及绝对权与相对权的划分,法律行为制度以及处分、处分权的概念都彼此互相关联,它们是达到这样的抽象程度的概念体系所需要的。这种复杂的、涉及广泛的概念转换并非瞬间完成的。对此,笔者不能面面俱到。对于本书此处讨

---

① Wieling, Sachenrecht, Band 1, Sachen, Besitz und Rechte an beweglichen Sachen, 2. Aufl., Springer, Berlin, 2006, S.12.
② Wieling, a.a.O., S.20.

论的问题有意义的是绝对权与相对权概念的区分的明晰化。绝对权与相对权是在物权与债权基础上的进一步建构,它是一种更高程度的抽象。

历史法学派追求的是古典主义的目标,他们要回到罗马法而进行法的发现。就是说,之前存在的所谓的经由盖尤斯体系而发展出来的向物权(ius ad rem)现在可以根本没有,只要它在古典罗马法上没有,历史法学派的学者就可以抛弃它。按照卡泽尔的观点,向物权的概念在罗马法上确实也是没有的。① 那么,是怎么从物权(ius in re)和向物权(ius ad rem)这样的概念发展到物权与债权的二分的,物债二分的严格性是如何实现的？或者说这里怎样实现了范式转化,是存在概念发展的连续性,还是存在历史的断裂？从上面的分析我们可以看出,向物权的概念既与权利的概念有联系,也与盖尤斯的物法体系有关,而物权与债权的对立与此还是有较大差别的。因而,向物权这样的概念在物债二分的问题上毋宁不是一个建构的阶段或者说是建构的素材,而可能只是一种被否定的对象。

萨维尼及其历史法学派的后继者并没有从中世纪及普鲁士普通邦法上的概念体系出发,向物权的概念没有被进一步使用,历史法学派抛弃了这样的概念。② 虽然采用了主观权利的概念,但物权作为对物的权利,是存在于物中的,而债权则不再从物的角度表述,它是一种对人的权利。③ 这里是否存在从向物权(ius ad rem)作为一种对物的权利向纯粹的对人的权利的转化,还存在疑问。实际上,广义的向物权也仅仅意味着一种对人的权利。④ 不过,债与物之间的关联的切断则是显然的事实。从狭义的向物权的概念来看,它意味着一种物、债之间的混合形态,即如果第二买受人知悉第一买受人的存在,则其作为恶意买受人不能对抗第一买受人的返还请求权,第一买受人有优于第二买受人的权利。这种权利是一种直接针对物的权利。⑤ 而取消这种意义上的向物权意味着债直接针对物的作用可能性被切断,债不再能够直接针对物而有所主张。可见,对向物权的抛弃意味着物债二分的进一步

---

① Kaser, Der roemische Anteil am deutschen buergerlichen Recht, Jus 1967, 340.
② Wieling, a. a. O., S. 21.
③ 萨维尼的主观权利概念与具有道德基础的自然法上的权利也是不同的。Ralf Michaels, Sachzuordnung durch Kaufvertrag. Traditionsprinzip, Konsensprinzip, ius ad rem in Geschichte, Theorie und geltendem Recht, Duncker & Humblot, Berlin, 2002, S. 159.
④ 在17世纪、18世纪,人们也在争论 ius ad rem 的含义以及其与 ius personale 的关系的问题,似乎主流观点认为向物权(ius ad rem)就是一种债权(ius in personam, ius personale)。另外的观点则试图区分 ius ad rem 和 ius personale。因此,向物权(ius ad rem)并不是直接针对物的权利,而是一种债权请求权。Wesener, Dingliche und persoenliche Sachenrechte—iura in re und iura ad rem. Zur Herkunft und Ausbildung dieser Unterscheidung, in: Festschrift fuer Hubert Niederlaender, Universitätsverlag Winter, Heidelberg, 1991, S. 210.
⑤ Wieling, a. a. O., S. 20.

严格化。

这里,毋宁是历史法学派的体系本身不能容下向物权的概念,历史法学派抛弃了中世纪以来的传统而"回到"古典罗马法。萨维尼从罗马法上的对物诉讼与对人诉讼来进行物权与债权的区分。① 在萨维尼的体系中,物权是针对物的权利,债权则是一种对人的权利,两者是互相分立的,向物权这样的概念与萨维尼的历史法学派的概念不是一个体系之内的话语。在物债二分的体系内,它无法存在。② 物权与债权之间的中间形式作为一种概念,在萨维尼及其后继者看来,是一种应予清除的历史错误。物权的客体是物,债的客体是行为,两者是根本不同的法律领域。物权和债权既不能从彼此导出,也不存在从属关系。③ 人对物的支配与人对行为的支配是两个平行的世界,它们彼此不相关。

德国民法典物法编起草者 Johow 也认为,向物权这样的概念与罗马法物债严格二分的模式是不相符合的。④ 他在 Motive 中说道:

> 按照普鲁士普通邦法,与特定物相关联的对人权,通过权利人的交付而物权化(在不动产抵押权是登入抵押权登记簿)。这与当时广为流传的向物权理论是关联的。按照向物权理论,物权取得考虑两个因素:即取得名义,它建立指向物的权利(Recht zur Sache);以及取得行为,它将向物权转化为物权。在当代的共同法的学理上,向物权理论已没有基础。普鲁士普通邦法的立场实际是不能成立的。因为它误解了物权与债权的区分,并且导致物法与债法之间界限的模糊化。物权的取得名义自身与对人性的请求权没有不同;它也因此不属于物法的范畴。

对于这种物法与债法之间的制度割裂,德国学者不无遗憾地指出,债法与物法之间的功能上的统一性在盖尤斯的财产法体系中还是清晰的,而潘德克吞体系将这种联系撕裂了。⑤

萨维尼对物债关系的理解,不是动态地从买卖合同出发,不是把物权作为交易起点,也没有把物权作为买卖合同的结果,他并不是把买卖合同与所

---

① Ralf Michaels, Sachzuordnung durch Kaufvertrag. Traditionsprinzip, Konsensprinzip, ius ad rem in Geschichte, Theorie und geltendem Recht, Duncker & Humblot, Berlin, 2002, S.159 ff.
② Ralf Michaels, a.a.O., S.160.
③ Astrid Strack, Hintergründe des Abstraktionsprinzips, JURA 2011, 7.
④ Schubert, Die Vorlagen der Redaktoren fuer die erste Kommission zur Ausarbeitung des Entwurfs eines Buergerlichen Gesetzbuches, Sachenrecht, Teil 1, Allgemeine Bestimmungen, Besitz und Eigentum, Verfasser: Reinhold Johow, De Gruyter, Berlin, 1982, S.258.
⑤ Kramer, Münchner Kommentar zum BGB, 5. Auflage, 2007, Einleitung zum Schuldrecht, Rn. 18.

有权取得作为连续的过程来理解,而是把两者完全割裂和独立。① 买卖合同作为债,在法律上与物法完全没关系。物权作为人对物的支配权,也与买卖合同相独立。他从所谓的意志哲学或者理念主义出发,从人对世界的支配的角度来看物和债的关系。物、债的区分在于,人不能对他人的人格支配,人只能对物直接支配,人不是支配的客体,而对他人行为的支配则是债。物法和债法是不相关的两个世界,物法和债法彼此独立、互不相关。物权和债权的发生基础完全不同,买卖合同与履行互不相关。物权行为的独立性和无因性至为显然。在这种逻辑下,物法相对于债法是自治的、也是自洽的,反之亦然。

萨维尼的物债二分体系所带来的范式转换的影响是广泛而巨大的,法律行为制度以及物权行为与债权行为的划分都与此有关,物权行为的区分和抽象原则,毋宁是物债二分体系自然的结论。与之前的范式不同,物权的变动并不需要法律原因,取得名义加上占有移转的交付原则的罗马法及共同法模式被抛弃,物权的变动只需要通过物权行为就能完成,因为它只关涉到物的权利上的归属。相反,人们现在不能通过债权行为实现物权变动,因为债权及债权行为都仅仅是针对人的,物权的变动是一种独立的权利移转行为,它与债是无关的。这里,原因行为和履行行为被人为地分裂。其正当性理由在于,基于学说体系和概念建构人们需要进行这种分裂。民法典立法者认为,物法的独立和自治需要物权行为的独立性和无因性。② 后来的罗马法学者认为,这种物权行为无因性的观点与罗马法不符,罗马法上的物权变动需要名义和交付,就是说,原则上是有因的。③ 而历史法学派学者通过对罗马法的解读来发现物权行为的无因性,毋宁是非历史的。这在承认罗马法是物债二分的罗马法学者看来也是如此。在罗马法上,能否解释出物权行为的概念至少是不那么明确的。④ 至于抽象物权行为理论是罗马法所没有的。

历史法学派通过建构性地回到古典罗马法,实现了物债严格二分的范式更新,物、债的严格区分毋宁是一种历史的断裂,而非历史的延续。而这种回到古典罗马法的历史主义在很大程度上也是与罗马法不符的。实际上,历史法学派一方面回到古典罗马法进行体系建构,另一方面,也并未完全摆脱中

---

① 〔德〕罗尔夫·克尼佩尔:《法律与历史——论〈德国民法典〉的形成与变迁》,朱岩译,法律出版社 2003 年版,第 236 页。
② Mueller, Eigenstaendiges Sachenrecht? Mohr Siebeck Verlag, Tübingen, 2006, S. 11.
③ Ranieri, Die Lehre der abstrakten Uebereignung in der deutschen Zivilrechtswissenschaft des 19. Jahrhunderts, in: Wissenschaft und Kodifikation des Privatrechts im 19. Jahrhundert. Herausg. von Coing und Wilhelm, Verlag Vittorio Klostermann, Frankfurt am Main, 1978, S. 96.
④ Kaser/Knuetel, a. a. O. , S. 133.

世纪以来的法律发展,主观权利的概念即从自然法而来。无论如何,物债严格二分的体系模式就此确定下来,无体物的概念消失了,物债混合的中间形态也被清除。

从盖尤斯体系中有体物和无体物的对立到有体物作为物权的客体以及无体物概念的消失,潘德克吞体系对盖尤斯体系的框架结构进行了重构,实现了物法体系的独立化和封闭性,而物的概念的有体物限定是体系范围限缩的重要逻辑基础。

二、日耳曼法与潘德克吞法学的"对立"

(一) 日耳曼法派与罗马法派的对立对物的概念的影响

历史法学派的物债二分意味着物法的独立性,物法的独立性却不意味着物法的封闭性,其他财产权制度没有成为民法典的组成部分,不能完全从物债二分得到解释。德国民法典没有将当时存在的知识产权及其他财产权制度纳入到民法典中来,这不能在物债二分的逻辑下完全得到解释。

那么,为何德国民法典将知识产权以及其他现代财产法律制度排斥在立法之外?既然知识产权法已经是一种制度现实,有体物与无体物以及物法与知识产权法的关系在当时也应是讨论的对象,知识产权法没有成为德国民法典的一部分的原因就值得探寻。

1. 日耳曼法上"物"的概念的开放性

日耳曼法是与罗马法相对的概念,日耳曼法不意味着就是日耳曼民族的法。固然,部分日耳曼法的制度来源于日耳曼习惯法,例如,日耳曼法上的占有制度(Gewere),但日耳曼法作为独立的法律制度的观点更多的是来自学者的解读,作为日耳曼法组成部分的商法很多是在所谓的意大利商事习惯中发展起来的。因而,说在罗马法之外的、后发展起来的法律制度是日耳曼法,在很大程度上是不符合事实的。即使我们承认日耳曼法这样的说法,它也仅仅是在非罗马法的意义上来理解,才是成立的。日耳曼法与民族主义无关。不过,日耳曼法是否具有文化层面的特殊性,当然也可以探讨。然而,这种特殊性也不能在每一项制度贯彻,并且尤其在私法领域也不能过于强调。这即使在日耳曼法学者基于当时的民族国家兴起的观念,对于罗马法作为非民族的、外来的、继受的法,以相对于本民族的、固有的日耳曼法来称呼,也是如此。

日耳曼法学者所处理的法律现象与罗马法学者不完全相同,它所处理的是罗马法之外的、很大部分属于商法内容的所谓现代法律现象。① 因而,潘德克吞的、罗马式的最终局限于有体物的客体概念对日耳曼法学者没有约束力。当然,也不能过分强调这种分裂,在基尔克所处理的日耳曼法私法中,罗马法的因素也是包含其中的,尤其是它的体系结构和基本概念,甚至所谓的日耳曼法不过是把现代的法律材料整合进罗马法的潘德克吞的体系之中。基尔克在扩充潘德克吞体系的物的概念和人法的基础上,实现了对潘德克吞体系的"更新"。② 他也提到,潘德克吞体系是无法避免的,但存在扩展的必要。③

日耳曼法学者从共同法的传统出发,承认无体物的概念以及无体物上的所有权。④ 例如,基尔克在权利客体的范畴下处理物的问题,所谓的权利客体(Rechtsobjekt)是与主体相对而言的,"权利客体即物(Sache),所谓物,即在人与人的相互关系中对其他主体有拘束力的处于主体意志支配之下的外在世界(Ausserwelt)的组成部分"。⑤ 按照基尔克的观点,物分为有体物和无体物,他关于有体物的观点与罗马法学者相同,即外在的非理性的、处于主体支配之下的不自由的自然,而无体物则指有体物之外的在观念上独立的、可在法律上进行支配的财产(Gueterwelt)。⑥ 这其中包括作为限制物权客体的物的利用可能性,只要它们在观念上是独立的,就是说,基尔克认为限制物权的客体是无体物。甚至作为债的客体的行为,也可以作为外在的、与债务人相分离的、客观化的支配的客体。⑦ 这里似乎有盖尤斯体系的影子。至于发明、作品这些新的法律现象,基尔克虽然将其正当性建立在人格权的基础之上,但他同时认为对智慧财产的使用(Ausuebung)可以转让。⑧ 在智慧财产的问题上,当时的德国学者之间还存在争议,基尔克更多地把智慧财产放在人格一边。德国学者 Kohler 则认为,智慧财产是与创造者分离的、与有体物相对的、独立的所有权的客体,而与作品作为无体的所有权的客体密切相关、但彼此分离的人格权因素不是智慧财产本身的内容。⑨ 就是说,Kohler 采纳

---

① Haedicke, a. a. O., S. 28. Krause, a. a. O., S. 313 ff.
② Gierke, Deutsches Privatrecht Band 1 : Allgemeiner Teil u. Personenrecht, Duncker & Humblot, Leipzig, 1895, S. 269, 456.
③ Gierke, Der Entwurf eines bürgerlichen Gesetzbuchs und das deutsche Recht, Duncker & Humblot, Leipzig, 1889, S. 82.
④ Haedicke, a. a. O., S. 34.
⑤ Gierke, a. a. O., S. 269.
⑥ Gierke, Deutsches Privatrecht, Bd 1, Duncker & Humblot, Leipzig, 1895, S. 270. HKK/Ruefner, § § 90-133, Rn. 7.
⑦ HKK/Ruefner, § § 90-133, Rn. 7.
⑧ Haedicke, a. a. O., S. 31.
⑨ Haedicke, a. a. O., S. 32 ff.

著作人格权和财产权区分的所谓二元化理论。

日耳曼法承认广义的物的概念和所有权,这与理性共同法的传统一致。① 基尔克在他的著作中将物权的客体指向他在总则关于对物的章节的界定。② 他承认无体物上的所有权,无体物也可以作为物法的客体。在基尔克的这个客体和所有权概念之下,作为无体物的作品、发明等均是所有权客体。不过,他同时指出,由于物权最初建立在有体物上,无体物作为所有权的客体不是绝对的,而是要按照它们的特性(Beschaffenheit)来构造。③ 显然,日耳曼法学者的客体概念的统合性也并非十分广泛,商法上的很多法律现象没有成为关注的对象,在无体物概念之下甚至仅仅将知识产权的问题纳入讨论。日耳曼法学者的这种客体及所有权概念没能在德国民法典的立法争议中通过,罗马法的、潘德克吞式的物债二分的模式作为主导的模式被采纳。

虽然从 Bekker 以来无体物的概念被更新,即在作品、发明的意义上来理解,但对此存在很大的争议。④ 主流知识产权法学者对于将知识产权制度纳入民法典,尤其是作为无体物所有权也持否定态度。⑤ 在德国法上,知识产权的统一概念也是不存在的,"知识产权法"不具有概念上的整体性。另外,发明、专利这些工业产权保护制度以及商法典已经在民法典之前制定出来,是否在民法典中对其进行处理,也并不迫切。

可见,不仅罗马法学者对于无体物的概念持否定态度,日耳曼法学者对于知识产权进入民法典也存在争论,加之立法上的现实情况,知识产权与民法典的分离也就是自然的结果。

2. 潘德克吞体系的"客体"概念⑥

2.1 潘德克吞法学与物债二分体系

人们一般将潘德克吞理解为一种学说体系,即德国民法典所表现出来的以总则和物债二分为典型特征的私法的学说体系,德国学者也是如此。⑦ 不过,潘德克吞的概念,在一般的意义上而言,意指"当代的罗马法"(heutiges roemisches Recht)。⑧ 它的名称来自优士丁尼法典,但具体含义并不十分确

---

① Haedicke, a. a. O., S. 34.
② Gierke, Deutsches Privatrecht Band 2: Sachenrecht, Duncker & Humblot, Leipzig, 1905, S. 1.
③ Gierke, a. a. O., S. 3.
④ HKK/Ruefner, §§ 90-133, Rn. 6.
⑤ Kohler, die Idee des Geistigen Eigentums und ihre Konstruktion, AcP 82 (1894), 141.
⑥ 德国学者认为,在潘德克吞体系中,不存在客体的概念;在德国民法典中,虽然存在争议,也不存在客体的概念。Binder, Der Gegenstand, ZHR 59 (1906) 1.
⑦ Martin Wolf/Ludwig Raiser, Sachenrecht, Mohr Siebeck Verlag, Tübingen, 1957, S. 3.
⑧ Bekker Ernst Immanuel, System des heutigen Pandektenrechts, Band 1, Böhlau Verlag, Weimar 1886, S. 1.

定,人们可以认为是罗马法的现代运用或者也可以说是现代罗马法本身。① 它是共同法的一部分,既包括原本意义上的罗马法,也包括日耳曼法、教会法以及经由法庭实践修正的罗马法,也就是当代的罗马法,或共同的民法(gemeines Civilrecht)。② 按照温德沙伊德的界定,"潘德克吞是源于罗马法的当代德意志共同私法(gemeines deutsches Privatrecht)"。③ 潘德克吞法的基础既不是前优士丁尼也不是后优士丁尼时代的罗马法,而是主要是《国法大全》中的《学说汇纂》。④ 可见,潘德克吞首先是一种当时有效的私法,也就是罗马法,而不仅仅是一种学说体系。不过,这样说的意义可能也是有限的,潘德克吞法与潘德克吞的学说体系本身可能也不是能够很好区分的,潘德克吞学者所进行的是对罗马法的解读,而这种解读也是罗马法本身。⑤

当然,作为一种学说流派,潘德克吞在时间上晚于历史法学派,被认为是历史法学派的罗马法分支(offshoot),并由萨维尼的学生普赫塔开创。⑥ 它是19世纪的主流罗马私法学,它以《国法大全》的古典罗马私法为研究对象,就此而言与萨维尼并没有不同。但它继承和发展了萨维尼的物债二分理论,并且将概念逻辑发展到极致。如上所述,有观点认为,在方法上潘德克吞法学的概念逻辑与萨维尼的生活直观以及法律关系等方法存在不同。

按照德国学者的总结,在19世纪之初,潘德克吞学者对客体概念的阐述还采纳由盖尤斯延续下来的广义的物的概念,并用德语的"Sache"来表述,这与普鲁士普通邦法和奥地利民法典中广义的物的概念相同。⑦ 直到19世纪中期,情况发生了变化,萨维尼的《当代罗马法体系》从康德的狭义的物的概念出发,甚至采取比康德更为狭窄的物的概念,即将物限于物理世界的一部分。⑧ 物权的客体限于有体物,而债的客体是人的行为。按照萨维尼的观点,有体物可以作为所有权和占有的客体,债不能作为所有权和占有的客体。德国学者认为,康德的理论似乎还存在其他的解读,例如债也可以成为所有(Inhaberschaft)的对象,因此,奥地利民法典将物界定为具有理性的人之外的没有理性的物,在后者既可以是有体的,也可以是无体的,并且其上均存在所

---

① Bekker Ernst Immanuel, a. a. O., S. 2.
② Baron Julius, Pandekten, 9. verm. Aufl., Duncker & Humblot, Leipzig 1896, S. 1.
③ Windscheid, Lehrbuch des Pandektenrechts, 6. Aufl., Band 1, Scientia Verlag, Frankfurt am Main, 1887, S. 1.
④ Windscheid, a. a. O., S. 8.
⑤ Anenette Keilmann, Pandektistik, in: Examinatorium Rechts-geschichte, Verlag Franz Vahlen, München, 2008, S. 343.
⑥ Domingo, The Revival of Roman Law and the European Legal Tradition (June 19, 2017), *Emory Legal Studies Research Paper*, Available at SSRN: https://ssrn.com/abstract=2989080.
⑦ HKK/Ruefner, §§ 90-103, Rn. 6.
⑧ HKK/Ruefner, §§ 90-103, Rn. 6.

有权的可能性。① 就是说,所有权并不局限于有体物。不过,人们对奥地利民法典的解读可能后来还是转向了潘德克吞体系,这尤其表现在后来的学者对奥地利民法典的解读,特别是对奥地利民法典第 353 条的解释上。

萨维尼不仅将物限定于物理世界的有体物,对于债也不是在财产归属的意义上来理解,而是作为人与人之间相对性的法律关系,即债的关系。基于债的法律关系,双方当事人之间发生给付与对待给付义务。在此,萨维尼完全从债的内部结构出发,将债理解为人与人之间的法律关系。② 债不是物权的客体,债也不是无体物。萨维尼从所谓的古典罗马法出发,坚持债作为法锁的观念,债本身没有归属的内容。至于债作为财产权的客体的外部视角,是萨维尼所忽视的。从债的内部关系出发,也就并不存在债权转让的问题。相反,盖尤斯体系则是从债的归属和转让的体系视角出发,即将债作为无体物纳入物法的体系。当然,基于罗马法对待债的转让规则的保守性,盖尤斯体系也是在债的更新的角度来阐述债的转让的,并且盖尤斯体系也不忽视各种基于债而发生的给付义务。

潘德克吞的五编制体系模式也并非自始确定,而是有其变化的过程。无论如何,萨维尼关于客体以及物债二分的观点得到后来的潘德克吞学者广泛的认同,并成为德国民法典的体系模式。萨维尼的划分之所以能够通过并获得广泛的认同,至少也在于其对罗马法材料的处理是符合逻辑和可接受的。人们认为,盖尤斯体系中物的划分将客体与客体上的权利相对,这在逻辑上存在问题。而如果将有体物与有体物上的所有权等同,则固然不存在客体与客体上的权利被放在同一层面的逻辑矛盾。但是,由此限制物权与所有权作为同样的在物上的权利,却被放在与有体物相对的无体物的一边,这又无法解释得通。③ 总之,盖尤斯体系中物的概念太宽泛,并且存在逻辑上的问题;这是潘德克吞学者对《法学阶梯》体系诟病之所在。

对于潘德克吞体系中的客体及物的概念,可以通过直接再现的方式来进行阐述。当然,这种阐述方式只能是以点代面,甚至有时可能是以偏概全的。笔者将关注物、债客体的划分以及权利是否作为客体的问题。

---

① Haedicke, Rechtskauf und Rechtsmaengelhaftung. Forderungen, Immaterialgueterrechte und sonstige Gegenstaende als Kaufobjekte und sas reformierte Schuldrecht, Mohr Siebeck Verlag, Tübingen, 2004, S. 23, 24.
② Lukas Kämper, Forderungsbegriff und Zession-Geschichte und Dogmatik der Abtretung in Frankreich und Deutschland, Mohr Siebeck Verlag, Tübingen, 2018, S. 64.
③ HKK/Ruefner, §§ 90-133, Rn. 4.

2.2 潘德克吞教科书中的客体概念

2.2.1 普赫塔体系中的客体概念

潘德克吞学者对于罗马法的阐释方式存在多样性,并非千篇一律的五编制,例如,普赫塔将他的潘德克吞教科书分为 9 编,并将对自己人格的权利(Recht an der eigenen Person)放在物法和债法之前,在此之下又分为人格的权利(das Recht der Persoenlichkeit)和占有。① 可以认为,这里权利能力的概念还没有完全形成,人格与人格权之间的关系还不清晰。他的体系除了人格法的独立之外,还存在其他体系结构上的特殊性。不过,物债二分的财产法结构是清晰的。虽然普赫塔的体系是九编制,但物仍然仅仅是有体物,物法上的作为所有权客体的物也仅仅是有体物。② 至于债的客体,普赫塔将债称为对他人行为的权利(Recht an Handlungen),债的客体是他人的行为。③

普赫塔在财产权的概念下处理物和债的问题:已经处于主体之下的物,即所有权、占有和他物权,以及应该处于我们支配之下的物,即债。④ 当然,这样的表达有形象化的效果,在买卖合同,给付的对象可以是物也可以是权利。⑤ 在这个财产法的分类中,作为物权客体的物限于有体物,按照普赫塔的界定,"物是人之外的,但处于人的意志之下的有体的客体"。⑥ 不过,他随即提出在此前提之下的物的有体性的修正,即无体物也可以成为民法上的作为物权客体的物,但这里无体物并非盖尤斯体系中作为权利的无体物,而是虽然在外在上是彼此分割的,但具有内在的整体性,如兽群、库存货物等。⑦这里,普赫塔也主要是在可支配的、有体物的意义上来界定客体的概念。普赫塔特别提到,作为权利的无体物并不是物的分类,而是关于客体的分类,这种经常发生的错误导致把物法的原则转用到无体的权利上去。⑧ 这里,他显然是在对中世纪理性法上广泛的所有权概念进行批评。可见,普赫塔区分了权利和物,作为物法客体的仅仅是有体物。

2.2.2 温德沙伊德体系中的客体概念

温德沙伊德(Windscheid)的潘德克吞教科书的总则并没有关于客体的

---

① Puchta, Georg Friedrich, Pandekten, 12., auf Grund der früheren A. F. Rudorff'schen Bearb. sorgfältig rev. und verm. Aufl., von Th. Schirmer, Johann Ambrosius Barth Verlag, Leipzig 1877, S. 46, 173.
② Puchta, a. a. O., S. 51, 209 ff.
③ Puchta, a. a. O., S. 336.
④ Puchta, a. a. O., S. 51.
⑤ Puchta, a. a. O., S. 333, 540.
⑥ Puchta, a. a. O., S. 51.
⑦ Puchta, a. a. O., S. 52.
⑧ Puchta, a. a. O., S. 52.

一般阐述,物的概念也被放在物法中。① 这与德国民法典第一委员会的体例相同。他的教科书在总则部分阐述法源和权利的问题,权利被界定为法律赋予的意志力或者意志支配。② 在关于权利的分类中,首先是物权与债权相对,然后是对自己人格的权利,接着阐述绝对权与相对权的分类。这里隐含着物权的客体是物,债权的客体是行为的区分。③ 而债权与物权共同构成财产法,两者的统一性在于法律所赋予的意志力。作为物权客体的物和作为债的客体的人的行为均处于权利的支配力之下。当然,温德沙伊德虽然偶尔使用客体(Gegenstand)的用词④,但他没有明确的关于客体的一般理论。

在物法编关于物的阐述中,温德沙伊德认为物首先是非理性的自然中的个别的有体物,它是现实存在的,即有体的。不过,法律也可以将想象中的东西作为物,他在此列举了权利和所谓的"集合物"(Sachgesamtheit)作为权利客体的问题。⑤ 他说到,集合物能否作为权利的客体存在争议,不过,这种争议是最近才发生的,罗马法上的集合物与有体物一样,可以作为权利的客体。⑥ 至于权利作为权利的客体,同样存在争议,虽然权利作为客体在法律用语中被接受,例如权利上的用益权、权利抵押权,但这和物作为权利客体不同,权利作为客体时最终还是物或者债务人的行为是权利的客体。⑦ 持同样观点的德国学者甚众,例如潘德克吞学者 Bekker 认为,权利上的权利有很多支持者和反对者,但权利上的权利还是以物或人为客体。

在物法编关于物的阐述中,温德沙伊德同时承认无体的作品、发明在罗马法的体系之外也是客体。他说道:"在罗马法的范畴之外,文学和艺术作品、发明等也是无体物,当代的法学也把它们像有体物那样作为法律关系的客体。"从这个角度而言,可以认为从温德沙伊德的观点出发,知识产权制度与物法具有近似性。不过,他同时认为,知识产权(geistiges Eigentum)这样的概念其价值存在疑问,只有在有体物上才能成立所有权。⑧ 同时,温德沙伊德的潘德克吞体系不包括知识产权的具体制度,如上文所述,潘德克吞体系是对罗马法的阐述。

---

① Windscheid, Lehrbuch des Pandektenrechts, Band 1, 6. Aufl., Scientia Verlag, Frankfurt am Main, 1887, S.449.
② Windscheid, a.a.O., S.99.
③ Windscheid, a.a.O., S.103.
④ Windscheid, a.a.O., S.131.
⑤ Windscheid, a.a.O., S.450.
⑥ Windscheid, a.a.O., S.451.
⑦ Windscheid, a.a.O., S.131.
⑧ Windscheid, a.a.O., S.131.

至于债法的客体,直接的客体是人的行为,或者说是给付(Leistung)。① 具体到买卖的客体,则包括一切未被交易排除的物,包括动产和不动产,有体物和无体物(unkoerperliche Sache)。② 同时,他人之物、占有、将来之物也可以成为买卖的客体。③ 可见,在温德沙伊德的潘德克吞体系的买卖法中,物的概念是非技术性的,甚至物的概念还没有和客体的概念区分,无体物也是民法上的物;至于无体物的范围,应该既包括权利也包括观念性的无体物,如集合物。

2.2.3 邓恩伯格的客体概念

邓恩伯格(Dernburg)的潘德克吞教科书在总则中专门对权利客体(Rechtsobjekt)的问题进行阐述,并首先提及罗马法上的有体物和无体物的分类,无体物为权利。邓恩伯格认为,在罗马法上,无体物上也可以像有体物那样存在所有权,并且,与有体物一样它也仅仅存在于自身之中。④ 这种对罗马法或者盖尤斯体系的解读,与其他学者并不相同,有学理上的独创性。不过,这种解读应是一种少数观点。

无体物的概念在邓恩伯格的五编制体系中没有体系上的意义,虽然存在作为地役权事实行使的权利占有,但他认为,权利占有最终也发生在有体物上,而所有权的客体也仅仅是有体物。⑤ 虽然邓恩伯格在总则中关于权利作为客体的论述从罗马法出发,但与他的物债二分的五编制体例不存在对应关系,盖尤斯体系中有体物与无体物的分类在潘德克吞体系中没有意义。

3. 小结

潘德克吞体系的"客体"是围绕有体物以及有体物上的权利而构造的,这是由其阐释的对象所决定的。德国民法典建立在潘德克吞的学理基础之上,它的物的概念也只能限于有体物。潘德克吞法上的权利客体从罗马法出发,无体物的概念或者被抛弃,或者按照罗马法的传统仍然作为权利。无体物概念不具有体系建构的意义,它在物债二分的体系中最终消失。

从温德沙伊德的观点来看,无体物的概念包括权利和观念上的无体物,如集合物、作品、发明专利等。因此,似乎可以认为它将客体分为有体物、无体的权利和其他无体的客体,但这种分类对于下位的具体的制度也没有影响,他的潘德克吞教科书也是源于罗马法的物权、债权二分的体系模式。他

---

① Windscheid, a. a. O., S. 264.
② Windscheid, a. a. O., S. 473, 474.
③ Windscheid, a. a. O., S. 474.
④ Dernburg, Pandekten, 5. verb. Aufl., Band 1: Allg. Theil u. Sachenrecht, H. W. Müller Verlag, Berlin 1896, S. 160.
⑤ Dernburg, a. a. O., S. 450.

在提及作品、发明等作为权利客体时,尤其提到在罗马法之外,它们也是客体。就是说,在关于罗马法本身的阐述中是不包括这类客体或制度的。而这种罗马法与非罗马法的区分似乎仅仅具有形式上的、外在的意义,仅仅是基于学派划分而发生的区别。

潘德克吞体系关于客体的界定及物债二分的体系模式,经由康德、萨维尼而在罗马法学者中逐渐成熟、成形,成为主流的罗马法阐述方式,而德国民法典的立法者将这个模式法典化。这清楚地反映在 Johow 关于物权法草案的说明中,他说道:"正如萨维尼在他的《当代罗马法体系》中所说,处于人的意志支配之下的只有可能是两类客体,即不自由的自然和他人。"①理性法上的广义的客体及所有权概念被排斥,作为所有权客体的仅仅是有体物,无体物不能归入这个体系之内。

潘德克吞的物债二分体系是德国民法典的框架基础。在具体制度层面,德国民法典是罗马法、日耳曼法及教会法相融合的产物,占有公示制度、权利表象理论,被认为是日耳曼法思想的体现。Sohm 在德国法学家大会上关于债法第二草案的报告中甚至称,债法是非罗马的、日耳曼法的、现代的。② 日耳曼法学者对具体的制度有深刻的影响,但对于德国民法典的体系没有影响。③ 潘德克吞体系及物的概念的封闭性固然是问题的一方面,但为何这种封闭的体系能够维持,则还有问题的另一方面,即学派分立对德国民法典物法及物的概念的封闭性有影响。

(二) 学派分立对物的概念及物法体系的影响

对于物债二分和物的概念的狭隘性,德国学者不乏批评意见,基尔克对潘德克吞的批评态度为人所熟知。当代学者 Krause 批评说,德国民法典物债二分的五编制结构存在内在的构成上的缺陷,商法(Handelsrecht)、保险法、证券法、发明法等这些现代的、当时有效的法律制度没有纳入。④

德国学者认为,现代的、非罗马的法律制度之所以未被纳入到民法典之中,在于德国法律史上的罗马法和日耳曼法的区分,在于历史法学派的罗马法派和日耳曼法派的分工和对立。这种解说自然有其合理性,但不能完全解释德国民法典中的日耳曼法因素。如上所述,罗马法的五编制体系内容纳了

---

① Schubert, Die Vorlagen der Redaktoren fuer die erste Kommission zur Ausarbeitung des Entwurfs eines Buergerlichen Gesetzbuches, Sachenrecht, Teil 1, Allgemeine Bestimmungen, Besitz und Eigentum, Verfasser: Reinhold Johow, De Gruyter, Berlin, 1982, S. 1.
② Krause, Der deutschrechtliche Anteil an der heutigen Privatrechtsordnung, JuS 1970, 319.
③ Krause, a. a. O. , S. 319, 320.
④ Krause, a. a. O. , S. 318.

很多非罗马法的日耳曼法因素,商法的内容没能进入民法典并非完全在于罗马法和日耳曼法的对立。实际上,德国学者曾试图实现日耳曼法和罗马法的统一,只是最终没能成功实现,以至于在19世纪,人们就放弃了统一的努力。①

商法、知识产权法这些法律制度之所以没能进入民法典,既与罗马法和日耳曼法学者分工处理不同的法律材料有关,更与当时的日耳曼法学者没有在纷繁复杂的商法中形成如潘德克吞这样的体系结构有关,而潘德克吞体系的强大说服力以及影响力,只能导致德国民法典在潘德克吞物债二分的体系以及狭窄的客体概念之下,将可以容纳到潘德克吞框架体系之内的日耳曼法具体制度纳入到民法典中来。这在基尔克对日耳曼法的阐述上有清楚的显现,基尔克说道:"将日耳曼法按照它的原初的、本土的(national)基本概念来建构,是不能成功的。"②基尔克毫不讳言,他对日耳曼私法的阐述是在借助潘德克吞体系的基本概念和框架下、在扩张和修正潘德克吞体系的基础上进行的。可见,日耳曼法学者认可潘德克吞体系的有效性,这与最初的罗马法和日耳曼法的二元对立是不同的。甚至可以说,基尔克作为日耳曼法学者,其实也是修正的潘德克吞学者。日耳曼法学者对潘德克吞体系框架的认可,意味着罗马法之外的法律制度只能有限地进入到民法的体系中来。虽然基尔克持无体物上可以成立所有权的观点,但实际上这无法与认可有体物所有权的潘德克吞体系下的物的概念和物法体系相一致,或者说潘德克吞体系是不涉及这些法律制度的。

在历史上,很多学者致力于将日耳曼法和罗马法统合成一个私法的体系,但均没有成功。在历史法学派的罗马法学者和日耳曼法学者最初的学术分工中,也存在两者最后走向统一的计划。按照Luig的阐述,萨维尼也赞成最终经由罗马法和日耳曼法而实现私法的统一,只是这种统合因商法没能发展出成熟的理论体系,而无法和罗马法的物债二分体系进一步统合为整体,以至于后来,学者们就放弃了统合而承认这种分裂的存在。③

现代学者一般认为,商法是特别私法。例如,梅迪库斯认为,商法不过是民法的特别法,商法不存在自成一体的体系和原则。④ 这种观点可能是合理

---

① Luig, Die Theorie der Gestaltung eines nationalen Privatrechtssystems aus roemisch-deutschen Rechtsstoff., in: Wissenschaft und Kodifikation des Privatrechts in 19. Jahrhundert. I., heraus. von Helmut Coing und Walter Wilhelm, Verlag Vittorio Klostermann, Frankfurt am Main, 1975, S. 241.

② Gierke, Deutsches Privatrecht Band 1: Allgemeiner Teil u. Personenrecht, Duncker & Humblot, Leipzig, 1895, S. 107.

③ Luig, a. a. O., S. 217 ff, S. 225.

④ Medicus, Allgemeiner Teil des BGB, 8. Aufl., C. F. Müller Verlag, Heidelberg, 2002, S. 8.

的,但这并非一种历史性的解读。在历史上,罗马法学者大多认为罗马法是一般的私法,而其他的部分只是特别法。① 但是,日耳曼法相对于罗马法并非作为特别法处于从属地位,涵盖商法的日耳曼法最初是处于与罗马法对立的地位。这在历史法学派中的罗马法派和日耳曼法派的最初学术分工中也是如此。在学术史上,有学者主张在一般的理性原则下实现罗马法和日耳曼法的统一,甚至有学者主张抛弃罗马法的体系而实现私法的统一。② 因而,潘德克吞体系作为私法的一般基础、商法作为特别私法的民商法关系,在历史上也并非是绝对的。

如何理解物债二分的体系以及民法上的客体概念必须结合这种"未完成的"历史法学派的学术计划来理解,或者说,必须在日耳曼法和罗马法"分裂"的角度来理解?潘德克吞体系的强大影响力湮没了日耳曼法的体系化追求。当然,在德国法上,罗马法派和日耳曼法派的对立以及德国民法典的存在是否意味着民法和商法的一体化将无法实现,也许还存在不确定性。然而,从物债二分的结构出发,的确很难实现民法和商法的统一,潘德克吞体系中的物的概念是狭窄的,它围绕有体物展开。在德国民法典之前的体系建构中,如知识产权法等新的法律领域已经存在,但这些新的法律领域对罗马法物的概念的更新所带来的可能性,固然是存在的、并且也不乏很多支持者,但最终因学派和学科分立的学术传统特别是罗马法的强大影响力,以及体系整合的巨大难度而未能实现。

在现代社会,由于新的社会现象不断出现,民法学者不能不顾这种现实而将相应的制度排除在民法的体系之外。虽然这种外在的体系建构的意义有限,但人们还是试图不断地建构民法的外在体系,这在很多德国学者,如拉伦茨这样的方法论更新论者,也是如此。实际上,如果没有外在体系的建构,也无法把私法及法的发展表现出来。

第三节 本章小结

盖尤斯的物法体系具有开放性,无体物的概念在盖尤斯的物法体系中具有重要意义。从盖尤斯的"三分法"到潘德克吞的"五编制"的演变,是从财产法的物债相关到物债独立的发展过程。然而,德国罗马法学者对盖尤斯体系的解读多有争议,罗马法上是否存在物债二分的问题很有疑问。从罗马法非体系性的角度似乎很难得出罗马法本身已经是物债二分的结论。但罗马

---

① Luig, a. a. O., S. 225.
② Luig, a. a. O., S. 223.

法中存在物债二分的建构基础,具有较大的成立可能性。在从盖尤斯体系发展到潘德克吞体系的过程中,债法与物法的分离、主观权利概念对物的概念的替代以及物债二分最终由潘德克吞学者推向绝对,是大体的脉络。有体物的概念与物法的独立性是彼此关联的,物的有体性是物法独立体系的客体限定。潘德克吞体系实现了物债的严格二分,物的有体性对于物法的独立性,具有重要性。

物债二分不必然意味着物法的封闭性。将物权客体限定于有体物,对物法体系的封闭性有重要意义。商法、知识产权法等现代法律制度与物法的分立是历史法学派内部罗马法派和日耳曼法派学科分立的结果,罗马法派处理古典罗马法流传下来的法律材料,日耳曼法派则研究非罗马法的、现代的法律制度,这种学科的划分最终走向学派的对立,日耳曼法对潘德克吞体系客体范围的扩展和更新无法与罗马法派的潘德克吞概念体系相协调。商法、知识产权法等法律制度与物法的分立具有一定的历史偶然性。

物债二分固然与罗马法和罗马法学的发展有关,但严格的物债二分是概念建构的结果,是潘德克吞法学的概念逻辑。从历史和发展的眼光来看,以盖尤斯开放的物法体系为基础,融合潘德克吞物债二分的私法体系,才是更为全面和完整的。

第三章 有体物概念的体系功能及教义学发展

第一节 有体物的概念与德国物法的独立性

德国民法典在总则中对有体物的概念、物的成分及其他物上关系作了规定。从学理而言,德国民法典总则主要在于解决法律关系的问题,即规定权利主体、法律事实、权利及权利实现等内容。而物作为法律关系的客体,有其规定在总则的体系合理性。然而,民法典的规则在于划定人们的行为界限,规范可能发生的纠纷,这在总则部分也应是如此。

德国民法典第90条关于物的有体性的规定,排除了"无体物",这或可作为其规范价值。在这一点上,它与德国民法典第1条关于权利能力的规定可作比较。然而,权利能力的规定有其解决的实际问题,其涉及权利义务归属时间及其终点的确定。德国民法典通过一个独立的条款来强调物的有体性,但从民法典第90条本身来看,仍然很难找到排除无体物的意义。第90条必须与其他规范结合,才能发挥其功能。那么,它与哪些规范结合,其意义何在?

德国民法典采潘德克吞体系的五编制,据德国学者介绍,在民法典第一委员会看来这种五编制仅仅是出于工作分工的需要。① 不过,显然即使是出于分工的考虑,也应有其事理上的正当性,这种正当性在于当时的学说理论。如上所述,德国民法典实现了物法与债法的划分。从物法而言,德国学者称之为物法的独立性和自治性。物的概念对于民法典的体系有根本性的意义。

一、物的概念及其与客体的关系

(一) 客体概念的观点争议

1. 德国民法典涉及客体的规定

德国民法典在总则仅规定物,而没有规定客体的概念。不过,这种说法并不完全准确,德国民法典第90条既使用了物(Sache),也使用了客体

---

① Wiegand, Die Entwicklung des Sachenrecht im Verhaltniss zum Schuldrecht, AcP 190 (1990), 114.

(Gegenstand)的措辞,客体是否为法律概念至少是可以争辩的问题。虽然没有明确界定客体概念的条文,但从第90条的规定来看,恰恰是通过客体的进一步限定才产生物的概念。客体是物的上位概念,物是客体的下位概念。如果没有客体上位概念的界定,似乎物的概念也很难界定清楚。

德国民法典有多处涉及客体的条文,德国学者对此进行了归类整理:德国民法典第135条、第161条、第185条、第719条、第747条、第816条、第1419条、第2040条、第2205条,这是处分(Verfuegungen)意义上的客体概念;在债法中,客体在德国民法典第256条、第260条、第273条、第292条、第434条、第444条、第504条、第581条、第743—748条、第2149条、第2374条中使用。① 德国民法典第32条、第387条、第611条等条文中对客体的使用完全是随意的。不过,人们不能期待从民法典的用词中可以归纳出确定的概念,即使是德国民法典,也不能确保所使用的每一个概念和词语完全是技术性的或者说是具有内在统一的。

所谓客体,按照一些德国学者的观点,即可个别化的、具有财产价值的物体(Objekt),于其上权利人可以行使法律上的支配力(Rechtsmacht)。② 除有体物以外,如水能、电能、数据、信息、知识产权、债权等均可作为法律意义上的客体。人以及具有人格意义的法律关系不是客体。这是从支配的角度对客体概念的理解,具有一定的普遍性。

2. 关于客体的观点争议

德国民法典没有对客体进行概念界定,德国学理曾一度对民法典所使用的客体的概念界定有过很高的学术热情。许多德国学者,如维亚克尔③、Binder④、Sohm⑤、Husserl⑥ 都曾就客体问题写有专著或长篇大论。关于客体的概念,自然就产生了观点的分歧,以至于什么是法律客体的概念至今仍然是一个没有解决的问题。主要有以下学说⑦:

一种观点是从法律关系的角度来理解客体的概念。所谓客体,是法律关系的连接点,是民事权利义务所指向的东西。⑧ 这种观点认为,法律关系是

---

① Soergel/ Marly, Vor § 90 Rz 1.
② Soergel/ Marly, Vor § 90 Rz 2.
③ Wieacker, Sachbegriff, Sacheinheit und Sachzuordnung, AcP 148 (1943), 57.
④ Julius Binder, Der Gegenstand, ZHR 59 (1906), 1-78.
⑤ Sohm, Der Gegenstand-ein Grundbegriff des Buergerlichen Gesetzbuches, Duncker & Humblot, Leipzig 1905.
⑥ Husserl, Der Rechtsgegenstand. Rechtslogische Studien zu einer Theorie des Eigentums, Springer, Berlin 1933.
⑦ Staudinger/Jickeli/Stieper(2004), Vorbem 3 zu §§ 90-103.
⑧ Staudinger/Jickeli/Stieper(2004), Vorbem 3 zu §§ 90-103.

一种人与人之间经由法律所调整的关系,法律关系和主观权利由授权(Geboten)、允许(Erlaubnissen)、禁止(Verboten)所构成。而这都涉及主体的行为,法律上的客体即基于一定的法律关系而发生的主体的行为所指向的连接点。这是一种形式性的客体概念。①

另一种较为狭窄的客体概念,即从支配的角度来理解客体的概念。它在民法典立法之后由 Sohm 提出来,其意在对德国民法典的财产权体系进行统一的解释。按照他的观点,客体应在支配的意义上来理解,并且仅在法律支配,即处分的客体上来理解。② 在这种观点下,客体为可转让的主观权利,如债权、物权和知识产权等。③ 有体物也是法律意义上的客体,不过,有体物与有体物上的所有权是重合或者等同的,即在处分的客体的意义上来理解。④ 因此,物作为客体并不带来逻辑上的混乱。

Sohm 的观点遭到很多批评,他对德国民法典的关于客体的解读被认为与法律的规定不一致,批评者认为德国民法典没有使用统一的客体概念。⑤ 同时,人们认为,支配(Verfuegungen)仅仅是财产归属的一个结果。将有体物与所有权等置的观点也遭到批评,有体物的概念与所有权的客体不具有必然联系,不能从法律处分的角度来理解客体的概念。⑥ Tuhr 也认为 Sohm 的观点是向罗马法所有权与有体物(res corporalis)等同观点的一种倒退,所有权与客体在中世纪的共同法时代已经被区分,并且民法典也没有将客体与所有权等同。⑦ 而 Husserl 则从法律史和哲学的角度对 Sohm 将有体物与所有权等同的观点表示赞同。⑧ 这里的争论,不由得使我们联想到上文有关《法学阶梯》有体物与无体物分类的问题。

拉伦茨提出了两个层面的客体的概念,即第一层面事实上的处分的客体和第二层面法律行为意义上的处分的客体。拉伦茨关于客体概念的观点也是从支配的角度出发的,与 Sohm 的观点有相似性,甚至可以说是在其基础上的扬弃和发展。拉伦茨的客体概念与法律行为理论尤其是物权行为理论联系在一起,强调法律处分和事实处分的分离,与 Sohm 将物也作为法律上

---

① Staudinger/Jickeli/Stieper(2004), Vorbem 3 zu §§ 90-103.
② Sohm, Der Gegenstand——ein Grundbegriff des Buergerlichen Gesetzbuches, Duncker & Humblot, Leipzig 1905, S.6 ff.
③ HKK/ Ruefner, §§ 90-103, Rn.10.
④ Sohm, a.a.O., S 16, 20. HKK/ Ruefner, §§ 90-103, Rn.10.
⑤ Binder, Der Gegenstand, ZHR 44 (1906) 78.
⑥ Binder, ZHR 59 (1906), 29, 78. HKK/Duve, §§ 90-103, Rn.10.
⑦ HKK/ Ruefner, §§ 90-103, Rn.10.
⑧ Husserl, Der Rechtsgegenstand. Rechtslogische Studien zu einer Theorie des Eigentums, 1933, Springer, Berlin, S.174.

处分行为的客体观点稍有不同。不过,Sohm 的观点有其独创性,他将事实处分的行为可能性作为第一层面的权利,将基于此种权利的向他人的请求作为第二层的权利,而对客体进行法律行为上的处分则是第三层的权利。①

无论如何,这种客体概念强调客体的可支配性特征,客体的可支配性是基本的出发点,至于是否要区分事实支配和法律支配,则涉及结构问题。

第三种观点从财产(Gut)的角度来理解客体的概念。按照一般的理解,财产即能够给人类的物质或精神发展有所帮助的东西。从这个角度来理解,客体应是具有经济价值和利用价值的、可以为人类所控制的财产。客体是财产的组成部分(Vermoegensbestandteil)。② 它具有交换的价值,并且在经济上具有有用性。法律上的客体即所有可特定化的、具有财产价值的自然界(natuerliche Welt)的物体(Objekte)。③ 这是一种实体意义上的客体概念,强调从财产的角度来理解客体的概念。这种客体的概念对债法和物法都有适用。④

第四种观点认为,客体既不应在支配可能性的角度,也不应在金钱价值(Geldwert)的角度来理解,财产性的客体概念只是客体的一部分,客体应该与受法律保护的利益(rechtlich geschuetztes Gut)同义。⑤ 这种客体的概念有广泛性,即使不具有可支配性,不能在法律上进行处分,仍然可以是民法上的客体。从这种观点出发,"客体概念与法国和奥地利民法典的物的概念是没有根本差别的"。⑥ 因而,是否采纳广义的物的概念还是坚持物的有体性的概念,只具有表面的意义。笔者以为,这种客体概念是从侵权法的角度而言的。

以上关于客体的观点实际与物的概念也有关联,从支配的角度来界定客体的概念,则物作为客体的下位概念也应具有可支配性。而从法律保护的利益的角度来界定客体的概念,则物的可支配性是否必要不具有必然性。上述不同的客体概念以不同的体系逻辑为基础,互相之间也不必然是不相容的。从支配的角度对客体进行理解,是德国主流观点。

---

① Sohm, Der Gegenstand—ein Grundbegriff des Buergerlichen Gesetzbuches, Duncker & Humblot, Leipzig, 1905, S. 82 ff.
② HKK/ Ruefner, §§ 90-103, Rn. 10.
③ Staudinger/Jickeli/Stieper (2004), Vorbem 4 zu §§ 90-103.
④ Soergel/Marly, Vor § 90 Rz 3.
⑤ Staudinger/Jickeli/Stieper (2004), Vorbem 6 zu §§ 90-103.
⑥ Staudinger/Jickeli/Stieper (2004), Vorbem 6 zu §§ 90-103.

(二) 物的概念与客体的概念

1. 民法典上的有体物的概念

客体是物的上位概念,物是一种法律上的客体,但物不等同于客体的概念。然而,与对客体的概念争议不同,学理对物的概念有较大的一致性。按照德国民法典第 90 条的规定,物是有体的客体(Gegenstand)。所谓有体即需占有一定的空间,在外部世界可以为人所感知。[①] 所谓占有一定的空间,即在空间上是可界定的。而物的感知可能性既不需要经由触觉(Tastsinn)而感知,也不需要以固态的形式而存在。[②] 物可以是固态、液态或者是气态的存在,这不影响其有体性的成立。

与客体的广泛包容性不同,物的有体性是一种限定。物的有体性决定了物是外在客观物质世界的一部分,它不是人类思维上的创造物,像著作权法上的作品、商标法上的商标、专利法上的发明、发现和实用新型都不是实在法上的物。虚拟世界的财产和物也不是民法上的物,虚拟世界连接着现实世界,并且虚拟物的交易已经延伸到日常生活领域,但虚拟物不是民法上的物。物作为客观世界的一部分,也区别于权利。虽然债权可以买卖,也可以作为处分的客体而让与,但债权不是民法上的物。至于所有权,人们可以认为它和物是一体的。[③] 对此,即使所有权与物的区分并不是紧要的,但在逻辑上二者并不等同。

法律意义上的物必须是特定的,即物应是独立的物,物与物之间是界限分明的,漫无边际或彼此融合的物不是法律上的物。外在的物质世界是连续的并且互相关联的,人们在日常的观念上对其进行界分,并用特定的语言或概念对其命名和理解。[④] 法律上的物即从日常的观念出发并在有疑问的时候以日常交往中的观念为标准,法律也从自身的规范目的出发而置生活中的观念于不顾。因此,会产生经济上的一物和法律上的一物不一致的情况。例如,企业根据德国民法典第 453 条可以作为买卖合同的标的,却不能作为处分的客体。物的特定性问题涉及日常及交易观念,也涉及法律的目的和逻辑。

民法上物的特定性问题和种类物与特定物的区分不同,后者对于判断民

---

① Staudinger/Dilcher(1995), Vorbem 8 zu §§ 90 ff.
② Staudinger/Jickeli/Stieper (2004), § 90, Rn. 1.
③ Sohm, Der Gegenstand—ein Grundbegriff des Buergerlichen Gesetzbuches, Duncker & Humblot, Leipzig, 1905, S. 20.
④ Pawlowski, Allgemeiner Teil des BGB—Grundlehren des buergerlichen Rechts. 7. Aufl., C. F. Müller Verlag, Heidelberg, 2003, S. 136 ff.

法上的物没有意义。种类物与特定物的分类规定在德国民法典第 91 条,是债法上的物的分类。① 诚然,种类物还没有特定化,甚至种类物还没有生产出来,这不妨碍债法上的合同的成立。相反,物作为一种现实存在的客观世界的一部分,不管它与其他同种类物多么地相似,但只要它是有体的、在客观上是存在的并在日常观念或交易中是独立的,即是民法上的物。2002 年德国债法改革取消了特定物买卖和种类物买卖的区别,特定物与种类物的区分的意义在债法上可能已经有限。对此还需要进一步研究。②

物的特定性连接着物的可支配性。物的可支配性应在法律的意义上来理解。诚然,通过现代科学技术,人类可以对微观世界和宏观世界进行观察、感知并在不同程度上进行掌控。但是,法律上的可支配性与自然科学意义上的控制不同,法律上的物必须与人作为权利义务的主体的利益相关,于其上无法行使占有和物权的物,不是民法上的物。③ 当然,是否能够为人力以及如何为人力所控制,是一个相对的并且要在个案中解决的问题。物及物的可支配性是一个与目的性相关的法律问题。

物的有体性、特定性和可支配性是物的三个重要因素,在这三者之中,物的有体性是为德国民法典所特别强调的,是物的概念的关键特征。④ 实际上,客体的特定性和可支配性不以有体性为必要,只有有体性才能将物与客体区分开来。

2. 有体物与客体的关系

按照德国民法典第 90 条的规定,"本法所称的物(Sachen),为有体的客体(Gegenstand)"。这里首先涉及物的规定的适用范围的问题。对此,正确的理解应该是,德国民法典第 90 条所规定的物的概念以有体的客体为限,民法典的规定具有一般性,是否属于民法上的物应按照德国民法典来判断。

物的有体性从逻辑的角度是相对于无体的客体而言的,有体的客体的对立面是无体的客体。这在逻辑上是成立的,这里体现了一分为二的观点。不过,我们可以提问,在德国民法上是否存在无体的客体?这样的问题可以从两个层面来回答,从民法典的实证规定来看,它没有使用无体物或无体的客体(unkoerperliche Gegenstände)的概念。因此,从这个角度而言,德国民法典上没有无体物的概念和制度。不过,从德国民法典第 90 条的规定尚不能得

---

① Muench Komm-Holch (1984), § 91, RdNm. 6.
② 吴越:《德国民法典之债法改革对我国的启示》,载《法学家》2003 年第 2 期。
③ Wieling, Sachenrecht, Springer, Berlin, 2007, S.21.
④ Bork, Allgemeiner Teil des Buergerlichen Gesetzbuchs, Mohr Siebeck Verlag, Tübingen, 2001, S.233.

出否定的结论,"本法所称的物为有体的客体",这本身是一种限定,也提供了一种可能,客体作为物的上位概念,如果自身不确定,则下位概念也将成问题。相反,如果德国民法典存在无体的客体,这也正好符合一分为二的逻辑,有体的客体本身也预示着无体的客体的存在。因而,认为客体是一种法律概念的观点并不是没有根据,只是其概念内涵还存在争议,其实际的规范意义也不明确。然而,在民法典中,不仅没有无体的客体的规则,甚至无体物或无体的客体的表述都没有出现过。①

在当代的德国学理上,无体的客体的概念是被广泛使用的,它是有体物以外的客体。有体的客体和无体的客体共同构成客体的下位概念。有体物(Sache)仅是狭义的客体(Gegenstand),至于客体还包括哪些"无体物"则是与客体的观点争议有联系。如上所述,德国学者一般认为,无体的客体包括电力、暖气、水力等,前提是它们具有可支配性。② 无体物还包括"知识产权"的客体,如商誉、企业名称、作品、发明等。无体物也包括权利,如债权及其他财产权。

人们经常提到的有体物和无体物的分类,在德国法当代的学理上并不是一个问题。有体物是德国民法典上的物,并且实在法上的物仅限于有体物。而有体的客体与无体的客体作为客体的下位分类,在逻辑上是通顺的,在德国学理上也是广泛使用的。当然,从概念逻辑来看,如果上位的客体概念不确定,下位概念也很难确定。从这个角度而言,物的概念存在逻辑上的问题。

虽然客体的概念缺乏实证的规定且内涵并不明确,但德国学理主流观点在可支配的意义上对客体进行界定。物的概念与客体的概念涉及德国民法典的体系更新,下文还将进一步涉及。

二、有体物概念对于物法和债法的意义

(一) 物的有体性对于债法的意义

1. 关于德国民法典总则第90条的观点争议

物的概念的体系价值可以集中在财产法讨论,亲属法和继承法与总则的关联不紧密。物的概念对于债法的意义又可以集中在买卖法,即德国民法典第433—453条以下来讨论。这里的问题是,债法意义上的物的买卖与民法

---

① Haedicke, Rechtskauf und Rechtsmaengelhaftung. Forderung, Immaterialgueterrechte und sonstige Gegenstaende als Kaufobjekte und das reformierte Schuldrecht, Mohr Siebeck Verlag, Tübingen, 2003, S.55.

② MuenchKomm-Holch (1984), § 90, RdNm. 4.

总则物的概念之间的关系如何？从体系的角度出发，民法典将物规定在总则部分，并且作为法律关系框架中的一个重要的法律概念，其对于债法似乎也是有意义并适用的。不过，对于民法总则第90条以下物的概念与第433条以下物的买卖合同之间的关系，德国学者之间存在不同的观点。

有的观点认为，德国民法典第90条关于物的规定主要在于物法，只有在有体物上才存在所有权、他物权（除1068条、第1273条）和占有，而民法典第119条第2款、第434条、第598条、第607条、第849条中的物的含义要个别判断。① 德国民法典物法编以外物的规定是非技术性的（untechnisch），不限于有体物。这种观点的受认可程度可以从德国学者，尤其是研究物法的学者是否将总则部分关于物的概念的规定纳入其教科书体系来看。在此，几乎所有德国学者都将物的概念纳入。② 有的教科书还特别提到，民法典总则第90条以下的规则是物法编之外的物法规范。③ 虽然Westermann的著作没有关于物的阐述，并且该著作认为，总则中的规定对整个民法典普遍适用；④不过，该书作者也认为，总则中的物的概念主要在于物法。⑤ 同时，买卖法中的物的概念是扩大解释的，包括无体的客体在内。⑥

另一种观点认为，物的概念对债法和物法都有意义。物的概念放在德国民法典总则的部分，它对后面的章节也应具有一般的可适用性，其对买卖法也应适用。德国民法典第433条关于物的买卖的规定不是非技术性的，它要在第90条意义上来理解。在债法改革以前，德国有学者认为，从体系的角度而言，有体物以外的买卖或者通过类推的技术或者由当事人通过合同而加以适用。⑦ 就是说，第433条原则上是关于有体物买卖的规则。

无论如何，德国民法典买卖合同不仅限于有体物，还包括权利及其他客体。修改后的德国民法典第453条规定，物的买卖的规定准用于权利和其他标的的买卖。从这条规定，似乎可以很显然从反面得出第433条限于有体物的结论。拉伦茨也认为，法律交易意义上的物的概念既可以是债法上的履行

---

① Palandt/Ellenberger, § 90, Rn. 4.
② Baur/Stuerner, Sachenrecht, 18. Aufl., Verlag C. H. Beck, München, 2009, § 3 Rn. 11. Wieling, Sachenrecht, 5. Aufl., Springer, Berlin, 2007, S. 21. Schreiber, Sachenrecht, 4. Aufl., Richard Boorberg Verlag, Stuttgart, 2003, S. 22. Schwab/ Pruetting, Sachenrecht, 30. Aufl., Verlag C. H. Beck, München, 2002, S. 1.
③ Baur/Stuerner, Sachenrecht, 17. Aufl., Verlag C. H. Beck, München, 1999, § 2 A III Rn. 12.
④ Westermann, BGB-Sachenrecht, 11. Aufl., C. F. Müller Verlag, Heidelberg, 2005, S. 11.
⑤ Westermann, Sachenrecht, 7. Aufl., C. F. Müller Verlag, Heidelberg, 1998, S. 3.
⑥ MüKoBGB/Westermann, 5. Aufl., 2008, BGB § 433, Rn. 10.
⑦ Bydlinski, Der Sachbegriff im elektronischen Zeitalter: zeitlos oder anpassungsbeduerftig? AcP 198(1998), 300, 301.

义务的客体,也可以是物法上的绝对权的客体。① 不过,既然物的买卖可以准用于权利及其他客体的买卖,那么,第433条是否限于有体物在买卖合同的意义可能又是很小的。

笔者认为,从物权与债权之间的关联来看,尤其是从买卖合同的功能来看,其主要在于物或者权利归属的变动,两者在客体方面无疑是有关联性和重叠性的。物的买卖要通过物权行为最终实现所有权的移转,动产买卖和不动产买卖也有形式上的区分。罗马法上买卖的客体也是特定的有体物或无体物的买卖,种类和将来之物的买卖要转化为特定物才能导致买卖合同成立和生效,买卖之债与买卖客体的移转存在关联性。② 因此,起码可以认为买卖合同所提到的物与物法中的物在事实层面是有很大的重合性的。

不过,在债法上,物的概念是被扩大使用的,是非严格界定的,除了有体物之外,所有可交易的客体均为债法上的物,例如客户资源、商业秘密、企业等,甚至将来之物,都可以作为买卖合同的客体。如果仅仅从债法出发,将民法总则部分的物限于有体物是没有意义的。相反,从德国法的体系出发,在这些非有体性的客体上能否成立占有和所有权,就是存在疑问的。诚如有学者所言,民法典的立法者主要将物作为物权的客体来看待。③ 德国民法典中关于物的规则主要对物法有意义。

能否将德国民法典第90条的规定作为债法与物法的共同规定,也要从第90条关于物的概念以及组成部分的规定出发来分析。从上面我们关于客体和物的论述来看,物的可支配性作为客体的一个标准虽然存在争议,例如,较重要的民法典评注不赞成从支配的角度来理解客体的概念,物的概念对物法与债法甚至整个民法典都有意义。④ 但是,普遍的观点将物的可支配性(Beherrschbarkeit)作为其概念内涵之一,即使是在该评注也是如此,其甚至是从物作为绝对权的客体的角度来对物的概念进行说明。⑤

从民法典立法过程来看,民法典第一委员会的草案将物的概念及相关规定放在物法部分,民法典第二委员会出于体系化的需要,将物的规定放在总则部分,并且增加关于第137条、第142条Ⅱ、第181条、第185条处分及处分

---

① Larenz/Wolf, Allgemeiner Teil des Buergerlichen Rechts, 9. Aufl., Verlag C. H. Beck, München, 2004. S.352.
② Zimmermann, *The Law of Obligations. Roman Foundations of the Civilian Tradition*, Oxford University Press, 1996, S.240.
③ Oertemann, Zum Rechtproblem der Sachgesamtheit. AcP 136 (1932), 90.
④ Staudinger/Jickeli/Stieper (2004), § 90, Rn.3.
⑤ Staudinger/Jickeli/Stieper (2004) Vorbem 8 zu §§ 90-103.

限制的规定。① 物的概念进入总则和关于处分权规定的同步性。有学者认为,这意味着物的概念与可支配性有关。

民法典关于物的规定主要对于物法有意义,而债法上物的概念是非技术性的。不过,总则中关于物的有些规定又很难单纯归入物法或债法。可见,德国民法典总则中关于物的规定,有些规范只属于物法,有些规范则主要对债法有意义。就物的有体性而言,其对于债法的意义比较有限。

2. 物上之债与权利之债

德国债法改革对买卖法的条文进行了调整,这也涉及买卖的客体的问题。按照旧法第433条的规定,"在物的买卖,出卖人有交付物并移转所有权的义务;在权利的买卖,出卖人有义务使买受人取得权利,如果所移转的权利涉及物的占有,则出卖人有交付物的义务。买受人有支付价款并受领物的义务"。德国民法典在买卖法的开端即将物的买卖和权利的买卖放在一起规定。对此,应理解为对物的买卖与权利的买卖相区别,还是一体处理,或者相对于物的买卖、权利及其他客体的买卖处于从属地位,均存在解释上的可能性。

德国民法典旧法中的买卖法涉及权利买卖的条文还有第435条,以及第437—439条。物的买卖与权利买卖在第433条相对而立,在规则构成上也存在不同。似乎认为,德国民法典旧买卖法强调物的买卖与权利的买卖的区别的观点能够成立,这尤其体现在物的瑕疵与权利瑕疵的区分上。德国学者梅迪库斯也认为,德国买卖法的出发点是特定物的买卖,即德国民法典以特定物买卖的规则作为买卖法的基本模式来建构。② 特定物的买卖具有主导性。这在债法改革以后也是如此。③ 当然,这主要是针对有体的种类物买卖而言的。虽然有观点认为种类物买卖属于无体物买卖。④ 但种类物买卖仍应定位于有体物的买卖,并且特定物买卖与种类物买卖的关系还存在一体性的理解空间。新债法起草者即采取不区分种类物买卖与特定物买卖的立场。⑤

德国债法改革以后,物的买卖与权利及其他客体的买卖之间的关系,在条文上存在变化。德国民法典第433条仅仅是关于物的买卖的规则,权利买

---

① Werner Schubert, Die Entstehung der Vorschriften des BGB ueber Besitz und Eigentumsuebertragung, Ein Beitrag zur Entstehungsgeschichte des BGB, De Gruyter, Berlin 1966, S. 172.
② Medicus, Schuldrecht II Besonderer Teil, 14. Aufl., Verlag C. H. Beck, München, 2007, S. 3.
③ Eckert/Maifeld/Matthiessen, Handbuch des Kaufrechts, Verlag C. H. Beck, München, 2007, S. 7.
④ 〔德〕莱茵哈德·齐默曼:《德国新债法:历史与比较的视角》,韩光明译,法律出版社2012年版,第130页。
⑤ 同上书,第146页。

卖的规则仅规定在第 453 条,该条规定:"关于物的买卖的规则也相应地在权利及其他客体的买卖上适用;出卖人承担权利存在及移转的费用;如果权利的买卖涉及物的占有,则出卖人有向买受人交付无物的瑕疵及权利瑕疵的物的义务。"债法改革以后,权利买卖就只在该条规定,而物的买卖规则要在权利买卖中适用。① 从外在形式上来看,似乎是物的买卖和权利的买卖更明确地区分开来,但实际上,物的买卖和权利的买卖规则的区别被进一步弱化。② 债法改革以后,不再存在权利买卖的特别规则。③ 这意味着,在权利买卖出卖人负有将权利及其他客体的"所有权"(die Inhaberschaft)移转给买受人的义务。④ 权利作为归属的客体,与物的归属的区别也因此是被弱化的。债法改革体现出德国民法典财产法体系结构的变更。

这也体现在物的瑕疵和权利瑕疵在法律效果上的区别被取消的问题上。德国学者梅迪库斯说,物的瑕疵和权利瑕疵的界分经常是不无疑问的,但是自从债法现代化法以后,不具有重要性(unbedeutend)。⑤ 按照债法现代化法,买受人在权利瑕疵的情况下享有的权利,正如他在物的瑕疵中所享有的权利一样:新法在第 437 条以下,不再区分物的瑕疵和权利瑕疵。⑥ 当然,权利及其他客体的买卖适用物的买卖的规则不意味着排除权利及其他客体买卖的特殊性。德国民法典第 453 条的规定毋宁是确立了并非完全清晰的结构框架。⑦ 就是说,权利及其他客体的买卖与物的买卖原则上适用同样的规则。

不过,债法改革以后,德国学者仍在争论第 433 条物的买卖中物的范围的问题。有观点认为,债法改革以后,很明显第 433 条所规定的买卖仅限于有体物的买卖,物的买卖指向德国民法典第 90 条,那种对第 433 条所规定的物进行扩张解释的观点,对旧法的解释是有用的;现在由于第 453 条对权利及其他客体的买卖进行了明确的规定,不再存在对第 433 条所规定的物进行扩张解释的需要。⑧ 另外的观点认为,第 433 条所规定的物的概念仍然要扩大解释,具有可流通性的、无体的客体以及物的整体也是第 433 条意义上的

---

① Medicus, Schuldrecht II Besonderer Teil, 14. Aufl., Verlag C. H. Beck, München, 2007, S. 59.
② Staudinger/Beckmann (2004), § 453, Rn 1.
③ Staudinger/Beckmann (2004), § 453, Rn 1.
④ Staudinger/Beckmann (2004), § 453, Rn 1.
⑤ Medicus, a. a. O., S. 8.
⑥ Medicus, a. a. O., S. 9.
⑦ Medicus, a. a. O., S. 61.
⑧ Staudinger/Beckmann (2004), § 433, Rn. 2.

物,即物的概念是非技术性的。① 这种争论的实际意义在于无体的客体适用第 433 条还是适用第 453 条。不过,由于物的买卖与权利买卖的规则区别性的缩小甚至取消,这种争论的实际意义,至少与债法改革之前相比更加有限,甚至仅具有表面的意义。

从债法改革来看,在法的外在形式上已经实现物、权利及其他客体原则上适用同样规则的结构的结果。也就是说,债法买卖法上的客体不限于有体物,而是实现了有体物与权利等无体物规则框架体系上的统一化。

(二) 有体物概念与物法的独立性

1. 物法的独立性

从物的概念在债法上的非技术性来看,它主要对物法有意义。德国民法典采纳五编制的体例,严格区分物权与债权,德国学者称之为"物法的独立性"。② 物法的独立性建立在对物权(dingliche Rechte)与对人权(persoenliche Rechte)区分的基础上。③ 物权是人与物的关系,债是人与人之间的关系。债权是对他人行为的支配,而物权是对物的直接支配,两者的客体不同。有德国学者提到,物法在民法典中是一个独立的(selbstaendig)、自洽的(autonom)、封闭的(geschlossen)体系。④ 这是从物法角度对物债二分关系的说明,而物的概念在此有根本的重要性。

德国民法典立法者将这种物债二分的观点建立在萨维尼的理论之上,立法追随和援引萨维尼的理论,Johow 在物法的草案中,论证物法在德国民法典之内的独立性。⑤ 他将萨维尼《当代罗马法体系》的内容援引过来,作为其立论的基础。⑥ 在 Motive 中也有这样的表达:"物法在草案的体系中占有独立的位置。它一方面排除债的关系和家庭法,另一方面排除继承法。它的独立性首要的是立基于对物权与对人权的区分。"⑦ 很明显,德国民法典的物权立法建立在潘德克吞法学的基础上,在很大程度上是潘德克吞法学的法

---

① MüKoBGB/Westermann, 8. Aufl., 2019, BGB § 433, Rn. 8-15.
② Wiegand, Die Entwicklung des Sachenrecht im Verhaltniss zum Schuldrecht, AcP 190 (1990), 113. Soergel/ Seiler Ein 3 zu §§ 854 ff.
③ Savigny, System des heutigen römischen Rechts, Band 1, De Gruyter, Berlin 1840, S. 331. Wiegand, Die Entwicklung des Sachenrecht im Verhaltniss zum Schuldrecht, AcP 190 (1990), 113.
④ Wiegand, Die Entwicklung des Sachenrecht im Verhaltniss zum Schuldrecht, AcP 190 (1990), 113.
⑤ Fueller, Eigenstaendiges Sachenrecht, Mohr Siebeck Verlag, Tübingen, 2006, S. 9.
⑥ Wiegand, a. a. O., S. 114.
⑦ Motive III, 1. Fueller, Eigenstaendiges Sachenrecht, 2006, S. 9.

典化。

在萨维尼的法律关系理论中,人与人之间的关系和人与物之间的关系是严格区分的,是彼此独立的两个领域,物和债的区分贯彻到极致。在萨维尼看来,物权与债权的严格区分在罗马法即是如此:"罗马法严格坚持这两个部分的区分,并且认为每个部分本身在其界限内是完全独立的。因此,所有权被认为是对物的独立支配,而不考虑可能作为其中介和准备的债;债被认为是对他人行为的独立支配,而不考虑可能是此行为之目标的物权。"①在财产法中,物法和债法是两个彼此独立的领域,它们的区分是当然的。

Wiegand 颇为不满地指出:"所有与物权和债权区分不相符的混合形式,都被作为错误而加以抛弃,所有的关于相对性物权(relativ-dingliche Rechte)的理论尝试都在方法上被视为错误,即使实践中存在这种物权类型,也被视为将来要被淘汰的东西。"②法国民法典及奥地利民法典物、债关系不清的状况也是萨维尼所反对的。这种不清晰的中间状态不符合法律关系的本质,物和债既要互相区分也要相互独立,它们彼此之间也不存在上下或从属关系。③

物法独立性的严格贯彻,需要一套学理和概念建构,物的概念与物权行为是其中之一。④ 物被严格限定在有体物,权利及其他客体不是物,物权的范围通过物的概念被划定。而物权行为直接针对物,通过物权行为作为物权的取得方式,物权的变动与债法脱离。债只涉及人与人之间的关系,它从本质上而言不能导致物权变动,物权必须有独立的变动根据,与债及债权行为无关。⑤ 物权行为理论是物法独立性的一个部分,也是必然的结论。这里需要避免一个常见的误区,即基于法律行为而导致物债二分,这至少是不符合历史的。从潘德克吞体系本身来看,物债二分本身是物权行为的基础,而不是相反。在逻辑上,法律行为制度固然可以解释合同等意思表示类型,但也不必然意味着物权行为无因性。相反,封闭的物法体系需要无因物权行为这样的制度。

物法的独立性与物法的一系列原则有关,物权客体特定原则、分离与抽

---

① 〔德〕萨维尼:《当代罗马法体系 I——法律渊源·制定法解释·法律关系》,朱虎译,中国法制出版社 2010 年版,第 289 页。
② Wiegand, Numerus clausus der dinglichen Rechte. Zur Entstehung und Bedeutug eine zentralen zivirechtelichen Dogmas, in: Festschrift für Kroeschell, 1987, S. 633.
③ Wiegand, Die Entwicklung des Sachenrecht im Verhaltniss zum Schuldrecht, AcP 190 (1990), 115.
④ Motive III, 3. Wiegand, Die Entwicklung des Sachenrecht im Verhaltniss zum Schuldrecht, AcP 190 (1990), 113.
⑤ Westermann, Sachenrecht, 5. Auf., C. F. Müller Verlag, Heidelberg, 1998, S. 4.

象原则、类型法定原则等等,均为物法所独有。虽然这些物法原则是否具有法律原则的本质,存在可讨论之处,但它们对于独立的物法制度的建构有意义。有德国学者指出,在民法典之内,没有哪个法律领域像物法这样,有如此多的仅适用于自身领域的法律原则。在这些原则中,类型法定具有特殊和独特的重要意义。物法的独立性建立在这些概念、制度和原则之上,而物的概念与物法的原则也是相互关联的。

2. 物的概念与物法的独立性

如上所述,物的概念对于物法体系的独立性有意义。那么,物的概念对物法中的哪些制度有意义?对此,德国学者首要的是从归属的意义上来理解。物法主要调整人与物之间法律上的归属关系。① 物法将具体的物归属于特定的主体,使其享有对物支配的主观权利。② 物法是关于物的归属的法(Zuordnungsrecht)。③ 这些一般性的甚至是不全面的表达,将物法与物的归属连接在一起。不过,德国物法不仅仅调整人与物归属的法律关系,它还包括用益物权、担保等法律制度。德国学者这样表达,可能主要是从所有权制度出发来考虑的。德国学者说道:"所有权处于首要的位置,因为它是对物的最全面的支配。"④可以认为,德国学者主要从所有权的角度来看待物法的体系。当然,德国有学者对这种人与物的关系的定位提出质疑,认为应从人与人的关系来理解物权。⑤ 这种争议虽然已经属于老生常谈,但对于物债关系的理解有意义。从法律关系来看,只有人和人之间才能发生权利义务得丧变更的关系。但从历史法学派的本源来看,物法作为人与物的客体关系,是区别于债法中人与人关系的重要标准。历史法学派区分债法与物法的"世界观",从基本的框架角度来看仍然是值得赞同的。

从物与物法中具体制度的关联来看,其主要与占有和所有权存在关联。⑥ 物的有体性、特定性与可支配性的特征,对占有及所有权制度均有意义。如德国民法典起草者所言,只有在有体物上才能成立占有和所有权。⑦ 德国学者 Huebner 也指出,物的功能主要在于作为所有权的客体。⑧ 德国学

---

① Westermann, Sachenrecht, 7. Aufl., C. F. Müller Verlag, Heidelberg, 1998, S. 7.
② Mueller, Sachenrecht, 4. Aufl., Carl Heymanns Verlag, Köln, 1997, S. 1.
③ Pruetting, Sachenrecht, 33. Aufl., Verlag C. H. Beck, München, 2010, S. 6.
④ Eichler, Die Rechtsidee des Eigentums. Eine rechtsdogmatische und rechtspolitische Betrachtung, Duncker & Humblot, Berlin, 1994, S. 59.
⑤ Hadding, Rechtsverhaltnis zwischen Person und Sache? JZ 1986, 926.
⑥ Seiler, in Staudinger/Eckpfeiler(2005) S. 880.
⑦ Motive II, 2. Spyridakis, Zur Problematik der Sachenbestandteile, Mohr Siebeck Verlag, Tübingen, 1966, S. 4. Soergel-Muehl (12. Auflage, 1990) Einl zum SachenR, Rz 17.
⑧ Hübner, Allgemeiner Teil des bürgerlichen Gesetzbuches, De Gruyter, 1996, S. 168.

者 Dulckeit 认为,德国民法典的物的制度与占有和所有权制度是联系在一起的。① 德国学者 Fritzsche 指出,物的有体性是必要的,因为占有和所有权制度要求物具有可支配性。② 可以说,占有与所有权的有体性,是有体物概念的体系价值所在。

占有制度被理解为对物的事实支配,而法律上物的概念恰恰蕴含可支配性特征;同时,占有的客体限于有体物(排除权利占有),而物的概念也以有体为限。可以说,两者之间是完全契合的。占有作为对物的事实支配,要求物的有体性,而物的有体性对占有的价值也在于事实支配。按照德国学者的观点,占有概念的事实支配的特征已经在概念上包含了被支配对象的有体性(Koeperlichkeit)。③ 不过,只有人对物的事实上的作用力,比如抓取、搬运、毁损、握有,才是最直接意义上的支配,这要求物的有体性。否则,占有的有体性并不迫切,权利和其他无体物作为占有的客体并非不可能。

从所有权制度而言,所有权的客体仅为有体物,所有权作为对物的法律上的支配权,是人对物事实支配关系的法律确认,所有权与物的可支配性特征也是吻合的。德国学者梅迪库斯指出,有体物的概念是有意义的,特别是所有权只能在有体物上发生。然而,所有权所代表的归属与权利的归属之间也并非彼此隔阂,权利作为权利的客体也并非不可思议。

可以说,物的有体性与占有和所有权是关联的。但是,这种关联并没有逻辑上的必然性,起码需要进一步的解说甚至反思。

三、小　结

从德国民法典的实证分析来看,债法中物的概念是非技术性的,不具有实质性的体系划分功能,物的买卖和权利及其他无体物的买卖的规则也经由债法改革进一步统一。物的概念虽然规定在总则,但它的概念意义在物法,作为物权客体的物与占有和所有权制度相联系,有体物的概念排除作为权利的无体物,实现了物法的纯粹化。

有体物概念对于物法的独立性具有关键性,它实现了物权客体的法定性、封闭性。然而,知识产权等新的法律现象为无体物概念提供了必要性和

---

① Dulckeit, Die Verdinglichung Obligatorischer Rechte, Mohr Siebeck Verlag, Tübingen, 1951, S. 34-35. Dulckeit 被认为是债权物权化问题的最初的提出者,其后卡纳里斯就相同问题写有论文,收入弗卢梅祝寿文集之中。Weitnauer, Verdinglichte Schuldverhaeltnisse, in: Festschrift für Larenz zum 80 Geburstag, 1983, S. 706.
② Fritzsche, BeckOK BGB § 90, in Beck'scher Online-Kommentar, Hrsg: Bamberger/Roth, 2010, Rn. 5.
③ Soergel/ Muehl, Vor § 854 Rz 7.

逻辑基础,客体概念的提出和建构在德国已经具有共识,这为物法体系的更新提供了可能。

第二节　有体物概念的教义学规则及法律发展

德国民法典遵循潘德克吞学派的物债二分体系,将物的概念严格限定在有体物。潘德克吞学派在德国民法典立法之后销声匿迹。这毋宁是自然的结果。潘德克吞学派作为对彼时有效的罗马共同法的阐释,没有理由在民法典生效后继续存在,共同法已经不再有效。潘德克吞学派的体系和制度已经转化为民法典本身,人们只需阐释民法典而不必再绕道罗马法。而罗马法的研究则转向法律史学,作为过去的法律制度而为人们所关注,罗马法学者们开始抱着怀疑的态度来面对流传下来的罗马法素材,他们要把罗马法放回到历史的时空中去。

当代德国学者对于新的生活现象在民法上的调整,并没有因为潘德克吞体系的法典化而止步。虽然德国民法典的体系框架已经法定化,但学术讨论反而有了新的起点,潘德克吞学者只探讨罗马法的界限可以打破。有德国学者指出,在民法典颁布后不久,法学界就达成共识,不仅是有体物可以作为权利的客体,权利以及作品、发明等均可作为法律上的客体。[①] 物法与知识产权法关系的构造意味着物法或财产法体系更新的可能。在客体概念的整合下,物的有体性的实际意义在降低。

物的有体性是物权客体界定的一个最重要的方面,但物权客体的概念并非仅仅规定有体性即可,这体现在物权客体特定原则之上,单纯的有体性无法保障权利人对物的支配,有体而不特定的物无法作为物权的客体。物权客体特定涉及物的整体性与可分性的问题,通过物的成分、从物等一系列的概念和制度的进一步界定,物与物之间的关系得以明确。

技术性的物的概念是其在物法的独特性所在。然而,精细的概念建构往往面临与现实生活无法协调的问题,无论是在物的可分性,还是在物的整体性,均发生经由司法裁判而实现的法律发展。物的概念构成的变化与学理对外在体系的建构不同,它通过个案的司法判决实现,这体现出法典与司法裁判在制度变迁上的关系。个案裁判所体现出的法律理由,对后来案件有事实上的拘束力。有体物概念的扩大化是在法典拘束下的物法扩大化,但法典拘

[①] Haedicke, Rechtskauf und Rechtsmaengelhaftung. Forderungen, Immaterialgueterrechte und sonstige Gegenstaende als Kaufobjekte und das reformierte Schuldrecht, Mohr Siebeck Verlag, Tübingen, 2003, S.65.

束与个案正义处于紧张关系中。

在当代学理上、部分地也在民法典中,均发生物的概念的扩大化问题,或者称作物与客体概念的趋近,这意味着技术性的物的概念的"解体",意味着"物法的开放性"。有体物概念的扩大化发生在理论建构和司法裁判两个层面。理论层面的物的概念的扩大化涉及民法外在体系的问题,司法裁判则在法典既有框架下对物法规则进行发展。在后者,学理与司法裁判的互动也不可忽视。

一、有体物作为物权客体的标准

外在现象世界的物与物之间存在着或紧密或松散的联系,人们在观念上对其界分和把握。法律在此基础上从目的论出发将之进一步明确。这里的出发点是所谓的"功能上的一体性",即物或者独自或者与其他部分结合地发挥作用,它们在功能上是彼此独立的或者是互相关联的。多数物之间相结合发挥效用,满足人们的需求,而在人们的观念上或经济交往中作为相对独立的整体。功能上或经济上的一体性是从物与物之间关系的日常意义上而言的,它构成物与物之间关系的法律上的基础。

德国民法对在功能上存在关联或者一体的物与物之间关系的把握是通过一系列的概念和制度来实现的,如:在独立的物与物之间形成主物与从物这些概念和制度;在独立的物的内部,通过非重要成分、重要成分,以及表见成分等概念和制度。通过这些概念和制度,经济上或功能上相互关联的物在法律上的关系得以进一步明确和界定。对于不存在主、从关系的物与物之间的结合(如物的集合、权利的集合),德国民法典没有提供保障其总体性的规则。① 在这一套概念和制度的建构中,物的特定性是问题的核心。德国民法典通过这一套概念建构物与物之间的法律规则。

不过,我们将看到,虽然德国民法典和民法学理使用一系列的概念来建构物与物之间的关系,但这种精确性往往是与现实生活无法协调的,这既体现在外部的物与物之间的关系上,也体现在物的重要成分的问题上。物的经济一体性与法律一体性的区分,物的成分与物权的客体特定性之间的关系,存在进一步探讨的必要。同时,面对现实的法律生活,德国的司法判例、学理以及立法都无法仅仅从概念出发。当然,物的特定性或者可特定性,作为人们对物支配和利用的前提,不因为法律的发展而否定其本身存在的合理性,

---

① HKK/Ruefner, §§90-103, Rn.25.

这在罗马法传统和当今的欧洲法律秩序中莫不如此。① 因此,我们下面要讨论的不是这个原则本身的存废问题,而是其发展和进一步的制度构成的问题。

(一) 物的可分性与整体性

物的功能一体性是法律调整物与物之间关系的出发点,功能一体的物与物之间往往存在空间上较为稳定的关联,两者不是对立的。不过,按照德国法的观点,仅仅基于使用目的的共同性而在功能上相互关联的两个物不能成立法律的一体性,日常用语上的统一名称也无法满足法律一体性的要求。② 物的经济上的功能不具有决定性,物的法律一体性要按照法律的标准来判断,即这里存在所谓的物权客体特定原则。物权的客体特定原则有两方面的含义③:一是物的归属主体的确定性,权利的归属应是明确的,但这不仅对物权,对债权也有适用;另一个是处分行为的客体特定,即按照德国民法典第929条,动产物权的让与合意和交付要在一个特定的物,而不是物的成分和整体物上成立。与之相适应,不动产的转让也要以在土地登记簿中登记的独立的一物的形式来完成。物权客体特定体现为归属和处分的特定两个方面。

然而,法律上的一物也是可以继续分割的,这体现在法律上一体的物在内部关系上可以存在重要与非重要成分的区分。两个物结合在一起,只有构成重要成分才不能成为特别的权利客体,否则,在法律上可以继续在客体特定的原则下作为另外的权利客体。按照有学者的观点,物的重要成分的规定的功能在于与德国民法典第90条相结合对物的概念进行限定。④ 物的重要成分的规定因而属于物的概念的一部分,或者准确地说,属于物的客体特定性原则的一部分。物的重要成分对私法自治是一种限制,是物的可分性的界限。物的重要成分确定物的可分性的限度,对于判断物权客体的扩大化的问题有意义。

---

① Okko Behrends, Das Privatrecht des deutschen Buergerlichen Gesetzbuchs, seine Kodifikationsgeschichte, sein Verhaeltnis zu den Grundrechten und seine Grundlagen im klassisch-republikanischen Verfassungsdenken, in: Der Kodifikationsgedanke und das Modell des Buergerlichen Gesetzbuches (BGB), Vandenhöck & Ruprecht Verlag, Göttingen, 2000, S. 61.
② Staudinger/Jickeli/Stieper(2004), § 93, Rn. 10.
③ Baur/Stuerner, Sachenrecht, 18. Aufl., Verlag C. H. Beck, München, 2009, § 4 IV Rn. 18-19.
④ Spyridakis, Zur Problematik der Sachenbestandteile, Mohr Siebeck Verlag, Tübingen, 1966, S. 8.

1. 物的成分与物的法律一体性

德国民法典没有关于物的成分的规定。① 不过,人们从民法典关于重要组成部分的规定中推导出非重要成分的概念,即按照民法典第93条、第94条的规定,非为重要成分的物的组成部分,为物的非重要成分。② 这样的推导似乎是逻辑循环,没有增添任何信息,但对理解物的法律一体性有帮助。在非重要成分上,虽然可以成立特别的权利,但是按照交易中的观点(Verkehrsauffassung),物的成分与重要成分一起维持物的法律上的一体性。③ 例如,汽车发动机虽然按照德国民法典第93条可以分割,但是按照交易中的观点,它不是与汽车无关的物,而是与小汽车构成法律上统一的物。没有发动机小汽车是不完整的(unvollstaendig),马达是汽车的非重要成分。④

如上所述,物的成分对在经济上一体的物的法律一体性作了限定,⑤维持物的法律上的完整性。⑥ 物的重要组成部分是物的一体性的最低限度,物的重要成分不能作为独立的权利客体,它是物的可分性的最后界限。但它必须和其他的同样属于物的成分的"物"一起而组成法律上独立的物,单纯的物的重要成分恰恰意味着没有满足物的客体特定原则,它不具有功能上和法律上的独立性。正因为物的非重要成分是独立的一物的组成部分,它的法律命运一般情况下与主物的法律命运相同。⑦ 同时,在非重要成分上则又可以成立独立的所有权。

问题在于,如果物的非重要成分上存在不同的法律归属,则整体物是否仍然为法律上独立的物? 在此,如果在物的非重要成分上存在其他权利,则相对于该权利,非重要成分被视为独立的物来对待。⑧ 所有权保留也不因其后为物的非重要成分而丧失效力。⑨ 其他物上权利负担也自然如此。那么,

---

① Spyridakis, Zur Problematik der Sachenbestandteile, Mohr Siebeck Verlag, Tübingen, 1966, S. 9.
② BGB-RGRK, Rn. 45.
③ Wieling对这种所谓的交易中的观点提出了质疑,认为交易中的观点无法对法律的一体性与经济的一体性作出区分,笔者认为这种批评是合适的。Wieling, Sachenrecht, 5. Aufl., Springer, Berlin, 2007, S. 28.
④ Staudinger/Jickeli/Stieper(2004), § 93, Rn. 39.
⑤ Spyridakis, Zur Problematik der Sachenbestandteile, Mohr Siebeck Verlag, Tübingen, 1966, S. 8.
⑥ Vieweg in: jurisPK-BGB, 4. Aufl., 2008, § 93 BGB, Rn. 9.
⑦ Baur/Stuerner, Sachenrecht, 18. Aufl., Verlag C. H. Beck, München, 2009, § 3 AII, Rn. 14.
⑧ MüKoBGB/Holch, 5. Auflage, 2007, § 93, Rn. 32.
⑨ MüKoBGB/Holch, 5. Auflage, 2007, § 93, Rn. 33. Staudinger/Jickeli/Stieper (2004), § 93, Rn. 42.

物的整体存在非重要成分的权利负担,是否影响其作为法律上独立的物的法律地位? 虽然存在非重要成分上的法律负担,但物仍然为特定的一物,可以转让和交付。① 只不过非重要成分上的权利人可以针对非重要成分,以独立的权利人的身份主张权利。这里存在独立一物的整体与构成物的成分之间的相对的独立性,非重要成分不影响由其所构成的整体物的法律命运。

可见,由重要成分与非重要成分构成的特定物与物的集合和权利的集合并没有根本区别。从物的重要成分、非重要成分与物的一体性的关系来看,其与物的集合和权利的区别仅仅是表面的、非实质性的。法律上一体的物并不等于物的重要成分,而物的非重要成分又可以作为独立的权利客体。法律上的一物并不是浑然一体的,而是也可以在法律上进行观念性的分割,其内部可以存在其他权利的客体。同时,法律上一体的物又可以在其非重要成分之外保有相对的独立性。这与经济上的一物在构成上没有根本区别。法律一体性与经济一体性之间的区分具有非本质性。

物的重要成分意味着物的不可分性,它对于构成物的法律一体性或特定性而言,似乎是不可置疑和不可动摇的,不过,恰恰判断什么是物的重要成分存在法律上的困难。下面我们进一步分析物的重要成分及其判断标准有效性的问题。

2. 物的成分及教义学标准

2.1 物的重要成分的概念统一性问题②

无论从维持物的经济价值的整体性,还是从对物权客体的特定化的角度,或者从概念自身确定的角度,物的重要成分的判断都需要一定的标准,德国民法典第93条、第94条、第95条、第96条对这种标准进行了规定。按照德国民法典第93条的规定,"凡物的成分,如不毁损物的一部分或者另一部分,或者变更物的性质,就不能与物分离的(重要组成部分),不得成为特别权利的客体"。该条为关于物的重要成分的一般性规定,对动产或不动产均有适用。③ 德国民法典第93条的规定不是来自罗马法,罗马法仅存在关于土地重要成分的规定,即所谓的"superficies solo cedi"原则,民法典立法者在第93条对物的重要成分在动产与不动产上的适用作了统一规定。

德国民法典第93条关于物的重要成分的规定具有一般性,土地和建筑

---

① MüKoBGB/Holch, 5. Auflage, 2007, §93, Rn. 33.
② 物的重要成分在Johow的建议稿中使用的是"固定的组成部分"(feste Bestandteile)。民法典第一委员会代之以"重要成分"(wesentliche Bestandteile)。这种用词的误导性为人所诟病。Wieling, Sachenrecht, 5. Aufl., Springer, Berlin, 2007, S. 29.
③ Soergel/Marly, §93 Rz 1. Vieweg, in: jurisPK-BGB, 4. Aufl., 2008, §93 BGB, Rn. 2.

物的重要成分也按照第 93 条的标准来判断。① 按照德国民法典第 94 条的规定,"附着于土地上的物,特别是建筑物,以及与土地尚未分离的出产物,属于土地的重要成分。种子自播种时起,植物自栽种时起,为土地的重要成分。为完成建筑物而导入的物,属于建筑物的重要成分"。不动产重要成分部分从民法典第 93 条出发,又突破第 93 条所规定的标准。②

德国民法典第 94 条与第 93 条相比在物的重要成分的判断上存在独立性并在某种程度上是拓宽了标准。③ 当然,如上所述,第 94 条的出发点与第 93 条相同,均在维持物的整体经济价值和保护交易安全,在物的重要成分上排除当事人的私法自治。但是,由于土地公示制度的需要,部分也在于人们对土地的价值的重视,不动产重要成分的标准具有特殊性。土地的重要成分的判断相对于第 93 条的规定,具有独立的意义(selbstaendige Bedeutung),它不仅仅是对第 93 条的进一步阐释。④ 同时,不动产的重要成分又可以独自按照第 93 条来确定。⑤ 就是说,土地既可以按照第 93 条,也可以独自按照第 94 条,来确定重要成分存在与否。

2.2 物的重要成分的一般标准

如上所述,在动产与不动产上首先是存在统一的重要成分的标准。立法者从维持多数的物所组成的合成物的整体价值出发,对物的重要组成部分的问题进行了规定。⑥ 不过,这里所维护的经济价值不是以整体物而是以组成部分分离后的价值是否减损和本质是否改变为基准。德国学者认为,这不能认为是德国民法典立法者的笔误(Redaktionsversehen),它不仅是民法典立法者所欲求的效果,也符合利益平衡的原则。⑦

在物的重要成分的问题上有所谓的整体论(Ganzheit)和分割论(Teilbarkeit)。所谓整体论,即以成分分离后对整体物价值的影响作为标准。德国民法典之前的普鲁士普通邦法、奥地利民法典第 297 条、瑞士民法典第 642 条第 2 款采取这种标准。⑧ 这与德国民法典立法者采取的观点不同。按照 Wieling 的观点,法律关于物的重要成分的规定没有建立在维持物分割前

---

① RGZ 150, 22, 26, Staudinger/Jickeli/Stieper(2004), § 93, Rn. 5.
② Staudinger/Jickeli/Stieper (2004), § 93, Rn. 5.
③ Staudinger/Jickeli/Stieper (2004), § 94, Rn. 3.
④ RGZ 63, 416, 418. 90, 198, 201. 150, 22, 26. S Staudinger/Jickeli/Stieper (2004), §94, Rn. 2.
⑤ Wieling, Sachenrecht, 5. Aufl., Springer, Berlin, 2007, S. 32.
⑥ Staudinger/Jickeli/Stieper (2004), §93, Rn. 3.
⑦ Spyridakis, Zur Problematik der Sachenbestandteile, Mohr Siebeck Verlag, Tübingen, 1966, S. 27. Staudinger/Jickeli/Stieper (2004), § 93, Rn. 4.
⑧ Michaelis, Voraussetzung und Auswirkungen der Bestandsteilseigenschaft, in: Festschrift fuer Nipperdey, Verlag C. H. Beck, München, S. 554.

的整体价值的基础之上,因为,显然任何组成部分都对物的整体功能发挥作用,并且分割会对整体带来价值的减损。① 与整体论相对,德国民法典的标准被称为"可分性理论",它从分离后物的成分自身的价值减损与否或者是否发生本质改变来判断。如何具体认定物的重要组成部分,大约存在以下三个标准:

2.2.1 空间标准——结合的程度

重要组成部分首先要求物的结合性,可以分为自然的、物理的与功能上的结合性,两者可能也是无法割裂的,并且没有功能的一体性无法成立法律的一体性。然而,仅仅存在功能上的结合而不存在空间上的结合关系,则分离根本不会造成所谓的价值减损或者本质改变。② 按照德国民法典规定的标准,物理上或空间上的结合标准起到决定的作用,分离导致的毁损或本质改变是判断是否构成重要组成部分的关键。

所谓毁损(Zerstoerung),是指物的实体构成被破坏,其物理上的特性(Beschaffenheit)经过外力的作用完全改变。③ 不过,这样的严格的标准没有成为德国司法判决的标准。④ 按照司法裁判的标准,毁损是一种极其严重的物的价值的损害,是一种并非不重要的、不能轻易排除的损害。在何种情形存在这种损害,要根据个案的情况由法官判断。⑤

按照拉伦茨的观点,是否构成重要成分取决于被分割的部分和留下来的物的其他部分在被分割的情况下,如果人们把这两部分的经济价值相加,是否和这个物原来、即没有被分割而作为整个物时的价值相似或相同。⑥ 笔者以为,这种分割可能性的标准相对于上述判决的标准在是否造成物的毁损的判断上似乎是宽松的,这样导致物的重要成分的成立可能性加大,即法律上的分割可能性降低。不过,这里涉及物的重要成分的本质改变的问题,拉伦茨所说的实际是重要成分判断上的另一个标准。

由于现代化生产的标准化特征,重要成分的毁损标准的意义已经大打折扣。⑦ 同时,这种经济价值的计算方法似乎也比较机械。物的重要成分判断

---

① Wieling, Sachenrecht, 5. Aufl., Springer, Berlin, 2007, S. 29.
② 不过,这里存在所谓的"整体论",即使没有价值减损,基于功能的一体也可能无法分割。Karl Michaelis, Voraussetzung und Auswirkungen der Bestandsteilseigenschaft, in: Festschrift fuer Nipperdey, Bd 1, 1965, S. 559.
③ Spyridakis, Zur Problematik der Sachenbestandteile, Mohr Siebeck Verlag, Tübingen, 1966, S. 30.
④ Spyridakis, a. a. O., S. 30.
⑤ Spyridakis, a. a. O., S 31.
⑥ [德]卡尔·拉伦茨:《德国民法通论》(上册),王晓晔、邵建东、程建英、徐国建、谢怀栻译,法律出版社2003年版,第388页。
⑦ RGZ 152, 91, 98. Staudinger/Jickeli/Stieper(2004) §93, Rn. 18.

标准的另一种情形是所谓组成部分的本质或性质改变，德国的学理和判例对此给予了较大的关注。物的本质改变是与物的毁损相对而言的，前者不能按照后者的标准来判断。所谓组成部分的本质，即成分的使用可能性（Verwendbarkeit），而本质改变即物的决定其使用功能的特征完全丧失或者重大的减损。① 分离后的组成部分将不能按照它在合成物中的功能再次发挥作用，也不能再与其他物结合而发挥新的作用。② 物的本质改变不是从哲学，而是从经济或技术的角度出发判断。③ 这里，组成部分经济上的可利用性是决定性的标准。由于结合成整体导致的组成部分本身新发生的独特性因分离而丧失，则不属于这里的本质改变。④ 至于物的经济价值的严重降低虽然尚不能作为毁损的标准，但是对于判断本质改变有意义，这即是上文拉伦茨所说的问题。组成部分的本质改变可以分为分离下的组成部分、剩余物（Restsache）的本质的改变，以及剩余物本质丧失。⑤ 与此相反的一种少数观点将本质改变在物的功能的意义上来理解。⑥ 这实际是从维持物的整体性的角度出发的。

属于物的重要组成部分的，是那些在经济上不重要的、不具有独立功能和使用目的的东西。在现代社会，由于标准化生产所带来的可替代性，物的分离可以越来越多地在不对彼此造成损害的情况下实现，因而一般不成立重要成分。作为空间标准的不可分性对于物的重要成分的概念意义已经很有限。

2.2.2 时间标准——结合的非临时性

德国民法典第95条是关于物的临时附着的规定，有独立的规范目的，但也包含物的重要成分构成与否的另一个标准，即物的相互结合具有目的的非临时性。即使按照第93条的标准是不可分割的重要成分，如果目的仅仅具有临时性，也不构成重要组成部分。⑦ 因此，首先考虑的是第95条，即排除结合的临时性，才有第93条、第94条的适用。⑧ 附着目的的临时性，即在附着的最初就打算以后结束此种附着状态。⑨ 例如，土地的承租人在地上建筑

---

① Staudinger/Jickeli/Stieper(2004) § 93, Rn. 8.
② Staudinger/Jickeli/Stieper(2004) § 93, Rn. 17.
③ Spyridakis, a. a. O., S. 34.
④ Spyridakis, a. a. O., S. 37.
⑤ Staudinger/Jickeli/Stieper(2004) § 93, Rn. 18.
⑥ Michaelis, Voraussetzung und Auswirkungen der Bestandsteilseigenschaft, in: Festschrift fuer Nipperdey, Bd 1, Verlag C. H. Beck, München, 1965, S. 559.
⑦ Giesen, Scheinbestandteil—Beginn und Ende, AcP 202 (2002), 693.
⑧ Jauernig/Mansel, 18. Aufl., 2021, BGB § 95 Rn. 1.
⑨ MünchKommBGB/Holch, § 95, RdNr. 2.

房屋,房屋不能作为土地的重要组成部分。按照德国学者的观点,这体现出不动产债权性权利主体法律地位的优先性,其在他人的土地上建造房屋和其他设备,而仍然可以保留所有者的法律地位行使对物独立的支配权。① 这在土地所有权人破产时也有所体现,因为土地权利人的债权人不能对地上物采取强制措施。土地的临时附着物在法律上为独立的物,它与所附着的土地在法律上是分离的。

结合的临时性有时不是显然的,这即使在结合的基础法律关系有期限的情形,也是如此。临时附着的目的一般不应从外在的物理或者交易上的观点来判断,而是应取决于附加或引入者的内在意思(inneren Willen),这种内在的意思要与外在的表现出来的事实关系相协调。② 由于当事人有时自己也没有考虑添加物以后应如何处置的问题,这里就只能根据一般人的观点来判断。承租人等基于债的关系而建立的附着物一般推定为临时性的附着,除非有土地所有权人和利用人之间的特别约定。③ 这里涉及附着的时间性,但也同时涉及功能性。不过,在结合目的的判断上,采取主观标准还是客观的外在标准,尤其是比较法的层面,还存在不确定性。

临时附着物能否嗣后仅仅因为临时附着目的的消失,而成为所附着物的重要组成部分,先前的判决持否定态度。④ 这里还要求土地的所有人和附着物的所有人就房屋与土地的结合达成一个类似的处分行为,即第929条意义上的转让的合意。但这种意思是否需满足公示性要求,存在争议。⑤ 传统观点认为,一旦房屋与土地最终合而为一,则不能再次经由新的使用权人与土地所有权人的合意而再次分割,即不能再成为表见成分。⑥ 但是,土地所有权人也可以保持临时附着物与其土地的分离状态,这取决于其将二者作为不同的物对待的外部可识别的意思。

2.2.3 功能标准

在关于临时附着的情形已有涉及,民法典从物的毁损和本质改变出发来确定物的重要成分的标准,但仅仅有外在的空间上的结合关系,还不足以成立物的重要组成部分。⑦ 物的重要成分是一个关系性的概念,是相对于非重要组成部分和物的整体而言的。因此,物的经济上的或功能上的一体性对物

---

① Giesen, a. a. O., 693.
② Giesen, a. a. O., 699. MünchKommBGB/Holch, § 95, RdNr. 3.
③ Giesen, a. a. O., 700.
④ MünchKommBGB/Holch, § 95, RdNr. 3.
⑤ MünchKommBGB/Holch, § 95, RdNr. 9.
⑥ Giesen, a. a. O., 711.
⑦ Spyridakis, Zur Problematik der Sachenbestandteile, Mohr Siebeck Verlag, Tübingen, 1966, S. 12.

的重要组成部分的成立有重要的意义,即物的重要成分一般内在地与整体及其他组成部分存在功能上的、经济上的或交易上的一体性。当然,功能一体性在德国民法上其主要涉及上位的物的经济一体性的问题。虽然在空间上物与物紧密结合,却有可能因功能上的不一致而无法成为法律上一体的物,例如,在他人土地上架设的水、电、暖、气等管线及设施,虽然与土地物理性结合在一起,却因服务于其他不动产,不是土地的重要成分,而仅仅是表见成分。

如上所述,在物的重要成分的问题上存在整体论和分割论的学说分歧。德国民法典第93条的出发点是所谓的可分性理论。但是整体论也不缺乏支持者,例如Michaelis和早期德国帝国法院的观点。按照Michaelis的观点,功能一体性是物的重要成分的根本标准。① 即使物的成分具有标准化生产的可替代性的特征,仍因其功能整体性而为重要成分。他的观点是少数观点,也许诚如拉伦茨所言,那些Michaelis认为正确的东西,在实践中却朝着相反的方向发展。② 物的可分割性在朝着不断强化的方向行进。

在功能标准下,虽然是松散结合的物,因其对于物整体的特有的功能有决定性的作用,则仍可能为物的重要成分。德国有学者认为:"在物松散结合的情况,必须有其他标准介入才有可能成立物的重要成分;即如物的部分是为了整体特别制成的或者只有在结合才导致其自身的规定性或用途发生的情形。"③我们可以看到,在物的重要成分的判断上,各个标准之间存在流动性,不同的标准之间有互相补强的作用,如果功能的标准特别显著,则结合的标准可以放宽。在此,仍然是交易中的观点具有决定性。④ 至于什么是交易中的观点,也不是完全确定的。

2.3 不动产的特殊标准及其合理性

如果说在动产法律着眼于物的可分性的话,在不动产,法律则从物的整体性出发。就是说,虽然德国民法典第93条关于物的重要成分的判断具有一般性,但不动产也可以按照另外的标准而成立物的重要成分。如上所述,德国民法典第93条是关于物的重要成分的一般性规定,第94条在第93条之外规定了其他标准。在不动产物的重要成分的判断上,也要按照第93条

---

① Michaelis, Voraussetzung und Auswirkungen der Bestandsteilseigenschaft, in: Festschrift fuer Nipperdey, Bd 1, Verlag C. H. Beck, München, 1965, S.559.
② 〔德〕卡尔·拉伦茨:《德国民法通论》(上册),王晓晔、邵建东、程建英、徐国建、谢怀栻译,法律出版社2003年版,第388页,注释19。
③ Soergel/ Marly, § 93 Rz 10.
④ Soergel/ Marly, § 93 Rz 10.

的标准来判断。① 如果第 93 条的标准无法满足,也可以按照第 94 条而成为不动产的重要组成部分。② 不动产与动产不同,法律对不动产交易安全通过一系列的制度予以保障,第 94 条在维持物的经济价值之外,也主要服务于所谓的不动产交易安全。按照德国学者的观点,法律通过不动产登记簿的设立,保护交易中的第三人对不动产上法律关系的明确和清晰性的善意信赖,如果为建造不动产而导入的物以土地登记簿所没有显示的方式归属于其他主体,则不动产的交易安全受到危害。③ 因而,不动产重要成分的特别规定也保护潜在的不动产买受人。

按照德国民法典第 94 条第 1 款的规定,"与土地固定结合的物(fest verbundene Sachen)属于土地的重要组成部分"。第 94 条第 1 款的规定是对民法典第 93 条关于毁损或本质改变标准的替代,第 93 条所规定的标准具有重要的参照价值。④ 固定的结合在下列情形尤其存在,即分割会造成与土地或建筑物结合的物灭失或者严重损坏。⑤ 在判断第 94 条第 1 款的固定结合是否存在时,分离费用是重要的标准。就机器设备与建筑物的关系而言,如果机器是与建筑物固定地结合在一起,将其拆走就会造成损坏或者价值降低,那么,机器也是建筑物的重要成分。⑥ 然而,固定的结合也可以是松散的方式,甚至按照自然重力而与土地结合的物也可以成为土地的重要成分。⑦ 这里,物理分离可能性又不是一个重要的问题。

民法典第 94 条第 2 款是关于建筑物重要成分的规定,并因而也是关于土地重要成分的规定。按照有些德国学者的观点,其与第 93 条不同,建立在所谓的整体论的基础上。⑧ 因物的结合而产生的新物的价值,其毁损或本质改变的标准不是建立在分割后的组成部分,而是建立在合成物的整体价值之上。建筑物的法律和功能一体性对于德国民法典第 94 条第 2 款有决定性的意义。不过,何者为法律意义上的建筑物的判断存在不明确之处,其取决于

---

① Soergel/ Marly, § 94 Rz 1.
② 〔德〕卡尔·拉伦茨:《德国民法通论》(上册),王晓晔、邵建东、程建英、徐国建、谢怀栻译,法律出版社 2003 年版,第 390 页。
③ Soergel/ Marly, § 94 Rz 2. Holch, Münchener Kommentar zum BGB 5. Auflage, 2007, §94, Rn. 1.
④ Soergel/ Marly, § 94 Rz 3.
⑤ MünchKommBGB/Holch, § 94, RdNr. 4.
⑥ 〔德〕卡尔·拉伦茨:《德国民法通论》(上册),王晓晔、邵建东、程建英、徐国建、谢怀栻译,法律出版社 2003 年版,第 390 页。
⑦ BFH NJW 1979, 392; OLG Düsseldorf BauR 1982, 164, 165; RG WarnR 1932 Nr. 114; LG Berlin NJW-RR 2004, 635. S MünchKommBGB/Holch, § 94, RdNr. 4.
⑧ Spyridakis, Zur Problematik der Sachenbestandteile, Mohr Siebeck Verlag, Tübingen, 1966, S. 40.

交易上的观点、地区性的习惯以及建筑物的独特的功能。① 另外,建筑科技的发展对建筑物及建筑物的重要成分的判断有尤为重要的意义。

对于第 94 条所指的建筑物(Gebaeude),德国学者也存在不同的观点。一种观点认为,第 94 条所规定的建筑物与第 638 条(德国民法典新法第 634a 条)的规定不同,它是指能够阻挡外部干扰的用围墙等建立的供人进入的空间。② 另一种观点认为,第 94 条意义上的建筑物不仅仅指房屋,也包括桥梁、城墙、风车、地下室等,前提是其具有独立的经济功能。③ 按照这种观点,将第 94 条的建筑物概念局限于房屋这类的建筑物没有意义。对于风车,还有观点认为其并非建筑物,而是应属于机器,是一种动产。④

第 94 条第 2 款有关于为建造而导入的物的规定,与建筑物的整体性有关。所谓导入(eingefuegt),在物与建筑物之间建立起来一个空间上的关联关系,则物即被导入。⑤ 因而,第 94 条第 1 款所规定的固定的联结不是问题的关键。⑥ 并未与土地固定连接的物也可能按照第 94 条第 2 款成为土地的重要成分。⑦ 为建造建筑物而导入的物,即为建筑完工而加入的物,没有它建筑物还没有完工,这不仅包括那些为建造而必需的物,也包括赋予建筑物特定的外形(bestimmtes Gepraege)或者独特特征(besondere Eigenart)的物。⑧

关于导入的问题,存在这样的情形,即物虽然已经按照预定的使用目的或者建筑规划放置于预定的位置,如取暖用的锅炉已经被放置于预定的位置,但尚未完全建成,则是否能够按照德国民法典第 94 条的规定而成为建筑物的重要成分,德国联邦最高法院 1978 年的一个判决对此持肯定态度。⑨ 德国学理有观点对此持反对的态度。⑩ 问题的关键在于,从保护交易中的第三人的角度来看,即从交易中的观点来看,能否认为在这种情况下,锅炉已经是建筑物的重要成分。在联邦法院裁判的这个案件中,锅炉已经被放置于预定的建造处,但尚没有用混凝土浇筑,并且存在小的位置调整的必要,联邦最

---

① Spyridakis, a. a. O. , S. 42.
② Soergel/ Marly (2000), § 94 Rz 4.
③ Staudinger/Jickeli/Stieper (2004), § 94, Rn. 23. MüKoBGB/Holch, 5. Auflage, 2007, § 94, Rn. 21.
④ Ganter, Hans Gerhard, Die Sicherungsübereignung von Windkraftanlagen als Scheinbestandteil eines fremden Grundstücks. WM 2002, 105.
⑤ MünchKommBGB/Holch, § 94, RdNr. 22.
⑥ Staudinger/Jickeli/Stieper (2004), § 94, Rn. 24.
⑦ MüKoBGB/Holch, 5. Auflage, 2007, § 94 Rn. 21.
⑧ RGZ 150, 22, 26; BGHZ 53, 324, 325. S. Staudinger/Jickeli/Stieper(2004), § 94, Rn. 25.
⑨ BGH: Heizkessel als zur Herstellung des Gebäudes eingefügte Sache, NJW 1979, 712.
⑩ Costede, Der Eigentumswechsel beim Einbau von Sachgesamtheit, NJW 1977, 2340.

高法院认为这里存在物的重要成分。如果我们稍微做一下改动,锅炉不是放在预定的位置,而是仅仅放在建筑工地,则是否存在物的重要成分？答案似乎是否定的,因为物还没有被导入,从交易中的第三人的角度来看,锅炉也不是建筑物的组成部分。不过,我们可以进一步追问,放在预定的建造位置与放在建筑工地的区别从事理上而言,差别究竟有多大呢？也许这就是法律人的"学究"之处,或者说体现了法律的细微之处。放在预定的位置意味着"导入"已经完成。

有德国法院判决认为,就建筑物的完整性而言,其取决于建筑物的外在特征(Baukoerper),而不仅仅是建筑物的经济上的一体性,即使是尚未进行室内外装修的未完工的建筑物也是第94条意义上的建筑物,要区分建筑物经济的一体性和法律的一体性。[1] 就建造的完整性而言,有所谓的建筑主体说(die Schaffung des reinen Baukoerpers)和建筑的使用功能说(die erstrebte wirtschaftliche Funktion),两种观点对于判断物的重要成分的范围会产生影响,前者仅将建筑材料理解为重要成分,后者还将建筑的经济功能纳入建筑物的概念之中,并将生产设备等也作为重要成分。[2] 这种功能整体论的观点,从法律条文及先前的理论出发,对从分割论的角度对第94条第2款的解释表示反对,认为这与第94条关于建筑物的概念规定不符。[3] 然而,就工厂的机器设备与建筑的关系来看,主流的观点认为,只有当建筑物是为了机器的使用而特别建造之时,才是建筑物的重要成分。[4] 一般而言,如果建筑具有多种利用可能性,则机器设备不是重要成分,而是独立的物。"在第94条第2款,如果其在当代的技术条件下能较为容易地分离和替代,在解释上应导向于第93条,第94条第2款所规定的标准不具有决定性的意义。"[5]

我们似乎可以看到,关于重要成分的教义学建构虽然十分精细,但学说和判例处于变动之中,以下还将结合司法裁判对物的可分性问题进一步探讨。

(二) 物及物的成分制度与物法的关联

如上所述,物的特定性的问题涉及两个方面,一方面是物的整体性,另一方面是物的可分性,前者涉及独立的物所组成的具有经济上一体性的物作为

---

[1] BGH NJW 1979, 712. MünchKommBGB/Holch, § 94, RdNr. 21.
[2] Staudinger/Jickeli/Stieper(2004), § 94, Rn. 26.
[3] Spyridakis, a. a. O., S. 45.
[4] Enneccerus-Nipperdey, Lehrbuch des bürgerlichen Rechts, Mohr Siebeck Verlag, Tübingen, 1959, S. 799.
[5] Staudinger/Jickeli/Stieper (2004), § 94, Rn. 26.

法律一体物的问题,后者涉及法律上一体的物的重要成分能否作为独立的权利客体的问题。这涉及物的重要成分与物的可支配性的关系。

1. 物的重要成分制度的体系不协调之处

1.1 物的成分的物理可分性与物的可支配性

按照德国民法典第93条的规定,"物的重要成分,即不在其中一部分或另一部分毁灭或本质改变的情况下,不能彼此分离,不得作为独立的(besondere)权利的客体"。在这里,是否能够作为独立的权利客体,似乎取决于物在物理上的分割可能性,即只有在外在的物理空间上能够分割的物的部分才可以作为独立的权利客体,而这意味着分割不导致物的毁损或使用价值丧失或重大减损。这里的出发点是,物上的权利要求物在外在物理空间上是独立的,是彼此分离的。而这里预设着,权利要求对客体的支配性,并且物的支配性是一种外在的、物理上的支配,即物的成分作为独立的权利客体必须是在物理上与"主物"能够"分割"的。例如,杯子的把儿,如果权利人打算将其作为独立的权利客体,意味着杯子把儿要从杯子分离,而杯子把儿从杯子分离一般即丧失其使用价值,甚至如果分割得不成功,杯子把儿将完全毁损。因而,杯子的把儿不能作为独立的权利的客体。

这里,法律没有考虑对杯子进行观念的分割,法律仅从物理分割的角度考虑。举例而言,如果甲对杯身有所有权,乙对杯子把儿有所有权,法律禁止这种现象发生。否则,甲、乙的所有权发生冲突,如果甲想用杯子来喝水,必然要利用到杯子把儿,即使甲说,我只拿杯身部分,杯子把儿我不用,他也无法避免对杯子把儿的支配,杯子把儿和杯身是连在一块的。而同样,如果乙要对杯子把儿进行支配,他也必然要支配杯身,乙甚至可以说,我之所以支配了杯身,原因在于我有支配杯子把儿的权利。因此,在实际支配的意义上,甲有杯身的所有权,乙有杯子把儿的所有权,在杯子本身没有物理分割的情况下,是无法成立的,这导致物理支配的冲突。这里,实际是物的功能一体性决定了杯子把和杯身的一体性。从现实的角度而言,在上述情形,双方当事人会形成共有关系,并基于此而对整个杯子在共有关系下进行支配,而不会形成杯子把和杯身的单独所有权。

可见,法律在此考虑的是所有权人事实支配的利益,独立的权利客体意味着所有人是可以独立支配的,而如果两个所有权在同一个物的不同部分上成立,意味着支配冲突,因而是不能成立的。这也是与日常的交往中或经济中的现实或观念不符的。物的成分的概念连接着所有权客体的可支配性,法律在重要成分的概念之下考虑着物的现实可支配性的问题。这里,如果杯子的所有权人真的想在杯子把儿上成立独立的所有权,必须把杯子把儿与杯子本身分离,乙在杯子把儿从杯子本身分离后才可以对杯子把儿有独立的所有权。可以认为,为了防止不经济的物的分割,法律规定了物的重要成分的概念。但实际上,这种规定也可能起到反方向的作用,它迫使权利人进行物理分割。在没有分割的情况下,杯子的所有人不能给他人在杯子把儿上设立所有权。这实际上意味着,当事人要在将物分割并在物的成分上设立独立的物权和不将物分割并自我限制所有权法律上的处分自由之间权衡。

这里潜在的逻辑是物权客体的事实可支配性。然而,这种逻辑是否成立,还是可以商榷的。笔者此处举的例子可能过于具有"典型性",与杯子把儿连在一起的杯子是简单的一物,而物的重要成分主要是相对于合成物而言的。这里,杯子把儿即使能够分离,分离后也将很难用作原来的功能,杯子把儿本身的功能在于帮助杯子本身的可支配性,杯子把儿的独立用途是很有局限性的。如上所述,在单一物上是否存在重要成分本身是存在争议的。然而,这里的潜在逻辑,即所有权意味着物理上的可支配性的观点,是否能够成立,还是存在疑问的。诚然,所有权是一种对物支配权,但所有权也意味着一种归属权,并意味着一种法律上的利益。

所有权是否意味着客体在空间上是彼此分离的,是一个可以讨论的问题。所有权可以不要求客体物的物理上的可分割性,它仅仅要求观念上的可界分性。可支配性不意味着物理可分割性,也不需要物理可分割性。例如,在铁路的情形,虽然整条铁路在物理上是不能分割的,但在观念上铁路可以分为各个部分,在现实上这可以通过标记予以标示。同样,整栋大楼在物理上是不可分割的,人们不能将某个单元从整栋建筑物中切割出来,但在观念上大楼可以分割为各个单元。再比如,关于供暖设施作为重要成分与表见成分转化的问题,同样不存在物的物理分割的必然性。可见,从物的外在可分性的角度出发来对物权客体进行界定,是不全面的。

能否作为独立的物权客体取决于物在交易中是否有独立的用途。就是说,不是物的物理上的可分性,而是物的功能的独立性,具有决定作用。而物的功能独立性,不意味着物的物理分割。物的事实支配也不必然意味着物与物之间在物理空间上相互独立。按照德国学者的观点,物的外在空间上的独立性(Abgrenzbarkeit),首要的是按照交易中的观点,而不是按照物的物理上的可分性来判断。[①] 物的独立性可以通过物自身存在的独立性(eigene körperliche Begrenzung),也可以通过装入容器或通过标记,如界石、登记等来

---

① Fritzsche, BeckOK BGB § 90, in Beck'scher Online-Kommentar, Hrsg: Bamberger/Roth, 01. 05. 2010 Edition:17, Rn. 7.

实现。① 可见,物的客体独立性以及可支配性并不要求物在彼此之间在外在空间上也是彼此分离的。而不进行物理分割,自然也就没有所谓的分割所带来的"毁损"和"本质改变"的问题。可见,德国民法典第93条关于物的重要成分的规定着眼于物的物理分割,这种观点只看到了物理分割情况下的毁损和本质改变,没有到根本不进行物理分割的情形,是具有片面性的。

是否具有功能或用途上的独立性,甚至也不是绝对的。在杯子把儿的例子中,如果杯子本身是一个价值不菲的古董,则拥有杯子把儿本身就意味着一种价值。能否事实支配,本身并不重要。这体现了物的功能的多样性,杯子的典型交易目的是用来喝水,但杯子也可以作为收藏和观赏之用,法律一般不能强制人们在物的典型功能的意义上来行使所有权。当然,观念上的可分性及物的成分在功能上的独立性往往意味着物本身在物理上的可独立支配性。因而,仅仅是观念上具有独立性(Bestimmtheit)而在物理上不具有可支配性(Beherrschbarkeit),能否作为独立的权利客体还是有疑问的。不过,这里存在合同机制作用的空间。在观念可分及功能独立的物上的支配往往同时也意味着相关主体的利益协调,这些利益因空间上的密切关系存在协调的必要。换言之,观念可分、功能独立与物理支配因物在物理空间上的关联性,需要合同机制或者法律规则进一步介入,但基于物理不可分而否定独立物权客体的成立可能,缺乏合理性。

物理上的可支配性在所有权客体甚至也可以完全缺位。拥有所有权有时仅仅意味着一种经济利益,甚至仅仅意味着一种情感利益,这是毫无疑问的。在很多根本就不具有具体的使用价值,而仅具有经济价值的物上,物理可支配性更是不重要的,例如股票和债券所表现出的权利,其是否具有物理上的可支配性,是没有意义的,这在无纸化的交易中更是如此。

无论如何,从物的物理可分的角度对物权客体进行界定,是有失偏颇的,是一种过于绝对和单一的支配观念的产物,它的生活原型是一种彼此相互独立的物与物之间的状态。这种支配观念过度强化了物的可支配性与物的外在独立性之间的联系,其逻辑是只有将物的重要成分事实分割才可将其作为独立的物权客体,忽略了物的观念可分的问题,没有看见物的可支配性与物的外在可分性之间的区别。实际上,德国学者对德国民法典第90条物的整体性与可分性的解释,也没有从物的事实分割的角度出发。因而,在德国民法典第90条关于物的概念的规定与第93条关于物的重要成分的规定之间,不存在逻辑上的必然联系,德国民法典第93条对物的概念规定上的意义,显

---

① Fritzsche, a. a. O., Rn. 7.

得不必要。

1.2 物的成分的事实可支配性与法律可支配性

德国民法典不仅在第 90 条没有贯彻第 93 条关于物的物理可分性的观点,而且在民法占有制度中也没有贯彻物的物理可分性的观点。这涉及物的重要成分的事实支配与法律支配的区分。就是说,在事实支配层面,重要成分上可以成立占有,在法律支配层面,重要成分不可以成立所有权。这似乎也是问题所在。

从德国民法典第 93 条的规定出发,仅仅意味着物的重要成分不可以作为特别的权利的客体,这里并没有提到重要成分事实支配的问题,法律在此并不排斥物的重要成分上的事实支配,而只排斥法律支配。这进一步体现在物的重要成分可以作为占有的客体的问题上。按照德国民法典第 865 条的规定,在空间上具有独立性的物的部分或成分可以作为占有的客体,这也包括物的重要成分。① 物的重要成分上的占有要求客体在空间上的相对独立性(Abgrenzbarkeit)。② 然而,物的重要成分在空间上具有相对独立性,并具有可支配性,这与德国民法典第 90 条意义上的独立的物的区别何在?例如,房屋前的一块草坪为承租人所直接占有,而草坪同时是整个房屋的重要成分,这在日常观念上可以成立。然而,暂时忽略动产与不动产的差异,为何草坪不能成为独立的物权客体?

我们可以看到,德国民法典在物的重要成分上区分事实处分与法律处分。那么,为何法律处分不能在重要成分上成立?这是否与物权行为理论对物的概念的要求有关?难道是"交付原则"要求物的重要成分的物理可分性?这里,我们必须探讨物权行为的客体特定原则,也许是物权行为的客体特定原则与此有关。物的概念也许主要与物权行为制度联系在一起,或许是罗马法古老的交付制度发挥了它的支配作用。

1.3 重要成分的概念与物权行为的客体特定原则

所谓物权客体特定的问题,上文已有阐述,按照德国学者的表述:"与债权行为不同,物权行为和处分仅能在个别确定的物上成立。除将来之债的转让外,仅仅是可确定性是不够的。"③物权客体特定原则与交付原则联系在一起。④ 物权客体特定原则主要是从交易的角度而言的,与物的法律处分有关。不过,按照德国主流学说的观点,物权行为的客体特定原则来源于物权

---

① MüKoBGB/Joost, 5. Auflage, 2009, § 865, Rn. 4.
② MüKoBGB/Joost, 5. Auflage, 2009, BGB § 865, Rn. 5.
③ MüKoBGB/Gaier, 5. Auflage, 2009., Einleitung zum Sachenrecht, Rn. 20.
④ MüKoBGB/Öchsler, 5. Auflage, 2009, § 929, Rn. 6.

的客体特定原则,物权的客体特定原则对于物权行为也适用。① 如果物权客体特定原则与物权行为客体特定原则存在依存关系,那么,物权的事实支配与法律支配对于客体的特定性要求应否存在差异,还是两者完全相同?

就笔者所见,德国学者就物权客体特定原则的阐述,也主要是从物权行为的角度而言的,人们普遍认为,所谓物权法上的特定原则,即为了维持物权法律关系的清晰性,物权的归属行为(Zuordnungsgeschaefte)和支配行为(Verfuegungsgeschaefte)只在确定的一物上才有可能。② 按照德国学者的观点,与物的事实支配不同,物的法律支配涉及的是双方法律行为,其作为一种法律交易涉及交易安全,物权客体特定原则即与交易安全相联系。按照德国联邦最高法院对此的经典表述,物权的合意对物的描述必须达到这样一种程度,即不需要探究出卖人的意思就能从法律行为本身看出法律行为的内容。③ 按照笔者的理解,物权合意本身实际是"不确定的",它和债权行为不同,在债权行为双方可以进行明确的约定并订立合同,而在物权行为,尤其是动产物权行为往往不存在双方的明确约定。因此,物的确定性几乎成为物权行为内容确定的唯一标准。从这种逻辑出发,物的确定性是一种交易中的确定性,基于外在的可辨别性,它排斥当事人的个别约定。可见,物的法律支配要求物的概念的"常规性",就是说,要按照交易中的观点来确定是否存在法律上独立的可作为物权客体的物。

当然,在物的现时交易的情况下,物权行为客体特定是没有现实意义的,当事人双方往往对所移转的物的边界有清醒的认识,这从常识而言,也是一种必然的要求,如果双方对所移转的物的特定性尚不清楚,则实际无法实现物的所有权的交割。物权行为客体特定的原则在针对将来之物和聚合物的物权行为上有实际的意义,正是在这些情形,由于没有发生物的现实移转,才需要对物权行为的内容进行确定,这也是法律行为内容确定(Essentialia Negotii)的一般要求。④ 而由于物权行为不存在履行行为的问题,它的内容确定除非可以事后补充,否则是一种绝对性的要求。

这似乎可以解释德国民法典在法律支配与事实支配的规则的不同,然而,按照德国学者的观点,物权行为的客体特定原则(Bestimmtheit)是从实践中发展起来的原则。⑤ 它可能并非德国民法典立法者所预先考虑并在此基础上区分重要成分的事实支配和法律支配。因而,这种看似合理的解释却并

---

① Staudinger/Wiegand (2004), § 929, Rn.11.
② Staudinger/Seiler(2007), Einl 54 zum SachenR.
③ MüKoBGB/Öchsler, 5. Auflage, 2009, § 929, Rn.6.
④ MüKoBGB/Öchsler, 5. Auflage, 2009, § 929, Rn.6.
⑤ RGZ 52, 385;103, 151, 153 f. MüKoBGB/Öchsler, 5. Auflage, 2009, § 929, Rn.6.

非一种历史解释。另外,在让与担保的情形,物权合意的外在确定性已经不重要,物权合同的确定性与债权合同一样,是一个解释的问题。因而,建立在单个物归属上的客体特定性原则,至少与现实情况不完全相符。从司法裁判来看,既然物的总体可以成为让与合意的客体,在物的成分上应也不排除这种可能性。物的重要成分概念的事实支配与法律支配的区分合理性,仍然值得讨论,其合理性存在疑问。物的重要成分不得作为独立的权利客体的规定,也无法在物权行为制度下得到完满解释。

2. 物的重要成分与添附制度

物的成分的规定与物的概念之间的关系存在疑问。德国民法典第93—96条关于物的重要成分的规定,其目的在于防止不经济的物的分割,从而维持物的整体经济价值,保护交易中人们对物的一体性的最低限度的预期,该规范群的核心是重要成分的概念,本文已有论述。物的重要成分作为总则的内容,似乎对债法和物法都有适用。但是,在物的重要成分上可以成立债的关系,并没有特别之处,关于物的重要成分不能作为特别的权利的客体的规定对债法没有意义。物的重要成分理论对物法有意义,具体而言主要对于物的非法律行为方式的所有权取得有意义。

德国民法典第946—949 条是关于附合、混合、加工的规定,这些规定主要与重要成分相连接。按照第 946 条的规定,动产附合于土地而成为土地的重要成分的,土地所有权及于该动产。该条是罗马法动产吸附于土地的历史延续,我们可以称之为添附原则(Akzessionsprinzip),其目的在于维持物的经济上的一体性及保证清晰的物上法律关系。① 该规范的核心概念是重要成分,何者为重要成分要按照德国民法典第93—95 条的规定来判断。动产附合于不动产而成为重要成分的,则丧失物的特征,其上的所有权及其他权利消灭,并且不动产所有权不论动产的价值而扩展于所添附之动产。② 德国民法典第947 条是关于动产附合的规定,其规范目的与第946 条相同,新产生的经济上的物(ein neu entstandenes wirtschaftliches Gut)应该维持下来。③ 按照该条第 1 款的规定,动产互相结合而成为合成物的重要组成部分的,原所有人成为该结合物的共有人,其应有部分按动产在附合时的价额的比例定之。就是说,两个物互相结合而彼此成为结合物的重要成分,不能分清主从关系,则双方成为按份共有人。这里决定性因素不是经济价值,而是按照交易中的观点或者从日常观念出发没有"主物"。按照该条第 2 款的规定,如

---

① Staudinger/Wiegand (2004), § 946, Rn. 1.
② Westermann, Sachenrecht, 7. Aufl., C. F. Müller Verlag, Heidelberg, 1998, S. 423.
③ MuechKommBGB/Fueller, § 947, RdNr 1.

果附合的动产其中之一可以视作主物(Hauptsache),则主物所有权人取得所附合之动产的所有权。① 何时一物可以视为主物要按照交易中的观点来判断。② 这毋宁也是一种从日常观念出发的规定,有与"大鱼吃小鱼"类似的味道。而之所以在这种情况下没有发生共有关系,其道理可能在于德国民法典的立法者尽量避免共有关系的产生。不过,关于主物的解释是严格的,即主物的单独所有权是一种例外,例如,汽车底盘相对于其他部件不被视为主物。③ 对此德国的法院判决可能还不太一致。由于现代化的标准生产,何者可以视为主物是不容易确定的。④ 德国学者倾向于或者否定物的重要成分或者肯认多数物的所有人为共有人。⑤ 这与重要成分的法律发展是相吻合的。从表面上来看,第 946 条、第 947 条的规定为强制性规范,当事人的相反约定无效。⑥ 这在附合物再次分离时也是如此,即按照德国民法典第 953 条由物的所有权人取得分离物的所有权。因此,所有权保留的效力不能对抗关于上述关于添附的规定。然而,实际情况却是,在尊重第 946 条、第 947 条强行法的基本定位的前提下,尽量不发生共有或单独所有,而是维持物的可分性。

无论如何,第 946 条、第 947 条与民法典第 93—95 条的关系,是非常紧密的。按照一些德国学者的观点,第 946 条以下的规定是对物的成分规定的补充。⑦ 民法典第 946 条、第 947 条是由物的重要成分导出的结果。⑧ 那么,我们可以认为,第 93—95 条关于物的重要成分不能作为独立的权利客体的规定,是一种否定性规范,是一种反面性的规定。而第 946 条、第 947 条则进一步明确物上权利的归属关系,即土地权利人的所有权扩展至所添附并丧失独立性的动产;而在动产之间如果没有主从物关系,则双方成为按份共有人,否则主物所有权吸附所附合物的所有权。这样,德国民法典关于重要组成部分的规定有决定作用,德国民法典关于添附的规定不过是重要组成部分理论的当然结果而已,至少这两组规范之间的联系并非如它们在德国民法典中所表现出来的那样疏远。

物的重要成分的规定与添附的规定实际上是关于统一生活领域的统一规范,却被分别置于民法典的不同位置,其合理性是有限的,甚至将两者分开

---

① Wieling, Sachenrecht, 5. Aufl., Springer, Berlin, 2007, S. 139.
② MuechKommBGB/Fueller, § 947, RdNr. 5.
③ BGHZ 18, 226, 231 f. MuechKommBGB/Fueller, § 947, RdNr. 6.
④ Baur/Stuerner, Sachenrecht, 18. Aufl., Verlag C. H. Beck, München, 2009, § 53 Rn. 9.
⑤ Baur/Stuerner, a. a. O., § 53 Rn. 9.
⑥ Jauernig, Bürgerliches Gesetzbuch, 13. Auflage, 2009, § 946, Rn. 4.
⑦ MuechKommBGB/Fueller, § 941, RdNr. 1.
⑧ Baur/Stuerner, a. a. O., § 53 Rn. 1.

规定是一种重复,是一种不太合适的决定。物的重要成分只有放在添附制度下才是可以理解的,才是有意义的。它涉及的是两个物结合在一起,是否要分割的问题。将其放入总则,并进一步抽象出物的重要成分不得作为权利客体的做法,是很有疑问的。

德国学者 Westermann 在他的著作中即在添附的制度下处理重要成分的问题。[1] 在笔者看来,这正是物的重要成分制度的正确的体系位置。

3. 物的重要成分的规范定位

上文笔者探讨了物的重要成分在民法总则部分的不协调之处,以及物的重要成分与添附制度之间的关系。这里似乎是有一些观点上的矛盾,上文笔者曾援引有学者的观点认为,物的重要成分制度作为物的概念的一部分,对于物权客体的判断有意义。不过,笔者也指出,既然物的重要成分的制度所规范的生活领域应为通过非法律行为方式的物权变动,即所谓的添附、附合和加工制度,则物的重要成分的概念仅在这个有限的范围内有意义。因而,物的重要成分的体系价值成为需要进一步讨论的问题。就是说,物的重要成分的概念到底是否与物的有体性的概念关联在一起,对于物权客体的确定有意义,还是没有这么多的意义?

首先可以确定的是,物的添附、附合和加工的制度是一种物权的变动和归属的规则,物的重要成分作为在这个规范群中发挥作用的重要概念,自然也对物权的归属是有意义的。按照德国民法典第946条、第947条的规定,物成为其他物的重要成分的,则存在物的所有权变动。这里,能否保持独立的物的归属的法律地位,取决于是否成为物的重要成分。而物的重要成分的判断按照德国民法典第93条的规定,取决于分割是否导致物的毁损和本质改变。因而,物的重要成分的概念对于物权归属的判断是有意义的。这在第93条的规定也非常清楚,分割导致物毁灭或本质改变的,不得成为独立的物权的客体。因而,物的重要成分所传导的物的可分性对于物的归属有意义,也就是说,物的重要成分对于确定物权客体特定有意义,作为物的重要成分即丧失物的独立性,不能作为独立的物权客体。

不过,分割是否导致毁损和本质改变,只对分割的问题有意义,对于所有权归属的问题并不是必然有意义,这在上文已有阐述。例如,在添附的情形,动产和不动产在事实上结合在一起,能否分割是一个问题,所有权关系是另一个问题。就是说,两个物结合在一起,而分割是可能带来毁损和本质改变的,即分割是不经济或者不可能的,因而法律不允许分割或者事实上无法分

---

[1] Westermann, BGB-Sachenrecht, 11. Aufl., C. F. Müller Verlag, Heidelberg, 2005, S. 161 ff.

割。但是,物的法律归属关系是另外的问题,能否分割在更大的程度上是一个事实问题,物的归属更多的是一个法律问题,两者不是必然联系在一起。在两个物在事实上结合在一起并且分割会带来物的毁损和本质改变时,如何处理物的归属关系仍然存在三种方案:一是成立共有关系;一是成立单独所有并成立对另一方的经济补偿,这两种是德国民法典的处理方式;除此之外,还存在第三种可能,虽然在事实上不能分割,但是仍然成立分别的所有权。所有权关系不因在事实上能否分割而被决定,这在逻辑上起码是没有问题的,是可以成立的。

两个归属于不同主体的物结合在一起,如果双方当事人一意孤行,强行对物进行事实上的分割,必然导致纷争以及经济上不利的后果发生。因而,这里存在法律介入的必要。显然,法律在此的决定是,不允许物的事实分割。但这不意味着物的所有权也发生变动,这里仍然存在成立分别所有权的可能性,即虽然物在物理上连在一起,但在法律上仍然是独立的。这在当今的现实生活中可谓比比皆是。不过,这将导致事实支配的冲突,物的空间关系如此紧密,以至于事实支配必然发生冲突,甚至这种冲突不可协调。因而,这里或者存在合同机制或者存在法律的调整必要。当然,第三种可能性并不意味着排除前两种法律上的解决方案,而仅仅意味着在少数情况下,物理上紧密结合而无法分割的"物"上存在多个所有权的可能性。

这尤其体现在通过事先的合同机制所约定的物的归属问题上,两个物事实上结合在一起,但是,双方当事人仍然可以约定,这里存在分别的所有权,即使物在物理上无法分割。由于存在合同机制,双方的所有权行使存在事先的规范,这里不存在法律冲突。当然,这里涉及第三人保护的问题,作为物的法律归属规则,所有权的归属也要取决于物经济上的独立功能。因而,物的客体特定性的问题取决于当事人的意思、物的经济功能等因素,而物的物理可分割性不是决定性的因素。分割是否导致物的毁损和本质改变,只对是否分割有意义,对于所有权的绝对归属不必然有意义。因而,物的客体特定性问题与物的重要成分的问题不完全是一个问题。物的客体特定性问题对于物权的客体的判断有意义,物的重要成分的问题仅对物的事实可分割性的问题有意义,两者并不等同。

二、物的整体性与可分性的法律发展

物权的客体特定性与物的整体性和可分性的法律发展的确是密切相关的。按照笔者的理解,德国法在物的整体性与可分性的问题上,并不是朝着一个方向发展,即其既没有单纯朝着物的可分性的方向发展,也没有单纯走向物的整体性,毋宁是朝两个方向同步发展。一方面,物的整体性,即作为经济上和功能上一体的物,在法律上的一体地位得到加强,典型的如所谓的企业作为法律上的客体的问题。另一方面,物的可分性也在加强,这不仅在动产领域,在不动产的领域也是如此。由于标准化生产所带来的相对容易的可分割性,物的重要成分的概念的实际意义已经比较有限。虽然德国民法典关于重要成分的规定为强制性规范,判例和学理并没有就此停住脚步。

那么,这是否意味着德国民法典相关规定意义的消失? 是否意味着判例的发展已经脱离民法典,甚至没有规则可循? 笔者以为也并非如此。德国民法典关于物的成分的规定本身仍有重要的实务意义。① 严格地局限于民法典的规定,似乎从来就没有成为德国法的现实。但法典所规定的标准,一直作为有效的规范而发挥着它的控制作用。笔者以为,不是严格界定的概念和制度本身,毋宁是概念及制度所体现的法律思想或其论证理由在控制着司法裁判的发展。而更深层面的控制因素则是法律人的平衡感和良知,在对法律发展有重要意义的判决中,都能感觉到这种因素所发挥的关键作用。

(一) 物的重要成分概念的发展

1. 司法判决对物的重要成分理论的发展

关于物的重要成分及其标准的问题,笔者上文已有阐释。这里从德国法院的判决及学理出发,试图对物的重要成分理论的发展变化进行把握。笔者对于德国法院判决的使用是通过德国学者对相关问题的论述而得到的,并不是笔者亲自对德国的法院判决进行整理并在此基础上进行的归类总结。

德国帝国法院在一些判决中延续普鲁士普通邦法的观点,从所谓的整体论出发,将机器作为土地的重要组成部分,目的的共同性(Zweckzusammenhang)具有决定性的作用。②

德国帝国法院在 1902 年的一个关于木材厂的判决中认为,与木材加工厂的建筑结合的机器为土地的重要成分:

> 在本案的审理中,上诉法院认为"在机器被导入建筑物之前,加工厂已经完工",因而,机器不是第 94 条第 2 款意义上的重要成分。帝国法院则认为:"重要的不是一个建筑物作为工厂是否完工,而是在于建筑物作为其所应有或本有的状态,即作为木材加工厂,只有在机器导入

---

① MüKoBGB/Stresemann, 9. Aufl., 2021, BGB § 94 Rn. 39 f.
② Michaelis, Voraussetzung und Auswirkungen der Bestandsteilseigenschaft, in: Festschrift fuer Nipperdey, Verlag C. H. Beck, München, 1965, S. 557.

(Einfuegung)的情形才能存在。"①

帝国法院的判决说道:"如果建筑物是专门为了木材加工厂建造的,则机器的分离不仅导致木材加工厂作为由机器和建筑物组成的整体的改变,也导致建筑物本身的本质发生改变。"②

德国帝国法院的这个判决遭到经济界和法学界的激烈批评,因其导致设备加工企业作为所有权保留出卖人的法律地位严重受损。③

科隆上诉法院1906年审理的一个破产案件,援引了帝国法院的该判决。在本案中,某蒸汽机生产商以"融资租赁"的方式向一个工厂提供了一台蒸汽机,双方约定:"双方以每月8000马克的租金成立期限为6个月的租赁合同;在合同到期前4周之内,双方就租赁合同延续还是由加工厂取得机器所有权进行磋商,如发生后一种情形,在总价款17000马克付清之前,蒸汽机生产商保留所有权。"④其后,两公司均陷入破产,在破产程序中就该蒸汽机作为破产财产的法律地位发生争议。问题的关键在于蒸汽机是否属于加工厂的重要成分。

该判决值得注意的地方在于,该上诉法院援引上文1905年的判决,却用于支持机器不能作为工厂重要成分的意见:

该判决指出:不容忽视的是,本案与帝国法院1905年判决第50卷的木材加工厂的案件事实有根本的不同之处,在1905年的案件中,木材加工厂和木材加工机器都是相对彼此而言具有特殊的结合性的,该案中的木材加工机器只能完全在生产同样木制品的同类加工厂使用。而本案的蒸汽机不仅仅在同类的工厂而且可以在其他不同类型的工厂使用,蒸汽机的分离不会改变加工厂的本质。⑤

机器设备一般不再因其与建筑物的物理和功能性结合而成为建筑物的重要成分。在1907年一个关于印刷厂破产的判决中,德国帝国法院否定了印刷机作为建筑物的重要成分的地位,法院对印刷机所有权保留的效力予以认可:

---

① RGZ 50, 241, 243.
② RGZ 50, 241, 243.
③ HKK/Ruefner, §§ 90-103, Rn. 34.
④ Archiv für das Zivil-und Kriminalrecht der Königlich-Preussischen Rheinprovinzen. Bd. 95, 1906, S. 275.
⑤ Archiv für das Zivil-und Kriminalrecht der Königlich-Preussischen Rheinprovinzen. Bd. 95, 1906, S. 278.

在该案中,有4位原告于1903年到1904年间,向被告以所有权保留的方式供应复印机和打印机,这些机器被安装在被告1902年新建的印刷厂建筑物中。在这些机器中,有些机器通过螺丝和地面固定在一起,有些机器通过管道和引入建筑物的供水和煤气设施相联接,有些则仅仅通过传送带与其他设施连在一起。在仅支付了少量价款后,被告陷入破产,破产管理人拒绝继续履行所有权保留买卖合同。①

本案问题的关键是,这些机器是否为印刷厂的重要成分。帝国法院分析后认为,这些具有经济一体性的物不是印刷厂的重要成分。法院认为,印刷机与建筑物之间不存在仅在彼此之间的相互结合性。交易中的观点被帝国法院反复强调,即只有在交易中印刷机被作为印刷厂的重要成分的时候,即交易中印刷厂被当作一个整体,才存在法律上的一物。②

按照德国学者 Ruefner 的观点,帝国法院在此实际是在激烈的批评下转变了观点,是否构成德国民法典第93条所规定的本质改变,要看合成物各个组成部分之间的互相协调性,就是说,只有严格彼此互相协调,以至于将两者分离将导致分离后的部分不能与其他物结合,才可以作为物的重要成分。③而在第94条第2款,帝国法院也否定了之前的过于宽泛的观点。④

无论如何,从1907年这个判例开始,虽然也有变动,但法院追随主流学说,在机器设备、汽车零配件等重要的社会生活领域,否认其作为物的重要成分,认可其上所有权保留的可能性。⑤ 值得注意的是,帝国法院曾一度坚守其在之前的判决所遵循的"整体论",这种立场与德国民法典条文关于不动产重要成分的规定也是相符合的。

按照德国判例的观点,是否为建筑物的重要成分,要结合社会发展变化、建筑技术以及制造技术的发展,并最终根据交易中的观点,而为具体的判断。德国司法实践曾经认为,厨房设施,如煤气灶、热水器、浴缸,如果没有建造(einbaut)而只是置放(aufgestellt)于房屋之内,并非居住用房屋的重要成分,现在认为这种观点已经过时。⑥ 这些设施是生活所需并且是常备的。可见,这里物的重要成分的标准还有所放宽,本来不是物的重要成分的东西,现在

---

① RGZ 67, 30.
② RGZ 67, 36.
③ HKK/Ruefner, §§ 90-103, Rn. 35.
④ HKK/Ruefner, §§ 90-103, Rn. 35.
⑤ Spyridakis, Zur Problematik der Sachenbestandteile, Mohr Siebeck Verlag, München, 1966, S. 2.
⑥ MüKoBGB/Holch, 5. Aufl., 2006, BGB § 94, Rn. 26.

却有可能作为物的重要成分。德国联邦最高法院在判例中援引帝国法院判例中的观点,认为作为现代的居住用的建筑物,供暖设施、厨房设施属于建筑物的重要成分。① 有判例指出,一般认为,锅炉和热泵系统为住房、学校、电影院、工厂等不动产的重要成分,这在其位于建筑物以外的地方也是如此。②与上述观点相一致,对于嵌入式的厨房,如果其为标准化生产,虽然从居住的角度而言与房屋具有一体性,但不是房屋的重要成分,否则,如具有与房屋的个别的结合性,也可以作为房屋的重要成分。③ 又比如,铺在毛坯地上的地毯,在德国属于房屋的重要成分,即使其与房屋松散结合;相反,如果房屋铺有木制地板、瓷砖而具有可居住性,则地毯非为房屋的重要成分。④

可见,德国民法典第94条第2款在重要成分的判断上只能提供有限的标准,是否为重要成分要结合日常及交易中的观念,并从合理性的角度出发而为判断。

综上所述,德国法在物的重要成分的判断上,受现代化的标准化生产的影响,考虑到相关主体之间的利益平衡,对不动产重要成分的判断趋于严格,并在很大程度上已经偏离德国民法典第94条的规定。至于动产,由于标准化生产往往导致组成部分之间不具有个别的彼此结合性,所以一般也不成立物的重要成分。⑤

2. 物的重要成分与表见成分的转换

按照德国民法典第95条的规定,基于临时的目的而与土地结合的物或者基于对他人土地利用的权利而导入的物,不是土地的重要成分。并且,表见成分不能仅仅因为事后临时附着的目的消失,而当然地与土地结合为一体并成为土地的重要成分。⑥ 表见成分需要经由其所有人与土地权利人之间基于第929条的规定进行转让。同时,临时目的的改变要具有外部可识别

---

① " Das gilt vielmehr nur für die Teile der Ausstattung, durch deren Einfügung das Gebäude gerade zu dem geworden ist, was es darstellen soll und darstellt (RG, JW 32, JW Jahr 32 Seite 1124). Es kommt also darauf an, ob und gegebenenfalls inwieweit nach den Anschauungen des Verkehrs bei einer natürlichen Auffassung über Wesen, Zweck und Beschaffenheit der Gebäude, die auch die Bedürfnisse der Wirtschaft berücksichtigt, die Einfügung der Gesamtgasanlage hier den Häusern ein bestimmtes Gepräge und eine besondere Eigenart gegeben hat." BGH NJW 1953, 1180.
② MüKoBGB/Holch, 5. Auflage, 2006, BGB § 94, Rn. 27.
③ OLG Nürnberg NJW-RR 2002, 1485; AG Göttingen NJW-RR 2000, 1722; AG Nördlingen JurBüro 2002, 211; AG Düren VersR 2004, 468. MüKoBGB/Holch, 5. Auflage, 2006, BGB § 94, Rn. 31-32.
④ MüKoBGB/Holch, 5. Auflage, 2006, Rn. 29.
⑤ HKK/Ruefner, § § 90-103, Rn. 34.
⑥ BGH NJW 1956, 1273, 1274; RG WarnR 1934 Nr. BGHZ 23, 57, 59 19. MüKoBGB/Holch, 5. Auflage, 2006, BGB § 95, Rn. 29.

性,才能满足公示的要求。①

与此相适应,按照德国学理及判例的观点,临时附着不能基于所有权保留买卖的特别约定而成立,一旦保留所有权的客体成为物的重要成分,则保留所有权人的意思不予考虑,即使保留所有权出卖人与买受人之间存在规避法律的租赁或者其他临时法律关系的约定,也是如此。就是说,"临时附着"不能仅仅因为当事人的约定而成立,是否为临时附着应按照交易的典型形态来判断。

笔者以为,虽然基于所有权保留买卖而交付的物与土地或建筑物的结合不具有临时性,买受人对物的所有权的取得是终局而不是临时的,但为何不能基于当事人的意思而出现一种"人为的"临时性,是值得怀疑的。既然临时附着有基于当事人意思而发生改变的可能,当事人对于永久附着目的的暂时保留,也应该是可以成立的。

例如,甲自乙处购买暖气片,但乙保留所有权。为防止甲将暖气片装入房屋而导致暖气片独立性丧失,双方约定,在价款付清之前,仅成立租赁关系。这里经由当事人的约定建立了一种"临时附着"。那么,这种约定是否有效?对此,一方面合同当事人的私法自治应予尊重,另一方面,恶意规避法律导致法律保护的目的落空,应予禁止。因此,这里的问题最终在于,能否基于重要成分相关规范中所体现的法律观点,而允许"临时附着"的成立?笔者以为,是存在这种空间的。这在与下述情况相类比的情况下尤其有意义,即重要成分事后转化为表见成分。这在两种情况下可能发生:

第一种情况,表见成分经由权利人的意思而转化为重要成分后,是否存在再次转化为表见成分的可能性?笔者认为存在这种可能。例如,承租人甲在所租赁的房屋内又额外添加了一扇暖气片,出租人乙虽允许,但要求租赁合同解除后拆除,不过,承租人甲搬走后,没有拆除暖气,出租人乙也没有拆除,并将房屋租给房客丙,出租人乙表示,如果丙不需要该暖气片,则将其拆除。丙表示需要该额外的暖气片,并表示愿意支付该暖气片的购买费用。这里即出现了由表见成分到重要成分再到表见成分的转变,这种转换是很顺畅的。

第二种情况,重要成分能否通过当事人的约定,直接转换为表见组成部分?这里之所以存在与上述第一种情况的不同,在于该成分最初并非表见成分,而是由重要成分直接转换为表见成分。对于重要成分能否经由当事人的约定而转化为表见成分并作为独立的物权客体,德国有学者认为,重要成分

---

① MüKoBGB/Holch, 5. Auflage, 2006, BGB § 95, Rn. 11.

经当事人的约定转化为表见成分与德国民法典第 95 条关于临时附着的规定不符,其将导致临时附着规范的扩张适用。① 这就意味着,重要成分是否作为独立的权利客体取决于当事人的约定,物的重要成分概念的意义几乎全部丧失。

不过,似乎与主流观点相反,德国联邦最高法院 2005 年在一个判决中认为,虽然供应管道与土地结合在一起,并且为土地的重要成分,但是,其可以按照第 929 条的规定而转让给他人,通过转让成为独立的权利客体,而仅为土地的表见组成部分。② 在这个判决中,重要成分经由当事人的约定,而转化为表见成分,成为独立的权利客体,这里既没有物理的分割,也没有其他的物的外在关系的变更。供暖设施本来属于物的重要成分,不能作为独立的权利客体,但由于其具有经济上的相对独立可能性,则其可以转化为表见成分,成为独立的物。

德国有学者认为,虽然有这个重要判决,但是否以及在何种条件下可以一般地由重要成分转化为表见成分,还不是很清楚。③ 不过,该案延续了联邦法院 1962 年的一个类似的案件的观点,即仅通过当事人的约定,可以将重要成分转换为表见成分,并可按照德国民法典第 929 条关于动产让与的规定转让。④

在德国法上,通过地上权而在他人土地建造的建筑物属于土地的表见成分,建筑物是地上权而非土地的重要成分。然而,能否经由事后约定将作为土地重要成分的建筑物以设立地上权的方式而使之成为表见成分,即作为独立的物权客体,与上述情况类似。例如,甲在自己的土地上建设房屋,则房屋为土地的重要成分,甲打算将房屋转让,却想保留对土地的所有权,则甲能否为买受人设立地上权?否定的理由是不存在的。在此,物的重要组成部分通过约定而独立为物权客体的可能是存在的,重要的是功能独立性。

3. 法律理由与物的重要成分概念

物的重要成分的制度是德国法从罗马法出发进行构造的,具有历史延续性的一面。这种历史上的制度有时从直观的思维出发,其合理性是有限的。德国民法典将物与物之间的结合关系视为一种自然事实,这种自然事实本应

---

① Giesen, Scheinbestandteil—Beginn und Ende, AcP 202 (2002), 720.
② BGH: Urteil vom 02. 12. 2005-VZR 35/05, LSK 2006 060164. NJW 2006, 990. BGHZ 165, 184.
③ Wicke, Umwandlung wesentlicher Bestandteile in Scheinbestandteile—Anmerkungen zum Urt. des BGH v. 2. 12. 2005-V ZR 35/05, DNotZ 2006, 253.
④ Wicke, a. a. O., 256. Brüning, Die Sonderrechtsfähigkeit von Grundstücksbestandteilen—Ein zivilrechtliches Problem bei der Privatisierung kommunaler Leitungsnetze, VIZ 1997, 398.

将当事人的意思排除于考虑之外。然而,尽管物的重要成分理论是一种强制性的规范,在其中还是体现了当事人的意思,例如结合的目的性、目的的非临时性等。从物的重要成分的灵活发展来看,虽然重要成分的不可分割性为强制性规范,但其在生活事实面前的强制性也是有限的。

法律排斥在物的重要成分上成立独立的物权,在物的重要成分上不能成立法律处分。由于法律不能禁止所有权人对物的现实的物理分割,事实处分无法为法律所禁止。同时,基于当事人的合同自由,在重要成分上成立债权性法律行为无疑是可以的。从所有权人自由以及合同自由来看,单纯基于物理可分性而对物权客体进行判断,难以达到目的。德国学理和司法判例引入交易观念和理性人的一般判断作为分割可能性的标准,这实际意味着物理可分性仅具有次要地位。

从法院的判例的发展来看,是否构成重要成分,并非是从法典的规定出发。帝国法院最初并未顾及民法典的规定,而是延续其普鲁士法的传统,后来的改变也并非是从民法典出发,而是从基于所有权保留出卖人利益保护的需要,对物的重要组成部分进行重新的判断。民法典的解释体现出灵活性,但这种灵活性主要也在结合的程度、毁损或本质改变以及功能性这些标准的控制下进行,虽然并不是每个标准都同样严格地适用。这里总体体现了在一定的观点框架之内的具体的利益平衡。

这种法律理由的"强制"性有时也很有限,在建筑物的重要成分的问题上,判例的发展不是从教义学观点而是从生活领域的利益平衡出发,教义学理由甚至仅仅用来论证结果的合理性。而在重要成分与表见成分的转化的问题上,虽然转化可能性仍然是少数观点,但既有判例和学理支持,也具有事理上的正当性。也许正如德国学者所说,自从 1907 年以来,德国民法典第93—98 条的规定在不断地丧失它的严格性。甚至有德国学者批评到,物的重要成分的制度是一个"最不幸的"(ungluecklichsten)立法败笔。①

在不动产重要成分的判断上,法律所规定的特殊标准正丧失它的特殊性,转向动产的可分离标准,而动产重要成分的可分离性也与交易中的要求相一致而呈现不断强化的趋势。这体现了以规范语句为范式的法典法的局限。法律的学理可以非常精细,但法律条文是法律理由或者法律观点的凝结,而法的发现或适用也不是简单的归入模式。物的重要成分制度的法律发展体现了概念、体系以及司法判例之间的互动关系。

---

① Siebenharr, Die Zeitbauten nach § 95 I Satz 1 BGB, AcP 160 (1961), 156.

(二) 物的整体性与物的概念的发展

德国民法典对物的经济一体性也有所虑及,这主要是通过从物的处分追随主物的制度,例如,在不动产抵押的情形,不动产的从物、孳息也作为担保的客体,除非当事人对此有另外的约定。这里,法律部分地考虑了物的经济一体性。① 不过,这种考虑是有限的,物的集合不能作为物权的客体。德国民法典的物的概念导致一些担保形式应用上的困难,如工厂的抵押等。不过,德国民法典严格的物的概念所造成的经济生活与法律制度之间的隔阂,通过德国的司法判决实现了部分缓解,这主要体现在具有较为重要的经济功能的担保制度上;在整体物所有权转移的问题上,德国法也有所变动,这主要体现在资产整体转让情形中个别组成部分的善意取得上;至于整体物的事实处分,仅仅是一个理解上的问题,对于物的集合作为侵权法的客体有意义。

物的集合以及权利的集合在债法上作为独立的客体,可以成为买卖的标的。由于各个物所结合的物的集合具有功能、结构上的一体性,具有自身相对独立的价值,德国联邦最高法院将其作为民法典第 823 条第 1 款所保护的对象。② 问题的关键在于在物法上是否以及如何实现物的整体处分,即在于物权客体的特定原则。对于集合物的整体处分,首先,如在物的集合的各个构成上存在清晰的可识别性,集合物的转让可通过简化程序而在事实上实现,判例对此早已认可。其次,司法判例也倾向于从经济上的考虑偏离(abrucken)客体特定原则,虽然物的整体存在内部成分的变动仍可作为权利的客体。③ 不过,司法裁判并没有放弃建立在单个物之上的客体特定原则,而是在特定原则可能的解释范围之内,实现物的"整体处分"。

1. 物的整体转让与客体特定原则

物的整体处分首先表现在物的整体转让的问题上,这包括完全移转型整体转让和让与担保型整体转让。物的整体让与固然可以是终局的目的,但它更多的是用于担保功能。具体而言,这主要表现在物的整体作为让与担保的客体的问题上。这里,物的整体与其组成部分之间的关系是物的特定性问题的焦点。让与担保在德国的经济活动中被广泛应用。④ 它作为一种担保方

---

① Baur/Stuerner, Sachenrecht, 18. Aufl., 2009, Verlag C. H. Beck, München, § 28 II, Rn. 9.
② BGHZ 76, 216, 220. Staudinger/Jickeli/Stieper (2004), § 90, Rn. 18.
③ Huebner/Lehmann, Allgemeiner Teil des Buergerlichen Gesetzbuches, 2. Aufl., De Gruyter, 1996, § 16 II 1, S. 166.
④ Markus Gehrlein, Die Wirksamkeit einer Sicherungsübereignung, LSK 2008, 410748.

式在银行信贷中早已成为动产质押的替代担保方式。① 从法源的角度来看,让与担保首先是作为一种通过司法判决确认的习惯法,然后经由立法得到确认。② 由此带来的体系不协调以及调整的必要,涉及德国民法典物法的基本原则和结构性问题。

应该明确的是,即使是在物权客体特定原则下,也不意味着具有经济上一体性的物要分多次进行事实上的交付,基于简便和经济的考虑,一次性将多数物进行占有移转在事实上是可以实现的。③ 由于没有形式性的物的给予与接受,这里需要确定哪些物的占有以及所有进行了移转,即物的客体特定原则成为问题。例如,一个书店的转让固然不必将书一本一本地进行占有移转,但是,如果并非整个书店的所有权发生移转,则需要在空间上标明哪些部分不在转让的范围之内。按照德国帝国法院的观点,物的确定性必须不必求诸让与合意之外的事实即可确定所转让的客体。④ 就是说,无论是从双方当事人还是从交易中的第三方,可以直接看出哪些客体进行了让与。⑤ 其他如财产目录、会计账簿等,只要未成为合同的组成部分,不得用于解释让与担保的客体特定性。⑥

不过,德国联邦最高法院的判决在徘徊中放松了对客体特定性的要求,物的整体性在物法上被强化,甚至不在一个空间内的、零散的物的集合,也可以作为让与的客体。

在德国联邦最高法院1992年审理的一个让与担保的案件中,原告的丈夫在D公司的名义下经营艺术品和书籍的买卖并且拥有一个拍卖行。原告为担保D公司向信贷机构的贷款,作出了承担保证责任的意思表示。为担保原告的返还请求权,原告与她的丈夫签订了让与担保协议,该协议约定:D公司将位于公司营业场所一层的"开架图书馆艺术"转让给原告。在这个转让的艺术品整体的概念之下,包括一些位于特定空间的书籍及书籍目录,另一些具有古董价值的则和D公司没有让与

---

① Bales Klaus, Aktuelle Fragen und höchstrichterliche Urteile zur Sicherungsübereignung. Sparkasse; Jg. 120, 2003, Heft: 5, S. 241, 244.
② Baur/Stuerner, Sachenrecht, 18. Aufl., Verlag C. H. Beck, München, 2009, § 57 A 1 Rn. 1, § 56 Rn. 4.
③ Oertmann, Zum Rechtsproblem der Sachgesamtheit. AcP 136 (1932), 91.
④ Andreas Feuerborn, Der Bestimmtheisgrundsatz bei der Uebereignung von Sachgesamtheit. ZIP 2001, 600.
⑤ BGH NJW 1992, 1161. MüKoBGB/Gaier, 5. Auflage, 2009. Einleitung zum Sachenrecht, Rn. 20.
⑥ BGHZ 21, 52 (56), NJW 1956, 1315 (1317); BGHZ 28, 16 (20), NJW 1958, 1133 (1136). Riggert: Neue Anforderungen an Raumsicherungsübereignungen? NZI 2009, 137.

的艺术品一起存放在另一个租赁的建筑物之中,但转让的艺术品与未转让的用特殊的标记区分开来,没有转让的用小旗子——有的还附有所有者的姓名——明确标示出来。后来原告的丈夫陷入破产,就让与担保的效力,原告与原告丈夫的破产管理人发生争议。

一审法院和二审法院认为该让与担保约定不符合客体特定原则,联邦最高法院延续了1958年判决中的观点,认可了这种情况下的让与担保的客体特定性的成立。① 法院首先对上诉审法院的判决理由进行了评论,并同意上诉法院所遵循的关于让与担保客体特定性的一贯的司法意见,也同意上诉法院关于只有通过进一步询问公司职员才能确定哪些物属于让与担保的客体,不符合让与担保所要求的客体特定原则的观点。不过,德国联邦最高法院认为,对于让与担保的客体特定性问题,当构成物的整体的一部分位于一个空间,而另一部分与没有转让的客体虽然存放在一起,但用标记明确区分出来时,则仍然符合让与担保的客体特定性原则。② 案件被发回重审。

德国联邦最高法院在2000年处理的一个案件在物的整体转让的问题上沿着强化物的整体性的道路继续前行,法院在该案中强化了最终归属于不同主体的整体物的构成部分整体处分的可能性。该案的事实构成大体如下:

一个模型展览馆的所有人将展览馆中的展品转让给他人,在这些展品中,有的处于一个特定的空间之内,有的则和出让人保留的展品混在一起,双方在合同中约定对不予转让的展品用特殊的标记标出。然而,标记并没有准确地完成,就是说,有少部分属于出卖人的展品没有被隔离。

联邦最高法院认为,"在通过'特定空间让与'(Raumuebereignung)而实现的物的整体的转让中,如果通过对合同的解释,可以得出,虽然在少部分双方所让与的客体上,存在出卖人债法上的返还请求权,物法上的客体特定原则已经满足"。③

在该案中,在整个展览馆的特定空间范围之内的展品是确定的,虽然其中存在少量出卖人并未转让的展品。通过所谓的特定空间让与,在物法上这些为出卖人不愿转让的展品同样实现了所有权的移转,只是在债法上出卖人

---

① BGH: Hinreichende Bestimmtheit bei Sicherungsübereignung, NJW 1992, 1161.
② BGH: Hinreichende Bestimmtheit bei Sicherungsübereignung, NJW 1992, 1161.
③ Karsten Schmidt, BGH: Übereignung einer Sachgesamtheit-sachenrechtlicher Bestimmtheitsgrundsatz, JuS 2000, 1118.

享有返还请求权。德国联邦最高法院通过解释,在技术上实现了构成上存在不同归属的整体物的让与。

对于这种几乎是取消位于特定空间之内的多数特定物转让的客体特定性的要求的论证理由,德国学者颇有微词。有德国学者颇为不满地指出,这个案件显示出司法判决的倾向,即必要的、最低限度的要求也被冲淡。① 德国学者梅迪库斯认为,通过这个判决所依据的理由,在特定空间中的没有特殊标记的客体也成为物法上的转让的客体,而仅仅是在债法上存在返还的义务,这大大降低了特定空间让与对客体特定性的要求。② 他认为德国联邦最高法院的这种解释过于慷慨,能否期待以后的判决也持同样的立场,存在疑问,出于物权客体特定原则的要求,明确的标记仍是值得注意的。③ 德国学者 Feuerborn 也指出,从 1992 年以来德国联邦最高法院放松甚至已经放弃了对客体特定性的要求,并且这尤其体现在 2000 年的这个判决中。④ 按照他的观点,从客体特定性原则所要实现的清晰、有效的物的归属的功能来看,德国联邦最高法院的判决不值得支持。⑤

由于以上的批评,德国司法实践是否会坚守特定空间让与情形下的客体特定性的判断标准,还有待之后类似判决的确认。同时,该案仅赋予其债法上的请求权,对让与人保护不利。不过,弱化特定空间让与情形中整体物构成成分的客体特定性的要求,有其值得期待的合理性。从德国司法实践的情况来看,整体物内部的客体特定性原则是在不断被弱化的。

德国联邦最高法院 2008 年审理的一个案件,与整体物的转让具有类似性,本案同样涉及整体物让与担保的客体特定性的问题,在该案中让与担保中的客体特定性的确定可以求诸让与合意之外的事实,这在之前的判决中是不被允许的。

在该案中,原告在 2000 年 12 月给她的姐姐担任董事长的公司为一家银行设定了一笔价值为 511291.88 欧元的土地债务。同日,原告为担保她的返还请求权,与她的姐姐约定"为担保……担保人向被担保人转让全部交通工具、机器、设备以及其他财产,按照担保人的财产目录来确

---

① Andreas Feuerborn, Der Bestimmtheisgrundsatz bei der Uebereignung von Sachgesamtheit, ZIP 2001, 600.
② Dieter Medicus, Zur Auslegung eines Raumuebereignungsvertrages Abstrakt, EwiR 2000, 1047-1048.
③ Dieter Medicus, a.a.O., 1048.
④ Andreas Feuerborn, Der Bestimmtheisgrundsatz bei der Uebereignung von Sachgesamtheit, ZIP 2001, 603.
⑤ Andreas Feuerborn, a.a.O., ZIP 2001, 603.

定用于担保的财产"。① 但是,财产目录没有作为经过公证的让与合意的附件。为阻止银行执行土地债务,原告在2001年5月向银行支付了100000欧元。2001年7月,公司最终陷入破产,破产管理人将公司的全部动产拍卖。原告以破产管理人为被告以优先受偿权为据就拍卖所得主张100000欧元的代偿请求权及利息。在案件的审理中,该让与担保是否符合物的客体特定原则成为争议的焦点。

德国联邦最高法院认为:"在让与担保达成的时刻已经存在的财产清单,并非外在于合同认知来源(Erkenntnisquelle)。这个财产的目录无须与合同有形地联系在一起"。通过口头的或者默示的方式,位于合同书之外的媒介也可以用来确定让与担保的客体范围。②

联邦最高法院在再审中认为,该案中的担保设定符合客体特定原则。德国联邦最高法院之前的观点认为,让与担保中的客体特定必须无须求助于担保合同之外的媒介即可确定担保的客体范围,在该案中没有作为合同附件的财产清单也被用于确定担保的客体范围,与之前联邦最高法院的观点有所不同,按照法院在此的观点,整体物的让与担保无需专门制作作为合同一部分的财产清单,通过合同的解释可以确定担保物的范围的,即为已足。③ 当然,法院的这个观点不意味着担保合同客体特定所凭借的外在数据材料对担保物的描述可以不顾物的客体特定性,通过诸如重量、种类、货号对担保客体进行描述是不够的。④

对于联邦最高法院判决的观点变动,德国有学者认为,区分所谓的合同之内与合同之外的事实最初就是不重要的,这属于合同解释的问题,通过合同外的事实能够确定物权客体特定的,自始即不应排除在之外。⑤ 显然,这种观点是有合理性的。

德国联邦最高法院的这个判决放松了物权客体的特定原则。传统观点认为,让与担保中的物权客体特定原则体现在两个方面:一方面,双方当事人必须对所转让的客体有明确的认识;另一方面,法律交往中的其他主体必须对此也能准确地识别。⑥ 显然,德国联邦最高法院的这个判决放弃了让与担

---

① BGH: Konkretisierung bei Übereignung einer Sachgesamtheit durch Besitzkonstitut—Substanziierungslast hinsichtlich Verwertungserlös, NZI 2008, 558.
② BGH: Konkretisierung bei Übereignung einer Sachgesamtheit durch Besitzkonstitut—Substanziierungslast hinsichtlich Verwertungserlös, NZI 2008, 558.
③ Übereignung einer Sachgesamtheit durch Besitzkonstitut, BB 2008, 2149.
④ Riggert, Neue Anforderungen an Raumsicherungsübereignungen? NZI 2009, 139.
⑤ Staudinger/Wiegand (2004) Anh §§ 929 ff Rn. 100.
⑥ Andreas Feuerborn, Der Bestimmtheisgrundsatz bei der Uebereignung von Sachgesamtheit. ZIP 2001, 602.

保对外的可识别性,这遭到德国学者的批评。① 合同之外的第三人无法从合同本身看出让与的客体范围,因为它没有体现在合同之中。

不过,让与担保、所有权保留这些通过习惯法发展起来的所有权移转方式本身即欠缺足够的公示性。德国学者认为,解决这样的问题需要立法介入。② 让与担保制度的一项优势也许即在于其不公开性,双方当事人就是要通过这种不公开的担保方式来实现融资的需要,这在债权的让与担保的问题上更是如此。③ 即使是在上面所提到的让与担保的客体特定性中,其与传统的权利公示方式所保证的归属的清晰性也有不同,它既不是通过占有,也不是通过登记来实现公示,而仅仅是通过让与合意双方在合同中的约定。这里通过书面的合同的列举,代替了传统的以占有为媒介的公示方法。传统的基于占有的物权客体特定所促进的物的归属的外在清晰性在这里并不存在。

2. 浮动让与担保

这里可以提及的还有另外的情况,即作为担保客体的物的整体及其成分处于流动状态,这尤其发生在原材料、半成品、存货这些工业领域的担保之上,但不仅止于此,整体物的内部变动性在其他领域也存在。这种以所谓的"仓库"为客体的让与担保是让与担保制度最重要的形式,整个企业的让与也归入到这种情形。④ 正是在这种情形,德国法上的物权客体特定原则面临解释的困难,即由于这些空间范围内的担保客体的流动性,物权客体特定原则似乎很难实现。德国联邦最高法院之前的判决曾否定这种担保形式,尤其是在物的整体上存在他人所有权保留的情形。法院认为,这种具有流动性的、物的整体的组成部分的法律状态的不确定性,不能满足物权的客体特定原则。⑤

德国联邦最高法院在1958年的判决中推翻了之前的观点,物权客体特定原则并不因整体物中有他人的所有权保留而不能成立。⑥

在该案中,当事双方约定一方将位于一个仓库中的存货在让与担保合同中整体性地转让给另一方,但库存货物处于流动中,并且有些货物存在第三方的所有权保留。

法院认为:"这完全是可行的,即整体物中的个别物,让与担保人要

---

① Andreas Feuerborn, a. a. O. , 603.
② Staudinger/Wiegand (2004) Anh § § 929 ff Rn. 137.
③ Baur/Stuerner, Sachenrecht, 18. Aufl. , Verlag C. H. Beck, München, 2009, § 58 A I Rn. 1.
④ Staudinger/Wiegand (2004) Anh § § 929 ff Rn. 93.
⑤ BGHZ 21, 52. Andreas Feuerborn, Der Bestimmtheisgrundsatz bei der Uebereignung von Sachgesamtheit. ZIP 2001, 602.
⑥ BGH: Urteil vom 24. 06. 1958-VIII ZR 205/57. LSK 1958, 848439.

到后来才能取得所有权,但已经事先让与给担保权人,并通过预期的占有改定代为交付。这种事先的让与合意需满足如下的要求,即通过双方达成的合意即能够对于让与担保人所取得的、作为让与担保客体的物清晰而无矛盾地进行确定。"①这样的约定是不够的,即只要担保人将来取得的物,均作为整体物让与担保的客体,这缺乏物权的客体特定性。②

按照这种观点,将来可能取得的物,如果该物欠缺足够的客体特定性,不能成为让与担保的客体。对此,德国学者提出可特定性的标准来取代特定性的标准:"让与担保的客体应在合同中确定地描述出来。足够的确定性或者更好的表述可确定性在下列情形存在,通过外在标准的选定,对于双方约定知晓的任何第三人,哪些个别物进行了让与,是显而易见的。"③这种相对于第三人的可确定标准已为德国联邦最高法院 2008 年的判决所废弃,但这种确定可能性的标准与物权客体特定原则也并不符合。物权客体的可确定性的标准意味着在达成物权合意时,物权的客体可以尚未确定,这即使不意味着物权合意还需要嗣后的履行,也意味着物权合意并非自成立之时即处于可履行的状态,这已背离物权行为本身作为一种履行行为的基本定位。

可确定性的标准对于浮动中的物的整体的让与担保的解释力还存在疑问。这种可确定性的标准,在浮动担保的情形似乎也很难解释得通。对于包括将来之物的处于浮动状态的让与担保,而不仅仅是包括让与人已经取得占有而将来取得所有权的物,很难满足整体物让与担保中的个别物的物权客体特定原则。不过,所谓的浮动担保是否包括这些预期取得之物,而不仅仅是已经取得占有和期待权的出卖人保留所有权的客体在内,德国司法判决曾经认为:"对于那些在最初不含有的,后来才进入的个别物,须满足下列条件,即相对于识别双方当事人的约定的第三人而言,其通过简单的、外部可识别的事实可以确定,在所有权移转的时刻哪些特定的物被让与。"④这种相对于第三人的外部可识别性后来被认为是不重要的。⑤ 借助合同之外的解释确定担保客体是允许的。从双方当事人的角度而言,在达成让与合意之时,让与人尚未取得占有之物的确定性是很有疑问的,即使从双方当事人的角度而

---

① BGH: Bestimmtheit des Sicherungsgutes bei Sicherungsübereignung; Zuständigkeit des Großen Senats. NJW 1958, 1133.
② BGH: Bestimmtheit des Sicherungsgutes bei Sicherungsübereignung; Zuständigkeit des Großen Senats. NJW 1958, 1133.
③ Baur/Stuerner, Sachenrecht, 18. Aufl., Verlag C. H. Beck, München, 2009, § 57 B II Rn.13.
④ Staudinger/Wiegand (2004) Anh zu § § 929 ff Rn. 129.
⑤ Staudinger/Wiegand (2004) Anh zu § § 929 ff Rn. 130.

言,它也是不确定的。让与担保人尚不清楚哪些物可能进入到整体浮动物之中,更不用说让与担保受让人。

不过,让与担保合意是否包括这些尚未取得之物,存在疑问。似乎很显然,那些尚未进入特定空间的具体的物,还不是整体物担保的客体。这些将来之物作为整体物担保的客体也是没有意义的,将考虑的对象对准现存的物的整体状况,并考虑到它的流动性就足够了。① 重要的并非当事人的行为,而是物在事实上进入到整体物之中,并因而成为物的整体的一部分,至于第三人是否对此能够识别,也是不重要的。② 从这个角度而言,位于特定的外在可界定的空间之内的多数物所构成的物的整体既具有外在的确定性,也仍具有内在的确定性,将来之物对于整体物的构成可以暂不考虑。

然而,从双方当事人的约定来看,物的流动性不影响整体物作为担保客体的成立,如果不是从整体物本身而是从其构成的个别物来看,则必须对这种将来之物以及流走之物有所约定。否则,个别物的流入和流出与让与担保客体之间的关系在法律上没有解决。因此,对于将来之物进行约定是必要的。这里德国法上存在所谓的"预期让与合意"与"预期占有改定"的复杂法建构。这些概念建构虽然可以描述浮动担保的事实状态,然而仍然无法在客体特定的原则下进行解释,将来之物之上的预期让与合意建立在不存在的客体之上,这在债权让与担保(Sicherungsabtretung)也是如此。着眼于个别物的确定性的出发点,忽视整体物的存在性,无法圆满地解释浮动担保的客体特定性问题。从德国学者的观点来看,物的可特定性也不意味着在达成让与合意之时,而是要求在将来之物进入到整体物之中,并因而成为让与担保所涵盖的客体范围时,是可以直接确定的。这种解释实际上仅仅是描述了下列事实:即只要那些后来之物进入到整体之中,就立即成为让与担保的客体。这实际上并没有解决让与合意本身的客体特定性问题。

笔者以为,物的整体的外在特定性通过位于特定的空间本身,或者通过标记而在空间的特定部分,甚至通过任何其他方式能够确定物的外在边界,则物的整体性即能够成立,这里物的整体的外在确定性不是问题,人们可以找到一个方法来确定担保客体的边界。③ 至于物的整体的内在确定性,既然不同的法律归属都不影响整体物作为担保客体的有效性,过于强调构成整体的物权客体的个别特定性是不需要的。从担保的角度而言,关键的问题是整

---

① Staudinger/Wiegand (2004) Anh zu §§ 929 ff Rn. 131.
② Staudinger/Wiegand (2004) Anh zu §§ 929 ff Rn. 131.
③ Baur/Stuerner, Sachenrecht, 18. Aufl., Verlag C. H. Beck, München, 2009, § 57 B II Rn. 13.

体物的价值确定性问题,至于整体物个别构成上的客体特定性并不十分重要。德国法上空间让与所体现出来的"囊括规则"(All-Formel)有其可追随及扩大适用的合理性,2000年德国联邦最高法院的判决中通过技术性的解释,在结果上也实现了相同的效果。按照这种规则,位于特定空间范围之内的物均作为让与担保的客体,而不论特定空间之内构成要素的所有权权属构成状况。① 特定空间内个别物的确定程度是否是一个非常重要的问题,很有疑问。

从德国的司法实践来看,固然建立在个别物的客体特定性之上的客体特定性仍是学理和司法裁判所坚持的,但在事实和结果层面,各种内部并不十分确定的物的整体也都能够成立有效的让与担保,具有浮动性的物的整体的担保不但是可能的,甚至是更为重要的。② 德国学者说道,担保制度的问题即在于其过度的排他性和时间上的永久性,让与担保中个别构成物的浮动性弱化了担保制度的严格性,而这种灵活性是让与担保制度的优势所在。③

不过,仍然应该提及的是,无论从债权合同还是物权合同的角度而言,如果合同所转让的客体最终也无法确定,则这样的合同是无法执行的。因此,无论通过何种方式,至少在让与担保执行之际哪些客体为让与担保所涵盖,仍应最终能够确定,即物权客体特定性作为一项原则是必要的,这毋宁是一种常识性的要求。但这不意味着必须坚持建立在单个物基础之上的客体特定性,而是要强调可预测性和最终实现的可能性。

第三节 本章小结

有体物的概念对于物法体系的独立性有意义,但技术性的物的概念在物法的司法实践中发展变化。从物的可分性而言,物的成分是重要的概念。不过,法典的规则为司法判例所发展,重要成分的概念无法限定功能独立的物的法律上的可分性,物的重要成分概念的实际价值有限,但其中所蕴含的法律理由仍有其法律论证上的意义。

从物的整体性而言,经济上的一物的法律整体性在强化,物的集合的整体转让和担保已经部分地为德国联邦最高法院承认。物的集合上的所有权与构成集合的个别物的所有权的重叠性并非承认整体物所有权的障碍,整体

---

① Andreas Feuerborn, Der Bestimmtheisgrundsatz bei der Uebereignung von Sachgesamtheit, ZIP 2001, 601.
② Staudinger/Wiegand (2004) Anh zu §§ 929 ff Rn. 140.
③ Staudinger/Wiegand (2004) Anh zu §§ 929 ff Rn. 142.

物的所有权有其法律价值,在担保法领域尤为如此。在物的有体性的框架下的物法体系的扩展既是现实存在的,也存在进一步扩展的可能。

德国民法典第 90 条关于物的有体性的规定、第 93 条以下关于成分的规定,以及第 946 条、第 947 条的条文内容维持了相当的稳定性,且仍在实务上具有相当的重要性。但司法裁判并未受到条文的羁绊,而是在物的整体性和可分性两个维度发展了物的概念,物权的客体特定性原则因而具有精彩纷呈的复杂司法呈现。在此债法上的物与物法上的物趋同化。无论如何,并不是严格的形式逻辑和概念限定,而是基于生活本身的复杂性、变化性以及具有稳定性的法律理由而发生的变化。

第四章　有体物占有保护与物的法律归属

物债二分经由潘德克吞学派形成,物的概念对物债二分有意义,这无论从物的概念本身,还是从物法的历史发展来看,均是如此。经由有体物概念所实现的物法的独立性和封闭性,既排除债权等权利类无体物,也排除非权利类的无体物。不过,物法体系存在扩大化的问题,技术性的有体物的概念面临解体,无体物所有权也有存在空间。物法体系的扩大不意味着物法独立性的弱化,物法的独立性涉及物债二分的问题。物债二分的基本逻辑即在于客体支配的不同,笔者就从人对物支配这个角度,对物债二分的现实性、正当性的问题再进行探讨。换言之,严格的物法独立性和封闭性既不是德国的现实,也不值得认同。

按照德国学者 Wiegand 的观点,物、债的严格划分不仅无法实现,甚至是一种方法上的错误。① 德国学者 Westermann 也说道:"从前曾广泛流传的观点,即物法相对于债法绝对的独立性以及由此出发的教条及法政策上的考虑,不再能够成立。物法更多的是财产法一体性的组成部分。"②就是说,要在债法与物法融合与统一的角度对财产法进行理解。物权债权化与债权物权化早已经是人们熟悉的话题。不过,毋宁说是自始就不存在物、债的严格划分。物债二分的结构也在司法裁判中不断地相对化。

物债关系涉及占有及登记制度。德国学者说道,德国民法典物法编的体系性是很有问题的,这表现在德国民法典的立法者试图如债法一样,给物法也建立一个总则,但这种努力可以说在很大程度上失败了。③ 物的规定被放入民法典的总则,除了占有(第854—872条)、所有权(第903条、第904条)及所有权请求权(第985—1005条)这些对动产物权与不动产物权均有适用的制度之外,动产物权与不动产物权基于特征及功能的共同之处是很少的。④ 德国民法典在第873—902条规定了土地上权利的一般规定,置于占

---

① Wiegand, Die Entwicklung des Sachenrechts im Verhältniss zum Schuldrecht, AcP 190 (1990), 130.
② Westermann, BGB-Sachenrecht, 11. Aufl., C. F. Müller Verlag, Heidelberg, 2005, S.13.
③ Soergel/Stadler, Einl zum SachenR, Rz 23.
④ Soergel/Stadler, Einl zum SachenR, Rz 23.

有及占有保护规定之后,所有权及所有权请求权规定之前。有德国学者指出,土地登记簿是占有功能的一种替代,①将其置于占有之后具有合理性,不违反体系。但也有观点指出,物法的规定呈现出不一致。② 物法关于占有的规定不在于公示制度,土地登记簿不能在占有得到解释。③ 占有保护的规定与土地登记簿之间存在断裂,民法典的所有权制度也不建立在占有制度之上。④ 这种体系上的问题给物法的统一带来理论上疑问。

无论如何,占有制度对于物法体系是重要的,这不仅是从罗马法而且也是从物法本身而言的。而占有制度本身也恰恰是物法独立性、封闭性最成为问题的领域。

第一节 占有与物的法律归属

一、占有保护与事实支配

德国民法典的物法与债法不同,债法从罗马法的传统而来具有一定的稳定性,物法则是一个由不同历史时期和不同领域的制度组合起来的"法律的复合产品"(legislatives Mischprodukt)。⑤ 其中,占有制度即是"从罗马法、日耳曼法和教会法产生和发展出来的制度,自中世纪以来对其有很多研究"。⑥ 占有的理论在19世纪因而是"异彩纷呈"的。德国的萨维尼、耶林、温德沙伊德等著名学者均对罗马法上的占有制度有深入的研究和独到的观点。而德国民法典立法之时,罗马法学者和日耳曼法学者的观点也在占有制度上激烈交锋,由于日耳曼法学者的强烈反对,民法典的占有制度与潘德克吞学说体系的占有理论有很大偏离。⑦ 例如,在罗马法上,出租人、出借人等是占有人(possessio),而承租人、借用人等并不是占有人,他们对物的关系是建立在基础法律关系之上的。相反,在日耳曼法,承租人、借用人对物发生直接支配,是物的占有人(Gewere)。⑧ 德国民法典间接占有规则是罗马法和日耳曼法

---

① Wilhelm, Sachenrecht, 3. Aufl., De Gruyter, Berlin, 2007, S.229.
② Staudinger/Seiler (1996) Einl 6 zu 854 ff.
③ 瑞士民法典将占有与不动产登记簿放在一起,规定在第四编物权法的第三部分,称为"占有及不动产登记簿",参见殷生根译,艾棠校:《瑞士民法典》,法律出版社1987年版,第252页。瑞士民法典关于占有制度的规定与德国民法典不同,它比德国民法典规定的多些。
④ Lopau, Der Rechtsschutz des Besitzes, JuS 1980, 501.
⑤ Staudinger/Seiler (1996) Einl 62 zu § § 854 ff.
⑥ Staudinger/Bund (1996) Vorbem 1 zu § § 854 ff.
⑦ Bruns, Besitzerwerb durch Interessenvertreter, Mohr Siebeck Verlag, Tübingen, 1910, S.37.
⑧ Wieling, Voraussetzungen, Übertragung und Schutz des mittelbaren Besitzes., AcP 184 (1984), 439.

的妥协和杂糅。在这种背景下,德国民法典占有的立法能否实现体系协调及其与物法其他制度的关系,也值得探究。

有德国学者说道,将占有制度放入物法在开始就导致很多困难,占有从法技术层面来看不是物权,仅是一种事实。① 占有事实说是一种强有力的学说。也有德国学者认为:"占有如所有权一样是民法典的核心概念,它在物法中是调整物的临时归属的制度体系(provisorisches Gueterzuordnungssystem)。"② "占有在物法与债法二分的体系内,是一种中间状态,从事实支配的法律效果而言,占有可以作为一种'临时权'(vorlaeufiges Recht)。"③占有权利说的观点将占有从与所有权相类比的意义上来理解。换言之,占有作为物的临时归属的法律制度,是一种支配权。

将占有制度理解为事实支配,从事实而不在法律层面对占有进行理解,规避了占有在物债二分中的体系定位的问题。相反,将占有理解为一种法律地位甚至权利,则占有的归属就是一个需要在物法或者债法中解决的问题,占有的不同理解对于物债二分的问题有意义。

(一) 占有的概念争议

德国民法典没有规定占有的概念。④ 从占有制度的古老的历史以及其对于物法的基础性的作用来看,占有制度的概念应该是清楚的,然而事实并非如此。⑤ 由于立法概念的缺失以及占有制度的内在不一致,学理对界定占有的概念进行了很多尝试,甚至有学者已经放弃对其进行概念界定而直接从功能出发。⑥

1. 统一说

按照这种观点,占有具有统一的概念基础,即事实支配。而这又可以区分为以下两种学说:

一种观点认为,应在法律概念和学理概念上作出区分。德国民法典的立法者从目的论出发,将适于占有保护的情况均纳入到相关的规范中来,但其并非皆为真正的占有,应将间接占有、占有辅助以及占有继承这些排除在占

---

① Soergel/Muehl, Vor § 854 Rz 1.
② Staudinger/Bund (1996) Vorbem 13 zu § § 854 ff.
③ Soergel/Muehl, Vor § 854 Rz 1.
④ Mueller, Sachenrecht, 4. Aufl., Carl Heymanns Verlag, Köln, 1997, S. 25; Staudinger/Bund (1996) Vorbem 34 zu § § 854 ff.
⑤ Joost, Besitzbegriff und tatsaechliche Sachherschaft—Zur dogmatischen Einordnung des § 854 Abs. 2 BGB, in: Gedaechtnisschrift fuer Dietrich Schutz, Carl Heymanns Verlag, Köln, 1987, S. 167.
⑥ Vgl. Baur/Stuerner, Sachenrecht, 17. Aufl., Verlag C. H. Beck, München, 1999, S. 54.

有的概念之外,民法上的占有为对物的事实支配。① 这种观点将占有限于直接占有,即第854条所规定的事实支配。直接占有并不排除占有辅助关系,占有辅助是对第854条直接占有的补充,并非另外的占有类型,与直接占有具有同一性,至于间接占有、占有继承则是一种立法技术上的拟制(gesetzestechnische Regelungen),本身并非占有。②

另一种观点认为,民法典关于直接占有、间接占有和占有辅助的规定均可归入事实支配。直接占有为对物的事实支配自不必说,间接占有为通过占有媒介人而进行的间接的、观念化的支配,而辅助占有则是经由占有主人的意思导引的直接支配。对这种观点,我国学者王泽鉴教授称之为"占有概念的扩张和限缩"。③ 德国学者Westermann认为:"占有是为法律所承认的对物的事实关系,而无需考虑这种事实关系的法律基础,民法典不仅承认直接的对物的支配可能性,即直接占有,它也承认观念化的占有,间接占有源自直接占有并且最后要回复到直接占有。"④总之,这种观点在直接占有之外承认其他类型的占有也是事实支配。

事实支配说可以说是占有概念的基础性学说,其他学说是在对其进行批判的基础上发展起来的。

2. 非统一说

第一种观点可称之为"事实支配非统一说"。这种学说认为,德国民法典在直接占有之外还规定有间接占有和辅助占有制度,这些占有所连接的生活事实不同,统一占有概念是困难的,民法典没有从统一的占有概念出发。⑤第二种观点认为,占有是一种"空白概念"(Blankettbegriff),它的内容应该在个案中按照其功能从具体的利益关系出发来确定,占有的概念是相对的。⑥我们可称之为"功能区分说"。举例而言,甲是商铺的所有人,由乙作为店长管理,甲将商铺转让给乙,乙一如往常经营,对于转让没有向第三人公示。⑦此时,占有保护功能对乙发生,而占有的公示功能对甲仍然存在。如果第三人丙对商店造成损坏并按照第851条对甲进行赔偿,可以发生免责的效果。⑧ 批评者则认为这种情况可以通过占有的权利外观信赖来解释。

---

① MüKoBGB/Joost, 5. Auflage, 2009, Vor § 854, Rn. 3-6.
② Sosnitza, Besitz und Besitzschutz, Mohr Siebeck Verlag, Tübingen, 2003, S. 17.
③ 王泽鉴:《民法物权》(第二册),中国政法大学出版社2001年版,第163页以下。
④ Westermann, Sachenrecht, 7. Aufl., C. F. Müller Verlag, Heidelberg, 1998, S. 65.
⑤ Staudinger/Bund (1996) Vorbem 35 zu §§ 854 ff.
⑥ Staudinger/Bund (1996) Vorbem 39 zu §§ 854 ff.
⑦ Staudinger/Bund (1996) Vorbem 40 zu §§ 854 ff.
⑧ Staudinger/Bund (1996) Vorbem 40 zu §§ 854 ff.

德国学者 Wieling 认为不存在统一的占有概念,他认为:"将占有当作事实支配的观点是很不准确并且在实践上是行不通的。"虽然占有事实支配说是广为流传的观点,但他认为事实上按照不同的功能存在两种占有的概念,即一种占有是占有保护意义上的占有,这种占有为民法典第858条关于禁止自力的规定保护,受害人可以基于第859条以及第861条、第862条、第867条的规定主张权利;另一种占有是物权取得前提意义上的占有,即物权的取得原则上以占有的取得为前提,占有具有物权变动的公示功能。① 这种观点从功能角度对占有的概念进行理解,而这些不同功能的占有的法律理由也不同。保护功能意义上的占有的理论基础是占有人的人格(Persoenlichkeit)保护,而取得功能意义上的占有是基于占有对权利变动外观化的意义。② 无论如何,两种占有并非相同,占有的概念是分割的。③ 这种观点具有罗马法基础。④

鲍尔和施蒂尔纳的教科书没有对占有的概念进行界定,它以占有的功能作为占有部分的开篇,即首先在占有与所有权区分的意义上区分占有的保护功能、占有的取得功能、占有的公示功能。占有的这些功能看起来虽然很不相同,但占有总是某种权利或利益的表现,因此,要对占有之下的利益进行保护。⑤

从功能角度出发,占有与事实支配的问题似乎是被搁置了。按照德国学者 Bund 的观点,事实支配要结合占有的功能来解释,并且据此有不同的评价,公示功能对于外在的事实支配的要求相较于它的继续功能要严格。⑥ 而占有的取得对事实支配的要求又更严格些。按照这种观点的逻辑,事实支配意义上的占有与占有的功能区分在总体上是可以协调的,占有的概念可以是统一的。

占有概念的不同观点代表了不同的法学方法。不过,这些学说均围绕事实支配展开,如何界定事实支配需要讨论。

(二) 事实支配及其观念化

1. 事实支配的界定

按照德国民法典第854条的规定:(1) 物的占有,因获取(Erlangung)对

---

① Wieling, Sachenrecht, 5 Aufl., Springer, Berlin, 2007, S.43.
② Wieling, a.a.O., S.43 ff.
③ Wieling, a.a.O., S.43 ff.
④ Baldus, die Systematische Funktion der sogenannten Verkehrsauffassung beim Verlus des Besitzes: Portugiesisches, deutsches und roemisches Modell, ZEuP 2006, S.773.
⑤ Baur/Stuerner, Sachenrecht, 17. Aufl., Verlag C. H. Beck, München, 1999, § 6 Rn.1 ff.
⑥ Staudinger/Bund (2007), § 854, Rn.2.

物的事实上的支配而取得(erwerben);(2) 取得人能够行使对物的支配的,对于占有的取得,只需原占有人和取得人之间的合意即为足够。从字面来看,占有与事实支配并不等同,但对于占有概念的确定有意义。

所谓事实支配,一方面是对物的直接作用,另一方面是排除他人干涉。① 德国学者在与所有权的对比中来看待占有的概念。这与萨维尼关于占有的观点一脉相承。② 德国学者并没有在乎下述事实,即萨维尼是在自主占有的意义来使用占有的概念的,而德国民法典的占有不限于自主占有。有学者认为:"萨维尼的这种关于事实支配的观点虽然不能算错,但是在实际作用上很有限。"③他的观点"在占有的排除他人干涉(Ausschlussmacht)的界定上过于严格,与之相比更重要的是作用可能性(Einwirkungsmacht),即受占有保护的主体相对于他人更有可能对物施加影响力"④。在此,直接对物关系被强调。批评者认为,这种作用可能性的观点还是不够清晰,单纯对物作用的可能性具有向社会一般成员的开放性,而在占有人与他人之间进行作用可能性的比较,需要其他标准。这里,不是从占有者与物的关系本身来对直接支配进行判断,而毋宁是从社会的一般观念出发,强调占有人与物的关系应被尊重。⑤ 这种观点又回到占有的排他性角度来论证。赫克将占有理解为将物引入主体的"利益领域",这种利益领域是一种禁忌,相对于他人而言应受到尊重。

可以认为,占有实际上还是隐含着一层归属的含义,他人对这种归属应予尊重。与占有在法律上的用法不同,在日常用语中占有与所有几乎是不区分的。⑥ 按照 Wieling 的观点,"在对事实支配按照交易中的观点查明的问题上,与是否对物有事实上的支配力的行使(Gewaltausuebung)无关,而是在于物归属于占有人的人格领域(Persoenlichkeitssphaere)应被尊重,具有重要性"⑦。一般而言,这种归属要求人与物的空间关系。但德国学者指出,人与物的空间关系(raeumliche Beziehung)对于事实支配的确定是不重要的。⑧ 占有不是一种空间关系。笔者赞同这种观点,空间关系并不是确定占有的决

---

① Staudinger/Bund (2000), § 854, Rn. 4.
② Staudinger/Bund (2000), § 854, Rn. 4.
③ Wieling, Sachenrecht, Band 1, Sachen, Besitz und Rechte an beweglichen Sachen, Springer, Berlin, 2006, S. 141.
④ Staudinger/Bund (2007), § 854, Rn. 4.
⑤ Staudinger/Bund (2007), § 854, Rn. 6.
⑥ Wolfgang Brehm/Christian Berger, Sachenrecht, 2. Aufl., Mohr Siebeck Verlag, Tübingen, 2006, S. 33.
⑦ Wieling, Sachenrecht, Springer, Berlin, 2007, S. 49.
⑧ Mueller, Sachenrecht, 4. Aufl., Carl Heymanns Verlag, Köln, 1997, S. 27.

定因素。对于占有是否成立需要在个案中按照交易中的观点进行判断。社会的、道德的或者经济的因素,以及对占有保护的必要性等对于占有的成立均有意义。①

占有体现的主要不是对物的事实支配,不是外在的通过行为表现的人对物的事实上的作用力,这是一种简单的直观化的思维。占有更多的是一种社会对物的归属的尊重,占有也是一种"所有"。德国民法典区分所有权与占有,将占有与事实支配相联结,但所谓的"事实支配"实际还是与所有权十分相似,事实支配是人与物的关系,这种关系为他人所尊重,从人与物的角度体现为人对物的作用可能性。虽然有德国学者主张这不意味着排他性,但是尊重意味着不侵犯,也在某种程度上意味着排他。有德国学者仍然从支配及排他两种角度对事实支配进行界定。② 梅迪库斯也认为,相对于支配,占有更多的是一种排他。③ 至于实际上的对物的作用或影响反而并不很重要,占有不要求对物的实际作用力,占有更多地体现的是一种作用可能性,而非作用本身,这种作用可能性来自社会的承认和尊重。德国学者 Schwab 和 Pruetting 也指出,占有更多地体现的是一种排他而不是支配。④ 德国学者 Schapp 和 Schur 也认为,占有相对于第三人享有绝对的保护,与所有权具有类似性。⑤

有学者甚至直接从所有权制度中推导出事实支配的内涵。所有权是法律支配,占有是事实支配,两者的区别在于法律评价不同。按照民法典第1006条,占有人被推定为所有人,而这种推定的基础在于事实支配与法律支配是相符合的。⑥ 因而,在实证法层面,占有可以从民法典第903条关于所有权规定中推导出来,占有是对物的事实支配,即直接对物的作用力并排除他人的干涉。⑦

可见,即使将占有与事实支配等同,事实支配的含义也需要在法律上确定,占有在法律上体现的并非对物的外在作用力,而是一种应受到他人尊重

---

① Staudinger/Bund (2007), § 854, Rn.6.
② Mueller, Sachenrecht, 4. Aufl., Carl Heymanns Verlag, Köln, 1997, S.27.
③ Medicus, Besitzschutz durch Ansprüche auf Schadensersatz, AcP 165 (1965), 136.
④ Schwab/Pruetting, Sachenrecht, 30. Aufl., Verlag C. H. Beck, München, 2002, S.29.
⑤ Schapp/ Schur, Sachenrecht, 4. Aufl., Verlag Franz Vahlen, München, 2009, S.21.
⑥ Mueller, Sachenrecht, 4. Aufl., Carl Heymanns Verlag, Köln, 1997, S. 25. Wieling, Sachenrecht, Band 1, Sachen, Besitz und Rechte an beweglichen Sachen, Springer, Berlin, 2006, S.121.
⑦ Mueller, Sachenrecht, 4. Aufl., Carl Heymanns Verlag, Köln, 1997, S.25.

的人与物的归属和支配关系,占有并非空间关系。① 德国学者所言的事实支配意义上的"事实",不意味着对物的现实作用力,它是相对于所有权作为法律支配而言的,即这里强调的是占有的非所有权性。

德国学者 Ernst 认为,德国民法区分了占有和自主占有,即"自主占有的独立性"(die Selbstaendigkeit des Eigenbesitzes)。② 按照这种观点,德国民法典的占有立法对罗马法的自主占有制度进行了重构,第854条的占有应从外在的事实支配的角度来理解。他对德国民法典的立法过程进行追溯,认为"德国民法典(占有制度)的典型特征就在于,对任何于物有事实支配的主体给予司法性的占有保护"③。德国民法典背弃了罗马法和共同法上的作为自主占有的占有(Besitz, civilis possessio)与实际控制或持有(Detention, Inhabung)的区分。④ Ernst 的观点是重要的。对于自主占有的独立性,德国学者指出,德国民法典对罗马法上的占有概念进行了重构,在法国民法典即区分持有和占有(法国民法典第2292条、第2283条),后者是所有权的事实行使。⑤ 不过,如上所述,德国学者并没有过多强调这种不同。也有学者批评他的观点,认为占有的概念是统一的。⑥

如果从占有概念统一性出发,则将占有的本质作为法律归属来定位,涉及对自主占有与他主占有概念的理解,也就是自主和他主的界定问题。自主占有与他主占有的问题涉及占有的主观心理状态。笔者以为,即使是他主占有中也蕴含着物归我支配的排他性和支配性,在相对于第三人的占有保护上,他主的意思并不重要,这里在所有权归他人所有意义上的他主,和占有上的"自主"可能不同。也就是说,即使在他主占有,也存在占有人的"自主占有"。占有也并不要求在作为所有者的意思下维持对物支配关系。占有的"自主性"在于对物支配意思的排他性,物归属于占有人支配的意志排除第三人干涉,同样具有物归属于我支配的排他性。也许可以区分权利归属意义上的"自主"和占有的自主性。这个问题还值得进一步探讨。对此,心理学

---

① 在比较法上,法律制度的功能作为制度比较的基础仍然有其合理性,而制度功能与经验事实领域的研究有关。有观点认为,应以实证研究的一般结论作为制度比较的功能前提,从占有制度的行为经济学基础来看,可以认为,占有保护在于保护占有人对于物的所有权的法感觉。虽然笔者并没有刻意地作比较法的研究,但这种实证研究的结论对于笔者的结论是一种支持。Ralf Michaels, Explanation and Interpretation in Functionalist Comparative Law—a Response to Julie de Coninck, RabelsZ 74 (2010), 351.
② Ernst, Eigenbesitz und Mobiliarerwerb, Mohr Siebeck Verlag, Tübingen, 1992, S. 25.
③ Ernst, a. a. O., S. 25.
④ Ernst, a. a. O., S. 3.
⑤ Wolfgang Brehm, Christian Berger, Sachenrecht, 2. Aufl., Mohr Siebeck Verlag, Tübingen, 2006, S. 34.
⑥ Jan Wilhelm, Sachenrecht, De Gruyter, 2002, S. 179.

上的"心理所有权"(Psychological Ownership)强调人相对于客体的一种归属的观念,而无论该客体法律上的所有权归属如何,这种"此物是我的"的心理所有权观念与占有具有相似性。① 就此而言,占有的自主性是统一的。

2. 事实支配的"观念化"

按照笔者的阐述,似乎占有制度与事实支配有很多偏离,这里必须将两者的关系略作说明。从最保守的观点而言,可以认为,占有不意味着对物现实作用力意义上的事实支配,而是一种归属意义上的"事实支配",比如,我正在电脑前打字,我是电脑的占有人,但我没在电脑前打字,并不否认我是占有人,即使我不是电脑的所有人,也不影响我的占有人地位。占有与对物的事实作用力是不同的,占有不是一种外在的人对物的空间关系,不是人对物事实支配外在现象的描述。占有独立于对物的事实作用力而同时又被称为"事实支配",则这种事实支配只能在抽象的意义上来理解,即占有与所有权类似,也是抽象的或者说是"观念化"的。占有是一种物的法律归属,而不问这种归属的权利基础;在与占有权源区分的意义上讲,占有不是一种权利。

在此可以从德国民法典第854条第1款的规定出发,再多说一句。按照该条的规定"占有因事实支配的取得而取得",德国主流学理将占有与事实支配等同,这是与条文的字面含义不符的,占有既然因事实支配的取得而取得,则占有与事实支配起码并非等同关系。当然,这样的说辞也许仅仅有一种表面的意义。不过,笔者发现,有不少德国学者揪住这个逻辑问题,对占有与事实支配的关系提出疑问。Hartung正是首先抓住这个条文的文义,对占有作为法律关系或权利的本质进行了论证。② 占有因事实支配的取得而取得,这说明占有在时间和空间上需要以对物支配关系为开始,并基于事实支配而获得占有人地位。可见,从德国民法典的规定出发,占有也与事实支配不同。

既然直接占有已经具有观念化的色彩,而与事实支配不同,则占有制度的另外的三种情况,即"开放占有"(第854条第2款)、辅助占有(第855条)、间接占有(第868条)、占有继承制度,更非单纯的事实支配。笔者不再详述。

就占有与事实支配的关系而言:一方面,占有可以通过事实支配的取得

---

① Iiro Jussila, Anssi Tarkiainen, Marko Sarstedt and Joseph F. Hair, Individual Psychological Ownership: Concepts, Evidence, and Implications for Research in Marketing, 23 *Journal of Marketing Theory and Practice* (2015) 121. Pierce, Kostova, Dirks, The state of psychological ownership: Integrating and extending a century of research. *7 Review of General Psychology* (2003) 84.
② Hartung, Besitz und Sachherrschaft, Duncker & Humblot, Berlin, 2001, S.24.

而取得,另一方面,占有通过事实上对物的支配而体现和维持。占有作为法律上的归属,与事实支配本身不同。虽然占有与事实支配相关,但占有作为物的归属的制度,事实支配仅为占有的"行使"或表现。我们区分所有权与所有权的行使,占有也应作同样的区分,而不是将占有与占有的取得和占有的行使混淆。

(三) 占有的本质

对于占有的本质,德国学理存在争议。① 有德国学者列举了包括权利说、法律地位说、法律关系说、事实说等9种关于占有本质的学说。② 这些学说覆盖了从事实到权利及两者的中间状态。例如,萨维尼认为:"占有在本来的意义上是一种事实,但法律又赋予占有一定的法律效果,占有又是一种权利。"③批评的观点认为,其将与占有事实连接的效果与事实本身等同起来,在逻辑上是有问题的,不能基于对占有事实的保护,即将占有视为一种权利。④ 如果占有是一种权利,则其性质似乎应为物权,然而占有具有排他效力,却不具有权利的归属功能,占有人既没有使用也没有收益的权限。⑤ 不过,Wieling 在一篇文章中指出,萨维尼并没有混淆事实和法律效果,这只是一种表达上的用语,对于占有作为事实的本质,萨维尼是很清楚的。⑥

潘德克吞学者对占有本质的认定本身并不统一。例如,Baron 认为占有不是权利,而是一种法律关系,即法律所确定的关系,因为占有事实产生多种法律效果,占有人享有特定的法律权限。⑦ 温德沙伊德也认为占有是一种法律关系,占有发生重要的法律效果,但他同时也认为占有本身仅仅是一种事实。⑧ 普赫塔将物的占有定位为所有权的事实行使,占有既有事实的一面也有法律的一面,占有是一种法律关系(Rechtsverhaeltniss)。⑨ 可见,占有的法律性质在潘德克吞学者中间存在不确定性,这与萨维尼的影响有关。

---

① Soergel/Stadler Einl zu §§ 854 Rz 47.
② Sosnitza, Besitz und Besitzschutz, Mohr Siebeck Verlag, Tübingen, 2003, S.50.
③ Savigny, Das Recht des Besitzes, 7., aus d. Nachlasse d. Verf. u. durch Zusätze d. Hrsg. verm. Aufl., von Adolf Friedrich Rudorff, Wien 1865, S.47.
④ Wieling, Sachenrecht, 5. Aufl., Springer, Berlin, 2007, S.43.
⑤ Wieling, a.a.O., S.44.
⑥ Wieling, Grund und Umfang des Besitzschutzes, in: De iustitia et iure, Festschrift fuer Ulrich von Luebtow zum 80. Geburstag, Duncker & Humblot, Berlin, 1981, S.569.
⑦ Baron, Pandekten, 9. verm. Aufl., Leipzig 1896. S.36.
⑧ Windscheid, Lehrbuch des Pandektenrechts, 6. Aufl., Band 1, Frankfurt a.M. 1887. S.468, 478 ff, 492. Windscheid 同时承认权利占有。
⑨ Puchta, Pandekten, 12., auf Grund der früheren A. F. Rudorff'schen Bearb. sorgfältig rev. und verm. Aufl. / von Th. Schirmer, Johann Ambrosius Barth Verlag, Leipzig 1877, S.182, 183.

德国民法典立法并没有平息学者对占有本质的争吵。对于占有本质的争议，德国学者 Westermann 认为，"有些学者认为占有是权利，但主流观点认为占有不是权利，而是一种法律地位或法律关系"。① Wieling 则认为主流观点认为占有是一种权利，但他不同意主流观点。② 也许是主流学说经历了转变，或者是两位学者的判断不同。两位学者则又同时认为，占有不是权利，而是事实。Wieling 举例说道："即使是窃贼，其占有的法律地位也受到保护，如果认为这是一种权利，就难以讲得通了。"我国学者王泽鉴教授也认为，德国主流学说认为占有是事实。③

德国学者 Enneccerus 和 Nipperdey 认为占有是权利，占有是一种直接支配物的物权，其内容与所有权相同，是一种不能对抗所有权的"弱所有权"。④ 两位学者说道："因而，我们有两种绝对的对物支配权，一个是所有权，一个是相对较弱的，即占有。"⑤德国学者 Tuhr 也认为，占有是一种绝对权，虽然占有的绝对性与所有权相比，要更多地在特定的权利主体面前退让，占有是一种较弱的权利(schwaecheres Recht)。⑥

笔者以为，应该从占有的功能、保护的正当理由等法律评价的角度而非仅仅从构成要件的角度，对占有的本质进行界定。当然，如果忽视生活事实本身，评价基础就又不存在。这里也许也需要将眼光在生活事实领域和法律评价领域流连往复，萨维尼的观点即使在逻辑上存在问题，却在事理上有其正当性。法律地位说可以说是在事实说与权利说中间的一种摇摆状态，比单纯的事实多些，又比权利少点。⑦ 占有不是作为事实与所有作为权利相对立，这固然是问题的一方面，但占有与所有更具有相近的一面，占有与所有均体现为一种物的法律归属和支配。占有权利或法律地位说是可取的。相反，单纯的占有事实说不值得赞同。

---

① Westermann, Sachenrecht, C. F. Müller Verlag, Heidelberg, 1997, S. 68.
② Wieling, Sachenrecht, Band 1, Sachen, Besitz und Rechte an beweglichen Sachen, Springer, Berlin, 2006, S. 135. Wieling, Grund und Umfang des Besitzschutzes, in: De iustitia et iure, Festschrift fuer Ulrich von Luebtow zum 80. Geburstag, Johann Ambrosius Barth Verlag, Leipzig 1981, S. 574.
③ 王泽鉴:《民法物权》(第二册)，中国政法大学出版社2001年版，第168页。
④ Enneccerus-Nipperdey, Lehrbuch des bürgerlichen Rechts, Mohr Siebeck Verlag, Tübingen, 1959, S. 468.
⑤ Enneccerus-Nipperdey, a. a. O. , S. 469.
⑥ Andreas von Tuhr, Der Allgemeine Teile des Deutschen Buergerlichen Rechts. Erste Band, Duncker & Humblot, Leipzig, 1910, S. 208.
⑦ Palandt/Bassenge, Ueberbl v § 854, Rn. 1.

二、占有保护及其法律理由

占有与直接意义上的对物事实支配之间并非同一关系,占有不要求对物的直接作用,占有也是一种归属关系,这种归属关系通过事实支配取得并表现出来。占有作为一种物的法律归属也体现在占有保护的问题上。

(一) 占有保护功能的制度框架

1. 法律禁止的自力

占有的保护功能体现在自身的法律制度之中,即德国民法典第858条至第867条所规定的占有人的自力防御权与占有保护请求权。[1] 占有人的这些权利均针对法律禁止的自力行为,无论在占有人的自力防御权,还是在占有保护请求权中,法律禁止的自力均具有重要意义。[2] 法律禁止的自力是民法典占有保护的核心要件。[3] 所谓法律禁止的自力,"即为法律所未许可的作为或不作为,其导致占有人对物事实支配的意志或可能性被妨碍"[4]。

法律禁止的自力是人的一种行为,包括占有的妨害和占有的侵夺。不过,"法律禁止的自力"(Verbotene Eigenmacht) 不局限于非法的暴力行为,它意味着占有的非正常状态。法律对占有的保护与对所有权的物法保护具有相似性。尤其在占有妨碍中,无需所谓的私人暴力。与所有权妨害的构成类似,意识性的影响也构成法律禁止的自力。法律禁止的自力属于人的行为,而在所有权妨害中存在与人的行为无关的状态责任。但德国法也没有将占有妨害局限于人的行为,而是将对占有人对物的利用的妨害的一切情况,均纳入占有妨害排除请求权之中。[5] 法律禁止的自力即客观的占有妨害。[6] 从表面来看,法律禁止的自力渲染出一种暴力占有的状态,而这并非法律的现实。

我国台湾地区"民法典"中占有妨害中也包括状态妨害,没有使用法律禁止的自力这个概念。[7] 应当是考虑了法律禁止的自力概念的准确性。

2. 占有防御权、占有物取回权

德国民法典在第859条规定了占有人的防御权和取回权,在第861条、

---

[1] 〔德〕鲍尔/施蒂尔纳:《德国物权法》(上册),张双根译,法律出版社2004年版,第106页。
[2] Westermann, Sachenrecht, C. F. Müller Verlag, Heidelberg, 1998, S.132.
[3] Diep in: jurisPK-BGB, 5. Aufl., 2010, § 858 BGB, Rn.1.
[4] Diep in: jurisPK-BGB, 5. Aufl., 2010, § 858 BGB, Rn.3.
[5] Staudinger/Bund (1996), § 858, Rn.14.
[6] Wieling, Sachenrecht, § 5 II 1 a, Springer, Berlin, 2006, S.186.
[7] 王泽鉴:《民法物权》(第二册),中国政法大学出版社2001年版,第359页。

第862条规定了占有人的占有保护请求权,构成法律对占有保护的规范基础。占有人基于第859条享有自力救济权。① 占有人的防御权规定与德国民法典第227条、第229条正当防卫和自助行为具有重叠性,但超出了德国民法典总则关于自力救济的范围。可以认为,占有人的自力救济权是总则部分关于自力救济的特别规定。②

德国有学者指出:"占有防卫权,不外为正当防卫的一种特殊形式;而占有物取回权,亦为自助行为的一种特别构造情形……"③当然,德国民法典的规定至少对民法典所规定的自力救济权有澄清的效果。甚至基于占有制度混乱不清的观点争议,对其作出明确的规定,是必要的。④ 换言之,在占有事实说的观点下,正当防卫或自助行为,以权利侵害为前提,对于并非权利的占有防卫和取回,需要特别的规定。不过,针对一种事实进行自助和正当防卫的观点显得不尽合理。如果将占有作为权利或者一种法律保护的利益,则从正当防卫和自助行为的角度理解占有保护的观点又具有合理性。这还与占有保护与权利保护的区分有关。有学者即认为,法律对占有的保护是终局性的,⑤并非是对权利临时状态的固定;对此还存在争议。

我国台湾地区"民法典"在第960条对占有自力救济权有规定,包括占有防御权与占有物取回权。⑥ 我国《物权法》没有规定占有防御权及占有物取回权,《民法典》也无有关规定。占有防御权与占有物取回权是"权利"的自力实现,这在"禁止暴力"的法律和平说之下是无法解释的。但占有防御权及取回权本身仍具有历史和实务上的价值。

3. 占有保护请求权

与占有人的自力救济权一致,法律赋予占有人在其自力救济不能或不愿行使的情况下的公力救济权,即占有保护请求权。德国民法典第861条、第862条规定:"占有人的占有因法律所禁止的自力而被侵夺的,占有人可以向瑕疵占有人主张返还。""占有人的占有因法律禁止的自力而被妨害的,占有人可以主张排除。有继续妨害之虞的,占有人可以请求不作为。"占有人的占有保护请求权与所有权请求权具有可比性,但不具有所有权保护请求权的实质内容,占有保护请求权仅在于在恢复因"法律禁止的自力"所致的占有

---

① Wolfgang Brehm, Christian Berger, Sachenrecht, 2. Aufl., Mohr Siebeck Verlag, Tübingen, 2006, S. 34.
② MüKoBGB/Joost, 5. Auflage, 2009, § 859, Rn. 2.
③ 〔德〕鲍尔/施蒂尔纳:《德国物权法》(上册),张双根译,法律出版社2004年版,第158页。
④ Staudinger/Bund (2007), § 859, Rn. 6.
⑤ MüKoBGB/Joost, 5. Auflage, 2009, § 859, Rn. 12.
⑥ 史尚宽:《物权法论》,中国政法大学出版社2000年版,第589页。

侵夺或占有妨害。因而,占有人的占有因侵夺或妨害而遭受的延续利益的损失,不在可主张的范围之内。这在与所有权相对比的意义上当然是成立的,占有不是一种终局的、稳定的归属。

对于占有保护请求权的性质,在与德国民法典第 985 条、第 1004 条类比的意义上,其应为实体请求权,是占有人法律地位的保护手段。基于债的关系的占有人的法律地位因与占有结合而强化,而具有"准物权"的地位。① 占有保护请求权规定在民法典而非民事诉讼法典中,这也是其作为实体权利的理由。另一种观点认为,占有保护请求权具有临时的性质,其目的在于通过诉讼最终解决争议之前,对于既存的权利或事实状态予以暂时保存。因此,从根本上而言,基于占有的请求权是非实体性的权利。德国学者 Leipold 认为,虽然占有保护请求权具有实体权利的性质,但其与诉讼法上的诉讼保全或者假处分具有同样的功能,是一种具有诉讼法功能的特殊类型的实体法上的"临时权利保护"(einstweiliger Rechtsschutz)。② 瑞士民法典也有占有保护的规定,主流学说认为占有保护具有临时的性质,是一种关于占有事实状态的临时确定,为不可上诉的事实性的争议类型。③ 这种观点争议与占有本质有关。笔者不赞同占有事实说,故占有保护请求权应为实体权利。

综合上述,德国民法典所规定的占有保护,并非局限于人的行为,并非针对法律禁止的自力,而是将物的事实支配遭到侵夺和妨害的一切情形均纳入占有保护。这与法律对于所有权的保护具有类似性。而从占有保护的制度内容来看,无论自力救济还是公力救济,也均与法律对所有权的保护具有可比性。从占有保护的制度构成来看,其也在于保护物的事实上和法律上的归属。不过,法律为何在所有权之外对占有进行保护? 这涉及占有保护的法律理由问题。

(二) 占有保护的法律理由

占有作为一种物的法律归属,其与所有权的归属本身并不相同。权利作为主体的自由意志或者利益的体现,法律对其保护似乎是当然的。不过,既然法律对占有进行保护,则占有本身至少体现出保护的价值,与权利的保护具有某种共同性。法律对权利的保护虽然不需要特别的理由,但是,个别权利的成立和行使也存在正当性的问题。法律制度或者规则体系背后均有

---

① Soergel/Stadler Einl § § 854 Rz 24.
② Leipold, Grundlagen des einsweiligen Rechtsschutzes, Verlag C. H. Beck, München, 1971, S. 58.
③ Meier, Grundlagen des einsweiligen Rechtsschutzes, Schulthess Juristische Medien, Zürich, 1983, S. 115 ff.

支撑的正当基础,作为法律理由或法律观点,它们是法律制度的精髓或者本质,这与占有是否为权利并不具有必然的联系。

以下对19世纪以来占有保护制度的学说进行简要的阐释,这一方面不脱离本文的脉络体系,另一方面也是探讨占有保护理由的基础。简要而言,占有保护的理由主要有所有权保护说、人格保护说、社会和平保护说、占有继续说、自力威慑说等。① 德国的这些学说理论,至今都有支持者。

1. 占有保护的学说

1.1 占有保护的"所有权保护理论"

所有权保护理论是从罗马法出发而得出的结论,罗马法的占有限于自主占有,与不具有所有权地位的公地保护有关。这种所有权保护理论又可以分为两种:一种观点认为占有所保护的是形成中的所有权(anfangendes/entwickelndes Eigentum)。② 这种观点的着眼点是时效取得。另一种观点是推定理论(Vermutungstheorie),即占有人推定为对物享有所有权,在占有中保护的是(推定的)所有权。③ 耶林从举证的角度出发进行论证:占有人被推定为所有人,他不应被迫去证明他的所有权,法律保护占有,占有人即不必再证明他的所有权了。④ 耶林说道:"占有的保护作为所有权的事实状态(Eigentums Tatsaechlichkeit)是所有权保护的必要的完善(Vervollstaendigung)和补充,是对归于所有权人的证明责任的减轻,对真正的所有权人无疑也是有好处的。"⑤"占有妨害人的相反证据,即占有人不是所有权人,在占有程序中(Besitzprozess)是不被允许提出的,这有可能导致占有保护有时对非所有权人也有好处。"⑥但是,占有的保护仍然是为了对所有权进行全面的保护。至于对于小偷及强盗占有的保护只是所有权保护的一种反射作用(Reflexwirkung),或者说是一种无法避免的附带结果。⑦

对于占有保护的正当基础,耶林与其利益法学方法论的立场一致,他认为法律保护占有根源于经济上的原因,即个人对占有的使用(Nutzen)是值得

---

① 史尚宽:《物权法论》,中国政法大学出版社2000年版,第526页。
② Wieling, Grund und Umfang des Besitzschutzes, in: De iustitia et iure, Festschrift fuer Ulrich von Luebtow zum 80. Geburstag, Duncker & Humblot, Berlin, 1981, S. 573.
③ Tigerstroem, Ueber den Rechtsgrund der sg. Possessorischen Interdicte, AcP 22 (1839), 38.
④ Jhering, Ueber den Grund des Besitzschutzes, 1869, S. 45 ff.
⑤ Jhering, Ueber den Grund des Besitzschutzes, 1869, S. 45.
⑥ Wieling, Grund und Umfang des Besitzschutzes, in De iustitia et iure, Festschrift fuer Ulrich von Luebtow zum 80. Geburstag, Duncker & Humblot, Berlin, 1981, S. 573.
⑦ Staudinger/Bund (2007) Vorbem zu §§ 854 ff Rn. 15.

保护的,占有保护的是个人对物的经济上的利用。① 与萨维尼的观点相反,他从外在的客观的角度理解占有,并把外在的持有(Detention)作为占有保护的原初形态,而占有(Besitz)仅仅是一种特殊状态,在两者之上耶林提出上位的"占有关系"的概念。② 我们可以看到,耶林从外在的、客观的角度来理解占有的问题。

反对者认为,占有的保护是对所有权的保护的观点不能和民法典相协调。耶林认为他的理论可以较好地解释罗马法上的占有,但反对者认为这种理论不能解释民法典。③ 德国民法典第1006条关于占有人的推定,即"为动产占有人的利益,推定其为物的所有人",已经使所有人的举证责任不再成为一个特别困难的问题。在共同法上,占有人要证明其所有权取得的链条,现在所有人不必面临这样的难题。④ 另外,小偷及强盗的占有保护也无法与占有的所有权保护理论相协调。虽然耶林说对小偷的保护仅仅是一种反射作用,但反对者对这一"托词"并不满意。

占有保护形成中的所有权的观点,主要从时效的角度出发,但德国民法典第858条对于占有的保护不区分善意和恶意,而取得时效的占有以善意自主占有为前提。

赫克批评说:"占有保护的所有权保护理论可以称为'权利表象理论'(Erscheinung des Rechts),但这种理论主要在占有公示的功能上有说服力,而对于法律禁止的自力需要其他的理由来说明。"⑤这一批评,直指占有功能统一性的问题,起码是很有力度的。不过,如上所述,法律禁止的自力这个词实际并非占有保护所针对的对象,赫克的批评在根本上而言也是有问题的。

按照笔者的理解,所有权保护的观点将占有的保护功能与占有的推定功能联系在一起,从占有与所有日常观念上的重叠性来考虑,这种出发点在很大程度上还是合理的。从与罗马法的关系上,这种理论是对罗马法占有制度的合理的解读。占有保护的所有权保护理论,与占有作为物的归属的观点是具有一致性的。但这种理论的问题在于并非将占有当作"所有权"保护来理解,而是强调占有保护对于所有权保护的意义。

---

① Bund, Beitraege der Interessenjurisprudenz zur Besitzlehre, in: Festschrift für Thieme(1987), Jan Thorbecke Verlag, Ostfildern, S. 367.
② Bund, a. a. O. , S. 368.
③ James Gordley, Ugo Mattei, Protecting Possession, 44 Am. J. Comp. L. 299. (1996).
④ Sosnitza, Besitz und Besitzschutz, 2003, S. 38. Wieling, Grund und Umfang des Besitzschutzes, in: De iustitia et iure, Festschrift für fuer Ulrich von Luebtow zum 80. Geburstag, Duncker & Humblot, Berlin, 1981, S. 575.
⑤ Heck, Grundriss des Sachenrechts, Scientia Verlag, Aalen, 1960, S. 487-488.

1.2 占有保护的"人格理论"(Persoenlichkeitstheorie)

占有保护的人格理论是由萨维尼提出来的,他的著名论文《论占有》引起很多的称赞和质疑。① 萨维尼的占有理论与罗马法的占有"一致",即限于自主占有,而自主占有即以所有者的意思而为事实支配。这种占有理论与其伦理上的人格主义相一致,强调占有者的意志,其占有理论被称为"主观说",哲学基础在于康德的自由主义哲学。② 按照康德的思想,权利是主体自由意志之间的协调共存,对于权利的损害即为对权利人自由意志的损害,这种自由意志即主体的人格。占有不是权利,法律保护占有在于保护占有者的自由意志和人格,占有是主体意志的物化。③

萨维尼的民法思想建立在客观理念主义之上。按照拉伦茨的观点,萨维尼将康德的"伦理学上的人格主义"引入民法,占有理论可以说是对此的注解。虽然萨维尼说占有既是事实也是权利,按照 Wieling 的观点,这仅仅是一种语言使用上的问题,而不能如批评者所指出的那样,是一种观点错误。④ 不过,萨维尼将占有作为权利,可能也基于其理论上的一贯性。占有不是物权或所有权,法律保护占有,只能是直接对占有者人格(Persoenlichkeit)的保护。⑤

美国学者 Gordley 和 Mattei 在萨维尼的占有理论中,发现了两种倾向:一种是占有保护的和平理论,另一种是占有保护的意志理论,并指出在 19 世纪意志理论处于支配地位。⑥ 德国学者 Wieling 在当代使人格理论"复活",作为占有保护的理论基础。

然而,既然法律保护占有在于保护占有者的人格,那么,占有侵夺或者妨害是否可以作为人格权损害而进行损害赔偿? 在罗马法和共同法上,占有的损害是可以提出损害赔偿的。⑦ 但这种赔偿的数额很难确定,其"肯定不是物的价值(Sachwert)"。⑧ 很有趣的是,这个问题在德国民法典立法之前有很多争论。Johow 认为,占有损害不是财产损害,同时,占有损害的数额无法确

---

① Richard A. Posner, Savigny, Holmes, and the Law and Economics of Possession, 86 Va. L. Rev. 535.
② Bund, Beitraege der Interessenjurisprudenz zur Besitzlehre, in: Festschrift für Thieme (1987), Jan Thorbecke Verlag, Ostfildern, S.34.
③ Wieling, Grund und Umfang des Besitzschutzes, in: De iustitia et iure, Festschrift fuer Ulrich von Luebtow zum 80. Geburstag, Duncker & Humblot, Berlin, 1981, S.569.
④ Wieling, a. a. O., S.569.
⑤ Staudinger/Bund (2007) Vorbem zu §§ 854 ff Rn.16.
⑥ James Gordley & Ugo Mattei, Protecting Possession, 44 Am. J. Comp. L. 297. (1996).
⑦ Wieling, Grund und Umfang des Besitzschutzes, in: De iustitia et iure, Festschrift fuer Ulrich von Luebtow zum 80. Geburstag, Duncker & Humblot, Berlin, 1981, S.578.
⑧ Wieling, a. a. O., S.578.

定,至于民事处罚的观点不应为民法所考虑。①

这个问题涉及人格(Persoenlichkeit)与人格权(allgemeine Persoenlichkeitsrecht)的关系的问题,如果不从法技术层面而从实质上而言,两者应具有的相同的含义。而从法技术上而言,人格与主体相连接,人格权则为主体的权利,两者并不相同。由于民法上主体概念的技术性,人格与主体的关系也存在错位。无论如何,按照目前德国学理的观点,占有的损害是不产生损害赔偿请求权的,只有在与具体的权利相结合而具有财产内容时,才可以产生损害赔偿。② 因此,占有保护的人格并不是人格权损害赔偿意义上的人格权,或者说这种人格权损害不产生损害赔偿。

人格理论的反对者认为,如果说法律不顾占有的权利基础而对占有者的人格进行保护,那么,所有权人实现自己权利的"人格利益"是否也应保护?相比之下,甚至所有权人的人格利益更应保护。③ 人格理论可以作为整个私法的理论基础,将其直接作为占有保护的根据,似乎有点遥远。④ 赫克批评到,人格保护是文化发展到较高阶段的观念,不能是早期占有保护的基础。⑤ 另外,还有观点指出,人格理论或者主体意志的理论已经不能如历史法学派当初那样具有作为整个私法理论基础的强度(Ausmass),占有保护同时要考虑经济及价值等因素。⑥ 人们同时怀疑,法律在占有中保护的到底是人格还是财产?

美国学者也发出疑问——如果法律保护占有者的意志,那为什么德国法还要求占有的有体性?保护占有者的意志,只要占有者无论以何种方式表达出他的意志就可以,和占有的有体性是无关的。⑦ 这个问题,可以说也是很尖锐的。

笔者以为,占有保护的人格理论有其特定的历史背景,虽然这种理论似

---

① Johow, Entwurf eines buergerlichen Gesetzbuchs fuer das Deutsche Reich, Sachenrecht, Begruendung, Gebrudt in Der Reichsbruderei, Berlin, 1880,447ff. Wieling, Grund und Umfang des Besitzschutzes, in: De iustitia et iure, Festschrift fuer Ulrich von Luebtow zum 80. Geburstag, Duncker & Humblot, Berlin, 1981, S. 579.
② Wieling, Grund und Umfang des Besitzschutzes, in De iustitia et iure, Festschrift fuer Ulrich von Luebtow zum 80. Geburstag, Duncker & Humblot, Berlin, 1981, S. 580, 581. MüKoBGB/Schäfer, 8. Aufl. , 2020, BGB § 854 Rn. 19.
③ Sosnitza, Besitz und Besitzschutz, Mohr Siebeck Verlag, Tübingen, 2003, S. 39.
④ Pawlowski, der Rechtsbesitz im geltenden Sachen und Immateriglauterrecht, C. F. Müller Verlag, Heidelberg, 1961, S. 13.
⑤ Heck, Grundriss des Sachenrechts, Scientia Verlag, Aalen, 1930, Exkurs 2, S. 489. S Bund, Beitraege der Interessenjurisprudenz zur Besitzlehre, in Festschrift für Thieme (1987), Jan Thorbecke Verlag, Ostfildern, S. 370.
⑥ Staudinger/Bund (2007) Vorbem zu § § 854 ff Rn. 16.
⑦ James Gordley, Ugo Mattei, Protecting Possession, 44 Am. J. Comp. L. 298. (1996).

乎过于宏大,显得与占有制度过于遥远,但"占有者的意志"作为占有保护的理论基础仍有其合理性,甚至从占有作为事实支配而归属于占有者的"权力范围"或"利益范围"来看,仍然有很大的说服力。权力范围或者利益范围可以作为主体的人格领域(Persoenlichkeitssphaere),也可以说是意志领域来理解。① 从宪法上的观点来看,所有权与人格也是有联系的,人格理论与所有权理论也不冲突。

值得注意的是,萨维尼、耶林的占有理论都分别与其权利理论相关,并且都是反对和平理论的。② 我国罗马法学者周枬先生评论道:"罗马法的占有制度,是适应实际需要逐渐发展起来的,并没有一整套理论,所以要用逻辑的方法,作成有系统的学说,自不免削足适履。"③

1.3 占有保护的"和平理论"(Friedenstheorie)

占有保护的和平理论由 Rudorf 在 1830 年提出,是目前德国的"主流学说",并有德国联邦最高法院判决的支持。④ 该理论认为,法律保护占有在于保护社会秩序的和平。社会生活难免存在分歧和纷争,而这种分歧和纷争不应由私人通过暴力来解决,即使是正当的权利实现也应通过公力救济的途径。Pawlowski 认为,如果没有德国民法典第 858 条的规定,私人的权利执行将不再是非法的,例如,买受人将可以直接夺取买卖合同的标的物,因其具有正当的取得原因,而无需返还;出租人在租赁合同到期后将可以直接驱逐承租人。⑤ 这些均将导致社会和平的破坏。法律赋予占有人的占有防御权、取回权以及占有保护请求权的目的,在于使私人的权利执行无法达到预期的效果。因而,这些规定也具有民事制裁(Sanktion)的效果。⑥

德国联邦最高法院在一项判决中认为,占有保护的规定在于维护"法律和平"(Rechtsfrieden),也就是在于避免私人暴力的出现。⑦ 按照这种理论的逻辑,对私人的自力行为,占有人既可以自力防御,也享有排除及防免请求权。占有人的权利与其权利基础无关,私人的权利执行面临法律所赋予占有人的直接对抗的权利。从这一点来讲,占有人的防御权既具有实际的抵抗功能,同时也具有预防功能。从占有请求权的角度而言,占有对秩序的保护要求即时性,否则,将出现与占有秩序保护相反的结果。而占有的保护不问权

---

① Wieling, Sachenrecht, 5. Aufl. , 2007, S.49.
② Eichler, Institutionen des Sachenrechts, Duncker & Humblot, Berlin, 1957, S.1, Fn. 1.
③ 周枬:《罗马法原论》(上册),商务印书馆 1994 年版,第 415—416 页。
④ Staudinger/Bund (2007) Vorbem zu §§ 854 ff Rn.17.
⑤ Pawlowski, a. a. O. , S.16.
⑥ Pawlowski, a. a. O. , S.16.
⑦ BGH, NJW 1979, 1359, 1360.

利基础,减少了举证及其程序拖延的可能性,与占有的秩序保护功能相一致。① 同时,占有请求权也针对法律禁止的自力而保护社会和平。

批评者指出,法律禁止的自力并不在任何时候导致武力冲突,一个经常被提及的例子是所谓的"帽子理论",谁在大学的食堂拿错了别人的帽子,并因而侵夺了另一个同学的占有,并不必然会带来武力冲突。② 另外,法律禁止的自力及其防御也并不必然带来对社会秩序的破坏,而是完全有可能局限于私人之间。同时,针对法律禁止的自力,占有人享有占有防御权和占有物取回权,这显然是"以暴制暴",在这一点上,占有保护的规定不是促进社会和平,而是破坏社会和平。③ 另外,破坏社会秩序的行为应通过行政法或刑法加以解决,占有人不具有实现公共利益的权限或者义务。④

1.4　占有保护的"延续性理论"(Kontiniutaetstheorie)

延续理论由邓恩伯格首先开创,为赫克所延续和发展。⑤ 赫克的观点与他的从利益法学的方法出发而对概念反对的立场有关。赫克认为,占有保护的和平理论将占有诉诸保护社会秩序的公共利益,这与民法保护个人利益的目的不符,因而和平理论不能成立。⑥ 他不反对和平理论对占有功能的解释,但是任何一种规则都有秩序功能,都是对自力救济的一种限制,这不是占有所独有的功能。⑦ 耶林已经批评"和平理论"是一种"警察理论",维护公共秩序是公法的职能。⑧ 赫克同时强调,占有保护的规则并不是禁止私人暴力,它只是表明谁的自力是被法律支持的,在这一点上,和平理论不能对法律所规定的占有保护进行说明。⑨ 他主张用一种从私人利益角度出发的观点来对之加以补充和修正,即用继续理论(Kontinuitaetstheorie)代替所谓的和平理论。

赫克在对和平理论批评后指出,法律保护占有是为了保护占有者的利益,即,法律保护的是占有人对物处于自己利益范围(eigene Interessensphaere)之

---

① BGH, NJW 1979, 1359, 1360.
② Wieling, Grund und Umfang des Besitzschutzes, in: De iustitia et iure, Festschrift fuer Ulrich von Luebtow zum 80. Geburstag, Duncker & Humblot, Berlin, 1981, S.576.
③ Wieling, a. a. O., S.576.
④ Sosnitza, Besitz und Besitzschutz, Mohr Siebeck Verlag, Tübingen, 2003, S.45.
⑤ James Gordley, Ugo Mattei, Protecting Possession, 44 *Am. J. Comp. L.* 299. (1996).
⑥ Heck, Grundriss des Sachenrecht, Scientia Verlag, Aalen, 1960, S.486. Pawlowski, a. a. O., S.16.
⑦ Heck, Grundriss des Sachenrecht, Scientia Verlag, Aalen, 1960, S.12.
⑧ Bund, Beitraege der Interessenjurisprudenz zur Besitzlehre, in: Festschrift für Thieme(1986), Jan Thorbecke Verlag, Ostfildern, S.370.
⑨ Bund, a. a. O., S.370.

内的私人利益。① 占有人对于"其生活关系的延续"(Kontinuitaet der Lebensverhaeltnisse)有值得保护的利益。② 人与物之间的事实上的支配关系的延续,即物处于占有人支配范围的利益,不应为他人所剥夺或侵扰。赫克略带同情地说道:"谁都知道,对于利用中的物的占有丧失可能会导致困难和损害,例如,几乎每个人都能估计搬家对自己所带来的不利。"③德国学者 Bund 也说道:"突发的、与占有者意志相违背的占有状态的改变无论如何是一种纷扰,使人感到不舒服。"④可见,延续理论首先是从日常经验出发的,本身不具有"神秘主义"的色彩。赫克也从德国现行法来解释他的观点,即法律对于被侵夺或者妨害的占有状态予以恢复,并且基于第 863 条排除权利人的抗辩,与延续理论是相一致的。⑤ 就是说,法律不但禁止对于生活关系的延续予以破坏,他还要求对于被破坏的生活关系在原来的意义上予以恢复,并将这种生活秩序的权利基础首先排除在考虑范围之外。

德国有很多学者批评,占有保护的延续理论无法解释为什么小偷的占有也要保护的问题,难道小偷对于所窃取之物的延续利益,也值得保护吗? 如果从法律保护小偷的占有这一点出发,只能用和平理论来说明。⑥ Bund 认为,和平理论有不应低估的价值,延续理论是和平理论的一种重要的补充。⑦ 延续理论仍有支持者,鲍尔和施蒂尔纳的《德国物权法》中的观点认为,法律要保护占有者的利益,而这体现为一种秩序。基于此,延续理论与和平理论是一致的,只是延续理论着眼于私人利益,可以说是更准确地表达了和平理论所要表达的意思。

1.5 占有保护的预防理论

该理论由 Sosnitza 提出,该作者对占有保护破坏和平的观点进行了反驳,即占有人仅仅是出于防御而不是挑起争端,即和平的维护者不能视为和平的破坏者。占有保护的这种对抗性有预防功能,因为社会的成员将因此意识到,他对占有人采取武力措施,将遭到占有人合法的抵抗,占有人也可以诉请返还,占有保护起到预防的作用。⑧ 该作者同时指出,民法中并不缺乏预防的思想,占有保护是其中的一种制度。例如,现在的侵权法理论认为,预防

---

① Heck, Grundriss des Sachenrecht, 1960, S 13, S.487.
② Heck, a. a. O., S.487.
③ Heck, a. a. O., S.487.
④ Bund, Beitraege der Interessenjurisprudenz zur Besitzlehre, in: Festschrift für Thieme(1986), Jan Thorbecke Verlag, Ostfildern, S.370.
⑤ Heck, a. a. O., S.487.
⑥ Sosnitza, Besitz und Besitzschutz, Mohr Siebeck Verlag, Tübingen, 2003, S.40.
⑦ Staudinger/Bund (2007) Vorbem zu §§ 854 ff Rn.19.
⑧ Sosnitza, Besitz und Besitzschutz, Mohr Siebeck Verlag, Tübingen, 2003, S.42.

性的功能与补偿性的功能起码是同等重要的,在一般交易条款中关于全部无效及部分无效的确定中,预防思想也起到决定的作用。①

我们可以看到,预防理论是对和平理论的进一步阐释,后者已经包含了预防的思想。不过,预防理论与和平理论一样,是整个法秩序的功能,任何一个法律规范都有维护秩序和行为指引的作用,这本身固然也是一种价值,但如果法律单纯保护一种秩序,这可能还是有问题。

占有保护的正当性基础涉及法律的内在体系,是占有保护制度的真正生命所在,也涉及占有制度组成本身的存在价值。上述这些理论都是当今仍然活跃的理论,他们都反对和平理论,但和平理论的生命力甚至更强。以下笔者从占有保护的制度出发,对占有保护的法律理由进行分析。

2. 德国法的实证分析

在占有保护的理由的问题上,德国法学者之间存在激烈的争议,甚至是否存在所谓的"法律和平说"的主流观点都是有疑问的。有美国学者颇为打趣地评论道:"一个德国法学家提出一个占有保护的理论,其他人就会找到足够的理由来驳倒他。研究这些争论后,我们会发现,这个问题是无法回答的。"②笔者在下文对德国民法典占有保护的条文规定进行分析,并结合德国司法实践中的个别案例,进一步尝试回答占有法律理由的问题。

通过上文对德国学者观点的整理,笔者首先对占有保护的"和平说"持怀疑的态度。诚然,民法并不仅仅保护个人利益,民法所规范的对象为私人事务,但民法中的价值观念均涉及公共利益,例如,诚实守信、交易安全这些价值。当然,利益与价值毋宁是不同层面的问题,而秩序是一种价值,不是一种具体的利益。从这一点来说,占有保护公共秩序与是否保护个人利益是不矛盾的,甚至保护私人利益同时也是保护公共秩序。问题在于占有是否就只保护公共秩序,或者说占有除保护公共秩序之外是否也保护占有者的利益?

占有保护制度赋予私人以占有保护的权利,如果占有保护的仅仅是法律和平,与占有人的利益无涉,私人很难有动力主张这种权利。法律不能期待占有人为了公共秩序的和平而进行诉讼甚至动用武力,这样的制度不符合生活的逻辑。因此,赫克说道:"公共利益(oeffentliche Interesse)不能是法律保护占有的原因,私法上的占有保护所体现出的公共利益不能强于对所有权的保护。"③就是说,保护所有权的公共利益要大于保护占有的公共利益。法律

---

① Sosnitza, a. a. O. , S. 42-45.
② James Gordley, Ugo Mattei, Protecting Possession, 44 *Am. J. Comp. L.* 293-295 (1996).
③ Heck, Sachenrecht, 1970, S. 13.

保护占有所直接保护的毋宁是"占有人将物置于自己利益领域的私人利益"。① 从我们的日常观念出发,占有体现的也明显是一种私人利益。② 例如,谁占据了教室的一个座位,他对此就有一种私人利益。至于小偷取得占有,我们既不能期待他为了公共利益而进行取得,也不能期待他为了公共利益而进行占有防御。

当然,反对者可以说,即使占有体现一种私人利益,但是法律保护的还是公共秩序的和平。就是说,法律不管占有体现的是一种什么利益,它就维持占有现状。和平理论的基本点就是,维持占有现状,纠纷通过诉讼解决。有德国学者甚至主张,通过民事诉讼法第 935 条、第 940 条的假处分制度,可以达到同样的目的,因而,占有制度是可以替代的。

然而,什么是维持占有现状,占有保护是否就意味着维持事实支配现状? 如果法律在于维持事实支配的现状,那么,谁是物的现时直接控制人,即谁事实持有物即应保护谁,这种维持事实支配现状的观点体现了法律的一种态度,它要求纠纷停下来,纠纷各方走向中立的纠纷解决机构。但这种占有保护也可以说是不保护。因为,谁是物的事实控制人,完全取决于谁现在正持有此物,这里的归属规则实际是"弱肉强食"的逻辑。举例而言,甲用栅栏围起一块土地,从维持现状而言,甲是占有人;乙把栅栏拆了,自己建起了围墙,从维持现状而言,乙是占有人;甲则又把围墙给拆了并再次建起了栅栏,甲又成为占有人;如此往复。可见,完全维持事实支配的现状,不能维持秩序,这是一种放任,而不是占有保护。所以,法律必须保护占有,而不能保护单纯的事实支配现状。法律必须通过一个标准对这些经由物的支配而存在利益纠纷的当事人的法律上的地位进行评价。就是说,法律要在甲、乙之间进行占有归属的确定。所以,这里可以首先有一个初步的判断:占有保护的并不是一种单纯的"事实支配"秩序。

因此,对于上面的例子,谁是"正当"占有人,需要界定。按照德国法的一般观点,谁取得事实支配要按照"交易中的观点"来判断。我们首先可以认为,甲是占有人,因为他是先来的,他建起了栅栏。那么,乙拆除了栅栏,把甲赶走,侵夺了甲的占有。现在的问题是,乙是否为占有人? 对此,要按照"交易中的观点"判断。乙建起了围墙,甲也被赶走了,我们可以认为,乙取得了事实支配,是占有人。乙通过法律禁止的自力侵夺甲的占有,乙的占有是有瑕疵的。那么,甲的法律地位如何? 按照德国法的逻辑,甲仍然是占有人,他可以主张占有返还,事实支配的暂时丧失并不导致占有消灭。这时他

---

① Heck, a. a. O., S. 13.
② MüKoBGB/Joost, 5. Auflage, 2009, Vorbem § 854-872, Rn. 16.

的占有人地位,表现为相对于乙的一种请求权。因此,这里起码存在"双重占有",即甲的占有和乙的占有,甲的占有为"清白占有",乙的占有为瑕疵占有,但双方当事人均为占有人。我们可以看到,占有既与事实支配重叠,又可以与事实支配分离,体现出抽象性的特征。

但即使甲的占有为无瑕疵占有,并且他的占有为乙侵夺,他的占有请求权仍有时间限制,即按照德国民法典第864条的规定,甲的请求权受到1年的除斥期间的限制。[1] 为什么占有被侵夺的甲要承受时间的限制呢?这里体现了一种维持现状的观念,甲不能拖得太久。否则,甲相对于瑕疵占有人的法律地位上的优越性就丧失了。因此,占有人的法律上的地位具有临时性的特征,是不稳定的。这也就意味着,乙的"强盗行为"有可能"正当化",而享有充分的占有保护。

在上面例子的基础上,我们作如下修改:甲占了一块土地,并且用栅栏围起来,则甲是占有人;乙把甲赶走,建起了围墙,则乙侵夺了甲的占有,乙是占有人,乙的占有是有瑕疵的;现在,甲又通过自力把围墙拆除,再次建起栅栏,重新取得占有。乙对此很疲倦,向法院提起诉讼,要求返还占有,则法院是否保护乙的占有请求?乙主张,甲通过法律禁止的自力侵夺了自己的占有,乙的主张能否成立?按照德国民法典第861条的规定,乙的请求是有可能得到法院支持的,关键在于乙的瑕疵占有是否维持了1年的时间。

德国民法典第861条规定,占有为法律所禁止的自力侵夺的,该占有被侵夺人可以向相对于其为有瑕疵占有之人请求返还;如被侵夺之占有相对于现时占有人或现时占有人之在先权利人有瑕疵,并且被侵夺之占有是在被侵夺之前的一年之内取得的,该占有被侵夺人不享有占有返还请求权。在上述例子,甲是享有占有返还请求权的,但他没有通过公力救济的途径,而是采取了法律禁止的自力,那么,甲的自力行为应如何认定?甲的在先占有利益是否为其法所禁止的自力行为否定?

首先,甲是占有人,乙是占有侵夺人,甲在法律上具有优越地位,可以主张占有返还;同时乙也是占有人,但相对于甲,乙为瑕疵占有人;由于甲对乙也采取了法律禁止的自力,从禁止自力的角度,甲的法律地位也应遭到贬损。然而,如果乙的占有时间没超过1年,甲的自力占有取回为法律所容忍,法律排除乙的"公力救济权",甲享有无须主张的抗辩[2];相反,一旦乙的瑕疵占有时间超过1年,则乙享有相对于甲的占有保护,取得无瑕疵占有,甲的占有人

---

[1] 〔德〕鲍尔/施蒂尔纳:《德国物权法》(上册),张双根译,法律出版社2004年版,第162页。
[2] Schwab/Pruetting, Sachenrecht, 30. Aufl., Verlag C. H. Beck, München, 2002, S.58.

地位最终丧失了。① 那么,法律在此保护的是何种利益?法律在此保护的是否为社会秩序的和平?

笔者认为,答案不是很明确,否定的成分居多。法律在此从双方当事人之间的利益关系出发,进行了平衡处理,对占有人地位进行分配。法律无法禁止占有人的自力在事实上发生,而只能在两个自力行为人之间的利益进行平衡。在上面这个例子中,甲在1年的时间里都可以把占有"抢"回来,因为别人"抢"了他的占有。只要乙的瑕疵占有没有达到1年的时间,他都面临甲的威胁。不过,乙对甲的占有取回,并不是必须束手就擒,他享有占有人的自力防御权,可以与甲"战斗"。② 从这一点来看,法律的这种平衡不在于维持法律和平,而在于界定经由实际的对物支配而建立的占有地位的归属,在于解决一种私人之间的纠纷。

可见,法律至少对甲的自力行为是"纵容的",乙要保住自己的瑕疵占有,也要面临甲1年时间的侵扰。德国学者对此的解释是:"第861条的请求权排除,建立在这样的想法之上,即占有人的占有取回(Wiedergreifung)应该不受追究的(sanktionslos)维持,因为他总还可以按照第864条第1款的规定在1年的时限内通过诉讼请求取回占有。"③就是说,占有人的自力行为可以理解为一种"自力救济",是占有保护请求权的"自力实现"。虽然第858条对自力的权利实现持否定的态度,但这里出现了"例外"。笔者认为,德国学者的这种解释起码在维持法律和平的观点下不能成立。如果法律禁止自力占有侵夺,甲也不能进行暴力占有取回。实际上,在这里,法律局限于私人之间的利益平衡,体现出法律禁止自力行为的目的,在于保护占有者的利益。

这里也涉及法律禁止的自力的"拉锯现象",即双方都实施了法律禁止的自力。在上面的例子中,甲和乙都实施了法律禁止的自力。对此,德国学者说道,"这里的原则是,谁也不可以指责对方的占有瑕疵(而主张占有返还),如果他仅在对方的占有取得的1年之内相对于该方取得瑕疵占有。"④

---

① Wieling, Sachenrecht, Band 1, Sachen, Besitz und Rechte an beweglichen Sachen, Springer, Berlin, 2006, S. 211.
② Schwab/Pruetting, Sachenrecht, 30. Aufl., Verlag C. H. Beck, München, 2002, S. 111.
③ „der Anspruchsausschluss auf der Erwägung beruht, die Wiederergreifung des Besitzes solle sanktionslos bleiben, wenn der Besitzergreifende noch Klage gemäß § 864 Abs. 1 hätte erheben können." Strohal DogmJ 38 (1898), 132 f. MüKoBGB/Joost, 5. Auflage, 2009, § 861, Rn. 9.
④ „Der Anspruchsteller kann einwenden, dass auch der noch frühere Besitz des jetzigen Besitzers oder seines Vorgängers fehlerhaft gewesen ist. So liegt es in Fällen mehrfacher wechselseitiger verbotener Eigenmacht. Hier gilt der Grundsatz, dass niemand sich auf die Fehlerhaftigkeit berufen kann, der selbst innerhalb eines Jahres vor der Besitzerlangung des Gegners diesem gegenüber fehlerhaft Besitz erworben hat." Prot. bei Mugdan III S. 511; OLG Kiel SchlHA 1925, 110, 111; OLG Saarbrücken MDR 2007, 510 f. MüKoBGB/Joost, 5. Auflage, 2009, § 861, Rn. 10.

就是说,如果双方占有人均使用了法律禁止的自力,那么,只要对方的占有未满 1 年时间,该方就可以自力取回。在法律上,他的这种做法起码是被容忍的。显然,法律不是在禁止占有的自力侵夺,法律甚至是在鼓励双方占有人互相"战斗"。当然,也可以说,法律不是在鼓励私力,而是将这种不稳定的"战争状态"排除在占有救济范围之外。

不过,德国学者 Westermann 认为,第 861 条第 2 款的规定,也体现了法律保护和平(Friedenschutz)的观念,随着 1 年时间的经过,瑕疵占有转化为无瑕疵占有,纠纷状态在法律上消失了。① 可以认为,秩序说的出发点是瑕疵占有人 1 年以后的占有人地位。从这个角度来看,法律排除了在先占有人的权利,确认了瑕疵占有人的占有地位。但这种观点对于 1 年之内占有状态的不确定及自力救济可能性,无法解释。同时,瑕疵占有转化为无瑕疵占有也是一种占有人地位归属的确定,其作为无瑕疵占有人享有占有人的各种权利。

当然,对于原占有人的占有取回,也可以这样解释:法律禁止采用暴力取回占有,但原占有人在法律之外采取行动,法律保护他的法律地位只是一种无奈之举。有德国学者指出,如果法律不这样处理,则双方当事人将陷入"永无止境的(nie endend)占有保护的连锁(Besitzschutzkette)"。② 就是说,在上面的例子中,甲虽然实施了自力救济,但如果乙主张占有返还,则甲也可以主张占有返还,甲的请求权按照第 864 条还没有过 1 年的除斥期间。这里将发生请求权循环,可以互相请求。这是从技术上的一种非常合理的解释,给人豁然开朗的感觉。但这种解释不涉及实质合理性的问题。人们可以追问,为什么会在技术上发生这种请求权"碰撞"呢?

对于上面的情况,Wieling 的观点似乎有所不同。他认为,一方面,被自力侵夺并实施自力救济的现占有人甲相对于前占有人乙本来就享有返还请求权,另一方面,目前的占有现状与第一个法律禁止的自力之前的状况相符,法律没有理由赋予被侵夺人救济方式。否则,"第一个法律禁止的自力会最终得逞,而这正是法律所应反对的"。③ 按照 Wieling 的引证,这也是 Johow 对于该条理由的阐述。这里,占有保护在于确定物的法律上的(临时)归属的观点,可以说是明显的。不过,笔者不明确的是,即使赋予占有被侵夺人保

---

① Westermann, Sachenrecht, 7. Auflage, C. F. Müller Verlag, Heidelberg, 1998, S. 143.
② „Das Ergebnis waere sonst eine nie endende Besitzschutzkette, in der jeder gegen jeden immer wieder dieselben Ansprueche erheben koennte." S. Mede/Czelk, Grundwissen Sachenrecht, 2008, 2. Aufl., Mohr Siebeck Verlag, Tübingen, S. 36.
③ Wieling, Sachenrecht, Band 1, Sachen, Besitz und Rechte an beweglichen Sachen, Springer, Berlin, 2006, S. 209.

护请求权,但在先占有人也有请求权,在先占有请求权可以最终击败占有被侵夺人的请求权。因此,即使承认双方当事人都有请求权,也不意味着第一个法律禁止的自力会"最终得逞"。

如果法律从保护在先占有人的立场出发,则不发生占有保护请求权循环或者占有保护请求权"碰撞"。按照 Wieling 的观点,"在法律禁止的自力的链条中,只有在不是他本人或者是他的前手开启法律禁止的自力的次序的时候,他才能胜诉"。① 就是说,先实施法律禁止的自力的占有人相对于后实施法律禁止的自力的占有人,处于不利的法律地位。如果诉讼链条一直导下去,第一个占有人会胜诉。

实际上,在出现多重法律禁止的自力的情形,发生占有保护请求权循环,还是考虑占有保护请求权的先后之分,是两种不同的观点。Wieling 此处的观点和上面的观点之间存在差异。当两个占有人都实施法律禁止的自力时,是否考虑第一个占有人先占有的利益,是差别所在。如果仅从法律禁止擅自行动这一点来看,第一占有人的在先占有不应考虑,上面提到的观点即是如此。而如果法律在两个或多个法律禁止的自力中进行区别,则法律的目的在于确定物的事实归属,而不是在简单地维持一种事实秩序。

从德国 2006 年 Saarbruecken 高等法院的判例来看,多重法律禁止的自力并不排除第 861 条的占有保护,问题的关键在于谁最先启动法律禁止的自力。② 该判决同时指出,考虑到占有保护的目的,即迅速地恢复占有原状,第一被告的抗辩被排除了,因为他首先实施了法律禁止的自力。③ 笔者以为,保护第一占有人以及第一占有人自力取回的可能性,不完全符合秩序原则。和平说起码对此无法解释。相反,法律在此还是在分配物的归属。

从以上的分析来看,德国民法典占有保护的规定涉及多重占有人之间的利益比较和平衡,并对物的归属秩序予以明确。这种利益平衡的理由在于三点:

首先,法律保护"先来者",这是一种竞争观念下的物的分配规则,具有偶然性的特征,即谁先对物取得事实支配,则其在先利益应予保护,这是起点问题。至于为什么先来者居上而不是后来者居上,体现了利益分配的一般规则。"先来后到"作为分配规则与行为经济学的研究成果相吻合,第一个占有人取得对物的归属的观念(the first possession assumption)是老少皆知的观

---

① Wieling, a. a. O., S. 211.
② LSK 2007 140232. BeckRS 2006 13809.
③ LSK 2007 140232. BeckRS 2006 13809.

念,是为人们所普遍接受的。① 并且,时间在先权利在先也是一种较为常见的法律观念。② 对此,笔者在后文还将涉及。

其次,法律反对"动武者",体现的是一种法律和平的观念,这和第一种观念相符合,已经建立的事实支配状态应予尊重。如果他人侵夺了占有人的事实支配,占有人可以诉诸公力救济,甚至可以自力恢复自己的占有状态。这里体现了法律的"矫正正义",谁侵夺占有人的占有,应予返还。法律对占有的保护体现出占有的归属延续性利益,在先占有的归属理由与占有保护是一致的。

最后,法律考虑事实支配本身的时间延续性,体现的是"维持现状"的秩序观念。这在瑕疵占有的情形尤为明显,瑕疵占有人的事实支配持续了一定的时间,则可以取得法律承认的无瑕疵占有人地位。这里仍体现出一种强烈的维持事实支配现状的倾向。瑕疵占有的保护同时说明,法律对占有的保护是有限度的,占有的归属具有临时性和非终局性。

总体而言,占有保护制度基于事实支配的先后顺序,以及占有延续的时间长短。占有保护制度基于这些标准而分配物的归属。占有保护是一种没有权利规则下的物的归属制度,既不考虑占有取得的法律原因,也不考虑占有的权利基础。

三、小 结

在德国的占有保护制度中,禁止暴力与维持事实支配的现状是法律保护占有的目标,而确定物的归属或者说占有人的地位也是占有保护的目标,两者是相互统一而不是相互冲突的。法律通过占有人地位的确定,维持一种物的支配秩序;法律通过维持事实支配现状,来确定占有人地位的归属。占有制度体现为经由在先事实支配基础上建立的法律地位。

从占有保护规则来看,虽然占有通过事实支配的取得而取得,但占有既可与事实支配重合,也可与事实支配暂时分离。占有与事实支配并不等同,法律经由事实支配对物的临时归属进行确定,占有保护制度更多的是一种占有人地位归属的确定,是一种物的归属的确认和分配规则。虽然占有与事实支配不等同,但不意味着占有作为物的归属与事实支配无关。正如所有权是一种抽象的权利,其存在通过权利的行使表现出来,占有也通过事实支配表

---

① Julie De Coninck, The Functional Method of Comparative Law: Quo Vadis? *RabelsZ* 74 (2010) 346, 348.

② Lawrence Berger, An Analysis of the Doctrine that First in Time is First in Right, 64 *Neb. L. Rev.* 349 (1985).

现其自身的存在。占有既可以通过先前事实支配也可通过现时的事实支配表现自身的存在。从物的事实归属与物的事实支配重合的角度来看,占有的事实支配说也并非完全没有可取之处。

占有制度作为物的归属的分配规则,与所有权存在差异,所有权要求具有正当的取得原因作为终局归属的正当理由,而占有作为一种物的临时和非终局的归属制度,不具有这样的法律上的正当理由。这不意味着占有保护不具有任何正当理由,占有保护制度既体现出一种强烈的息事宁人和维持现状的姿态,也体现出一种保护在先事实支配的观念。这种仅仅依据人对物的支配进行占有人地位的分配规则,如缺乏权利规则的再分配,其合理性是可疑的。而占有保护制度相对于权利保护而言恰恰也不是一种终局的分配规则。对于占有保护的法律理由要结合权利保护来说明,在占有保护的问题上,不能割裂其与权利保护的关系。

第二节 无权占有保护与权利保护的优先性

占有保护制度在于维持一种既存的事实状态,也在于确定一种物的法律归属,但其制度"合理性"及与权利保护的关系需要说明。德国学者 Wieling 认为:"需要注意的是,(保护意义上的)占有不涉及道德评价(moralische Vorstellung),而是一种社会现实(soziale Gegebenheit)。"[1]美国学者也指出,"保护占有人的规则并非是为了清除这个世界的众多弊病",占有保护不涉及"公道合理"的问题。[2] 这些学者的观点表明,占有保护制度是一种没有权利规则介入的分配规则。不过,如果法律制度排斥合理性和正当性的问题,其存在的意义似乎还不能成立。探讨权利规则与占有保护之间的关系,才能解决占有保护的正当性问题。

占有制度的正当性问题需结合权利规则来判断。占有涉及多种社会现象,我们首先可以区分两种情况进行讨论,即无权占有人与无权占有人之间、无权占有人与有权占有人之间。有权占有人与有权占有人之间更多涉及权利的问题,尤其涉及债权物权化的问题,单独予以讨论。这种分类的意义首先在于,占有在德国法上被认为是一种与权利无关的事实保护,有权占有与无权占有、占有保护与权利保护之间的关系,可以探讨;其次,德国民法典第

---

[1] Wieling, Sachenrecht, Band 1, Sachen, Besitz und Rechte an beweglichen Sachen, Springer, Berlin, 2006, S. 123.
[2] 〔美〕罗杰·H. 波恩哈特、安·M. 伯克哈特:《不动产》,钟书峰译,法律出版社2003年版,第10页。

863 条以下规定了占有侵夺人与妨害人的抗辩,这涉及占有保护与基于本权的抗辩之间的关系,体现出法律对占有保护与权利保护冲突的规制。最后,德国民法典第 1007 条关于前占有人的占有保护也与权利保护有关。德国学者 Petersen 指出,在占有保护的问题上,最基本的分类就是占有保护(possessiorischer Besitzschutz)与占有权保护(petitorischer Besitzschutz)的区分。①

占有与本权的关系在中国法上也是特别值得讨论的问题,即占有是否附于本权,两者是否相互独立? 从德国法以及学理来看,占有与本权是两个问题。王泽鉴教授对占有与本权的关系进行了阐释,即占有可以表彰本权,也可以强化本权。② 如果占有依附于本权甚至与本权一体,则占有强化本权无从谈起。然而,我国《民法典》第 458 条规定:"基于合同关系等产生的占有,有关不动产或者动产的使用、收益、违约责任等,按照合同约定;合同没有约定或者约定不明确的,依照有关法律规定。"从文义来看,我国法将占有与基础法律关系相联结,占有相对于本权不具有独立的法律地位。无论如何,当事双方的约定具有首要性。对此,后文还要探讨。

从根本上而言,探讨占有保护与权利保护的关系,意义在于继续探讨占有保护本身的正当理由问题,这与上文之间的脉络是一致的。占有保护规则的功能在于确定物的归属。如果将占有作为一种法律归属,或者如德国学者所言作为一种"弱所有权",则占有与作为权利发生原因的基础法律关系之间的关系,就需要论证。换言之,如果占有是一种法律归属,则有权占有就是在归属之外又多了一层东西,由此产生的问题需要探讨。

一、无权占有相对于非权利人保护的正当性

(一) 占有保护规则与权利取得规则的区别与联系

1. 占有保护相对于权利保护的非终局性

占有保护的正当性在于占有人在先取得事实支配,占有人相对于他人与物之间的归属关系为法律所保护。这是在没有权利规则下的占有保护,在此占有人并非相对于权利人,而是相对于非权利人和非在先占有人,具有法律上的优越地位。我们继续讨论占有保护与权利保护的关系的问题,即占有保护对权利取得意义的问题。

---

① Petersen, Grundfragen zum Recht des Besitzes, JURA 2002, 160.
② 王泽鉴:《民法物权》(第二册),中国政法大学出版社 2001 年版,第 163 页。

举例而言,甲从乙处购买自行车一辆,但自行车非为乙所有,并且乙为精神病人,甲支付车款,占有自行车,后为丙所侵夺。甲主张返还,丙以甲欺负精神病人为由抗辩。法律是否保护甲的占有?

如上文所述,占有保护不仅仅是一种对秩序的保护,而是也体现了对占有者自身占有利益的保护,法律保护占有的目的在于分配一种物的法律归属。不过,占有保护制度并不是一种最终的权利分配规则,它没有解决物的最终归属。从在先占有人来看,法律承认其经由事实支配而建立的占有地位,但这不是一种"权利"的归属,占有人是否取得物上权利没有在占有保护制度中解决,法律只是保护占有免受他人自力的侵扰,从而维持物处于占有人支配范围的状况。从德国法的规定来看,占有人通过事实支配而取得的占有具有 1 年的优势地位。在发生占有侵夺或者妨碍之时,相对于占有侵夺人及妨害人,其可以在此期间内通过自力或者诉讼取回自己的占有。当然,占有人的占有具有延续性,1 年仅是占有保护的除斥期间。

法律对通过事实支配而建立的占有人地位给予尊重和保护,但这种保护并不能保证占有地位的稳定性。占有保护不是一种最终的权利分配规则,占有人的占有地位可以经由他人的侵夺而丧失,只要在先占有人没有在 1 年之内恢复对物的事实上的支配,他人的瑕疵占有即转化为无瑕疵占有并受到占有保护规则的保护,后位占有人不仅相对于在先占有人以外的第三人享有占有保护,相对于在先占有人本人也享有完全的占有保护。同样,现占有人的占有人地位也是不稳定的,其也可以因他人侵夺而丧失。

能否基于占有保护期间的短暂性而认为占有人地位是不稳定的?虽然占有人的占有可能为他人侵夺,但他可以通过诉讼或者自力取回占有,法律保护占有人对物事实支配的延续利益。从这个角度而言,占有人的地位是稳定的、也是延续的。不过,所有人的占有被侵夺,其不主张返还,则其所有权保护请求权可能罹于诉讼时效,但所有人地位仍然存续,所有权不因他人非法侵夺而丧失。这与占有不同,占有保护的 1 年的除斥期间经过,占有人的占有即最终丧失。占有人的占有法律地位可以因他人的非法侵夺而丧失。原占有人再次取得占有,并不是占有回复,而是发生新占有;如其通过暴力方式取得占有,则其在先占有不能对此有所帮助,后取得的占有为瑕疵占有。这种差别应该说是实质性的,这里体现了占有保护的非终局性特征。占有保护的非终局性也是相对于权利保护而言的,即法律虽然保护占有,但这既不等于占有人取得物的所有权,也不等于占有人可以最终对抗物的权利人,占有没有解决物的法律上的最终归属。占有的归属本身具有不稳定性、非终局性。

那么，占有保护的非终局性是否具有合理性？其与通过占有而实现的权利取得是何种关系？

占有保护的非终局性之所以具有合理性，原因在于占有制度本身。法律之所以认可瑕疵占有人的占有人地位，原因在于在先占有人没有通过自力或者诉讼取回占有，就是说占有的丧失或者侵夺，占有人可能无法抵御，但他享有公力救济的权利，而如果他不行使，是他自由决定的结果。因此，占有保护虽然具有短暂性的特征，但却是符合私法基本理念的。当然，法律所规定的 1 年时间也是对占有人自治的一种限制，他必须在这 1 年的期间内作出决定。否则，他的占有就最终丧失了，这体现了法律对他人物上占有利益及生活关系的安定的考虑。既然占有不是一种最终的权利分配，对其进行保护就是有时间限制的。

占有保护的临时性和不稳定性，也体现在占有因他人侵夺而完全丧失这一点，这是其与权利保护的重要区别，其合理性虽然可以部分地在私法自治的理念上得到解释，但为何占有人的法律地位会终局地丧失，并不具备充足的理由支撑。按照笔者的理解，这是占有保护相对于权利保护的差别所在。正因为占有还不是权利，其归属的非终局性才是可以解释的。虽然占有保护与所有权保护具有类似性，但占有保护的终局性并不牢固，这里渗透着一种弱肉强食的强者逻辑。

占有保护制度之所以具有合理性，原因在于占有保护与权利取得规则的分离。占有保护并不涉及其权利基础的问题，占有不要求取得原因，而是从事实支配及其先后顺序以及时间长短对占有人地位进行分配，占有人是否为有权占有、善意占有、公开占有，在占有保护制度中不予考虑。与法律对权利的保护相比，占有保护是一种不完全的、非终局的保护。这既表现在占有人可以丧失占有，也表现在占有人依靠占有保护无法对抗所有人的返还请求权。

在上面所举的例子中，甲通过买卖合同取得占有，但是，乙为无权处分，由于乙为精神病人，甲无法善意取得，甲目前的法律地位是善意、自主占有人，法律保护甲的占有免受丙的侵夺，不在于保护甲对自行车的所有权，而在于保护甲在先取得占有的利益。在本例中，甲对自行车的事实支配优先于丙，因为甲相对于丙先取得事实支配。至于甲是否取得自行车的所有权，不是占有保护所要解决的问题。在占有保护制度中，甲是否为权利人，是不考虑的。他虽然享有占有保护，但他能否对抗所有人的返还请求，也没有解决。对甲的占有保护的正当性要在与权利保护分离的角度来考虑。甲对自行车的占有归属是不稳定的，甲的在先占有并不意味着物的归属的终局确定性。

如果丙侵夺甲对自行车的占有,并且丙的占有能够维持 1 年时间,则甲的在先占有不再构成回复占有的正当理由,甲的占有终局丧失,丙的瑕疵占有转化为无瑕疵占有。

2. 占有保护规则与权利取得规则的关联

占有保护规则与权利取得规则虽然是分立的,但却不意味着两者是完全分离和无关的。占有保护的价值对于权利取得也有意义,不能完全割裂两种制度之间的联系,占有保护存在转化为权利保护的需求。通过占有而取得的权利可以分为原始取得和传来取得,传来取得的情形不是本处所应讨论的问题,通过占有取得而导致原始权利取得的情形主要有无主物的先占和时效取得。无主物的先占不涉及时间的问题,是瞬间取得,取得事实支配即取得权利,适用权利保护的规则。只有时效取得制度可能与占有保护制度有关。

如上所述,占有人的法律地位并不稳定,但是,占有转化为权利,占有人转化为所有人,则占有人的法律地位即具有最终的效力。而占有保护制度不能实现终局的权利分配,但对于终局的权利分配是有意义的,这体现在时效取得的问题上,尤其体现在时效取得中断的问题上。[1]

德国民法典第 937—945 条为动产时效取得的规定。按照第 937 条的规定,自主占有动产 10 年,取得所有权(时效取得)。但取得人在自主占有取得之际非为善意或事后知悉其不享有所有权的,排除时效取得。与占有保护不同,时效取得以自主、公然、和平、善意占有为前提。这些要求与占有保护相比是严苛的,仅就自主占有而言,占有人仅仅占有不能当然成立自主占有,占有人应负担自主占有意思的证明责任,而这往往要借助占有取得的原因事实,尤其是基础法律行为。德国学者说到,就这一点而言,取得名义(Rechtstitel)在当今也有意义。[2] 德国民法典第 940 条为关于时效中断的规定:"时效取得因自主占有的丧失而中断。如果自主占有人之自主占有非基于其意思而丧失,并且其在 1 年以内重新取得占有或者基于在此期间之内提起的诉讼请求而重新取得占有,中断视为不发生。"根据该法第 938 条、第 942 条的规定,虽然自主占有的连续性可以通过开头和结尾的自主占有而推断,一旦自主占有在时效计算期间中断,则之前的自主占有没有法律意义。这体现出权利取得意义上的自主占有对时间要求的严格性,而占有保护的规则对占有时间的延续性没有要求。一方面是占有保护条件的宽松性,另一方面是占有保护的不稳定性和非终局性。如果没有权利取得规则,仅仅有占有

---

[1] 关于罗马法上的"菩布利西亚那诉"(actio publiciana),参见周枏:《罗马法原论》(上册),商务印书馆 1994 年版,第 355 页。

[2] Staudinger/Wiegand (1996), § 937, Rn. 2.

保护规则,则占有人的地位永远是不完全的。占有保护规则对物的分配及生活关系的稳定只能在有限的范围内保障,因此,占有保护需要转化为权利保护。

占有保护规则对时效取得的意义体现在两个方面:第一,自主占有人在占有保护规则之下,自主、善意、公开占有动产 10 年以上,可以取得所有权。占有保护规则无疑对时效取得有意义,占有保护规则可以保障自主占有人在免于侵夺的情况下取得占有物的所有权。没有占有保护规则,固然占有人也能取得所有权,但在时效等待期间内的占有利益没有保障,对第三人的占有侵夺没有法律救济。从这一点来看,占有保护对于权利取得是必要的,甚至可以说占有保护的是形成中的所有权。第二,占有保护对于时效取得时间的延续性有意义。一旦他人侵夺占有人的自主占有,则占有人可以有 1 年时间自力或经由诉讼取回占有,而保证其自主占有时间的延续性。德国民法典第 942 条第 2 款规定:"如果自主占有人之自主占有非基于其意思而丧失,并且其在 1 年以内重新取得占有或者基于在此期间之内提起的诉讼请求而重新取得占有,中断视为不发生。"就是说,占有人的占有被侵夺的,其自力取回不视为和平占有中断,取得时效不重新起算,至于通过诉讼取回占有,更是如此。如德国学者所言:"重新取回的方式和手段是不重要的,即使是法律禁止的自力也不是不利的。"① 这里,时效不中断指向德国民法典第 858 条以下的占有保护规则,起码与占有保护的规则是协调的。② 占有保护规则与权利取得规则是有联系的,占有保护规则对时效取得有辅助作用。

能否认为占有保护规则的目的在于辅助权利取得规则？虽然从自主占有保护对于时效取得的意义上讲,可以认为占有保护规则有辅助作用,并且两者都有和平功能,但占有保护规则在德国民法典上是独立的。德国民法典的占有保护规则并不是为自主占有而设计,民法典的占有并非限于自主占

---

① MuenchKomm-Quack § 941, RdNr. 6.
② 这涉及德国民法典第 1007 条的规定。按照德国学者的观点,第 1007 条源自罗马法上的布布里奇诉讼(actio Publiciana),是一种有利于时效取得人的占有保护制度,因时效占有人(Ersitzungbesitzer)尚不能援引所有权返还请求权取回占有,但其占有利益具有优先保护的价值。时效取得在罗马法有重要意义,因没有善意取得制度。MüKoBGB/Baldus, 5. Auflage, 2009, Rn. 2. 当然,第 1007 条的制度背景和形成过程以及学理争议是非常复杂的,有观点认为其主要受日耳曼法的影响。Sosnitza, Besitz und Besitzschutz, 2003, S. 173 ff. 很多学者认为,该条的实际价值是有限的。MüKoBGB/Baldus, 5. Auflage, 2009, Rn. 5. 德国学者梅迪库斯指出,第 1007 条不仅措辞不好,而且也没有实际的用处,它在第 985 条和第 861 条之外的适用空间有限。Medicus/Petersen, Buergliches Recht, 22. Aufl., Verlag C. H. Beck, München, 2009, S.202. 德国学者鲍尔和施蒂尔纳在其教科书中指出,在占有人既不能援引所有权返还请求权,也不能援引法律禁止的自力来主张占有保护,第 1007 条有其适用。在德国法上,第 1007 条对于时效取得的意义已经比较有限。Baur/Stuerner, Sachenrecht. 18. Aufl., Verlag C. H. Beck, München, 2009, § 9, Rn. 27.

有。不过,在时效取得的意义上,可以认为占有保护的正当性在于保护形成中的所有权,即占有人对于自主占有而取得所有权的利益是值得保护的,也就是说,占有保护的正当性可以部分地为时效取得的正当性所吸收。在上面提到的例子,甲的占有为法律所保护,因为他是将来的或潜在的所有权人。当然,时效取得的法律意义因为善意取得制度的存在,已经比较有限。从这一点而言,占有保护对权利保护的意义更多的是从历史角度出发的。

(二) 恶意占有保护的法律理由

上文从占有保护与权利保护区别和联系的角度讨论了占有保护的意义。占有保护既体现了法律对秩序的保护,也体现了对占有者占有利益的保护,甚至体现为一种权利保护。下面进一步讨论无权占有相对于无权占有的另一种情况,即无权占有无法转化为权利的情形。

在德国法上,无法转化为权利保护的无权占有为恶意占有,即占有人明知自己的占有没有权源而为占有,法律也保护恶意占有免受他人的侵夺,这其中的理由何在呢?对此有很多解释。如上所述,很多学者将恶意占有保护作为一种例外情形。很多学者从这种例外出发,认为占有保护只能是保护社会秩序。笔者认为,恶意无权占有涉及相对人之间的利益平衡及其与一般的法律价值之间的关系的问题。

> 例如,甲窃取乙的自行车,又被丙窃取。甲能否主张丙返还占有,能否主张损害赔偿?

从相对人以外的角度来看,无疑甲、丙都是违法行为的实施者,均应受到法律的消极评价,但从相对人之间的角度来看,甲的在先占有利益为丙所侵害。当然,可以说,甲没有值得保护的利益,甲被侵夺的利益是其所不应享有的。但是,我们也可以说,虽然甲、丙均为盗窃者,但从双方当事人之间的关系来看,丙直接侵害了甲,至于甲侵害了乙的利益,是甲和乙之间的利益纠纷,而丙侵夺甲的占有,则是甲与丙之间的纠纷。即使双方都是恶人,不意味着法律应置之不理。否则,这意味着法律将盗贼之间的生活关系排除在民法调整范围之外,这可能存在问题。这在美国法上有所体现:"一方面,占有人有权要求第三人返还其占有之物,另一方面,占有人又有义务将占有之物返还所有人。"这里存在所谓的"请求权等级体系。"[①]不能仅仅因为占有人没有占有的权利,第三人就可以任意侵夺,恶意占有人相对于占有侵夺人,也具有

---

① 〔美〕罗杰·H. 波恩哈特、安·M. 伯克哈特,《不动产》,钟书峰译,法律出版社2003年版,第9页。

值得保护的利益。这在罗马法上也是如此,有学者说道:"占有是否在绝对意义上是正当的,这无关紧要,人们所要求的是:相对于对立一方来说是正当的。'对于外人是有瑕疵的占有也可以成立'。"①恶意占有保护具有相对的正当性。

占有保护相对性的观点与我国台湾地区的主流观点相一致。我国台湾地区通说见解及司法裁判认为,恶意占有人亦得依侵权行为法则请求使用收益损害的赔偿。② 而这以承认恶意占有人相对性的私人占有利益为前提。相反,王泽鉴教授在评价赫克与耶林观点的基础上,认为耶林的观点更有可取性,即强盗与小偷的占有保护在于维持法律的和平,而不能基于此赋予损害赔偿请求权。对于占有人的损害赔偿请求权,德国法的主流观点认为,第858条第1款关于禁止自力的规定,相对于有权占有属于保护性法律。③ 对于无权占有,是否能够经由德国民法典第823条第2款、第858条第1款而享有侵权法的保护,德国联邦最高法院尚未作出明确决定。④ 有德国学者认为无权占有在法律上存在赔偿的可能性,不过,由于无权占有人欠缺本权支持,其相对于他人的占有妨害或侵夺,不能主张使用利益的损害赔偿。⑤ 因此,即使其可以主张侵权法的保护,其范围也是有限的。至于小偷的占有,不应发生损害赔偿请求权。⑥

笔者以为,恶意占有人相对于占有妨害人的占有保护能够成立。法律保护恶意占有人在于保护一种优势利益,这种优势利益建立在恶意占有人相对于占有侵夺人在先取得事实支配的基础之上。现实中,小偷和强盗提起占有保护诉讼固然可能性较小,但无权占有他人之物而为使用的并不少见。因此,恶意占有保护的问题有实际的意义。另外,如果小偷和强盗提起占有保护诉讼,他们是不会强调其恶意占有人身份的,这也不是占有保护制度所要解决的问题。至于小偷和强盗能否主张恶意占有期间使用利益丧失的损害赔偿,也非占有保护规则所应涵盖的。从实质合理性角度而言,应持否定的意见。

---

① 〔意〕彼得罗·彭梵得:《罗马法教科书》,黄风译,中国政法大学出版社1992年版,第274页。
② 王泽鉴:《民法物权》(第二册),中国政法大学出版社2001年版,第376页以下。
③ BGHZ 20, 169 (171), NJW 1956, 787; BGH, DtZ 1996, 19, VIZ 1996, 86, ZMR 1996, 78, Palandt/Bassenge, BGB, 68. Aufl., 2009, § 858 Rdnr. 1. Lehmann-Richter, Räumung des Mieters im Wege der „Selbstjustiz"—Ein rechtsfolgenfreier Raum? NZM 2009, 177.
④ Lehmann-Richter, Räumung des Mieters im Wege der „Selbstjustiz"—Ein rechtsfolgenfreier Raum? NZM 2009, 177.
⑤ Lehmann-Richter, Räumung des Mieters im Wege der „Selbstjustiz"—Ein rechtsfolgenfreier Raum? NZM 2009, 177.
⑥ MüKoBGB/Schäfer, 8. Aufl., 2020, BGB § 854, Rn.19.

二、无权占有相对于权利保护的无效性

（一）无权占有保护与权利保护的冲突

以上讨论的是无权占有人之间以及无权占有人与第三人的利益关系，法律保护无权占有人或者在于保护自主占有人取得所有权的利益，或者在于保护自主占有人在先占有的利益，这些都有其法律上的正当性，与上文笔者关于占有保护理由的论述相一致，下面继续讨论无权占有相对于权利保护的问题。我们可以提问，法律保护占有与法律保护权利是否存在冲突？德国法上的占有保护不问权利基础，是否意味着占有保护可以对抗权利保护？这也涉及占有保护与权利保护之间的关系问题，与上文不同，这里不涉及通过占有而取得权利以及占有保护在其中的作用的问题，而是涉及占有人与权利人的利益冲突和对抗。

> 举例而言，甲租住乙的房屋，却不付房租，乙解除合同，甲拒不搬走，乙遂将甲的家具搬出，将房门换锁，甲的占有被侵夺。那么，甲能否主张占有返还？能否主张损害赔偿？或者甲采取较为缓和的措施，将出租房屋断水、断电，停止供暖，则是否构成对乙的占有妨害？甲能否主张损害赔偿？这涉及占有人与所有人之间的利益冲突。

德国民法典第863条是对侵夺人或妨害人抗辩的规定，按照该规定，"针对第861条、第862条的请求权，有权占有或一项侵扰措施仅可以在如下情形作为有效的理由而提出，即占有的侵夺或侵扰不是法律禁止的自力"。德国学理从而认为，该规定排除了占有权抗辩（petitorische Einwendungen）的可能性。[1] 就是说，不能基于占有侵夺人或妨害人的权利而对占有人的请求权进行抗辩。从这一点而言，法律赋予占有优于权利的效力。排除占有妨害人基于占有权的抗辩是否是一项任意性规范，则是有争论的。[2] 这里的区别在于，是否允许原告认可被告的这项抗辩。

在占有诉讼中，不仅被告基于所有权而发生的占有权不是可以对抗的理由，基于债的关系而享有的占有移转或所有权取得的请求权同样也不是可以对抗占有保护的理由。[3] 德国学者认为，这样做的目的在于，赋予占有人尽快恢复占有被妨害之前的状态的优势，并且让法律禁止的自力无法达到目

---

[1] Staudinger/Bund (2004), § 863, Rn.1.
[2] Staudinger/Bund (2004), § 863, Rn.2.
[3] Staudinger/Bund (2004), § 863, Rn.3.

的。① 基于同样的道理,买受人不能基于买卖合同直接自力取得标的物,出租人不能直接基于返还义务而驱逐承租人。而承租人也不能基于其与出租人的约定,而对抗另一在先承租人对该承租人排除侵扰的请求。②

这种无权占有人保护相对于权利保护的优越性有罗马法的历史传统,但是否仍符合事理上的逻辑,是有疑问的。这表现在其与德国民法典第864条第2款的关系上,按照该规定,"在实施法律上禁止的自力后,基于有效的裁判自力行为人对物有权利,并且基于该权利其可以取得与其自力行为相符的占有状态,则占有人的占有请求权消灭"。占有人不能基于其实体权利而主张自力行为的合法性,但是如果他在采取法律禁止的自力后能够足够迅速地取得基于本权的生效判决,则可以对抗占有人的占有返还请求。该款规定发生于19世纪的共同法时期的一种占有制度(petitorium absorbet possessorium),德国民法典立法者将其纳入民法典。③ 这种权利抗辩是对占有人的一种限制,因为现在纠纷当事人之间的法律地位已经最终确定。在这种情形,即使支持占有人的占有保护请求,也将立即因本权的执行而失去实际意义。在程序上,德国联邦最高法院的判决认为:"如果在一项法律争议中,要同时对原告排除妨碍请求和根据占有权而提出的容忍反请求作出决定,那么,根据第864条第2款,如果反请求能够同时获得生效判决,则原告的请求应被驳回。"④也就是说,权利人的反诉请求可以击退占有保护请求。在此体现出占有保护不能优于本权保护的倾向。

另外,在占有妨害人的权利已经获得生效判决支持后,采取自力行为实现权利的,德国司法裁判倾向于类比第864条第2款,排除占有保护请求权,学理对此持有赞同意见。⑤

在德国民法典第863条的情形中,虽然不能基于本权进行直接的抗辩,但是占有妨害人可以提起基于本权的反诉,这里的反诉既可以是基于占有权的反诉也可以是占有权取得的反诉。⑥ 这意味着买受人在强取出卖物后可以在提起履行请求的反诉中,击败原所有人。对于这种状况,我国民法学者史尚宽先生指出:"对于占有上请求权,不得以本权上之理由为异议,惟得提

---

① MüKoBGB/Joost, 5. Auflage, 2009, § 863, Rn. 1.
② Staudinger/Bund (2004), § 863, Rn. 3.
③ Wieling, Sachenrecht, Band 1, Sachen, Besitz und Rechte an beweglichen Sachen, Springer, Berlin, 2006, S. 211.
④ BGH: Abweisung der Besitzschutzklage bei gleichzeitig entscheidungsreifer erfolgreicher Widerklage, NJW 1979, 1359.
⑤ Hager, Das Erloeschen des possessorischen Anspruchs aufgrund des petitorischen Titels, KTS 1989, 515.
⑥ Joerg, Petitorische Durchbrechung possessorischen Besitzschutzes, JURA 2010, 251.

起反诉或另行起诉,盖以禁止的私力破坏和平者,首应恢复原状也。"① 实际上,在占有诉讼中提起本权的反诉,将导致占有保护的目的无法达成。而基于本权的反诉所可能导致的占有诉讼的拖延,在这里却不予考虑。② 占有保护的和平说在这里不能成立,因无法实现迅速恢复占有原状的目的。

基于本权的抗辩与基于本权的反诉或基于生效判决而对占有保护请求权的击退,仅仅具有技术上的或者形式上的差异,但这种形式上的差异却导致结果的差异,诉讼形式的选择具有决定作用。当然,我们可以说,占有保护本身也仅具有形式上的意义。不过,这也恰恰是占有保护相对于本权保护的弱点所在,本权保护可以提前介入到占有保护中来。

在上面的例子,甲提起占有返还诉讼,则乙简单地以租赁合同解除后的返还清算关系或所有权返还请求权为本权抗辩,则不能成立,而如其在占有返还诉讼中基于上述理由提起反诉,或者先行一步取得生效的本权判决,则可以对抗占有返还之诉。这里,诉讼策略的选择而不是实体法上的权利义务关系具有决定性,这种法律状态的合理性值得推敲。当然,无权占有相对于有权占有的保护仅仅具有短暂的作用,是一种临时的保护,即使占有人在占有诉讼中胜出,他也面临在权利诉讼中的败退。然而,就是这种临时的保护,也可以为占有侵夺人的本权反诉提前击退。占有保护相对于本权保护呈现出无效或者失灵的状态,占有保护的和平的功能是有限的。

德国有学者在分析了出租人对承租人进行占有侵夺的法律后果后指出,出租人的自力行为给自己带来的不利在民法上并非很大,承租人的占有保护请求权在对抗出租人自力行为方面并不是一种有效的法律手段。③ 就占有物返还而言,如果出租人将房屋自力取回后随即出租给第三人,占有人的占有返还请求权将遇到障碍,除非现占有人为恶意占有人。④ 而作为无权占有人的承租人的损害赔偿请求权,即使可为赔偿,范围也很有限。如果承租人在被"驱逐"后的 1 年之内提起占有保护诉讼,则虽然租赁关系已经解除,法院仍然应当按照占有保护的规定支持占有人的请求,恢复占有原状,这似乎与法律保护秩序的目的也不相符。德国学者认为,出租人对承租人房屋的侵夺,其解决的方案在刑法而不在民法。⑤ 笔者以为,对于承租人住房的侵入,即使在租赁合同解除后,也是一种对他人隐私和住宅的窥探和侵犯,基于人

---

① 史尚宽:《物权法论》,中国政法大学出版社 2000 年版,第 697 页。
② MüKoBGB/Joost, 5. Auflage, 2009, § 863, Rn.9.
③ Lehmann-Richter, Räumung des Mieters im Wege der „Selbstjustiz"—Ein rechtsfolgenfreier Raum? NZM 2009, 177.
④ Lehmann-Richter, a.a.O., NZM 2009, 177.
⑤ Lehmann-Richter, a.a.O., NZM 2009, 177.

格权侵害而产生民法上损害赔偿,甚至构成刑法上的侵害,都是存在可能性的。这里不仅仅是所有权之间的冲突,即占有人对置放于室内的物的所有权与出租人对于房屋所有权的冲突,更涉及所有权与人格利益的冲突。因而,占有人的人格权保护可能排斥所有人的自力行为。

占有保护还牵扯出其他问题。举例而言,甲将某物卖给乙,其后反悔不愿交付,乙则以自力取得占有。甲提起占有返还之诉,乙提起违约损害赔偿之反诉,请求实际履行。如果乙的反诉能够成功,则其获得了有可能无法获得的履行利益,其自力行为给自己带来益处。同时,甲的所有权人自由在此遭到忽视,甲仅仅是负有转让所有权的义务,其作为所有人的地位没有改变,而乙的自力侵夺不但取得了占有,也在反诉中取得了所有权,甲的利益是否遭到损害? 这个问题值得探讨,对于物债二分的问题也有意义。私人的权利实现导致物债二分出现难题,取得占有的债权已经在很大程度上与物权"等同"。当然,在不动产则因为登记制度而有所不同。

通过私人的自力来实现权利,则在权利纠纷之外又多了一层生活层面的纠纷,这体现出诉讼法对于实体法的意义。纠纷应通过诉讼解决,不能通过私力改变占有现状,占有保护具有程序法的功能。这涉及占有保护的可替代性的问题,即诉讼法上的假处分(einstweilige Verfuegung)或者诉讼保全制度可以取代占有的这种临时保护的功能。如果占有制度仅仅在于维持权利纠纷解决之前的事实现状,则其制度本质不在实体法而在程序法,占有保护制度因而是可替代的。不过,占有保护相对于本权保护的无效性是否可以为诉讼法上的假处分所弥补,也值得怀疑。换言之,当事人在临时程序中所获得的保护不应多于其在实体程序中所能获得的保护,即应允许当事人在假处分程序中以权利对抗假处分申请。

(二) 德国司法判例在无权占有保护问题上的转变

如上所述,德国民法典保护占有,而不论其是否有权利基础支撑。即使有权占有人认为自己有优势占有权(besseres Besitzrecht),其也不能通过自力对占有人的事实支配侵扰。① 这里体现的更多的是法律对社会秩序和平的关注,或者说是一种不考虑权利规则的物的归属的分配。如上所述,这种通过占有制度来保护社会和平的做法,在无权占有对抗有权占有的问题上存在失灵,占有保护对抗本权保护的实际效果是有限的。德国司法判例有进一步的体现。

---

① Herrlein, Versorgungssperre im Mietrecht: Possessorischer Besitzschutz als Legitimation offensichtlich rechtsmissbräuchlichen Mieterverhaltens? NZM 2006, 527.

德国司法判例在承租人的占有保护与出租人利益的保护的关系上存在变动。具体而言,问题集中在如下方面:在租赁合同履行过程中,是否允许出租人通过断水、断电及类似的措施来对承租人施以压力,迫使其履行租赁合同所规定的义务? 出租人的措施与承租人的占有保护是否协调? 在租赁合同解除后,出租人是否仍然有义务维持水、电、暖的供应,是否允许出租人通过断水、断电等类似措施对承租人进行"驱逐",承租人的占有保护是否排除出租人的类似措施? 从承租人的角度而言,恶意占有人滥用占有保护与诚实信用的基本原则之间的冲突,也引起人们的关注。这些问题目前存在争议,德国联邦最高法院的判决呈现出一些方向上的变化。

这里的问题是,如何界定合同义务与占有保护的关系。由于我国《民法典》对占有保护与合同关系的问题有规定,因此,德国法的发展及其动因,值得关注。

1. 德国法院判决主要观点及其变动

1.1 德国地方法院的观点

在德国联邦最高法院 2009 年就一个长期不付租金的房屋使用租赁合同纠纷中就上述问题作出判决之前,主流观点认为,即使在租赁合同已解除的情况下,出租人停止供应水、电、暖的行为构成一种占有妨害,承租人可以基于第 858 条以下的规定主张占有保护,很多地方法院也采取这种观点。① 正如德国学者所说,"长久以来,主流观点认为,出租人对承租人停止供应属于法律禁止的自力,承租人对住房的和平占有(befriedeter Besitz)由此遭到侵害"。②

在一个冷藏室租赁合同的履行过程中,承租人在所承租的冷藏室中存放了大量的肉制品。由于租金清算方面的纠纷和给付迟延,出租人宣布他将终止供电并且将切断电话线。承租人则向法院申请"假处分"(einstweilige Verfuegung)保护。法院认为,出租人所宣布的威胁构成占有妨害,判决赋予承租人临时保护。理由在于,出租人所宣布的行为在法院就此作出判决之前无权实施。审理该案的 Mannheim 地方法院的法官说道:"考虑到所储藏的大量易变质的肉制品的特性,仅仅是宣布中止供电的威胁,已经构成对承租人'和平占有'(befriedeter Besitz)的

---

① OLG Köln, NJW-RR 2005, 99; OLG Saarbrücken, OLG-Report 2005, 218.
② Scholz, Versorgungssperre bei vermietetem Sondereigentum, NZM 2008, 387.

侵扰。"①

在本案中,承租人对租赁物的"和平占有"也包含了供电的延续和电话线的关联。

> 在一个农庄租赁合同纠纷中,承租人在一项和解协议中有搬出并交还农庄的义务,但是他没有如期搬走。出租人见状,不但停止供水、供电,并且把作为进入农庄必经之路的一座大桥拆毁。② Koblenz 地方法院判决认为,出租人的行为构成法律禁止的自力。判决同时指出:"如判决广泛承认的,承租人在合同解除以后也享有占有保护。尤其是,在出租人将通向租赁物的通道毁坏或将水、电切断的情形,存在占有侵夺和妨害。承租人有权要求出租人排除并恢复占有原状。"

在本案中,供水、供电属于无权占有人享有的占有保护的一部分,占有不仅仅是单纯的对物支配。

> 在一个类似的纠纷中,原告租用被告的房屋开复印社,并由被告负责向原告供水、供电,由于原告迟延给付租金,被告解除了合同。被告取得要求原告腾房的判决,原告应在 2003 年 10 月 28 日之前搬离。在关于租金和解的问题上双方迟迟未达成协议,被告于是在 2003 年 7 月给复印社断了电。原告请求假处分保护,地方法院判决要求被告首先恢复供电,Koeln 高等法院对此予以确认。③

在本案中,占有保护也包括了水、电等类似的给付的延续性。

与上述不同的另一种观点认为,租赁合同解除后,出租人不负有继续供水、供电及其他履行义务,这些义务应从合同而非从占有保护中得出,占有保护不包括合同义务。柏林高等法院的判决很久以来持这种观点,即"在租赁合同解除后,停止供电、供暖、供水不是法律禁止的自力,因为在此不是承租人的占有被侵害,而是其对租赁物的使用被侵扰。"④

> 在柏林高等法院 2004 年处理的一个案件中,原告租被告的房子开

---

① LG Mannheim, WuM 1963, 167. Scheidacker, Wasser abstellen erlaubt? —Eine aktuelle Untersuchung zur Sperrung von Versorgungsleitungen und anderen Besitzstörungen in der Miete und im Wohnungseigentum, NZM 2005, 281.
② Beschl. v. 24. 7. 2000-3 W 472/00, www.zr-report.de Dokumentnr. KO 28897. S. Scheidacker: Wasser abstellen erlaubt? —Eine aktuelle Untersuchung zur Sperrung von Versorgungsleitungen und anderen Besitzstörungen in der Miete und im Wohnungseigentum, NZM 2005, 281.
③ OLG Köln: Stromsperre versus Zahlungsverzug, NJW-RR 2005, 99.
④ KG: Urteil vom 17.12.2003. LSK 2004 310865.

了一家按摩院,按照合同约定,由原告向被告支付水费,即供水由被告直接负责。到2002年12月份,原告一直拖欠房租。2003年11月被告因原告拖欠房租而要求解除合同,并于2004年4月27日通知将停止供水。同年4月29日,供水中断。原告曾经表示,他将预付水费,他给病人进行"泥疗"需要供水的延续,供水至少应到2004年6月月底。① 柏林地方法院判决,驳回原告要求被告继续供水的请求。柏林高等法院则在上诉审中判决,在原告支付水费的情况下,被告应继续供水到6月月底。

法院认为,"在因承租人迟延给付租金和水电费的情况下而有效地终止租赁合同后,出租人停止供水不是第858条所规定的法律禁止的自力。"法院同时认为,承租人对租赁物的占有与对租赁物的使用应予区分,后者根据民法典关于房屋租赁合同的规定其请求权基础在于合同,而出租人解除合同以后,即不负有继续供应的义务。

1.2 德国联邦最高法院观点的变化

德国联邦最高法院2009年5月6日的一个判决,对占有保护与基于租赁合同而产生的权利义务的界分,在总结以往判例及学说的观点基础之上,作出了与柏林法院的观点一致但与主流观点相反的判决。

在该案中,原、被告双方自2000年7月28日到2008年12月31日签订了营业用房定期使用租赁合同,双方约定租金定期递增,起点为暖租每月6000马克。从2001年9月起,原告因为水电费的计算方面的原因拒付该项费用,并于2002年8月停止支付房租。在法院的调解下,原告支付房租到2007年1月,以后未再支付。被告于2001年停止供应热水,2003年宣布将停止供暖。原告曾因此而向地方法院提出假处分请求并获得胜诉判决,后因未缴纳诉讼费用而被撤销。2005年7月20日,被告再次书面宣布将停止供暖。并多次宣布解除合同。原告再次起诉申请假处分保护,要求被告不得作出停止供暖的威胁。原告的请求最终被驳回。②

德国联邦最高法院的判决理由主要也是强调区分合同义务与占有保护,具体可分为以下几点:

第一,"保护意义上的占有仅涉及事实支配的存续。仅在占有人事

---

① KG: Wassersperre nach Mietrückstand im Gewerbemietverhältnis, NZM 2005, 65.
② BGH: »Ausfrieren« des Mieters nach Mietende-Versorgungseinstellung seitens des Vermieters, NJW 2009, 1947.

实支配的存续遭到侵害的时候,才存在第858条至第862条的占有保护。而对于房屋事实支配存续的侵害仅在占有人进入房屋的可能性被妨害或变得困难的情况下发生。"断水、断电这些措施不属于上面的情况。"虽然水、电、暖的供应是对房屋合乎租赁合同目的利用的前提,但不属于事实支配范围之内。供应中断既没有妨害占有人进入的可能性,也没有妨碍基于单纯占有而发生的利用可能性。"按照这种观点,对房屋的占有仅意味着进入可能性不被妨碍,至于使用利益的合目的性、舒适性则不予考虑。

第二,"水电暖的连续供应不能从占有保护,而是从合同所约定的利用中得出。"占有所包含的利用可能性与通过合同而取得的利用可能性的范围并不同一,水、电、暖的供应属于合同义务。"占有是物的利用的必要条件,它保障了物的可进入性,但是它不是充分的物的利用的条件,因为对物的事实支配还不包括物的特定使用。这种合目的性的使用应通过合同来实现。"如果将这些内容纳入占有保护,则意味着占有保护将有可能包括出租人的积极行为义务,甚至购置相关设施的义务。这样的占有保护延伸得过于遥远了。占有保护包括物的利用可能性,但不包括出租人的合同义务的履行。

第三,占有妨害与合同目的妨害应予区分,即使出租人违反合同义务或者后合同义务,也不意味着占有人的占有遭到妨害,前者只涉及合同的问题,与占有保护无关。不能将断水、断电这些涉及合同履行的问题与占有保护联系在一起,即使因上述措施导致承租人对房屋无法利用,也不意味着对占有的妨害,不是一种"冷迁"(kalte Raeumung)或自力执行(Selbstvollstreckung)。相对于占有妨害而言,出租人与第三人应该是同样的处境,不能基于占有保护要求出租人负担积极的履行义务。

2. 对德国联邦最高法院判决的分析

德国联邦最高法院的判决对占有保护的范围进行了限缩,并试图划清占有保护与合同义务之间的界限。虽然与之前的德国主流观点不一致,但判决并非没有学理基础,之前也有相类似的判决。另外,该判决的事实构成有其独特性。无论如何,德国联邦最高法院的这个判决在有权占有与无权占有之间,将利益的天平偏向有权占有人,租赁合同解除后,出租人断水、断电、停止供暖的措施并非占有侵扰。按照这种逻辑,即使在租赁合同延续期间,出租人采取类似措施也不能视为占有侵扰,这并不属于承租人作为占有人的事实支配所应涵盖的范围,而仅涉及租赁合同的履行的问题。占有保护的范围在很大程度上被限缩了,甚至在房屋的情形,占有保护仅局限于进入的可能性。

不过,这与主流学说关于法律禁止的自力的理解是不一致的。如上所述,甚至仅仅是意识性的影响,都足以构成占有的侵扰,断水、断电就自然也不能排除在外。德国联邦最高法院的判决理由与占有保护的和平说也存在不协调之处。如上所述,占有保护的和平说的基本观点在于,纠纷应通过公力救济解决,私人的权利执行应予禁止。出租人在租赁合同解除后,承租人拒不搬走,这里显然出现了应予解决的纠纷,而这种纠纷是否能通过私人解决？出租人切断水、电、暖的供应,这无疑对承租人对物的和平利用,构成一种侵扰。在占有保护维持和平的观点下,答案显然是否定的。

出租人的这些措施无疑削弱甚至取消了承租人对房屋的利用可能性,是否属于私人的权利执行仅仅是一个程度的问题,即使不考虑物的功能整体性,出租人的措施也当然给承租人带来不满和纷扰。这在将出租人与第三人同等对待的角度上来看,尤为如此。有德国学者指出,通过最高法院确立的这个判决,出租人一般可以成功地驱逐承租人,房屋没有供应设施的正常运转是无法利用的,承租人只有搬家。[1] 可以说,这只是一种稍微比较文明的法律上禁止的自力行为而已。如果从纠纷公力解决的角度而言,从维护社会秩序的和平而言,出租人的类似措施也应在排除之列。德国联邦最高法院的判决能否从占有保护的和平说获得解释,存在疑问。

3. 问题之所在——占有归属与所有权归属的冲突

无权占有与有权占有保护之间的不平衡性,在于权利保护相对于占有保护的强势地位,即法律更应当保护的是权利而不是"事实",其中的原因当然在于权利的取得相对于占有的取得有更充分的法律理由支持,即有更多的道德上的正当性。德国民法典认为占有是一种事实,反其道而行之,强调占有保护相对于权利保护的优先性,导致在实际问题的解决上必然出现尴尬的局面。法律通过占有人地位的分配维持的不仅仅是和平,而是必然涉及私人之间物的事实支配及由此带来的使用利益的冲突。

德国联邦最高法院的判决试图划清占有保护与权利保护的界限,为权利保护谋求更多的空间。但是,其目标与德国民法典占有保护的基本框架能否协调,存在可疑之处。占有保护强调不问权利而对占有进行保护,虽然这种保护可能是临时的;而权利保护要求对自身进行完全的保护,排斥对占有的保护。只有占有保护导向或辅助权利保护,才能解决两者之间的紧张关系。脱离权利保护的单纯占有保护,相对于有权占有没有优越性。德国法上无权

---

[1] Florian Faust, Einstellung von Versorgungsleistungen nach Ende des Mietverhältnisses-Besitzschutz, JuS 2009, 865.

占有相对于有权占有的保护,一方面存在无效性,另一方面为司法裁判所弱化,而其功能也具有可替代性。尽管占有保护具有法律上的正当性,但物的占有的效力不能强于所有权的效力,占有保护不能优于权利保护。权利保护与占有保护的冲突是需要进一步解决的问题。

三、诉讼保全制度与恶意无权占有保护——权利抗辩排除合理性

(一)占有保护与权利抗辩

1. 占有保护与诉讼保全

在古罗马法上,占有保护相对于权利保护具有临时保全的性质。[①] 占有人的确定对于所有权返还诉讼中原、被告身份的确定有意义。瑞士民法典第927条、第928条的占有保护具有诉权的特征。存在争论的是,德国民法典第861条、第862条是否也具有同样的程序法特征。[②] 不过,德国民事诉讼法并没有专门的占有保护程序,并且占有保护也可以启用临时保全措施。因此,占有保护与临时保全措施的关系在理论上尚未清楚。[③]

从德国民法典的占有保护制度来看,占有保护排除权利抗辩,权利人不能基于权利基础而主张对无权占有侵夺及妨害的合法性。双方当事人的权利争议不应在占有程序,而应在另外的诉讼程序中解决,占有保护请求权不解决实体权利争议。从这一点来看,占有保护与临时诉讼保全具有同样的功能。按照德国民事诉讼法第940条的规定:"就争议的法律关系,基于维持其暂时的存在状态的目的,也可以申请临时保全措施,只要该措施,对于避免法律关系尤其是延续性法关系遭受重大不利或者防止可能存在的暴力或基于其他理由为必要。"临时保全措施的目的在于,在对争议法律关系作出最终的判决之前,维持法律的和平状态(Rechtsfrieden)。[④] 占有保护的法律和平说,与这种诉讼保全措施的论调如出一辙,占有保护也在于在实体争议解决前,维持法律关系既存状态的和平。从法律和平说出发,则占有保护与诉讼法上的临时保全措施具有重叠性。

不过,笔者不赞同法律和平说。如上所述,笔者认为,占有保护的是占有人与物之间的法律上的归属关系,而不仅仅是法律的和平。这种物的归属关系面对权利保护在法律理由上处于弱势地位。德国民法典将占有保护置于

---

① Staudinger/Bund (1996) Vorbem 20 zu §§ 854 ff.
② Staudinger/Bund (1996) Vorbem 20 zu §§ 854 ff.
③ Staudinger/Bund (1996) Vorbem 21 zu §§ 854 ff.
④ Tomas/Putzo/Reichold, ZPO, 26. Aufl., 2004, § 940, Rn.1.

权利保护之前,这有其历史性,但其合理性存在疑问。从上文德国法院判决以及学者观点来看,占有保护相对于权利保护也并非能够真正地维持法律所赋予的优势地位。笔者以为,正确的处理方式应是允许权利抗辩在占有保护程序中提出,确立占有保护的"相对性"。

2. 占有保护与权利抗辩

有德国学者指出占有制度具有可替代性,这是从其与诉讼法上的临时保全措施的关系而言的,并且以占有保护的法律和平说为依据。按照笔者的观点,占有制度固然有秩序功能,但占有制度的功能在于在权利归属之外确定物的归属,是所有权制度之外的物的分配规则。那么,占有保护与权利保护之间的关系,存在进一步说明的必要。

德国民法典禁止在占有保护程序中引入权利的抗辩,其目的在于避免权利抗辩所带来的实体权利争议过早地进入到占有程序中来,否则,迅速恢复占有原状的和平目的难以达到。占有恢复的意图也内含惩罚的目的,对于采取法律禁止的自力的一方,法律应首先使其目的落空,而这也要求及时性。[①] 如果允许实体权利抗辩在占有程序中提出,将可能导致诉讼拖延,这不利于占有保护和平功能的实现。不过,如德国学者指出的,德国民法典的占有保护制度并不是禁止暴力,这不仅体现在占有防御权、占有物取回权的制度中,也体现在多重法律禁止的自力的关系之中。我们甚至可以说,占有制度的"暴力性"更为明显。在占有制度中,法律只是判断何者的暴力是允许的,而不是完全禁止自力行为。[②] 法律和平说对此是无法解释的。

既然在占有保护制度中,允许在先占有人自力恢复占有,则也应允许权利人相对于占有人自力取回占有。如上所述,在多重法律禁止的自力,当前占有人暴力取回占有时,人们认为,占有现状与其应有的法律状态一致,法律没有必要赋予后位占有人占有保护请求权。这对占有权人而言,无疑也是能够适用的。有权占有人自力取得占有,与其应得的法律状态一致,法律对此也应予容忍。从占有保护制度本身已经可以得出有权占有抗辩在占有保护程序中得以主张的理由。

权利抗辩从临时保护措施的目的中也能得出。按照德国学者的观点,在临时保全措施中,申请人不能取得多于其在主诉讼程序中所能取得的利益。这种观点对于占有保护也是适用的,如果不允许权利人在占有保护诉讼中提出权利抗辩,意味着占有人取得了多于其在主程序中所能取得的权益。在占

---

① Schubert, Die Entstehung der Vorschriften des BGB ueber Besitz und Eigentumsuebertragung, De Gruyter, Berlin, 1966, S.71.
② Staudinger/Bund (1996) Vorbem 17 zu §§ 854 ff.

有保护程序中,应允许权利抗辩的提出。这在基于和平说所引申出的占有保护与临时保全措施制度功能的一致性,也是自然得出的结论。不过,这里还涉及在临时保全程序中对实体争议的审查限度问题,德国学者对此还有一定的争议。①

3. 无权占有保护制度的存在价值

基于占有制度的可替代性,并基于占有保护相对于权利保护的无效性,提出取消占有保护的观点,并不会让人产生惊愕之感。早在19世纪,德国学者 Meischeider 就主张取消占有保护制度。② 德国民法典物法编起草者 Johow 追随他的主张,但这种主张没有在潘德克吞学者面前通过。③ 从实际效果来看,取消占有保护制度不会带来大的问题。不过,占有保护制度作为一项有着悠久历史、丰富理论、源自罗马法的古老制度,发掘其存在的意义,起码具有法律文化保存的价值。

笔者已经阐述了无权占有相对于无权占有保护的理由,并且对恶意占有保护的法律理由也进行了说明,这已经偏离了德国民法典的框架。占有保护制度具有存在的合理性,只是相对于权利保护不应具有更为优越的地位,应允许权利抗辩在占有保护程序中提出。因而,占有保护制度的无效性、可替代性只是在相对于权利保护的意义而言的。占有保护不能有优于权利保护的效力,但无权占有保护本身仍有其存在的价值。如上所述,在占有保护与权利保护的冲突中,只要占有保护导向于权利保护,则占有保护与权利保护之间的紧张关系即可解除。这既体现在占有保护对于权利取得的意义中,也体现在占有保护对权利保护本身的意义,占有保护可以用于权利保护,权利人可以直接援用占有保护条款来实现权利保护,而无需承担额外的权利证明责任。这意味着,对方当事人提出有权占有或权利抗辩,应承担举证责任。如果考虑到占有权利推定的问题,则占有保护与权利保护甚至具有一致性。

当然,如果自始仅存在无权占有,甚至仅仅是恶意占有,则其保护理由当然不在于权利保护。从这个角度而言,占有保护的法律理由具有多重性,应区分占有本身的保护和通过占有实现的对权利的保护。但是,也可以说,正是无权占有甚至是恶意占有的弱占有保护,也就是无法导向权利保护,才更能体现出占有保护的权利保护本质。虽然在学理上不能否定无权占有的制

---

① Leipold, Grundlagen des einstweiligen Rechtsschutzes im zivil-, Verfassungs-und verwaltungsgerichtlichen Verfahren, Verlag C. H. Beck, München, 1971, S. 27.
② Meischeider, Besitz und Besitzschutz, Kessinger Publishing, Montana, 1876, S. 189.
③ Schubert, Die Entstehung der Vorschriften des BGB ueber Besitz und Eigentumsuebertragung, De Gruyter, Berlin, 1966, S. 58.

度价值,但从实际而言,无权占有以及恶意占有保护均仅具有边缘化的意义。

(二) 自力救济的限度与占有侵夺人的权利保护

权利的实现要通过合法的手段和途径,权利存在的正当性和合法性不意味着实现权利的方式和手段是任意的。目的合法和手段合法的问题要分开,仅仅是目的的合法性尚不能证明手段的合法性。权利人通过自力排除占有人对所有权的妨害,涉及目的合法和手段合法之间的关系的问题。权利的自力实现有它的合法性限度。纠纷解决作为国家权力介入的机制,排斥权利的自力实现。在出现纠纷之际,应通过公力救济实现权利,而非采取自力行为。法律仅在紧急避险、正当防卫、自助行为等急迫的情形允许权利人擅自采取私人行动。

在占有保护与权利保护的冲突中,渗透着权利自力实现限度的问题。允许权利抗辩的提出,至少意味着不反对权利的自力实现。诚然,无权占有人相对于所有权人为非权利人,所有权或其他权利处于遭受妨害的状态。允许权利人在占有保护中提出权利抗辩,意味着权利人自力实现权利的正当性可以得到认同,这与通过公权力实现私人权利的法律逻辑相违背。因而,必须要考虑到权利人自力实现权利的边界。这个边界最基本的就是权利的自力实现不能侵犯他人的权利,不得以侵权的方式行使权利,这似乎是一条法律原则。因而,在占有保护与权利保护冲突的问题上,关键在于如何协调所有权人与占有人的权利。笔者以为,在不侵犯占有人其他权利的条件下,所有权的自力实现是允许的。

由于占有人对物的事实支配渗透着占有人的意思和利益,权利人的自力实现权利意味着对占有人的意志和利益领域的介入和"侵害"。固然,占有人对物事实支配的维持,是一种积极的利益。然而,真正能与所有权人对抗的是占有人的权利而非占有本身。因而,权利人能否自力排除占有妨害,取决于占有人的权利和所有人的权利的比较和平衡。物的占有与占有人的人格利益有时联系在一起,尤其是不动产占有往往涉及占有人的住宅和私人空间的隐私保护,与其人格利益尤为相关,不动产所有人能否自力实现权利,不仅取决于所有权及其他财产权相互之间的平衡,也涉及所有权人的财产利益与占有人之间人格利益的平衡。无论如何,权利人因权利的自力实现而给占有人带来财产或人格侵害的,应承担损害赔偿责任,甚至可能涉及刑事责任问题。

实际上,德国民法典第 863 条的规定,无疑是允许在占有保护中提出权利抗辩的,只要这种占有权利抗辩不是基于法律禁止的自力而实施。这里的权利抗辩可以是占有权,也可以是其他权利。而且,依据德国民法典第864条,即使侵夺或妨害占有的行为是法律禁止的自力,但是这种自力实施1年后,原占有人没有自力恢复或者起诉主张占有保护的,则占有保护请求权也消灭。如上所述,这说明法律对占有保护具有临时性,占有保护的弱归属属性体现得非常明显。另外,如果占有遭到侵夺或妨害的,但权利人已经获得某项权利,且根据该项权利,实施占有侵害的权利人可以实现与所侵害的占有相一致的法律状态的,则权利人的占有侵夺或妨碍也为法律所容忍,占有人的占有请求权消灭,不得主张占有保护请求权。在上述情形,不发生占有保护的请求权,也因民法的规定而不具有刑事违法性。

占有保护中的权利抗辩,还会对买受人特别是一物二卖中第一买受人的法律地位有影响。占有保护与权利保护的关系涉及权利的自力实现与公力救济的冲突,还值得进一步研究。

四、小　结

占有是物的归属制度,而不仅仅是单纯的事实支配。通常所说的占有是事实支配的观点,是相对于所有权作为法律支配而言的。占有是所有权之外的物的法律上的归属,而这种归属也不断地通过事实支配表现出来。占有保护制度的正当性在于,占有人相对于后来者在先取得事实支配。这种物的归属规则是没有权利规则介入之下的物的分配规则。

从占有保护与权利保护的关系来看,虽然德国法规定占有保护先于权利保护,但这并非无条件适用,并且在德国司法实践中朝着相反的方向发展,占有保护不能优于权利保护。只有占有保护导向于权利保护,占有保护的理由才是更充分的。基于在权利规则介入的情况下,占有保护的弱正当性,应在占有保护制度中引入权利抗辩规则,即允许权利人在占有保护中提出本权抗辩。

权利人相对于占有人自力实现权利的限度的问题,即是否能够允许权利人通过自力实现权利,还存在不确定性。即使占有人不能对抗权利人的权利,能否允许权利的自力实现,也是有疑问的。禁止私人的权利执行与权利抗辩引入处于冲突之中,占有保护与权利保护之间实际是一种不同利益的权衡,权利抗辩的提出是有限度的。

第三节 有权占有保护与"债权物权化"

一、"债权物权化"的实证规定

有权占有保护与单纯的占有保护有所不同,涉及占有的基础法律关系,并因此涉及债权与物权的区分以及占有是否强化债权人法律地位,即所谓的"债权物权化"的问题。王泽鉴教授指出:"债权之物权化,使债权与物权的区分趋于相对化,对民法理论的发展,深具意义,实值注意。"① 德国学者Dulckeit 也指出,在严格贯彻物债二分的体系框架之内,是不存在债权物权化的问题的,认可债权物权化本身意味着对于物债二分的民法体系的一种否定。②

如何对"债权物权化"现象进行理解,存在三种观点。第一种观点即由Dulckeit 提出,他对德国民法典严格的物债二分提出批评,认为德国民法典的物权行为理论与罗马法并不符合,罗马法上通过交付转让物权需要取得原因。③ 他的观点是,债权合同生效,买受人即已取得相对性的所有权(relatives Eigen),出卖人对外是表见所有权人,买受人是真正的所有权人,取得占有后成为绝对所有权人。第三人则可以在买受人取得占有之前,通过善意取得制度取得真正的所有权。④ 在德国民法典的占有制度中,存在罗马法的占有制度和日耳曼法占有制度的冲突,这导致德国民法典内部体系的不协调。⑤ 罗马法的占有保护强调权利与事实的分离,日耳曼法的占有突出权利与占有的重合,占有的公示原则是日耳曼法律思想的体现。德国民法典第1007 条即是日耳曼法上的占有制度,有权占有保护与无权占有保护呈现出不同的制度渊源。

与此不同的是卡纳里斯的观点,他将债权物权化的问题放在德国民法典的框架体系之内来理解。他首先按照物法设定了"物权性"(Dinglichkeit)的一些标准,然后以这些标准来对相关的法律现象进行评判。物权性的标准包括"对客体的直接关系"(die Unmittelbarkeit der Gegenstandsbeziehung)和"客体归属的绝对性"(die Absolutheit der Zuordnung)两个标准,前者即直接对物

---

① 王泽鉴:《王泽鉴法学全集·第七卷——民法学说与判例研究07》,中国政法大学出版社2003 年版,第103 页。
② Dulckeit, die Verdinglichung obligatorischer Rechte, Mohr Siebeck Verlag, Tübingen, 1951, S. 28.
③ Dulckeit, a. a. O. , S. 9.
④ Dulckeit, a. a. O. , S. 32 ff.
⑤ Dulckeit, a. a. O. , S. 29.

支配,后者即物权保护的绝对性,包括物权请求权的广泛性,即针对任何人而享有返还、排除和不作为请求权,以及处分和转让保护,即所有权人转让所有权不应影响其权利的效力,它还包括强制执行和破产法上的优越地位等。他将"物权化权"(dinglichen Recht)界定为"在物或权利上的绝对支配权"。①卡纳里斯认为:"债权物权化仅意味着债权具有物权的部分而不是全部特征,如果债权具备全部的物权特征,则不是债权物权化。"②不过,他同时认为,物权化的债权原则上应具备物权的这些特征并符合物法的类型法定、客体特定等原则。③ 物权性(Dinglichkeit)与物权(Sachenrecht)本身不重合,不能将物权性归于物权之下。可见,卡纳里斯是在德国民法典的框架基础上,以物权的特征为标准来看待债权物权化问题的,可以说是在体系之内对体系的"突破"。他提出的"物权化权"的概念将权利作为物权的客体,值得注意。

第三种观点则排斥债权物权化的提法。Baldus 说道:"当债法偏离它的一般规定,这可能有其社会及经济方面的原因,变化局限在债法中是足够的。"④就是说,不是债权物权化,而是债法本身基于特殊的政策性的考虑,而有例外性的规定。这种观点主张严格贯彻民法典的体系划分,对可能导致体系混乱的解释尽可能地排斥。不过,从法政策角度的观点出发来论证物债二分的概念结构的严格性,有南辕北辙之嫌。换言之,物权与债权的划分是一种外在的体系意义上的概念划分。

Dulckeit 提出债权物权化的问题,遭到德国学者的反对,卡纳里斯和上文提到的 Weitnauer 均针锋相对地提出批评,第三种观点也是如此。笔者以为,债权物权化是对一种实际存在的法律现象的描述性的表达,如果不对德国民法典的规范体系及其学理背景进行改变,并不是很要紧的事情,而债权物权化相关规范的法律理由,则是重要的问题。因而,笔者以下将采用债权物权化的说法,并探讨占有在其中的作用。

与占有相结合的债权物权化,在德国民法典的体系框架之内,可以分以下几种情况讨论,即与动产占有结合的债权的物权化(第986条第2款)、与不动产占有相结合的债权的物权化(原第571条,现第566条),以及预告登记制度(第883条),第1007条对于债权物权化的意义也值得注意。按照Dulckeit 的观点,前两者在德国民法典的体系框架之内仅仅是一种不真正的债权物权化,因为这里债权人仅仅有一种抗辩权,而第1007条则涉及真正的

---

① Canaris, Die Verdinglichung obligatorischer Rechte, in: Festschrift fuer Flume zum 70 Geburstag, Verlag Dr. Otto Schmidt, Köln, 1979, S.375.
② Canaris, a.a.O., S.372.
③ Canaris, a.a.O., S.376.
④ MüKoBGB/Baldus, 5. Auflage, 2009, § 1007, Rn.6.

债权物权化,正是这里出现体系的裂痕。

在有权占有情形,占有人无疑可以援引德国民法典第858条以下关于占有保护的规定,针对任何占有侵夺或妨害进行防御或提起占有保护之诉。这里占有与债权结合强化了债权的保护,我们的问题在于占有保护与权利保护的关系。没有权利基础的占有保护相对于权利保护处于弱势地位,而与本权结合的占有为何能够强化本权,而取得"物权化"的效力?

(一) 动产占有与债权物权化

德国民法典第986条规定了占有人相对于所有权人的占有返还抗辩。按照该条第1款的规定:"占有人或间接占有人相对于所有人为有权占有人的,占有人可以拒绝所有人的返还请求权。如果间接占有人相对于所有人无权将占有转让给占有人,所有人可以主张占有人将占有返还给间接占有人,或者在间接占有人不愿或不能再次接受之时,主张自己取得。"该款所规定的占有人的抗辩权包括基于债权的占有,所有人不能基于其所有权返还请求权主张有权占有人返还占有。该款对动产与不动产均有适用,例如,土地的所有人将土地出租给承租人,承租人即为有权占有人。① 承租人可以对抗所有人的所有物返还请求权。

按照第986条第2款的规定,"物按照第931条通过返还请求权让与的方式转让的,占有人相对于新的所有权人,可以主张其针对所转让的权利所享有的抗辩"。本来债的关系仅在当事人之间发生效力,但是有权占有人可以基于其有权占有的法律地位对抗新所有人。该款是德国民法典第二委员会加进来的,相类似的还有预告登记制度。这些后添加的规定与严格的物债二分相悖。由于该款的规定突破了债权的相对性,德国学者称之为"债权的物权化",即债权人相对于所有权人享有处分或转让上的保护。② 按照德国联邦最高法院的观点,该款规范的对象也应包括德国民法典第930条所规定的占有改定的情形。③

在所有权人的债权人对其财产进行强制执行情形,有权占有人是否享有针对这些强制措施的抗辩,也涉及债权物权化的问题。对此,由于第986条第2款的原因,有权占有部分地物权化了,相对于执行程序也有抵抗力。④

---

① Wieling, Sachenrecht, Band 1, Sachen, Besitz und Rechte an beweglichen Sachen, Springer, Berlin, 2006, S. 541.
② Canaris, Die Verdinglichung obligatorischer Rechte, in: Festschrift fuer Flume zum 70 Geburstag, Verlag Dr. Otto Schmidt, Köln, 1979, S. 392.
③ BGH: Herausgabe; Recht zum Besitz. LSK 1990, 310030.
④ Canaris, a. a. O., S. 396.

既然所有人不能主张返还,则所有人的债权人也不能通过执行程序获得更多。按照德国民事诉讼法第 847 条、第 886 条的规定,有权占有人可以对抗执行债务人的返还请求权。① 执行债权人无权主张有权占有人将占有标的返还债务人,并无负担地处分占有物。相反,在破产程序中,有权占有与其基础法律关系享有同样的命运。②

对于第 986 条第 2 款能否适用于不动产,德国学理持否定的态度。③ 从德国民法典的条文出发应这样解释。不过,德国联邦最高法院的判决曾将占有人的抗辩也适用于不动产。④ 该裁判观点随后又有变动,即将这种情形的法律适用局限于德国民法典第 566 条买卖不破租赁的框架内。⑤ 对此,我们后文还将详细阐释。

(二)"买卖不破租赁"与债权物权化⑥

在德国民法典立法之时,买卖是否击破租赁是充满争议的问题。在罗马法和共同法上,买卖击破租赁。⑦ 与此相反,法国法和普鲁士普通邦法规定,买卖不破租赁。持中间立场的是奥地利、瑞士以及萨克森和巴伐利亚邦法上的观点,即虽然买卖不破租赁,但买受人享有特别解除权(Sonderkuendigungsrecht)。⑧ 德国民法典第一委员会采取了这种折中的立场,即新所有权人虽然不能立即解除租赁合同,但是他可以在短时间内宣布解除租赁合同。第一委员会的观点公布后遭到激烈批评。第二委员似乎不情愿地(widerwillig)放弃了买卖破除租赁的原则。⑨ 不过,按照 Emmerich 的观点,第二委员会在一开始就在买卖不破租赁的规则上取得一致了。⑩

"买卖(让与)不破租赁"原来规定在德国民法典第 571 条,2001 年租赁

---

① Staudinger/Gursky (2006), § 986, Rn. 65.
② MüKoBGB/Baldus, 5. Auflage, 2009, § 986, Rn. 41.
③ MüKoBGB/Baldus, 5. Auflage, 2009, § 986, Rn. 27.
④ BGHZ 90, 269. MüKoBGB/Baldus, 5. Auflage, 2009, § 986, Rn. 27.
⑤ BGH: Recht zum Besitz gegen Grundstückserwerber. BGH NJW 2001, 2885; MüKoBGB/Baldus, 5. Auflage, 2009, § 986, Rn. 27.
⑥ 此处的"买卖"指的是土地所有权通过土地登记簿而变动。Frenz, „Kauf bricht nicht Miete"—Zur Problematik der §§ 571 ff. BGB bei Grundstücksverträgen, MittRhNotK 1991 Heft 7-8, 168.
⑦ Hattendauer, Bricht Miete Kaut? NZM 2003, 666; Schmidt-Futterer/Strey, 15. Aufl., 2021, BGB § 566 Rn. 6.
⑧ Staudinger/Emmerich(2006), § 566, Rn. 2.
⑨ Fikentscher/Heinemann, Schuldrecht, 10. Aufl., 2006, Rdn. 984. MüKoBGB/Häublein, 5. Auflage, 2009, § 566, Rn. 6.
⑩ Staudinger/Emmerich (2006), § 566, Rn. 2.

法改革条文顺序变为第566条,内容没有实质改变。① 德国民法典第566条第1款规定:"出租人在将住房(Wohnraum)交付承租人后转让该住房于第三人的,该第三人取代出租人而承受其作为所有人期间的权利义务。"该条虽然仅规定了出租的住房适用买卖不破租赁的规则,但德国民法典第578条关于土地和房屋(Raeume)②、第578a条关于登记的船舶、地上权等,以及航空器法上的飞机的租赁合同,均适用买卖不破租赁的规则。③ 不过,这些指示援引性规定在法效果方面部分上软化了买卖不破租赁的原则,即在一个相对于承租人为合适的期限之内,受让人可以解除租赁合同。④

按照德国学者卡纳里斯的观点,买卖不破租赁的规则显示了让与保护意义上的债权物权化。⑤ 德国学者 Dulckeit 称之为不完全的债权物权化。⑥ 其他学者则主张这里没有所谓的债权物权化。⑦ 虽然债权物权化是经常被提及的观点,但买卖不破租赁并非债权物权化,是德国主流学说。⑧

（三）"一物二卖"与不动产占有权击破

由于德国民法典第986条第2款仅适用于动产,不动产有权占有人没有针对新所有权人的占有权抗辩,而承租人可以根据第566条例外地维持其有权占有。⑨ 在不动产"一物二卖"的情形,在先买受人不能以其有权占有对抗新所有权人的所有物返还请求权;而在动产"一物二卖"中,第一买受人可以其有权占有对抗第二买受人的所有权返还请求权。

举例而言,甲从乙购买房屋,并取得占有,但尚未办理所有权登记,乙又将房屋转让给第三人丙,并取得所有权登记。丙向甲主张房屋所有权返还。甲应予返还。原因在于,在不动产一物二卖,第一买受人有权占有可以为不动产第三取得人的所有权返还请求权击破。而在动产,法律效果则完全不同,例如,甲从乙购买电脑,甲取得占有,但因价款未付清尚未取得所有权,乙将电脑转让给第三人丙。丙向甲主张电脑所有权,按照德国民法典第986条第2款,甲可不予返还。在动产"一物二卖"不存在第三取得人对第一买受

---

① MüKoBGB/Artz, 5. Auflage, 2008, § 566, Rn.1.
② 带有墙壁和顶棚的封闭性的建筑物或建筑物的部分,比如供大牲口居住用的马棚以及写字楼、工商业用房等。Eckert, Schulze/Dörner/Ebert, BGB, 5. Auflage, 2007, § 578, Rn.3.
③ MüKoBGB/Häublein, 5. Auflage, 2009, § 566, Rn.7.
④ MüKoBGB/Häublein, 5. Aufl., 2007, BGB § 578, Rn.8.
⑤ Canaris, a.a.O., S.397.
⑥ Dulckeit, a.a.O., S.20-21.
⑦ MüKoBGB/Häublein, 5. Auflage, 2009, § 566, Rn.2.
⑧ Staudinger/Emmerich (2006), § 566, Rn.4.
⑨ Staudinger/Gursky (1999), § 986, Rn.59.

人有权占有击破的可能。买受人的这种法律地位甚至已经物权化,期待权理论就是对此的解释。当然,甲也可以自己决定将物返还后位所有权取得人,但这不属于第986条第2款的情形。①

"一物二卖"在不动产与动产法律效果上的差异为预告登记制度所"弥补"。德国法上的预告登记制度在于保障第一买受人最终取得所有权的利益。按照德国民法典第883条第1款的规定:"为保全取得或者废除对土地的一项权利的请求权,或者保全取得或者废除一项对土地所负担的权利上的权利的请求权,或者保全变更上述权利的内容或者变更其顺位的请求权,可以在土地登记簿中作预告登记。为保全将来的请求权或者附条件的请求权,也允许作预告登记。"在上例,甲为保全其取得房屋所有权的请求权最终实现,可以将其请求权进行预告登记。

德国民法典第883条第2款为关于预告登记的效力的规定:"在对土地或者权利作预告登记后所进行的处分,如果此处分可能损害或者妨碍请求权,为无效。以强制执行或者假扣押的方式或者由破产管理人所进行的处分,亦同。"在上例,如果甲取得房屋所有权的请求权进行了预告登记,则丙的所有权相对于甲无效。甲既可以主张涂消丙的登记,也可以其预告登记对抗丙的所有权返还请求权。即使甲取得所有权的请求权罹于时效,丙也不能有效地主张所有权返还。预告登记制度发挥了与动产有权占有类似的功能。

二、"债权物权化"的理论解说

德国民法典第986条第2款、第566条均存在债权相对性的突破的问题,并且与占有相结合的债权在德国法上为侵权法所保护,是第823条意义上的"其他权利"。这里与占有相结合的债权人的法律地位,是否体现了债权的物权化,在德国学者之间存在争议。不过,这两项制度已经成为基本的法律现实,"买卖不破租赁"的规则已经让人们"忘记"罗马法还存在买卖破除租赁的制度历史;而基于债的关系的有权占有可以对抗所有权人的返还请求,现在甚至已经几乎没有人追问其合理性,它已经成为学理及实务的基本见解。②

那么,为什么与占有结合的债权具有特殊的效力?这是偶然还是具有某种必然性?不动产有权占有与动产有权占有的区分是否合理?这些问题涉

---

① 关于德国民法典第986条第2款所规定的"拒绝所有权返还请求权"的本质为抗辩权(Einrede)还是抗辩(Einwendung)曾存在激烈争论。目前德国主流学说认为是抗辩而非抗辩权。

② Sosnitza, Besitz und Besitzschutz, Mohr Siebeck Verlag, Tübingen, 2003, S.81.

及有权占有的法律理由的问题,值得进一步追究。就笔者所见,在是否存在债权物权化以及如何解释上述制度的问题上,德国学者有如下观点。

(一) 占有与债权的公示

这种观点的基本逻辑就是,债权本来仅在相对人之间有效,但是与占有结合使债权对外具有公示性,因而具有对抗第三人的效力,即问题的关键不在于债权物权化,而是在于与占有结合而公开的债权应为他人所尊重。这主要是在债权作为侵权法保护的对象的意义上而言的。笔者对这种观点略作发挥,即在有权占有人相对于物的受让人而继续其权利状态的问题上,这种理论或许也可以作为一种解释,即债权人占有存在"债权负担"的物,则这种权利负担具有外部识别性,受让人应考虑第三人权利存在的可能。

债权公示的观点是德国帝国法院在判例中采用的观点。① 德国的帝国法院1904年处理的一个案件中即有体现:

> 被告于1902年10月开始在租赁的小酒馆内经营餐饮和旅店的生意,他的邻居原告在隔壁经营着倒卖石油的大买卖。被告从搬进之日起就主张石油从墙壁渗过来,他的房子里都是石油味,并且这增加了火灾的危险。他向原告要求2000马克的赔偿,他的邻居不但拒绝了他的要求,而且提起诉讼声称,被告不能主张2000马克的赔偿,并且由于被告的房屋有油味而且有火灾风险,按照警察法上的规定,被告的房屋不适合作为酒馆。

这个案子很有趣,就本文在此涉及的问题而言,德国帝国法院认为:"上诉法官认为违法侵害与占有结合的债权不产生损害赔偿请求权的观点是错误的。"②"伴随着占有的移转承租人的权利超出了债权的范围。它现在不仅仅在承租人与出租人之间,而是任何人均须对经由占有而可识别的租赁权(Mietrecht)予以尊重"。③ Dulckeit在此评论道,占有享有物权的保护,不是因为它是物权,而是债权转化为一项"公开化的权利"(kundbares Recht),因而可以像保护物权那样来保护它。④ 他认为,在此还是占有的"公示功能"(Publizitaetsfunktion)起到债权侵权保护的正当化基础的作用。

这里,应该注意,不动产承租人并非因为其登记入土地登记簿,而仅仅是

---

① RGZ 59, 326.
② RGZ 59, 327-328.
③ RGZ 59, 328.
④ Dulckeit, die Verdinglichung obligatorischer Rechte, Mohr Siebeck Verlag, Tübingen, 1951. S. 15.

因为其事实上的占有享有对抗第三人的侵权法上的保护,不动产占有对于非登记类不动产上的权利保护有意义。

(二) 有权占有保护与占有(Gewere)权利外观

权利外观是日耳曼法上的理论。按照德国著名罗马法史学者 Dulckeit 的观点,德国民法典中的占有制度既有罗马法的因素,也有日耳曼法的因素,并因此呈现出内部的断裂。① 他认为,德国民法典关于占有保护的规定与日耳曼法上的占有制度无关,占有保护的规定是罗马法占有制度的体现,②其在罗马法上主要是为了在所有权诉讼中确定举证责任分配,同时也具有维持社会和平的功能。至于债权物权化既与罗马法的占有制度无关,也不是民法典立法者所欲求的,继承罗马法的占有保护制度仅仅是一种不问权利的事实保护。③

日耳曼法上的物权制度及物债关系与德国民法典不同,德国民法典采纳物权、债权严格区分的原则,债权是一种相对的请求权,而物权是一种绝对的支配权。在物权变动上,德国民法典采纳分离原则和抽象原则。而日耳曼法没有严格的物债划分,在所有权移转上实行所谓的"合同原则",即买卖生效,买受人即取得所有权,但仅仅是一种相对的所有权,通过事实占有或登记簿占有的移转,买受人的所有权公示化,转化为对世性的绝对权。这里存在一个从债权向物权的运动和转化的过程,合同和物权之间不是严格分离的。通过占有的移转使权利外观化,相对性的物权转化为绝对的物权,日耳曼法上的占有(Gewere)具有最终的"物权化"(Verdinglichung)的作用。④ 这种占有具有占有和所有的双重性,占有的移转使取得人的权利穿上了绝对性的"外衣"。

按照 Dulckeit 的观点,有权占有保护是日耳曼法占有制度的体现,并主要体现在德国民法典第 1007 条以及第 823 条的占有权侵权法保护之中。很多学者指出第 1007 条的立法目的不清晰,其实际意义也很有限。⑤ 但 Dulckeit 认为第 1007 条很重要,甚至在德国民法典物法体系中处于枢纽的地位。

按照第 1007 条第 1 款的规定:"如果现占有人在取得占有时非基于善意,则动产的先占有人,可以向现占有人主张物的返还。"该款规定在于相对

---

① Dulckeit, a. a. O., S. 29.
② Dulckeit, a. a. O., S. 13.
③ Dulckeit, a. a. O., S. 13.
④ Dulckeit, a. a. O., S. 12.
⑤ MüKoBGB/Baldus, 5. Auflage, 2009, § 1007, Rn. 1-9.

于恶意占有取得人保护在先占有人。不过，在法律禁止的自力的情形，存在第858条以下条款的适用。按照第1007条第2款的规定："如果物从在先占有人处被盗、遗失的，在先占有人也可以向善意占有人请求返还，除非善意占有人为物的所有人或于在先占有人占有之前遗失该物。对于金钱及有价证券不适用此规定。"该款针对善意现占有人也赋予在先占有人以占有保护，条件是在先占有人非自愿丧失物的占有，但现占有人为物的所有人或者与在先占有人处于相同的地位，即其也是物的遗失人时，在先占有人没有优越地位。第1007条第3款第1句是排除性的规定，即"在先占有人取得占有是非善意或者其后放弃占有的，其占有返还请求权消灭"。就是说，在先占有的保护仅在其善意而非自愿丧失占有的情况发生。比较重要的是第1007条第3款第2句，即"除此之外，第986条至第1003条的规定有其适用"。在先占有人如所有权人一样享有第986条以下的物权请求权。

　　Dulckeit认为，第1007条是从日耳曼法上的"中断占有之诉"(Klage aus gebrochener Gewere)发展而来。① 他认为，第1007条保护的是有权占有，即"是相对于基于物权的占有，也相对于基于债权的占有而言的"。第1007条保护有权占有的理由首先在于其体系位置，即第1007条规定在"物权请求权"的章节之下；其次在于第1007条第3款第2句将占有保护的规范基础指向第986至第1003条。他说道："这清楚地表明，有权占有与所有权是有同样地位的；或者说：占有权给占有人以物权化的保护；或者说：占有使每个与占有结合的债权成为一项物权。"② 这导致的结果是，与动产占有结合的债权享有广泛的物权保护。按照Dulckeit的理解，第1007条的存在是对德国民法典物债二分的体系逻辑的一个重大违反。

　　Dulckeit认为，单纯的为第858条以下关于占有保护规定所保护的占有，不能享有侵权法关于"其他权利"规定的保护，即使法律对其进行侵权法保护，其法律基础也不在于其权利的属性，相反，第1007条关于有权占有保护的规定，"不仅使债权像物权那样，而且使与占有结合的债权本身转化为一项物权"③。他说道："通过这种方式，似乎与物法体系违反的第1007条，将可能使过错侵犯有权占有的情形得到侵权法的广泛保护。"在这里，债权与占有结合而物权化并因而为第823条第1款关于保护"其他权利"的侵权法规则保护。该作者解释道，公示原则或者说权利表象理论不仅在交易领域，

---

① Dulckeit, a.a.O., S.13.
② Dulckeit, die Verdinglichung obligatorischer Rechte, Mohr Siebeck Verlag, Tübingen, 1951. S.13.
③ Dulckeit, a.a.O., S.16.

在侵权法也有其适用。①

按照 Dulckeit 的观点,在德国民法典的体系之内,第 1007 条在先占有人的请求权、第 883 条的预告登记、第 823 条第 1 款关于其他权利保护的规定,是债权物权化的真正基础,即是一种真正的债权物权化。而出于维护物债二分体系划分的理由,第 986 条第 2 款所规定的仅仅是针对新所有人的一种抗辩(Einwendung),买卖不破租赁的规则隐藏在债法部分,也是一种不完全的物权化。不过,他认为这些不同的"债权物权化"现象均与事实占有(Sachbesitz)或"登记簿占有"(Buchbesitz)相联接。因此,德国民法典采纳了日耳曼法的占有的公示原则(Publizitaetsfunktion)。② 但日耳曼法的公示原则只是个别地而不是逻辑一贯地存在于民法典之中,即仅在于与债权性的物的占有相联接并使之物权化,这导致潘德克吞体系下的民法典物债二分的结构出现不协调之处。③ 他认为,所有尝试在现有体系之内对此进行理论解说的尝试,都注定无法成功,问题的根源在于民法典财产法体系物债的二元划分。他认为,严格的物债二分应予抛弃,从合同到物权不是一个合同生效与合同履行的对立,而是一种从合同到物权的"运动"(verwandeln)过程。Dulckeit 的理论意在打破严格的物债划分,建立一种新的财产法体系。

对德国民法典第 1007 条的来源是存在争议的,对于第 1007 条的解释有不同的观点。最初人们认为,在此法律保护的是占有中所化体的权利。后来,人们又认为,第 1007 条直接把占有当作一种权利来保护,即在先占有本身即为占有保护的母权(Mutterrecht)。④ Wieling 认为,第 1007 条不在于对任何占有人不加区分地保护,而在于保护善意占有,也就是有权占有人。⑤ 他认为,第 1007 条源于罗马法的布布里奇之诉,目的在于保护时效取得期间占有人的相对性所有权人地位。他同时认为,第 1007 条有日耳曼法的渊源。⑥ 就笔者所见,Dulckeit 与 Wieling 的观点具有相似性,均强调第 1007 条保护有权占有,且认可相对性物权的存在。无论如何,Dulckeit 对第 1007 条所持有的背离潘德克吞物债二分体系框架的解说,是一种很重要的观点。

我们可以认为,Dulckeit 的理论对日耳曼法上占有的公示作用在债权物权化问题上的意义非常看重,这种观点是从德国民法典体系之外出发来看待

---

① Dulckeit, a. a. O., S. 17.
② Dulckeit, a. a. O., S. 29.
③ Dulckeit, a. a. O., S. 29.
④ Sosnitza, a. a. O., S. 182-183.
⑤ Wieling, Sachenrecht, Band 1, Sachen, Besitz und Rechte an beweglichen Sachen, Springer, Berlin, 2006, S. 639.
⑥ Wieling, a. a. O., S. 663.

债权物权化问题的,并试图以此为基础对德国民法典物债严格划分的二元体系进行重构。Dulckeit 从日耳曼法的占有制度的历史出发,但占有所具有的权利表象的功能的法律理由,也因而是没有被进一步追究的。从实质法律理由而言,占有作为权利表象的载体,应是物法中信赖保护原则的体现。权利表象在德国有广泛的适用空间,不仅仅限于物法。并且,物法中的信赖保护与其他制度中的信赖保护的关系,值得进一步探究。① 这里实际也涉及权利表象载体是否法定的问题。

另外,这种理论将有权占有的侵权法保护与占有公示功能相联接,这样,有权占有的"保护功能"与"公示功能"是统一的。

在 Dulckeit 的理论中,动产的事实占有和不动产的登记簿占有是分开的,不过,对于第 571 条的买卖不破租赁,他在物的事实占有上进行解说,因此,在他的理论体系中,不动产的事实占有与"登记簿占有"的关系还不清晰。这是他的理论的一个弱点。

(三) 有权占有与"相对性的支配权"

相对性的支配权的观点主要与德国民法典第 986 条的本质争议有关。按照德国学者 Siber 的理论,如果所有人还有合同、侵权、不当得利作为请求权的基础,则他不额外需要所有权返还请求权,他从请求权简便(Anspruchsoekonomie)的角度出发。② 但他的这种观点遭到反对,今天普遍的观点认为,所有权请求权相对于债法请求权并非处于从属地位。③ 这样,物权请求权的适用范围就很大了,这涉及其与有权占有的关系,也就是德国民法典第 986 条第 2 款对所有权请求权的排除。

对于有权占有的问题,Raiser 认为,"问题的关键在于民法典物债二分的结构存在问题"。④ 按照 Raiser 的逻辑,从 19 世纪末期以来,物债二分的观

---

① "权利表象理论"在德国的适用很广泛,占有制度仅是其中的一种表现。在一个女律师买灯的案件中,精致而干练的女律师在网上为自己订购灯具,为了能够直接收到订货,她把收货人的名字写成了她的老板,收货地址也是其所在的律师事务所。当年轻而好挑剔的女律师想把灯具退掉时,她作为消费者的身份遭到质疑,卖灯的店家主张,按照"权利表象理论"这里不存在消费者合同。很明显,这里发生了消费者保护与交易安全保护的冲突。在汉堡地方法院的上诉审中,法院从交易安全的角度判女律师败诉,但德国联邦最高法院判最终判女律师胜诉。BGH: Rechtsschein beim Lampkauf, in: Anwaltsblatt Karriere, 1/2010, S. 54.

② Ludwig Raiser, Eigentumsanspruch und Recht zum Besitz, in: Festschrift fuer Matin Wolff, Mohr Siebeck Verlag, München, 1952, S. 136.

③ Schwab/Pruetting, Sachenrecht, 30. Aufl., Verlag C. H. Beck, München, 2002, S. 252.

④ Ludwig Raiser, Eigentumsanspruch und Recht zum Besitz, in: Festschrift fuer Matin Wolff, Mohr Siebeck Verlag, München, 1952, S. 137.

点为罗马法学者和日耳曼法学者所共同接受,也为法典的立法者所接受,在这种学说体系下,作为绝对的支配权的所有权是静止的,但这种严格的所有权概念对很多法律现象无法解释。Raiser 说道:"随着时间的推移,债法的理论与物法相比已经向另外的方向发展了,合同之债并不是两个请求权的结合而是一种组织关系(Organismus)。但所有权仍然原地不动。这样的所有权概念具有简单化的好处,却导致对一些制度解释的困难,例如信托制度。"① Raiser 认为:"虽然所有权的概念没有必要动摇,但是,这种所有权应放在所有人的法律地位中来理解,这种法律地位包含了多样的权利和义务,并且按照物的目的性这种法律地位存在分层(Abstufung)和分化(Dieffenzierung)的可能性。"②就是说,虽然绝对所有权的概念有存在价值,但是不排除其他所有权类型从这种所有权概念偏离。

从这种观点出发,Raiser 认为:"所有人将物出租或者交由他人保管,不仅仅建立一种债的关系,同时其所有人的法律地位发生改变。"③所有人的这种法律地位的改变与占有移转相连接,即只有事实上占有移转,才能建立一种法律意义上的"支配"。按照这种观点,债权人基于占有取得一种相对性的支配权。这种相对性的支配权对所有权是一种限制,即"所有人的法律地位相对于有权占有人发生了改变,他相对于占有人的返还请求权被排除"。也就是说,在这种情形,所有人没有所有权返还请求权,也就不需要占有人特意主张,第 986 条第 2 款因而是一种法律上的抗辩,而不是一种抗辩权。④

按照有德国学者的说法,相对性支配权的观点在 20 世纪 70 年代成为主流观点。⑤ 这种观点也与罗马法上以布布里奇诉讼为基础的更好的占有保护理由有相似之处。无论如何,相对性的支配权起码是一种非常重要的观点。这种观点也为 Gursky 追随。⑥ 按照这种观点的逻辑,所有权因占有权的存在而本身发生改变,债权性的占有权限制所有权人的法律地位,民法典物权与债权严格划分的逻辑变得模糊。⑦ 我们可以认为,相对支配权的观点也对德国民法典物债二分的结构进行解构和重构。

Raiser 的相对支配权的理论主要在于解释第 986 条,相对支配权排除所有人的所有物返还请求权,但第 986 条第 2 款适用于动产,不适用于不动产。

---

① Ludwig Raiser, a.a.O., S.137.
② Ludwig Raiser, a.a.O., S.137.
③ Ludwig Raiser, a.a.O., S.137.
④ 值得注意的是,梅迪库斯将需要主张的抗辩和不需要主张的抗辩均称作抗辩权。参见〔德〕迪特尔·梅迪库斯:《德国民法总论》,邵建东译,法律出版社 2000 年版,第 90 页。
⑤ Sosnitza, a.a.O., S.88.
⑥ Staudinger-Gursky (1993), § 986, Rn.1.
⑦ Sosnitza, a.a.O., S.90.

因而,相对性的支配权的理论有其局限性。不过,从 Raiser 对德国民法典物债二分体系的批评来看,不动产占有上的相对支配权也存在空间,这在买卖不破租赁的规则尤其具有解释的空间。从相对性的支配权的观点来看,也不应区分动产与不动产,从债权与占有结合成立相对支配权这一点来看,两者的结构是相同的。Raiser 也指出:"在第 986 条第 2 款、第 571 条、第 581 条,当所有权人为债法关系所拘束,所有权的后位取得人也不得主张所有权返还。"①按照这种观点,起码在买卖不破租赁的情形,承租人的有权占有与动产占有相类似,也是一种相对性的支配权。

不动产在先买受人的有权占有是否是一种可以对抗后位取得人的相对性支配权,Raiser 没有在其文章中明确。在不动产的情形,由于占有公信力为登记簿所取代,有权占有不能建立不动产权利公信力,德国主流观点也认为,在"一物二卖"的情形,不动产有权占有人无法直接对抗后位买受人的所有权返还请求权。②但如果从 Raiser 的有权占有切割所有权人的占有权的观点出发,似乎又应承认不动产有权占有的相对支配权的法律地位,排除包括已登记的后位买受人在内的所有权返还请求权。而相对支配权的观点对动产与不动产是普遍适用的。因此,至少可以说,能否认为不动产有权占有排除新所有人的返还请求权,从这种学理出发尚不明确。或者更进一步,有权占有可以对抗后位登记权利人符合相对支配权的逻辑。

(四) 有权占有与"物权化权"③

上面的两种观点均对德国民法典物债二分的体系提出质疑,并试图对之进行重构,Dulckeit 的理论从罗马法及日耳曼法出发,Raiser 的理论从法律的发展出发。与这两者不同的另一种观点在民法典的体系框架之内来看待物权债权化的问题。卡纳里斯在与 Dulckeit 同名的《债权物权化》一文中,即在民法典物债二分的框架之内对债权物权化的问题进行了阐释。

与 Dulckeit 不同,占有在卡纳里斯的债权物权化体系中仅有小部分的分量,他批评 Dulckeit 过于看重占有的作用,并举出信托所有权的例子作为反驳。而且,占有在卡纳里斯的物权化体系中不是债权物权化的一种原因,占有在物法中是物权公示原则的基础,而公示原则不是物权的标准,相反是一种结果,即物权应具有公示性的特征,除此之外,物权尚包括类型法定原则、

---

① Ludwig Raiser, a. a. O., S. 139.
② Staudinger/Gursky (2006), § 986, Rn. 60.
③ "物权化权"(dingliches Recht)并不是字面译法,在卡纳里斯的文章中,权利也是物权化权的客体,并且"物权化权"不是物权(Sachenrecht)的下位概念。将"dingliches Recht"译为绝对权又显得过于遥远。

客体特定原则等,这些原则在物权化权上也应适用。① 可见,与 Dulckeit 不同,卡纳里斯的理论遵守德国民法典的概念体系,占有在卡纳里斯的体系中不具有决定性的意义,有权占有(das Recht zum Besitz)仅仅是债权物权化的一种类型。卡纳里斯主要是对德国民法的制度进行描述性的归纳整理,按照他的观点,立法者可以自由决定是否将某种债权物权化,债权物权化在于为立法者提供一种工具。②

对于第 986 条第 2 款,卡纳里斯评论道:"第 986 条第 2 款包含一种一般的法律思想,就像在第 936 条第 3 款一样,即物的取得人原则上应预期或考虑到占有人的权利并应对此予以尊重,即使这种权利仅为债权性的。"③就是说,有权占有相对于物的所有权取得人具有某种优越性,所有权人面对在先有权占有应予退让。不过,"法律对有权占有的转让保护以其占有的存续为前提,如果占有人即使是非自愿地丧失占有,也不能继续享有第 986 条第 2 款的抗辩。"④按照笔者对这种观点的理解,第 986 条第 2 款仅仅是一种抗辩,是一种抵抗(权)而不是一种请求权。如果所有人从有权占有人取回所有物,并转让给第三人,这时,第 858 条、第 861 条不起作用,第 986 条第 2 款也不能发挥作用,只能是第 1007 条可以帮助有权占有人重新获得占有。这里,卡纳里斯虽然说有权占有的保护具有合理性,但从所援引的法条来看,应限于动产。而有权占有的法律效力作为"一般法律思想",为何在不动产不适用,是让人感到疑惑的。

第 986 条第 2 款在不动产不能适用,第 571 条(新法第 566 条)是一种相对于第三人的让与保护。⑤ 对于占有在租赁法律关系中的作用,卡纳里斯说道:"在承租人取得占有之前,一方面他的利益相对于取得人还不值得保护,另一方面取得人在这之前也无需考虑承租人的有权占有(Recht zum Besitz)。"从承租人的这种基于占有而取得的法律地位的角度来看,"在学理上来讲,与广为流传的误解相反,占有移转(Ueberlassung)在不动产法中对于权利的公示(Verlautbarung)绝不是不重要的"⑥。这在不可登记的不动产权利的情形尤为如此。

不过,按照卡纳里斯的观点,除少数例外,第 571 条不能类推适用于其他债权性不动产有权占有人,承租人的法律地位不反映在登记簿之中,对于以

---

① Canaris, a. a. O., S. 379.
② Canaris, a. a. O., S. 378, S. 425.
③ Canaris, a. a. O., S. 392.
④ Canaris, a. a. O., S. 393.
⑤ Canaris, a. a. O., S. 393.
⑥ Canaris, a. a. O., S. 393.

登记为公示方式的不动产权利,不能通过第571条的类推适用加以保护。以登记为公示方式的不动产有权占有人可以通过预告登记制度来保障自己权利最终实现,与承租人的法律地位相比,有权占有人在此不值得以同样的方式加以保护。① 所有权第三取得人也无需考虑不在登记簿中预告登记的有权占有。② 因此,基于不动产买卖合同的有权占有人的法律地位还没有物权化。与此不同,那些不能预告登记的不动产利用权,则应作不同处理,就是说,在此存在物权化的可能。

卡纳里斯的观点可以概括为,占有在不动产权利的公示上处于补充性的地位,占有对于在买卖不破租赁之外的类似情形中的债权物权化有公示的意义。

卡纳里斯的观点为梅迪库斯所赞同。梅迪库斯认为,原则上第986条第2款不能适用于不动产,因为在不动产没有第936第3款(即在通过返还请求权让与而转让所有权的情形,即使善意第三人不知道物上权利负担的存在,占有人的权利也不消灭)可资适用,而不动产占有对于不动产所有权取得的意义也很有限。③ 不过,在对第571条(新法第566条)是否扩大适用的问题上,梅迪库斯援引了德国联邦最高法院的判决,该判决赋予通过整体转让而取得占有的不动产买受人以对抗不动产第三取得人的抗辩。④ 可以认为,梅迪库斯对该判决持肯定态度。⑤ 弗卢梅认为,与债的原因关系相结合的占有不仅仅形成相当于法锁的债法上的义务,而是直接涉及所有权权能,并且可以类比第185条意义上的处分。⑥ 弗卢梅在此所谈及的案例,也恰恰是土地租赁的不动产领域。

笔者以为,梅迪库斯、弗卢梅、卡纳里斯等重要学者的观点,无论如何是值得重视的,占有对于不动产权利公示的意义不可忽视。

(五)债权物权化否定说

1. 对德国民法典第986条第2款的解说

Sosnitza对经由占有的移转而导致债权物权化的观点表示反对,他不同意相对性的支配权的观点。相对性的支配权作为物权与债权的一种中间形

---

① Canaris, a. a. O., S. 394.
② Staudinger/Gursky § 986 Rn. 59-63.
③ MünchKomm-Medicus (1986), § 986, RdNr. 21.
④ BGHZ 90, 269, NJW 1984, 1960.
⑤ MünchKomm-Medicus (1986), § 986, RdNr. 22.
⑥ 〔德〕维尔纳·弗卢梅:《法律行为论》,迟颖译,法律出版社2013年版,第166、1086页。

态,为冲破物权与债权二元划分的债权物权化铺平了道路。① 他认为,"应区分权利的归属(Rechtszustaendigkeit)和权利的行使(Rechtsausuebung)",与此相应,"权利的移转和单纯的(权利)行使的移转也应区分"。② 在前一种情况中,权利本身暂时或者永久地与权利人分离,而在后者权利仍然停留在所有人(Inhaber)处,仅仅是通过债的方式权利的行使被赋予另一主体。"债权性的有权占有并非对所有人所有权的部分切割,基于合同的有权占有通过合同而确定,占有人的使用权限的种类和范围依附于合同本身。"③Sosnitza 的观点否定有权占有的独立性,他将占有放在合同及债的关系之中来理解,"债权性的占有权并没有从债的合同中分离或独立,而是直接来自合同并且依附于合同存在"。④

Sosnitza 的观点也反映在时效法上,他的观点与德国主流观点不一致。对于有权占有人取得所有权的请求权诉讼时效已过,能否基于有权占有而拒绝所有权人的返还请求权的问题,德国帝国法院和联邦最高法院的观点认为,基于买卖合同的占有移转义务已经履行,就这一点而言,不存在诉讼时效已过的问题,已经履行的占有移转请求权与时效无关。⑤ Sosnitza 不同意这种观点,他认为,基于买卖合同的占有权随着合同时效的经过而消灭(erlöschen)。⑥ 他否定占有的独立价值,将占有取得视为所有权取得的准备阶段,而一旦所有权移转时效已过,则占有移转的目的就丧失了。⑦ 买受人如果在存在同时履行抗辩权的情况下仍然先付款,应自己承担风险。

概而言之,Sosnitza 对基于第 986 条第 2 款的债权性的有权占有的物权化表示反对,并将基于债的关系的有权占有的效力局限在债的关系中进行解释。他的观点在德国民法典的框架内说服力有限。

2. 对买卖不破租赁的解说

对于德国民法典第 566 条所规定的"买卖不破租赁"是否是债权物权化的问题,德国主流学说持否定态度。德国学者 Häublein 指出,第 566 条并非违反体系的债权物权化,其与第 986 条第 2 款动产占有物权化的情形不同。⑧ 不动产物权的公示方式为登记,而按照德国民法典立法者的决定,承

---

① Sosnitza, a. a. O. , S. 95.
② Sosnitza, a. a. O. , S. 98.
③ Sosnitza, a. a. O. , S. 98.
④ Sosnitza, a. a. O. , S. 99.
⑤ RGZ 138, 296 (299), BGHZ 90, 269(270). Sosnitza, a. a. O. , S. 101.
⑥ Sosnitza, a. a. O. , S. 101.
⑦ Sosnitza, a. a. O. , S. 102.
⑧ MüKoBGB/Häublein, 5. Auflage, 2008, Einl § 566, Rn. 2.

租人的法律地位不能在不动产登记簿中登记。租赁关系的登记将造成登记簿烦琐和记载内容过重,过于频繁的不动产登记簿变动也将有害于登记簿的清晰性。① 不动产债权物权化的方式是预告登记,占有并非不动产物权的表现方式,也不具有将债权物权化的能力。从法律效果的角度来看,不动产权利取得人的权利相对于预告登记权利人无效,而这也不是"买卖不破租赁"制度的内容。基于租赁合同的不动产移转不是支配(Verfugung),所以也不存在租赁权善意取得的问题。② 更为重要的是,承租人的法律地位也优先于预告登记人,承租人的占有权保护优于不动产登记簿权利的取得。

承租人的这种法律地位源于法律政策上的考量,第566条以下在于承租人占有的保护,如果没有这样的规定,承租人无法对抗租赁物所有人的返还请求权。法律赋予承租人优先地位,在于保护其对不动产的使用的延续。不过,按照德国学者 Häublein 的解释,这里也体现了物法上的公示原则的考量,即租赁物的交付(Ueberlassung)是第566条适用的前提,这里"并不是租赁合同,而是承租人的有权占有建立了承租人保护的连接点"③。这里存在的是使用的转让,是一种长期的债的关系,而非物权化。承租人保护并非来自于债权物权化,而是以在民法典中广泛存在的原则为基础,即"未取得直接占有的所有权取得人相对于直接占有人不值得保护"④。可见,即使是不承认债权物权化,占有的意义也是被强调的。

德国民法典第566条在第986条第2款之外更进一步,这里不是承租人取得对抗新所有人的抗辩,而是新所有人进入到租赁法律关系中来。德国学者对此解释道,如果仅仅有第986条第2款,则租赁合同的履行出现问题,承租人必须首先找到出租人,而出租人又必须转向买受人,这里出现一种"三方关系"(Dreipersonenverhältnis)。这对于一种延续性的法律关系而言,存在不便,因而法律从实用的角度出发也应作出这样的规定。⑤

三、占有与原因关系的分或合

在德国民法典中,占有规则在体系上独立地置于物法,基于债的关系的有权占有没有单独的体系定位。从物债二分而言,占有与原因关系甚至是必须要分开的,这在买卖法有更为明显的体现。就此而言,有权占有概念本身就是不合乎体系逻辑的,不应当存在有权占有。但是,有权占有恰恰强调占

---

① Mugdan, II S.214. MüKoBGB/Häublein, 5. Auflage, 2008, § 566, Rn.2.
② Staudinger/Emmerich (1997), § 566, Rn.11.
③ MüKoBGB/Häublein, 5. Auflage, 2008, § 566, Rn.2.
④ MüKoBGB/Häublein, 5. Aufl., 2008, § 566, Rn.3.
⑤ MüKoBGB/Häublein, 5. Aufl., 2008, § 566, Rn.3.

有与原因关系的结合,即基于债权的占有,而债权离不开原因关系。如上所述,与原因关系结合的占有不仅在法典中无法抹杀,在社会生活中也具有相当的重要性。

德国民法典第986条赋予有权占有人对抗新所有人返还请求权的效力,这是有权占有效力的体现。按照有些学者的观点,德国民法典第1007条对有权占有给予了与所有权同等的保护。也就是说,有权占有通过物法的占有保护规则而物权化。占有与原因关系的结合至少是有德国法的实证基础的。在第823条第1款,有权占有人取得类似所有权的其他绝对权人地位。这也应当是占有与原因关系结合的体现。有权占有所带来的占有与原因关系的结合,相对于物权行为无因性而言是一个不同的框架。对于占有与原因关系,还有另一种观点,即将占有限缩在原因关系之内,不承认占有超越相对性关系之外的效力。这种观点在德国是少数学说,但不乏支持者。在破产法上,基于相对性的债的关系的有权占有与其基础法律关系享有同样的命运。① 那么,占有被原因关系吸收,并根据原因关系来确定占有保护的尺度?还是占有相对独立于原因关系,并且原因关系成为强化占有保护的法律理由? 这是需要探讨的问题。

我国《民法典》第458条规定:"基于合同关系等产生的占有,有关不动产或者动产的使用、收益、违约责任等,按照合同约定;合同没有约定或者约定不明确的,依照有关法律规定。"德国的少数学说似乎为我国法所采纳。并且,该规定有罗马法的影子。笔者以为,该规定确定了当事人的约定优先于占有规则的模式,但为协调与占有保护规则的关系,对该规定仍需限缩解释,似可区分占有在合同当事人之间的效力和相对于第三人的效力。在当事人之间,一般应当可以由双方任意约定,涉及第三人利益以及公序良俗的则应当慎重。例如,承租人与出租人约定不付租金断水断电,可基于合同相对性认可其有效性。但是,基于占有保护的法律理由,即使在直接当事人之间,可能也无法完全排除强制性的占有保护规则的适用。也就是说,基于合同关系产生的占有,也不能完全交给当事人任意约定,而仅仅是在当事人没有约定或约定不明的情形。例如,出租人与承租人关于可自力取回租赁物的约定,其有效性可能就是值得商榷的。在此,法律关于占有保护规则的优先性至少是可以提出的。也就是说,虽然法律在一定情况下可以容忍当事人的自力行为,但是作为基于双方约定而明确提出的自力取回,则是不允许的。

另外,我国《民法典》物权编并未明确区分动产占有和不动产占有,这为

---

① BeckOK BGB/Fritzsche, 63. Ed. 1.8, 2022, BGB 986 Rn. 30.

取得占有的不动产买受人提供了对抗登记权利人的基础。取得占有的不动产买受人可以基于有权占有对抗登记权利人的所有物返还请求权。这与我国《民法典》没有德国民法典第985条第2款的规则有关,也说明我国不动产登记制度与德国存在差异。基于买卖的债权性不动产有权占有人的优越法律地位说明中国法对有权占有的保护更强。值得说明的是,这里无需求助于我国关强制执行的司法解释来说明不动产有权占有的对抗效力。当然,这里还涉及与我国《民法典》第458条关于合同约定优先性的关系,所以也并非看上去那么明确。至少当事人没有明确约定的情形下,不动产在先有权占有的效力应具有优先性。即使在第458条,当事人的非公示性的另外约定能否对抗占有公示,也是很有疑问的。

四、小　结

有权占有保护是占有保护对权利保护意义的展开,涉及有权占有保护与权利保护的冲突。德国学者对此有不同的观点。在上述关于债权物权化的法律理由的诸观点中,卡纳里斯的物权化权和债权物权化否定说两种观点均强调维持债权、物权二分的民法体系。两者的区别在于,前者更多的是描述性的、外在概念体系式的阐述,后者则从法律理由的角度强调规范的实质合理性问题,两者的方法有不同。相对性的支配权和占有权利外观理论没有从德国民法典的物债二分的体系出发,而是试图突破这种体系限制。德国帝国法院的债权公示说实际也没有从德国民法典的体系出发,仅仅因为债权的公示而赋予其优先效力,并不符合物权效力优于债权效力的原则。

无论如何,这些观点的共同性在于:占有导致权利具有外部可识别性,占有人对占有物利用的稳定性,具有值得保护的价值。这在动产和不动产又有差异。在动产,基于德国民法典第986条第2款,债权性有权占有人可以对抗后位所有权取得人。主流观点认为这种情形属于债权物权化,甚至否定德国民法典第566条买卖不破租赁为债权物权化的观点也对此表示同意。这与债权公示、权利外观、相对性的支配权及物权化权的观点均相符合,而Sosnitza对此的否定说服力似显不足。在不动产,主流观点认为,不存在基于占有的债权物权化,即德国民法典第986条第2款对不动产有权占有人不适用,所有权后位取得人原则上无需顾及物的在先占有人而基于对登记簿的信赖取得无"债权负担"的所有权,其可以向物的有权占有人主张占有返还。

有权占有在动产与不动产存在效力上的差异。不过,德国学者对不动产事实占有的效力并非忽视,债权公示、相对性的支配权、物权化权以及权利外观与占有的不动产权利公示作用均能吻合。而在对德国民法典第566条的解释上,德国学者也还是从占有对债权的公示出发,这即使在否定债权物权化的学者也是如此。由于登记簿在德国法上的绝对公信力,占有在不动产权利公示上的意义被挤压,这些理论仅具有次要的和补充的意义。

从德国法的制度来看,在有权占有保护相对于权利保护的问题上,将相对性的对物利用作为例外,而将绝对性的对物利用作为一般,不符合逻辑。从效力而言,债权性物的利用人和物的最终归属人之间的关系,不存在物权优于债权的教条。毋宁是实质的法律理由在决定制度的构成及相互关系,外在的概念建构对于具体制度的解释甚至有消极作用。物债二分及封闭的物法体系无法与有权占有制度相协调。

不动产有权占有作为有权占有保护的一般性问题,涉及不动产登记簿的制度设置,将在下文进一步讨论。

第四节 本章小结

本章讨论了占有保护与物债二分的问题。德国学者对占有的概念和本质存在争论,各种观点异彩纷呈。笔者认同占有权利说或法律地位说的观点,占有保护在于保护占有者的私人利益,保护公共利益并非占有保护的直接目的。占有不是外在的事实支配的现象,而是一种抽象的物的归属,占有的这种归属本质既通过事实支配的取得而取得,也通过事实支配而表现和存续。

从这个结论出发,本章探讨了占有保护的法律理由的问题,由于德国学者的观点充满分歧,笔者结合德国学者的观点对德国法占有保护制度的实证规定进行了解读和分析,通过这种分析既巩固了笔者关于占有的归属性本质的观点,同时也抽取出了占有保护制度所体现的"法律观点"或法律理由。

在无权占有保护的问题上,占有保护的正当性在于占有人在先取得事实支配,法律基于占有人事实支配的取得及延续本身,对占有人地位进行分配,这是一种没有权利规则介入下的物的归属的分配制度。从这一点来看,占有保护固然有其合理性,但相对于权利保护并不充分。占有保护规则不能最终排斥权利规则的介入。

在无权占有保护与权利保护的关系上,两者既有冲突也有协调的一面。只有占有保护导向于权利保护,占有保护制度的合理性才是充分的,如果占有保护与权利保护冲突、矛盾和对立,则其制度合理性存在疑问。这与占有作为相对较弱的物的法律归属的观点也是一致的。

在占有保护与权利保护的关系上,应强调两者的一致性,而不是单纯强调占有保护相对于权利保护的优先性。占有保护不能优于权利的保护。在占有保护中,应允许引入权利抗辩规则。

虽然占有保护弱于权利保护,但由于占有作为欠缺法律原因的"弱所有权",对于权利的保护有意义。占有与债权结合,则抽象的权利公示化,可以在交易中对抗第三人。占有可以强化权利的效力既体现在侵权法规则中,也体现在交易法的规则中。在占有保护相对于权利保护的正当理由方面,占有保护可以导向于权利保护,占有保护对于权利保护有意义。

占有制度体现出物债二分的局限性,占有及有权占有作为基本的对物支配,无法与物债二分的概念体系协调。在占有制度,同样是内在的法律理由在决定其制度结构和正当性,外在体系有时反而有扭曲作用。占有保护的和平说不值得支持,而占有和有权占有保护也无法在物债二分的体系内进行合理的解释。在债权性物的利用人和物的最终归属人之间的关系上,并不一般地存在后者优于前者的教条。

第五章　第一买受人与物的法律归属

潘德克吞法学的物债绝对二分体系意味着,物法是区别于债法的独立法律领域,物权的取得和变动以及物权的救济均有独立的法律依据和原因事实。物法具有独立性、封闭性和自治性。因此,物权的变动也是与债法无关的,物权行为与债权行为相区分,物权行为的效力不依赖于债权行为,这里实行所谓的"区分原则"和"抽象原则"。同时,物权有独立的救济方式,物权请求权与债权请求权相区分,物权请求权维护物权本身的完整性,与债权请求权维护债权人财产的完整性不同。或者说,物权的归属和物权的救济存在物法和债法上的双轨制。

如上文提到的,民法典第一委员会对潘德克吞的体系划分贯彻得比较严格,但第二委员会更多地从当时的现行法和实际需要出发。物债二分的理论框架在立法者那里自始就不是被严格执行的。从生活逻辑出发,人对物的支配形态具有多样性,并非物债二分的概念建构可以完全说明。关于占有制度的讨论已经使这一点很明确。同时,物债二分固然也被作为司法裁判的论证理由,但这种理由在实际的法律纠纷中几乎没有成为决定性因素。无论立法还是司法裁判,均没有为概念划分和严格的学说体系所羁绊。

物权行为是物债严格二分的逻辑结论和制度支撑。物权行为的独立性和无因性遭到后世学者的批评,德国司法实践和学理早已弱化了物权行为的"独特性",甚至有学者在比较了合意原则、交付原则和抽象原则后指出:"调整买卖契约与所有权转让关系的不同原则的法律现状,彼此间差别并不特别大。"[1]当然,该作者的观点主要从动产出发。然而,在不动产法领域这种区分的严格性可能也是有问题的。

物权与债权的区分基于买卖合同并主要在买卖合同上有意义,且其实际意义主要体现在"一物二卖"的情形。否则,即使第一买受人仅享有相对性的债权,只要出卖人仍然为物的所有人,买受人就可以通过诉讼和强制执行

---

[1] 〔意〕弗兰克·费拉利:《从抽象原则与合意原则到交付原则——论动产物权法法律协调之可能性》,田士永译,米健校,载《比较法研究》2001年第3期。

最终取得物的所有权。① 在买卖双方当事人之间,出卖人是否仍然是所有权人或者买受人是否基于买卖合同已经是所有权人,只具有相对较小的意义。② 相反,在一物二卖的情形则有不同,两个买受人之间的关系以及第一买受人的法律地位,与物债二分的问题交织在一起。

在物债二分的逻辑之下,买卖合同的订立、生效与履行完全是不同的问题,即使两者在日常观念和生活事实上是彼此关联的,但在法律逻辑上它们二者没有关系。合同的履行作为一项义务涉及的是合同当事人的行为,而物权变动涉及的是物的法律归属,这是两个不同的领域。③ 履行行为的独立体现了这样的理念:合同本身是有拘束力的,是应当履行的;但债务人是自由的,履行作为法律行为,同样贯彻着出卖人的意思自治,是否履行以及向谁履行甚至是任意的决定。出卖人作为所有人的处分自由不因买卖合同的约束而受到限制,就同一标的物订立多个买卖合同在法律上是可能的,在道德上也是正当的。④ 按照德国学者 Koetze 和 Wagner 的观点:"在一个自由竞争的社会,存在着一种一般的利益,即财物由出价最高者利用。在一物二卖的情形,即为第二买受人。"⑤ 从买受人的角度而言,订立了买卖合同仅意味着损害赔偿上的优势,他必须与其他同等地位的债权人竞争,以获取买卖合同标的物的所有权。在先订立的买卖合同相对于后位买受人在所有权取得上并无优势。这里的基本原则是,出卖人处分自由,买受人自由竞争。⑥ 同时,德国民法典第 137 条也与这种观念相呼应,因为即使第一买受人与出卖人约定了处分禁止,固然对出卖人有债法上的约束力,但物的所有权或其他权利归属变动本身不受影响。

不过,这种物债二分引申出的结论在很大程度上要受到质疑和修正,这主要涉及第一买受人的所有权取得预期是否具有优先性的问题。严格贯彻物债二分,坚持物权行为与债权行为彼此的完全独立,在逻辑上导致对第一买受人和在先权利人履行利益的漠视,是其应受检讨的要害所在。也就是说,在德国法上第一买受人作为债权人的法律地位是否应当具有优先性,而不仅仅是买受人之间的竞争,值得探讨、确认和反思。

---

① Ralf Michaels, Sachzuordnung durch Kaufvertrag. Traditionsprinzip, Konsensprinzip, ius ad rem in Geschichte, Theorie und geltendem Recht, Duncker & Humblot, Berlin, 2002, S. 266.
② Stadler, Gestaltungsfreiheit und Verkehrsschutz durch Abstraktion., Mohr Siebeck Verlag, Tübingen, 1996., S. 276.
③ Staudinger/Olzen (2009), § 241, Rn. 21.
④ Wieling, Jus ad Rem durch einstweiige Verfuegung? JZ 1982, 840.
⑤ Koetze/Wagner, Deliktsrechts, 9. Aufl., Luchterhand Literaturverlag, Neuwied, 2001, S. 263.
⑥ Podehl, Einstweiliger Rechtsschutz bei Doppelverkaeufen, BB 2006, S. 2484.

第一节 "向物权(ius ad rem)"与第一买受人法律地位

占有、有权占有规则表明有体物归属秩序的多样性。本书将对德国法交付原则及登记原则下的第一买受人的法律地位作精细的勾勒,通过对不同时空顺序的债权人地位和债权平等原则的思考,探寻德国法上第一买受人的法律地位的真实状态,并对物债二分下两个买受人平等的观念进行反思。德国法对第一买受人的保护制度至少是存在多个规范基础的,而不是完全秉持潘德克吞买受人平等的概念拘束。那么,买卖合同项下的买受人的法律地位是否涉及物的归属,第一买受人作为债权人的法律地位究竟如何,需要进一步探讨。从教义学而言,上文已提及的向物权(ius ad rem)制度,主要涉及的即是买受人和第一买受人的法律地位问题。在此,笔者将主要围绕买受人的法律地位,特别是未与占有或登记相结合的买受人的地位进行进一步阐述。

物债二分和债权平等是德国民法典的基本逻辑结构,一物二卖中两个买受人的法律地位平等是物债二分的逻辑结果。但是,在交付原则以及不动产登记制度下,仍然存在保护第一买受人的制度。德国法的物债二分与第一买受人优先保护之间的关系并不十分清晰。特别是,第一买受人的法律地位涉及买卖合同与物的法律归属,以及债权平等还是分先后顺序的问题,更关切到物法体系的封闭性,是基础和重要的法律问题。故此,有必要在德国法的框架内,对买受人和第一买受人的法律地位再明确。

需要提出的是,在中国的学理和司法实践中,第一买受人的法律地位和保护问题也不清晰。在优先保护交易安全的理念下,甚至在善意取得的名义下第二买受人取得某种保护上的优势。固然,物尽其用和买受人竞争也是值得认同的价值理念。但是,发生一物二卖毕竟属于交易的非正常状态,在价值理念和制度定位上应尽量避免一物二卖的发生,优先保护第一买受人才是私法秩序基本的追求。

我国司法实践对第一买受人的保护区分动产与不动产。在动产,按照最高人民法院《关于审理买卖合同纠纷案件适用法律问题的解释》第6条、第7条,一物二卖情形的归属规则与合同相对性规则不同,第一买受人的优先保护地位得以确立。这种时间优先权利优先的规则与物债二分的关系及其体系协调性有待反思。在不动产,最高人民法院《关于审理涉及国有土地使用权合同纠纷案件适用法律问题的解释》第9条采取与动产一物二卖类似的保护在先权利人的立场,最高人民法院《关于审理商品房买卖合同纠纷案件适用法律若干问题的解释》也曾采取惩罚性赔偿的制度保护第一买受人。这对于预防一物二卖以及强化第一买受人是有利的。我国《民法典》颁布后，如何处理动产与不动产的一物二卖问题涉及物债关系的体系定位，有深入探讨的必要。

下文将在德国法的框架内，探讨买卖合同与物的归属规则的合理性及应然定位。这里的问题是，买卖合同与物的归属是何关系？物的归属规则是否具有以及是否应当具有强行法的属性？当事人的意思自治在物的归属问题上贯彻到何种程度？甚或应当如何建构买卖合同与物的归属规则的关系？这些问题是物债关系的核心区域。

买卖客体的归属问题涉及向物权(ius ad rem)概念。它在历史上曾经以实证法的形式存在，虽然这样的概念在德国现行法上是没有的，但按照有些德国学者的说法，它仍然隐藏在德国现行法之内。向物权所指涉的是第一买受人直接的物的归属地位，具有相对性物权的意蕴。对于买受人的法律地位以及买卖合同与物的归属的讨论，不能绕开向物权概念，特别是要考虑它对德国法可能的影响。

一、罗马法的交付原则与"一物二卖"

(一) 罗马法上的买卖合同与交付

1. 罗马法上的买卖合同

在罗马法上，买卖(emptio venditio)属于合意契约或诺成契约，是罗马法契约发展到较成熟阶段的产物。① 所谓买卖，即一方以物品(merx)与另一方的价款进行交换的双边(gegenseitig)合同。② 罗马法上的买卖合同有不同的发展阶段。最初的买卖是合同的订立与履行一体的即时买卖，曼兮帕蓄和拟诉弃权均是买卖和履行相一体的。从即时买卖中逐渐发展出债务性的买卖合同，先是价款支付被延后，随后物的交付也与买卖合同的订立分开，并发展出互负给付义务的买卖合同。③ 在罗马法上，买卖客体的取得需要完成价款支付和占有移转。④ 但是价款的即时支付可以要式口约等形式的承诺替代。在古典罗马法，价款支付进一步放宽，可以信用(Kreditierung)而非直接支付

---

① 江平、米健：《罗马法基础》(修订本第三版)，中国政法大学出版社2004年版，第346页。
② Kaser/Knuetel, Roemisches Privatrecht, 19. Aufl., Verlag C. H. Beck, München, 2008, S. 223.
③ Kaser/Knütel, a. a. O., S. 223.
④ Thomas Rüfner, Traditio und Kaufpreiszahlung in Ius Commune und Common Law., in: Kaufen nach Römischem Recht, 2008, Springer, Berlin, S. 234.

的方式满足。① 据此,交付成为物的归属变动的条件。

在罗马法上,买卖合同作为合意契约与物权的取得行为相分离,也就是所谓的分离原则。② 买卖合同的订立与履行相区分的观念和事实具有重要法律意义,它对物债二分有支撑作用。但是,这不意味着物的归属与买卖合同的分离和彼此独立,也就是说无因性原则不是买卖合同与履行分开的必然结果。

虽然买卖合同与履行分离,但是即时交易对于买卖合同仍然有较大影响,如价款支付与标的物归属变动的关系、价金及物的风险负担等罗马法规则均与即时交易的古老观念相联系。

2. 买卖合同与交付原则

在古典罗马法,除了罗马市民之间的要式买卖发生市民法所有权移转外,买受人无权向出卖人主张取得具有绝对效力的市民法所有权。③ 与德国现行法不同,在罗马法上出卖人没有向买受人移转所有权的义务。④ 买卖合同虽然是有效的,但是,出卖人可以不是出卖之物的所有人。⑤ 出卖人仅负有向买受人交付并保障买受人可以长期和平占有和使用物的义务。⑥ 买受人所取得的物被第三人通过诉讼追夺的,出卖人有义务协助买受人进行抗辩,否则,如出卖人拒绝抗辩或抗辩失败,出卖人应向买受人承担赔偿责任。⑦ 取得占有的买受人的法律地位也被称为万民法上的所有人。正如盖尤斯所说,一个人可以根据罗马法是所有主,而另一个人则可以享用物。在买受人与出卖人之间的关系上,出卖人无法基于市民法所有权向买受人主张返还,买受人及买受人的后手可以提出物已出卖和物已交付的抗辩。⑧ 故此,买受人对物的法律地位强于出卖人的市民法所有权。但是,如果买受人从非所有人处善意购买,则他也不能通过布布里奇诉讼向所有人主张返还,

---

① Kaser/Knuetel, Roemisches Privatrecht, 19. Aufl., Verlag C. H. Beck, München, 2008, S. 132.
② Sylvia Sella-Geusen, Doppelverkauf: zur Rechtsstellung des ersten Käufers im gelehrten Recht des Mittelalters, Duncker & Humblot, Berlin, 1999, S. 32.
③ Kaser/Knuetel, Roemisches Privatrecht, 19. Aufl., Verlag C. H. Beck, München, 2008, S. 227.
④ Frank Peters, Die Verschaffung des Eigentums durch den Verkäufer., SZ 96 (1979), 173.
⑤ Zimmermann, *The Law of Obligations. Roman Foundations of the Civilian Tradition*, Oxford University Press, 1996, p. 293.
⑥ Ibid., p. 293.
⑦ Kaser/Knuetel, Roemisches Privatrecht, 19. Aufl., Verlag C. H. Beck, München, 2008, S. 231; Zimmermann, supra note ③, p. 294.
⑧ Kaser/Knuetel, Roemisches Privatrecht, 19. Aufl., Verlag C. H. Beck, München, 2008, S. 150, 151.

他的法律地位无法对抗市民法所有权。基于罗马法上物的归属的多样性,有观点认为罗马法上的所有权观念并不具有绝对性。① 在罗马法上,交付原则上是要因的,占有人对物的权利取决于原因关系而具有相对性,在诉讼程序中占有人的权利在一定意义上意味着更好的权利。这种与物的占有相联系的更好的权利与罗马法上的绝对所有权不冲突,并且最终可以导向最好的所有权。② 也就是说,罗马法上物的归属和利用关系,并非绝对的所有权和纯粹的事实支配可以简单说明。

在买卖合同与物的归属问题上,古典罗马法适用交付原则。买卖合同订立和生效并不发生物的归属的变动,而仅发生出卖人的履行义务。按照卡泽尔的观点,这种义务的标的是行为而非物。③ 在交付原则下,买受人的法律地位仅为债权人,不享有对标的物直接的对物权。出卖人仍然可以将物再次出卖并为交付,在先买受人对此无能为力,他不能以在先买卖合同为由向第二买受人主张返还。即使第二买受人知道在先买卖合同,由于第一买受人尚未取得物的占有,他无法取得布布里奇诉讼的原告资格,所有人的返还原物诉讼也无法提供帮助。布布里奇诉讼渗透着保护物的在先支配的观念,相反基于意思表示而发生物权变动的观念尚未取得支配地位。

这里需要强调的是,交付是罗马法上物的取得和变动的方式,而买卖合同只是法律原因,单纯的买卖合同并不发生物权变动的效力。在盖尤斯的物法体系中,物的取得方式包括曼兮帕蓄、拟诉弃权,以及交付、时效取得、添附等,不包括买卖合同。买卖合同本身不发生物权变动。从这个角度甚至可以说,盖尤斯的物法体系是物债二分的,因为物的取得和变动都是与物的占有相联系,具有相对的体系独立性。④ 然而,这里需要注意的是,罗马法上的交付(traditio)又是要因的,单纯的占有移转缺乏买卖合同作为法律原因,不发生归属变动。⑤ 卡泽尔说道:交付(在法技术意义上而言),是由占有移转(Besitzverschaffung)和有效的给予关系(Zuwendungsverhaeltnis)所构成的让与行为(Uebereignungsgeschaeft),其中包含买卖双方所有权移转和取得的意

---

① Helen Scott, Absolute Ownership and Legal Pluralism in Roman Law: Two Arguments, *Acta Juridica* 23(2011).
② Max Kaser, Über relatives Eigentum im altrömischen Recht., SZ 102 (1985), 39.
③ Kaser/Knuetel, Roemisches Privatrecht, 19. Aufl., Verlag C. H. Beck, München, 2008, S. 227.
④ Zimmermann, *The Law of Obligations. Roman Foundations of the Civilian Tradition.*, Oxford University Press, 1996, S.271.
⑤ Kaser/Knuetel, Roemisches Privatrecht, 19. Aufl., Verlag C. H. Beck, München, 2008, S. 131.

思。① 这可能是后世罗马法学者对罗马法上交付的含义过度解读的结论。Zimmermann 提出,新近的观点认为,在罗马法上不存在作为原因的买卖合同与占有移转之外的第三个行为。② 也就是说,虽然将物权行为追溯到罗马法并不是完全没有空间和依据的,但罗马法上不存在德国法上的物权行为。

(二) 一物二卖与在先权利人的法律地位

1. 一物二卖与在先占有人法律地位

在非即时交易,在交付原则下,未经占有移转,则出卖人仍然是物的所有人和占有人,出卖人可以将物多次出卖并发生一物二卖的问题。通常而言,在先买受人也会在先取得占有,但第一买受人在物的取得上相对于第二买受人并没有特别的优势。罗马法似乎没有对在先买受人的特别保护措施。对此,按照罗马法原始文献 C.3.32.15 pr.:

> 如果土地被两次合法有效地出卖,则显然下述结论是正确的:最先取得交付的买受人,应当优先取得物的所有权……③

与当今从买卖合同的角度探讨一物二卖不同,罗马法学家并不在买卖合同而是在有关占有保护的布布里奇诉讼中探讨一物二卖。④ 这是因为,在一物二卖中,买受人并没有要求出卖人实际交付物的权利。按照卡泽尔的观点,买卖合同的客体是行为,不是物。出卖人可以支付违约罚金免除交付物的义务。只有发生占有移转的交付行为,并且买受人取得物的占有,才涉及物的归属问题,哪怕他的占有嗣后被侵夺或丧失。但如果他自始即没有取得占有,则买受人与出卖人之间仍然只是债的关系,不发生已经转化为不同顺序的物的权利人之间归属优先性的确定。在罗马法原始文献 D.6,2,9,4 中,乌尔比安说道:

> 当某人将物向两个善意买受人出卖,则应当确定谁享有布布里奇诉权:即先取得物的让与之人,还是在先买受人。对此,尤里安在他的《学说汇纂》中写道,如果两个买受人从同一出卖人处购买,则首先取得

---

① Kaser/Knuetel, Roemisches Privatrecht, 19. Aufl., Verlag C. H. Beck, München, 2008, S.131.
② Zimmermann, *The Law of Obligations. Roman Foundations of the Civilian Tradition.*, Oxford University Press, 1996, S.240.
③ Sylvia Sella-Geusen, Doppelverkauf: zur Rechtsstellung des ersten Käufers im gelehrten Recht des Mittelalters., Duncker & Humblot, Berlin, 1999, S.33.
④ Wolfgang Ernst, Der zweifache Verkauf derselben Sache-Betrachtungen zu einem Rechtsproblem in seiner europäischen Überlieferung, in: Kaufen nach Römischem Recht, 2008, Springer, Berlin, S.84.

物的让与之人,享有更好的权利。如果他们从不同的非所有人处购买,则占有人的地位优于原告人。他的观点是对的。①

也就是说,在作为占有人的在先和在后买受人之间,根据是否从同一出卖人处购买而有所不同。当两个买受人从同一出卖人处购买,而他们又均失去对物的实际占有的,则应当是在先取得占有之人优先于出卖人和在后取得占有之人。也就是说,在此交付的时间先后顺序具有决定性意义。因为,在先取得占有之人已经取得裁判官法上的"所有权",而出卖人已经因向在先买受人交付丧失对后位占有人处分标的物的权利。② 而当两个买受人从不同出卖人处购买,则应当是取得物的占有人享有布布里奇诉权,在此,不考虑取得占有的顺序,而是物的现占有人享有更强的法律地位。③ 也就是说,买受人从不同出卖人处购买,即使在先买受人曾经取得占有,也不优先于现占有人。对此的解释是,曾经在先取得占有的买受人没有相对于现占有人的在先占有链条。

在罗马法上,对人诉讼的救济不以实际履行为原则。故此,在未取得占有的情形,第一买受人的法律地位不能提供取得买卖物的保障。相反,买受人只能满足于金钱赔偿。也就是说,第一买受人虽然可以向出卖人主张给付,但是,出卖人可以金钱赔偿承担不履行责任。

无论如何,在买卖合同与物的归属上,并不是两个买卖合同签订的先后顺序,而是物的占有移转或者说交付本身及先后顺序具有重要性。未取得占有的单纯的在先买受人,甚至无法加入到对物诉讼中来,他只能向出卖人主张损害赔偿。

2. 在先买受人的相对归属地位

在罗马法上的买卖合同,如果出卖人不向买受人交付,则买受人不享有对物的强制执行权。④ 在完成交付前,买受人不是物的所有人。虽然如此,仍然有较多观点认为,买受人已经基于买卖合同在内部关系中取得物的归属

---

① Kaser/Knuetel, Roemisches Privatrecht, 19. Aufl., Verlag C. H. Beck, München, 2008, S. 150.
② Wolfgang Ernst, Der zweifache Verkauf derselben Sache-Betrachtungen zu einem Rechtsproblem in seiner europäischen Überlieferung, in: Kaufen nach Römischem Recht, 2008, Springer, Berlin, S. 86.
③ Kaser/Knuetel, Roemisches Privatrecht, 19. Aufl., Verlag C. H. Beck, München, 2008, S. 150.
④ Sylvia Sella-Geusen, Doppelverkauf: zur Rechtsstellung des ersten Käufers im gelehrten Recht des Mittelalters, Duncker & Humblot, Berlin, 1999, S. 32.

地位。① 其理由在于,罗马法的买卖合同是从即时买卖发展而来,买卖合同生效后买受人立即取得物的占有和使用的权利,并且承担物的意外毁损灭失风险。这只有在物归属于买受人的情形才可以解释。另外,如果买受人只是作为单纯的债权人,则他相对于出卖人也不能对抗物的所有人的返还之诉。从买受人布布里奇诉讼的地位来看,只有买受人已经是相对的所有人,才可以说明买受人的法律地位。② 当然,在此买受人需取得占有方可相对于出卖人具有优先地位。

卡泽尔也说到,虽然因交付尚未发生,物的所有权仍然在出卖人处,但是,在买受人与出卖人之间,一旦买卖合同生效后,应视为物已经从出卖人的财产中分离,并且归属于买受人。③ 这种内部归属于买受人的观点对于解释买受人的法律地位有重要意义,它在买受人债权人地位之外,又多了一层直接或间接的对物的法律地位。这里实际涉及在要因原则下,买卖合同与占有移转,两者结合所构成的交付原则中,孰者对于物的归属发挥更多或更重要作用的问题。鉴于买卖合同与占有移转结合而成交付原则,将交付视为物权契约,并发展出交付的无因性的学理,应当是非罗马法的。④ 虽然卡泽尔等罗马法学者认为,在交付的原因中包含移转物的归属的意思,⑤但这种将物权变动意思归属于原因关系之中的观点,可能也不是罗马法的。无论如何,罗马法上的相对归属具有重要意义。

按照相对归属的学说,当买受人取得物的交付后,他相对于出卖人的归属人地位强化,或者成为更好的占有人或者成为裁判官法上的所有人,并且可以通过时效取得而最终成为绝对的市民法所有人。所谓相对归属,仍然是在财产而非物的归属意义上而言的。只有在通过法定的物的归属变动方式,即通过完成曼兮帕蓄、拟诉弃权或交付后,才会发生狭义的归属的变动。⑥ 而占有人要经过时效取得的期限,才能成为市民法上的所有权人。

虽然当代的罗马法学家对物的内部归属持赞同态度,但这里并未发生对后位买受人的效力,而是局限在买卖合同当事人之间,并且这种内部归属可

---

① Ralf Michaels, Sachzuordnung durch Kaufvertrag. Traditionsprinzip, Konsensprinzip, ius ad rem in Geschichte, Theorie und geltendem Recht, Duncker & Humblot, Berlin, 2002, S.70.
② Ralf Michaels, a. a. O., S.71.
③ Kaser/Knuetel, Roemisches Privatrecht, 19. Aufl., Verlag C. H. Beck, München, 2008, S.229.
④ Ralf Michaels, Sachzuordnung durch Kaufvertrag. Traditionsprinzip, Konsensprinzip, ius ad rem in Geschichte, Theorie und geltendem Recht, Duncker & Humblot, Berlin, 2002, S.105.
⑤ 〔德〕马克斯·卡泽尔、罗尔夫·克努特尔:《罗马私法》,田士永译,法律出版社2018年版,第251页。
⑥ Ralf Michaels, Sachzuordnung durch Kaufvertrag. Traditionsprinzip, Konsensprinzip, ius ad rem in Geschichte, Theorie und geltendem Recht, Duncker & Humblot, Berlin, 2002, S.71.

能主要对物的毁损灭失的风险负担有意义。也就是说,即使后位买受人知道在先买卖合同,在他从出卖人处取得物的占有之后,在先买受人的内部相对归属地位对于买受人取得买卖标的物没有帮助。在逻辑上可以得出,罗马法不发生在先买受人可以向后位买受人主张物的返还的法律基础,后位买受人的单纯知悉不导致他的法律地位弱于在先买受人。在此,在先占有的取得对于物的归属具有决定作用,而知悉与否不影响物的归属。当然,有观点认为,罗马法上的撤销诉权(action Pauliana)的扩大适用与向物权(ius ad rem)有关,也就是与知悉在先买受人的第二买受人的法律地位有关。

二、"向物权(ius ad rem)"及对第一买受人地位的影响

罗马法上的交付原则并非保持一成不变,在经历了优士丁尼时代的汇纂后,因罗马法帝国的兴衰而发生很大的变动。特别是经过注释法学派、评注法学派、共同法及自然法学派、日耳曼法以及教会法和封建法等的影响,最终形成奥地利、法国、德国、西班牙、意大利等欧洲法域不同的买卖合同与物的归属规则。在这个过程中,向物权(ius ad rem)制度的出现和发展变化有重要意义。向物权突出对第一买受人的保护,与交付原则下的买受人法律地位平等不同。

(一) 向物权的概念

1. "向物权(ius ad rem)"的源流

对于向物权及其与物债绝对二分的关系,上文已有涉及。共同法时期的向物权与潘德克吞法学的交付原则、物债二分是不同的话语体系。在罗马法上,买卖合同的交付原则是要因的,买受人没有直接的对物的权利。也就是说,主流观点认为,向物权并不是罗马法上的制度。

对于向物权的起源,德国学者有不同的看法。[①] 有的认为向物权起源于注释法学者,有的认为起源于教会法或封建法(Lehnsrecht),有的认为来源于日耳曼法,还有的观点认为是多种因素作用的结果。[②] 不过,应当可以确定,注释法学者忠实于对罗马法原义的解读,如果罗马法上没有向物权,他们也很难发展出不同于罗马法的向物权的概念。虽然也有少数德国法学者主张

---

① Sylvia Sella-Geusen, Doppelverkauf: zur Rechtsstellung des ersten Käufers im gelehrten Recht des Mittelalters., Duncker & Humblot, Berlin, 1999, S. 188.
② Ralf Michaels, Sachzuordnung durch Kaufvertrag. Traditionsprinzip, Konsensprinzip, ius ad rem in Geschichte, Theorie und geltendem Recht, Duncker & Humblot, Berlin, 2002, S. 107.

向物权有罗马法的渊源,罗马法的 actio revocatoria 被认为与向物权有关,①但是主流学者对此持否定态度。

在罗马法上,按照罗马法原始文献 C. 1. 2. 23,交付原则对于教会并不适用。② 有观点认为,向物权可以追溯到 13 世纪的教会法,是一种物权与债权的中间形态,或者说是物权期待权。③ 例如,Peter Landau 即认为向物权起源于教会法,他的观点被认为具有较大的可信度。④ 中世纪时期,封建采邑法也不适用交付原则。⑤ 从这些资料来看,从教会法和采邑法中发展出向物权概念的观点成立的可能性较大。在日耳曼法,动产与不动产的区分是不同于罗马法的重要特征,中世纪日耳曼法上的观念持有特别是不动产持有与向物权概念也有相似之处。⑥ 有德国学者认为向物权起源于日耳曼法,也存在争议。⑦ 但是,至少日耳曼法上买受人所享有直接对物的支配权(Gewere)和实际履行的救济方式与向物权的保护第一买受人的价值观相一致。⑧

鉴于向物权起源问题的澄清较复杂,笔者不打算对此着墨过多。德国学者就其起源可能也是不那么清楚的。⑨ 我们掌握到它可能与罗马法上的交付原则有差异,在潘德克吞法学兴起之前在学说和立法上存在,而潘德克吞法学的物债二分取代了向物权,并且将第一买受人优先的观念在逻辑体系上变更为买受人平等观念,对于本书所要讨论的物法体系就已经足够。

2. 向物权的内涵

向物权(ius ad rem,Recht zur Sache)的内涵就如同它的概念史一样,是不那么确定的。在共同法上,物的取得需要取得名义(titulus)加上交付的取得形式(Modus)。向物权就是在这种框架背景中存在的,它描述的就是没有取得形式(交付)情形的买受人的法律地位。

按照卡泽尔的观点,在前古典时期到古典时期的罗马法中,物权的变动

---

① Sylvia Sella-Geusen, Doppelverkauf: zur Rechtsstellung des ersten Käufers im gelehrten Recht des Mittelalters, Duncker & Humblot, Berlin, 1999, S. 257.
② Sylvia Sella-Geusen, a. a. O. , S. 117.
③ Harry Dondorp, Ius ad Rem als Recht, Einsetzung in ein Amt zu Verlangen, 59 Tijdschrift voor Rechtsgeschiedenis 285 (1991).
④ Wesener, Dingliche und persönliche Sachenrechte—iura in re und iura ad rem. Zur Herkunft und Ausbildung dieser Unterscheidung, in: Festschrift fuer Hubert Niederlaender, Universitätsverlag Winter, Heidelberg, 1991, S. 197.
⑤ Sylvia Sella-Geusen, a. a. O. , S. 234.
⑥ 金可可:《持有、向物权(ius ad rem)与不动产负担——论中世纪日耳曼法对债权物权区分论的贡献》,载《比较法研究》2008 年第 6 期。
⑦ Sylvia Sella-Geusen, a. a. O. , S. 188.
⑧ Ralf Michaels, Sachzuordnung durch Kaufvertrag. Traditionsprinzip, Konsensprinzip, ius ad rem in Geschichte, Theorie und geltendem Recht, Duncker & Humblot, Berlin, 2002, S. 95, 121.
⑨ Wieling, Jus ad Rem durch einstweiige Verfuegung? JZ 1982, 839.

实行交付原则,这一时期的交付与共同法上的取得名义加占有移转是一回事。① 在共同法时期,物的所有权的既受取得需要法律原因,即买卖合同的名义与交付的形式相结合才能发生所有权移转。② Wieling 早期曾认为,买卖合同本身作为取得名义,本身包含物权变动的意思而物权化,具有一定的对抗第三人的效力。③ 向物权就是对买受人的这种法律地位的描述。

虽然向物权在早期的文献中也被使用,但是,它的具体含义及其与债的关系不十分清晰。在 17 世纪,Heinrich Hahn 和 Georg Adam Struve 将物权(ius in re)与向物权(ius ad rem)作为建构物法体系的一对概念而使用。④ 在 Heinrich Hahn 的物法体系中,物权(ius in re)包括所有权、占有、役权、质押、用益权,而向物权(ius ad rem)与债同义。⑤ Struve 将债分为债务人的 obligatio 和债权人的向物权(ius ad rem)。⑥ 可见,向物权所描述的仍然是未与物的占有结合的债权人的法律地位,并且被明确地当作是一种债权。但是,需要警惕的是,这种债是否与潘德克吞法学中的作为请求权并且以债务人的行为为客体的相对权意义上的债同义,存在疑问。如上文所述,潘德克吞法学以古典罗马法之名完成了范式转化,实现了对向物权的超越和物债二分的绝对化。故此,不能单纯在请求权与支配权、绝对权与相对权的角度,以及债的客体限于行为的角度理解当时的向物权所指称的债的概念。在 Wesener 看来,向物权的实际意义主要在于一物二卖中第一买受人的法律地位,也就是说,第一买受人因享有向物权而在某种情形优先于已经取得交付的第二买受人。

"向物权"所描述的是,基于买卖合同等基础法律事实,权利人在取得物的占有之前,相对于物所享有的法律地位。人们在一物二卖、物债关系以及物的归属等不同的背景下使用它。从物债关系而言,向物权指的是介于物权和债权之间的一种中间法律状态,它既不是单纯的请求权也不是绝对的对物支配权,而是兼而有之的相对性的支配权;在物的归属而言,它指的是一种买受人与物的相对归属关系,但不具有对外的公示性,不具有绝对的对抗第三人效力;在一物二卖,它指的是第一买受人的法律地位,这种法律地位可以对

---

① Kaser/Knuetel, Roemisches Privatrecht, 19. Aufl., Verlag C. H. Beck, München, 2008, S. 131.
② Kaser/Knuetel, a. a. O., S. 133.
③ Wieling, Jus ad Rem durch einstweiige Verfuegung? JZ 1982, 840.
④ Wesener, Dingliche und persoenliche Sachenrechte—iura in re und iura ad rem. Zur Herkunft und Ausbildung dieser Unterscheidung, in: Festschrift fuer Hubert Niederlaender, Universitätsverlag Winter, Heidelberg, 1991, S. 203.
⑤ Wesener, a. a. O., S. 203.
⑥ Wesener, a. a. O., S. 204.

抗非善意的后位买受人。

向物权的概念可以发生在不同的语境,对它的内涵大体可以确定的是:第一,在与物的占有移转相关的债权(如租赁等)均涉及向物权,但人们一般在买卖合同下讨论向物权的问题,它指涉的是买受人的一种法律地位,而买受人的这种法律地位发生在他没有取得物的占有或登记情形,即向物权的权利人没有对物的直接支配权,也不发生对抗第三人的效力时;第二,虽然买受人没有取得物的占有或登记,但权利人所享有的不仅仅是针对出卖人的请求权,而是直接对物发生某种意义或某种程度上的归属关系,并因此是有关物而非对人的权利;第三,在一物二卖情形,向物权指的是第一买受人的法律地位,即虽然在先买受人的法律地位弱于取得占有或登记的后位买受人,但是如果后位买受人知道或应当知道在先买受人,则在先买受人可以向后位买受人主张返还。

在欧洲法历史上,向物权不仅是学术讨论的对象,而且是马克西米安法典、普鲁士普通邦法、奥地利民法典等主流民法典规定的制度。虽然法国民法典和德国民法典遵从合意原则和交付原则,但是也有向物权概念下第一买受人地位的影子。如果不是潘德克吞法学的光芒掩盖了它,向物权制度可能将继续维持其主流的地位,而不是像当今这样,遮蔽在德国民法典物债二分的影子中。

普鲁士普通邦法(ALR)第 1 编第 2 章第 122 条及第 123 条是关于债权或对人权的规定,第 124 条是关于向物权的规定,第 125 条、第 127 条是支配权的规定,第 133 条是对他物权与向物权关系的规定。按照第 122 条,"对人权和债务是指,不考虑是否对物占有,特定的主体所享有的权利和负有的义务。"按照第 123 条,"对人权包含向债务人提出要求交付、履行、允许或不作为的权限。"这基本与当今我们理解的请求权性质的债权无异。但是,按照该法第 124 条,"如果同一对人权以交付或取得一个特定的物为客体,则称之为向物权。"而按照该法第 133 条,"在他人之物上取得的对物性的物权以取得人享有在先的向物权为前提。"也就是说,对物直接支配权以向物权为前提。对于上述区别,Wesener 用相对性的物权(persoenliches Sachenrecht)与绝对性的物权(dingliches Sachenrecht)相对称。①

从上述规定可以看出,向物权仅仅是一种要求交付物的权利,是一种指向物的对人性的债权。然而,在普鲁士普通邦法向物权不仅仅是一种单纯的

---

① Wesener, Dingliche und persoenliche Sachenrechte—iura in re und iura ad rem. Zur Herkunft und Ausbildung dieser Unterscheidung, in: Festschrift fuer Hubert Niederlaender, Universitätsverlag Winter, Heidelberg, 1991, S.195.

债权,而是在与出卖人的关系上表现出一种相对性的归属权。这特别是体现在一物二卖的情形:在两个买受人均未取得占有的情形,第一买受人优先于第二买受人取得物的所有权,第一买受人具有优先性;而如果第二买受人已经取得占有,则第二买受人原则上可以取得物的所有权,取得占有的后位买受人优先于未取得占有的第一买受人;但是,如果第二买受人为恶意,即第二买受人知道第一买受人,则不能主张他的物权。在最后一种情形,第一买受人有权直接向第二买受人主张返还。对此,人们用向物权所具有的对物(dinglich)属性或准物权属性来解释。① 也就是说,第一买受人所享有的是直接的对物的权利。

除此之外,Michaels 认为,向物权的重要制度支撑是实际履行制度,实际履行的救济方式可以保障买受人取得标的物的所有权,如果在买卖合同当事人之间的违约救济限于金钱赔偿,则买受人无法通过强制执行获得物的所有权,买受人的向物权更是无从谈起,而普鲁士普通邦法也以源于自然法的实际履行为原则。② 同样,德国民法典也以实际履行作为债务不履行的救济方式。对此,Wieling 认为,罗马法承认第一买受人针对第二买受人的撤销之诉权(actio Pauliana),但实际履行不是罗马法的救济方式;而德国法虽然以实际履行为原则,但很少赋予第一买受人针对第三人的诉权。③ 也就是说,在一物二卖中第一买受人不能请求第三人返还。他认为 Michaels 的观点从历史和逻辑而言都不成立。

在向物权(ius ad rem)框架下,第一买受人的对物权利不考虑价款支付与否的问题。无论价款是否在先支付,第一买受人的地位优先于未取得占有或单纯知悉在先买受人的后位买受人。如上所述,在罗马法上,价款支付虽然也是取得物的条件,但逐渐为信用所替代。物的归属的变动与基于交付原则的占有移转和买卖合同为原因,价款支付与归属变动没有关系。

(二) 向物权与交付原则

1. 向物权与交付原则

向物权描述的并非是交易的正常状态,完成占有移转买卖合同才能履行完毕。罗马法传承下来的交付原则,在共同法上发展为取得名义加占有移转

---

① Ralf Michaels, Sachzuordnung durch Kaufvertrag. Traditionsprinzip, Konsensprinzip, ius ad rem in Geschichte, Theorie und geltendem Recht, Duncker & Humblot, Berlin, 2002, S. 95, 146.
② Ralf Michaels, a. a. O. , S. 55, 144.
③ H. Wieling, Ralf Michaels, Sachzuordnung durch Kaufvertrag. Traditionsprinzip, Konsensprinzip, ius ad rem in Geschichte, Theorie und geltendem Recht, SZ 120 (2003), 480, (Germanistische Abteilung), https://sci-hub.tw/10.1515/zrgga.2003.120.1.480.

的理论。① 在普鲁士普通邦法、奥地利旧民法典也实行这种交付原则。这就涉及向物权与交付原则的关系的问题。如上所述,Wieling 认为,向物权是未移转占有时买受人的一种法律地位,它与共同法上取得名义加占有移转的所有权移转原则是一致的。与之不同的是另外一种观点,向物权被认为是取得名义加占有移转的交付原则的例外,或者说是对罗马法交付原则的限制。具体而言,未取得占有的第一买受人可以优先于取得占有的第二买受人,取得占有的第二买受人不能对抗未取得占有的第一买受人,交付原则出现例外。

按照普鲁士普通邦法第 1 编第 10 章第 25 条规定,在登记或取得占有之际知悉在先买受人的后位买受人,相对于在先买受人不能以在先占有或登记获得优先保护。也就是说,占有或登记固然是取得所有权的要件,在先买受人的法律地位仍有意义。普鲁士普通邦法第 1 编第 19 章第 4 条规定,多个买受人就同一物均享有对人权,则通过取得占有而将对人权转为物权的,在物的取得上具有优先地位。按照该规定,仍然是交付原则决定物的归属,在先买受人的法律地位原则上不能对抗交付。但是,第 5 条规定,在取得占有之际知悉就同一物享有对人权的物权取得人,不得相对于该对人权持有人行使通过交付而取得的物权。

按照普鲁士普通邦法第 1 编第 10 章第 20 条的规定,如果物的占有仍在出卖人处,则第一买受人有权优先取得物的归属。② 也就是说,在未交付的情形,买卖合同的先后具有决定物的归属的作用。买卖合同在先则归属权在先。在先签订的买卖合同能够使得第一买受人获得优先于第二买受人的地位,即可以优先于第二买受人取得买卖标的所有权。

对于向物权(ius ad rem)与交付原则的关系,学说将向物权作为交付原则的例外或限制,在逻辑上固然可以成立。但是,罗马法上的交付原则是排斥向物权的,两者在逻辑上似乎是不能共存共容的。这体现在:第一,在交付原则下,先后两个买受人的法律地位是平等的,未交付就没有物的归属,两个买受人所享有的均为债权人的法律地位,而向物权保护第一买受人,在若干情形赋予第一买受人对物的优先取得权,并排斥第二买受人,买卖合同而非交付具有物的归属功能;第二,在交付原则下,第二买受人知悉第一买受人并不导致交付不发生物权变动,且单纯知悉在先买受人的第二买受人可以终局保有基于买卖合同的物的所有权,而向物权要保护第一买受人的物的取得地

---

① Sylvia Sella-Geusen, Doppelverkauf: zur Rechtsstellung des ersten Käufers im gelehrten Recht des Mittelalters, Duncker & Humblot, Berlin, 1999, S. 231.

② Ralf Michaels, Sachzuordnung durch Kaufvertrag. Traditionsprinzip, Konsensprinzip, ius ad rem in Geschichte, Theorie und geltendem Recht, Duncker & Humblot, Berlin, 2002, S. 55, 145.

位,可以向单纯知悉的第二买受人主张物的交付或返还。可见,保护第一买受人的向物权与罗马法上的交付原则是存在冲突的。这也是向物权被潘德克吞法学物债二分的概念逻辑所取代的原因。

交付原则有其制度背景,罗马法从原因与占有结合的意义上定位物的归属,物的占有与物的取得和归属有直接的关系。虽然罗马法实行要因原则,占有移转对于物的取得仍是至关重要的。特别是,物的返还之诉和布布里奇诉讼以买受人的占有人地位为必要,物的归属的保护与物的占有联系在一起。弗卢梅也曾说到,有体物的占有移转对于物的归属变动是重要的,物权合意反而是附带的。① 相反,在中世纪以来法律发展的历程中,自然法学者提出的主观权利观念,以及自然法学者意思主义的所有权变动模式,挤压了罗马法的交付原则。物的实际占有逐渐丧失它在物的归属变动中的核心地位。在自然法学者看来,买卖合同作为当事人意思自治的载体,甚至成为物权变动的唯一要件。虽然向物权在自然法兴起之前可能即已存在,但自然法思想对买卖合同本身的重视,对向物权中第一买受人法律地位提升的影响应当是存在的。

共同法作为当时具有法律效力的规则,其交付原则仍然要在实践中继续适用。并且,交付原则作为主流学说和立法例延续到普鲁士普通邦法等自然法典中,但受到以理性自然法为基础的意思主义的限制。买卖合同自身作为物的归属的媒介,通过向物权的概念和规则发挥它的效力,形成与交付原则的矛盾和冲突。这在法国民法典通过所谓的意思主义物权变动模式,在德国民法典则通过抽象物权行为理论予以解决。在此,当事人意思自治的意义均被强调。在法国法,通过买卖合同即可以发生物权变动,占有和登记是公示手段,对物的归属变动起决定作用的是意思表示本身。在德国法,物权变动直接通过物权行为实现,占有和登记是物权行为的外在表现,仍然是当事人的意思自治发挥决定作用。虽然存在意思主义和形式主义的区分,法、德两国均强调物权变动意思表示本身的重要性,这与取得名义加占有移转的物权变动模式是不同的。

对于罗马法交付原则的超越,还体现为不动产登记逐渐取得重要性。在普鲁士普通邦法,仍然是不动产实际占有优先于不动产登记。② 在更早期,也有城邦法(Wiener Stadtordnung von 1526)规定,即使第二买受人已经在先且善意地登入不动产登记簿册,第一买受人的在先实际占有仍然优先于不动

---

① 〔德〕维尔纳·弗卢梅:《法律行为论》,迟颖译,法律出版社 2013 年版,第 212 页。
② Sylvia Sella-Geusen, Doppelverkauf: zur Rechtsstellung des ersten Käufers im gelehrten Recht des Mittelalters., Duncker & Humblot, Berlin, 1999, S.241.

产登记。① 也就是说,的确发生占有与登记在不动产物权公示上的冲突和竞争,并且在历史上存在占有优先于不动产登记的立法例。但是,不动产登记最终取代占有和交付原则而成为不动产物权变动的公示载体。这其中的历史场景和考量因素值得梳理和评判。值得注意的是,物权行为理论首先在不动产领域取得实证法上的重要性。受潘德克吞学说的影响,萨克森民法典采纳了物权行为理论。而普鲁士1872年所有权取得法不仅取消了普鲁士普通邦法所规定的不动产物权变动的交付原则,也以抽象物权行为理论取代了不动产向物权制度。这些邦国特别是普鲁士的立法为德国民法典物债二分和抽象物权行为奠定了立法例基础。另外,值得注意的是,普鲁士关于土地登记簿的规定引入了预告登记(Vormerkung),这对德国民法典的预告登记制度也发生影响。② 预告登记与向物权系基于同样的观念,即保护买受人取得标的物利益的实现。可以说,不动产法的抽象物权行为与保护第一买受人的规则在德国的不动产法"如影相随"。

在德国民法典立法和司法实践中,向物权所代表的保护第一买受人的理念通过预告登记、处分禁止、债务不履行的替代赔偿、第三人侵害债权、诉讼法上的假处分等制度再度回归,并且成为学理探讨的对象。德国民法典通过这些制度矫正物债二分逻辑所带来的对在先买受人保护不利的后果。只有如此才能实现逻辑与价值的协调统一。

2. 向物权与一物二卖

向物权是保护第一买受人的制度,在一物二卖中有实际意义,有必要再总结、明确。在德国民法典立法之前,普鲁士普通邦法上的向物权对于第一买受人的保护可分如下情形加以确定:

(1) 交付或登记对于物的归属有决定作用。如果两个买受人均未获得物的交付或登记,出卖人将物交付第二买受人,则第二买受人成为物的所有权人,前提是第二买受人善意。第二买受人知道在先买受人的,不能优先于第一买受人取得物的归属。

(2) 在出卖人未交付或登记情形,则在先成立的买卖合同优先于在后成立的买卖合同,在先买受人有权取得买卖物的所有权。如果出卖人没有向任一买受人交付,两个买受人均主张取得物的所有权,则由买卖合同成立在先的买受人取得。

(3) 如果两个买受人之一通过占有改定取得物,而物的实际占有在出卖

---

① Sylvia Sella-Geusen, a. a. O. , S.241.
② Wieling, Jus ad Rem durch einstweiige Verfügung? JZ 1982, 839, 840.

人或另一买受人处的情形。在向物权的逻辑体系内,实际占有的效力大于拟制占有。如果在先买受人已经取得实际占有,则他即取得物的所有权。如果在先买受人取得拟制占有,则后位买受人的实际占有将优于他的拟制占有。也就是说,后位买受人可以取得所有权。但是,如果后位买受人在取得占有之际知悉第一买受人,则他的实际占有不能对抗第一买受人,第一买受人可以向第二买受人主张物的交付。

(4) 在不动产存在登记与占有的双重公示的协调问题。按照普鲁士普通邦法规定,实际占有的效力强于登记簿的效力。在第一买受人取得占有,而第二买受人完成登记的情形,仍然是第一买受人优先。如果第一买受人取得登记,而第二买受人取得实际占有,第二买受人的实际占有优先于第一买受人。但是,如果第二买受人在取得实际占有之际知道第一买受人,则他的实际占有仍不能对抗第一买受人。

(5) 价款支付对于物的归属没有直接的影响。① 在罗马法上,价款支付对于物的归属的控制功能即已经逐渐消退并为交付原则所取代。在向物权(ius ad rem)制度框架内,价款支付对于物的归属也是没有意义的,即使第二买受人已经在先支付价款,只要没有取得占有,仍然不能优先于第一买受人,而无论第一买受人是否也已经支付价款或是否取得物的占有。

向物权制度下的一物二卖与德国法上的一物二卖是物债关联与物债二分的重要区分点,两者的主要区别在于:

(1) 在德国民法典的物债二分模式下,不考虑买卖合同成立的先后顺序,而是以抽象的物权行为本身作为物的归属依据。只要未发生使物权变动的物权行为,买卖合同本身没有物的归属功能。在先买受人没有取得标的物所有权的优先地位,在两个买受人均主张取得所有权的情形,按照德国民诉法第894条(§894 ZPO),也是履行竞争和执行竞争发挥物的归属功能。

(2) 在德国民法典的物债二分模式下,买卖合同没有(相对性的)归属功能,第二买受人对第一买受人的知悉,对于物的归属不具有法律意义,相反物权变动是抽象的。与向物权不同,即使第二买受人知道在先买受人,仍然不影响他取得物的所有权。第一买受人也不得以第二买受人的知悉,向第二买受人主张物的交付或返还。

(3) 在第一买受人保护的问题上,德国民法典的立法者采取的是物债二分原则。与保护第一买受人的向物权不同,物的归属由物权行为决定,买卖

---

① Wesener, Dingliche und persoenliche Sachenrechte—iura in re und iura ad rem. Zur Herkunft und Ausbildung dieser Unterscheidung, in: Festschrift fuer Hubert Niederlaender, Universitätsverlag Winter, Heidelberg, 1991, S. 205.

合同没有物的归属功能。同时,物债绝对二分意味着债权平等原则,在物的取得上多数买受人必须采取执行竞争策略。

在德国民法典物债二分的模式下,第三人侵害债权可以为第一买受人提供有限的保护,并且存在预告登记、实际履行以及替代性赔偿等有利于第一买受人的制度。但是,不存在直接保护第一买受人的制度。下文展开讨论德国实证法上第一买受人法律地位的问题。我们将看到,向物权的规则仍潜藏在德国民法典物债二分的体系框架内。

第二节 "一物二卖"与第一买受人保护

一、物债二分下的第一买受人法律地位

(一)"一物二卖"与物权变动规则

对"一物二卖"在德国实证法上的法律效果进行分析,应在区分动产和不动产的基础上进行:

动产一物二卖可以分为以下情况:

例1 甲与乙订立暖气片买卖合同,乙未取得占有,甲将暖气片再次转让给丙,丙也未取得占有。乙、丙均主张取得所有权。虽然乙的买卖合同在先成立,基于债权平等原则,乙、丙是否能取得所有权取决于强制执行法上的规定,即这里存在履行竞争原则。

例2 甲与乙订立暖气片买卖合同,乙未取得占有,甲将暖气片再次转让给丙,丙取得占有,丙知悉乙的在先买卖合同。虽然乙的买卖合同在先成立,并且丙知悉乙的在先买卖合同,但基于债权平等原则,在先买受人仅有对出卖人的请求权。按照德国民法典第986条第2款,丙的有权占有可以对抗甲和乙的返还请求权。

例3 甲与乙订立暖气片买卖合同,乙取得占有,甲保留所有权,甲通过返还请求权让与的方式将暖气片再次转让给丙。丙向乙主张所有权返还请求权。根据德国民法典第986条第1款和第2款,乙的有权占有可以对抗暖气片所有人甲及受让人乙的所有权返还请求权。

在动产,第一买受人没有法律保护上的优先性,第一买受人与第二买受人债法地位平等,法律在这里看重占有移转对于权利取得的重要性。

不动产一物二卖可分为如下情况:

例1 甲与乙订立房屋买卖合同,没有交付和进行预告登记,甲将

房屋再次转让给丙,丙也没有进行交付和登记。双方均主张取得所有权。与动产一物二卖的情形相同,谁能取得所有权取决于强制执行法上的规定。单纯在先订立的买卖合同不具有对抗后位买受人的效力。

例 2　甲与乙订立房屋买卖合同,没有交付和进行预告登记,甲将房屋再次转让给丙,丙也没有进行交付和登记。但丙知悉乙的在先买卖合同。则谁能取得所有权与上例相同,后位买受人对第一买受人的知悉不意味着第一买受人优先。

例 3　甲与乙订立房屋买卖合同,乙取得房屋的占有,但尚未申请预告登记,也没有进行所有权登记。甲将房屋转让给丙,并办理预告登记或所有权登记。此时,虽然乙是有权占有人,但其基于买卖合同的有权占有无法对抗丙。① 丙可以基于预告登记或基于所有权返还请求权主张房屋的返还。按照德国民法典第 986 条第 1 款,乙的有权占有仅能对抗原所有人甲,不能对抗新所有权人丙。同时,按照德国民法典第 883 条第 1 款的规定,违反预告登记的嗣后处分相对于预告登记权利人无效。

例 4　甲与乙订立房屋买卖合同,乙未取得房屋的占有,但取得预告登记。甲又将房屋转让给丙,并为交付。与动产不同,丙的有权占有不能对抗乙的预告登记,乙可以基于所有权主张返还。

在不动产,买卖合同成立的先后及占有的取得对于所有权取得不具有法律意义,能否取得所有权的关键在于登记。

我们看到,在一物二卖中,买卖合同成立的时间先后不具有法律意义,两个买受人的法律地位平等,第一买受人没有优于后位买受人的法律地位。无论合同成立先后,占有在动产具有重要性,而登记对于不动产具有关键意义。同时,动产物权与不动产物权公示方式不同,第一买受人有权占有的效力在动产与不动产有根本差异。或者说,在不动产,登记原则实现了对交付原则的替代。

(二) 第一买受人的保护措施

按照物债二分的逻辑,买卖合同的订立本身仅仅意味着债的约束,不意味着买受人在物权取得上有任何保障。然而,买受人能否在签订买卖合同之后取得占有之前,通过诉讼保全措施(einstweilige Verfuegung)保障权利取得的预期？德国学者对此存在争论,德国法院的裁判及部分学理从民法典物债

---

① 王泽鉴:《民法学说与判例研究》(第 7 册),中国政法大学出版社 1998 年版,第 61、68 页。

二分的体系逻辑出发,否定第一买受人申请处分禁止(Veraeusserungsverbot)的权利。如果赋予第一买受人取得临时处分禁止的权利,意味着第一买受人取得买卖合同标的物所有权的前景得到保障,第一买受人相对于后来者占得"先机",这不符合物债二分的体系逻辑。①

如上所述,在共同法上存在所谓的"向物权(ius ad rem)",其在广义上为一种债权请求权,与物权(ius in re)相对,但除此之外,在狭义上"ius ad rem"还意味着一种物权与债权的中间形式,在普鲁士普通邦法上称之为"向物权"(Recht zur Sache)。② 这种"向物权"的概念意味着买卖合同生效后,买受人取得物权性的对物支配的法律地位,但欠缺公示性,其意义在于相对于其他买受人的对抗效力,即如果发生一物二卖,并且第二买受人知道物已出卖给第一买受人,则第二买受人为恶意买受人,第一买受人可以直接向第二买受人请求返还。③ 第一买受人有直接对第二买受人的请求权。这里不仅仅是买受人,使用承租人、用益承租人在合同订立后,都取得一种"向物权"的法律地位。

如上所述,这种不严格区分物权、债权的"向物权"观点为19世纪的历史法学派所抛弃。④ Wieling 认为,赋予第一买受人临时保护,意味着第一买受人的债权物权化,而这违反德国民法典严格划分物权和债权的体系结构。⑤ 相反,Kohler 则认为,赋予第一买受人以临时保护措施,不意味着回到"向物权"不严格区分物、债的中间形态,两者虽然具有法政策(rechtspolitsich)上的共同性,即"债权性的取得利益相对于债务人的二次转让得到保护",但两者仍然是不同问题,这体现在立法者抛弃了"向物权"的概念,但却在第136条以下规定了法院和行政机关的处分禁止。⑥ 故此,第一买受人为了保障取得买卖标的物的所有权,可以申请临时保全措施。⑦

按照 Wieling 的观点,在动产一物二卖中应贯彻严格的物债二分,第一买受人不能基于其买受人的债权性法律地位获得物权性的保障,否则存在体系违反。这种观点不乏支持者。不过,对此需提出疑问:德国民法典第986条第2款已经发生有权占有人对抗所有权人的债权物权化,为何在此要贯彻物、债的严格划分?

---

① Podehl, a. a. O., S. 2484.
② Wieling, Jus ad Rem durch einstweiige Verfuegung? JZ 1982, 839.
③ Wieling, a. a. O., 839.
④ Wieling, a. a. O., 840.
⑤ Wieling, a. a. O., 839.
⑥ Kohler, Das Verfuegungsverbot lebt—Stellungnahme zu: Hans Wieling, Jus ad rem durch einstweilige Verfuegung? JZ 1982, 839 ff. —, JZ 1983, 586.
⑦ Kohler, a. a. O., 586.

德国主流观点认为,动产买受人可以申请临时处分禁止,以防止买受人的请求权为后来的买受人所挫败。① 按照有学者的观点,这在特定物买卖和种类物买卖的情形均是如此。② 有学者指出:"虽然预告登记制度仅适用于不动产,但对动产与不动产一物二卖进行不同的处理是没有理由的。"③临时保全措施与预告登记的法律效果具有相似性。④ 动产与不动产临时处分禁止的法律后果是相似的。⑤ 第一买受人可以通过处分禁止保障最终取得所有权的利益。

有观点认为,多个临时保全措施应互相抵消彼此的效力,这是从债权平等的角度出发的。德国联邦最高法院认为,当存在多个临时保全措施的情况下,实行时间优先效力优先的原则。⑥ 虽然第一买受人并非必然先取得临时处分保护,但其无疑在时间上有优势,而赋予在先临时处分禁止以优先效力,有利于第一买受人的优先保护。

如果说动产买受人是否可以通过临时保全措施保障将来请求权的实现,还存在一些争议,不动产买受人无疑可以这么做。由于不动产买卖合同与不动产登记存在时间差,在先买受人的风险主要体现在出卖人破产、第三人对出卖人的强制执行以及出卖人的再处置。预告登记制度即在于保护第一买受人取得所有权的利益,防止一物二卖的发生。⑦ 按照德国民法典第885条的规定,对预告登记的保全申请无需所保全的请求权确定地陷入不能实现的危险之中,这使预告登记在出卖人同意之外获得实现上的便利。⑧

预告登记制度涉及民法典的体系问题。德国民法典第一委员会出于严格贯彻物债二分的考虑,对其持否定态度,认为通过临时保全措施能达到同样目的,并且临时保全措施也可以在土地登记簿中登记。⑨ 但是,当时多数邦的规定支持预告登记制度,而学者们也几乎一边倒地反对第一委员会的意见。⑩ 第二委员会将其规定在民法典中。对于预告登记的性质,德国学者的观点可以分为三种:第一种认为预告登记是一种物权;第二种与之针锋相对,认为预告登记不是权利,仅仅是一种登记簿附注(Grundbuchvermerk);在两

---

① Podehl, Einstweiliger Rechtsschutz bei Doppelverkaeufen. BB 2006, S.2485.
② Foerste, ZZP 106 (1993), 143, 152, s. Podehl, a. a. O., S 2485.
③ Katzenstein, Einstweilige Verfuegung bei Doppelvermietung, ZZP 116 (2003), 473.
④ MüKoBGB/Armbrüster, 5. Auflage, 2006, § 136, Rn.4.
⑤ Hinz: Im Überblick: Einstweiliger Rechtsschutz im Mietprozess, NZM 2005, 841, 844.
⑥ BGH NJW 2008, 376, 378.
⑦ Katzenstein, Einstweilige Verfuegung bei Doppelvermietung, ZZP 116 (2003), 473.
⑧ Staudinger/Gursky (2002), § 885, Rn.23 ff.
⑨ Staudinger/Gursky (2008), § 883, Rn.2.
⑩ Staudinger/Gursky (2008), § 883, Rn.2.

者之间存在着各种"折中性"的观点,德国主流观点认为预告登记是具有物、债混合特征的特别的债权保障手段。① 目前,这种观点争议仍然存在。② 概念之争不能模糊预告登记的功能,即预告登记将致力于物权变动的债权请求权显著地物权化。③ 预告登记制度软化了物法的类型强制原则,将来的权利和附条件的权利的预告登记通过迂回的方式规避了不动产转让不得附条件的规定,而取得与动产所有权保留相类似的效果。④ 预告登记制度保护第一买受人的债权实现利益,与物债二分的体系逻辑是不符的。

综合上述,可以认为,物债二分导致对第一买受人利益的忽视,通过诉讼法上的临时保全制度予以弥补,在不动产则存在预告登记和临时保全的双重弥补。德国民法典物债二分的体系并不必然带来第一买受人利益的损害。然而,它实际是通过否定物债二分的严格性来实现的,临时保护措施和预告登记制度模糊了原因行为与履行行为的区分,合同的履行提前介入到债的关系中来。

(三) 第一买受人保护的有限性

通过上文的分析,似乎第一买受人取得所有权的预期可以得到稳定的保障,但事实并非如此,第一买受人通过临时处分禁止所获得的保障仍然是有限的,法律一方面要考虑第一买受人的在先利益,也要考虑后来者合理预期的保护。即使是在中世纪物、债不严格区分的时代,第一买受人的法律地位也并不能终局性地得到保障,在德国现行法上,更非如此。

1. 动产临时保全措施对第一买受人保护的有限性

举例而言,甲将大提琴连同琴盒转让给乙,乙未取得占有,为保障其权利的实现,乙申请了诉讼保全,甲的处分权受到限制。甲将大提琴再次转让给丙,并为交付。丙取得占有之际不知临时处分禁止的存在,但在取得所有权之前知悉此事。乙能否基于保全措施而最终取得大提琴的所有权?⑤

在这个例子中,虽然乙申请了临时保全措施,甲的处分权受到相对性的

---

① Westermann, Sachenrecht, 7. Aufl., C. F. Müller Verlag, Heidelberg, 1998, S.632.
② Ansgar Staudinger, in: Schulze, Bürgerliches Gesetzbuch 10. Auflage, 2019, BGB §883, Rn. 2.
③ Jauernig/Berger, 17. Aufl., 2018, BGB § 883, Rn. 3.
④ MüKoBGB/Kohler, 5. Auflage, 2009, § 883, Rn. 4.
⑤ 按照德国学者的说法,截至 2006 年尚没有与笔者所设想的情形相符的判决存在。S. Podehl, Einstweiliger Rechtsschutz bei Doppelverkaeufen, BB 2006, S.2485.

限制。但是,丙能否取得所有权取决于其是否为善意,按照德国民法典第135条第2款,如果乙非因重大过失而不知甲的无权处分,则乙可以善意取得。① 这里,取得人的善意须针对"不存在相对性的处分限制",与一般的善意取得有区别。② 临时处分禁止不意味着买卖合同无效,买受人对出卖人占有权利外观的善意信赖优于处分禁止,第二买受人可以取得所有权。③ 这里占有的公信力及善意第三人保护具有更强的效力。临时处分禁止对第一买受人的保护不是绝对的。

与此不同,我国台湾地区通说认为:"查封为公法上的强制处分,不因第三人是否善意而影响其效力。"④临时保全措施作为一种公法上的强制处分具有对抗第三人的效力,第一买受人可以排除在后买受人的善意取得。在德国法上,临时处分禁止不具有这样的效力,它对第一买受人的保护是较弱的。

在上例,如丙取得有权占有,且知悉临时处分禁止,则其有权占有能否对抗乙的保全措施?丙在知悉乙的保全措施后,即为非善意,不能善意取得所有权。丙基于买卖合同仅仅为有权占有人。但是,第二买受人在取得占有之际为善意,在有权占有与所有权取得之间为非善意,则其有权占有能否对抗第一买受人?这个问题比较难以回答。如上所述,第二买受人无法取得所有权是确定的,但其能否以有权占有对抗临时处分措施?丙能否基于有权占有而不予返还?

笔者没有找到德国学者对该问题的相关论述。从德国民法典第986条第2款来看,即使所有权人将所有权转让给第三人,但有权占有人仍然可以维持其有权占有。在临时保全的情形,乙申请了临时保全措施,甲的处分权受到限制,但仍然不能认为乙已经取得所有权,通过处分禁止其仅仅获得一种临时保障而非实体权利。所以,丙的有权占有先于乙的所有权取得。丙的有权占有可以对抗乙的临时保全措施。

那么,在丙事后知悉保全措施的情况下,其是否仍然可以基于有权占有对抗乙的在先临时保全措施?如果认为可以对抗,则该临时保全措施虽然导致丙不能取得所有权,但丙基于买卖合同的占有仍为有权占有,乙只能取得"空虚的"所有权。这种状态的合理性可能在于,如果乙并非买受人,而仅仅是基于租赁或其他债的关系甚至基于他物权关系而建立有权占有,则乙的临时处分措施不能对抗丙。丙作为买受人,其有权占有应作同样处理。

---

① 〔德〕卡尔·拉伦茨:《德国民法通论》(下册),王晓晔、邵建东、程建英、徐国建、谢怀栻译,法律出版社2002年版,第654页。
② Reichold, in: jurisPK-BGB, 4. Aufl., 2008, § 135 BGB. Rn. 12.
③ Staudinger/Kohler (2003), § 135, Rn. 5.
④ 参见王泽鉴:《民法物权》(第二册),中国政法大学出版社2001年版,第259页。

不过,这种有权占有与所有权"永久分离"的状态的合理性,还值得斟酌。买卖与租赁的不同在于,买受人意在终局地取得占有和所有权,如果认为丙在知悉临时处分的情况下,仍然可以保留有权占有,则导致临时处分措施无法发挥预定的功能,无论第三人是否知悉临时处分措施,至少可以保持有权占有的法律地位,这实际意味着临时保全措施没有发挥作用。从临时保全措施的效力来看,似可认为第二买受人知悉临时处分禁止的,不能以有权占有人地位对抗。

可见,虽然第一买受人取得临时保全措施,不意味着其所有权取得预期获得终局的保障,只有在第二买受人知道在先处分禁止的情况下,才不存在善意取得。而在知悉临时保全措施的情况下,第二买受人不但不能善意取得,他的有权占有能否维持,也存在疑问。

2. 不动产预告登记与第一买受人保护

预告登记固然有利于第一买受人采取措施,保障自己将来权利的实现。也就是说,在先买受人具有时间上的优势。但是,第二买受人也可以捷足先登。在第一买受人怠于进行预告登记的情形,无疑是存在这种捷足先登的危险性的。也就是说,预告登记也可以为第二买受人所用。于此种情形,预告登记非但没有保护第一买受人,反而成为第一买受人的绊脚石。

预告登记还涉及与不动产占有的关系的问题。在实践中,在先买受人往往会取得不动产占有,实现对不动产的在先用益。而在先买受人的不动产占有能否为他获得某种优势地位,也是第一买受人保护所不能忽视的问题。

在德国法,占有在不动产权利移转上的公示功能为登记制度所替代,不动产占有的意义极为有限。举例而言,甲将房屋转让给乙,乙取得预告登记。甲又将房屋转让给丙,并为交付。则丙能否以其有权占有对抗预告登记?丙意在取得不动产所有权,而登记簿为土地权利状况的表彰手段,为确保权利取得,丙应查看土地登记簿,即预告登记的知悉"义务"应由丙负担。丙没有查看土地登记簿,自身具有重大过失,则其有权占有不能对抗预告登记人。预告登记制度在于保障所有权取得的预期,丙无视登记簿的公示而为购买,应自担风险。

不动产进行预告登记后,相对于出卖人而言,经济上的意义已经有限,出卖人很难再找到第二买受人。[1] 因此,这里所列举的例子,在德国法上几乎不会发生,即使出现第二买受人,也会对预告登记作出约定。故此,预告登记

---

[1] Hagenbucher, Die Eintragung der Eigentumsvormerkung für den Grundstückskäufer: ein unvermeidbares Risiko für den Verkäufer? MittBayNot, 2003, 249.

制度在对第一买受人的保护上是有意义的。

存在疑虑的是另外一种情况:甲将房屋转让给乙,并为交付;甲又将房屋转让给丙,丙抢先预告登记。则乙的有权占有能否对抗后位的丙的预告登记?按照德国法的规定,有权占有不能对抗预告登记,有权占有不是不动产物权的表征方式,买受人对土地登记簿记载的信赖受到保护,无需对占有的权利状况进行调查。按照德国法的逻辑,动产的权利公示方式为占有,不动产的权利公示方式为登记。这种严格的划分导致不动产有权占有的法律效力不仅低于登记簿的效力,也低于动产占有的效力。同为有权占有,法律效果存在根本的区别,这种法律状态的合理性存在疑问。

不过,必须警惕陷入不符合现实的遐想。德国法的预告登记制度在于防止"一物二卖"的发生,第一买受人订立买卖合同后会主动申请预告登记,而避免自己的权利遭受后来者的损害。因此,第一买受人仅取得占有而第二买受人取得预告登记的情形事实上是否会发生,应当予以讨论。在德国法上经常发生的交易事实毋宁是,不动产第一买受人既取得预告登记,也取得占有,并最后取得所有权登记,交易顺畅地完成,几乎不发生一物二卖。有德国学者在比较了法国、英国和德国的土地交易制度后认为,德国法将公证制度和登记制度相结合,公证员对买卖合同进行实质审查,地方法院对登记申请进行形式审查,这种贯穿始终的制度保障可以有效地抑制欺诈和一物二卖的发生,是最有利于交易安全保护的。[1] 从与其他国家的比较来看,德国不动产法在交易安全保护方面也是"无与伦比的"(unübertroffen)。[2]

笔者暂时不打算评估德国的土地登记簿制度对交易安全的意义。[3] 的确,从制度层面来看,相对在一物二卖中权衡孰者的利益更值得保护,抑制一物二卖的发生是更高的境界。交易安全的保护体现在两个方面:一方面交易安全意味着保护善意第三人的利益,另一方面意味着保护第一买受人的利益。第一买受人的交易无法顺畅地完成,当然意味着交易是不安全的。如果认为交易安全主要与善意第三人保护有关,不仅是不全面的,而且是肤浅的,甚至是本末倒置的。法律的首要目标应在于保护第一个交易的实现,保护善意第三人只是无奈之举。

---

[1] Franzmann, Sicherer Immobilienerwerb durch Notar und Grundbuch, MittBayNot, 2009, 346.
[2] Böhringer, Das deutsche Grundbuchsystem im internationalen Rechtsvergleich, BWNotZ, 1987, 25.
[3] 德国有学者提到这样的情形:第一买受人取得预告登记但尚未登记为所有权人,即将不动产再次出卖,这时第二买受人价款风险如何避免,成为值得讨论的问题。Amann, Vormerkung fuer den Zweitkaeufer vor Eigentumserwerb des Erstkaeufers? in: Festschrift fuer Wiegand, Verlag C. H. Beck, München, 2005, S.83.

虽然针对交易安全有较为完善的制度保障，不动产一物二卖也有发生，预告登记制度对第一买受人的保护不是万无一失的。如果根本不发生一物二卖，善意取得制度就没有必要了。这不是德国法的制度现实。

在德国 Flensburg 地方法院 2005 年审理的一个不动产"一物二卖"的案件中，第一买受人针对第二买受人的预告登记向法院申请处分禁止保护。申请人在 2004 年 6 月 14 日与被申请人签订经过公证的土地买卖合同，在申请人取得预告登记之前，被申请人将同一土地再次转让给他的妻子，并且完成预告登记。法院裁定，驳回申请人基于德国民法典第 136 条的处分禁止申请，被申请人的妻子的在先预告登记排斥嗣后针对同一标的的处分禁止申请。①

在该案中，第一买受人已经取得有权占有，但出卖人为第二买受人抢先办理预告登记。虽然第一买受人取得不动产的占有，其有权占有的利益也无法对抗在后不动产预告登记权利人。可见，在德国法上，不动产第一买受人的法律地位并非万无一失。一物二卖发生在合同订立与取得预告登记之间时，第一买受人取得所有权的预期利益还是无法实现。

(四) 小结

在德国法上，基于物债二分，先后订立的买卖合同的买受人法律地位完全平等。动产所有权的转让实行交付原则，不动产登记是交付原则的替代。所有权移转与买卖合同本身分开。忽视第一买受人的保护毋宁是物债二分的当然结果。对第一买受人的保护是在物债二分体系之外存在的，是一种补充和校正。

保护第一买受人不仅有道德上的正当性，而且交易安全的最理想状态也是第一买受人的合同顺利实现。德国法的物债二分不意味着在先的买卖合同没有保障，第一个买卖合同仍然具有实现上的优先性。"人们可以看见，'向物权'(ius ad rem)在德国法中仍然是存在的，它或者在第 826 条，或者在预告登记中，或者在不动产租赁体现出来。"②

德国法对第一买受人的保护不是绝对的，或者说是存在缺漏的。第一买受人的法律地位在结果上具有多种可能性，既不是绝对的债权平等，也不是第一买受人优先。在动产，第一买受人可以申请临时处分禁止，但第二买受人仍然可以善意取得，交付原则和第一买受人保护处于紧张关系中。在不动

---

① Beschluss: LG Flensburg 4. Zivilkammer, 13.07.2005, 4 O 214/05.
② Dubischar, Doppelverkauf und "ius ad rem", JuS 1970, 6.

产,虽然第一买受人可以通过预告登记制度保障债权的实现,但第一买受人的有权占有无法对抗后位买受人的预告登记,登记制度排斥在先合同权利和在先有权占有。

二、不动产有权占有、预告登记与第一买受人保护

与第一买受人保护不同却非常相关的,是不动产有权占有的法律效力的问题。与动产在先有权占有可以对抗后位所有权取得人不同,德国法对不动产第一买受人合同履行利益的保护,通过预告登记制度实现。第一买受人的有权占有与所有权取得无关,第二买受人可以驱逐第一买受人。无论是否知道第一个买卖合同的存在,还是第一买受人已经取得占有,第二买受人仍然可以通过登记最终取得所有权。预告登记的目的在于保护第一买受人,但也可以被用于侵害第一买受人的利益。预告登记对第一买受人的保护是不完全的。

在德国法上,第一买受人相对于预告登记权利人不享有让与保护(Sukzessionschutz),即使其取得有权占有也是如此。① 不过,占有的法律效力并非为德国学者所忽视。如上所述,债权公示、相对支配权等学理在不动产都有适用的空间。从实证法本身来看,不动产承租人有权占有的效力可以对抗不动产所有权返还请求权,这与第986条第2款具有相似性。② 有权占有保护是否应止步于不动产,可以探讨。

动产有权占有与不动产有权占有之间的区别,存在探讨的必要。不动产有权占有与登记制度之间的效力关系,值得批判性地反思与重构。德国学者从法律解释的角度出发,在德国民法的框架内"运筹帷幄",但这不能成为制度批判和重构的"防线"。

(一) 不动产承租人与预告登记权利人

有学者认为,买卖不破租赁的规则体现了弱者保护的理念。但这种观点无法与德国民法典第578条、第593 b条非住房租赁同样适用买卖不破租赁的规则相协调。③ 在不同的不动产租赁关系中,承租人作为有权占有人没有因为使用目的的不同,而享有不同的保护。德国民法典第二委员会甚至认为,工商业者因其营业延续的需要,对于所租房屋利用利益的稳定性有值得

---

① Staudinger/Gursky (1999), § 986, Rn. 60.
② Staudinger/Gursky (1999), § 986, Rn. 59.
③ Staake, Vormerkung und Vermietung, JURA 2006, 562.

保护的价值。① 不动产承租人的有权占有具有一般性,"买卖不破租赁"的规则不仅在住房,也在工商业用房上相对于新所有人维持占有状态的稳定性,这不能在弱者保护的理念下进行解释。②

德国学者认为,占有保护体现的是对承租人对物利用的存续保护(Bestandschutz)的保障。③ 这体现了一种信赖的观念。当然,法律制度固然有其理性的一面,并因此是可以争辩的;法律制度也有其历史的一面,只有放回制度的历史时空中才可以理解。买卖不破租赁规则具有这两种特征,在德国民法典立法之时,第一委员会的买卖破除租赁规则为日耳曼法买卖不破租赁规则所取代。从制度历史的角度而言,买卖不破租赁具有反体系的特征。而买卖不破租赁能够成为民法典的规则的原因在于德国当时的制度实践。④

不动产承租人的有权占有涉及与预告登记权利人的关系的问题,这主要在于两者成立的先后顺序上有讨论的意义。举例而言,甲将房屋租给乙,移转占有后,又将房屋所有权出让给丙。这是没有疑问的,按照德国民法典第566条的规定,买卖不破租赁,承租人的有权占有优先,新所有权人"进入"租赁合同成为出租人。当然,第566条不是强制性的规则,在三方当事人同意且并不违反一般交易条件法的情况下,可以作出相反的约定。存在争议的是另外的一种情形,甲将房屋转让给丙,并办理预告登记,其后,甲又将房屋出租给乙,乙并取得占有。根据第883条第2款,丙能否排除乙的租赁关系,在德国法存在争议。这个问题实际涉及不动产占有与登记效力冲突的问题。

一种观点认为,预告登记权利人不能排除在后基于租赁关系的有权占有,这也是德国司法实务上的观点。有学者指出:"德国联邦最高法院对第883条超出物法范围的类推适用持否定态度。从体系的角度来看,租赁关系也不是一种支配,不能归入第883条第2款中去。"⑤承租人无需查看土地登记簿,他对预告登记没有知悉义务。⑥ 即使存在预告登记,不影响出卖人与承租人后来订立的租赁合同的效力,承租人相对于新所有权人为有权占有,根据第986条第1款,买受人必须承受租赁合同的负担。这对于买受人似乎是不利的。不过,德国联邦最高法院认为,新的所有人作为出租人,尤其在房地产投资领域也是没有可赔偿的损害的。⑦ 也就是说,新所有人可以取得租

---

① Schoen, Zur Analogiefaehigkeit des § 571 BGB, JZ 2001, 122.
② Hattenhauer: Bricht Miete Kauf? NZM 2003, 666.
③ MuenchKomm-Voelskow § 571 RdNr. 2.
④ MuenchKomm-Voelskow § 571 RdNr. 2.
⑤ Staake, Vormerkung und Vermietung, JURA 2006, 562.
⑥ Staake, a. a. O., 562.
⑦ Staake, a. a. O., 562.

金,这符合他对所有权的经济利用。这种观点体现了不动产有权占有相对于预告登记的强势地位。

另一种观点认为,从第883条第2款的保护目的出发,预告登记权利人可以排除承租人的有权占有。按照这种观点,预告登记制度应为买受人提供一种广泛的保护,买受人的对待履行风险才是可以预先确定的。① 租赁虽然不是法技术意义上的处分,但这里可以类推适用。② 否则,买受人即使支付价款,却还要承受不动产上的租赁负担,而不能行使所有权人的处分自由,对于买受人而言并不公平。同时,承租人查看土地登记簿并不困难,为确保占有及利用权取得的有效性,其也有必要查看土地登记簿。③ 按照德国强制拍卖法和破产法,不动产租赁可以在这些程序中解除(德国强制拍卖法第57条以下,德国破产法第111条),而预告登记与已登记的强制拍卖(Zwansversterigerung)或破产登记(Insolvenzvermerk)应具有同样的效果。④ 也就是说,预告登记可以排除后来的有权占有。

这里的争论涉及承租人保护与买受人占有保护之间的冲突,是比较复杂的问题。王泽鉴教授认为租赁关系可以延续。⑤ 这与德国司法实务的通说一致。笔者以为,在预告登记后承租人能否以有权占有对抗新所有权人,关键在于其是否应承担查看土地登记簿的义务。从生活经验而言,似乎租赁合同双方从不动产的占有现状出发,不必查看土地登记簿。不过,德国学者Gursky认为,承租人应查看土地登记簿。⑥ Kohler持同样观点。⑦ 那么,即使在承租人知悉预告登记的情况下,固然也可以有效地订立租赁合同,但如果认为此时承租人仍然可以有权占有对抗买受人,则不合适。同时,预告登记起码应与临时保全措施具有同样的效力。如果有权占有人对登记有知悉义务,他事实上不知道预告登记不应给自己带来好处。也就是说,相对于预告登记权利人,在后发生的承租人的有权占有不能具有优先性。

无论如何,相对于所有权第三取得人,不动产承租人的有权占有可以发生对抗效力,这在承租人的有权占有先于预告登记的情形更是没有疑问的。在一物二卖和其他债权性的有权占有的情形,在先债权性有权占有是否应具同样的效力,应根据其与承租人的有权占有是否有可类比性而为判断。

---

① Staake, a. a. O., 563.
② Staudinger/Gursky (2002), § 883, Rn. 196.
③ Staake, a. a. O., 563.
④ MüKoBGB/Kohler, 5. Auflage, 2009, § 883, Rn. 54.
⑤ 王泽鉴:《民法学说与判例研究》(第7册),中国政法大学出版社1998年版,第75页。
⑥ Staudinger/Gursky (2008), § 883, Rn. 211.
⑦ MüKoBGB/Kohler, 5. Auflage, 2009, § 883, Rn. 54.

(二) 不动产承租人有权占有的体系价值与类推适用

1. 观点争议

德国主流观点认为,德国民法典第566条关于买卖不破租赁的规定是一种反体系的例外,不能对其进行类推适用。① 德国司法实务也在买卖不破租赁类推适用的问题上非常谨慎。② 我国学者王泽鉴教授也认为"买卖不破租赁"不能在其他有权占有类型上类推适用。③ 动产物权的公示方式是占有,不动产物权的公示方式是登记,而第566条将不动产上的"物权化"的权利的公示建立在占有的基础上,这是一种体系违反,应严格限制其适用的范围。④ 不过,这种主流观点遭到部分学者的反对,如上所述,卡纳里斯认为第566条存在类推适用的可能。⑤

从外在体系的角度而言,第566条的存在本身就是反体系的,是否有必要为了维护体系的严格性而否定该条的类推适用,是一个"五十步和百步"的问题。不应仅仅为了维护概念体系的完整性,而拒绝该条在实质相似的生活关系上的类推适用。德国民法典的立法者基于保护承租人的优先利益放弃了教义学体系的严格性,这为其类推适用铺平了道路。

如上文关于"债权物权化"理论解说部分所介绍的那样,德国许多学者都对德国民法典体系的严格性提出批评,并且这种体系的严格性在德国民法典立法之初就不是现实。从物债二分的体系结构而言,买卖不破租赁无疑是不协调的。从历史的角度而言,罗马法上的"买卖破除租赁"规则在争论中没有成为法典的规则。因此,体系违反不是排除第566条在类似生活关系上适用的理由。如果坚持民法典的体系,则根本应排除买卖不破租赁的规则,但德国民法典的立法者甚至不仅仅在第566条突破了体系的严格性。这为基于生活关系相似性而对第566条进行类推适用提供了实质的理由。

德国学者Schoen认为,有权占有人对物的利用是值得保护的,买卖不破租赁的规则体现了对债权性使用让与保护的理念,其他类型的基于债的关系而对物进行利用的权利,应该与承租人具有保护上的同等性,有权占有人相对于所有权受让人应具有与承租人权利同等的保护价值。⑥ 当然,类推适用

---

① Staudinger/Emmerich (2006), § 566, Rn. 19.
② Tonner, in: jurisPK-BGB, 5. Aufl., 2010, § 566 BGB, Rn. 15 ff.
③ 王泽鉴:《民法学说与判例研究》(第7册),中国政法大学出版社1998年版,第73页。
④ Schoen, Zur Analogiefaehigkeit des § 571 BGB, JZ 2001, 121.
⑤ Canaris, Die Verdinglichung obligatorischer Rechte, in: Festschrift fuer Flume zum 70 Geburstag, Verlag Dr. Otto Schmidt, Köln, 1979, S. 371.
⑥ Schoen, a. a. O., 122.

不是没有条件的。在有权占有相对于新所有权人的保护上，从买卖不破租赁的事实基础出发，债权性的有权占有的取得应为有偿，无偿取得的有权占有不能对抗后位的所有权取得人。① 同时，如第 566 条的措辞所没有显示的，占有的取得和使用的让与(Gebrauchsueberlassung)也是重要的。② 这在司法实践中有时也造成误解。③ 没有取得占有的债权人不能享有类似承租人的法律地位。

即使承租人的有权占有相对于后位所有权人的优越地位可以类推适用，不动产一物二卖中第一买受人的有权占有是否应作同样的处理，仍然存在疑问。诚然，不动产第一买受人的有权占有与承租人基于租赁关系的有权占有具有相似性，其均为基于合同的相对性的有权占有。但是，与承租人不同，买受人意在最终地取得出卖物的所有权，承租人与买受人之间的占有冲突尚具有可协调性，毕竟承租人的有权占有是有时间限制的，买受人取得租金，有时也符合其作为所有人的利益。与此不同，不动产的两个买受人之间的利益冲突具有不可调和性，两个买受人所欲取得的权利内容是相同的、互相排斥的。从买卖合同与租赁合同的法律效果来看，两者的差异起码是存在的。

如果在一物二卖存在类推适用的可能，则预告登记权利人就可以进入到第一个买卖合同中来。这意味着，虽然第二买受人取得所有权，但是，他要将所有权再次转让给第一买受人。这种做法的合理性可能在于，第一买受人的有权占有具有公示性，第二买受人虽然先取得预告登记，但对于在先占有事实的忽视将给他带来不利益，即虽然第二买受人可以基于预告登记取得所有权，但其预告登记不能对抗在先的有权占有，第二买受人基于预告登记而取得的不动产所有权相对于第一买受人的有权占有人为相对无效。当然，是否采取这种复杂的处理方式，是一个法技术问题。

保护第一买受人有权占有的合理性在于，第二买受人的预告登记也仅仅是一种保全措施。在先有权占有相对于在后的预告登记权利人已经将自己的权利公示化，后位的预告登记也不能对抗。当在先权利具有外部可识别性时，后位的"竞争性"的权利对在先权利的排斥应受到限制。在先不动产有权占有虽然不是不动产物权的标准公示方式，但占有人的占有外观应引起利害关系人的注意，第二买受人忽略这种可查明的在先"竞争性"权利，应该承

---

① Schoen, a. a. O. , 123.
② Canaris, Die Verdinglichung obligatorischer Rechte, in: Festschrift fuer Flume zum 70 Geburstag, Verlag Dr. Otto Schmidt, Köln, 1979, S 375.
③ Hans-Georg Eckert, Veraeusserung des Mietgrundstuecks ohne Vermieterwechsel-Drei Missverstaendnisse und eine ungeklaerte Frage zum Anwendungsbereich des § 566 BGB, in: Festschrift fuer Huber Blank (2006), Verlag C. H. Beck, München, S. 166.

受由此带来的不利益。

认可占有对不动产权利的公示效力会"削弱"预告登记以及不动产物权登记的公信力,登记簿公信力相对化将引起制度构成上的连锁反应。不过,德国联邦最高法院在不动产有权占有的问题上也有一些变动和徘徊,在不动产买卖不破租赁的问题上也有观点变化。

2. 德国联邦最高法院在不动产有权占有问题上的观点变化

2.1 不动产第一买受人的占有权抗辩

在1984年德国联邦最高法院处理的一个案件中,德国联邦最高法院认可了第一买受人有权占有相对于后位买受人的优先效力。

> 被告是一位在土地登记簿中登记地块的所有人,在该地块上的水塘中有一处"鱼池",争议当下为原告所使用。原告请求法院确认,其没有义务归还该鱼池。
>
> 本案事实如下:1941年7月24日,被告的父母作为当时土地的所有人将没有经过测量和划定的约8平米的水上空间转让给一个购买人团体(Kaeufergemeinschaft)。价款已经支付完毕。买受人于价款支付之日取得占有;不过,并没有经过测量和所有权移转。原告主张,在随后的时间里"鱼池"空间由"购买人团体"持续占有,并且其后经过该团体同意由原告长期单独占有。原告与该"购买人团体"的成员或其权利承受人达成一致,他以自己的名义独自享有对该鱼池的占有权。被告则于1981年11月9日基于经过公证的买卖合同取得对登记土地的所有权。①

该案虽然在具体事实构成上有其特殊性,即在第二买受人与出卖人之间存在继承法律关系,并且"鱼池"没有在土地登记簿中登记。不过,这里至少在表面上存在(部分的)不动产一物二卖的事实。德国联邦最高法院的判决意见认为:"即使买受人转让土地所有权的诉讼时效已经经过,买受人相对于出卖人仍然保有有权占有人的法律地位。根据德国民法典第419条,买受人可以其有权占有对抗通过合同取得出卖人财产(Vermoegen)的第三人,这同样适用于第三人取得出卖人土地的情形。"②

通过与德国民法典第419条的连接,判决建立起不动产有权占有人相对于不动产所有权第三取得人之间的关联。不过,法院在阐述判决理由的最初就表明其对不动产债权性有权占有效力问题的态度,即"通过'鱼池'占有的

---

① BGH: Besitzrecht trotz Verjährung des Übereignungsanspruchs, NJW 1984, 1960.
② BGH: Besitzrecht trotz Verjährung des Übereignungsanspruchs, NJW 1984, 1960.

移转,买受人默示地取得有权占有,这意味着,原告因而可以买受人所享有的全部抗辩对抗被告的所有权返还请求权。"德国联邦最高法院在此援引了一系列德国帝国法院和联邦最高法院的判决,并引用学术著作和民法典评注中的观点作为依据。① 笔者以为,该判决理由实际认可了不动产有权占有人在一物二卖中对抗不动产所有权第三取得人的权利。

该判决同时指出:"如果不赋予有权占有人抗辩,则第三人与出卖人很容易达成欺诈性地侵害不动产有权占有人利益的合同。"②这种观点从实质理由的角度出发,是很有道理的。按照第986条第1款,不动产债权性的有权占有人可以对抗出卖人的所有权返还请求权,这即使在基于买卖合同的请求权罹于诉讼时效,也是如此。然而,一旦所有人将不动产转让给第三人,则不动产有权占有的抗辩对该第三人不发生效力。显然,出卖人可以通过迂回的方式实现作为所有权人的"利益",这也是与第986条第1款的规定不相符的。

从该判决可以得出,不动产债权性有权占有不要求在土地登记簿中登记,却也可以享有"物权化"的效力,可以对抗物权的第三取得人,当事人的合同自由优先于所有权人的处分自由,不动产有权占有也可以对抗(通过财产整体转让)取得土地所有权的第三人。这种观点的逻辑,已经将物债二分的体系逻辑几乎置于颠覆的境地。

2.2 不动产有权占有人的抗辩限制

不过,德国联邦最高法院的这个判决可能还是有点"超前",对于该判决笔者没有发现德国学者进行了评述。该判决有其当时的学理背景,但所倚重的德国民法典第419条在后来被删除,不再有效。③ 按照第419条的规定,对于通过合同取得他人财产之人,出让人的债权人可以向该财产承受人主张其对出让人的权利,但受让人的责任限于所受让的财产。按照德国学者的观点,该条规定有日耳曼法上的渊源。之所以删除该条款,是因为自1999年生效的德国新破产法第129条以下的撤销权制度可以提供更好的保护。④

一方面是德国民法典第419条被删除,另一方面是德国联邦最高法院在后来的判决中将债权性有权占有的效力明确限定在租赁法律关系的范围之

---

① 具体如下:RGZ 105, 19(23); RG, LZ 1924, 818 Nr. 8; 1927, 243 Nr. 4; BGH, WM 1956, 158(161); Diederichsen, Das Recht zum Besitz aus Schuldverhaeltnissen, 1965, S. 137; Pikart, in: RGRK, 12. Aufl., § 986 Rdnr. 31. S. BGH: Besitzrecht trotz Verjährung des Übereignungsanspruchs, NJW 1984, 1960.
② BGH: Besitzrecht trotz Verjährung des Übereignungsanspruchs, NJW 1984, 1960.
③ Stürner, in Jauernig, Bürgerliches Gesetzbuch 13. Auflage, 2009. § 419, Rn. 1.
④ Stürner, a. a. O., Rn. 1.

内。① 2001 年联邦最高法院审理的限缩有权占有效力的案件梗概如下:

> H 是一块土地的所有权人,在该土地上建有仓库。在该块土地的拍卖程序中 M 胜出,其为 H 的侄子。
>
> 其后,最初 H 每月向 M 支付 1400 马克作为租金,在其宣布不再支付租金后,M 向 Regensburg 地方法院请求 H 返还土地。双方于 1992 年 9 月 3 日在诉讼中达成和解,M 有义务在 1992 年 9 月 30 日之前,将土地无负担地转让给 H;H 有义务向 M 支付一笔款项。但所有权移转没有完成,同时 H 仍然继续占有该土地。
>
> 1993 年 11 月 10 日,H 将土地出租给他本人作为"法定代表人"(Geschaeftsfuehrer)的被告。
>
> 1994 年 7 月 12 日,M 要求解除被告的租赁合同并要求返还土地。1994 年 12 月 15 日,M 将土地转让给原告,原告于 1995 年取得土地所有权。原告提起诉讼要求被告返还土地。

在该案中,被告是否为有权占有人,其是否有义务向原告返还土地?

首先应该明确,本案中 H 一直占有诉争土地,H 由所有人变为承租人,并成为和解协议项下的土地取得权利人,最后成为被告的出租人。虽然在 M 与 H 之间存在有效的和解协议,但是,该和解协议不直接发生物权变动。按照德国联邦最高法院的观点:"基于 1993 年 9 月 3 日的和解协议,H 相对于 M 的有权占有不能对抗原告,因为,占有人与所有人之间通过债权合同(取得的有权占有),相对于所有权后位取得人,仅在第 571 条第 1 款的情形才发生对抗第三人的效力,而本案不属于这种情况。"② 法院在此引用了学理上的观点来支撑自己的论证。③ 既然 H 的有权占有不能对抗原告,则被告作为 H 的承租人,其取得的占有继受人身份,也不能对抗所有权后位取得人。在本案中,M 将土地"一物二卖",在 H 与 M 的和解协议中,M 有义务将土地转让给 H。但 M 将土地转让给本案原告,并办理所有权移转登记,原告已取得土地的所有权。

这个案件中的许多细节上的法律问题还值得探讨。不过,联邦最高法院退回到民法典的规定,将有权占有对抗所有权取得人的权利限于德国民法典现第 566 条"买卖不破租赁"的情形,在一物二卖中,第一买受人的有权占有

---

① BGH: Besitzrecht trotz Verjährung des Übereignungsanspruchs, NJW 1984, 1960.
② BGH: Besitzrecht trotz Verjährung des Übereignungsanspruchs, NJW 1984, 1960.
③ 具体如下:Staudinger/Gursky, BGB [1999], § 986 Rdn. 14, 59 f; Erman/Hefermehl, BGB, 10. Aufl., § 986 Rdn. 4, 9; MünchKomm-BGB/Medicus, 3. Aufl., § 986 Rdn. 14, 20; Soergel/Mühl, BGB, 12. Aufl., § 986 Rdn. 5, 18.

不能对抗后位所有权取得人。

2.3 买卖不破租赁的类推适用

虽然存在对有权占有效力限缩的裁判观点摇摆,但"鱼池"判决所确立的经过诉讼时效的有权占有可以对抗直接所有权人的返还请求权的规则仍然延续下来。德国联邦最高法院 2008 年审理的一个案件对买卖不破租赁进行类推适用,这与对非租赁有权占有类推适用上的谨慎态度形成反差。

> 承租人从 1998 年起与联邦政府(由一联邦机构代表)订有房屋租赁合同,按照 2007 年的一项法令,出租人的所有权变更给另一联邦机构。后者要求提高租金。承租人以买卖不破租赁不能类推适用为由,拒绝提高租金。初级法院和州高等法院均支持承租人的主张,拒绝买卖不破租赁的类推适用。德国联邦最高法院撤销了柏林州高等法院的判决,认可买卖不破租赁在本案的适用。①
>
> 法院的裁判理由认为:"如果不对承租人进行保护,则承租人就无法拒绝,在他没有参与的情况下,措手不及地面对一个或多个出租人和所有权人,而这种情况应该是避免的。"

该判决事实的特殊之处在于,所有权人的变更并非基于买卖合同而是基于公法行为而发生,类推的是从基于买卖的到基于其他行为导致的所有权变动,而非从租赁到基于其他债的方式的使用让与。有德国学者认为,买卖不破租赁的规则作为例外,不能一方面可以在"买卖"上类推适用,另一方面又不能在"租赁"上类推适用。② 从判决理由来看,这种类推适用在非租赁性的债权性使用让与中也是允许的。

2.4 评价

从德国联邦最高法院不动产"一物二卖"的判决可以看出,第一买受人的有权占有存在保护的必要,德国联邦最高法院的判决理由对此已有提示。但买卖不破租赁在其他有权占有关系上的扩大适用,在现行法的体系框架内存在困难,不动产登记制度对占有的排斥涉及动产物权与不动产物权二分的结构问题。

在德国联邦最高法院"买卖不破租赁"的判决中,在非法律行为导致不动产所有权变动的情形,买卖不破租赁的规则得以类推适用。而其所依据的法律理由是承租人对物利用利益稳定性的保护。这种保护理由应同样可以适用于其他情形。虽然,单凭这几个判决还不能得出任何明确的结论,但其

---

① BGH 8. Zivilsenat, Urteil vom 09.07.2008-VIII ZR 280/07.
② Siegbert Lammel, jurisPR-MietR 20/2008 Anm. 3 (Anmerkung).

中的道理是明确的。

(三)不动产占有与不动产登记簿的关联公示

1."一物二租"与不动产租赁权善意取得

1.1 一物二租与临时处分禁止

与一物二卖的问题相似,基于物债二分和债权平等原则,一物二租中的承租人面临合同利益无法实现的风险。第一承租人能否申请临时处分禁止,以防止出租人将租赁物交付第三人,在德国法上存在不同观点。司法裁判中的主流观点认为,承租人不能申请临时处分禁止。① 其理由在于,在强制执行之前出租人应可以自由决定将租赁物的使用让与何人,第一承租人不能享有优先地位。这里存在出租人的私法自治和所有权自由,为法律所优先保护。与此相反,Kohler认为,第一承租人在取得占有并享有占有保护之前,可以通过临时保全措施保障合同利益的实现。② 这与他在一物二卖问题上的论调一致。

这里实际涉及第一买受人法律地位优先性的问题,保护第一买受人的道德判断与维持物债二分体系之间存在紧张关系,在租赁也存在同样的问题。由于德国法在不动产租赁的问题上,没有如买卖法那样作有利于第一买受人的规定,司法实务从出租人的私法自治和物债二分的法律结构出发,拒绝第一承租人的临时处分禁止,是可以理解的。由于租赁关系被放入债法,承租人的有权占有取得并非基于处分行为,民法典关于临时处分禁止的规定也是不能直接适用的。

对一物二租和一物二卖作出不同处理的合理性,值得怀疑。在一物二租中拒绝给予临时处分禁止保护,不符合相同情况相同对待的原则。在一物二卖中,允许申请临时处分禁止,渗透着优先保护第一买受人的观念,这一点在一物二租中是相同的。德国民法典未直接规定针对租赁关系的临时处分禁止,不是否定其适用的理由。

1.2 租赁权的善意取得

与一物二租的问题不同的是非所有人出租的情形,出租人可以在所有人的授权下或者嗣后才取得所有权的情形订立租赁合同,出租人也可以作为表见所有人订立租赁合同。租赁合同作为一种债,无论出租人与所有人是否同一,都是有效的。这在一物二卖的情形也很明显。然而,第566条所规定的

---

① OLG Hamm, NZM 2004, 192; Streyl, Doppelvermietung—Eine Erwiderung auf Kohler, NZM 2008, 878. OLG Frankfurt a. M. , MDR 1997.

② Kohler, Doppelvermietung—ein Glücksspiel für die Mieter? NZM 2008, 545.

买卖不破租赁规则能否在上述情形类推适用,德国学理则存在极大的争论。①

笔者将问题集中在表见所有人与承租人所订立的租赁合同的问题上,即承租人能否基于对土地登记簿的信赖而取得租赁权?租赁权能否善意取得?更进一步的问题是,买卖不破租赁的规则能否在此适用?这些问题在20世纪之初已有讨论,至今争论仍在继续。②

一种观点认为,承租人不可以基于对土地登记簿的信赖而取得租赁权。租赁不是处分,不能归入德国民法典第983条所规定的情形。不动产善意取得仅适用于物权,不能适用于债权。③ 即使承租人已经取得租赁物的占有,他也无法对抗买受人的所有权返还请求权,德国民法典第566条的买卖不破租赁不能在此适用。买卖不破租赁的适用以出租人和出卖人身份的同一为前提。④

另一种观点认为,承租人基于对土地登记簿的信赖,可以善意取得租赁权。这意味着,承租人善意信赖土地登记簿而取得的有权占有可以对抗后位买受人的所有权返还请求权。还有学者将租赁关系与用益权相类比,认为承租人的法律地位不应劣于用益权人,而在后者第983条可以适用。⑤ 租赁权已经物权化,出租人与承租人之间的法律行为也是一种处分。

租赁权能否善意取得的问题涉及承租人、出租人、买受人和所有权人之间的利益协调,加上登记簿与占有的效力冲突和紧张关系,比较复杂。德国学者对这个问题的讨论比较深入细致。笔者倾向于赞同租赁权善意取得的观点,这在德国并非主流观点。在物债二分的体系框架内,租赁关系是一个难以解释的难题。笔者不倾向于从物债二分的角度进行框定。相反,从承租人对土地登记簿的信赖来看,虽然买卖与租赁不同,但对于土地登记簿的可信赖性是相同的。没有理由认为买受人可以信赖土地登记簿,而承租人则不能。既然承租人可以信赖土地登记簿,就没有理由否定买卖不破租赁的适用。仅从体系的角度出发,拒绝扩大第566条适用范围的观点,并不值得赞同。

---

① Ruefner, Eigentum und Vermieterstellung, Zur analogen Anwendung von § 566 BGB, in: Festschrift fuer Eduard Picker zum 70. Geburstag, 2010, S.681. Staudinger/Gursky (2002), § 893, Rn.23.
② Staudinger/Gursky (2002), § 893, Rn.23.
③ Wolff/Raiser, Sachenrecht, Mohr Siebeck Verlag, Tübingen, 1957, S.143.
④ Jens Koch/Moritz Rudzio, Die Anwendbarkeit des § 566 BGB bei der Veräußerung einer vom Nichteigentümer vermieteten Immobilie. LSK 2007, 300545.
⑤ Otte, Vermietung als Verfuegung, in: Gedächtnisschrift für Jürgen Sonnenschein, De Gruyter, Berlin, 2002, S.181.

租赁权善意取得的问题涉及不动产登记公信力与不动产占有之间的冲突的问题。不动产权利的公示方式是登记,占有不是不动产物权的公示方式。如果认为承租人基于对登记簿的信赖可以善意取得租赁权,这种善意取得也要有占有相伴随,单纯签订租赁合同作为原因行为不能成立善意取得。承租人取得占有是买卖不破租赁的前提。如果没有取得占有,承租人不可以对抗后位所有权人。可见,认可租赁权的善意取得和买卖不破租赁规则的适用,意味着不动产登记与不动产占有相互结合、互相配合地完成不动产租赁权的公示。虽然还不很细致和清晰,但登记簿与占有结合,才能成立租赁权的善意取得,是能够成立的。也就是说,不动产占有的善意取得效力在租赁的情形仍然隐约存在。

2. 预告登记人的有权占有

预告登记债权人并不是所有权人,在取得所有权之前他不能针对在先占有人主张所有权返还。① 预告登记保护的是买受人将来实现所有权取得的利益,并没有直接的先期效力。② 因而,在预告登记后,承租人的有权占有至少可以延续至预告登记权利人取得所有权。在买受人取得所有权之后,承租人的有权占有是否依然可以对抗买受人的所有权返还请求权,如上所述,存在争论。相反,在预告登记与占有相结合的情形,则另当别论。

在一物二卖,如果第一买受人取得占有,而第二买受人取得预告登记,则第一买受人的有权占有在第二买受人取得所有权之前,可以对抗第二买受人的预告登记;相反,如果第一买受人不仅取得预告登记,而且在第二买受人取得所有权之前取得有权占有,则按照"广为流传的观点",第一买受人的债权性有权占有可以对抗第二买受人的所有权返还请求权。③ 当然,这里的前提是,有权占有正是基于预告登记所保护的请求权。不动产有权占有本不能对抗所有权返还请求权,但与预告登记结合的有权占有则可以对抗后位买受人。这里也发生了预告登记与有权占有协同地对第一买受人的在先利益进行保护。有学者认为这是第二买卖合同相对无效的必然结果。④

无论如何,不动产有权占有与不动产预告登记协同地保护第一买受人,也是制度现实。在德国法上,不动产登记簿并不是必然排斥不动产占有对债权效力的强化,甚至存在两者互相协调配合、彼此强化的情形。

---

① MüKoBGB/Kohler, 5. Auflage, 2009, BGB § 888, Rn. 18.
② Staudinger/Gursky (2002), § 986, Rn. 61.
③ Staudinger/Gursky (2002), § 986, Rn. 61.
④ Staudinger/Gursky (2002), § 986, Rn. 61.

(四) 小结

不动产承租人与不动产预告登记权利人之间的关系处于紧张状态,这实际是不动产占有与不动产登记制度之间的冲突,由于德国法建立了绝对的不动产物权公示效力,在先不动产占有即使与债权结合,也不能对抗不动产登记簿所记载的权利。买卖不破租赁既是物债二分的例外,也是不动产占有权不能对抗不动产登记权利的例外。

不过,与债权结合的有权占有的法律效力不应在动产和不动产有所区别,不动产占有强化债权效力的观念,无论动产或不动产均应有一般性的适用。不动产有权占有与不动产所有权变动之间的关系需要反思。与占有结合的不动产债权相对于后位权利应同样具有优先性。不动产占有作为不动产权利的公示方式,以及不动产占有与不动产登记的关系的问题,值得进一步探究。

第三节 不动产占有、不动产登记簿与交易安全保护

德国动产与不动产物法规则的区分主要体现为占有与登记的不同。不过,动产与不动产的区分本身有时存在困难,基于债的关系与土地结合的物一般仅成立表见成分,土地的表见成分遵守动产的规则。重要成分与表见成分之间的转化甚至是容易的,不动产的客体界限存在变动和模糊的可能性。这导致登记簿有时不能反映实际的占有和权属状况,出现登记簿权利与真实权利状态的不一致,登记簿的公示功能存在局限性。

从日常经验而言,物的占有人为物的所有人的观念具有一般性,即动产的占有人为物的所有人的推定在不动产上应同样适用,但由于不动产登记簿制度的设置,不动产占有与不动产所有权之间的关联被割裂。虽然在非登记类不动产物权上,占有的权利取得和权利公示效力是存在的,但相对于登记制度,不动产占有不具有不动产物权的公示效力。非登记不动产占有权与登记权利之间的关系不应因登记簿的绝对效力被忽视。

土地登记簿制度要维持其可概览性,过度的登记负担将导致土地登记簿的功能遭到贬损,不动产租赁权未能作为登记权利的理由即在于此。很多不动产负担和权利也不在土地登记簿中反映出来。为维持土地登记簿的公示功能,反而导致不动产登记簿权利公示的局限。从权利平等保护的理念出发,这里存在不动产占有与不动产登记簿协同的必要。

以下笔者试图从占有与土地登记簿的关系出发,对物债二分和第一买受

人保护的问题继续展开讨论。

一、土地登记簿制度的历史及不动产占有权利公示排除

罗马法上的物法规则原则上不区分动产和不动产,不动产物权的变动通过合同和交付来完成。不过,按照德国学者 Böhringer 的观点,土地登记簿制度的历史根源同样在于罗马法,罗马法上的公证制度(notitia, Beweisurkunde)为中世纪的土地登记簿制度提供了制度发展的前提。[1] 在罗马法的制度基础上,从日耳曼的法庭证明程序中发展出中世纪的土地登记簿制度。[2] Wolff 和 Raiser 也说道:"当今的土地登记簿源于中世纪的日耳曼法,它与日耳曼法的法庭证明(Gerichtszeugnis)有关联。"[3]

德国现行的土地登记簿制度经历了长期的发展过程。按照德国学者的介绍,德国土地登记簿制度的发展经历了"证明记录"(Beweisreigister)、"确权登记"(Transkriptionsregister)和土地登记簿(Grundbuch)三个阶段。[4] 从发展趋势来看,登记的效力是在不断被强化的。当然,任何一种阶段的划分都具有人为的色彩,制度的变迁具有延续性,也有其偶然性的特征,并不是一种平缓的或者界限分明的阶段划分所能完全涵盖的。

在早期日耳曼法,不动产的转让通过形式化的仪式达到公示的效果,占有移转在其中扮演重要角色。这种仪式化的转让非常麻烦,逐渐被在法官面前进行所有权移转的程序替代,这与罗马法上的"拟诉弃权"具有相似性。[5] 占有的移转在法庭程序中逐渐弱化,替代占有的是一种书面的证明文件,这种证明文件起初是个别作成的,后来法庭发展出一种登记制度,即"交付登记簿"(Traditionsbücher)。[6] 这种登记不具有权利转让的效力,它是在转让之外另外作成的,具有证明的作用,德国学者从效力的角度称之为"证明登记"(Beweisregister)。[7] 不过,作为私人性的证明文件的登记汇总,在几乎没人能够阅读和写作的时代,其没有取得公文书(Urkundenbesweise)的证明的效力,其法律意义后来逐渐丧失。[8] 这种登记形式不是土地登记簿,仅仅可以说是一种萌芽或先期阶段,对后世的土地登记簿的形成没有重大的

---

[1] Böhringer, Die Geschichte des Grundbuchs im Wandel der Zeiten, BWNotZ 1986, 1.
[2] Böhringer, a. a. O., 1.
[3] Wolff/Raiser, Sachenrecht, Mohr Siebeck Verlag, Tübingen, 1957, S. 81.
[4] Staudinger/Ertl, Vorbem zu §§ 873-902, Rn. 71.
[5] Böhringer, Die Geschichte des Grundbuchs im Wandel der Zeiten, BWNotZ 1986, 1.
[6] Böhringer, a. a. O., 2.
[7] Böhringer, a. a. O., 2.
[8] Staudinger/Ertl, Vorbem zu §§ 873-902, Rn. 72.

影响。①

从 12 世纪开始,在一些重要的商业城市如科隆、慕尼黑,出现了官方的登记簿或者称之为"市政登记簿"(Stadtbücher)。② 这种由官方机构保管的登记具有证明的效力,并且信赖登记簿而为交易的当事人将受到保护。③ 不过,这种登记簿不具有设权的效力,不动产的转让在登记之外完成,登记仅具有强化权利效力的作用。在 14 世纪以后,随着登记簿制度的发展,在官方的土地登记簿中登记才能有效取得土地所有权的观念逐渐成为一种制度现实,土地登记簿不仅仅是一种证明手段,而且是物权变动的生效要件。④ 这种登记的传统对于土地登记簿后来的发展无疑是有影响的。

由于罗马法在德国的复兴,日耳曼法或者说地方法上的这种土地登记制度为罗马法的制度压缩。⑤ 罗马法作为一种共同法或理性法,在地方法规定得不明确之时具有适用的效力。罗马法上的不动产物权变动并没有特殊的规则,原因行为加上交付即导致所有权变动。⑥ 可以想象,占有在不动产所有权的移转中一度具有关键性的作用,占有也是不动产物权的公示方式。占有相对于登记簿曾具有优势地位,甚至占有曾排斥登记制度作为物权变动的要件。不过,地方法的土地登记制度作为特别法在罗马法之外延续下来,这主要发生在地方法规定得比较完善和明确的情形。这为土地登记簿制度的再次勃兴奠定了基础。

在 18 世纪,基于地方法的实践,土地登记簿制度逐渐取得优势地位。⑦ 罗马法上的不动产物权变动的"非形式主义"的交付模式最终还是逐渐为日耳曼法上的登记制度所取代。按照德国学者的观点,经济上的必要性导致对罗马法交付原则的抛弃以及向土地及抵押登记制度的回归。⑧ 罗马法的物权变动模式被认为缺乏土地权属关系的明晰性,不利于交易安全保护。不动产物权变动的公示方式体现了罗马法在历史发展过程中的非延续性。当然,罗马法本身是否具有延续性的问题,也难于一般性地回答。

普鲁士 1872 年改革了土地登记制度,与之前单纯的抵押权登记簿不同,土地所有权归属的变动也须在土地登记簿中登记。⑨ 普鲁士 1872 年所有权

---

① Staudinger/Ertl, Vorbem zu §§ 873-902, Rn. 72.
② Wolff/Raiser, Sachenrecht, Mohr Siebeck Verlag, Tübingen, 1957, S. 81.
③ Wolff/Raiser, a. a. O., S. 82.
④ Böhringer, a. a. O., 3.
⑤ Wolff/Raiser, a. a. O., S. 82.
⑥ Wolff/Raiser, a. a. O., S. 82.
⑦ Böhringer, a. a. O., 4.
⑧ Böhringer, a. a. O., 4.
⑨ Böhringer, a. a. O., 5.

取得法(das Preussische Eigentumserwerbsgesetz)确立了不动产登记簿在不动产移转上的基础地位。在不动产物权变动上,不仅要求在土地登记簿中登记,而且要求交易双方达成物权变动的合意(Einigung),如果缺乏双方的合意,则存在土地登记簿错误,真正权利人可以主张更正登记错误,但在更正之前,相对于善意第三人土地登记簿视为正确,即土地登记簿具有公信力。① 普鲁士的这种土地登记簿制度被称为真正的土地登记簿,它清除了罗马法的交付规则,而建立了日耳曼法的合意加登记规则。② 颇为有趣的是,萨维尼等学者从罗马法中发现物债二分以及物权行为理论,但恰恰是在非罗马法的不动产物权领域,物权行为理论成为实在法的规定,得到延续并进入德国民法典。普鲁士的土地登记簿制度对德国民法典的土地登记制度发生直接的影响。

可见,在不动产物权变动方面,交付规则和登记规则处于相互竞争之中,非罗马法的不动产登记规则最终取代了交付规则。在不动产物权变动上,占有也曾是主流的物权公示和变动方式。不动产物权变动也适用交付规则。萨维尼在关于不动产物权行为的论述中,仍然以交付作为表达方式。③ 他把交付当成物权契约的观点为人所熟悉。从交付原则到登记原则的变化体现了制度变迁过程中多少理性的因素,笔者难以判断。既然占有在事实上被替代,似乎已经说明其在不动产物权变动方面没有登记制度有优势。不过,登记作为不动产物权的公示方式与制度传统有关,日耳曼法流传下来的登记传统无疑对近代土地登记制度的发生、发展有重要的影响。

与交付这种传统的规则不同,土地登记簿是基于一定的目的而人为设计的制度。土地登记簿制度的强化与欧洲主权国家的兴起及政府管制的加强有关。正如维亚克尔所说的:"现代国家的组织也会带来新的私法制度。例如,中部欧洲大国的税务行政致力于合理化土地税制,连带也要求建立土地税籍清册,这正是现代土地登记簿的基础。"④不动产物权变动不登记不发生效力,显然是对交易当事人的一种强制,是政府管制对当事人法律行为自由的介入。

相对于动产,土地等不动产对于个人和通过国家组成的共同体而言,具有特别的重要性,土地的流通性也较弱,不动产保护交易的安全性应当得到

---

① Wolff/Raiser, Sachenrecht, Mohr Siebeck Verlag, Tübingen, 1957, S. 84.
② Böhringer, a. a. O., 5.
③ MüKoBGB/Oechsler, 5. Auflage, 2009, § 929, Rn. 2.
④ 〔德〕弗朗茨·维亚克尔:《近代私法史》,陈爱娥、黄建辉译,上海三联书店2006年版,第228、233页。

保障,这是设置土地登记簿制度的原因。① 土地登记取代占有成为不动产物权的公示方式,既是一种历史的发展过程,也是一种基于目的性考虑的人为的设置。登记的权利发生效力取决于法律的规定,登记效力的强化与政府管制有关。在不动产抵押上因抵押权设立不涉及交付,且特定不动产上可能存在多个抵押权,有必要建立登记公示,并通过登记避免权利冲突,明确顺位关系,保障土地抵押人之间的法律地位的清晰化。也就是说,具有权利公示功能的登记簿是有益的。但是,不动产移转登记生效主义的必要性还是可以探讨的。亦如我国历史上土地流转的白契与黄契制度所显示的,不动产转让是否需要登记生效,并不是必然的。

二、不动产交易安全与第一买受人的优先保护

(一) 不动产交易安全的首位性

不动产交易安全的价值在德国不动产法中居于首要地位。按照德国学者的观点,其原因不仅在于不动产一般具有较高的经济价值,也在于不动产是个人的生存基础,它为人们提供住房和生活所需。② 不动产交易安全保护对于出让方、受让方和第三人都是有好处的。③ 不仅是善意买受人,而且第一买受人以及出卖人的交易安全都很重要,均应为法律所保护。德国法对不动产交易安全的关注几乎体现在全部交易规则之中,从不动产买卖合同的订立、履行到合同目的的最终实现,均贯彻交易安全的保障。

这首先体现在不动产买卖合同的形式要求。按照德国民法典第311b条的规定,不动产买卖合同需经过公证的形式方能发生法律效力。未经公证的合同也可以通过在土地登记簿中的登记弥补形式上的缺陷。公证形式强制的目的在于防止当事人仓促行事,保障交易的严肃性、安全性。这不意味着公证员只对合同进行形式的审查,公证员对合同的实质有效性也负有审查义务。在公证程序中,公证员通过官方的数据资料对交易双方的主体资格进行实质审查。更为重要的是,公证员通过"对话程序"(Dialogsystem)审查交易双方的真实意思,确定可能的风险并作出提示。④ 如存在合同无效的可能,

---

① Baur/Stuerner, Sachenrecht, 17. Aufl., Verlag C. H. Beck, München, 1999, § 14 Rn.2, § 2 Rn.15.
② Baur/Stuerner, Sachenrecht, 18. Aufl., Verlag C. H. Beck, München, 2009, § 2 Rn.14.
③ Ulrich Spellenberg, Sicherheit im Grundstuecksverkehr, in: Festschrift fuer Lorenz (1991), Verlag C. H. Beck, München, S.780.
④ Hofmeister, Rechtssicherheit und Verbraucherschutz — Form im nationalen und europäischen Recht—2. Referat, DNotZ 1993, 32.

例如,如果合同的价款过低,存在虚假合同的可能,公证员可拒绝作出公证。① 否则,公证员面临承担赔偿责任的风险。

买卖合同的公证与预告登记在程序上是彼此关联在一起的。虽然预告登记不是强制性的规定,在买卖合同的公证程序中,双方一般对预告登记进行约定,卖方也会同意买方取得预告登记。在这种情况下,公证员在做成公证书后,应不迟延地将预告登记所需证明文件呈递给登记机关。② 如果当事人之间没有约定,在陌生人之间的交易,公证员对于预告登记的提示是一种常规的做法,公证员作出预告登记提示后,才能主张责任豁免。③ 预告登记制度的目的在于使第一买受人取得所有权的预期获得确定的保障。虽然在公证与登记之间也存在空隙,但经过公证的合同直接与预告登记制度相联接,保护第一买受人取得所有权预期的实现。

通过买卖合同的公证和预告登记,当事人还没有最终取得所有权,双方必须将物权变动的意思在土地登记簿中进行公示。如上所述,土地登记簿制度同样在于不动产交易安全的保障。按照德国民法典第873条的规定,登记与当事人物权变动的意思相结合,登记是不动产物权行为的一部分。物权变动与土地登记簿直接相关,土地登记簿的绝对公信力得以建立,通过法律行为的方式实现的物权变动,经由登记簿登记并表现在登记簿之中。由于土地登记簿与真实权利状态高度一致,不动产交易当事人只需查看土地登记簿,即可确定具有登记可能性的不动产权利状况,既节省了交易成本,同时获得交易的安全性。德国法通过公证、预告登记与所有权变动登记这一系列规则设计,将不动产交易安全的价值置于极高的位置,可以说是在交易的各个环节贯彻对交易安全的保护。

德国不动产交易规则体现了风险预防的思想。对于这种不动产交易制度是否导致交易成本的增加,学者们之间有不同观点。按照欧盟委员会的一项研究报告,不动产交易中的公证要求是一种不必要的交易费用支出。④ 而按照哈佛大学 Murray 教授的研究,不动产交易成本与不动产交易制度之间是否存在必然的联系,很难确定。⑤ 德国法的不动产交易管制严格,交易成

---

① BayObLG: Ablehnung des Grundbuchvollzuges durch den Notar. DNotI-Report 1998, 36.
② Schöner/Stöber, Grundbuchrecht, 14. Auflage, Verlag C. H. Beck, München, 2008, Rn. 1552.
③ OLG Frankfurt: Belehrungspflicht bei Doppelverkauf, DNotI-Report 1997, 178.
④ Schmid/Lee/Fink et al., Zusammenfassung der rechtlichen und ökonomischen Studie zum Dienstleistungsmarkt im Bereich des Grundstücksverkehrs, 2007, http://ec. europa. eu/competition/sectors/professional_services/studies/csm_standalone_de. pdf.
⑤ Murray, Real Estate Conveyancing in 5 European Union Member States. A Comparative Study, 2007, http://www. cnue-nouvelles. be/en/000/actualites/murray-report-final. pdf.

本却相对低。① 笔者认为,公证制度是欧洲和德国的一项特别的制度安排,是否必要可以探讨。但是,从交易安全和风险预防角度,即使登记簿设置的成本较高,毕竟不动产的流通性较弱且对于个人而言较为重要,不动产交易安全的价值优位于不动产的流通性,交易成本相对于交易安全处于次要地位,这种考虑还是可以成立的。

可以认为,德国不动产交易法的这一系列努力,均在于保护不动产交易的顺利实现。基于这些制度,很多学者认为德国的不动产规则是非常好的。笔者对这种判断也基本是赞同的。这种规则设计在于保护交易的顺利实现。然而,不动产登记簿的设置是否能够保护第一买受人?不动产占有对于交易安全的保护是否毫无价值?在德国的不动产交易中,交易当事人是否会不顾不动产的实际占有状况?作为一种严格贯彻交易安全保护的制度体系,不动产占有的价值显然也是不应忽视的。正如卡纳里斯所提到的,交易安全不仅要求对不动产的权属状况,也要求对不动产的占有状况给予关注。交易安全的价值也不能排挤其他价值的竞争,交易安全不能与实质公正的法律感觉相违背,而第一买受人合同利益的实现既有利于交易安全保护,也有道德正当性。所谓交易安全首位的应当是第一买受人的交易安全。如果交易安全只意味着善意取得,那是对交易安全的误解。只有将第一个交易的安全置于首要地位,才能谈到善意取得的问题。

(二) 不动产交易安全、债权公示与物债二分

1. 第一买受人的侵权法保护

在一物二卖的情形,如果后位买受人仅仅知悉在先权利,而在先权利还未表现为一种占有性的权利,即其仅仅是一种请求权,则后位买受人能否与之竞争,能否最终越过第一买受人取得物的所有权?在潘德克吞法学之前的学理上,知悉第一买受人的第二买受人不能对抗第一买受人的在先权利。在德国法上,则涉及债权作为归属权的侵权法保护的问题。

按照德国学者的阐释:"德国民法典生效以来,主流观点认为,债权不能作为第823条第1款的'其他权利'而为侵权法所保护,因为债权与绝对权不同,只能为合同相对方所侵害。"②承认债权作为归属权的实际意义不大,债权善意取得是很有限的存在。③ 这种主流观点虽然不断遭到批评,但是,也

---

① Franzmann, Sicherer Immobilienerwerb durch Notar und Grundbuch, MittBayNot 2009, 346.
② Sylvia Sella-Geusen, Doppelverkauf: zur Rechtsstellung des ersten Käufers im gelehrten Recht des Mittelalters, Duncker & Humblot, Berlin, 1999, S. 23.
③ MüKoBGB/Wagner, 5. Auflage, 2009, BGB § 823, Rn. 161.

有观点认为:"放弃民法典物债二分的基本结构,放弃债权合同与物权合同分离的原则,没有充足的理由支撑。"① 在物债二分的框架下,债权不具有归属内容,不能作为侵权法保护的对象。② 债权作为侵权法保护客体的观点,将导致债权与物权区分的相对化,与德国 19 世纪以来的物债二分的基本逻辑不符。按照这种逻辑,第二买受人无疑是可以在第一买受人之外取得不动产所有权的,而不论他对第一买受人是否知悉。

德国民法典物债二分的体系逻辑固然有其理论意义,但外在体系划分不能成为排除道德正当性考量的理由。在当代,债权作为一种归属权并不是让人感到意外的说法,这在上文也已有论及。甚至主流学理已经倾向于将债权作为归属性的财产权而为德国民法典第 823 条第 1 款所保护,对"债上的绝对权利"(das absolute Recht an der Forderung)和"债中的相对权利"(das relative Recht *aus* der Forderung)作出区分。③ 由于债权在经济上的重要性不断增加,债权因此也是财产的组成部分,忽略债权作为归属权的客体的观点被认为是与生活现实不符的。"法律的发展毋宁陷入一种循环。形式主义的、促进交易的原因行为和履行行为的区分与自由的、取向于实际并考虑第一买受人道德优越性的观点之间处于一种紧张的竞争关系。"④ 德国学者 Dubischar 认为,一物二卖中两个买受人之间的利益协调关系,是永恒的话题。⑤

在德国民法典立法过程中,对于第一买受人尚未取得占有,第二买受人恶意取得"所有权"的情形,有学者对民法典草案的模式提出批评,认为这是一种"无视"欧洲及普鲁士现行法的叛逆(Widerstand)之举,虽然第一买受人还没有取得占有,他比占有人的法律地位要弱,但他有一种对物的权利,即也是一种所有权,是一种"合同所有权"(Vertragseigentum)。⑥ 这种观点当然淹没在潘德克吞体系主导的学说之中。

在德国法的制度现实中,优先保护第一买受人的观点也是隐藏在物债二分体系中的现实。在侵权法上,固然存在将债权直接归入第 823 条关于绝对权的保护的主张,但存在实现上的障碍,第 826 条违反善良风俗侵害他人权益的规定成为保护第一买受人的制度手段。⑦ 司法实践中诱使违约的第三

---

① Sylvia Sella-Geusen, a. a. O., S. 24.
② Sylvia Sella-Geusen, a. a. O., S. 25.
③ Wagner, a. a. O., Rn. 162.
④ Sylvia Sella-Geusen, a. a. O., S. 28.
⑤ Dubischar, Doppelverkauf, JuS 1970, S. 7.
⑥ Kindel Wilhelm, a. a. O., XVI.
⑦ Sylvia Sella-Geusen, a. a. O., S. 25 ff.

人侵害债权在以下两种类型尤其成立：一种是第二买受人承诺补偿出卖人对第一买受人的损害赔偿责任或违约惩罚金；另一种是第二买受人在知悉第一买受人存在的情形以过高价格购买。① 虽然学理在单纯的恶意之外还要求别的因素，但有德国学者（Brandt，Michaels）在对帝国法院和联邦最高法院及地方法院的判决研究后，认为在司法实践中，这种别的因素并不存在。② 在知悉在先债权之外所要求的善良风俗违反，仅仅是一种没有实际意义的唇齿之间的教条（Lippenbekenntnis）。③ 同时，德国民法典第249条所规定的损害赔偿以恢复原状为原则，在第三人侵害债权的情形，第一买受人可以直接向第二买受人主张物的返还，这与物权请求权具有相似性。④ 即使无法获得原物返还，第一买受人尚可向出卖人主张损害赔偿，而出卖人将无法保留两次买卖发生的差价利益。通过第三人侵害债权制度的媒介，即使第一买受人没有取得占有，在后位买受人知悉在先权利人的情况下，第一买受人对物的权利还是仍有实现的可能。

优先保护第一买受人的传统并非没有制度参照。优先保护第一买受人的向物权（ius ad rem）在西班牙民法典上是制度现实，按照西班牙民法典第1473条，第一买受人可以直接向恶意的第二买受人主张物的返还（herauserlangen）。⑤ 这在欧洲法学史上曾经是一种主流的观点，在德国民法典立法之前也是一种制度现实。

从评注法学者鼓吹第一买受人优先的观点到潘德克吞学者将两个买卖合同平等的体系化思想，再到德国司法实务又倾向于保护第一买受人的立场的摆动，体现了体系化思想所能到达的界限，⑥也体现出就同一问题法律上解决方案的选择并非无限。无论如何，第三人侵害债权对第一买受人的保护是重要的制度现实。

2. 不动产占有与在先权利保护

如上所述，德国不动产法对于交易安全的关注体现在其制度的诸多细节。第三人侵害债权制度对在先权利人给予保护，使实际知悉在先买受人的后位登记权利人难以对抗第一买受人。预告登记制度赋予在先买受人以保

---

① Volker Schad, Die Verleitung zum Vertragsbruch-eine unerlaubte Handlung?, utzverlag GmBH, München, 2010, S.41.
② Ralf Michaels, Sachzuordnung durch Kaufvertrag. Traditionsprinzip, Konsensprinzip, ius ad rem in Geschichte, Theorie und geltendem Recht, Duncker & Humblot, Berlin, 2002, S.378-383.
③ Volker Schad, a.a.O., S.43.
④ Sylvia Sella-Geusen, a.a.O., S.26.
⑤ Bruno Rodríguez-Rosado, Abstraktionsprinzip und redlicher Erwerb als Mittel zum Schutze des Rechtsverkehres, Peter Lang, Frankfurt am Main, 2009, S.48.
⑥ Sylvia Sella-Geusen, a.a.O., S.12 ff, 257.

护自己优势地位的制度工具,也是保护第一买受人交易安全的制度工具。在这里,唯独与债权结合的有权占有在不动产权利上的意义被一般性地排除。

不动产在先占有对于买受人绝非无足轻重。从现实而言,买受人不可能不关注不动产的实际占有状况。这不仅体现在买受人不会忽略对不动产实际状况的查看,也体现在买受人对不动产租赁关系的处理上。"买卖不破租赁"是一个重要的理论问题,并且在不动产买卖中也是经常发生的事实。在德国的司法实践中,出租人与承租人就租赁关系解除的约定往往成为不动产买卖合同的附件之一。① 正因为有买卖不破租赁的规定,买受人才要对不动产租赁关系和不动产有权占有进行预先的调查和防范。这足以说明,不动产债权性占有关系的处理在不动产交易中的重要性。从德国现行法出发,这不意味着买受人对租赁关系有知悉义务,但如其对此忽略,则不动产租赁关系将在其与承租人之间成立,买受人要承受不动产承租人有权占有的"不利益"。然而,租赁占有之外的不动产有权占有无法对抗不动产登记,不动产承租人的债权性占有仅作为例外存在于不动产物权体系之中。按照德国民法典第 986 条第 2 款,在不动产一物二卖中,作为第一买受人的有权占有人不能主张有权占有的对抗效力,即使后位买受人知悉在先占有也是如此。德国法对不动产占有效力的刻意忽视是与第一买受人保护的观念不符的。

从权利保护的角度而言,任何私法上的权利均应具有同等的保护价值,债权与物权在保护上的差别,主要在于权利的公示性,即债权仅在相对人之间有效,不具有天然的外部可识别性,第三人无法识别债权的存在。因而,债权不能作为侵权法上的"其他权利"。然而,这种观点不乏众多的反对者。② 如果第三人明知他人在先权利的存在,其竟可通过法律赋予的手段迂回并将之排挤,这种法律处理方法的合理性,值得商榷。从上文对德国学者基于占有而实现的债权物权化的观点罗列来看,其基本的出发点就在于通过占有而实现的权利公示。可以说,权利的可识别性对于权利的保护,最起码是具有重要意义的。

从物债二分的概念建构出发,设定物权的效力优于债权的效力,这种逻辑并非是德国法的现实。在动产的情形,债权性的有权占有可以对抗物权请求权,这在德国民法典第 986 条的规定非常清楚。而不动产债权物权化的问题,实际也表明了权利公示对于权利对抗效力的意义,不动产买卖合同的预

---

① Schmitz, Regelungen zum Übergang von Besitz, Nutzungen, Lasten etc. in Grundstückskaufverträgen. RNotZ 2001, 365, 373. Bachmayer, Mietrecht in der notariellen Praxis, BWNotZ 2004, 4, 15.

② Medicus, Die Forderung als "sonstiges Recht" nach § 823 Abs. 1 BGB? in: Festschrift für Steffen, De Gruyter, Berlin, 1995, S. 334.

告登记和不动产租赁权的对抗效力即为明证。债权的效力在德国破产法第47条、第48条也有体现,取回权的客体并不限于物权,而是也包括与占有相结合的对人的权利(persoenliches Recht)。① 同时,并非所有的物权均具有取回权的法律地位,有些物权在破产程序中意味着优先受偿权。② 在破产法的取回权和别除权制度中,物债二分没有被作为制度建构的边界。占有制度对物债二分体系冲击无法通过排除不动产有权占有而弥合。

在德国法上,与占有结合的债权作为第823条第1款上的绝对权,为侵权法直接保护。第一买受人已经取得在先占有,即使第二买受人已经取得预告登记,甚至已经取得所有权登记,也不应对抗在先权利人。这里存在着债权经由占有而实现的效力强化,其根基则在于占有对债权的公示效力,以及在先权利应予保护的思想。如果与占有相结合的债权作为绝对权利享有侵权法上的保护,而同样作为第三人的后位买受人可以通过买卖合同(预告登记)规避这种侵权法的保护,侵夺第一买受人的物权取得的利益,并不具有合理性。

强调不动产占有的保护会导致不动产登记簿对权利公示意义的相对化,仅仅从不动产登记簿不能完全看出不动产的权属状况,而是要进一步查看不动产的占有现状。这在逻辑上也并非不能解释。不动产登记簿公示的是可登记的、物权性的权利,而不可登记的权利无法在不动产登记簿中表现出来,其仅能通过占有表现,或者由利害关系人实际知悉。而不动产的利用方式不仅仅限于登记簿所显示的权利状态,通过债的方式而实现的不动产利用更是多样的,也是值得保护的。出于对在先权利的尊重,买受人应对在先占有事实进行调查。物上债权负担不仅仅是一种对人的请求权,而是伴随着交付与物的占有相结合,具有对抗第三人的效力。

综合上述,在第三人实际知悉在先债权的情形,即使后位买受人已经办理不动产登记,基于第三人侵害债权制度,后位买受人不能享有优于在先债权的权利,不能对抗第一买受人;在与占有结合的债权,占有的权利公示效力排除后位权利取得人,后位的预告登记或不动产登记本身不能对抗在先占有权人。这实际意味着后位买受人的占有知悉义务,只有在善尽调查义务后,才可以主张对抗效力。第二买受人登记优先的规则,与有权占有的侵权法保护也是不协调的。

---

① Insolvenzordnung, 13. Aufl., 2010, § 47, § 48. 笔者在德国弗莱堡大学上施蒂尔纳教授的破产法课时,教授说这两条非常有趣。虽然不非常确定,但他似乎指出这两条的规定与物权请求权无关。诚然,权利是否可以在破产程序中别除,与权利的性质是否为绝对权及物权请求权没有必然的联系。

② Schmidt/Buechler, Hamburger Kommentar zum Insovenzrecht, 2006, § 47, Rn.2.

通过第三人侵害债权、第一买受人的有权占有保护以及预告登记制度，对第一买受人的保护才是更周全的。这意味着，无论后位买受人是否已经登记为权利人，只要在先买受人取得占有或者为后位买受人所实际知悉，后位登记权利人不能有优于前者的权利。至于第一买受人登记为预告登记权利人，更是导致在后买受人的知悉义务和不可对抗性。这意味着动产物权与不动产物权区分的相对化，不动产登记簿仅具有相对的效力，在先占有可以排除登记簿公信力。由此导致不动产占有与不动产登记簿之间的关系需要进一步澄清。

三、不动产权利占有公示与登记公示的冲突与共容

如上所述，不动产占有与登记簿的协同作用在部分上也是德国法的现实。在不动产占有与登记共同作为不动产权利公示载体的逻辑下，两者均成为权利推定的手段，均不具有绝对的公信效力，谁能最终胜出取决于买卖合同成立的先后、占有和登记的取得以及后位买受人的善意与否，需要结合具体个案和生活现实而为判断，显得比较复杂，加上占有制度在权利公示上的模糊性，情况可能更加不确定。那么，排除登记簿的绝对公信力，建立不动产占有和登记簿的双重公示制度，是否是画蛇添足、多此一举？不动产有权占有保护的制度现实以及债权的侵权法保护，已经对这个问题作出否定的回答。虽则如此，还是应当探讨两者的共容性问题。

在不动产一物二卖，第二买受人的登记所有权驱逐第一买受人的有权占有，不符合占有对债权公示而强化债权效力的逻辑，而任何公示的权利均应得到尊重的观点也具有事理上的正当性。第二买受人与债权侵权法保护上的第三人（即第三人侵害债权意义上的"第三人"），应被同等对待，而有权占有为德国民法典第823条意义上的绝对权。在德国民法典的立法过程中，也有学者批评，与占有脱离的所有权与所有权概念并不相符，登记所有权不应对抗占有抗辩。[①] 该日耳曼法学者的观点本身还是值得重视的。忽视物的事实状态的登记所有权是不完全的，将占有仅仅视为债的关系是不准确的。

由于不动产占有可以击破登记簿所记载的权利，登记簿与实际的权利状况出现不一致，登记簿的公信力降低，不动产登记簿相对于在先权利人呈现错误的状态。不过，既然后位买受人应查看不动产占有现状，即意味着其不能单纯基于对不动产登记簿的信赖而取得所有权，债权性的在先占有可以否定其权利取得的效力。交易安全不意味着对不动产占有的忽视，交易安全也

---

① Wilhelm Kindel, a. a. O., XIV, XV.

不意味着将不动产登记簿的权利公示作用推向绝对化。登记簿不反映非登记性不动产权利，不能仅仅出于维护登记簿的公信力，而牺牲在先占有人的权利。不动产登记簿的公信力排斥占有公信力，排斥与占有结合债权的法律保护，是一种过于极端的做法。

占有与登记簿的双重公示并不必然对登记簿的公信力造成损害，由于存在占有知悉义务，买受人要更加谨慎，不动产的交易安全性增加，这降低了一物二卖的风险，有利于保护取得占有的第一买受人。从实质而言，占有知悉也能够更好地保证真实交易状况与登记状况的一致性。这更有利于交易安全的保护，更有利于第一买受人利益的实现。可以说，保护在先有权占有既与德国法保护交易安全的考虑相吻合，也与保护第一买受人的考虑相吻合。占有公示的承认导致不动产登记簿更符合"实际的"权属状况，反而有利于登记簿功能的发挥。这在买卖不破租赁的情形，也是显然的事实。

当然，占有作为权利公示手段本身有局限性。动产占有对于权利公示的意义也在不断地遭到质疑。有德国学者指出，动产转让的交付原则，实际上仅仅是形式主义的"历史残余"。① 显然，占有改定、拟制交付这些制度导致所有权与物事实支配的分离。也正是因为不动产占有不适合作为权利公示的手段，才导致登记制度对占有公示功能的替代。笔者的主张似乎有"朝花夕拾"的味道。

占有固然在动产所有权公示方面存在不精确性，但占有人作为所有人的推定还是能够维持。这既是德国民法典第 1006 条的实证规定，也能够与基本的生活事实相吻合。② 即使占有与所有在现实中多有背离，动产占有也意味着权利的模糊的推定。在不动产，占有不足以作为不动产物权的公示手段，有的不动产物权也根本不需要占有移转，不动产抵押权即为适例。③ 不过，占有作为不动产权利的外在表现符合人们的常识判断，也符合行为经济学的研究结论。④ 占有对不动产权利的公示意义，在德国民法典第 900 条第 1 款和第 920 条第 1 款第 1 句也是明显的，不动产时效取得以登记簿和占有的协作为必要。⑤ 不动产占有的公示功能在德国法上也部分地是一种制度

---

① Suess, Das Traditionsprinzip—Ein Atavismus des Sachenrechts, in: Festschrift für Martin Wolff (1952), Mohr Siebeck Verlag, Tübingen, S. 141 ff.
② Lena Rudkowski, Wirtschaftsrecht: BGB AT, Schuldrecht, Sachenrecht, Springer, Berlin, 2016, S. 135.
③ Tuor/Schnyder, Das schweizerische Zivilgesetzbuch, Schulthess Polygraphischer Verlag, Zürich, 1986, S. 581.
④ Julie De Coninck, The Functional Method of Comparative Law: Quo Vadis? RabelsZ 74 (2010), 346.
⑤ Staudinger/Bund (1996) Vorbem 13 zu §§ 854 ff.

现实。不动产占有的权利公示意义不能否认。

当然,不动产登记簿与不动产占有共同作为不动产权利的公示方式,不意味着两者对不动产权利公示的实际作用是相同的。显然,不动产登记簿是更为明显和简便的权利表彰方式。占有作为不动产物权的表彰方式,相对于不动产登记簿处于补充地位,是对不动产登记簿的一种矫正。后位买受人对不动产有权占有的"知悉义务"不是无限的。在不动产登记作为不动产物权变动方式的制度条件下,基于不动产物权变动登记规则的强制性,不动产占有本身无法作为不动产物权变动的生效要件。如果将不动产占有也作为不动产物权变动的一种方式,则会出现占有和登记均发生不动产物权变动的效果,带来混乱。但是,有权占有作为一种可以识别的在先权利,后位买受人应当有知悉义务。因此,应当将不动产占有作为击破登记簿信赖效力的手段。也就是说,不动产物权变动仍然是以不动产登记簿记载为变动的公示手段,甚至仍然是不动产权利变动的设权性登记。基于此,不动产登记簿是不动产物权的权利表象的载体。但是,在先的不动产占有可以对抗后位的不动产登记,这里甚至可以基于在先占有而发生知悉推定。也就是说,不动产占有的效力不因不动产登记而受到不利的影响,不动产登记权利人无权向不动产占有人主张所有物返还等权利。取得占有的不动产买受人可以维持对不动产的用益。

从现实而言,不动产占有与登记的双重公示效力并不必然带来重大的交易结构的变动,买受人查明在先占有,是其自身利益之所在,也是不动产交易所不能避免的"程序",将这种程序制度化,提升了占有的权利公示作用。虽然可能降低不动产登记簿的效力,但这只意味着拉近了规则与生活的距离。诚然,基于不动产登记簿的绝对公信力,不但不动产物权变动的有效性与登记簿直接关联,而且登记簿排除一切非登记不动产有权占有,登记簿击破除租赁之外的所有债权法律关系,其目的在于建立清晰、简明的登记簿公示,但却牺牲在先不动产占有人的权利,实际上是一种削足适履和矫枉过正。在德国的学理上,不断有学者在强调不动产有权占有的法律地位,甚至有学者提出不动产债权性利用人享有一种"经济上的所有权"。① 而这种应为他人所尊重的权利,却要面对后位买受人的驱逐,是没有合理性的。

这里值得探讨的是,后位买受人是否有义务知悉在先占有人的占有原因,即对在先占有人占有所基于的基础法律关系,后位买受人是否有调查或知悉义务?这是否增加后位买受人的交易成本,是否会妨碍不动产交易的便

---

① Michael, Das wirtschaftliche Eigentum als sonstiges Recht im Sinne des § 823 Abs. 1 BGB, AcP 193 (1993), 348.

利性？鉴于买卖不破租赁规则的存在，如后位买受人不对租赁关系进行调查，将无法知悉租赁法律关系，将承受买卖不破租赁规则的负担。基于此，后位买受人对占有原因关系的知悉，对于不动产交易而言是必要的。也就是说，买受人应当对占有背后的原因关系进行调查，否则应当承受由此导致的不利。这意味着，取得占有的在先买受人可以对抗不动产后位买受人，即使后位买受人已经取得不动产登记，在先买受人的有权占有可以击破不动产登记簿的记载。为解决权利归属的冲突，在先买受人可以主张进行不动产所有权登记，将有权占有强化为登记簿记载的不动产权利类型。这种有权占有击破不动产登记簿的效力，或者说是相对于登记簿记载的权利维持效力，将进一步导致不动产登记簿公信力的相对化。登记簿不能公示也不能否定未记载的基于占有而公示的权利。但是，不动产登记簿作为不动产物权变动的要件，以及作为权利公示的载体功能仍然存在，不动产善意取得以及不动产物权变动规则不发生根本性的变化。

当然，不动产后位买受人对在先不动产有权占有的知悉义务，不能反其道而行之。不动产买受人对于登记簿记载的权利状况是可以信赖的。并且，基于对自身利益的维护他对登记簿记载也是应当知悉的。如果买受人在未查阅登记簿的情况下进行不动产交易，不能以对不动产占有的信赖，而主张其后位有权占有可以对抗在先的不动产登记簿。也就是说，不动产登记簿的权利表象功能仍然是存在的，这是不动产善意取得的基础。但是，结合在先有权占有的原因关系以及占有链条等，不动产后位有权占有能够继续维持其有权占有。

不动产占有和登记的双重公示制度，更好地体现了优先保护第一买受人的观念。从实质而言，这里体现的是这样一种价值判断，即后位买受人在知悉或应该知悉在先买受人的情形，不能有优于在先买受人的权利。这种价值判断在19世纪因不区分法律判断与道德判断而被抛弃，优先保护第一买受人的"向物权"的观点建立在不恰当的道德说教基础上，既为潘德克吞学者所拒斥，也没有为德国民法典所采纳。[1] 那个时代的法学主张从精确的概念出发而进行单纯的逻辑推演，正如温德沙伊德所说，经济的、社会的以及伦理的考量与民法无关。不过，概念演绎有时无助于实际问题的解决，忽视第一买受人保护和不动产有权占有保护的制度建构有重大瑕疵。

在西班牙民法上，不动产善意取得按照如下规则进行：如果同一不动产多次出卖，则最先取得不动产登记的买受人优先；如果尚无人在土地登记簿

---

[1] Sylvia Sella-Geusen, a. a. O., S. 17.

中登记,则最先取得占有的买受人优先;如果尚无人取得占有,则最先签订买卖合同的买受人优先取得不动产所有权。这里,在善意的前提下,土地登记簿的效力虽然是优先的,但却不排除占有对不动产权利取得的意义。① 在美国不动产法,占有与登记的效力关系也存在多样表现,在先有权占有的效力是被考虑和承认的。在中国,也不乏有学者主张登记簿公示功能的相对化。②

第四节 本章小结

基于物债二分,在一物二卖中第一买受人与第二买受人法律地位平等,买受人合同权利的实现取决于履行竞争。然而,德国法上不乏保障第一买受人所有权取得利益优先实现的规则,违约损害赔偿、临时处分禁止、预告登记、第三人侵害债权等制度均有利于在先债权的实现。在物债二分的体系下存在着保护第一买受人的反向制度。仅仅看到德国法的物债二分是不全面的。

在保护在先权利人上,不动产占有与不动产登记之间存在紧张关系。基于登记簿制度的物权变动规则与占有规则存在体系矛盾,不动产登记对不动产占有功能的限制和挤压值得反思。在物债二分的结构下,买卖不破租赁被作为例外处理,有权占有不具有对抗后位买受人的效力。但是,不动产有权占有与动产有权占有本身在事物本质上没有不同,不动产债权利用的稳定具有一般的保护价值,买卖不破租赁可以类推适用于其他有权占有。登记簿排斥不动产有权占有保护的制度合理性存在疑问。不动产登记簿排斥非登记性的不动产债权,既不利于第一买受人保护,也与权利平等保护的原则相悖,无法保护不动产债权人的交易安全。承认不动产占有对于非登记性不动产权利的公示的意义,不但与保护第一买受人的道德观念一致,也符合与占有结合的债权效力强化的观念,从实质而言有利于保护债权人对物利用的稳定性,有利于交易安全的保护。不动产登记簿的绝对效力的建立也与主权国家的兴起有关,有偶然性和历史延续性的因素;它建立在物债二分的基础上,忽视和排斥在先非登记性债权的保护,值得商榷。

在不动产法,应当采取占有与登记并行的不动产公示制度。从法政策而

---

① Loeber, Grundeigentum in Spanien. Handbuch fuer Eigentuemer, Kaeufer und Verkaeufer. 6. Aufl., Edition für internationale Wirtschaft Verlags-und Kommunikationsgesellschaft, Frankfurt am Main, 2000, S. 36, 46.
② 王洪亮:《论登记公信力的相对化》,载《比较法研究》2009 年第 5 期。

言,应当以保护在先权利人为基本价值理念,以后位权利人善意或恶意为判断标准,并以占有和登记为推定知悉的公示载体,设定合乎逻辑的物及权利等客体的归属变动规则。在以不动产登记作为物权变动生效要件的情形,不动产在先有权占有可以对抗登记权利人。在特定情形,不动产有权占有人可以基于基础法律关系进一步登记为不动产权利人。

第六章 物的归属的绝对性与相对归属

以萨维尼为"旗手"的历史法学派在罗马法的基础上提出了物债二分的理论。物债二分理论对于从法学角度理解我们的世界是有重要意义的。毫无疑问,财产的静态归属是我们观察世界的一种视角。财产在人类社会中基本都是有归属主体的,这种人与物的关系是人类社会的重要存在方式。而人类社会中不同主体之间发生的相互交往,作为时时发生的社会事件,体现的是人与人之间的交易秩序。应当说,从外在的视角而言,物权法的世界和合同法的世界的确是两个不同的世界。所有权及合同均是人类社会存在的重要制度基础。但是,物的归属秩序与交往秩序的关系应当如何理解?如何确定物的归属规则?是否存在独立于交易规则的物的归属规则?这是困扰法学家们的问题。应当说,这些问题并不高深,它甚至是日常生活中每天都要发生的。但这个问题还是有意义的,甚至在不同文明的交往中也适用。

萨维尼的物债二分理论应当是探讨物的归属规则的起点,正是萨维尼确立了物的归属规则的单纯性,物的归属规则实现了与债法的分离。在民法典债的关系编和物法编的分立上也是基本如此,物法规定了独立的物权取得规则。从外在事实来看,物的归属仅仅与占有和登记有关。占有是动产物权的归属表象,登记是不动产物权的信赖外观。除此之外,物权的归属不需要其他的外在事实,特别是不需要买卖合同等原因行为的支撑和证明。通过物债二分,物权的归属与债法上的交易无关,物的归属规则变得简单、明确,便于外在的观察和确定。我们称之为物的归属规则的单纯性。那么,这种归属规则的单纯性能够成立吗?或者说,我们可以接受这种简单明了的归属规则吗?如上所述,这可能是存在一些疑问的。

物的归属规则的单纯性有它的好处,即有助于交易的开展。法律保护物权有限的、法定化的、外在可识别的表象,这使得交易中的当事人无需付出更多的成本即可完成交易。并且,物法的类型法定和类型强制原则限定了有限的、法定的物权类型,这也有助于降低交易的成本。物权法定虽是对当事人意思自治的限制,但它所体现出的保护交易安全的"父爱主义",被认为是一种来自欧洲的制度优势,特别是相对于美国的放松管制与竞争自由而言,德国的物法有助于形成安全和稳定的交易秩序。① 甚至美国的金融危机也被认为与他们的财产法秩序不无关系。应当说,物权法定原则的风险预防功能是应当被认可的。但是,在债权资产特别是非标准化金融债权资产,以及种类庞杂的无体资产大规模进入财产法并成为交易客体的情况下,固守物权法定主义的窠臼,可能也并不适宜。很明显,当代已进入财产多元化的时代。当然,物债二分的好处可能在于,在进行物权资产交易时,人们可以相对安心。在进行非物权资产交易的时候,人们则没有理由不小心谨慎。但是,对于非物权资产的放任与保护交易安全的思想还是不符的。或者说,物债二分有对于物权交易的保护过度,对非物权交易安全过度放任之嫌。对有体物上的绝对支配权特别是不动产物权过度偏爱的观念在现代社会并不适宜。

在德国物法上,物的归属具有绝对性、排他性,但也存在相对性物权的概念和规则。在司法实践中,欧洲统一市场也带来他国物权在德国境内承认的问题,至少在跨国交往层面相对性物权也得到德国联邦最高法院的认可。在此,我们也有必要探讨物权的基本概念定位,并且在此基础上探讨物的归属规则的问题。实际上,发源于罗马法的以占有为基础的物的归属规则,与发端于自然法的以意思自治为基础的物的归属规则,以及以萨维尼物债二分概念建构为基础的物的归属规则,彼此可以相互协调。德国实证法上的物的归属规则,面临从不同的角度展开和解释的问题。

纵观当代各国,在多元的物之归属模式的法律世界,我们应考虑更加灵活、更具有解释力的规则体系,而不是将某一种模式奉为圭臬,这在德国法应当也是如此。如上所述,德国法在物债二分结构的框架之下,隐藏着具体规则层面上的复杂性、多样性。

第一节 物的绝对归属与相对归属

一、物的绝对归属规则体系

(一) 独立的物的取得规则

在当代,财产的归属都是基本确定的。无论动产还是不动产都有其所有主。并且,表现在民法上,这种归属基本都是全面的、绝对的。虽然所有权绝对观念已经为所有权负有义务的观念所缓和,但是,所有权可以对抗任意第

---

① Stürner, Privatautonomie und Wettbewerb unter der Hegemonie der angloamerikanischen Rechtskultur? AcP 210 (2010), 105.

三人仍是民法的基本原则。德国民法典第 903 条规定,物的所有权人,在不违反法律和不侵害第三人权利的范围内,可以任意处置物并排除任何其他人的干涉。这虽然并不是所有权的法律定义,而是所有权人权利内容的规定,①但是,正是权利内容确立了所有权绝对的基本内涵。所有权作为对物的完全支配权和全面归属权,具有可以对抗任何第三人的绝对权属性。

所有权归属的绝对性也体现在物权保护规则上,物权请求权不以第三人存在过错为前提,而是以物的归属和支配的完整性为目的。所有权保护请求权可以向任何侵占或妨害所有权完整性的第三人主张,不以双方之间存在具体的债权债务的相对性法律关系为前提。物权请求权的独特性即在于它不是双方之间的债权债务关系,而是基于对物支配的物权关系。按照德国民法典第 985 条、第 1004 条的规定,物的所有人可以向占有人主张返还原物,或向妨害物的归属和利用的第三人主张妨害排除和妨害防止请求权。② 这些物权请求权都是保障物权归属的绝对性的。当然,这里还涉及所有人与占有人之间复杂的法律关系的处理,如有权占有、善意占有等各种占有类型,以及占有人与所有人之间的费用偿还请求权等。

物的绝对归属也体现在物的取得规则上。物的取得规则意味着,只有取得人才享有所有权,而除此之外的任何其他人都不享有所有权。基于物的取得规则而发生的物的归属关系,具有对抗任何第三人的绝对性。物的取得规则是所有权人取得和保有所有权的正当性基础。物权的取得分为法律行为取得和基于法律规定的取得,前者为继受取得,后者基本为原始取得。德国民法典将动产或不动产的继受取得规则,即基于意思自治的法律行为取得规则置于原始取得之前,意在表明继受取得规则的重要性。当然,在当代原始取得仍是重要的,只是在现代有组织和有秩序的文明社会,原始取得的争议较少发生。

德国民法典区分动产和不动产,两者的取得规则不同。德国民法典第 925—928 条规定的是不动产所有权的取得和丧失规则,具体而言:第 925 条规定关于不动产所有权移转的合意、第 927 条规定不动产时效取得(公示催告程序)、第 928 条规定不动产国库的先占权等。对于动产,德国民法典所规定的取得方式有转让(第 929—936 条)、取得时效(第 937—945 条),以及附合、混合、加工(第 946—952 条)、物的出产物和其他成分的取得(第 953—957 条)、拾得(第 965—984 条)。显然,在这些物的取得规则中,原始取得规则基本和债法是没有关联的,是独立于债法的。而继受取得则涉及与债法的

---

① Hermann, in: Staudinger/Eckpfeiler (2005), S 903.
② 〔德〕曼弗雷德·沃尔夫:《物权法》,吴越、李大雪译,法律出版社 2002 年版,第 136 页。

关系。在此,德国法切断了物的继受取得规则与债法的关联。从物法的角度而言,的确存在独立于债法的物的取得规则,如先占、拾得、添附等。而通过物权行为取得物权的确能够与物的原始取得形成取得规则的独立性和逻辑一体性,物权行为的独立性和无因性作为物法的制度,与独立的物的取得规则是相一致的。从物法体系的独立性而言,物的原始取得与继受取得规则形成独立和封闭的物法体系。如上所述,德国法的这种取得规则的封闭性与罗马法有不同。在罗马法上,物的取得规则固然也是自成一体的,即基于买卖合同的交付(traditio)是自然法上的物的取得规则,正如先占、加工、添附等,均属于万民法上的物的取得方式。① 但是,从物的取得规则着眼,将基于买卖因(ex causa emptionis)的交付作为物的取得方式,并与其他物的原始取得方式形成体系,这与罗马法传统一致。两者的不一致在于,德国法将物的取得规则中的债的因素去除掉,而实现了物的取得规则的单纯性。

物的取得规则或基于人的行为,或基于物与物之间的关系。但是,德国民法典并没有规定房屋或住宅的原始取得方式。这与德国不动产法以土地为中心有关。一般而言,在德国民法典上的不动产就是土地,而房屋在法律上只是土地的组成部分。所以,与房屋可以作为独立的物权客体的立法例不同,德国不存在如我国《民法典》第231条规定的通过建造这一行为而原始取得房屋的问题。虽然在德国民法典上,加工物的归属规则有明文规定。当然,德国民法通过住宅所有权法(WEG)、地上权法(ErbauRG)等特别法调整住宅所有权归属的问题。② 所谓住宅所有权,即对住宅的单独所有权和对土地的按份共同所有权结合而成。住宅所有权是物的重要成分规则的例外,即住宅不作为土地的重要成分,而是作为独立的所有权客体。也就是说,房屋不是按份共有的土地的组成部分。在此,属于共同所有权的除了土地外,还包括建筑物的承重结构以及公共设施。③在这种意义上讲,德国也存在房屋作为独立的不动产的问题。德国住宅所有权法上房屋的原始取得规则值得关注。除了住宅所有权,德国法还有地上权规则,以地上权为基础而建造的房屋被视为地上权的重要成分,它不属于土地的重要成分。在地上权的情形,房屋不是独立的物权客体,不存在独立的房屋所有权,而只存在地上权,也就不存在独立的房屋原始取得的问题。无论是谁建造的房屋,都按照物的重要成分规则,属于地上权的重要组成部分。除非地上权人与其他主体约定

---

① Wolfgang Ernst, Der zweifache Verkauf derselben Sache-Betrachtungen zu einem Rechtsproblem in seiner europäischen Überlieferung, in: Kaufen nach Römischem Recht, Springer, Berlin, 2008, S. 86, 88.
② Baur/Stuerner, Sachenrecht, 18. Aufl., Verlag C. H. Beck, München, 2009, § 29, Rn. 28.
③ 〔德〕鲍尔/施蒂尔纳:《德国物权法》(上册),张双根译,法律出版社2004年版,第637页。

了临时附属规则。在后一种情形房屋被视为动产,不属于地上权或地上权所依附的土地的重要成分,而仅属于表见成分。

(二) 物权的权利表象规则

物的归属规则固然可以作为人与物关系的确定性规则。但是,探究这些归属的基础事实仍是颇费周折的事情。而所有权本身也是抽象的,自外部事实是无从识别的。法律进一步通过权利表象规则来为物权的归属提供外在的识别标准,即以占有和登记作为物的表象归属规则。按照德国民法典的逻辑,占有和登记分别为动产和不动产所有权权利表象的载体。① 动产占有和不动产登记分别具有权利转让、权利公示和善意取得效力。② 权利表象载体的这些效力彼此是联系在一起的。但是,这不意味着原因行为必须和权利表象相分离。另外,占有和登记的善意取得功能虽然有所不同,但动产和不动产均发生善意取得,并没有必要将不动登记簿公信力取得与动产善意取得作出严格的区分。

德国民法典第929条、第932条、第1007条是动产善意取得的规范基础。在交易中,无重大过失信赖动产占有人为所有权人的取得人,可以基于对占有人为所有人的推定,而取得动产所有权。德国民法典的动产善意取得规则存在所谓的"引致原则",即原所有权人自愿将占有移转给出让动产的非所有权人,这是平衡所有人与善意第三人利益的措施。对于取得是否为有偿,属于不当得利(第816条第1款第2句)而非善意取得解决的问题。也就是说,德国民法典区分物的归属规则与物的债法上的返还义务。交易是否有偿、价款是否支付等,属于买卖合同的义务履行问题,除非当事人作出特别的约定,不对物的归属发生影响。

德国民法典第873条、第925条以及第891条、第892条、第893条是不动产善意取得的规范基础。基于不动产登记簿的正确性推定效力,信赖不动产登记簿而进行不动产交易的受让人,可以无负担地取得不动产物权。也就是说,登入不动产登记簿的权利,即使事实上不存在,仍发生权利存在时的效果,并且这种信赖保护不完全局限于物法。例如,在土地登记簿中某人被错误地登记为抵押权人,债务人向该抵押权人为给付,则当债务人是土地的所有人时,该债务人的给付导致自己对债权人的债务免除,并且债务人取得所有权人抵押权。③ 不动产登记簿还具有消极的信赖保护功能,即某项权利错

---

① Medicus, Besitz,Grundbuch und Erbschein als Rechtsscheintraeger. , JURA 2001, 294-299.
② 〔德〕鲍尔/施蒂尔纳:《德国物权法》(上册),张双根译,法律出版社2004年版,第64页。
③ Baur/Stuerner, Sachenrecht, 18. Aufl. , Verlag C. H. Beck, München, 2009, § 23, Rn.18.

误地没有被登记到土地登记簿中,则交易中信赖该项权利不存在的当事人,可以无权利负担取得登记簿记载的权利。

权利表象是德国法上具有一定普遍性的法律理念。① 德国学理对权利表象的研究具有较长的历史传统,中间的学说存在发展变化。特别是,在学说上可能存在从权利表象理论到信赖责任的变化。② 卡纳里斯阐述的德国私法中的信赖责任并不包括物法上的权利表象责任,可能即在于不动产登记簿的信赖保护无法与他的理论相一致。的确,如果说动产的善意取得可以与权利表象责任的引致原则相协调,即基于所有人的行为而导致占有脱离,并导致第三人对现占有人为所有人的信赖,并且第三人恰恰是基于对于占有人为所有人的信赖而与占有人发生交易,原所有人对于丧失自己的所有权具有一定的可归责性。原所有人承担由此导致的对自己的不利益,第三人的信赖受到保护,这可能与信赖责任还是可以协调的。相反,在不动产登记的情形,对于真正的所有人没有正确地登记在土地登记簿中而导致登记簿错误地记载着表象所有人的事实,并不要求真正的所有人存在过错,真正的不动产权利人的归属利益完全让位于交易安全保护。而且,第三人并不需要真正发生对于土地登记簿的信赖,他无需具体地查阅土地登记簿,只要他不明知不动产登记簿错误,只要登记簿记载的权利状况与其物权合同的内容一致,就可以导致他继受取得不动产权利,买受人无需证明具体的信赖关系。相反,原所有人不能苛求第三人查阅登记簿或进行其他的权利状况调查,第三人的信赖保护和权利取得也与此无关。在不动产交易中,立法者对买受人的保护是极为慷慨的。

物法中的权利表象以及善意取得还是既定的制度现实。德国主流学理仍然用权利表象解释善意取得制度。法律制度有它的历史性和传统延续的影响,并不完全可以用一种理性的思维加以斧正或框定。当然,法律理由层面的可信度和说服力才是法律制度真正的生命力。我国有学者提出不动产善意取得乃基于土地登记簿的绝对公信力,与动产善意取得不同,这是对德国不动产善意取得特殊性的强调,略有夸大之嫌。实际上,不动产登记簿的过度信赖保护以及与信赖责任理论的不协调性,可能恰恰说明不动产登记簿制度的正当性不足。

可以探讨的另一个问题是,权利表象是否需要某种固定的载体?从物法

---

① 〔德〕卡尔·拉伦茨:《德国民法通论》(下册),王晓晔、邵建东、程建英、徐国建、谢怀栻译,法律出版社2003年版,第885页。

② Canaris, die Vertrauenhaftung im deutschen Privatrecht, Verlag C. H. Beck, München, 1981, S. 9 ff.

来看,占有和登记几乎是法定的物权权利表象的载体。在物法中,应当说权利表象的载体是固定的。但是,从权利外观或权利表象本身来看,第三人可以信赖的恰恰是某人是否享有某种权利或具有某种法律地位,而这种信赖是否必须依存于某种固定的载体,并不是必然的。这里可以联想到上文女律师买灯的案件,女律师是否为消费者以及买灯是否受到消费者保护存在权利表象的争议,女律师的行为被视为是律师事务所的行为而不能享有消费者的身份。法院最后并没有否认权利表象的存在,只是认为消费者保护的价值高于交易安全的价值。可见,在物法是否必须以动产占有或不动产登记为绝对的权利表象法定载体,也不是必然或先验的。在此也许可以提出所谓的典型社会公开性(sozialtypische Offenkundigkeit)概念。① 但是,正如德国学者所认为的,外在的典型的社会公开性并不是绝对权的认定标准,也不是权利表象所必然要求的,换句话说,在交易中,以可归责的方式导致第三人信赖他人为权利主体,该他人具有所有权或他物权表象的,则第三人的信赖应予保护。当然,物权的信赖载体可能也不是无限的,但问题的关键仍在于第三人对该他人为权利人的应受法律保护的信赖。

基于权利表象的信赖责任是有利于第三人的,则信赖保护是否存在强制性? 也就是说,受信赖保护的第三人可以不要求信赖保护吗? 信赖保护规则是强制性的还是任意性的? 对此,有德国学者认为交易中的第三人保护不应当属于任意性规则。② 然而,这种父爱式的、强制性的交易安全保护,似乎与私法中权利可放弃的基本理念不符。

二、物法中的相对性归属

所有权具有全面性、绝对性、排他性,不存在同一客体上发生两个相互排斥的所有权的可能性。所有权也不能在不同主体之间进行分割,德国民法典不存在分割所有权的观念,不存在用益所有权与处分所有权的类型。在按份共有,也只是发生所有权份额的分割,而共有人对共有物的支配是绝对的、排他的。在共同共有,共有人之间对共有物的支配受共同关系的制约,但同样不存在所有权的分割。

可以说,绝对所有权是所有权的重要类型,是所有权的典型形态。但是,在德国的学理和司法实践中,相对性的物权也是存在的。也就是说,物权关系可以具有相对性。相对性的所有权是不容忽视的。除上文涉及的占有及

---

① MüKoBGB/Wagner, 8. Aufl., 2020, BGB § 823 Rn. 305.
② Holger Alemeppen, Disponibilitaet des Rechtsscheins., Verlag Dr. Otto Schmidt, Köln, 1993, S. 317.

有权占有外,尚有如下适例。

(一) 受处分禁止保护的买受人

所谓处分禁止,即不得处分标的物,包括移转所有权、设定物权负担等,处分禁止可以基于法律规定、基于诉讼保全或基于行政行为等。按照德国民法典第 135 条规定,违反以保护特定主体为目的的法定处分禁止而对客体进行的处分,仅针对处分禁止所保护的主体无效。在此,原所有人违反处分禁止而将标的物转让给第三人,则第三人仍然可以取得所有权,只是相对于处分禁止所保护的特定主体,为无效。但是,第三人可以善意取得,即第三人不知道处分禁止的,可以取得完全的所有权。即使在该第三人知道处分禁止的情况下,也并不是完全否定第三人的所有权人地位,只是出卖人相对于该受保护的主体仍为所有权人,该第三人相对于该受保护的特定主体之外的任意其他人的所有人地位不受影响。也就是说,该受处分禁止保护的第三人可以要求出卖人履行,并且取得相对性的所有权人地位。①

一般而言,相对处分禁止发生在诉讼上的临时处分禁止(诉讼保全)的情形较多。② 基于通过诉讼保全而发生的处分禁止,在第三人知情的情况下,相对于受处分禁止保护的主体为无效。也就是说,根据民法典第 135 条,出卖人相对于在先买受人仍为所有人,可以向该出卖人主张履行,要求出卖人作出移转所有权的意思表示。同时,基于德国民诉法第 894 条的规定,债务人依据生效判决有义务作出让与意思表示的,则基于该判决发生出卖人已作出所有权移转意思表示的拟制,并且意思表示的形式要求也为生效判决所取代。③ 由于出卖人与第三人之间不存在债权性的占有媒介关系,买受人依据判决直接取得所有权人地位。④ 也就是说,买受人基于其相对性所有权地位,可以向第三人主张所有权返还。当然,买受人的相对所有权受到该第三人善意取得的制约,只有在该第三人根据第 932 条第 2 款为非善意时,买受人才可以主张返还。

在处分禁止的情形,相对所有权人从未实际取得对物的直接支配。但是,他的所有权人法律地位为法律所认可,买受人相对于第三人具有相对性的所有权地位。

---

① Baur/Stuerner, Sachenrecht, 18. Aufl., Verlag C. H. Beck, München, 2009, § 3 Rn. 33.
② 〔德〕迪特尔·梅迪库斯:《德国民法总论》,邵建东译,法律出版社 2000 年版,第 503 页。
③ Zoeller/Stoeber, ZPO, 26. Aufl., § 894 Rn. 5.
④ Baur/Stuerner, Sachenrecht, 18. Aufl., Verlag C. H. Beck, München, 2009, § 5 Rn. 9.

(二) 不动产预告登记买受人

德国民法典第 883 条规定了预告登记制度。预告登记可以保障取得人在条件成就时,能够确定地实现不动产物权变动。按照该条第 2 款规定,一项在预告登记后的处分行为,当该等处分使得受预告登记保护的请求权落空或受到妨害时,则该等处分行为无效。受预告登记所保护的请求权的法律基础可以是债权、物权以及亲属或继承法上的不动产请求权。① 在预告登记期间,预告登记权利人相对于登记簿记载的第三人,为相对的所有权人。

在德国法上,预告登记不具有登记簿封闭功能,出卖人仍然可以向第三人转让或设定不动产上的权利负担。但是,该等处分相对于受到预告登记保护的不动产权利取得人,为相对无效。② 当然,预告登记与处分禁止存在区别,如预告登记是基于当事人的意思表示,具有破产法上的效力等。③ 按照德国破产法第 106 条,预告登记权利人享有与动产所有权买受人类似的法律地位。基于预告登记与处分禁止的区别,对于将预告登记定性为处分禁止,还存在不同的观点。无论如何,反对者也不否认预告登记至少有处分限制的功能。如上所述,在预告登记买受人已经取得不动产占有的情形,第三人登入登记簿上的所有权无法对抗预告登记权利人。登记簿权利人既不能主张所有权返还,也不能主张占有之让与。相反,登记簿权利人负有同意预告登记权利人登记为所有人的义务。在预告登记所保护的请求权实现之际,预告登记权利人相对于登记簿权利人取得绝对的不动产所有权人的法律地位,可以主张登记簿更正并记载为绝对的所有权人。

(三) 信托关系中的所有权

信托并不是德国成文法上的概念,如何界定信托没有明确的标准。④ 一般认为,信托是以自己的名义为他人利益而持有或行使某项权利。信托是为他人利益管理或享有财产权利的财产归属关系,财产的法律归属与财产的经济利益和风险负担相分离。⑤ 罗马法上即有信托制度的萌芽,以至于德国、法国等欧陆国家的信托被称为罗马信托。在德国法,信托可分为管理信托(他益信托)、担保信托(自益信托),这是根据功能的分类。根据受托人的法

---

① 〔德〕鲍尔/施蒂尔纳:《德国物权法》(上册),张双根译,法律出版社 2004 年版,第 422 页。
② 同上书,第 418 页。
③ Staudinger/Gursky (2002), § 883, Rn. 306. BeckOK BGB/Fritzsche BGB § 986 Rn. 30.
④ MüKoBGB/Schubert, 8. Aufl., 2018, BGB § 164, Rn. 51.
⑤ Bitter, Rechtstraegerschaft fuer fremde Rechnung, Mohr Siebeck Verlag, Tübingen, 2006, S. 518.

律地位,可分为完全信托、授权信托和代理信托。信托的分类对于信托财产的强制执行以及破产财产的确定有意义。① 在不同类型的信托,受托人对信托财产的归属是不同的。在(处分权)授权信托(Ermächtigungstreuhand)和代理信托(Ermächtigungstreuhand),信托财产法律上的所有权仍然归属于委托人。② 只有在完全信托,受托人在相对于外部第三人的关系上,才是完全的所有人。

在德国法上,信托制度作为商业实践中存在的制度,促使司法裁判和学理给予回应。信托的法律结构并不是新问题。但是,德国并没有专门的信托法,民法典、强制执行法、破产法是信托制度的规范基础。德国法也没有专门的信托合同概念,信托的基础在于民法典第 667 条所规定的为他人处理事务的合同。我国学者也认为,信托合同的底色基本是有偿委托合同。③ 在信托关系中,传统的观点采纳权利完全移转说,并以债法来解释信托内部的法律关系。受托人基于与委托人内部的债法约定而受到的约束即信托关系,受信托关系约束的所有权,即信托所有权。但是,信托受托人的所有权人地位相对于委托人的债权人具有相对性。施蒂尔纳教授将委托人与受托人之间基于信义关系而发生的让与称之为相对性的所有权。④ 笔者对此的理解是,在委托人与受托人之间,委托人仍是相对性的所有权人,受托人对外则是完全的所有权人。委托人的这种相对性所有权人地位,并非物债二分的框架所能完全解释。

在信托法律关系中,受托人所享有的权利多于其所应该享有的权利。这对于委托人是一种风险,即受托人违背信托内部债法约束而处置信托财产。这涉及违反内部约束而行使信托财产权利的有效性问题。有观点认为,基于委托人经济上的所有权地位,受托人违背内部约束处分信托财产的,应当按照无权处分和善意取得的原则处理。⑤ 对此,德国主流学理和司法判例认为,即使第三人应当知道信托关系的存在,也不影响处分的效力和第三人的权利取得。⑥ 显然,这是从受托人完全所有权地位出发的,即受托人是法律上的所有权人。然而,对此也不是铁板一块。在此,德国学者区分完全信托、授权信托和代理信托,已如上述。从基本原则来看,在受托人与第三人之间,

---

① Brinkmann, in: Uhlenbruck, Insolvenzordnung: InsO, 15. Auflage, 2019, InsO § 47 Aussonderung, Rn. 77.
② MüKoBGB/Schubert, 8. Aufl., 2018, BGB § 164 Rn. 52-55.
③ 王利明:《信托合同与委托合同的比较》,载《暨南学报(哲学社会科学版)》2019 年第 4 期。
④ Baur/Stuerner, Sachenrecht, 18. Aufl., Verlag C. H. Beck, München, 2009, § 3 Rn. 34.
⑤ Bitter, Rechtstraegerschaft fuer fremde Rechnung, Mohr Siebeck Verlag, Tübingen, 2006, S. 519.
⑥ Baur/Stuerner, Sachenrecht, 18. Aufl., Verlag C. H. Beck, München, 2009, § 3 Rn. 34.

受到第 138 条违背善良风俗无效,以及第 823 条第 2 款、第 826 条的损害赔偿规则的调整。① 据此,如果第三人知悉信托关系并且受托人滥用信托权利非常明显,受托人的处分应当是无效的。② 在这种情况下,第三人并不能取得信托财产的所有权。从损害赔偿法来看,第三人侵害债权对受托人和第三人也存在适用空间,第三人有义务返还已取得的信托财产。

在德国法上,信托财产(Treugut)相对于受托人具有一定的独立性,信托财产并不属于受托人的自有财产。这在权利完全移转说下的受托人的完全所有权框架下,是一个挑战。有学者将信托财产作为"特别财产"予以对待。③ 信托财产并不因纳入受托人的占有或实际控制而自动与受托人的自有财产发生混同。在此,具有重要性的是信托财产的确定性。④ 受托人应当将信托财产与自有财产分开,保持信托财产的独立性。如与受托人个人财产混同,委托人的权利将受到不利影响。也就是说,信托财产的确定性、独立性仍取决于受托人的行为和对信托财产与受托人自有财产关系的客观判断。

在德国法,信托财产不属于受托人的"责任财产"。也就是说,信托财产虽然在法律技术上属于受托人,但根据德国民诉法第 771 条,委托人可以提起第三人异议之诉,受托人的债权人不能就信托财产通过强制执行实现其债权。在破产法上,信托财产也不属于受托人的破产财产。按照主流观点,在管理信托,委托人享有德国破产法第 47 条的别除权(Aussonderungsrecht),受托人的债权人不能就信托财产实现破产债权。⑤ 在自益信托,信托财产也不属于破产财产,但只有委托人通过清偿等实现所担保的债权的,才可以行使取回权。⑥ 委托人的这两项权利受直接原则和代位禁止的限制。⑦ 但是,这毕竟是对受托人权利归属地位的直接介入。相反,委托人的债权人可以就信托财产实现债权。受托人并不是在任何情况下均可以最终或完全阻止委托人的债权人就受托财产强制执行。⑧ 在破产法,信托财产原则上属于委托人的破产财产。在管理信托,委托人破产的,信托财产属于德国破产法第 35 条的破产财产,破产管理人可以要求受托人返还信托财产,委托人的债权人可

---

① MüKoBGB/Schubert, 8. Aufl., 2018, § 164 Rn. 56.
② MüKoBGB/Schubert, 8. Aufl., 2018, § 164 Rn. 56.
③ Martin Löhnig, Treuhand: Interessenwahrnehmung und Interessenkonflikte, Mohr Siebeck, Tübingen, 2006, S. 828.
④ Brinkmann, in: Uhlenbruck, Insolvenzordnung: InsO 15. Auflage, 2019, InsO § 47 Aussonderung, Rn. 81.
⑤ Brinkmann, in: Uhlenbruck, Insolvenzordnung: InsO 15. Auflage, 2019, InsO § 47 Aussonderung, Rn. 79.
⑥ Brinkmann, a. a. O., Rn. 85.
⑦ 孙静:《德国信托法探析》,载《比较法研究》2004 年第 1 期。
⑧ Baur/Stuerner, Sachenrecht, 18. Aufl., Verlag C. H. Beck, München, 2009, § 3 Rn. 34.

以就信托财产实现债权。① 在担保信托,受托人是名义所有人,但是根据德国破产法第 51 条第 1 款,受托人不享有取回权,而仅享有优先受偿权。② 委托人的这种受到强制执行法和破产法支撑的法律地位也被称为"经济上的所有权",即信托财产的真正财产利益归属于委托人,法律对此予以认可和保护。有观点试图将委托人的法律地位物权化,并以信托权(Treuhandrecht)的名义区别于信托所有权。但是,尚未获得主流学理的支持。③

在德国,并不存在单独的信托财产公示的规则。当然,基于欧盟反洗钱相关规则的要求,股权信托受到最终权益人穿透规则的约束,这涉及"登记"及披露义务。相反,德国通过信托财产的独立性以及善意第三人保护等既有的规则解决公示问题。在担保信托,如信托让与、让与担保等本身就是规避苛刻的公示要求而发展起来的。④ 另外,隐蔽性还被视为非公式性担保的一种优势,即不必暴露债务人的资信状况,这是它取代债权质押、动产质押等公开担保制度的原因之一。⑤ 在德国的司法实践中,还发展出买受人应当对非典型担保负有一定的注意义务的裁判观点。⑥ 也就是说,不能仅仅因非典型担保的非公示性而可以在交易中完全地忽视。当然,信托受益权登记的问题也并非不存在。例如,非典型担保制度是否有必要通过登记等公示制度而纳入正式的担保物权法体系,是应讨论的问题。这与我国所探讨的信托受益权登记有可比性。从德国法来看,其自身的非典型担保制度发生于德国的担保交易实践,并且已融入到德国的担保交易规则体系,除非有欧盟等外部因素的影响,通过改革而成文化的可能性不大,至于信托财产登记则更应是如此。

在德国法上,似乎也很少提到独立于委托人的信托受益人的概念。学理和司法实践主要从委托人与受托人的角度来看待信托关系。也就是说,在英美信托法上的信托受益人,并不是德国信托法上特别明确的主体。这是否是德国信托制度的局限,仍有待研究。应当说,为他人处理事务的合同是能够容纳信托受益人概念的,即为第三人利益的合同不排斥受益人的存在。

在信托法律关系中,虽然名义上仍然发生所谓的权利的完全移转,但委托人与受托人之间存在较为复杂的权利归属关系,这导致两者都不享有完全和绝对的归属权。就此而言,委托人与受托人,都仅具有相对性的所有权人

---

① Brinkmann, in: Uhlenbruck, Insolvenzordnung: InsO 15. Auflage, 2019, InsO § 47 Aussonderung, Rn. 83.
② Brinkmann, a. a. O., Rn. 86.
③ 孙静:《德国信托法探析》,载《比较法研究》2004 年第 1 期。
④ Baur/Stuerner, Sachenrecht, 18. Aufl., Verlag C. H. Beck, München, 2009, § 55 Rn. 6.
⑤ Baur/Stuerner, Sachenrecht, 18. Aufl., Verlag C. H. Beck, München, 2009, § 58 Rn. 1.
⑥ Paulus, Grundfragen des kreditsicherungsrechts, JuS 1995, 185.

地位,双方各自的不完全所有权受到信托关系的制约。例如,在担保性所有权让与中,受让人没有直接占有,也不享有用益权能。① 受让人的所有权实际是不完整的。而出让人在受让人破产时,对担保性让与的标的有取回权,在受让人的债权人对让与物强制执行时,让与人可以提起第三人异议之诉。② 也就是说,让与人对于让与物的"经济上的所有权"得到实现。这些物法上权利人之间彼此的限制,存在于权利完全移转的面纱之下,呈现出相对性的特征。

(四) 期待权

所谓期待权,即取得物权的条件已经部分具备,物权的完全取得还取决于其他条件的完备。③ 期待权的类型如:预告登记权利人的法律地位④、所有权保留买受人的法律地位、已提起不可撤回的不动产权利让与合意登记申请的买受人的法律地位、被担保债权成立前的抵押权人的法律地位⑤。在上述情形,有的已完成所有权取得的所有步骤,如已提起不动产物权变动合意申请买受人;有的还需要买受人持续地支付完毕价款,如所有权保留买受人。可见,期待权的具体事实构成以及权利实现的可期待性是存在差异的。尽管如此,期待权几乎具有完全权利的受保护地位和可处分性。在此,具有重要性的是出卖人一般不能单方面阻止买受人的权利取得。⑥

将期待权归入相对性的所有权,可能是有争议的。但是,在期待权也发生具有物权效力的所有权的权能在不同主体之间分配的问题。也就是说,虽然形式上出卖人还保留着所有权人的法律地位,他相对于不特定的第三人仍然可以主张所有权的绝对权保护,但是,买受人才是经济上真正的权利人,他享有物的占有和用益,他的权利可以对抗第三人,也可以对抗出卖人。就此而言,也可以说期待权是相对的所有权,即在所有权人和期待权人之间存在物权量和质的分配,特定主体之间的法律地位相互制约,形成所有权关系的相对性。

综上所述,所有权具有绝对性,所有权的原始取得和继受取得均以外在的事实为基础,体现不同的法律理由,所有权的绝对归属具有正当性基础。

---

① 〔德〕鲍尔/施蒂尔纳:《德国物权法》(下册),申卫星、王洪亮译,法律出版社2006年版,第600页。
② 同上书,第634页。
③ 〔德〕鲍尔/施蒂尔纳:《德国物权法》(上册),张双根译,法律出版社2004年版,第46页。
④ 〔德〕曼弗雷德·沃尔夫:《物权法》,吴越、李大雪译,法律出版社2002年版,第227页。
⑤ 〔德〕鲍尔/施蒂尔纳:《德国物权法》(上册),张双根译,法律出版社2004年版,第46页。
⑥ 〔德〕曼弗雷德·沃尔夫:《物权法》,吴越、李大雪译,法律出版社2002年版,第227页。

法律通过外在的权利表象为交易中的第三人提供可识别的外在标准。但是，所有权绝对并不是毫无例外的。从实践中并非绝无仅有的相对性的物权来看，所有权的相对性归属，即相对于特定主体具有所有权或类似所有权地位，并不是不可能的。或者至少说，绝对所有权具有对抗不特定第三人的效力，但所有权的绝对性不排斥在不同的层面存在相对性的所有权。

第二节　裁判理由与相对归属规则

物法上存在诸多不依赖于债法的物的取得方式。但是，买卖合同与物的取得的关系则不那么明确。在罗马法上，至少曼兮帕蓄买卖等是物的取得方式。在日常的生活观念中买卖也是物的取得方式。然而，德国法上的买卖合同与物的归属规则分属于债法和物法。物的取得规则是法定的，具有相对于债法的独立性、体系性。买卖合同固然是物权的取得原因，但不是物权的取得方式。物的取得规则的单纯性维系着物法的封闭体系。

然而，排斥买卖合同作为物权变动方式的观点不是绝对的。物的取得规则体现着人们的价值判断、经济效用、历史传统等因素。在此，尊重意思自治、保护在先占有、维持物的占有现状、考虑物的可分离性与物的整体效用等法律理由具有重要性。基于这些理由法律在人际间实现物的归属的确定性。这些物的取得规则基于从历史而来的日常生活事实，也渗透着人类对财物归属分配规则的公正感。然而，排除买卖合同作为物的取得方式的主要理由则在于物债二分的体系考量，这是潘德克吞法学的概念逻辑。在古典罗马法中，根据当下的主流罗马法学说，不存在独立于买卖合同并基于抽象物权行为的物权取得方式。

在合意原则下，物权变动与买卖合同是一体的、同步的，买卖合同是物权的取得方式。应当说，合意原则也反映着真实的交易世界，它与即时交易的现实是相符的。如上所述，罗马法的买卖规则，包括所谓的要因交付也是从即时交易发展而来的。基于这种传统，买卖合同与履行的一体性传统仍然发挥着它的影响力，并且体现在买卖合同的风险负担、替代赔偿等规则之中。而且，合意原则与保护在先买受人观念是一致的，即在先买受人基于在先买卖合同已经是（相对性的）所有人。合意原则与交易安全也是相一致的，即知道在先买卖合同的第二买受人不受保护，但善意获得出卖人履行的第二买受人可以无负担地取得物的所有权。

在直接当事人之间，物应当如何归属，是否双方之间只是请求与给付的债权债务关系，还是也可以有更丰富的内涵？这个问题并不像表面理解的那样明确。在此,受到关注的是买卖合同签订的先后和价款的支付。的确,如果抛弃物债二分的体系逻辑,在两个买受人之间权衡何者为物的归属人,可以考虑的因素包括合同签订时间的先后、不同买受人的履行进展等。这些常识性的因素渗透着实质法律理由的考量,而法学的目的就是将这些实质法律理由的排序固定化、逻辑化和体系化。

一、在先买卖合同与相对性的归属

(一) 买受人的相对归属地位

在合意原则下,买受人基于生效买卖合同已经是特定物的所有人。出卖人将标的物转让给第三人,如第三人知道在先买受人,则不能对抗买受人,但买受人无法对抗善意第三人。在德国法上不存在基于合意原则的物权变动,买受人仅享有债法上的请求权。当然,在国际私法上,法国等欧盟其他国家的相对所有权在德国也是得到承认的。[①] 合意原则下的买受人与德国法上相对性临时处分禁止、信托所有人、预告登记买受人的法律地位是有可比性的。在此,所有权的归属并不是与特定的对物支配相连接,买受人相对于特定的主体为所有权人。也就是说,买受人相对于特定主体具有归属上的优先地位,这种相对性的所有权在德国法也有体现。

在德国法,买受人不能单纯基于买卖合同主张所有权人地位。但是,当事人能否约定直接基于买卖合同发生所有权的变动的有效性,涉及与交付规则的关系。按照交付规则,双方至少要约定占有媒介关系。也就是说,交付原则作为物法的结构性原则,不能被直接排除适用。但是,占有媒介关系下的买受人地位与合意原则是相似的。至于抽象占有媒介关系,与合意原则几乎可以等同。在合意原则下,出卖人的占有相对于买受人也只能是他主占有。甚至可以说,抽象占有媒介关系是合意原则更准确或精细的表达。

基于合意原则,在先买卖合同已发生物权变动,则出卖人再次出卖属于无权处分,只有在第二买受人善意的情况下,才能基于对出卖人享有所有权的表象善意取得。如果出卖人知道在先买受人,则相对于在先买受人无法取得所有权。但是,原所有人和恶意取得人在相对于第一买受人之外的第三人的关系上,仍然可以基于对物的占有而享有所有权人的地位。合意原则下的在先买受人在物的归属上,有相对于出卖人和恶意第三人的优势。这在德国法可能只有通过第三人侵害债权制度才能实现。但是,在第三人侵害债权问

---

① Jan Jakob Bornheim, Die Wirkung relativer dinglicher Rechte nach deutschem internationalen Sachenrecht, RabelsZ 79 (2015), 36.

题上,除了第三人知道之外的因素的要求,存在不确定性。至少有较多观点主张第二买受人的单纯知悉,可成立第三人侵害债权。

在德国法,单纯的买卖合同对于标的物的归属也是有意义的。德国民法典以实际履行作为违约损害赔偿的原则。买受人可以通过公力救济强制出卖人履行合同。也就是说,在直接当事人之间,即使标的物仍归属于出卖人,买受人总是能够通过强制执行取得标的物所有权。买受人获取标的物所有权的强制执行保障也是买受人相对归属地位的体现。

在先买受人的地位也体现在损害赔偿等规则上。即使第二买受人可以取得物的所有权,但是,出卖人无法保有二次出卖的额外收益。基于德国民法典第440条第1款、第325条第1款、第249条或第252条,买受人可以主张出卖人赔偿二次出卖的利润。① 出卖人无法基于一物二卖额外获利,出卖人基于二次转让而获得的利益必须返还给第一买受人。出卖人不能保有物的增值利益,这被认为是以买卖标的物的经济价值已基于买卖合同归属于买受人为依据的。如果单纯从物债二分角度出发,无法解释第一买受人对出卖人主张获利返还的依据。换言之,这实际是尊重第一买受人地位的体现。

虽然存在有利于保护第一买受人的规则,在实体法上仍然很难说德国法存在基于买卖合同的相对性归属。这是物债二分的基本结构所决定的。

(二) 买受人在诉讼法上的地位

在诉讼法上,按照德国民诉法第771条的规定,单纯的买受人不能享有第三人异议之诉的第三人地位。这是主流的德国学说。② 这当然符合德国法的逻辑。但是,在德国民法典第930条占有媒介关系下的买受人,则应当别论。在占有媒介关系之下,买受人的法律地位物权化。也就是说,只要双方形成所有权变动的意思表示,买受人可以提出第三人异议之诉。当然,这里如何避免出卖人恶意转移财产是需要关注的问题。德国法之所以要求具体的占有媒介关系,意在通过外在可确定、可识别的法律关系确定未发生实际占有移转的情况下,所有权变动的真实性。否则,规避强制执行及减损破产财产将成为司空见惯的现象。但是,既然动产所有权与占有的脱离已经不可避免地成为社会的现实,对具体的占有媒介关系的要求的基础也就不那么牢固了。

按照德国民诉法第894条,在买受人获得胜诉的给付判决后,则基于生

---

① Sylvia Sella-Geusen, Doppelverkauf: zur Rechtsstellung des ersten Käufers im gelehrten Recht des Mittelalters, Duncker & Humblot, Berlin, 1999, S. 20.
② Stadler, RabelsZ 72 (2008), 423, 428.

效判决拟制出卖人已作出物权移转的合意。① 也就是说,无需出卖人作出具体的履行行为,基于给付之诉的判决所拟制的出卖人移转所有权的意思表示,买受人按照实体法作出相应的意思表示并履行相应的法定要求,即可取得物的所有权。② 从逻辑而言,给付判决明确了债务人的履行义务,但仍然需要债务人履行或强制执行。基于给付判决拟制出债务人已作出让与的意思表示,将债务与履行一体化,给付义务与履行行为发生合流。基于实体法上的物债二分,给付义务与履行行为是两个概念,在程序法上的给付判决中拟制出卖人让渡所有权的意思表示及履行行为,实际是向合意原则的让步。当然,生效判决只是替代了出卖人的行为,仍需要买受人作出相应的受领或辅助行为。

可以探讨的是,如果不拟制出卖人的意思表示,而是基于生效判决的强制执行力而发生物权变动,似乎也没有问题。我国民诉法即没有拟制生效判决发生出卖人处分的意思表示。在我国,取得履行判决的买受人向法院申请强制执行,法院向登记机关作出协助执行通知书,登记机关根据协助执行通知书完成登记变更,并不需要买受人作出独立的意思表示,也不发生拟制的物权合意。无论如何,在德国法上基于生效判决而拟制的出卖人移转所有权的意思表示,将请求权与履行义务合流,弱化甚至取消了分离原则。可以说,基于生效判决中出卖人的处分意思表示,标的物的所有权已经从出卖人的财产中分离而相对性地归属于买受人。

(三) 强制执行程序中的买受人

如果两个买受人的买卖合同前后甚至同时订立并生效,但均未获得出卖人的履行,买受人也均未支付价款,则涉及两个买受人法律地位的问题。按照德国法的债权平等原则,买受人之间并无优劣之分,两个买受人在取得标的物所有权的进程中存在履行竞争。也就是说,谁最先按照法律规定的物权取得方式完成物权变动,则获得标的物的所有权。那么,如两个买受人均获得履行判决,则谁能够获得所有权?按照德国民诉法第 894 条的规定,法律将拟制出卖人已经作出让与的意思表示。那么,两个买受人均能成为所有人?这显然是不符合逻辑和常理的。在这种情形,如何分配物的归属,的确是需要关注的问题。

按照笔者的理解,在执行程序中的所有权取得上,买受人之间的履行竞争仍然存在并"白热化"。也就说,买受人只有在先完成物权变动,才是对之

---

① Musielak/Voit/Lackmann, 16. Aufl. , 2019, ZPO § 894 Rn. 5.
② Zoeller/Stoeber, ZPO, 26. Aufl. , § 894 Rn. 6.

前努力的最终保障。在此,除了获得胜诉判决并申请强制执行外,按照德国民诉法第 726 条第 2 款,获得生效履行判决的买受人仍然应当履行对待给付,才能启动强制执行。在诉讼中,同时履行抗辩属于需要主张的抗辩。法官就原告的请求作出判决,而无需主动考虑对待给付是否履行。① 一般而言,执行法官也只在同时履行判决中,才考虑对待给付履行的问题。如当事人不主动提出,执行法官也不会主动适用同时履行抗辩权(Einrede)。② 在实体法上,无论动产还是不动产,标的物所有权的移转不取决于价款的给付。按照德国民诉法第 894 条、第 883 条、第 897 条,在强制执行中,标的物最终的所有权和占有移转仍取决于(拟制)实体法的所有权移转规则。③ 但是,德国民诉法第 726 条第 2 款、第 894 条是例外。也就是说,在较为重要的买卖合同的强制执行,买受人要求对方转移所有权请求之诉的胜诉判决的执行,需以对待给付的完成为必要。在一物二卖,如果在先取得胜诉判决的第一买受人没能在先支付价款并获得标的物的强制执行,则所有权取得仍可能落空。在没有查封等保障措施的情况下,后位买受人或后位生效判决权利人仍可能先人一步取得标的物所有权。

按照德国民诉法第 894 条,在先的生效判决持有人已经获得出卖人移转所有权的意思表示,为法律拟制的出卖人基于生效判决而作出的在先处分意思表示已经生效,后位生效判决持有人即属于无权处分的相对人,则后位生效判决权利人还可以通过执行而取得所有权吗? 按照德国民诉法第 898 条,在民诉法第 894 条、第 897 条项下的所有权取得,适用民法典善意取得的规定。④ 也就是说,即使后位生效判决项下的权利人所获得的是出卖人无权处分意义上的履行判决,仍然可以通过善意取得而获得标的物的所有权,只要在物权变动的时刻,后位给付判决的权利人是善意的。而基于民诉法第 894 条的拟制,这又等同于要求判决作出时,后位判决权利人是善意的。无论如何,民法典的善意取得规则可以保障后位判决权利人取得标的物的所有权。

也就是说,两个买受人之间的履行竞争从合同生效到强制执行阶段,都是存在的。从生效判决到强制执行,均不存在在先权利人优先于后位权利人的规则,即使是生效履行判决也不能保障买受人的权利取得。只有通过强制执行最终完成权利取得的要件,才能最终取得标的物的权利归属。在此,在先申请强制执行也不意味着可以在先取得标的物的所有权。

---

① MüKoZPO/Wolfsteiner, 5. Aufl., 2016, ZPO § 726 Rn.19-21.
② BeckOK BGB/H. Schmidt, 51. Ed. 1.8.2019, BGB § 320 Rn.10.
③ MüKoZPO/Gruber, 5. Aufl., 2016, ZPO § 897 Rn.1-4.
④ Musielak/Voit/Lackmann, 16. Aufl., 2019, ZPO § 898 Rn.1, 2.

(四) 在先买受人的保护

这里仍然值得探讨的是,如果两个获得生效判决的买受人都申请强制执行,两个执行案件同时到达执行法官处,则执行法官应当按照什么规则处理?也就是说,两个买受人均未申请保全措施,均未支付价款或均已支付价款,则执行法官如何分配物的归属?执行法官可以随机执行吗?如何避免执行冲突?如果说出卖人可以自由决定向谁履行,但执行法官可以随意执行吗?对此,可能需要商榷。另外,买受人之间的这种偶然性的履行竞争在强制执行阶段真的是合适的吗?如何避免买受人的价款风险?这是物债二分和买受人地位平等所带来的问题,也值得研讨和反思。

为避免出现无法实现的同时强制执行的尴尬,根据买卖合同签订先后、价款支付先后等确定履行顺位也许是较为合理的选择。那么,这将回到根据买卖合同订立先后顺序而相对性地确定物的归属秩序的结论上。也就是说,不是根据单纯的债权平等,而是从实质价值的考量出发,根据买卖合同先后、判决的先后、履行的先后、价款支付的先后等因素,综合确定标的物的归属。这是一种相对性归属的思路,裁判理由具有根本的重要性。在此,确定物的归属所可以考虑的因素并不是无限的。

首先,交付应具有优先性,已通过交付完成物权变动的,自然基于物权变动规则取得物权,这种物权变动具有对抗第三人的效力。当然,出卖人向恶意后位买受人的交付,仍不能对抗先买受人。也就是说,保护在先买受人的考量仍然存在。但是,对在先买受人的保护不是绝对的。上文所述的向物权(ius ad rem)的概念有意义,即在后买受人知道或应当知道在先买受人的,则在后买受人应不能对抗在先买受人,在先买受人可以主张返还。

在未发生交付的情形,保护在先买受人也是有条件的,即在先买受人仍然要支付价款。如果没有支付价款,则在先买受人的相对性物权地位无法得到最终的实现。也就是说,价款支付与否在判断相对性物权归属上具有优先性,优于买卖合同订立的先后。在先签订买卖合同的买受人无法对抗在先支付价款的善意买受人。只有在极端的情况下,在先买卖合同对于物权的归属才有意义,即两个买受人同时支付价款的情形。相反,在两个买受人均未支付价款的情形,还是应当以在强制执行程序中,价款支付与否及先后确定物的归属。

在给付判决中,也不宜直接依据买卖合同的时间先后确定不同买受人之间的优先顺位。否则,在先买受人在获得胜诉判决后不支付价款,不仅可能因出卖人有同时履行抗辩权导致生效判决停滞,而且也可能因出卖人无法获得在先买受人的履行,在后买受人即使支付价款也无法继续完成交易的尴尬局面。保护在先买受人并不是绝对的,在两个买受人均未支付的情形,不宜直接依据买卖合同的先后,确定在先买受人获得出卖人给付义务履行的优先性。

二、对价支付与物的相对归属

如上文已述,在罗马法上对价支付就已经不是影响物权变动的因素。也就是说,早先物权变动上的价款支付要求,通过出卖人给予买受人信用的方式被放宽或弱化。在德国法上,价款支付作为给付义务而不是物权变动的条件,同样不决定买卖标的物的所有权变动。但是,作为买卖合同项下的买方义务,价款支付义务及其履行对物权变动还是有影响的。这在当代德国法上体现在同时履行抗辩权及其在执行程序中继续发挥的功能。当然,双方对价款支付的附条件约定以及与价款支付关联的预告登记等,也是规避买受人风险的有效手段。无论如何,在当代德国法上,支付价款不属于物权变动的要件。

(一) 物权变动的要件

价款支付不作为物权变动的要件也不是绝对的。在罗马法上,虽然强有力的观点认为,价款支付不是物权变动的要件。但是,也有观点认为,起码在一些情形中物权变动以价款支付为条件。

按照罗马法原始文献(I.2,1,41):

> 如果物基于赠予或嫁妆或其他类似原因而交付,则毫无疑问所有权移转。对于出卖及交付的物,则只有在向出卖人支付价款或提供担保时,例如,通过保证或质押,买受人才能取得。这已规定在十二表法;不过,正确的说法是,在万民法上也是如此。也就是说,按照自然法。然而,如果出卖人就价款向买受人给予信用,则必须得说,物的所有权立即移转给买受人。①

对此,卡泽尔的观点是,罗马法在很早就摆脱了价款对物权变动的影响。但是,仍然存在不同的观点。这涉及所谓的双务合同的概念。也就是说,按照双务合同(synallagmatische Verknüpfung)的观念,价款和归属权是彼此关

---

① Honsell, Römisches Recht., Siebte, ergänzte und aktualisierte Auflage, Springer, Berlin, 2010, S.61.

联的。① 对此的一种理解就是,价款支付至少在本来的意义上是影响物权变动的。

(二) 同时履行抗辩权

对于价款支付与归属变动的关系,也有学者认为古典罗马法不存在同时履行抗辩权意义上的双务关系(Synallagma)。② 无论如何,在德国的学说上,物权变动与价款和价款义务的履行无关。

德国民法典通过债法的同时履行抗辩权来解决价款与物权变动的关系。也就是说,出卖人可以拒绝买受人转让所有权的请求,而拒绝的理由就在于买方未支付价款。作为可以放弃的抗辩,卖方也可以在买方不付款的情况下移转所有权。但是,双务关系的核心要义就是价款和物权变动的债法关联,这也体现在两者发生和存续上的关联性。价款与物权变动的双务关系也体现在给付判决的履行。如上所述,对于卖方的强制执行,以买方支付价款为条件。另外,所有权保留、预告登记等制度也有类似的功能。

(三) 共存性

价款支付作为物权变动的要件还是发挥同时履行抗辩权的功能,可以有不同的选择。两者能否共存可能是很有疑问的。在当代各国,虽然所有权保留在分期付款买卖中是平衡双方利益关系的重要手段,但在法律规定上一般也不以价款和价款的支付作为物权变动的一般要件。与交易规则相区别的是裁判规则,即裁判者如何确立利益冲突中的归属。那么,价款支付与否作为不同买受人之间相对性归属的优先排序理由,可能还是可以成立的。也就是说,裁判者比较两个买受人,将物的归属直接判给已经支付价款的一方,确定标的物的归属,而不是作出给付判决。

那么,能否一方面承认同时履行抗辩权,另一方面也认可价款支付影响物权变动?显然,同时履行抗辩权是排除价款支付影响物权变动的封闭物法体系的要求,而价款支付作为物权变动要件恰恰是不强调物法体系的独立性的体现。然而,这看似无稽之谈的并存性也许不需要以那么有逻辑的方式来回答。也就是说,两者并存也是可能的。而且,同时履行抗辩权蕴涵着物权变动与价款支付共生共存的理念。在此,需要区分的是相对性的物权变动和对抗第三人的物权变动。裁判者需要在不同的买受人之间权衡,仍然可以将

---

① Honsell, a. a. O., S. 127.
② Wolfgang Ernst, Die Vorgeschichte der exceptio non adimpleti contractus, in: Festschrift für Flume zum 90. Geburtstag, Springer, Berlin, 1998, S. 1, 36.

价款支付与否作为判断物权变动的影响因素。但是,在交易中,物权变动应不受交易中无法识别的价款支付与否的影响。如果第三人要判断出让人是否已经向前手支付价款,交易成本将变得高昂。而且,这也不符合当代人们对于买卖的理解和生活现实。价款支付是否作为物权变动的要件,在不同的情形可以有不同的抉择方案。交易中的物权变动和裁判中的物权变动可以不同,这不违反体系性。在裁判规则中,既然善意出卖人已经支付价款,他的归属地位应受到法律的保护。

在德国法上,如果买受人不支付价款,也无法通过强制执行程序取得标的物所有权。在结果上,这与将价款作为(相对性)物权变动的要件是相似的。同时履行抗辩权与价款支付作为物权变动的要件,两者在本质上具有相似性、共融性。

第七章　物权行为理论与客体的归属

第一节　物权行为理论的归属意义

生活世界中永远充满即时清结的现物交易,它代表了日常生活的即时性、便捷性和灵活性。现物交易的存在古今中外莫不如此。但是,人们交往的跨地域性和交易的非即时性已大为增强,而交易客体也趋于复杂多样,人们对此的慎重和关切度也各不相同。毫无疑问,买卖合同与履行行为的分离成为日常生活特别是商业交易中的常态。法律应当将关注点放在非即时清结的交易上。或者说,将买卖合同与履行行为看成两个生活事实并以此建构规则,是符合生活世界的逻辑的。就此点而言,德国法的分离原则值得赞同。

然而,这并不意味着德国法学中的物权行为是必然存在的,也不意味着抽象原则必不可少。正如不同法律秩序所体现的,要因交付与合意原则均有理论上的合理性并有生活世界的对应性,甚至相对于物权行为而言更符合生活世界的逻辑。但是,对物权行为的批评不意味着要完全取缔并代之以其他模式。物权行为的精巧结构是优势所在,甚至在某些情形物权行为理论有更强的说明力。基于生活世界的多样性,没有必要强制人们遵从某种理论或模式。或者说,不同的理论模式之间也不是必然"水火不容"的。物债绝对二分无法解释和耦合纷繁复杂的生活世界,试图以简单的图画对生活进行框定的思路本身并不可行。

当然,在尊重当事人意思自治的基本考量下,协调公示原则以及交易中第三人保护的问题,也不容忽视。在这里,物债二分下的交付或登记原则的问题在于,即使第二买受人非善意——即知悉或应当知悉第一买受人——也能基于交付或登记取得所有权;而在合意原则下,第二买受人的非善意,将导致他无法善意取得。[①] 买卖合同与物的归属,这正是上文一再讨论的话题。在此处,本文将从物债二分的结构性原则出发,探讨买卖合同与客体归属的关系。

---

① Heinrich Honsell, Römisches Recht, 7. Aufl., Springer, Berlin, 2010, S.59.

一、物债二分下的买卖合同及其履行

潘德克吞体系中物债二分的真正含义在于物权和债权完全割裂,两者被视为完全不相关的法律现象。这在买卖合同与履行的关系上体现为,买卖合同只发生请求权和履行义务,它不仅在法律效果上与物权变动无关,而且在法律上根本不涉及物权变动。物权变动是物法世界中的现象,物权的归属和变动是独自发生的,它不依靠买卖合同。物、债是平行世界中的两个事物,各自封闭、相互独立、互不交叉。这种与日常生活相悖的观念,恰恰是物债二分的真相。

当然,物债二分所导致的买卖合同与物权变动的割裂,仅仅是外在体系和概念划分的结论。人们仍然要把买卖合同和物权变动联系起来考察,否则没有必要考虑物债关系的问题。物权行为理论也并不否认履行动机的存在。也就是说,买卖合同和物权变动的法律联系是被人为的建构所切断的。从日常生活的逻辑出发,人们或者把买卖合同作为物权变动的手段,或者把物权变动作为买卖合同的结果。然而,把两者结合起来恰恰没有正确理解萨维尼提出的物债二分的本质。[①]

(一) 分离原则与抽象原则

在萨维尼的意志支配理论下,物债二分的结构性原则与法律行为理论是互相协调的。从《法学阶梯》体系来看,物债关系涉及物的概念问题,即债也是无体物,而将物的概念限定于有体物则实现了物法体系的纯净。换言之,从客体层面出发可实现物债二分。物债二分的体系对物权变动规则也发生影响,买卖合同中债权行为与物权行为相互区分,物权行为的抽象原则成为物债二分的题中之义。

1. 物权行为

所谓物权行为,即直接发生物权变动的法律行为。[②] 物权行为的核心在于直接发生物权变动的合意。物权行为的上位概念为处分行为,处分行为规定在德国民法典总则部分,是德国民法典所使用的法律概念。相对于其他类型的处分,物权性的处分行为的特殊性在于公示要求。但在多数情形物权合意非明确表示,而是推断的。[③] 在德国法,物权行为由物权变动的合意与公

[①] Astrid Strack, Hintergründe des Abstraktionsprinzips., JURA 2011, 7.
[②] Wieling, Sachenrecht, Band 1, Sachen, Besitz und Rechte an beweglichen Sachen, Springer, Berlin, 2006, S.27.
[③] Wieling, a.a.O., S.292.

示行为两部分组成,即与动产交付或不动产登记相结合。在此需要注意的是,德国物法不存在一般意义上的总则,动产物权和不动产物权是区分开的,这也体现在物权行为的规则上。也就是说,动产物权行为与不动产物权行为也是有很大差异的。当然,这不否定基于实在法的物权行为的学理概念。

对于物权变动的意思表示与公示行为的关系,学者存在争议。在立法者看来,单纯的物权合意只是物权行为的组成部分,能否称作合同存在疑问。也就是说,在动产,物权合意与占有移转(Uebergabe)被视为统一的一项行为。① 在不动产,则物权合意与登记相结合才发生物权变动效力。在此,我们想起雅科布斯与杨振山关于物权合同(dinglicher Vertrag)存在与否问题的问答。② 的确,德国民法典并没有明确使用物权合同的概念。在立法过程中,本来使用的合同概念也被合意的表述所取代。③ 德国民法典没有使用物权合同而使用物权合意的概念,是为了区分债法合同,这还是基本可以认同的。④ 按照当今的主流观点,物权合意可以作为法律行为意义上的合同(Vertrag)。⑤ 因为,物权合意涉及两个互相协调一致的意思表示,这符合法律关于合同结构的规定。⑥ 故此,也可以将物权合意称作物权合同,这本身并没有什么特别的不同。

然而,单纯的物权合意的效力是存在争议的,并且动产物权合意与不动产物权合意存在区别。人们对于动产物权合意在完成交付前是否可以任意撤销存在争议,有些学者认为物权合意在与公示行为结合前是可以任意撤销的。在不动产物权合意则仅在第873条第2款所规定的情形才具有拘束力。在此,立法者的目的在于督促不动产交易当事人谨慎行事。⑦ 施蒂尔纳认为,物权合意概念是统一的,并且动产与不动产物权合意均在例外情形才有拘束力。⑧ 对此,他似乎还是认可物权合意法律拘束力为主流学说,即使这种物权合意没有满足形式要件的要求。但所谓物权合意的拘束力的效力又是有限的。⑨ 可以说,单纯的物权合意的法律效力至少是不稳定的。部分德

---

① Staudinger/ Wiegand (1996), §929, Rn. 77.
② H. H. Jakobs, Gibt es den dinglichen Vertrag? SZ 119 (2002), 269. 另见〔德〕霍尔斯特·海因里希·雅科布斯:《物权合同存在吗?》,载《十九世纪德国民法科学与立法》,王娜译,法律出版社2003年版,第170页。
③ Staudinger/ Wiegand (1996), §929, Rn. 76.
④ 〔德〕鲍尔/施蒂尔纳:《德国物权法》(上册),张双根译,法律出版社2004年版,第71页。
⑤ Wieling, a. a. O., S. 35.
⑥ Staudinger/ Wiegand (1996) Vorbem zu §§ 929 ff Rn. 11.
⑦ Wieling, Sachenrecht, Band 1, Sachen, Besitz und Rechte an beweglichen Sachen, Springer, Berlin, 2006, S. 35.
⑧ Baur/Stuerner, Sachenrecht, 18. Aufl., Verlag C. H. Beck, München, 2009, § 5 Rn. 37
⑨ 〔德〕鲍尔/施蒂尔纳:《德国物权法》(上册),张双根译,法律出版社2004年版,第88页。

国学者认为,物权合意在让与人与受让人之间有相对处分禁止的效力。但是,当事人双方之间不存在基于物权合意的交付或登记的物权请求权,物权合意既不存在履行的问题,也不存在损害赔偿责任。应当说,德国法上的物权合同的确是法律概念建构的奇葩,为了适应物权行为的绝对效力必须要求它与公示行为结合。但是,物权公示绝不意味着物权行为也必须公示,一项行为即使公示也是转瞬即逝的。① 物权变动行为的公示在古代可能有意义,如罗马法上的要式买卖等,它在人数相对有限的小型社会以众目睽睽的方式完成。但是,这种仪式化的买卖在罗马法古典时期就已经因为过于繁琐而被要因交付所替代。② 在现代社会,物权变动的行为公示的意义是有限的。

按照笔者的理解,作为当事人作出的严肃的意思表示,物权合意应当对双方具有拘束力,应不得任意撤销。从尊重当事人意思自治的角度,也许可以认为物权合意在当事人之间具有物权变动的效力。也就是说,相对性的物权有存在空间。但是,这种观点在德国法上与物权行为的公示性和物权的绝对效力存在冲突,物债二分的体系也很难容下相对性物权变动的存在。相对性的处分禁止也存在同样的问题,既然处分禁止是相对性的,它的效力和意义就是很有限的。但是,从物权合意的角度,相对性物权变动至少是有概念空间的,它对于解释相对性物权的效力也是有益的。

2. 分离原则与抽象原则

在物权行为问题上,最平常的概念莫过于分离原则和抽象原则。物权行为的概念本身预示着物权变动与买卖合同是不同的事实,物权行为概念本身与分离原则和抽象原则存在一定的逻辑关系。正是物权变动有独立的物权行为作为依据,即当事人对于物权变动的意思自治,才可以为无因物权行为提供合理性说明。物权变动的分离原则与抽象原则是德国民法最具特色的制度之一。特别是物权行为的抽象原则,是基于历史法学派的概念创制和学说传承,较少为他国所采用。

所谓分离原则,即物权变动与买卖合同是两个独立的法律事实,作为负担行为的买卖合同只发生债权债务关系,不发生物权变动的效果。即使买卖合同与履行在地域和时间上同时发生,也要区分为负担行为和处分行为。这在即时买卖情形会发生困难,正如罗马法上的要式买卖,并不存在独立的、外在的负担行为。虽然有观点认为,分离原则同时意味着抽象原则,两者是联系在一起的。但是,无论在逻辑还是在立法例上,分离原则并不必然意味着

---

① Wieling, a. a. O. , S. 41.
② Van Vliet, Iusta Causa Traditionis and its History in European Private Law, *11 Eur. Rev. Private L.* 342 (2003) 378.

物权变动的抽象原则。分离原则只意味着买卖合同与履行应当作为两个独立的事实,不意味着履行行为的效力独立于原因事实。

与分离原则不同但存在关联的是物权行为的抽象原则。抽象原则以分离原则为前提,没有分离原则就无从谈起抽象原则。所谓抽象原则,即物权变动不依赖于负担行为的效力,即使负担行为无效或不存在负担行为,物权行为也是独立发生和有效的。这被称为外在的抽象性,即物权行为的效力独立于债权行为。物权行为在内容上也不包含对债权行为履行的目的,而仅以物权变动为内容,这称为物权行为的内在抽象性。也就是说,买卖合同履行的目的,仅仅是物权行为的动机。买卖合同是物权变动的动机,是间接的目的。① 而物权行为的动机不影响物权行为的效力。虽然买卖合同指向物权变动,物权变动也呼应买卖合同,但是,两者的意思表示内容存在根本差异,两者在动机层面的关联没有法律意义。② 这被称为内在的无因性。

(二) 对物权行为的批评与回应

对于物权行为的批评似乎早已成为陈词滥调。物权合同被认为是德国法的特别构造物。它不是罗马法上的制度,不是欧洲的共同法律遗产的组成部分。③ 并且,按照雅科布斯的预测,抽象的物权合同也不会成为欧洲法的内容。④ 目前来看,欧盟涉及买卖法统一的欧洲《共同参考框架草案》(DCFR)和《欧洲共同买卖法》(CESL)均未直接采用德国的物权行为的理论框架。当然,有观点认为,这并不意味着明确排除物权行为无因性的存在空间及其解释的可能性。⑤ 特别是,CESL 将归属问题排除在外,物权行为问题被认为在实践中的实际意义小而被搁置。

那么,物权行为理论是否应当遭到抛弃?德国学界对它的批评和反驳是什么状态?物权行为概念能否成立或继续存在?是否值得借鉴?这些问题的确是有意义的。如上所述,物债二分与物权行为的角度不同,但两者对于物债关系的理解均具有重要性。

1. 生活逻辑

物权行为与生活常识的违背体现在基尔克的著名的批评中,一项动产的

---

① Stagl, Eigentumsübertragung beim Kauf beweglicher Sachen im DCFR und CESL., RabelsZ 79 (2015), 6.
② Astrid Strack, Hintergründe des Abstraktionsprinzips., JURA 2011, 7.
③ [德]霍尔斯特·海因里希·雅各布斯:《物权合同存在吗?》,载《十九世纪德国民法科学与立法》,王娜译,法律出版社 2003 年版,第 165 页。
④ 同上。
⑤ Stagl, Eigentumsübertragung beim Kauf beweglicher Sachen im DCFR und CESL., RabelsZ 79 (2015), 28.

出卖被分解为负担行为、处分行为和交付三个行为,这是教义对生活的"强奸"。① 从外在事实来看,只有买卖合同与交付,并没有一个独立的处分行为,处分行为只是虚构(Fiktion)。② 基尔克还列举去商店买手套的例子,唤起人们对日常生活的印象。当然,从买受人的角度,把买受人支付价款的行为也算上的话,还应当有关于价款的物权合意以及价款的支付两个另外的行为。

虽然德国学者对于物权行为也有很多批评,但仍有很多学者认为物权行为是科学的,是先进法律文化才发生的现象。③ 我国持此种观点的人也不在少数。

在某些情形,特别是即时买卖中,物债二分的必要性是存在疑问的。然而,在罗马法上的即时行为,如要式买卖,恰恰是无因的。当然,后来要式买卖被用于各种原因行为,并且最终被废止。实际上,物权行为违反生活常识的地方在于,它将买卖合同与买卖合同的履行完全独立,并将两者的效力彼此割裂。显然,从生活来看,买卖合同的目的在于价款和标的物的归属变动,而价款和标的物的给付也在于对买卖合同的履行。物权行为理论恰恰无视甚至割裂这种联系。当然,物权行为有因性理论则相对温和一些。也就是说,瑞士、奥地利、荷兰等国所接受的要因物权行为与生活常识之间的割裂没那么严重。而且,德国法虽然将交付作为买卖合同的债法义务,但同时将交付的事实行为与物权合意捏合为一个物权行为。债法上的交付义务的履行是物权行为的组成部分,并没有在事实上增加额外的行为。可以说,物权行为并没有为动产交易中的当事人带来额外的强制,只是在法律思维的世界中对交易事实的理解变得复杂。当然,债法上的动产交付义务与物法上交付的区分可能是有意义的,特别是物法上的"拟制交付"能否作为债法交付义务的履行是有疑问的。显然,仅仅是拟制交付还不能作为债法上交付义务履行完毕的标志,因为债法上的交付标的物要求标的物事实上发生实际的履行行为。相反,在不动产物权行为,交付则仅具有债法上义务履行的内容,而物权登记制度的引入也的确给交易当事人带来了额外的强制,但这已不涉及生活常识的问题。

对于物权行为违反生活常识的指责在某些情形也是可以推敲的。特别是,所有权保留买卖被认为在物权行为框架下可以更好地解释,让与担保制

---

① Gierke, Der Entwurf eines bürgerlichen Gesetzbuchs und das deutsche Recht, Duncker & Humblot, Leipzig, 1889, S. 336.
② Gierke, a. a. O. , S. 336.
③ Wieling, Sachenrecht, Band 1, Sachen, Besitz und Rechte an beweglichen Sachen, Springer, Berlin, 2006, S. 27.

度在物权行为的框架下也更为顺畅。并且,如上所述,买卖合同和买卖合同的履行作为两个独立的生活事实,恰恰是符合生活常识的,买卖合同的签订与买卖合同的履行在时空上往往是相互分离的。相反,合意原则下,特定物买卖在合同生效之际即发生物权归属的变动,买卖合同与履行混为一体,则可能是不符合生活常识的。另外,人与人的关系区别于人与物的关系,买卖合同发生请求权与债务,只有经过履行才发生物权变动,这与生活世界的直观(Intuition)是一致的。① 因此,可以说,物权行为的抽象性固然显得教条化,但物权行为理论在德国的法律行为理论框架内还是非常精细并符合逻辑的,将合同和履行作为两个不同的事实的观点也不违背生活常识。在立法论上,德国主流学者也并不认为采无因性是一种明显的失策。② 在意思自治的框架内,固然可以不采纳物权行为无因性甚至物权行为本身,但物权行为理论也不应当被完全否弃。也就是说,至少应当为物权行为留有存在空间。

2. 罗马法

罗马法原始文献在买卖与物权变动问题上存在"冲突",虽然优士丁尼大帝说《学说汇纂》是无矛盾的。按照保罗在 D. 41,1,31, pr. 的说法,交付应当是要因的。但是,乌尔比安在 D. 12,1,18, pr. 与尤里安 D. 41,1,36 在原因行为与物权变动上存在不同观点,特别是就借贷与赠与原因的不一致是否导致物权变动存在不同观点。这引发了后世学者不断的智力投入,试图解释、解决这种不一致,但一般认为这并没有成功。罗马法的不一致,部分地导致欧洲不同国家在物权变动模式上的多样性,而抽象物权行为理论也有罗马法的渊源基础。有的观点认为,抽象物权行为在萨维尼之前的评注法学派、注释法学派就已经被提出,甚至还是一种具有一定普遍性和追随者的重要观点。③ 但是,萨维尼首先使用物权合同的概念,并且只有经过学说汇纂学派的努力,体系化的物权行为理论才得以发展出来。

当代的主流罗马法学家认为,罗马法基于买卖的物权变动是要因的。④ 在罗马法上,人们并未从交付行为人的主观意愿的角度来界定交付的效果,而是将交付的客观行为(有体物的占有移转)与其"原因"相联系。⑤ 而萨维尼所论证的物权行为及其无因性又恰恰是以罗马法为基础的。当然,萨维尼

---

① Astrid Strack, Hintergründe des Abstraktionsprinzips. , JURA 2011, 9.
② 〔德〕迪特尔·梅迪库斯:《德国民法总论》,邵建东译,法律出版社 2000 年版,第 180 页。
③ Van Vliet, Iusta Causa Traditionis and its History in European Private Law, *11 Eur. Rev. Private L.* 342 (2003) 378.
④ Kaser/Knuetel, Roemisches Privatrecht, 19. Aufl., Verlag C. H. Beck, München, 2008, S. 131.
⑤ 刘家安:《交付的法律性质——兼论原因理论的发展》,载《法学研究》2004 年第 1 期。

的物权行为的真正原因在于物债二分的体系逻辑,物法体系是封闭的,而这也包括物权变动规则本身,物权变动只依赖物法中的规则,物权变动本身与债的关系和债权行为没有直接的关系。对此,本文在不同部分已多次提到。

对于物权行为的罗马法基础,存在很多争论。雅科布斯的论文向我们展示了当代德国主流法学家在这个问题上的铺陈。① 他特别提到 Jahr 对卡泽尔的反驳,Jahr 在他的论文中,首先对罗马法学家卡泽尔发表的要因交付(Zur "Iusta causa traditionis")一文的颠覆性的影响给予了肯认。② 但 Jahr 接着对卡泽尔的观点进行了反驳,雅科布斯认为这种反驳是成功的。③ 但是,德国法学界当前主流观点仍然认为,无因性的物权行为理论不是罗马法上的制度。④ 卡泽尔说到,罗马法上的物权变动是要因的,即基于有效的原因关系,如买卖、赠予、嫁资设定或借贷等。⑤ 也就是说,买卖的原因关系加上占有移转所构成的交付(traditio),才导致物权变动。雅科布斯也承认,在罗马法有关赠予、买卖的法源中找不到所有权略式移转的抽象性。⑥ 他是在清偿原因的背景下论述交付的无因性的。

罗马法上的占有移转可以与诸多的原因行为相连接。Wieling 曾说到,交付的原因可以是买卖、租赁等,只有双方有基于买卖合同而移转所有权的意图,才能导致所有权变动。⑦ 卡泽尔说道:"由原因中可以同时得出买卖双方所指向的所有权转让和取得的意思(Wille)。"⑧萨维尼恰恰不是从买卖合同,而是从交付中发现物权行为。然而,占有移转是单纯的事实行为,没有物权行为或物权变动的内容。⑨ 与萨维尼的观点不同,卡泽尔认为,占有移转不包含物权变动的意思。

萨维尼的意思支配理论被认为建立在客观理念主义的哲学基础上。在

---

① 〔德〕霍尔斯特·海因里希·雅科布斯:《物权合同存在吗?》,载《十九世纪德国民法科学与立法》,王娜译,法律出版社 2003 年版,第 201 页以下,特别是脚注[105]。
② Günther Jahr, Zur iusta causa traditionis, SZ RA 80 (1963), 141.
③ H. H. Jakobs, Gibt es den dinglichen Vertrag? SZ 119 (2002), 269.
④ 〔德〕维尔纳·弗卢梅:《法律行为论》,迟颖译,法律出版社 2013 年版,第 206 页。Wieling, Sachenrecht, Band 1, Sachen, Besitz und Rechte an beweglichen Sachen, Springer, Berlin, 2006, S. 28 ff.
⑤ Kaser/Knuetel, Roemisches Privatrecht, 19. Aufl., Verlag C. H. Beck, München, 2008, S. 131.
⑥ 〔德〕霍尔斯特·海因里希·雅科布斯:《物权合同存在吗?》,载《十九世纪德国民法科学与立法》,王娜译,法律出版社 2003 年版,第 205 页。
⑦ Wieling, Sachenrecht, Band 1, Sachen, Besitz und Rechte an beweglichen Sachen, Springer, Berlin, 2006, S. 28.
⑧ Kaser/Knuetel, Roemisches Privatrecht, 19. Aufl., Verlag C. H. Beck, München, 2008, S. 131.
⑨ Kaser/Knuetel, a. a. O., S. 131.

客观理念主义的意志论下,人对物的支配意思是权利义务发生的根源。从交付中解释出物权合同是萨维尼意思支配的体系逻辑,物权合同是基于物债二分的逻辑。虽然在罗马法上也存在部分支持物权行为的文献依据,①并且有的观点认为,萨维尼物债二分的框架体系恰恰是符合物债二分的古典罗马法的;但是,笔者隐约感到,罗马法以及共同法上的取得名义与取得形式的理论,与历史法学派建立在意思支配基础上的物权行为理论是不同的话语体系。就此而言,萨维尼的物权行为理论应是非罗马法的。

除了买卖法上交付的要因主义,罗马法上的买卖合同有它的特殊性。②如上所述,在罗马法上,至少非要式物转让的买卖合同中出卖人没有移转物的所有权的义务,而只是移转物的占有和用益。就此而言,买卖合同项下的占有移转中包含物权变动意思的观点,恐难以成立。因为,所有权变动并不是罗马法买卖合同的内容,卖方没有移转所有权的义务。Zimmermann 认为,在罗马法的买卖合同与占有中均不存在物权移转合意。Wieling 后来在他的教科书中也提到,将取得名义或取得形式与当事人的意思相连接可能都不是必然的。③ 在买卖合同或占有移转中解释出独立的物权移转意思恐怕均是非罗马法的。

罗马法上的确存在无因性的抽象行为,如要式买卖、拟诉弃权等,它们的效力有赖于形式主义。④ 这些形式主义的物权取得方式本身是抽象的,可以和不同的债因相结合。但是,买卖法上的交付是要因的。罗马法的多样性导致欧洲的法国、德国、意大利、奥地利等国在物权变动上不同的模式。⑤ 也许正如 Wieling 所言,罗马法上要因与非要因并存,从未给罗马人带来什么烦恼(nie gestoert)。⑥ 罗马法的这种多元性,对于我们是有启发意义的。

3. 不当得利

不当得利涉及无法律原因的利益变动的返还问题,而原因理论以及不当得利的研究汗牛充栋。此处所关注的是,不当得利与物权行为所涉及的原因的关系问题。也就是说,所谓的给付型不当得利与物权行为无因性之间是否存在关联。

---

① 柯伟才:《物权合同的发现:从尤里安到萨维尼》,载《比较法研究》2016 年第 6 期。
② 刘家安:《交付的法律性质——兼论原因理论的发展》,载《法学研究》2004 年第 1 期。
③ Wieling, a. a. O. , S. 28.
④ Zimmermann, The Law of Obligations Roman Foundations of the Civilian Tradition, Oxford University Press, 1996, S. 271.
⑤ Honsell, Tradition und Zession-kausal oder abstrakt? Festschrift Wolfgang Wiegand, Bern 2005, 349 ff. http://www.honsell.at/pdf/FS_Wiegand.pdf
⑥ Wieling, Sachenrecht, Band 1, Sachen, Besitz und Rechte an beweglichen Sachen, Springer, Berlin, 2006, S. 28.

在现代法上,存在不当得利的统一说与非统一说的争论。从罗马法以来,不当得利法的基础在于公平原则(Billigkeit),并且在当代法上受到诚实信用原则的形塑。① 不当得利统一说至少是一种重要的学说,有重要的理念基础。在统一说下,给付型不当得利的独立性可能并不存在。据此,不当得利与物权行为抽象性的结合不是逻辑必然的。换言之,只有在给付型不当得利才谈得到物权行为的无因性。而在统一说的不当得利下,给付型不当得利没有独立意义,物权行为与不当得利无法建立直接的逻辑关联。

即使在给付不当得利,物权行为与之的关系也不是必然的。萨维尼基于意思支配力的不同区分物债,并且物权行为是抽象的。不当得利返还被萨维尼视为物权行为的必要前提,即没有抽象原则不当得利就是显得多余的。雅科布斯也认为,不当得利返还请求权是物权转让抽象性的主要原因,即"如果有人认为,基于误想原因而实施的转让不能有效将所有权转让给受让人,那么这将与缺乏法律基础而给付的不当得利法冲突"。② 但这个逻辑本身就是推断的。雅科布斯也承认,他是在罗马法源中缺乏明白无疑支持物权行为抽象性的证据时求助于不当得利的体系逻辑的。但不当得利相对于物权行为无因性的重要性,有些言过其实。的确,不当得利与物权行为无因性可以相互协调,这是物权行为的理论优势。也就是说,不当得利制度使得无法律原因而基于物权行为取得所有权的一方负有得利返还义务,平衡了物权行为无因性的结果。③ 不当得利法可以很好地与物权行为无因性相协调,却不意味着它是物权行为无因性的主要原因。给付型不当得利不限于有体物,还包括服务等具有经济价值的给付,无因性只能算是给付型不当得利的一个子类型。在非债清偿情形,如标的物为第三人善意取得,则原受让人仍对原出让人负有不当得利返还义务。④ 也就是说,返还并不以原物为限。而且,要因原则下也有不当得利的空间。可以说,给付型不当得利并不是为无因物权行为而发生和存在的。

在罗马法,不当得利返还原因是个案化的,原因一词是非技术性的。⑤

---

① Dirk Looschelders. Schuldrecht, Besonder Teil 4 II, Carl Heymanns Verlag, Köln, 2010, S. 359.
② 〔德〕霍尔斯特·海因里希·雅科布斯:《物权合同存在吗?》,载《十九世纪德国民法科学与立法》,王娜译,法律出版社2003年版,第195页。
③ 李永军:《物权与债权的二元划分对民法内在与外在体系的影响》,载《法学研究》2008年第5期。
④ Staudinger/Lorenz (2007) Vorbem 1 zu §§ 812 ff.
⑤ 傅广宇:《萨维尼的不当得利理论及其渊源与影响》,载《中德私法研究》2012年第8卷。

况且,在交付作为物权变动方式出现之前,罗马法上就已经存在不当得利制度。① 罗马法并非理性构建的产物。罗马人几乎不太可能在当时就建构出不当得利与抽象物权行为之间的体系关联。不当得利与物权行为无因性的关系是19世纪体系化的产物。的确,无法律原因而返还的义务与物权变动的原因均涉及原因,并且两者事实上是存在重合的,但将两者等同还是有风险的。卡泽尔即认为,不当得利法上的法律原因应当与所有权让与中的交付原因(causa traditionis)严格区分。② 他说道:"如果原因虽然足以说明所有权取得的正当性,但不足以说明保留该物的正当性,就足以产生请求返还之诉(condictio)。"③ 也就是说,卡泽尔区分取得原因与保有原因,保有原因欠缺才导致不当得利发生。罗马法上的不当得利返还原因与给付原因所涉及的可能并非同一原因,至少两者不能等同。据此,将不当得利与物权行为相连接的逻辑和历史基础本身都是有问题的。

不当得利的返还原因概念本身存在不确定性。④ 拉伦茨认为,给付所基于的债的关系是客观意义上的不当得利返还的原因。⑤ 客观原因说是当下德国主流至少是重要的学说。⑥ 这种观点下的给付原因与抽象物权行为下的原因能够协调一致。但是,人们更倾向于从给付的主观目的,而非给付所基于的法律行为来确定不当得利法上的无法律基础意义上的原因。⑦ 也就是说,拉伦茨所代表的客观说的观点可能越来越受到挑战。德国的学说更倾向于主观说,即给付目的。梅迪库斯认为,在给付型不当得利具有重要性的是给付目的,给付目的实现与否决定是否需要返还。⑧ 德国联邦最高法院的裁判观点也将不当得利法上的给付界定为:有意识地基于目的而增益他人财产的行为。⑨ 在此,具有唯一重要性的是"以给付为目的的清偿效果"。⑩ 给

---

① Van Vliet, Iusta Causa Traditionis and its History in European Private Law, *11 Eur. Rev. Private L.* 342(2003).
② 〔德〕马克斯·卡泽尔、罗尔夫·克努特尔:《罗马私法》,田士永译,法律出版社2018年版,第515页。
③ 同上。
④ Hans-Wilhelm Kötter, Zur Rechtsnatur der Leistungskondiktion., AcP 153(1954), 193.
⑤ Larenz, Schuldrecht II, 11. Aufl., Verlag C. H. Beck, München, 1977, S. 467.
⑥ MüKoBGB/Schwab, 8. Aufl., 2020, BGB § 812 Rn. 415-417. Jauernig/Stadler, 18. Aufl., 2021, BGB § 812 Rn. 12.
⑦ H H Westermann, Die causa im französischen und deutschen Zivilrecht, De Gruyter, Berlin, 1967., S. 12, 82.
⑧ 〔德〕迪特尔·梅迪库斯:《德国债法分论》,杜景林、卢谌译,法律出版社2007年版,第527页。
⑨ Staudinger/Lorenz (2007), § 812, Rn. 4.
⑩ 〔德〕迪特尔·梅迪库斯:《德国债法分论》,杜景林、卢谌译,法律出版社2007年版,第528页以下。

付目的与给付原因存在亲缘关系。可见,在不当得利法主观给付概念下的给付原因与抽象物权行为的原因并不完全相同,至少存在争议。特别是,在涉及三方关系时,谁是不当得利法意义上的给付主体以及谁负有返还义务并不能简单地从图表式的给付法律关系中得出。概念化的客观给付概念可能带来不公平或不令人满意的结果。① 而即使在三方关系中,物权行为的原因以及无因性逻辑仍是明确的,即买卖合同等相对性的客观法律事实,但这种概念化的客观原因可能不宜作为不当得利法上的返还原因。

另外,有不当得利与物权返还请求权不能两立的说法,即如果出卖人仍是所有人,则他无需主张不当得利。但这种观点的来源值得怀疑。如上所述,在德国学理上,物权请求权相对于债法请求权并非处于从属地位。并且,至少有些欧洲国家中不当得利返还请求权与物权请求权是并存的。实际上,从物债二分角度看,不当得利与物权返还是不同的救济方式,在抽象物权行为背景下说两者不能并存,也是没有逻辑基础的。

基于上述,不当得利可以缓解物权行为无因性的公平问题,并且通常而言给付不当得利中的无法律原因与无因物权行为的原因存在重合性,不当得利法上主观原因与客观原因的争论的理论意义大于实际意义。但将不当得利与物权行为无因性相连接,甚至将不当得利作为抽象物权行为必要性的理由,至少不必然是逻辑严密的。

4. 交易安全

抽象物权行为有利于交易安全是从目的论出发的。德国民法典立法者即以无因性有利于交易安全为出发点。② 从渊源上来讲,这种观点可能既不是来自罗马法的,也不是萨维尼创制物权行为所考虑的。③ 但是,抽象物权行为不因原因行为的瑕疵而受到影响,受让人向第三方转让属于有权处分,第三人可以无瑕疵地取得所有权。这在第三人知道受让人与转让人之间的买卖合同存在瑕疵的情形,也是如此。物权变动的效力独立于债权行为,不受债权行为瑕疵的影响。就此而言,无因物权行为有利于交易安全的保护,这一点是成立的。

在当代,仍有德国学者积极地认可无因物权行为的交易安全功能。④ 然而,物权行为交易安全保护的功能在很大程度上与善意取得是重合的。善意

---

① 〔德〕马丁·舍尔迈尔:《德国不当得利法当前存在的问题》,朱晓峰译,载《财经法学》2015年第2期。
② 〔德〕迪特尔·梅迪库斯:《德国民法总论》,邵建东译,法律出版社2000年版,第178页。
③ 〔德〕霍尔斯特·海因里希·雅科布斯:《物权合同存在吗?》,载《十九世纪德国民法科学与立法》,王娜译,法律出版社2003年版,第193页。
④ Baur/Stuerner, Sachenrecht, 18. Aufl., Verlag C. H. Beck, München, 2009, § 64 Rn.13.

取得的基础在于保护第三人对于处分人拥有所有权或处分权的表象,即处分人对动产物的占有人或在不动产登记簿中登记为权利人的表象的信赖。在要因原则下,处分权欠缺因受让人的善意而"补正"。在此需要注意的是,现在人们认为处分权不是买卖合同的生效要件。无论在要因还是无因原则下,欠缺处分权的买卖合同都是有效的。在无因原则下,买受人可以通过善意取得规则取得所有权。在要因原则下,买受人同样基于善意取得而取得所有权。在无权处分,两者几乎没有区别。要因原则下的其他原因行为瑕疵,如无效或欺诈、胁迫及其他可撤销的情形,将导致取得占有的买受人无法取得所有权。在此,无因物权行为可以保护买受人不受原因瑕疵的影响,只要处分行为本身是有效的,将直接发生物权变动,并通过有权处分的链条保护交易安全。

在德国法,抽象物权行为可以和善意取得相互协调。也就是说,无权处分恰是善意取得的构成要件,而法律保护第三人对处分人权利表象的信赖。在无因原则下的善意取得,处分人所唯一可以欠缺的是所有权或处分权。[1] 例如,无行为能力会导致物权行为的效力出现瑕疵,但对行为能力的善意也是不受善意取得保护的,物权行为的意思表示瑕疵同样会影响善意取得的成立。并且,善意取得作为物权的取得方式本身也是抽象的,需要通过不当得利等制度予以矫正。也就是说,在原因行为存在瑕疵的情形,处分人与第三人之间基础合同的瑕疵虽然不影响善意取得的成立,但是基于不当得利法第三人无法终局地保有所得物。这在体系上是协调的。虽然主流学说认为善意取得是继受取得,但善意取得是原始取得还是继受取得的理论争议的实际意义不大。不当得利法的返还义务,是基于给付目的是否实现而发生的,与原因行为本身的效力不存在直接的关联。

但是,在原因行为存在无效或可撤销的情形时,毕竟抽象物权行为在效力上具有独立性,买受人向第三人的转让为有权处分,没有善意取得的适用空间。就此而言,抽象物权行为限制了善意取得的适用范围。而对善意取得适用范围的限缩,恰恰是无因性的问题所在。无因原则下的在先买卖合同瑕疵,不影响处分的有效性,这导致对恶意第三人的过度保护。相反,在要因原则下,善意取得制度对第三人的保护是足够且适当的。[2] 而要因原则与善意取得也是相互协调的。转让人与前手原因关系的瑕疵会直接影响到第三人能否取得所有权。也就是说,第三人善意取得的可能性受到处分权以外的其

---

[1] Wieling, Sachenrecht, Band 1, Sachen, Besitz und Rechte an beweglichen Sachen, Springer, Berlin, 2006, S. 370.
[2] Jan Dirk Harke, Kausalprinzip, Abstraktion und gutgläubiger Erwerb, GPR 9 (2012) 292-297.

他因素的影响。这与罗马法上的善意的对象不限于无处分权或无所有权的立场是一致的。① 相反,德国法上善意取得的善意(gutgläubig)以罗马法上的善意(bona fide)为原型,但却不完全相同。② 在德国法,善意的对象限于对转让人所有权或处分权地位的信赖。而要因原则下善意的范围更为广泛,对善意的要求更为严格。特别是,在要因原则下,由于买卖合同的瑕疵会影响到买受人的物权地位,第三人在知道前手买卖合同瑕疵的情形,会影响其善意取得的成立。这相对于无因原则下的有权处分更为公平,因为知道前手受让人原因行为瑕疵的第三人并不值得被给予善意取得的保护。

在德国法上,善意取得也是无因的、是物债二分的。换言之,物权变动不考虑原因关系的瑕疵。善意的射程范围是有限的,原因关系及瑕疵是外在于物权变动的。但善意取得与无因原则和要因原则都是可以实现体系协调的,只是需要在各自的体系关联上作出个别调整。但是,要因原则下的善意取得并不保护"恶意"第三人,也就是不保护知道前手原因关系瑕疵的取得人。这是要因原则相对于无因性的优势,这一点与一物二卖中第一买受人保护以及向物权制度的逻辑是一脉相承的。在这一点上,物权行为无因论支持者恰恰把它视为该制度的优势。③ 对此,笔者不能苟同。保护交易安全不意味着对债权人过度保护。而且,保护在先买受人的观念更具有价值上的优越性。无因物权行为对恶意第三人的保护是不能作为该制度的优越性而被提出的。至于在买卖双方价款义务与标的物交付义务的对称性,以及在破产法上孰者更公平等问题上,虽然有德国学者给予了似乎是有力的论证;④但是,在这些问题上,要因原则与无因原则可能是难分高下的。

5. 无因物权行为的独立性

物权行为有利于交易安全的观点还需要承受如下质疑,即将履行视为法律行为并独立于债权行为,则法律行为制度会影响到物权行为的效力,这徒增了履行行为本身的风险。例如,嗣后丧失行为能力并不影响履行义务,但却造成履行行为的瑕疵。这导致自相矛盾的后果,即履行行为是无效的并且标的物所有权仍然归属于出卖人,但是相对方保有履行结果是有法律原因的并且无须基于不当得利返还。在不动产,在物权合意达成与登入土地登记簿

---

① Wieling, Sachenrecht, Band 1, Sachen, Besitz und Rechte an beweglichen Sachen, Springer, Berlin, 2006, S. 371.
② Honsell, Tradition und Zession—kausal oder abstract? In: Festschrift für Wolfgang Wiegand zum 65. Geburtstag, St? mptli, Bern, 2005, S. 349 ff.
③ [德]鲍尔/施蒂尔纳:《德国物权法》(上册),张双根译,法律出版社2004年版,第93页。
④ Honsell, Tradition und Zession-kausal oder abstrakt? in: Festschrift für Wolfgang Wiegand, Bern 2005, 349 ff.

的时间间隙,也会发生物权合意无效的情形,而法律要求在登入登记簿期间物权合意持续有效。① 再者,正如 Strohal 所提出的著名例子,交易相对方只认可物权合意,却基于反悔或其他任何理由不认可基础合同,他仍可基于已经达成的物权合意取得所有权。② 这会造成荒唐的结果,对出卖人并不公平,也不利于对出卖人交易安全的保护。相反,在要因交付原则下,即不存在履行作为法律行为的效力瑕疵问题,买卖合同和履行的关联也没有断裂,不存在买受人只认可物权合意并"堂而皇之"违约的空间。就此而言,不能说抽象物权行为是绝对有利于交易安全的。

但是,独立的物权行为也有它的优势。特别是在处分行为附条件的情形,如所有权保留、让与担保等,物权行为理论有解释上的优势。也就是说,负担行为的效力是独立的,而只是物权变动附有条件。相反,在合意原则下,由于所有权基于有效的买卖合同而移转,似乎必须将买卖合同本身附条件才可以阻止所有权的变动。但是,买卖合同本身附条件影响到合同的效力,又不是各方当事人所期望的。法国法在此存在不同的争论观点,发展出不同的理论,但是,最终在结果上也是与德国法相似的,即买卖合同的效力是独立的,买卖合同并未附条件,只是所有权在买受人支付价款后才依法移转。在此,买受人如在付清价款前陷入破产,则出卖人有取回权。除此之外,出卖人对保留所有权的物没有直接支配权,买受人占有物,并享有物的用益以及向第三人转让的权利。③ 在德国法,虽然出卖人保留所有权并且在名义上是所有权人,但是,出卖人的所有权受到担保目的的限制。德国法为限制出卖人名义上的所有权地位,发展出买受人期待权的理论,而买受人的期待权具有物权性的法律地位。买受人的期待权是出卖人所有权保留理论所不好解释的地方。从物债二分而言,出卖人是绝对的所有权人,他的权利应当是完整的,而买受人则应当是单纯的债权人,但是买受人的期待权强化了自身的法律地位,也限制了出卖人的绝对所有权。在破产程序中,出卖人的取回权也应受到所谓的差额理论(Saldotheorie)的限制,买受人有权主张返还已支付的款项,否则出卖人无法取回。可见,出卖人的保留所有权人地位既受到买受人的期待权,也受到差额返还的限制,物权行为理论可以解释所有权保留,但也不是完美的。

物权行为无因性还受到瑕疵同一性、条件关联性、行为一体性等修正,原

---

① Staudinger/Pfeifer (1996), § 925, Rn. 112, 114.
② Strohal, JherJb 27 (1889) 335, 344. Jakob Fortunat Stagl, RabelsZ 79 (2015), 1, 23.
③ Stadler, Gestaltungsfreiheit und Verkehrsschutz durch Abstraktion, Mohr Siebeck, Tübingen, 1996, S. 281 ff.

因行为的瑕疵会延伸到物权行为并影响到交易的有效性,这被认为是对物权行为无因性的矫正。

总体而言,物权行为无因性的各种理由并没有使其取得相对于其他物权变动模式的绝对优越的地位,反对物权行为的各种观点也没有取得绝对的压倒性优势。物权行为并没有那么严重的、恶劣的后果,它在德国民法体系内大体还是以合乎逻辑的方式存在的,与物债二分是相互协调的。物权行为有概念清晰的好处。并且,如本文即将讨论的,物权行为的分离原则和无因原则并不是那么僵化的,而是可以和物权变动的不同模式相互协调。

二、物权行为的修正与变化可能性

如上所述,罗马法上的买卖是要因的。在18世纪,合意原则与交付原则处于争论的漩涡。① 受到自然法思想的影响,法国民法典采纳了所谓的合意原则和一体性原则。在19世纪,萨维尼的抽象物权契约加入到争论之中,物权变动规则变得更加复杂化。在当代,合意原则和一体原则是法国、意大利、比利时等国的物权变动规则。与之相对的是德国、希腊的分离原则和抽象原则。处于中间状态的是奥地利、瑞士以及荷兰等国的要因交付原则。交付在要因原则下是事实行为,但受到德国法的影响,采要因交付原则的国家的主流观点逐渐承认物权行为的存在,但仍然是要因的。② 实际上,这种说法只能是大概成立的,各国的具体规则存在一定的复杂性,动产与不动产不尽相同。③

物权行为无因性理论在德国本土也是存在争议的。有时这种批评会归于沉寂,而有时又变得嘈杂。④ 在20世纪30年代至40年代,德国学者曾对本国的物权行为无因性理论给予坚决彻底的批判,这在纳粹德国时期因对取向于生活的新法学的追求而变得甚嚣尘上。⑤ 甚至有人宣称,并非是抽象原则而是要因交付原则才是德国法的现实。⑥ 在立法之际,物权行为无因性也

---

① Honsell, Tradition und Zession—kausal oder abstrakt? in: Festschrift für Wolfgang Wiegand zum 65. Geburtstag, Stämptli, Bern, 2005, S. 349 ff.
② Jakob Fortunat Stagl, Eigentumübertragung beim Kauf beweglicher Sachen im DCFR und CESL., RabelsZ 79 (2015), 1, 7.
③ Baur/Stuerner, Sachenrecht, 18. Aufl., Verlag C. H. Beck, München, 2009, § 64 Rn. 7ff, 87ff.
④ [意]弗兰克·费拉利:《从抽象原则与合意原则到交付原则——论动产物权法法律协调之可能性》,田士永译,米健校,载《比较法研究》2001年第3期。
⑤ Ulrich Eisenhardt, Die Einheitlichkeit des Rechtsgeschaefts und die Ueberwindung des Abstraktionsprinzips, JZ 1991, 271.
⑥ Ulrich Eisenhardt, a. a. O., JZ 1991, 271.

仅以微弱优势成为立法选择。① 在当下,对于无因性不抱有友好态度的德国学者也不在少数。

在德国的学说和司法实践中,就原因行为与履行行为的关系,存在瑕疵统一性、条件关联性以及行为一体性的观点。这"软化了"抽象物权行为的绝对性。也就是说,即使在德国法,所谓的合意原则、要因原则以及无因原则,可能都部分上是德国法的现实。或者至少说,只要稍稍作些调整和让步,这些不同的模式和原则是可以共存的。在理解德国法时,应当充分注意到它的多样性、灵活性和包容性。

(一) 合意或一体性原则

所谓合意原则,即买卖合同发生物权变动的效果,买卖合同在双方当事人之间生效即发生所有权变动,交付只是对抗善意第三人的要件。由于物权变动不需要独立的履行行为,合意原则也称为一体原则,即买卖合同和履行是不区分的、一体的。合意原则的出发点是:所有权是人类思维的产物,可以根据人的意志而发生变动,无需外在的表征事实。合意原则在即时买卖等情形具有解释力。但是,在买卖合同与履行分开情形,合意原则的解释力稍弱,即需要借助预约(Vorvertrag)以及时效取得等制度予以弥补。②

相对于要因交付原则,合意原则突出了当事人意志的重要性,而抽象物权行为也将履行作为法律行为。在这一点上,抽象原则是合意原则的发展。两者在对当事人意志的尊重上具有共同性,均将当事人的意思表示作为合同效力的根源。与合意原则不同的是,在抽象原则中买卖分裂为两个彼此独立的法律行为,履行行为具有独立性。而在合意原则下,买卖合同本身即导致物权变动,物权变动不具有独立性。然而,德国的抽象原则可以通过条件关联性、行为一体性以及弱化交付的严格性而与合意原则相协调。实际上,在动产物权变动,当事人的意思自治具有充分的空间。

1. 行为一体性

所谓行为一体性,即将买卖合同和履行作为一个法律行为的组成部分,在买卖合同之外没有独立的履行行为,特别是所有权的移转不以独立的履行行为为必要,而是随着买卖合同的生效而移转。如上所述,即时买卖或现物交易具有买卖合同与履行一体化的特征。但是,在买卖合同与履行在时空上分离的情形,需要借助意思表示解释和条件关联等法律行为制度来实现行为

---

① Van Vliet, Iusta Causa Traditionis and its History in European Private Law, *11 Eur. Rev. Private L.* 342 (2003) 378.
② Baur/Stuerner, Sachenrecht, 18. Aufl., Verlag C. H. Beck, München, 2009, § 64 Rn. 7,87.

的一体性。

在行为一体性,重要的是当事人的一体性意思,即当事人将两种不同类型的法律行为作为一个整体的意思。① 作为整体的组成部分的法律行为可以是不同类型的,也可以是不同时空条件下发生的。也就是说,负担行为和履行行为作为不同的法律行为,在非即时交易中也不排除两者一体性的可能。这对于法律思维而言不难理解。问题在于,作为德国民法典结构性原则的分离原则和抽象原则能否为当事人的意思自治而打破和超越。对此,德国学理和司法实践中存在不同的观点。德国学界一般认为,私法自治不能超越物债二分的结构性原则。② 梅迪库斯即认为,将负担行为和处分行为一体化违反了分离原则。③ 不过,他的表达很谨慎,即在没有具体依据可用于认定当事人具有这方面意思的情况下,不能依据推断认定存在这种结合。可以说,他一方面认为分离原则是不能违反的,另一方面又认为只要当事人具有这方面的明确意思则也可以成立一体性。这里毋宁是在表达,对于负担行为与处分行为的一体性认定应当按照当事人的明确意思,而不能根据经济一体性或其他理由(如无因原则在法政策上是不幸的)而推断或认定。或者说,按照学界的观点,在存在异义时,负担行为无效不导致处分行为无效。④

德国学界也存在支持负担行为与处分行为一体化的观点,并且按照有些德国学者的说法,这种观点甚至不能作为少数学说。⑤ 赫克即认为,排除第139条在负担行为和处分行为一体化上的适用,既不能从第139条的文义也不能从立法者的本意中得出;并且从体系位置而言,第139条位于民法典总则。⑥ 基于这些理由他支持负担行为与处分行为一体化的优先性。另外,支持负担行为与处分行为一体性的重要理由在于,负担行为可以作为处分行为生效的条件。这个观点几乎没有争议。既然如此,也不应当否定当事人的一体性意思,抽象原则不是负担行为与处分行为一体性的障碍,当事人私法自治应当在负担行为与处分行为一体性上同样适用。

虽然基于物债二分,德国学理对一体性原则能否突破存在争议,德国司法裁判对于通过法律行为将负担行为和履行行为一体化的可能性一直是认

---

① Staudinger/ Roth (2010), § 139, Rn. 42.
② Ulrich Eisenhardt, Die Einheitlichkeit des Rechtsgeschaefts und die Ueberwindung des Abstraktionsprinzips, JZ 1991, 271.
③ 〔德〕迪特尔·梅迪库斯:《德国民法总论》,邵建东译,法律出版社2000年版,第143页。
④ Staudinger/ Roth (2010), § 139, Rn. 54.
⑤ Ulrich Eisenhardt, Die Einheitlichkeit des Rechtsgeschaefts und die Ueberwindung des Abstraktionsprinzips, JZ 1991, 274.
⑥ Heck, Grundriss des Sachenrechts, Scientia Verlag, Aalen, 1930, S. 121.

可的。① 也就是说，与理论上相对保守的态度不同，德国司法裁判中的观点认为分离原则不是当事人意思自治的界限。这一点在德国帝国法院到联邦最高法院的裁判观点具有延续性。② 将负担行为和处分行为一体化的司法判决也是存在的，例如，在动产买卖、债权的担保让与、用益权设立、债务承担、遗产份额买卖等问题上，存在支持一体性的判决。③ 但是，在上述所有情形，司法裁判均强调对当事人一体化意思存在明确的依据(Anhaltpunkt)。④ 并且，在实务中一体化的认定仍是比较少见的例外情形。

按照笔者的理解，德国学者在使用行为一体性时，并不是刻意将负担行为和履行行为在生活事实层面视为一个行为，并取消处分行为本身的存在，而是强调处分行为的效力取决于负担行为，负担行为无效则处分行为牵连性地无效。这或可称为基于当事人意思自治的瑕疵同一性。在此，处分行为仍然是存在的，即作为整体法律行为的组成部分，但在效力上不具有独立性。并且，从德国民法典第139条的规定来看，处分行为和负担行为基于当事人的意思成为一个整体，无论是负担行为还是处分行为作为整体的部分出现无效情形，均会影响到整体的效力，导致整个法律行为无效，不限于负担行为的情形。当然，由于处分行为毕竟为单纯的物权变动行为，负担行为影响整体无效的情形更平常也更为重要。在这种意义上说负担行为的效力会影响处分行为的效力，是成立的。

需要强调的是，从负担行为与处分行为一体化的角度而言，的确不存在履行行为的独立性。处分行为仍然作为整体的部分而存在，成为整个买卖关系的组成部分。处分行为经过物债二分而独立再通过行为的一体性而否定的"辩证法"，不具有独立的法律意义，买卖合同与物权变动在原因事实上是一体的、在效力上是共同的，交付也仅发生对抗第三人的效力。负担行为和处分行为一体化的结构与合意原则是接近的，法律效果也几乎是等同的。这体现在，买卖合同与处分合意形成整体，合同生效同时意味着物权变动，而交付作为物权合意的形式同样可以与买卖合同一体化，也可以作为独立的事实行为外在于一体化的买卖合同。在前者，负担行为和物权变动一次性同时完成，其法律效果类似于即时买卖，即使它们在不同的时空完成。在后者，则意味着买卖合同生效后发生物权变动，但由于欠缺公示性，不具有对抗第三人的效力。无论何者，合意原则与之效果相似。

---

① Staudinger/ Roth (2010), § 139, Rn. 54.
② Ulrich Eisenhardt, a. a. O., JZ 1991, 271, 276.
③ Staudinger/ Roth (2010), § 139, Rn. 55.
④ Staudinger/ Roth (2010), § 139, Rn. 57.

2. 隐藏的合意原则

除了在德国民法典第 139 条可以发生基于法律行为的一体性并趋近于合意原则,在动产物权变动的占有改定(第 930 条)、返还请求权让与(第 931 条)同样发生与合意原则类似的效果。也就是说,物权变动不依赖于具体的事实层面的对物控制力的移转,而是基于当事人的意思和法律关系的创设而实现物权变动,这与基于买卖合同而发生物权变动在外在事实上是一致的,即只有买卖合同且没有具体的履行行为。对此,或可称之为"隐藏于交付原则中的合意原则"。① 或者按照赫克的说法,交付原则不过是历史的假面(historische Kostuem)。② 也就是说,虽然物的直接占有仍然在出卖人处,但是物的所有权已经转移给买受人。这与合意原则下,虽然出卖人占有标的物,所有权基于买卖合同归属于买受人是相似的。在返还请求权让与,买受人也未取得物的直接占有,但是所有权也已经移转给他,相对于出卖人买受人已经是所有权人。这也与合意原则下未取得占有的买受人的地位类似。也就是说,德国民法典出于实用的考虑,为合意原则留有空间。

然而,正如行为一体性,第 930 条所体现的隐藏的合意原则相对于真正的合意原则要复杂得多。两者的不同在于,出卖人作为直接占有人与买受人是否存在占有媒介关系。的确,占有媒介只是一种法律思维上的建构。并且,在占有媒介关系的具体性上存在放松的趋势。也就是说,出卖人为买受人占有以及买受人作为直接占有人的地位可以不依赖于具体的法律关系,如借用、租赁等,相反抽象的占有媒介关系是足够的。③ 这种在历史上被否弃的观点被重新提出来。但是,主流观点仍然坚持具体的占有媒介关系,抽象的占有媒介关系在实务中也是比较难于想象的。无论何种占有媒介关系,在德国的物权合意原则下,仍然要求占有关系的改变,即买受人作为自主占有人和间接占有人,而出卖人的自主占有全部丧失而成为他主占有人。在合意原则下,出卖人相对于买受人让渡的是所有权,占有关系的问题似乎并没有解决。但是,在合意原则下,出卖人相对于买受人也应当是他主占有,即为买受人而占有。否则,无法解释出卖人将物的所有权让渡给买受人,自己却保留自主占有。出卖人让渡所有权的同时,至少相对于买受人即不应再享有自主占有人地位。在逻辑上,买受人相对于出卖人享有占有返还请求权。

合意原则下出卖人的占有与德国民法典第 930 条的占有媒介关系基本是相同的。虽然在德国法上抽象的占有媒介关系可能是少数观点,但至少有

---

① 庄加园:《交付原则框架下的意思自治》,载《法学》2017 年第 3 期。
② Heck, Grundriss des Sachenrechts, Scientia Verlag, Aalen, 1930, S. 241.
③ Staudinger/ Wiegand (1996), § 929, Rn. 18.

部分观点认可抽象占有媒介关系。并且,从生活常识而言,保管、借用、租赁等具体的债的法律关系都可以发生在买受人与出卖人之间。即使买卖双方当事人没有明确约定,这也几乎是必然的。① 但是,在出卖人为买受人占有的意义上,是否必须要求双方明确占有所基于的具体媒介关系则不是必然。出卖人与买受人之间关于物的占有的约定,是相对性的,与出卖人对出卖之物的风险分配和义务有关,对物的占有和归属并不十分重要。另外,占有媒介关系是出卖人与买受人之间关于事实支配的媒介,与双方之间的具体权利义务无关。② 也就是说,占有媒介所关注的是占有,而不是占有的原因或基础法律关系。就此而言,何种占有原因是不重要的。德国司法实践中,也有放松对具体的占有媒介关系要求的趋势。③ 可以说,在德国法上,以颇有争议的间接占有概念和抽象占有媒介关系为基础,基于买卖合同的物权变动是可能的。

在物法上,买受人的法律地位也是相似的。通常认为,合意原则下买受人的法律地位是相对的,仅在买卖双方有效。④ 然而,在隐藏的合意原则下,买受人取得的是完全的、绝对的所有权地位,只是在对外关系中买受人不能对抗善意第三人。在合意原则下,出卖人基于买卖合同向买受人转让的也是完全的所有权(volles Eigentum)。⑤ 原因在于,出卖人和买受人的交易目的在于转让绝对的所有权归属关系。在双方当事人之间,买受人所享有的不仅仅是相对性的、债权性的法律地位。相反,买受人对物的支配关系是绝对的。不仅物的用益、处分等权益也已经归属于买受人,物的所有权也归属于买受人。在德国法,通过占有改定、让与返还请求权完成交付与第929条的效果一样,都发生物权绝对归属的变动,买受人因此成为绝对的所有权人。但是,由于买受人尚未取得直接占有,第三人对出卖人所有权人地位的信赖会导致善意取得的发生。而通过占有改定等方式进行的物权变动,在买受人非为所有权人的情形,只有在第三人取得直接占有且仍不知买受人非为所有人的,才可以善意取得。也就是说,仍然是买受人的直接占有才可以作为所有权的信赖表象。这是对作为非直接占有人的买受人地位的限制。但是,买受人的绝对所有权地位特别体现在他可以向出卖人主张所有权返还请求权等物权

---

① MüKoBGB/Öchsler, 7. Auflage, 2017, BGB § 930, Rn.15.
② MüKoBGB/Öchsler, a. a. O., Rn.13.
③ BGH: Besitzmittlungsverhältnis bei Sicherungsübereignung. NJW 1979, 2308 (2309).
④ Jan Jakob Bornheim, Die Wirkung relativer dinglicher Rechte nach deutschem internationalen Sachenrecht, RabelsZ 79 (2015), 36, 58.
⑤ Stadler, Gestaltungsfreiheit und Verkehrsschutz durch Abstraktion, Mohr Siebeck, Tübingen, 1996, S.279.

保护方式上。买受人还可以对抗恶意第三人,只有在第三人善意的情形才可以对抗买受人的"相对所有权"。相反,出卖人的占有属于他主占有,他不再是物的归属主体。因此,在上述情形买受人的所有权归属地位不仅仅是相对的,而且具有绝对性。当然,这里还存在一些不明确之处,特别还涉及买受人在破产法上的地位,未支付价款的买受人无法单纯基于买卖合同主张别除权。

无论如何,合意原则下买受人的法律地位是相似性的。这还体现在,两者均需要取得直接占有以完备所有权与占有的同一性,只有与直接占有相结合,买受人作为所有权人的地位才可以对抗第三人,而不仅仅是对抗交易中的恶意第三人。

(二) 要因交付

所谓要因交付,即所有权变动需要有效的原因行为加上交付方可实现。要因交付最典型的事例,即如基于买卖的动产物权变动,需要有效的买卖合同加上动产交付共同实现物的所有权变动,发生标的物所有权归属于买受人的效果。在要因交付与合意原则下,交付本身并不是物权变动的生效要件而只是对抗要件。[①] 要因交付原则是罗马法流传下来的制度,也即中世纪的取得名义加取得形式理论。有观点认为,合意原则与交付原则处于对立状态,这也包括抽象交付原则。[②] 应当说,在买卖合同与履行分离的意义上,合意原则与交付原则可以作为两个大类。然后,再基于是否承认物权行为以及无因性,分为要因交付和无因交付。并且,物权合意至少在逻辑上也可与合意原则相融合,即买卖合同同时包含债的约定与物的合意,而交付同样作为对抗要件。但是,要因交付通常被作为合意原则与无因原则的中间状态。作为一种可供选择的方案,要因交付被认为是欧洲法律统一的希望所在。实际上,相对于合意原则和无因原则,要因交付在物权变动上的要求最多。

要因交付与合意原则的差异在于,在合意原则下所有权依据买卖合同就已经转移给买受人,只是由于没有交付,买受人的所有权不能对抗善意第三人。而在要因交付原则下,单纯的买卖合同还不发生物权变动的效力,而是与交付结合在一起才发生物权变动。在此,也并不是单纯的交付引发物权变动,而是买卖合同与交付结合在一起才发生物权变动。那么,可以提出的问题是:在未与交付结合前,买受人基于买卖合同的法律地位如何?买受人是

---

① Baur/Stuerner, Sachenrecht, 18. Aufl., Verlag C. H. Beck, München, 2009, § 64 Rn.23.
② 〔意〕弗兰克·费拉利:《从抽象原则与合意原则到交付原则——论动产物权法法律协调之可能性》,田士永译,米健校,载《比较法研究》2001年第3期。

否有相对的所有权人地位?如果对这个问题作出肯定的回答,则要因交付原则与合意原则也是有相似之处的。对于要因交付原则下买受人的法律地位,我们也联想到罗马法上买卖合同与交付效力的问题,具有重要性的观点认为在内部关系上标的物已经归属于买受人;在当代则要对奥地利、瑞士或荷兰的法律做仔细的研究,而这些国家又较多地受到德国法的影响,独立的物权行为理论至少是重要的学说。① 要因交付原则的内涵也处于变化之中,受到物权行为理论的影响。

无论如何,在要因交付原则下买卖合同的有效性与物权变动直接相关,买卖合同无效或被撤销的,买受人无法取得所有权。出卖人可以向买受人主张所有物返还请求权,并且所有物返还请求权优先并排挤不当得利返还请求权的适用(如瑞士法)。② 原因行为对物权变动效力的影响,在采纳抽象物权行为的德国,通过瑕疵同一性以及条件关联性等也可以实现。也就是说,要因原则的效果在抽象物权行为框架内也可以发生。

1. 瑕疵同一性

所谓瑕疵同一性,即作为法律行为的履行行为会因与负担行为相同的瑕疵而影响其效力。在此,至少在逻辑上,并不是负担行为的瑕疵而是处分行为因与负担行为相同的瑕疵而无效。但是,对于负担行为中的瑕疵是否直接影响以及何种瑕疵会因同一性而影响到处分行为的效力,德国的理论和司法实务都存在一定的争议。德国联邦最高法院在个案中对瑕疵同一性的认定也是发展变化的。③ 按照有学者的观点,对于可能成立瑕疵同一性的情形,还要区分关联性和非关联性瑕疵同一性。④ 所谓非关联瑕疵同一性,即负担行为和处分行为分别因同一瑕疵事实而无效,但并非因负担行为瑕疵导致处分行为直接无效。而所谓的关联同一性,即负担行为瑕疵导致处分行为受到牵连。应当说,瑕疵同一性是物权行为无因性给买卖交易带来复杂结构的又一表现,而合意原则或要因交付则省却了这种麻烦。当然,反过来可以说这增加了法律技术上多样性处理的选择空间。

在瑕疵同一性的判断上,要区分专属于负担行为和处分行为各自的瑕疵,即不可能成立瑕疵同一性的情形。在此,可以确定的是,关于负担行为和处分行为有不同的形式要求,这里一般不存在瑕疵同一性的空间。价格条款

---

① Baur/Stuerner, Sachenrecht, 18. Aufl., Verlag C. H. Beck, München, 2009, § 64 Rn. 117.
② Honsell, Tradition und Zession—kausal oder abstrakt? in: Festschrift für Wolfgang Wiegand zum 65. Geburtstag, Stämpfli, Bern 2005, S. 349 ff.
③ 〔德〕鲍尔/施蒂尔纳:《德国物权法》(上册),张双根译,法律出版社2004年版,第96页。
④ Stadler, Gestaltungsfreiheit und Verkehrsschutz durch Abstraktion, Mohr Siebeck, Tübingen, 1996, S. 136.

通常也不属于处分行为瑕疵的内容,因为处分行为的意思表示不涉及价款。当然,当事人可以通过约定价格条款作为处分行为的条件,则价格条款也可以发生瑕疵同一性。对于处分权一般也只涉及处分行为,而负担行为不会因为处分权缺失而贬损其效力。这在合意原则和要因原则下也是如此的,出卖他人之物的合同是有效的,只是能否履行涉及违约责任承担问题。

另外,处分行为往往被认为是价值中立的,不能适用第 138 条关于善良风俗违反无效的规定。但是,德国联邦最高法院的裁判观点存在不确定性。[1] 有德国联邦最高法院的裁判观点认为,如果违背善良风俗的行为恰恰表现在处分行为中,则根据第 138 条第 1 款处分行为也是悖俗无效的。[2] 对此,梅迪库斯认为,只有通过处分行为无效可以阻止第三人受到悖俗行为损害时,才可以适用第 138 条第 1 款,即处分行为也因违反善良风俗而无效。[3] 例如,过度担保、违反善良风俗的财产移转等。显然,在这些情形,只有认定物权行为无效,才能解决悖俗所造成的消极后果。在此,司法裁判越来越多地将物权行为涉及的价值判断考虑进来。[4] 笔者以为,将物权行为无因性的后果、目的、价值等因素考虑进来,这是为了纠正物权行为无因性而作的结果考量,是对物权行为无因性的纠偏。当然,在此德国学者试图为无因性作出些许辩护,认为不应当将负担行为与处分行为在总体上进行内容、动机、目的方面的评价,而物权行为本身违反善良风俗的情形是很少的,如在伪币等法律禁止交易的客体的情形。[5]

除此之外,关于行为能力、错误以及欺诈胁迫等通常能够成立瑕疵同一性。[6] 作为法律行为,物权行为也需适用总则关于意思表示和法律行为的规定。在行为能力欠缺时,负担行为与处分行为均会受到影响。但是,完全可能的是基于负担行为与处分行为在时空上的分离,处分行为可以构成对负担行为的追认。[7] 按照笔者的理解,这里只能是在进行处分行为时也另外对负担行为进行了追认。另外,对于意思表示错误,特别是在第 119 条第 2 款,是否也在处分行为发生存在争议。按照有些观点,处分行为的内容仅是变动权利归属,本身不发生性质错误的问题。[8] 这涉及物权行为客体的问题。应当

---

[1] 〔德〕鲍尔/施蒂尔纳:《德国物权法》(上册),张双根译,法律出版社 2004 年版,第 106 页。
[2] 〔德〕迪特尔·梅迪库斯:《德国民法总论》,邵建东译,法律出版社 2000 年版,第 546 页。
[3] 同上。
[4] 〔德〕鲍尔/施蒂尔纳:《德国物权法》(上册),张双根译,法律出版社 2004 年版,第 97 页。
[5] Stadler, Gestaltungsfreiheit und Verkehrsschutz durch Abstraktion, Mohr Siebeck, Tübingen, 1996, S. 142.
[6] 〔德〕迪特尔·梅迪库斯:《德国民法总论》,邵建东译,法律出版社 2000 年版,第 181 页。
[7] 同上。
[8] Korenke, Buergerliches Recht, De Gruyter, Oldenbourg 2006, S. 140.

说,客体本身的属性,如数量、质量、功能等,也可以作为物权本身的属性。梅迪库斯即认可基于第 119 条第 2 款的瑕疵同一性。① 当然,他同时也强调,内容错误一般发生在负担行为,在处分行为往往强调行为的正确性。② 在恶意欺诈和胁迫情形,通常可以存在瑕疵同一性,但在此仍然可以从抽象原则出发,区分同一瑕疵是否延伸到处分行为,而不仅仅是因为负担行为而遭受牵连。

总体而言,由于德国学者和司法裁判谨慎地区分负担行为和处分行为的瑕疵,而不仅仅将负担行为的瑕疵本身也视为处分行为的瑕疵,这里与要因原则的区别还是明显的。只有在例外情形,特别是善良风俗违反等情形,才会涉及物权行为之外的因素而影响其效力。但是,相对于行为一体性,瑕疵同一性在负担行为瑕疵导致处分行为效力受到影响上,实际意义更大。③ 从德国司法实践的历史来看,瑕疵同一性的适用还是存在很大的空间的,从限制无因性角度完全可以扩大其适用。虽然这不一定是德国法当下的现实,但这种可能性是存在的。这里的启发在于,在借鉴和选择物权行为理论时,可以考虑瑕疵同一性适用的尺度。

2. 约定的要因原则

德国学者往往将瑕疵同一性、条件关联性和行为一体性作为突破无因性的表述序列。这种排列的逻辑在于,它体现了击破抽象原则和分离原则的不同强度。显然,条件关联性是将负担行为与处分行为相关联的一种途径,但还没达到整体性的程度。而瑕疵同一性则主要是外在事实的判断,与当事人在负担与处分链接上的意思自治无关。实际上,无论上述何种,都可以到达合意原则、要因原则的"彼岸"。可以说,在德国民法中,只要稍稍向前或后退一小步,整个世界就有可能发生不同的变化,而德国法却也在谨慎中维持了自身的同一性。

在当事人意思自治的框架内,可以将负担行为作为处分行为的条件,即负担行为作为处分行为的延缓条件或解除条件。在前者,在负担行为生效的条件下处分行为才是有效的。在后者,在负担行为无效的情形中处分行为溯及地不发生法律效力。从以要因原则为基础缓和物权行为无因性的角度而言,只有负担行为的瑕疵导致处分行为的效力遭受同样后果的,才涉及约定要因原则。在此,处分行为的有效性以负担行为的有效为前提条件。但是,在附解除条件的情形,处分行为的效力最终也取决于负担行为是否有效,处

---

① 〔德〕迪特尔·梅迪库斯:《德国民法总论》,邵建东译,法律出版社 2000 年版,第 182 页。
② 同上。
③ 〔德〕鲍尔/施蒂尔纳:《德国物权法》(上册),张双根译,法律出版社 2004 年版,第 100 页。

分行为的解除与自始不生效的实际效果是类似的。也就是说,区别附生效条件与附解除条件的实际效果也是相对的。因此,处分行为附生效条件与解除条件均可作为约定的要因原则予以理解。当然,并不否认处分行为因同一瑕疵而受到效力影响。

德国学界一般认可负担行为作为处分行为的条件,但只有在当事人具有起码是默示的意思表示的情形,而不仅仅是根据可推测的当事人的意思,才认可处分行为附条件的可能性。也就是说,分离原则和抽象原则的突破在附条件情形下,是几乎得到一致认可的主流观点。梅迪库斯说到,在处分行为可以附条件的情况下,当事人也可以约定将负担行为的有效性作为条件。① 按照民法典第 925 条第 2 款,不动产物权合意不可附条件和期限。除此之外的物权行为可以原因行为有效为条件。② 将负担行为作为处分行为的条件,甚至一度被作为治愈被认为是不幸的抽象原则的良方,在德国的司法实践中也曾出现过以推测的当事人意思为基础的附条件的司法判决。特别是在民法典颁布后的前 20 年间,这种司法判决与学理相互呼应,一度成为主流的学说。③ 在德国曾存在的所谓纳粹法学,更是将附条件作为击破抽象物权行为理论的重要领域。在当代的学说和司法裁判中,以可推测的当事人的意思为基础的处分行为附条件,已不被认可。但是,处分行为可以负担行为有效为条件,仍然是为学界和司法裁判认可的主流观点。至于如何区分默示的意思表示与可推测的当事人意思,这属于民法总则的一般性问题。④ 简单而言,可推断的意思表示即当事人虽然没有明确表示,但是仍然作出意思表示的情形,该等意思表示通过外在的客观事实推断或解释而得出;而可推测的意思表示则根本不存在当事人的意思表示,系裁判者对当事人意思的补充甚至僭越。故此,可推测的意思表示必须控制在狭窄的范围内。而推测当事人在从事物权行为之际,也是以原因行为的有效为条件的,不符合这种谨慎的原则,也与德国法的分离原则和抽象原则相悖。

在将负担行为作为处分行为条件的情形,负担行为能否作为所附条件,可以探讨。一般而言,负担行为是否有效是确定的,而法律行为所附条件具有不确定性。负担行为既不是客观上不确定的事实,也不是将来将要发生的

---

① 〔德〕迪特尔·梅迪库斯:《德国民法总论》,邵建东译,法律出版社 2000 年版,第 183 页。
② Wieling, Sachenrecht, Band 1, Sachen, Besitz und Rechte an beweglichen Sachen, Springer, Berlin, 2006, S. 43.
③ HKK/Finkenauer, § § 158-163, Rn. 42ff.
④ 〔德〕迪特尔·梅迪库斯:《德国民法总论》,邵建东译,法律出版社 2000 年版,第 252 页以下。

事实。① 因此，负担行为往往属于"不真正条件"。德国学者对此并未忽视。施蒂尔纳教授即指出，将原因行为作为条件，必须有其前提，即当事人对原因行为是否有效还处于不确定中。② 据此，真正可作为条件的负担行为在此只能是少数情况。无论如何，在动产物权变动，至少在当事人存在明确或可推断意思表示的情形，存在条件关联性的适用，不以构成真正条件为限。但是，这种附条件在实践中应当还是比较少见的。当事人往往不会单独约定处分行为以负担行为为条件。德国学者往往列举寄送买卖为例，在此物权合意应当以债权行为为条件；③否则，当事人只认可处分行为而拒绝负担行为，将导致不公平的结果。除此之外，在实践中较为普遍的是以价款支付等作为物权变动的条件，如所有权保留。这并不属于负担行为的效力因素影响到处分行为的效力，而是负担行为履行与否影响到物权行为的效力。

总体而言，将负担行为作为处分行为的条件，并且将处分行为的效力牵连到负担行为之上，这是德国司法实践和学理所接受的观点。在此，德国法本身提供了连接负担行为和处分行为的机制，达到与要因交付相类似的效果。相对于单纯的要因交付，这种处理机制以当事人的意思自治为连接点，交易结构更为复杂。但是，复杂交易结构在动产物权领域也更符合意思自治原则，并且是有效果的。基于当事人意思自治而发生的负担行为与处分行为效力的关联，或可称之为"约定的要因原则"。

(三) 抽象原则与不动产登记

在动产物权，人们差不多已达成共识，即欧洲各国的物权变动模式差异并没有想象的那么大，以至于动产物权的法律统一可以提上日程。但是，不动产物权法律统一的难度很大。欧洲各国的不动产法存在一定的差异。在不动产法，大体也存在着物权变动的合意原则、要因原则以及抽象原则的区分。特别是对不动产有重要意义的登记制度而言，欧洲各国的不动产登记的内容、功能上存在很大的不同。德国的设权性不动产登记簿对于不动产物权的发生、变化和消灭有决定性的作用，而法国的公示性的登记制度不影响权利的变动，仅对权利顺位先后有意义。有学者还指出，欧盟在不动产法层面的立法权限是不动产法统一的重要制约。④ 欧洲的法律统一在不动产法领

---

① HKK/Finkenauer, §§158-163, Rn.42.
② 〔德〕鲍尔/施蒂尔纳:《德国物权法》(上册)，张双根译，法律出版社2004年版，第99页。
③ Wieling, a. a. O., S.44.
④ Stuerner, Grundstueckregister in Europa: Unterschiedliche Inhalte, Untershciedliche Zwecke, gemeinsame Zukunft in einem Common European Land Market? in: Festschrift für Hanns Pruertting zum 70. Geburstag, Carl Heymanns Verlag, Köln, 2018, S.143.

域的发展要迟滞于动产物权法。人们往往强调动产物权法与不动产物权法的差异,不动产物权法被认为具有更强的固有法属性。但是,在欧洲统一市场领域,不动产法和不动产金融也是重要的组成部分,不动产法律协调甚至法律统一逐渐引起重视。①

德国在不动产物权法上同样实行分离原则与抽象原则。但是,不动产和不动产法是被另眼相看的,法律要求人们在不动产交易中谨慎行事,不动产交易安全具有首位性。这不仅体现在不动产交易的书面形式要求,而且登记制度在不动产物权变动及公示上具有重要性。在不动产法,立法者设置了更多的强制性规则。相对于动产,不动产物权变动显得缺乏灵活性。不动产所有权转让不存在适用于动产的简易交付、占有改定、返还请求权让与等灵活处理规则。不动产物权合意不能附条件(第 925 条第 2 款)。这导致所有权保留、让与担保等在不动产物权上的适用较为困难。动产物权变动的意思自治优先性规则,在不动产遇到物法强制规范的制约。动产物权法上的瑕疵同一性、条件关联性和行为一体性在不动产物权法面临重新检视的必要性。

1. 瑕疵同一性

在瑕疵同一性,德国学者并未明确区分动产与不动产。虽然动产物权法相对更加灵活,物权合意的瑕疵同一性在不动产物权合意也可能发生。在瑕疵同一性上,动产物权与不动产物权没有原则性的区别。实际上,相对于动产物权变动的灵活性,德国不动产交易程式是相对固定的。在德国法,不动产物权变动的债权行为与物权合意往往是几乎同时达成的,即在公证员面前同时作成买卖合同以及物权移转的合意。② 同时,如上文所述,公证员与不动产登记部门几乎无缝衔接,公证员或依约定协助完成或提示当事人完成预告登记。应当说,不动产交易安全是得到保障的,登记簿错误的几率较小。但是,至少在理论上,交易瑕疵和瑕疵同一性在不动产也是可能发生的。基于德国不动产交易中负担行为与物权合意同时达成的现实,瑕疵的同一性在不动产交易的发生可能性甚至更高。在此值得探讨的是,能否将负担行为的瑕疵自动延伸到不动产物权合意。虽然基于分离原则,负担行为的瑕疵与处分行为的瑕疵原则上是分别判断的,但是,从司法实践的可能性而言,关于行为能力、意思表示错误、受欺诈以及胁迫、违背善良风俗等,几乎是应当存在同一性瑕疵的。这主要在于,不动产物权转让的书面转让文件是同时作成

---

① Baur/Stuerner, Sachenrecht, 18. Aufl. , Mohr Siebeck Verlag, Tübingen, 2009, § 64 Rn. 1 ff.
② Resch, Sicherungsinstrumente beim Grundstückserwerb: Eine rechtsvergleichende Betrachtung der Rechte an Grundstücken, der Grundstücksregister und des Grunderwerbsverfahrens in Deutschland und den Vereinigten Staaten von Amerika, Mohr Siebeck, Tübingen, 2016, S. 143.

的。当然,在登记完成时瑕疵被修复,则物权行为的效力仍是独立于之前达成的有瑕疵的负担行为的。但是,处分行为的瑕疵被修复也会同时延伸于负担行为。在此,仍然是负担行为与处分行为密切关联并受同一瑕疵影响。

需要提及的还有不动产担保物权设定,在此瑕疵同一性的问题较为"突出"。附随性的担保物权,如附随性的抵押权、附随性土地债务因主债务的消灭而消灭,担保物权登记与真实权利状态的差异是"制度性"的。基于附随性,抽象物权行为不能保障不动产担保物权登记的真实性。当然,基于附随性不动产抵押权的制度设定,交易中的当事人应当预见到不动产抵押权登记可能存在的不准确性。另外,附随性的担保物权记作为不动产上的负担,不正确记载不会给交易中的不动产第三人买受人带来损害。但是,对于附有抵押权的债权转让,除善意取得的例外情形,在债权消灭时附随性抵押权也应消灭。而抵押债权受让人对于债权本身的尽调失误应自负其责,债权转让的瑕疵导致附随抵押权无法通过善意取得制度弥补,也不能算作是附随性抵押登记簿不准确给交易带来的麻烦。故此,虽然附随性不动产担保物权登记簿因主债权消灭或瑕疵而不准确,但对于交易安全的影响是有限的。在非附随性担保物权,不存在因主债权消灭或瑕疵而消灭的问题,可以不论。

实际上,正如有些学者也存在混淆的,抵押权的附随性与担保权设定的抽象性是两个问题,不应将附随性混同为非抽象性。抵押权设定行为作为物权合意,其原因行为在于单独的担保原因,在德国法上称之为担保原因约定(Sicherungsabrede)。担保物权的附随性,则是担保物权与所担保的债权的法定效力关联,与抽象担保物权设定是两个不同的问题。担保原因约定可以是独立存在的约定,也可以存在于借款合同的条款中,可以是明示的也可以是默示的。担保物权设定与担保原因约定之间的关系涉及物权行为抽象性问题,即担保物权设定行为独立于担保原因约定。的确,担保物权设立可能是没有原因的。担保物权设定的动机可能是情谊行为、赠与、委托、单方承诺等。将担保原因约定作为担保物权设定的原因行为,有概念建构的成分。无论如何,在当今德国学理、立法和司法实践中,担保原因约定的独立性和抽象性作为原则性问题,已经得到认可。只不过,在实务中,担保原因约定可能会影响到担保物权设定。至少有观点主张,债权性担保让与受到担保原因约定的影响。担保原因约定与担保物权设定的瑕疵同一性或行为一体性也是可能的。

2. 条件关联性

由于德国法禁止不动产所有权转让行为附条件和期限,条件关联性被明确排除。这与动产所有权保留规则明显不同。根据民法典第 925 条第 2 款,不动产物权合意附有条件将导致合意和物权变动本身无效。不动产物权合意的条件关联性并非从所谓的事物的本质出发,而是立法者基于维护不动产登记簿的正确性和不动产交易安全等法律政策作出的规定。① 然而,不动产交易实践对于不动产转让的附条件需求是存在的。在民法典立法过程中,不动产物权合意能否附条件是激烈争议的问题,不动产也存在同时履行和分期付款的实践需求,最后基于维持登记簿的安全性以及预告登记制度对买受人利益的保护功能,排除了不动产物权合意的附条件性。② 预告登记制度保障了买受人在全额支付价款前的法律地位,平衡了不动产登记制度给买卖双方带来的不安全感,可以说是对动产物权所有权保留制度、让与担保的功能性替代。在德国的交易实践中,不动产信托制度也有其存在性,只是当事人之间的不动产物权变动的约束局限于债法的效力层面。对于不动产信托让与的物法上的保障则通过物法上的预告登记制度实现,即为让与人在担保目的实现或约定情形下的所有权回复提供预告登记保障。预告登记制度对于不动产信托让与的保障功能,使得不动产信托所有权成为可能。债法性约定与物法的登记制度通过细微的教义学架构协调一致地满足交易实践的需求,在物权法定的紧张中实现当事人意思自治的灵活性。

另外,不动产物权合意不得附条件的规定不排除登记本身的可附条件性,即登入不动产登记簿需满足双方约定的条件方可实行(Vollzugsvorbehalt)。③ 无论是民法典还是土地登记的程序规定均不禁止当事人对登记簿登入作出保留性的约定。例如,出卖人向公证员指示,只有在出卖人或买受人提供价款支付证明的情形,才可以向土地登记机构递交登记申请。④ 这实际意味着物权变动的可附条件性,代价是登入登记簿的延迟。这与登入登记簿的物权合意不得附条件并不矛盾。并且,不动产物权合意不可附条件也不排除通过物权合意之外的约定实现,即在作为不动产基础交易的债法合同中作出附条件和附期限的约定是有效的。当然,这里不能将不动产物权合意的条件直接转化为债法合同的附条件,附条件的不动产物权合意登入登记簿,导致物权合意和物权变动无效,这种无效只有通过嗣后的登记簿更正才能予以消除。显然,这种规定的出发点在于通过无效阻止和预防此种登记的发生。

不动产物权合意本身的不得附条件性并不是必然的,它只是德国民法典

---

① Staudinger/Pfeifer (1996), § 925, Rn. 91.
② Staudinger/Pfeifer (1996), § 925, Rn. 92.
③ Staudinger/Pfeifer (1996), § 925, Rn. 98 ff.
④ [德]鲍尔/施蒂尔纳:《德国物权法》(上册),张双根译,法律出版社2004年版,第476页。

的实证规定。德国的制度安排在于尽可能地保证不动产登记簿的正确性。在立法之际,基于设立新的不动产登记簿制度有很大实施成本的考虑,立法者也希望通过登记簿的可信赖性来平衡。立法者意在通过不动产物权行为的无因性以及土地登记簿制度保障不动产交易安全。显然,如果不动产物权合意可以附条件,则已经登入登记簿的不动产物权变动可能因为条件成就与否而出现与登记簿记载不一致的状态,登记簿不正确的风险增加。这与立法者保障不动产登记簿正确性的追求相悖。特别是,如果当事人以买卖合同等原因行为的有效或履行作为物权合意的效力条件,则土地登记簿记载的正确性会受到影响,登记簿无法准确反映真实的权利状态。应当说,立法者通过强制手段控制不动产登记簿的正确性追求是有其合理性的,也是有效果的。

那么,效力性不动产登记制度是否必须与物权行为无因性结合? 答案是否定的。奥地利和瑞士等国的不动产登记具有设权效力;[1]但是,奥地利不动产物权变动实行要因原则,[2]瑞士也没有采纳德国的物权行为无因性。不动产登记因买卖合同瑕疵而不正确,但这并未影响不动产登记簿的设权功能和善意取得功能的发挥。[3] 德国法对于不动产登记簿善意取得功能的特殊安排,即对登记簿错误存在重大过失不影响善意取得的成立,固然对于不动产交易中买受人的交易成本降低有好处。而且,善意与否的判断对象仅限于所有权或处分权本身,而不包括基础合同,这对于买受人而言几乎等同于无需任何的调查。在德国法上,不动产买受人事实上也的确无需具体查看登记簿。在不动产善意取得问题上,未查阅登记簿不构成恶意。[4] 其理由在于,不动产登记簿记载的不动产物权状况被视为正确,可以直接发生信赖保护,登记簿记载的权利负担直接对买受人发生对抗效力,不以是否查看而有所不同;而未在不动产登记簿记载的不动产物权不能在登记簿之外基于物权合意而发生物权变动,买受人即使查阅也不能取得未登记的不动产物权。即使登记簿记载与真实权利状态不一致,不影响基于登记簿记载而发生的物权变动。可见,无论买受人是否查看,不动产登记簿的信赖保护都是基于登记簿记载直接发生的,与查阅与否无关。即使对不动产登记簿的信赖存在重大过失,法律仍然对买受人给予信赖保护,可以善意取得。

但是,为何不动产买受人要受到如此的"惠赐",而真正的权利人却要承受丧失不动产的重大不利,其合理性是值得怀疑的。这种制度安排很难说符

---

[1] Caroline S. Rupp,Germanisches Grundbuch und romanisches Register, AcP 214 (2014), 576.
[2] Gerald Kohl, the Austian land Register-history, principles, perspectives, in: Übertragung von Immobilienrechten im internationalen Vergleich, Schmoeckel Hrsg., Nomos 2018, S.93.
[3] Baur/Stuerner, Sachenrecht, 18. Aufl., Verlag C. H. Beck, München, 2009, § 64 Rn.58.
[4] 〔德〕鲍尔/施蒂尔纳:《德国物权法》(上册),张双根译,法律出版社2004年版,第502页。

合交易中的公正和衡平思想。对于重大过失给予保护,本身也是与不动产交易安全的追求相悖的。既然立法者对于不动产交易制度的设计初衷在于保证交易各方谨慎行事,对登记簿错误有重大过失者即不应获得保护。可以说,德国法对于登记簿正确性的追求也有矫枉过正之嫌。对于土地登记簿重大过失信赖保护的合理性,德国学者也有所疑虑。① 在德国司法实践中,在对土地登记簿存在重大过失之极端情形中,德国民法典第 226 条、第 826 条之规定可给予救济。② 当然,虽然在理论和实践中有不同观点,基于对土地登记簿交易安全功能的维护,主流学说仍对德国不动产登记簿善意取得功能的适当性持肯定的态度。③

有欧洲学者认为,德国的不动产登记簿制度在欧盟不动产法律统一过程中可能被牺牲掉。当然,这是在不动产法统一的前提下而言的。但是,在德国和欧洲范围内,对于设权性的不动产登记簿的认同还是存在的。较为重要的观点认为,相对于宣示性的登记制度,设权性的权利登记簿有其优势。只不过,不动产物权行为的无因性以及登记簿的绝对性是可以探讨的。也有学者比较了欧洲各国的不动产登记制度后,认为设权性的不动产登记簿与宣示性的不动产交易文件登记的差别是相对的。④ 也就是说,两者的差异并没有乍看上去那么大。德国模式虽然以土地这一不动产为基础进行登记,但也要求提供基础合同,通过土地登记簿也可以间接了解基础交易情况。而法国和意大利虽然登记的是基础交易文件,可以说是人的登记系统,即按照交易的时间登记买卖合同等基础文件,但为了实现可概览性也引入了"辅助登记簿",这是一种以土地为基础编制的登记簿,⑤与德国的不动产登记簿具有可比性。另外,由于电子登记制度和大数据技术的发展,登记簿数据的可概览性问题可以解决,登记簿记载负担过重的问题可以通过技术手段克服。传统的以纸质登记为载体的登记簿制度也面临适应电子技术发展的需要,这为登记信息系统扩容和信息获取方式提供新的空间。基于此,一种全面的、混合式的登记制度是可以期待的。在土地登记簿改革的语境下,不动产交易信息的全面可获得性将得到保障,为实现交易安全而设置的无因性原则、不得附条件等等,都不再具有充足的理由。在法政策层面,不应排除不动产物权行为的附条件性的成立可能性。

从制度现状而言,德国的不动产物权变动虽然不得附条件,但通过预告

---

① 〔德〕鲍尔/施蒂尔纳:《德国物权法》(上册),张双根译,法律出版社 2004 年版,第 500 页。
② 同上。
③ Staudinger/Gursky (1996), § 892, Rn. 8.
④ Caroline S. Rupp, Germanisches Grundbuch und romanisches Register., AcP 214 (2014), 576.
⑤ Caroline S. Rupp, Germanisches Grundbuch und romanisches Register., AcP 214 (2014), 576.

登记实现了诸多的灵活性。与动产所有权情形类似,所有权保留、让与担保等信托所有权在不动产有同样的存在空间。类似于动产的条件关联性安排的效果还是能够实现的。不动产登记的可附条件性在预告登记制度不能为交易当事人提供完整保护的情形尤为有意义,例如,我国《民法典》第221条第2款,与德国法形成一定的对比,由于中国的预告登记不能提供稳定的不动产取得预期,不动产物权变动的可附条件性具有实践意义。从法律发展而言,基于电子化、区块链等技术的不动产登记可容纳更多的登记信息,不动产登记的可附条件性也存在想象空间。

3. 行为一体性

在实践中,不动产买卖合同与不动产物权合意也可以在同一公证文书中作成。德国学者对这种情形是否成立行为一体性存在争议。当然,是否在同一法律文书中或者是否同时作成,并不是行为一体性的关键所在。正如上文所述,在此具有关键意义的是当事人根据德国民法典第139条的一体性意思,只有存在一体性意思表示才可能成立行为的一体性。在行为一体性上,至少不存在德国民法典第925条所规定的不得附条件的明确规定。支持不动产物权行为一体性的观点是存在的。反对的观点则认为,条件关联性的排除即意味着行为一体性同样无法成立,在后者负担行为与处分行为的关联性更强烈。基于不动产物权行为对于附条件和期限的敌意,以及分离原则对意思自治的超越,不动产物权变动行为一体性也是被排除的,这是德国法学界的主流观点。德国的司法裁判既未明确认可不动产物权变动的行为一体性,但也未明确排除德国民法典第139条适用的可能性。① 司法裁判观点在此可能是尚不明确的。至少在逻辑上,正如瑕疵同一性和条件关联性,行为一体性在不动产物权变动也是可能的。

在此需要探讨的问题是,行为一体性意味着不动产物权行为成为债权行为的组成部分,或者说债权行为与物权行为一体化,这在结构上接近于合意原则,物权变动的意思表示存在于买卖合同之中,物权合意存在但不独立也不分离,这导致登记作为事实行为只是公示手段,而物权行为往往强调物权合意与登记行为的结合,这是否带来不能容忍的逻辑问题? 对此,仍然可以将存在于买卖合同中的物权合意与登记结合,这在行为一体性结构中导致登记也成为买卖结构的一部分。但是,登记本身仍然是外在于买卖合同的独立的事实。即使可以基于当事人的意思自治,将买卖合同与登记一体化,仍然存在登记的时点与买卖合同订立的时间客观上不一致的问题。此时,登记的

---

① Jens Thomas Fueller, Eigenstaendiges Sachenrecht?, Mohr Siebeck, Tübingen, 2006, S.191.

记载时点不能作为物权变动的时点,否则与一体性约定矛盾。也就是说,虽然登记是有设权性,但权利变动的时间点并非登入登记簿的时点。而这也并非完全不可接受,毕竟物权变动的意思表示先于登记而作出。但是,这种交易结构导致登记簿记载与真实权利状态存在差异的可能,登记事实上发挥对抗第三人的作用。这实际与合意原则下登记簿的对抗效力是一致的。但是,合意原则下登记簿不具有设权效力,登记簿作为权利表象的载体的可信赖性是较弱的。由于这种交易结构导致登记簿的功能遭到削弱,在采纳要因主义物权变动的国家,也无法采纳这种模式。合意原则的一体性理念所导致的合同与履行的合一,在不动产物权变动上的实际意义是应当怀疑的。不动产物权变动的一体性似乎只能与登记对抗主义相融合。只有采纳登记对抗主义,才能实现物权变动与登记簿权利宣示功能的协调性。当然,另一种方案是,将买卖合同融入登记,实现约定的行为一体性,即设权登记与不动产买卖合同的一体性。

总体而言,德国的不动产物权变动以交易安全为首要目标,相对于动产物权法,不动产物权变动上分离原则和抽象原则得到较为一致的贯彻。德国的不动产登记簿的确发挥了维护交易安全的重要功能。德国的不动产登记簿制度有其制度上的独特性。在此,物债二分只是逻辑或技术层面的论证,维护不动产交易安全才是不动产物权变动的精髓,是技术背后的价值考量。从物权行为角度而言,与物权合意相结合的不动产登记簿制度是不动产物权变动灵活性安排的障碍。但是,通过债法性的约定以及预告登记制度等,德国法仍然在不动产物权变动保持相当的灵活性。在瑕疵同一性、条件关联性等方面,不动产物权法与动产物权法有着相同或类似的结构和效果。

德国的不动产登记簿与买卖合同、预告登记、公证以及信托等一系列规则和制度相联系并彼此协同,可能并不适宜甚至无法单独借鉴援用。但是,设权性的不动产登记制度仍是不动产交易安全的重要制度保障,而要因原则乃至合意原则与设权性的登记簿可以并存。无论如何,德国的不动产登记制度仍然可以成为重要参考,在扬弃的基础上构建我国的不动产登记和不动产物权变动规则。在我国《民法典》编纂完成后,也仍是如此。

第二节 物权变动中的意思自治

在罗马法上,无因的物权变动与要因交付是并存的,当代的法秩序则选择二者居其一。[①] 实际上,罗马法的多样化方案正是基于生活世界本身的复

[①] Honsell, Römisches Recht, Siebte, ergänzte und aktualisierte Auflage, Springer, Berlin, 2010, S.61.

杂性和多样化而发生的。在当代社会,生活世界更为纷繁复杂。这为我们思考物权变动的多样化方案提供了一个好的端倪。也就是说,是否存在一个包容性的物权变动方案呢？物权行为理论是否就必然排斥要因物权变动呢？各种物权变动模式不能共存吗？既然大千世界存在这么多物权变动模式,笔者试图对这种融汇性的物权变动模式加以阐释,以实现不同模式在规范层面的体系协调性。

在德国法上,物债二分和物权行为无因性理论是排斥多元物权变动方案的。实际上,要实现多种物权变动模式的融合并存,只需对德国法稍作调整即可实现。也就是说,在物法的强制性规范中,特别是强制的物权行为公示性规范中融入更多的意思自治因素,即可实现物权变动模式的灵活性。

在此,笔者是基于德国法而进行的生发和尝试,而不仅仅是亦步亦趋地以德国主流学说或实证规定为皈依。当然,德国的学说和历史本身就是多元的,而且德国的司法裁判保持了相当的灵活性,笔者是基于德国法而不是任意地展开下文的阐述。

一、作为处分行为的物权行为

处分行为是德国民法典立法者所进行的创制。德国民法典总则第135条所规定的处分行为是债法和物法的共同上位概念。但是,债法中的处分无需公示,而物法中的处分以强制公示为必要。公示性是两者的区别所在,特别是公式的强制性。而且,物法中的处分行为与公示行为相结合才是生效的处分行为。作为物权合意的单纯的处分意思表示虽然是有效的,但不发生物权变动效力,而债法中债权转让的合意本身具有权利转让的效力。

物法中处分行为的强制公示与交易安全相关。但是,这种公示生效背后的法政策是可以商榷或探讨的。它过度地限制了相对性关系中当事人的意思自治,即只有经过登记或交付才发生物权变动的效果,而这可能是不符合双方意愿的。交易安全的保护也不以公示生效为必要,公示对抗足以保护交易中的第三人。区分债权处分与物权处分公示性的不同,也没有令人信服的理由,债权交易的安全也是需要保护的。物权变动的强制公示性更多地在不动产物权变动中能够维持,动产物权变动则具有灵活性。而且,从实际效果而言,不动产物权变动的公示性也可以通过债法层面的安排规避。以公示对抗为基础的处分意思表示对于物法的处分行为是足够的,效果是类似的。也就是说,应当认可相对性处分意思表示的有效性,物权变动可以在当事人之间基于处分意思表示而发生。

(一) 处分意思表示的拘束力

在德国法上,单纯的物权合意不具有物权变动的效力。对此,从尊重意思自治而言,交易当事人对于物权变动的合意应当发生所欲求的法律效力。在当事人之间的物权行为应当是有效的。单纯物权变动的意思表示即发生物权变动的效力。除非当事人另有约定,这种处分的意思表示在双方的买卖合同中即已存在,与债权行为一并作出,并可在交付或登记中存续。

物权行为理论是潘德克吞法学的学术成果,也是德国民法学的精华所在,不能完全否定其价值和意义。物权行为的无因性作为原则也是可以保留的。但是,物权行为的无因性应作为任意性规则,即可以为当事人的合意所排除。也就是说,如各方当事人没有特别约定,买卖合同的效力影响物权变动,则物权行为的有效性应依据物权意思表示独立判断。相反,如各方当事人约定买卖合同的瑕疵影响物权变动,则买卖合同本身的瑕疵影响物权变动,无因性被明确排除。实际上,既然物权变动的意思表示与买卖合同一般是同步发生的,或者说并存在买卖合同中,则物权行为原则上的无因性的实际意义是有限的。

基于当事人的物权变动意思表示一致,物权变动在当事人之间发生,即基于买卖合同中的物权变动合意而发生物权变动。这种物权变动的效力在双方当事人之间是具有绝对效力的。与物权变动的强制性公示规则不同,相对性的物权行为可以发生绝对的物权变动。但是,这种当事人之间的物权变动通常无法为第三人所直接识别,双方当事人之间绝对性的物权变动不能对抗第三人,保护交易安全的善意取得等制度不受影响。

(二) 公示规则的对抗性

虽然认可当事人物权合意本身发生物权绝对变动的效力。但是,这种物权变动的效力是受到限制的。只有在第三人知悉或应当知悉的情形,才可以对抗第三人。也就是说,当事人之间物权变动的意思表示仍应公示,否则仍不能对抗善意第三人。为了保障相对性物权地位的稳定性,仍然有必要完成公示,公示对抗第三人是相对性物权获得对抗效力的途径。相对于公示生效,公示对抗为当事人自由决定提供了选择,即当事人可以选择不进行公示,也可以选择公示。而交易安全也通过公示和知悉得到保障。

在此,动产物权仍以占有为公示方式,不动产物权仍以登记为公示方式。物权合意与占有和登记相结合,才发生具有普遍对抗效力的物权变动。也就是说,动产占有移转可以实现物权变动对抗第三人的效力,不动产登记可以实现不动产物权变动对抗第三人的效力。但是,特殊动产也可以登记为对抗第三人的公示方式。此时,涉及动产占有的效力问题。而不动产虽以登记为对抗方式,但也涉及不动产占有与登记对抗的关系。如上文所述,对于可以从外部识别的债权,包括实际或应当知悉、与占有结合而可知悉等,均应受到后位权利人的尊重,而不以债权或物权的区分为圭臬。也就是说,与占有结合的不动产债权权利人可以对抗后位的登记权利人,可以拒绝返还。并且,基于可知悉的在先权利的优越地位,取得占有的在先买受人可以主张登记为不动产所有人,从而击破在先不动产登记买受人的物权地位。同样,对于以登记为对抗第三人要件的动产,已经取得占有的动产权利人,仍然可以有权占有对抗后位登记权利人,并进一步击破登记的对抗效力。也就是说,后位登记权利人不能以登记对抗在先占有权利人。登记的目的是保护交易安全和善意第三人,忽视在先占有权利人与这种目的不符。

这样的物权对抗效力模式是基于德国法而来的。在动产,在先占有人的法律地位强于后位买受人,可以拒绝返还。这有罗马法上的占有和交付制度的延续性。在不动产,德国建立了具有德国特色的不动产登记制度。这种不动产登记制度与公证、不动产登记簿、预告登记、善意取得等一系列制度相关联和协调。为了维持不动产登记簿对交易安全的绝对保护,德国法切割了不动产物权变动中基于罗马法的占有和交付制度。虽然土地登记簿这种源于日耳曼法的管制性制度已经融入德国民法典的体系和日常生活,但是否适合为他国所采纳甚至完全继受,是可以探讨的。笔者对此持保留的态度。

二、体系协调性

(一) 物权变动模式

物权合意加公示对抗主义的物权变动能实现多种物权变动模式的共存。在公示对抗物权合意模式下,物权变动的一般规则仍然在分离原则和抽象原则之下。这保留了物权行为的精华,尊重了德国的学说传统。但相较于强制公示,公示对抗主义更加灵活。分离原则和抽象原则具有任意性,可以实现与不同物权变动模式的协调。

1. 公示对抗与合意原则

与单纯的合意原则相比,物权变动公示对抗主义包含了物权合意,可以更好地说明物权变动。买卖合同中的物权合意只是将合意原则体现得更为清楚。在合意原则下,物权变动也需要经过交付和登记才发生对抗效力。物权合意加公示对抗的物权变动模式与要因原则也是相融的。一方面,当事人双方可以将债权合同的有效性关联到物权变动的效力。另一方面,买卖合同中的物权合意在很多方面是与债权合意受到同一瑕疵影响的。

2. 公示对抗与要因主义

物权变动的要因主义强调买卖合同对物权变动的影响,买卖合同的效力会直接影响物权变动。在公示对抗模式下,虽然物权变动仍是基于物权变动意思表示而发生的,但当事人可以作出另外的约定,将买卖合同的效力关联到物权变动。既然只有公示后才影响第三人,当事人之间的这种约定也不会影响到交易安全。相对于要因主义,公示对抗主义的物权变动增加法技术上的复杂性,但在继承德国法物权行为理论的精华和法教义学的精巧性上,是更有优势的。

3. 公示对抗与无因原则

公示对抗原则上是尊重物权行为理论及其无因性的,只是在强制公示这一点上有所变革,而这是合适的。在公示对抗主义,物权行为的独立性和无因性仍然是基本的原则。但是,当事人的相反约定可以改变无因性的适用,这种相对性的要因原则不会影响到交易安全和第三人保护。在德国法的无因原则下也存在很多突破无因性的例外,以及通过债之约定规避强制公示的可能。通过公示对抗反而可以将更多的例外纳入一般规则,公示对抗的物权变动以其包容性可以与德国实践中的无因原则相协调。

(二) 物权合意与相对性物权

1. 相对性物权

在罗马法,相对性的物权并不陌生。在当代德国法上也有相对性物权的存在。相对性物权所表达的是物权在相对性的主体之间的效力。承认基于物权合意的物权变动效力,意味着认可物权变动在双方当事人之间的有效性。占有和登记只是物权变动意思表示的外在形式或对抗要件。在此,相对性物权将获得存在空间。相对性物权与债权不同,属于对物的支配权,即是人与物之间的直接关系。物的归属和用益利益属于相对物权享有人。当事人之间的相对性物权具有效力上的绝对性,但对外欠缺公示性。在未取得占有的情形,如何认可这种相对性的物权呢?应当说,基于买卖合同与物权合意,出卖人的占有应当是他主占有,买受人是间接自主占有人,即可以用抽象占有媒介加以解释。相对性物权并不是债权,而是具有对抗第三人和直接的对物效力。

相对性物权可以与保护在先买受人的观念相协调。买受人基于买卖合同所包含的物权合意已经是相对性的物权人。在先买受人可以排斥在后的买受人,除非后位买受人善意。在先买受人的这种相对性物权地位,与他的价款支付义务是何种关系？在同时履行抗辩权的意义上,的确不应出现基于买卖合同中的物权合意而发生相对性物权变动的情况。也就是说,同时履行抗辩权与保护在先买受人的相对性物权是冲突的。当然,相对性物权变动也可以是以价款支付为条件的。也就是说,相对性物权变动作为履行行为也体现为"双务性"。除非出卖人具有先履行的意思表示,否则应推定相对性物权变动也是以价款支付为条件的。至于属于附停止条件还是解除条件,并不特别关键,应当以附停止条件更为符合对等性。

对物权变动中的意思自治的认可甚至强调,似乎是离经叛道的。但是,物权行为的分离原则和抽象原则只是变为任意规范,这种看似复杂的物权变动模式具有更强的适应性,即在尊重当事人意思自治、交易安全保护以及体系协调性上,具有适应性。而且,保护在先买受人的观念也可以很好地与之协调。

2. 物权法定与相对物权

德国民法典确立了物权法定原则,这并不体现在立法者将物权法定规定为物法的具体条文,正如德国民法典也没有将物权行为作为明确的法律概念而引入。但是,法典采物权法定原则的立场几乎是没有争议的。立法者认为,物权法定原则是物法独立性和封闭性所必需的。① 如果当事人可以创设物法没有规定的物权,则物法的封闭性和独立性就无法维持。物权行为以及法定的物权变动方式,只有和法定化的物权类型相结合,才能实现。所有权的不可分割性也是物权法定原则的重要价值所在,中世纪的分割所有权观念为潘德克吞学者和民法典的立法者所厌弃。

物权法定原则的具体含义是明确的,即物权的种类和内容不得通过当事人的意思自治而创设。物权法定原则的弊端也是明显的,它限制了当事人的处分自由、不利于财产法领域的创新,与社会生活也难免发生脱节。在19世纪,物权法定原则是充满争议的(lebhafte Diskussion)。② 但是,当代德国学者仍然几乎是一致地捍卫物权法定原则的价值。例如,Kern 即认为物权法定原则与债法上的形成自由可以很好地协调配合,是应当坚持的。③ 基于德国物法的稳定性,立法者所采用的物权法定原则似乎仍然是很牢固的。

当然,德国学者认可相对性物权的存在,已如上述。但是,单纯基于买卖

---

① Staudinger/C Heinze (2018) Einleitung BGB, Rn. 94.
② Staudinger/C Heinze (2018) Einleitung BGB, Rn. 97.
③ Kern, Typizität als Strukturprinzip des Privatrechts, Mohr Siebeck, Tübingen, 2013, S. 543.

合同的买受人所享有的权利,并不在其中。这是毫无疑问的。无论如何,德国民法典物法编并没有规定的物权类型却得到学理、司法实践的认可。严格的物权法定原则肯定不是德国法的现实。应当说,物权法定原则可能是值得怀疑的。实际上,通过债的方式软化物权法定的僵化,这一方案本身即是对物权法定原则的弱化。特别是,德国法上的信托在委托人与受托人之间的权利分割,无法与所有权的绝对性相互协调。但是,物权的类型化是有其价值的。也就是说,并不是只在形式意义的物法中明确规定的物权才是物权,而是将具有归属性的权利类型确定为物权。类型化意义上的物权法定原则仍是有意义的。德国学者也承认,物权法定原则并不禁止物法之外的绝对权类型,以及经由司法实践对生活领域中新的物权类型的确立。① 物权法定原则所限制或针对的是交易中当事人的自由创设。② 然而,如绝对限制交易中的物权创设,通过司法裁判对新的物权类型的确认又是无从谈起的。

相对性的物权并不是无限的,其内容和类型也是相对固定的。相对性的物权给社会生活所能带来的改变不大。在直接当事人之间的相对性归属,这并没有带来无限多的物权类型,也并不给交易安全带来巨大考验。相对性的物权的效力是清楚的,公示对抗主义也可以实现对善意第三人的保护。以典型物权类型为一般原则,允许非典型化的、相对性的物权的存在,这只是增加了灵活性。

第三节 本章小结

向物权体现了买卖合同关系中保护第一买受人的立场,它与罗马法的交付原则不同。在罗马法上,在先买受人在取得占有前不享有物权地位。罗马法上的物权是基于占有而发生和发展的。按照潘德克吞法学派物债二分的逻辑,向物权是无法存在的,向物权与物债二分是不同的话语体系。

虽然保护在先权利的思想可以成立,但向物权能否解决物的归属问题还是颇值得怀疑的,毕竟单纯的买卖合同与物的支配和归属关系显得过于遥远。罗马法上以物的实际支配作为归属基础的传统仍具有重要性。然而,割裂物债联系的物债二分理论又显得过于绝对。在物债关系的合理框架内存在重构买卖合同与物的归属的空间。

在物债二分模式下,物权的变动和归属独立于买卖合同。物权行为理论具有逻辑清晰和保护交易安全的好处。虽然支持物权行为的理由相对于反

---

① Staudinger/C Heinze (2018) Einleitung BGB, Rn. 96.
② MüKoBGB/Wagner, 8. Aufl., 2020, BGB § 823 Rn. 304.

对它的理由难分伯仲,物权行为所基于的合同与履行相分离的思想,还是与生活事实基本相符的。在物债二分体系下,客体归属规则有多种可能性。物权行为理论并不是僵化的,而是具有相当的灵活性。在物权变动的瑕疵同一性、条件关联性以及行为一体性等方面,可以实现物债的关联变动。在不动产物权行为,虽然存在强制性的物权变动公示规则,但不动产物权变动仍然保持相当的灵活性。

如何建构出具有包容性,既体现保护在先买受人的理念,具有广泛的适应性,又能包容不同的物权变动规则的体系,是物法所面临的挑战。对此的解决之道是:承认处分行为的相对性,并以公示规则解决善意第三人保护问题。承认处分行为的相对性可以与保护在先买受人的想法相协调。至于物权法定原则,并不是承认相对物权的障碍。

第八章 无体物与物法体系的扩展

第一节 权利客体化与物法体系扩展

德国民法典上的物限于有体物,无体的权利不是物法体系的构建基础。从严格的物债二分以及物法独立性的逻辑出发,立法者甚至需要刻意回避权利作为物权客体的问题。在盖尤斯物法体系下权利作为无体物与有体物并立,无体物的取得和转让规则具有体系上的重要性。而权利在当今财产归属和流转秩序中更是不容忽视,无体物的形态也呈现多样化的发展。德国民法典对权利的刻意忽视值得反思。

德国民法典的体系逻辑与具体的教义学逻辑总是存在紧张关系。着眼于个案争议解决的裁判理由要求摆脱法典的严格体系束缚,法典的宏观概念体系也无法完全涵盖与具体的生活相关联的、真实的教义学及裁判规则。总之,两者无法完全统一,甚至总是充满矛盾。德国民法典的体系逻辑排斥权利的客体化,但是具体的教义学逻辑需要权利的客体化。权利客体化的体系逻辑和裁判逻辑存在激烈的冲突。这尤其体现在,以债权为典型的权利处分规则被规定在债法,但权利担保规则规定在物法。为回避权利上的所有权的问题,德国民法典做了巧妙但也可能是牵强的处理。

笔者将对德国民法中权利作为物权客体的问题予以探讨。这里需要探讨的问题是:权利在德国的物法体系中占有什么地位?在德国的物法体系中权利能作为物权客体吗?权利客体化的具体制度表现是什么?我们将看到,盖尤斯体系中的无体物及无体物取得和转让的广义物法存在于德国民法典中并与涉及有体物的规则一起而部分地体系化。

一、权利客体化及其体系意义

(一) 无体物在民法典中的定位

1. 共同法及自然法与潘德克吞学派

如上所述,受到盖尤斯体系有体物和无体物区分的影响,后世的共同法和自然法学者试图建构出无体物的占有和所有权,并且发展出包罗广泛的财产法体系。① 在罗马法上,有体物与有体物的所有权是不严格区分的,并且所有权转让与有体物是一体的。普芬道夫、沃尔夫等自然法学者提出广义的所有权概念,有体与否不具有关键意义。② 自然法学者的所有权概念实现了与有体物的分离,并且无需占有移转而仅凭合意即可转让。③ 在自然法学者那里,债权也是所有权的客体,债权的可转让性得到承认。这种所有权观念为自然法学者从所有权发展出主观权利提供了可能。与有体物相区分的抽象所有权概念对后世影响深远。可以说,所有权也实现了无体化。与有体物分离的所有权观念也使得相对性的所有权概念成为可能,向物权(ius ad rem)的一种解释即为相对性的所有权,与可以对抗第三人的绝对所有权相区分。④ 这种广义的财产法体系在奥地利民法典、法国民法典中得以体现。但是,在潘德克吞学者看来,自然法学者及后继者所发展出的法典体系具有逻辑矛盾和概念不精确的弊端,并且这种财产法体系与古典罗马法是有出入的。

　　自然法学者的所有权概念为康德和萨维尼所反对。康德将所有权的客体定位于不自由的自然,所有权的客体只能是有体物。但康德并未排除债权作为归属(Inhaberschaft)的客体。⑤ 债权也具有归属的内容。蒂堡仍是广义物的概念的支持者。⑥ 胡果、萨维尼等潘德克吞学者提出严格的物债二分模式,所有权的客体限于有体物才得以成为主流的学术观点。权利客体化的问题不是潘德克吞学者所关注的,或者更准确地说是他们所批判的。在古典主义的名义下,潘德克吞法学以概念和体系化的方式"重塑"古典的罗马法。如上所述,这与当时的经济和社会发展状况是存在出入的,而日耳曼法学者没能将他们的学术主张转化为法典的现实。应当说,潘德克吞法学的概念精确是其优点,即便后世对所谓的概念法学提出诸多批评。但是,潘德克吞法学将所处理的法律材料限于罗马法,并将客体局限于有体物的出发点,相对

---

① HKK/Ruefner, §§ 90-133, Rn. 5.
② Haedicke, Rechtskauf und Rechtsmaengelhaftung. Forderung, Immaterialgueterrechte und sonstige Gegenstaende als Kaufobjekte und das reformierte Schuldrecht, Mohr Siebeck Verlag, Tübingen, 2003, S. 23.
③ Ralf Michaels, Sachzuordnung durch Kaufvertrag. Traditionsprinzip, Konsensprinzip, ius ad rem in Geschichte, Theorie und geltendem Recht, Duncker & Humblot, Berlin, 2002, S. 132.
④ Ralf Michaels, a. a. O., S. 133.
⑤ Haedicke, Rechtskauf und Rechtsmaengelhaftung. Forderung, Immaterialgueterrechte und sonstige Gegenstaende als Kaufobjekte und das reformierte Schuldrecht, Mohr Siebeck Verlag, Tübingen, 2003, S. 23.
⑥ Ruefner, Savigny und der Sachbegriff des BGB, in: Stefan Leible, Matthias Lehmann, Herbert Zech (Hg.), Unkörperliche Güter im Zivilrecht, Mohr Siebeck Verlag, Tübingen, 2011, 33-48.

于容纳权利和无体物的广义财产法观念,应当说是一种退步。① 正如开篇所述,这种将民法典建立在某种哲学或概念体系基础上的方法已经"过时",所谓的概念法学及归入法模式也与当今的主流法律方法论和裁判中实际运行的活法不一致。

2. 无体物概念在民法典中的体系地位

德国民法典立法者从当时主流的潘德克吞法学理论出发,不认可权利作为归属权或所有权的客体。按照 Johow 的物法建议稿第 1 条,关于物的规定仅在有法律特别规定时才对权利适用。这是为了排斥共同法上和自然法中广义的物的概念。② 然而,在这个建议稿中,权利客体化的体系定位作为例外还是存在的。

不过,民法典立法者最终没有给权利作为客体提供体系上的空间。在 Motiv 中物权的客体被限定为有体物,原因在于在权利和物的集合等无体物上不能存在事实上的支配力(reale Macht)。③ 在民法典中,也并没有权利作为物权客体的特别规定条款。相反,民法典第一委员会和第二委员会均将物权客体限于有体物,并且虽然在第一委员会时期物的概念和相关规定被置于物法的开端,但是,第一委员会较早就认为应将物的规定置于总则,第二委员会则将物的规定未作大的改动直接移入总则编。④ 至于作为工业产权客体的发明、商标等无体物,也因其无体性不属于物法的范畴。

从德国民法典第 90 条关于物的概念出发,无体物在民法典中也是没有体系定位的。或者说,无体物的体系价值恰恰在于其没有体系价值,即权利等无体物在民法典财产法体系上的建构功能是被排除的。排除无体的权利作为客体的主要指向,在于排除权利作为物权客体的可能性。换言之,在德国民法典中权利不被视为物法上的客体,至少不存在权利上的所有权。

虽然德国民法典立法者将物限于有体的客体,权利与物并列作为客体的影子还是存在于法典之中。这体现在德国民法典第 99 条关于物的孳息与权利的孳息的规定上,以及民法典第 100 条关于物和权利的用益上。在总则的这两个条文中,物与权利并列出现。权利的孳息和权利的用益规定在总则

---

① Haedicke, Rechtskauf und Rechtsmaengelhaftung. Forderung, Immaterialgueterrechte und sonstige Gegenstaende als Kaufobjekte und das reformierte Schuldrecht, Mohr Siebeck Verlag, Tübingen, 2003, S. 27.
② HKK/Ruefner, §§ 90-133, Rn. 9.
③ Fueller, Eigenstaendiges Sachenrecht?, Mohr Siebeck Verlag, Tübingen, 2006, S. 43.
④ Haedicke, Rechtskauf und Rechtsmaengelhaftung. Forderung, Immaterialgueterrechte und sonstige Gegenstaende als Kaufobjekte und das reformierte Schuldrecht, Mohr Siebeck Verlag, Tübingen, 2003, S. 56-57.

中,其体系意义也许值得挖掘。同时,如下文将详细阐述的,权利上的用益物权和权利担保物权在民法典物法的章节中并不缺席。换言之,有体物与权利的并立仍有限地存在于民法典的物法体系中。这对将物权客体限于有体物的封闭物法体系造成冲击。

有观点也认为,德国民法典将物限于有体的客体,这仍然蕴含盖尤斯体系有体物和无体物的分类,只不过上位的概念变为客体(Gegenstaende),盖尤斯体系在名义上而非实质结构上消失。① 另外,在债法中,权利作为买卖合同的标的与物的买卖规定在一起,权利买卖规则参照物的买卖规则。这体现出有体物与无体物均是交易客体的现实,物的买卖与权利买卖具有相同的法律结构。而债权转让规则在民法典中也有规定,债权不仅是买卖合同的客体,而且也是处分行为的客体。物的处分与权利的处分也具有逻辑结构上的相似性。

无论如何,从体系而言,权利特别是"非物化"的权利作为客体的问题没有得到民法典立法者的重视。② 相反,立法者从潘德克吞物债二分的体系出发,将物权的客体限于有体物,权利或其他无体物作为物权客体是不能成立的。在当代,不乏德国学者认为,对无体物的忽视是德国民法典特别是物法的重大结构性瑕疵。③

(二) 无体物概念与物债二分

有体物概念对于物法独立性的法典逻辑有关键意义,这不仅体现在占有和所有权只能发生在有体物上。而且,有体物对于物债二分的意义特别还在于,作为人的自由意志支配力的客体只能发生在有体物上,物法与债法作为相互独立的两个不同的法律领域,物权和债权彼此的客体是相互区分且彼此不同的。那么,权利特别是债权作为物权或归属客体的可能性问题就具有相当的重要性。

1. 无体物概念的语境及其转换

虽然在德国民法典立法之际,德国已经有与知识产权相关的立法,并且基于此将知识产权纳入民法典的现实需求不强。与罗马法时代相比,无体物的外延有所扩大。但是,与当今相比,无体物的外延仍是相对较窄的,为人们今天所津津乐道的数据财产、网络虚拟财产、域名、体育赛事转播权或其他与

---

① Gretton, Ownership and Its Objects, *RabelsZ* 71 (2007) 802, 819.
② Lehmann, Finanzinstrumente: vom Wertpapier-und Sachenrecht zum Recht der Unkörperlichen Vermögensgegenstande. Mohr Siebeck, Tübingen, 2010, S.184ff.
③ Lehmann, a. a. O., S.185.

信息相关的无体物在德国民法典立法之际并没有出现,并且在当今商业和消费社会热闹非凡的各种信托、基金、收益权或其他金融产品当时也没那么时髦。在德国民法典立法之际,人们观念中的无体物主要指的就是权利,并且在潘德克吞学者和法典立法者看来,主要指的就是债权或他物权。虽然有日耳曼法学者主张将当今在德国还处于讨论阶段的知识产权纳入民法典,但是这并没有为立法者所采纳,知识产权自始就没有纳入法典的范围。立法者的目的并不在于体系创新,而是将保守的潘德克吞体系法典化。而潘德克吞学者所面对的也不是德国现实生活中的法律规则,他们的学术追求在于发现古典罗马法的真理。也基于此,盖尤斯体系中的无体物及其体系价值被大大地忽视甚至否定了。

在19世纪的德国学理中,物债二分的概念建构是民法的重心。与之相呼应,潘德克吞学者所关注的是摆脱广义的物的概念所带来的体系混乱,实现物债二分体系的清晰化。在萨维尼之前,不仅物法的独立性不存在,而且独立的债法体系也是不存在的。[①] 萨维尼将物债彼此割裂为两个不相关的独立领域,从而实现物债的绝对二分。为将物债关系进一步理论化,有的分类从内容上将物债的区分表述为对人权与对物权,有的分类则从效力上将物债关系表述为绝对权与相对权。[②] 这些概念从更为抽象的主观权利层面为物债关系提供概念逻辑和理论基础。在盖尤斯体系中,债也是物,即无体物。而在潘德克吞的学术语境中,无体物的概念已经不复存在,债不是物,也不是无体物。债的客体是行为,债权或债务本身与物没有直接的关系。在物债二分的财产法体系内只有物权和债权的对立,没有无体物的范式。而作为与物权绝对区分的债权,其客体为人的行为,人的行为不能作为物权的客体,物法在此并不适用。

在潘德克吞时代,一方面,无体物的概念因物债二分而消失了,盖尤斯体系被潘德克吞体系替代;另一方面,曾经作为无体物的债也因物债二分而取得相当的重要性,债法与物法实现二元对立,债法的地位提升。简而言之,无体物的语境已经转化为物债关系或者说被物债严格二分理论所取代。

可以说,德国民法典立法之际,无体物概念是典型的反面教材,是被克服和抛弃的对象。盖尤斯《法学阶梯》所流传下来的无体物概念与潘德克吞物债二分完全是不同的语境;而债也不再被称为无体物,债意味着物债二分,不具有归属内容。这对于德国民法典立法前后无体物概念语境的理解具有重要意义,它揭示出无体物概念与物债二分体系的不相容性。然而,债作为归

[①] HKK/Ralf Michaels, Vor § 241, Rn. 24ff.
[②] HKK/Ralf Michaels, Vor § 241, Rn. 38ff.

属客体的问题并没有因此而湮没。相反,潘德克吞法学派所持的债没有归属内容和不能作为归属客体的立场,不仅不是民法典始终贯彻的立场,且不断遭到理论上颠覆性的质疑和攻击。

2. 无体物所有权与物债二分

盖尤斯体系内的无体物主要指的是"权利",如债、继承、限制物权等。而债的所有权在潘德克吞体系内是没有逻辑基础的。债的客体是无体的行为,不是有体的物,有体的物才能成为物权的客体。即使是买卖之债或其他与有体物占有移转有关的债,其客体也只是人的行为,与物的归属没有任何逻辑关系。也就是说,即使在买卖合同,它的客体也是与物和价款有关的给付行为,有体物不是买卖合同之债的直接客体。买卖合同本身不具有任何物的归属(Sachezuordnung)功能。① 如上所述,向物权(ius ad rem)这样的概念和体系延展在潘德克吞体系内是不成立的,是不符合潘德克吞体系逻辑的,是要被排除和清理的。物债绝对二分以及彼此封闭和独立的物债体系对于理解潘德克吞体系是至关重要的。很显然,在这种体系框架内,债权是对人权和请求权,不存在债权作为归属权的空间。

与此不同的是,债权本身可以作为归属权客体。也就是说,暂且不论作为债权客体的行为是否可以作为归属权的客体,而是债权本身可以作为归属权的客体。这里所谈论的是债权上的所有权或归属权问题。对此,人们首先提出的异议是,债权上的归属权与债权是同义的。所谓债权的归属权说的就是债权本身。因为,债权人作为债权的所有权人,所能享有的权利仍然是向债务人主张履行的请求权,以及损害赔偿等与债权的内容和效力相关的权利。特别是,债权本身也含有归属和处分的权能,债权质权和债权转让权等都属于债权的内容,是债权人固有的权限。德国民法典关于债权转让的规则也规定在债法总则,而并没有规定在物法,债权的处分权限与债权是一体的。按照这种逻辑,并不存在所谓的债权的归属权,债权所有权属于同义反复。即使承认债权上的归属权,这种归属权的最终内容也与债权本身相同,债权的归属权也没有实际意义。特别是,债权所有权概念与物债二分相矛盾,将物债关系带入含混不清的逻辑漩涡,与潘德克吞的物债二分体系不相容。

另外,鉴于物权的客体只能是有体物,权利上的用益权与权利上的担保权的体系定位存在疑问。很显然,这些以权利作为客体的物权并非直接基于物而发生,并不是直接的物上权利。故此,这些以权利为客体的物权并不是真正的物权。民法典立法者也仅是基于体系完整性(Geschlossenheit)的考

---

① HKK/Wolfgang Ernst, Vor § 433, Rn. 8.

虑,才将权利上的担保权放在物法。① 而有的德国学者也不认可权利上的权利的物上权利属性。② 当然,也有观点认为,权利上的用益物权和担保物权应当最终穿透到原始权利的客体上,也就是可以追溯到作为权利客体的有体物。并且,这种权利上的用益权或担保权以有体物为最终的客体,只是所有权内容的部分切割。③ 故此,在本质上以有体物为最终客体的权利上的权利仍属于物权,可以归入物权法的体系范畴。

权利上的所有权与所有权的概念是不符的。权利上的权利的观念对所有权的完整性也有损害。用益物权和担保物权只能是限制物权,不能作为所有权的客体。否则,将导致所有权与限制物权的分裂。很显然,如果限制物权作为独立的所有权客体,就意味着在同一有体物上存在两个所有权,而它们的最终客体都是有体物本身。虽然限制物权上的权利所有权的直接客体不是有体物,但最终指向具体的有体物的支配和利用,而由于限制物权的所有权化并与有体物的所有权处于同一位阶,将导致所有权概念的混乱。这种将他物权所有权化的思维将回到盖尤斯无体物的体系,与潘德克吞体系是不同的语境。故此,他物权上的所有权是在逻辑上和学理上不能成立的。

可以说,在潘德克吞的物债二分体系内,债权不具有归属内容,不能作为物权的客体,无体物的概念在潘德克吞体系内没有存在的空间。然而,民法典立法不得不解决权利的归属和利用问题,并且无法回避权利客体化及相应的规则设置。

二、客体化权利变动的物债分割

权利客体化与建立在有体物上的物的归属和转让规则存在体系悖反,权利在德国民法典的物法体系中没有体系地位,权利上的权利也没有被立法者充分重视。然而,权利的客体化不仅在物法,而且在债法有其必要性。德国民法典在权利作为客体的规则设置上也并非无所作为。也就是说,这里存在体系定位和规则设置上的悖论,民法典无法回避无体的权利的取得和转让规则。

权利作为交易的客体不仅体现在债法,而且也体现在物法中。在德国民法典中,债权及其他权利的转让规则、权利用益、权利担保等规则并不缺位,这些权利上的权利的相关规则自罗马法即存在,德国民法典立法者对于权利上的权利的规则设定上还有所创新。鉴于绝对的物债二分不能成立,特别是

---

① Mot. III, 595.
② Fueller, Eigenstaendiges Sachenrecht?, Mohr Siebeck, Tübingen, 2006, S. 46.
③ Baur/Stuerner, Sachenrecht, 18. Aufl., Verlag C. H. Beck, München, 2009, § 60 Rn. 1.

财物交易中债的关系和物的归属规则之间存在功能上的关联,应当将债法层面的权利买卖规则纳入到物法体系的讨论范围。

(一) 债法中的权利客体化:权利买卖与权利转让规则

1. 权利买卖与物的买卖规则的统一

罗马法上买卖合同(emptio venditio)的客体具有广泛性,遗产、债和用益物权等均可以是买卖的客体。① 有体物和无体物都是买卖的客体(the object of a contract of sale)。② 德国民法典的买卖规则主要是关于有体物的,并且是关于特定的有体物的买卖规则。罗马法对于种类物买卖仍然是陌生的(unbekannt)。③ 德国民法典当然不缺乏种类物买卖的规则,但是在无体物作为买卖客体的问题上,民法典立法者仍然采取从罗马法出发的立场,以特定物为买卖规则的基础;权利作为买卖的客体是附带提及的,即参照有体物买卖规则。也就是说,德国民法典债法改革前,买卖规则仍然主要是关于特定有体物的。

基尔克等日耳曼学者将财产权的客体扩大,并将试图将发明、商标、作品等无体物纳入民法典的客体范围。但是,民法典的立法者没有采纳这种观点。在民法典立法者的视野中,财产法的客体是有体物、债权和限制物权。④ 至于较为重要的发明、商标等知识产权,仍然没有纳入民法典立法者的视野。⑤ 有的德国学者认为,这体现出盖尤斯体系有体物与权利二分的延续,新的生活现象被排除在民法典之外。如上所述,盖尤斯体系对德国民法典的影响被认为是存在的。但是,德国民法典的权利买卖规则相对于物的买卖规则处于附带性的地位,这至少在外在体系上与盖尤斯《法学阶梯》体系不同。

虽然立法者采取保守的立场,但是,学理对将无体物纳入买卖法存在共识。在德国民法典债法改革之前,人们即普遍认为,著作权、商标权、专利权等知识产权类无体物,也是民法典买卖合同的客体。在债法上,权利买卖的

---

① Kaser/Knuetel, Roemisches Privatrecht, 19. Aufl., Verlag C. H. Beck, München, 2008, S. 224.
② Zimmermann, *The Law of Obligations Roman Foundations of the Civilian Tradition*, Oxford University Press, 1996, S. 234.
③ Kaser/Knuetel, Roemisches Privatrecht, 19. Aufl., Verlag C. H. Beck, München, 2008, S. 224.
④ Haedicke, Rechtskauf und Rechtsmaengelhaftung. Forderung, Immaterialgueterrechte und sonstige Gegenstaende als Kaufobjekte und das reformierte Schuldrecht, Mohr Siebeck Verlag, Tübingen, 2003, S. 38.
⑤ Haedicke, Rechtskauf und Rechtsmaengelhaftung. Forderung, Immaterialgueterrechte und sonstige Gegenstaende als Kaufobjekte und das reformierte Schuldrecht, Mohr Siebeck Verlag, Tübingen, 2003, S. 42.

客体并不是封闭的。在德国民法典债法改革后,企业、商业秘密、域名、网络虚拟财产等作为其他客体也明确地纳入买卖合同法。① 德国民法典上买卖合同的客体分为有体物、权利和其他客体,并适用统一的买卖合同规则,有体物与无体物的区分在债法上趋于淡化。相对于旧法,债法改革后买卖合同的客体的涵盖性更广,体系划分也更为科学。

1.1 无体物买卖规则的体系调整

在债法改革之前,权利等无体物的买卖处于边缘地带,与物的买卖规则相比,这些规定被认为是零散的,不具有体系上的重要性。② 德国民法典关于权利的买卖只有第433条第2款,第437—438条以及第441条。如本文反复提及的,德国民法典立法者关注的是有体物作为客体的规则,在物债二分的体系框架下,权利作为客体的问题在买卖法上也是不被重视甚至是回避的。③ 在德国民法典立法者那里,有体物与无体的权利无法适用同样的买卖规则,权利买卖相对于物的买卖只是顺带被提及,相对于物的买卖并不具有体系上的重要性。并且,权利买卖与物的买卖不同,两者适用不同的规则,如旧法第445条和第493条不能完全在权利买卖适用。④ 旧法第459条以下关于物的瑕疵担保规则对权利买卖不适用。⑤

德国债法改革后,权利买卖的体系地位有所提升,与物的买卖处于同等的体系地位,物、权利及其他客体并列成为买卖合同的标的。更为重要的是,按照德国民法典第453条,物的买卖规则原则上对权利买卖适用。也就是说,债法改革后物的买卖与权利的买卖适用同样的规则。权利买卖的客体具有不同的特征,特别是相对性的债权与绝对性的知识产权之间存在差异。但是,在权利买卖,买卖双方互负价款支付和权利归属变动的义务,这在债权、限制物权、知识产权、股权的转让规则上没有不同。权利买卖规则与物的买卖规则具有基本交易结构和权利义务内容上的等同性。

当然,德国民法典所处的时代环境是权利买卖规则地位提升的重要原因。债权、知识产权、股权等权利资产在当代社会的重要性,不因民法典是否

---

① Peukert, „Sonstige Gegenstände" im Rechtsverkehr. , in: Leible, Stefan/Lehmann, Matthias/Zech, Herbert. , 2011, Unkörperliche Güter im Zivilrecht, Mohr Siebeck Verlag, Tübingen, S. 95.
② HKK/Wolfgang Ernst, Vor § 433, Rn. 13.
③ Haedicke, Rechtskauf und Rechtsmaengelhaftung. Forderung, Immaterialgueterrechte und sonstige Gegenstaende als Kaufobjekte und das reformierte Schuldrecht, Mohr Siebeck Verlag, Tübingen, 2003, S. 57.
④ Louis Pahlow, Lizenz und Lizenzvertrag im Recht des Geistigen Eigentums, Mohr Siebeck, Tübingen, 2006, S. 392.
⑤ Staudinger/Koehler (1995), § 437, Rn. 32.

修改而有所不同。德国民法典债法改革只是把生活中的现实以法典化的方式予以确认。德国新债法对权利买卖规则的配置是慷慨而又吝啬的：它慷慨地将物的买卖规则一概在权利买卖上适用，却对权利买卖规则未单独设置哪怕一条特别规则。正如德国学者所言，除了权利买卖规则地位提升的象征意义，民法典并没有提供实质性的权利买卖特别规则。

1.2 权利买卖与权利移转义务

与有体物买卖不同，权利买卖的客体是无形的。由于不发生外在的物的交付和控制力的移转，权利归属的移转或者说权利所有权的移转缺乏外在表征。但是，无论是民法典旧法第 433 条还是新法第 453 条，出卖人都有使得买受人取得所移转的权利的义务；并且比照新法第 433 条，出卖人也有向买受人移转权利上的所有权的义务。可以说，权利买卖与物的买卖的权利义务内容已经几乎一体化。然而，虽然权利买卖也要分为负担行为和处分行为，但经常是买受人与出卖人之间的权利买卖合同生效，买受人即获得所转让的权利。[1] 也就是说，因权利买卖客体的无体性，处分行为可能缺乏外在的公示性和存在独立性。当然，除了使权利的归属发生移转的意思表示，这里不排除公示行为与权利移转结合才发生权利移转效果的情形，如完成登记或背书等。

在权利买卖，除了权利移转的意思表示，债务人还应履行相关的作为和不作为义务，如债权转让中通知债务人的义务等，只要这些行为是买受人取得所转让的权利所必需的。出卖人还负有义务，使买受人处于与出卖人同等的法律地位。也就是说，出卖人不仅应当使买受人取得权利，而且负有义务使买受人可以正常行使权利。[2] 另外，出卖人在使得买受人取得权利后，不得实施有损已经转让的权利的行为。如企业转让中，出卖人负有竞业禁止义务等。可见，在权利买卖中，根据所转让权利的不同，出卖人负有与物的买卖不完全相同的附随义务。

权利买卖与物的买卖存在细微的差异。但是，出卖人移转权利给买受人的义务与移转物的所有权的义务具有等同性。在这一点上，权利买卖与物的买卖具有基本相同的法律结构。

1.3 权利买卖与瑕疵责任

德国债法改革将物的瑕疵担保责任和权利瑕疵担保责任纳入一般的给付障碍法，但瑕疵担保责任在维护买卖双方利益平衡上仍有意义，[3]瑕疵担

---

[1] Palandt/Weidenkaff, § 453, Rn.12.
[2] Staudinger/Koehler (1995), § 433, Rn.110.
[3] 王洪亮：《物上瑕疵担保责任、履行障碍法与缔约过失责任》，载《法律科学》2005 年第 4 期。

保制度并没有完全消逝。对于权利买卖的瑕疵担保责任，德国债法改革前后存在制度构成的不同。通常而言，权利买卖不发生物的瑕疵，而仅有权利瑕疵的可能性；在债法改革之前，人们的确认为权利买卖不发生物的瑕疵，仅发生权利瑕疵。① 但是，以有体物占有移转为必要的权利买卖，也会涉及物的交付，并基于物的性能或品质而影响到买受人的合同预期目的的实现。另外，无体的知识产权的买卖，也会涉及作品、商标、发明等无体物事实层面的瑕疵问题。虽然知识产权买卖的客体是权利资产，但是仍然涉及在事实层面存在的无体物。故此，物的瑕疵和权利瑕疵在权利买卖均有存在空间。按照民法典新法第453条第3款，如果权利的买卖涉及物的占有移转，则出卖人有向买受人交付无物的瑕疵及权利瑕疵的物的义务。可以说，德国债法改革后权利买卖适用与物的买卖同样的物的瑕疵和权利瑕疵责任规则。

德国债法改革删除了独立的权利买卖的瑕疵担保责任条款(旧法第437条)。按照旧法第437条第1款规定，债权或其他权利的出卖人，负有该等权利存续的担保责任。根据该规定，如果一项债权或其他权利自始没有产生或者不属于出卖人，或者权利在签订合同或应交割之日再次消灭的，或者所转让的权利的内容或范围与所约定不一致的，均发生权利瑕疵，适用权利瑕疵担保规则。② 因民法典旧法第306条自始客观不能时合同无效的规则已经删除，在新法自始不能不影响买卖合同的效力，而是依据可归责性发生债务不履行责任的问题，权利买卖客体的自始客观不能的特别规则失去必要性。③ 按照新法的规定，在权利不存在的情形不发生权利瑕疵，而是作为自始履行不能发生债务不履行责任。在此，债权及其他权利买卖的特别瑕疵担保规则也被调整纳入买卖合同的统一规则和债法履行障碍法之中。但是，债权的权利瑕疵规则本身并未发生实质性的改变，只是物的买卖的自始不能规则作出了相应的调整。

德国债法改革删除了债权买卖中债务人支付能力(Zahlungsfaehigkeit)条款。按照德国民法典旧法第438条规定，债权的出卖人不对债务人的支付能力负责，这并不属于出卖人瑕疵担保责任的范围。但是出卖人可以自愿承担此种责任，并且在有疑义的情形，出卖人对债务人支付能力的担保责任限

---

① Haedicke, Rechtskauf und Rechtsmaengelhaftung. Forderung, Immaterialgueterrechte und sonstige Gegenstaende als Kaufobjekte und das reformierte Schuldrecht, Mohr Siebeck Verlag, Tübingen, 2003, S.353.
② Staudinger/Koehler (1995), §437, Rn.10.
③ Haedicke, Rechtskauf und Rechtsmaengelhaftung. Forderung, Immaterialgueterrechte und sonstige Gegenstaende als Kaufobjekte und das reformierte Schuldrecht, Mohr Siebeck Verlag, Tübingen, 2003, S.152.

于旧法第 398 条所规定的债权转让之时。新法将该条删除,引发人们对债务人给付能力问题的关注。① 对此,人们认为仍然应当按照旧法的规则处理。② 也就是说,除非另有约定,债权的出卖人原则上不对债务人的支付能力负责。相对于物的买卖而言,债权转让人也无须对债权的可实现性承担责任。

权利买卖的特别规则并不因为两者的统一而抹煞。例如,股权转让的登记对抗规则等。但是,权利买卖与物的买卖规则在总体上实现了规则的统一化,这与债法改革之前的结构存在重大不同。正如上文所述,权利买卖与物的买卖规则的统一隐含着民法典立法者对权利客体定位的改变,权利与物作为归属和移转的客体具有同等的体系重要性。

2. 权利归属的变动规则

2.1 权利转让规则的体系定位

德国民法典在第 398 条至第 413 条规定债权与其他权利的转让规则。也就是说,德国民法典除了规定债权转让规则,也对权利的可转让性做了一般性的规定。权利归属变动规则有限度地存在于民法典中,也就是债法编中。一方面,债法编所规定的债权转让规则确立了债权的转让规则,另一方面它也将债权的转让规则适用于除物权之外的其他民事权利的转让。通过民法典第 413 条的准用性规定,债权转让规则在其他民事权利的转让上获得了一般性。德国主流观点的确认为,第 413 条确立了权利可非要式化转让的一般规则。③ 该条规则被认为并非是建构性的(konstitutiv),而仅仅是私法自治原则的一种表述,并且由于其他权利转让规则受到特别法的规制,该条的实际意义是非常有限的。④ 可以说,德国民法典为权利转让规则留有通道,确立了一般的可处分性原则。但是,在权利转让的具体规则建构上的作为不足。

债法改革后债权及其他权利转让规则仍然规定在债法编第五节且条文序号未变。德国民法典的逻辑是,权利买卖的原因行为和权利归属变动的履行行为均规定在债法,这与物的买卖的原因行为与履行行为分别位于债法和物法的逻辑不同。基于物债二分,债权和其他类似权利归属的变动虽然属于处分行为,但债权等权利的移转与物和物权的移转规则也适用不同的规则,特别是物权行为的公示原则并不适用于权利转让。正如物法对物权的归属

---

① [德]迪特尔·梅迪库斯:《德国债法分论》,杜景林、卢谌译,法律出版社 2007 年版,第 123 页。
② Palandt/Weidenkaff, § 453, Rn. 22.
③ Alexander Peukert, Gueterzuordnung als Rechtsprinzip, Mohr Siebeck Verlag, Tübingen, 2008, S. 546.
④ Staudinger/Busche (1999), § 413, Rn. 2.

和变动作出封闭性的规定,债权的归属和变动也封闭性地规定在债法编。既然债权不是有体物,债的移转也就不能适用物法,债权转让也不是物权行为。① 这种安排导致的结果是,债权转让规则位于债法编,适用债法的规则。这种体例安排主要的效果是避免了债的所有权问题和对物法规则的适用。然而,债权质押规定在物法编,位于有体物的质押规则之后。债权处分规则的"物债二分",即债的让与规定在债法、债的质押规定在物法,显得体系逻辑并不清晰。

在现实中,债的转让往往与原因行为一体化,并没有类似于物权变动那样的单独的外在转让行为。但是,从结构而言,与物的买卖相同,权利买卖也实行负担行为与处分行为的分离原则和权利变动的无因性原则。有观点认为,在债权转让中债权应作为权利客体(res)。② 并且,在债权转让中存在债权的物权化(Verdinglichung)。③ 也就是说,债权的转让与绝对权的处分同样属于处分行为。债权转让是债权作为客体和债权归属的变动。从体系而言,具有相当普遍性的观点认为,债法编中的债权转让规则应归属于"物权性的财产法的一般规则"的内容。④ 也就是说,债权作为无体物可以与有体物作为财产法的客体,并具有共同的法律结构和一般规则。

2.2 债权转让规则及其一般性

在德国民法典立法之际,债权的可转让性并不是理所当然的。在罗马法上,债权只能通过债的更新实现归属的变动,并且主体变动意味着债的内容本身的改变。⑤ 有的潘德克吞学者试图以债权的行使的转让解释债权的转让,并实现与罗马法的协调。承认债权的可转让性本身即意味着对潘德克吞体系的突破,债权作为相对权不具有归属内容,在以古典罗马法立身的潘德克吞学者那里,债是债权人与债务人之间的法锁。债权作为债权人与债务人之间的相对性的权利,不应具有可转让性。

债权的转让性曾是19世纪前期学说争论的焦点。如上所述,自然法学者从广义的物和所有权概念出发认可债的可转让性。而以萨维尼为代表的历史法学派从物债二分出发,反对债的可让与性。在19世纪前期,Mühlenbruch仍然坚持从萨维尼的物债二分出发,否定债权的可转让性,而温

---

① HKK/Ralf Michaels, Vor § 241, Rn.19.
② HKK/Ralf Michaels, Vor § 241, Rn.16.
③ MuenchKomm-Roth § 398 RdNR. 2.
④ MuenchKomm-Roth § 398 RdNR. 2.
⑤ 有学者认为,对罗马法上债权转让的不足有些言过其实,罗马法上债权受让人的地位与物的受让人的地位是相似的。J. D. Harke, Zum romischen Recht der Forderungsübertragung, Tijdschrift voor Rechtsgeschiedenis 76 (2008) 1-18.

德沙伊德等则认可债权的可转让性。① 债权的可转让性逐渐成为主流学说,并且被巴伐利亚和德累斯顿等一些邦国的立法所采纳。与当时的主流学说一致,德国民法典起草者较早确定了债权的可转让性,并且在第二委员会时期即已确定民法典所规定的债权转让规则。也就是说,对于债权转让规则在民法典立法之际已没有大的争议。

2.2.1 债权转让规则框架与内容

债权转让是让与人与受让人之间的双方法律行为,在让与合意的问题上,与第929条第一句有可比性。② 在债权转让过程中,让与人与受让人的合意即为足够,相反向债务人的通知不是债权让与生效所要求的要件。债权让与涉及三方法律关系,在让与人与受让人之间存在买卖或其他原因法律关系,在让与人与债务人之间存在基于原债权债务和让与后基于债务人保护而发生的法律关系,以及在受让人与债务人之间发生的债权债务关系。故此,债权让与所形成的法律关系相对复杂,与所有权等绝对权的让与相比有特殊性,特别是债权让与涉及债务人保护规则,是绝对权让与所不涉及的。

德国民法典的债权转让规则主要规定了债权的可转让性与债务人保护,债务人保护在债权转让规则中具有相当的重要性,③是债权转让的核心问题。④ 德国民法典在确立债权可让与性的同时,对债务人保护给予了特别的关注。首先,债务人可与债权人合意排除债的可转让性。债权转让对债务人而言是一种额外的负担,故债务人对于债权的不可转让性有其利益所在。⑤ 按照立法者的考虑,债权的处分禁止具有排除债权转让的效力,而不是仅仅发生违约损害赔偿。这种取消债权流动性的规则与权利的可转让性之间存在一定的张力。第一,按照《德国商法典》第354a条,商人之间或者债务人为公共机构的,则约定的排除转让性仅具有相对性的效力,也就是说对于善意受让的第三人没有排除转让的效力。这在很大程度上弱化了转让禁止规则的适用范围。第二,债务人可以向受让人主张其对让与人所享有的抗辩(第404条)。这是债务人对债权人所本就享有的权利,债务人的地位不因债权转让而恶化。同时,债务人还可以向新债权人主张对原债权人所享有的抵销

---

① Apathy, P. (1977). Bruno Huwiler, Der Begriff der Zession in der Gesetzgebung seit dem Vernunftrecht, zugleich ein Beitrag zur Entwicklung der vermögensrechtlichen Lehren. Zeitschrift Der Savigny-Stiftung Für Rechtsgeschichte: Romanistische Abteilung, 94 (1). doi:10.7767/zrgra.1977.94.1.498.
② MüKoBGB/Kieninger, 9. Aufl., 2022, BGB § 398, Rn.3.
③ Schmidt-Kessel, in: Staudinger/Eckpfeiler (2005), S.263.
④ HKK/Christian Hattenhauer, § § 398-413, Rn.1.
⑤ [德]迪特尔·梅迪库斯:《德国债法总论》,杜景林、卢谌译,法律出版社2004年版,第550页。

权抗辩(第406条)。也就是说,新债权人必须承担债权让与人对债务人的其他债务风险,只要债务人不知道债权让与,甚至即使债务人知道让与,但只要债务人获知转让时他对让与人的债权尚未到期,他都可以对新债权人主张抗辩。这对债权受让人是一种极为不利的状况。第三,债务人对原债权人的信赖受到保护。只要债务人不知道债权让与,他对原债权人的清偿原则上就是有效的(第407条)。如果让与人未通知债务人,新债权人需承受债权可能落空的风险。当然,受让人可以向让与人主张基于原因关系的责任,但这对让与人毕竟是一种负担。除了清偿以外,只要债务人是善意的,受让人需承受债务人与让与人之间所可能发生的一切法律行为的后果,如解除、抵销等等。并且,对于债务人事实上的不知情,原则上受让人承担举证责任。① 债务人对于债权让与的不知情存在过失,也在所不问。② 这对债权人也是极为不利的,已经受让的债权可能因债务人或让与人的行为而变动甚至消灭。另外,在债权的多重让与,债务人向后位受让人所为的给付,前受让人相对于债务人需承认清偿的有效性。这也被称为债权的善意取得。债权的善意取得对债务人有利,但对受让人则不利。在债权让与通知后,债权人即让与人承担让与未发生或债权让与不生效的风险(第409条),甚至债务人知道让与通知的不正确性(unrichtigkeit)时也是如此③。

债权让与还涉及所谓的形成权附随性问题。通常而言,权利归属的移转意味着完全性和彻底性,让与人和所让与的权利不再发生任何关联,而受让人可以行使与所让与权利相关的一切权利。然而,在债权让与中并不发生原债权债务关系中的所有相关权利都一并移转的后果,特别是形成权在让与人与受让人之间具有复杂的归属规则。也就是说,债权的转让不具有完全性,广义上的债的关系不会因为债权转让而消灭,让与人在一定程度上仍然隐藏在债的关系之中。④ 对此,学说仍在继续探讨。虽然存在诸多的债务人保护规则,但债权让与本身仍是让与人与受让人之间的处分行为,在这一点上,债权让与具有一般性。

2.2.2 债权转让规则的一般性

如上所述,债权转让规则位于债法的体系合理性受到质疑。债权转让涉及较强的三方利益平衡关系,受让人权利的实现有赖于债务人的履行,与有

---

① Palandt/Grueneber, §407, Rn.9.
② Schmidt-Kessel, in: Staudinger/Eckpfeiler (2005), S.264.
③ Karollus, Unbeschränkter Schuldnerschutz nach §409 BGB? JZ 1992, 557. MüKoBGB/Kieninger, 9. Aufl., 2022, BGB §409 Rn.1, 2.
④ 申海恩:《合同关联性形成权可转让性障碍之克服——在债权让与中考察》,载《政治与法律》2010年第2期。

体物上的绝对权的转让相比确有特殊性。债权转让不涉及占有移转,不发生交付义务及其履行,与有体物所有权让与不同,将来之债也具有可让与性。① 当然,将来之债至少要具备可确定性。债权的转让与物的转让相分离是物债二分和物法独立性的表现,封闭的物法不能为债权的处分提供规则。但是,不容忽视的是,债权的处分仍然属于权利归属的变动。物法也应当能够容纳债权转让所涉及的法定的债权债务关系。至于其他权利转让规则也被挤压到债法,则存在更大疑问。即使第413条关于其他权利的转让规则是宣示性的,但它包含的体系定位价值和财产法的体系构成意义不容小觑。

德国民法典对于权利客体化和权利进入物法怀有深刻的"怵惕之心",以至于将无体的权利的转让规则让诸债法。法典立法者要避免在物法设立包括无体物在内的权利转让的一般规则,特别是不能在物法为权利上的所有权提供空间。否则,所有权概念的有体性以及物法体系的封闭性都难以维持,民法典第90条的立法目的也无法实现。故此,债权不能成为所有权的客体,也不能适用物法的转让规则。由此导致的问题是,除了有体物所有权及有体物上的他物权适用物法的转让规则外,其他财产权利包括绝对性的无形财产权利的转让规则如何定位?从德国民法典的体系出发,则意味着其他财产权利适用债权转让规则,可以通过单纯的处分或转让的意思表示而发生归属的变动。物法的类型法定、公示公信等权利变动规则并不适用。这是债权转让规则的应有之义。然而,这种解释立即与知识产权等绝对权的转让规则发生抵牾。按照德国学者的解说,限制物权等无体财产权转让的登记等公开性要求也属于权利转让的特别规则。② 限制物权的转让也属于无体的权利的转让,它不适用债法关于权利转让的一般规则,自然在于它的特别规则属性。然而,第413条所规定的其他权利转让规则的体系适洽性是存在疑问的。也就是说,对于权利转让规则而言,究竟是债权转让规则还是物权转让规则具有一般性?这个问题对于无体财产的转让而言具有重要性。

债权等无体的权利的归属转让与所有权等物权转让规则的主要区别在于交付规则,有体物归属的移转自罗马法以来以交付为原则,而无体的权利则不适用。在罗马法上,与有体物归属的转让不同,限制物权的转让适用拟诉弃权的制度,而债权的转让则通过债的更新实现。在罗马法发展过程中,拟诉弃权等无体物转让规则消失了。在优士丁尼时代,受让人向债务人作出

---

① MüKoBGB/Kieninger, 9. Aufl., 2022, BGB § 398 Rn. 78.
② Staudinger/Busche (2005), § 413, Rn. 5.

的债权已让与通知,具有对抗债务人向原债权人清偿的效力。① 法国实践中发展出类比有体物交付的让与通知作为债权让与的生效要件。② 在当代德国法上,所有权与限制物权的转让规则统一为动产交付和不动产登记规则。德国民法典的债权转让规则是一种"背离"罗马法的创新,这既是因为罗马法没有提供可供采纳的规则,也与债权转让规则的发展有关。无论如何,交付规则及与之相连接的物权变动的公示规则是权利转让和物的转让的重要区别。无体的权利无法进行占有移转,也就无法和物法上的权利转让规则相融合或一体化。

在权利移转规则上,一方面,债权转让涉及三方特别是债务人保护问题而具有特殊性;另一方面,无体的权利的移转无法适用交付原则而游离于物法之外。而相对性的债权与其他具有绝对性的无体财产权的转让规则并不具有统一性。就债权处分规则本身来看,债权转让规则位于债法,而债权质押规则却被放入物法,债权转让与债权质押似乎适用不同的规则。如何合理定位权利移转的规则,如何协调物的转让与权利转让规则的统一性等,是德国民法典没有圆满解决的问题。与此形成对比的是,德国债法改革实现了物的买卖与权利买卖规则的统一性和一体性,成为权利归属和物的归属变动规则的趋向。也就是说,权利的处分和物的处分的规则也应当具有统一性甚至一体性。

在德国法上,债权质权的设定(第1280条)具有公示性的要求。③ 而债权的移转不以通知债权人作为生效条件,转让双方达成让与的合意即发生转让的效果,债权转让的生效并无公示性的要求。债权的处分是隐蔽的,是非公示性的。在权利合意移转的一般规则下,有体物上的所有权和他物权设定和移转规则成为特殊规则。德国学者也认为,德国民法典的债权转让规则体现了权利处分的一般规则,而物法的公示性则是一种修正或特别规则。④ 而在笔者主张的物权变动意思自治和灵活性框架下,以处分意思表示以为物权变动要件,以公示性为对抗要件,可以统合物的转让和债权转让。从实际意义而言,德国民法典第413条所规定的权利转让的非要式性和非公示性规则对于新型财产权利的流转规则的确定有重要性。

---

① Kaser/Knuetel, Roemisches Privatrecht. 19. Aufl., Verlag C. H. Beck, München, 2008, S. 296.
② 〔德〕马克斯·卡泽尔、罗尔夫·克努特尔:《罗马私法》,田士永译,法律出版社2018年版,第579页。
③ 〔德〕鲍尔/施蒂尔纳:《德国物权法》(下册),申卫星、王洪亮译,法律出版社2006年版,第723页。
④ Baur/Stuerner, Sachenrecht. 17, Aufl., Verlag C. H. Beck, München, 2006, § 5 B I Rn. 1.

（二）物法中的权利客体化：权利上的用益权与担保权

德国民法典所规定的役权（Dienstbarkeit）源于罗马法。① 而权利作为物权客体被认为是非罗马法的，至少是与古典罗马法不符的。权利上的担保权也是如此。德国民法典物法编在第四章第二节第一小节物上用益权（第1030—1067条）后，在第二小节、第三小节分别规定权利上的用益权（第1068—1084条）和财产上的用益权（第1085—1089条）。并且，权利上的用益权的客体可以是有体物所有权以外的绝对权，也可以是债权及其他无体财产权。特别是财产上的用益物权的客体可以是企业、遗产、企业份额等物或权利的集合体。② 在用益物权体系上，物与权利和其他无体财产是被并行规定的。德国民法典物法编第八章规定动产质权（第1204—1259条）与权利质权（第1273—1296条），将动产与权利均作为质权的客体。同样，此处的权利可以是除所有权以外的有体物上的绝对权，也可以是债权等无体财产权。按照德国民法典的规则，无论是权利上的用益还是权利上的担保均准用物上用益和担保的规则。可以说，除了无体物上的所有权外，无体物作为用益和担保的客体存在于德国民法典中。至少从外在的体系而言，德国民法典并未回避权利上的权利以及权利作为物权客体的问题，而是将物与权利平等地作为用益和担保的客体。至于物债二分在此也并未成为不可逾越的障碍，债权作为用益权和债权作为质权的客体是毫无疑问的。

在19世纪末期，受到潘德克吞法学的影响，权利上的权利仍是充满争议的。人们提出这样的问题：权利上的权利是可能的吗？它如何与民法的体系相融合？③ 德国民法典的立法者对这个问题并没有给予充分的讨论，直接把权利上的用益权和权利上的担保权放入物法。立法者既没有解释为何债权也可以成为物权的客体，也没有对民法典第90条与权利上的用益权和权利上的担保权之间的体系关系给予过多的说明。④ 在此，无论是权利用益权还是权利担保权均准用有体物上的用益权和担保权的规则，体现了立法者与罗马法传统的一致性，即承认权利上的用益权，并准用有体物上的权利。⑤ 也就是说，一方面立法者将权利上的权利纳入物法体系，另一方面回避权利客

---

① MüKoBGB/Mohr, 9. Aufl., 2022, BGB or § 1018, Rn. 2.
② 〔德〕鲍尔/施蒂尔纳：《德国物权法》（下册），申卫星、王洪亮译，法律出版社2006年版，第725页。
③ Hartmann, Zur Lehre vom Nießbrauch an rechten, insbesondere an Forderungsrechten, in: Brinz/Poezl, (Hrsg.) Kritische Vierteljahresschrift fuer Gesetzgebung und Rechtswissenschaft, Muenchen 1880, S. 518.
④ Soergel-Stuerner § 1068 Rz 1.
⑤ Ronny Hauck, Nießbrauch an Rechten, Mohr Siebeck, Tübingen, 2015, S. 2.

体化所带来的体系适洽性问题。在立法者看来,权利上的权利仅是附带提及的。对此,德国学者颇为生动地评价道,与它在实际生活中的重要性相比,权利上的权利在民法典中遭遇到"继母般的对待"。① 当然,德国民法典对权利用益权和权利质权的规则供给是否充分尚可探讨,最起码其在德国民法典中有不可忽视的存在和基本的体系逻辑性。

权利上的用益权与权利上的担保权均是相对于权利的"所有权"而言的,是对权利所有权的使用权和变价权内容的切割。② 在此涉及对权利上的用益权及担保权的定性,有容忍说(Duldungstheorie)和切割说(Abspaltungstheorie)的不同观点。③ 前者主张用益权是所有权人对用益权利人的许可与容忍;后者则认为他物权是对权利本身权能的切割和独立化。从不同的角度审视权利上的用益权和担保权,可以有不同的结论。批评者认为,权利的切割说没有正确理解所有权与他物权的关系,无法解释权利用益物权和担保物权消灭后的权利状态。④ 但是,容忍说导致权利用益权和担保权的客体模糊,也不利于解释权利用益权和担保权的积极内容。权利切割说将权利上的用益权和担保权的本质与本权相联系,权利上的用益权应当依据本权的性质而为确定,权利上的担保权也是如此。主流学说坚持权利上的权利与本权具有相同的本质。⑤ 这与权利切割说是一致的。债权上的用益权和债权质权仍然保有债权的本质,不因位于物法而成为实质意义上的物权。立法者也认为,仅仅是因为体系方便才在外在体系上将债权用益权和债权担保权放入物法,并不因此导致权利性质发生根本的改变。换言之,权利的客体化和用益权化在根本上而言与物债二分是不矛盾的。在奥地利民法,虽然物权变动是要因的,但奥地利民法典的物债关系已经潘德克吞化,债权质权也被认为是债权的分割,即本质上仍然是债。⑥ 就此而言,奥地利民法典中广义的物的概念的体系价值有限。

但是,德国法上权利上的权利具有物权化的属性。⑦ 权利上的用益权与担保权属于物法中的法定物权类型。物权法定等原则在权利用益权与权利

---

① 〔德〕鲍尔/施蒂尔纳:《德国物权法》(下册),申卫星、王洪亮译,法律出版社2006年版,第724页。
② Ronny Hauck, Nießbrauch an Rechten, Mohr 2015, S.33.
③ Staudinger/ (2008) vorbem zu § § 1030ff Rn. 5.
④ Staudinger/ (2008) vorbem zu § § 1030ff Rn. 5.
⑤ Soergel-Stuerner § 1068 Rz 1.
⑥ Gert Iro, Bürgerliches Recht IV: Sachenrecht, 6. Auflage (2016), Verlag Österreich, Wien, S. 2.
⑦ 〔德〕鲍尔/施蒂尔纳:《德国物权法》(下册),申卫星、王洪亮译,法律出版社2006年版,第719页。

担保权上有其适用性。而且,权利用益权作为物权化的权利利用方式,与债权性的物或权利利用方式存在差异。例如,不动产权利人可以租赁的方式向承租人让与物的用益,也可以物权的方式设定用益物权。就此而言,所谓的租赁权物权化的论说也是不必要的。权利上的权利的物权属性还体现在,用益权在本权转让给第三人后仍然存在。① 并且,在设立人破产程序中,权利上的用益权和担保权具有对抗第三人的效力。② 而第三人的善意是不必要的,即使受让人不知道权利上的用益权或担保权负担,也仍然有效。这在作为用益权标的的权利为第三人强制执行时,也是如此。基于这些理由,德国主流观点认为权利上的用益权是物权(dingliches Recht)。③

就德国民法典所规定的权利用益权及权利质权的具体构成规则,仍有必要略作阐释,以求体系上的完整,并借此继续探讨权利在物法体系中的定位。

1. 权利上的用益权

按照民法典的逻辑,用益物权(Dienstbarkeit)分为地役权、人役权、地上权以及用益权(Nießbrauch)等。其中,地上权等其他类型的用益物权是权利的具体内容受到限定的用益物权类型。而用益权(Nießbrauch)是对客体全面利用但不改变物或权利本质的限制物权(gesamte Nutzungsrechte)。④ 用益权人既可以自己占有和使用用益权的客体,也可以收取用益权客体的孳息和收益。⑤ 在与本权持有人或所有权人的关系上,原权利人对物的利用和收益权能被用益权所排除,用益权人享有对物或权利全面使用和收益的权利。人们认为,用益权对所有权的限制是全面和严格的。故此,在例外情况下才会发生用益权。⑥

用益权的客体可以是物或权利,权利上的用益权是德国物法用益物权体系的组成部分。权利不仅可以作为收益的客体,也可以作为使用的客体,如给付权上的用益权或专利权上的用益权等。也就是说,根据用益权的客体的不同,用益权的内容可以包含使用,而不局限于收取孳息等收益。德国民法典第99条、第100条关于用益和孳息的规定是对用益概念界定的努力。但是,这种界定相对于法典后面用益权的具体规定而言显得多余。而借贷债权作为生息债权,其上的用益权往往只能是获取利息等的收益。当然,债权用

---

① 〔德〕鲍尔/施蒂尔纳:《德国物权法》(下册),申卫星、王洪亮译,法律出版社2006年版,第719页。
② Soergel-Stuerner § 1068 Rz 1.
③ MüKoBGB/Pohlmann, 8. Aufl., 2020, BGB § 1068 Rn.12-16.
④ Schwab/Pruetting, Schenrecht, 30. Aufl., Verlag C. H. Beck, Muenchen 2002, S.410.
⑤ 〔德〕曼弗雷德·沃尔夫:《物权法》,吴越、李大雪译,法律出版社2004年版,第422页。
⑥ Schwab/Pruetting, Schenrecht, 30. Aufl., Verlag C. H. Beck, Muenchen 2002, S.410.

益权也还涉及本金收取的问题。无论如何,通常而言,用益权人不得改变物或权利的实体,用益权通常不包含对客体事实和法律上的处分权能。但对此也存在例外,如第 1070 条规定的给付权上的用益权、第 1074 条规定的债权上的用益权等,均包含部分的处分权能。

1.1 作为用益权客体的权利

权利上的用益权的客体是各种相对性或绝对性的权利,只要这些权利具有可转让性和可用益性。① 特别是,用益权的客体不限于绝对权,生息或不生息的债权也可以作为用益权的客体。② 担保物权也可以是用益权的客体。权利用益权的客体还可以是股权、著作权、商标权等无形财产权。股权等具有成员权(Mitgliedschaft)属性的权利原则上是可以作为权利用益权客体的。③ 并且,股权上的用益权具有在登记簿(Handelsregister)中的可登记性。④ 人格权的财产权内容也是人格权的重要组成部分,可以作为权利用益权的客体。相反,地上权的用益权属于不动产上的用益权,不属于权利上的用益权,⑤根据其本质不具有用益内容的先买权、回购权不是用益权的客体。⑥ 按照德国民法典第 1059b 条的规定,用益权不得作为用益权的客体。

除了无体的权利,财产作为整体的用益权也在民法典中有所规定。按照德国民法典第 1085 条、第 1089 条,财产上的用益权可以是企业、遗产等特别财产。这些财产具有经济上或观念上的整体性,但在德国民法典立法者看来,用益权只能存在于组成财产的各个标的之上,不存在整体财产上的用益权。特别是,用益权的设定要遵守客体特定原则,不能在财产的整体上设定。但是,德国民法典从整体财产的经济功能出发,至少在表面上使用了财产上的用益权的表述,并且在经济上和法技术上尽量维持财产的整体性。另外,在财产整体上设定的份额性用益权(Quotennießbrauch)是完全可以的,此时用益权的客体仍是由个别特定的财产组成的整体,但用益的内容是按份的。至于在所有权等权利的抽象份额本身上设定的用益权,也具有可能性。⑦ 在将来的、可特定化的财产权上也可以设定用益权。⑧ 在权利用益权的客体上,甚至不要求物法所特有的客体特定性,而是与债法上买卖合同的"客体"

---

① 〔德〕鲍尔/施蒂尔纳:《德国物权法》(下册),申卫星、王洪亮译,法律出版社 2006 年版,第 726 页。
② 同上。
③ MüKoBGB/Pohlmann, 9. Aufl., 2023, BGB § 1068 Rn. 24.
④ MüKoBGB/Pohlmann, 9. Aufl., 2023, BGB § 1068 Rn. 87.
⑤ MuenchKomm-Petzoldt, § 1068 RdNr. 2.
⑥ BGB-RGRK, Rothe, § 1068, Rn. 2.
⑦ MüKoBGB/Pohlmann, 9. Aufl., 2023, BGB § 1085 Rn. 4.
⑧ MüKoBGB/Pohlmann, 9., Aufl. 2023, BGB § 1068 Rn. 5.

可特定性规则具有一致性。

无论如何,用益权的客体具有相当的广泛性,除了有体物之外,还包括各种无体财产权。通过权利用益权制度,德国民法典的物法体系对有体物之外的财产权保持了开放性。

1.2 权利用益权的设立和转让

虽然设定债权性的用益权属于当事人的意思自治,但物法上的权利用益权的设定属于处分行为,同样适用区分和无因原则以及客体特定原则等。用益权的原因行为可以是赠予、买卖、遗赠、担保原因约定等。① 按照德国民法典第1069条,权利上的用益权的设定,依照权利转让的规则进行。而权利转让规则规定在德国民法典第398—413条。也就是说,用益权的设定原则上以设定人和用益权人之间关于设立用益权的合意即可为之,除特别约定或规定无需任何外在的形式要求。② 权利用益权无需满足公示生效要件的要求,物法的公示公信等原则在权利用益权的设立上不适用。虽然按照德国民法典第1036条,用益权人有占有物的权利,但是交付并不是权利用益权的成立要件。当然,鉴于绝对权转让在很大程度上仍然适用公开原则,用益物权设定上的形式自由的实际意义是有限的。毫无疑问的是,在不动产物权上设立的用益权,原则上要遵守第873条关于物权变动合意与登记的要求。但是,第1069条所规定的权利用益权设定的非要式、非公示性原则具有重要的体系价值。对于新型财产权利,在没有法律规定的情况下,仍然可以通过单纯的合意而设定用益权。

权利用益权的转让应按照债法编规定的权利让与的规定转让。对于绝对权上的权利用益权还需遵守公示原则。用益权的可转让性在民法典立法时有争议,立法者最后采纳了不具有可转让性的观点。这是民法典立法者基于当时用益权的适用范围主要限于存在密切关系的主体之间的考虑,用益权具有较强的身份性。③ 然而,用益权的主体不限于自然人,按照民法典第1059a条规定,法人和有权利能力的合伙享有的用益权在特定的情况下可以转让。并且,按照第1059条不可以转让的用益权可以被委托他人行使。用益权不因所负担的权利的转让而受到影响,但因所附权利的消灭而终止,但未经用益权人同意,不得以法律行为终止负担用益权的权利。对于有给付内容的权利上的用益权,用益权人有权在没有权利人参与的情况下取得可用益的给付客体。按照第1074条,债权的用益权人有债权的收取权。并且,按照

---

① Ronny Hauck, Nießbrauch an Rechten, Mohr Siebeck, Tübingen, 2015, S. 233.
② MuenchKomm-Petzoldt, § 1068 RdNr. 2.
③ BeckOK BGB/Reischl, 65. Ed. 1.2.2023, BGB § 1059 Rn. 1.

第1075条,债务人应当向用益权人履行。① 债务人向用益权人履行给付的,债权人取得给付标的的归属权,用益权人取得标的上的用益权。对此的合理解释是,恰恰在债务得到履行时,用益权的实现方具有现实性。

如上所述,财产上的用益权只能在构成财产的个别物或权利上设定,遗产上的用益权也是如此。由于整体财产构成债务人的责任财产,在财产上设定用益物权需要特别关注设定人债权人利益的保护。也就是说,设定人债权人的利益优先于用益权人。在用益权人与设定人的债权人的关系上,设定人的债权人可以不顾在后设定的用益权而实现受偿。同时,在设定人与用益权人的内部关系上,设定人可以向用益权人主张返还为清偿债务所必要的标的。对于债权上的用益权,设定人的债权人享有利息债权的,可以向后设定的债权用益权人主张支付利息。这些规定的目的是显然的,用益权设定人不能通过设定用益权逃避债务,也不能通过设定用益权侵害在先权利人的权利,即使在先权利人所拥有的是债权。

与物的用益权相同,权利的用益权不但可以附有约定的各种义务,也附有法定的债权债务关系。用益权人需按照用益权客体既存的经济功能和正常的经营规则行使用益权。用益权人对于所用益标的的保存和维护义务对于设定人和设定人的债权人是重要的。

1.3 类型法定与意思自治

在学说上,权利用益权分为供养用益权、保留用益权和担保用益权。② 在供养用益权,设定人为特定主体生活的保障在权利或特定财产上设定用益权,如被继承人在遗产上为配偶设定供养用益权以维持其生活状态。在保留用益权,设定人将权利或财产转让给第三人,同时为自己设定用益权以维护自己生活的稳定性。在担保用益权,其目的在于为既存的债权的用益权利给予物权性的保障,以免用益权因客体权利被扣押或执行等风险而陷于消灭。担保用益权并未在民法典中规定,是德国司法实践中发展出的类型。③ 当然,这些用益权只是从功能上和从学理角度进行的定位,尚不涉及物权法定的问题。

权利用益权作为物法所规定的特定物权类型,原则上也适用物权法定原则。④ 在用益权法定问题上,人们探讨处分型用益权的可能性。也就是说,

---

① Ronny Hauck, Nießbrauch an Rechten, Mohr Siebeck, Tübingen, 2015, S.350.
② 〔德〕鲍尔/施蒂尔纳:《德国物权法》(下册),申卫星、王洪亮译,法律出版社2006年版,第725页。
③ Ronny Hauck, Nießbrauch an Rechten, Mohr Siebeck, Tübingen, 2015, S.205ff.
④ Ronny Hauck, a.a.O., S.212ff.

用益权人取代所有权人成为排他性的处分权人。① 对此,主流观点认为,处分型用益权与用益权的本质不符,且导致用益权与所有权的关系模糊以及所有权空虚化,不符合物权法定原则。② 相反的观点认为,民法典在第1049条等有限地承认用益权人的处分权,用益权的处分与所有权的处分并不相同,处分型用益权不违反物权法定原则。

权利用益权的类型和内容具有广泛性,取决于当事人的约定。当事人意思自治具有广阔的空间。在用益权的物权法定与类型强制的问题上,与有体物上的物权法定原则存在较大的不同。权利上的用益权因客体和内容上的广泛性,几乎脱离了物权法定的框架,甚至用益权的客体仅需满足可特定化要求即为足够。我国《民法典》并没有规定权利用益权,但基于资产或权利而发生的各种用益权,如信托受益权、债权受益权、票据收益权、股权受益权等,在中国的商业实践中有多样化的存在,体现出权利用益权制度实践的丰富性,以及在权利用益权规则配置上加强立法跟进的必要性。权利用益权制度实际上对物权法定原则提出了严重的挑战。当然,这在有体物上的用益权也是如此,特别是不动产上的用益权与工商企业的经营和商业竞争相结合,受到反不正当竞争法和物权法的多重调整。

由于缺乏权利用益权的明确规则,司法实务中的各种资产和权利的受益权、收益权纠纷的法律适用成了"无本之木"。特别是,我国《民法典》第115条、第116条的"物权法定原则"成为商业实践中非为法律所明确规定的债权或其他类型资产上的用益权适用物权编相关规定的障碍。至少与德国民法典相比,我国《民法典》物权编所存在的权利及财产上用益权的规则漏洞有待填补和完善。实际上,对权利作为物权客体考虑的欠缺,是我国《民法典》体系设置的重大缺憾,也体现出我国《民法典》背后学说理论的不足。

2. 权利上的"担保权"

2.1 担保法的独立体系

担保提供规则规定在德国民法典总则编第七章第232—240条,民法总则对担保的类型、担保额度、担保的客体等作出一般性的规定。普遍的观点认为,该部分条款的实际意义有限。然而,担保提供条款为担保法的独立体系提供了外在的规范基础。同时,德国民法典2008年修订增加第1192条1a款,将担保合同(Sicherungsvertrag)实证化。担保原因约定成为德国担保法一般规则的重要内容。司法实践中发展出新的担保制度,以及过度担保、担

---

① Fueller, Eigenstaendiges Sachenrecht, Mohr Siebeck, Tübingen, 2006, S.440.
② Ronny Hauck, Nießbrauch an Rechten, Mohr Siebeck, Tübingen, 2015, S.212.

保利益返还、担保合同的实现等规则丰富了担保法总则的制度构成。不乏德国学者提出担保法体系建构的一般规则。可以说,德国民法典上的担保法总则也在经历体系的更新。

在总则的担保提供规则基础上,结合债法的保证、债权让与以及物法的担保物权类型作为具体的担保制度构成,德国民法典的担保规则形成总分则体系。德国担保法的相对独立性不仅体现在法典的体系结构,而且体现在经由司法实践而确立的担保法的判例规则,担保法脱离民法典成文法规则而独立。就此而言,德国担保法面临整合和再法典化的问题。担保法的独立性与物债二分结构此消彼长,担保制度的独立性会削弱物债二分的严格性。实际上,担保物权在德国物法领域的法律发展中占了很大的比重,担保物权在物的整体性、物权法定以及公示公信等原则等方面均有突破和发展。

在担保物权,通常区分物的担保和权利的担保,在权利担保主要包括权利质权、债权的担保让与以及无体财产权的担保让与等。有观点认为,物的担保实质也是权利的担保,即物的担保是以物的所有权作为担保的客体。权利质权与动产质权两者在本质上并无严格区分的必要。① 就此点而论,担保物权在客体上具有同一性,将权利质权与动产质权合并未尝不可。权利买卖与物的买卖规则在债法的一体化,也为物法在体系设置上统一处理有体物、权利和其他非权利类无体物提供了参照。

2.2 权利上的担保权的客体与类型

德国民法典立法面临的是关于权利上的权利的激烈争议。但是,立法者认为这种争议是理论化的,与权利用益权的处理方式相同,立法者没有作出过多说明,而是将权利担保权直接引入民法典中。② 出于对物与权利区分的民法典既定框架的考虑,有体物上的所有权担保权不在此处提及。这是引入权利担保权的目的所决定的,即对权利作为物权的客体的具体制度进行阐释,并对权利上的物权在物法中的体系协调性问题予以关注。也就是说,在民法典第90条所限定的有体物之外,民法典物权编同样存在权利上的担保权。

在理论上,所有权上的权利质权是不成立的,所有权原则上只能通过有体物占有移转的方式进行权利变动,单纯的权利移转(Zession)是不行的。③ 地上权及房屋所有权视为不动产,也不能作为权利质权的客体。对于权利上的担保物权,德国民法典只对权利质权作出规定,并将其与动产质权并列。

---

① 谢在全:《民法物权法论》(下册),中国政法大学出版社1999年版,第802页。
② Staudinger/D Wiegand (2009) vorbem zu §§ 1273ff Rn.4.
③ Staudinger/D Wiegand (2009), § 1273, Rn.5.

按照德国民法典第 1273 条第 2 款,动产质权的规则准用于权利质权。也就是说,权利和有体动产均可作为质权客体,并且原则上适用同样的规则。权利质权规定在德国民法典第 1273—1296 条,其中,第 1273—1277 条是权利质权的一般规则,第 1278 条是涉及以物的交付为必要的权利质权的特别规则,第 1279—1290 条是债权质押,第 1291 条规定的是土地债务和定期金债务质押,第 1292—1296 条是关于有价证券质押的特别规则。可以说,德国民法典在权利质权主要规定的仍然是债权作为质押客体的规则。

德国民法典并没有对其他无体财产权的质押担保作出明确的规定,也回避了在企业等权利和物的集合体上设立权利质权的可能性。虽然法典没有明确规定,但是权利质押的客体具有广泛性和非限定性,原则上只要权利具有可转让性并且可以变价,就是可以质押的。① 例如,民法典的权利质押规则也适用于著作权、发明和实用新型权、专利权等无体财产权的质押。② 民法典通过权利担保规则的引入,扩展和克服了物权客体只能是有体物的局限性,保障了法典对现实生活的回应力。

在实务中,动产质押已经被让与担保所取代。并且,权利作为质押的客体在经济生活中的实际意义大于动产质押。③ 而德国司法实践中发展出来的担保性债权让与也是重要的担保方式,债权的担保让与已经取代债权质押成为主流的债权担保方式。④ 也就是说,让与担保这种不具有公开性的担保方式在实践中取代公示性的质押担保成为主流的动产担保类型。但是,在无体的权利担保中,股权质押而非股权的让与担保仍具有重要性。相对于股权让与担保而言,质押对于各方当事人而言更有吸引力,其原因在于质押人基于股东身份的公司管理权不受影响。⑤ 而股权的担保权人一般也无意介入公司的内部事务。但是,这一点并没有影响股权让与担保在中国的实践和运用。

2.3 权利担保的设定与公开性

按照德国民法典第 1273 条第 2 款、第 1274 条第 1 款的规定,权利质权的设定准用权利转让的规则。但物的交付为权利转让所必要的,适用第 1205 条、第 1206 条关于动产质权的设定规则。也就是说,有体物的交付是这种类型的权利质权的设立的形式要件。在此,占有改定以及请求权让与不能

---

① MüKoBGB/F. Schäfer, 9. Aufl., 2023, BGB § 1273 Rn. 3.
② Soergel-Muehl § 1273 Rz. 1.
③ Staudinger/D Wiegand (2009) vorbem zu §§ 1273ff Rn. 1.
④ 〔德〕鲍尔/施蒂尔纳:《德国物权法》(下册),申卫星、王洪亮译,法律出版社 2006 年版,第 641 页。
⑤ Staudinger/D Wiegand (2009) vorbem zu §§ 1273ff Rn. 1.

满足交付的要求。① 德国民法典实际规定了二元化的权利质权设定规则。按照民法典第413条的规定,权利质权的设定无需公示即可发生效力,而以物的占有为必要的(债法上的交付义务)权利设定质权,需要按照动产质权的规定完成交付和占有公示。也可以认为,权利质权的设定无需满足公示原则,债法的权利转让规则延伸到物法,并对权利质权设定的公示性发生影响,权利转让规则的非公示性对物法的公示原则造成冲击。

权利质押原则上采取非要式的权利移转规则。然而,对于较为重要的债权质押,与债权转让的非公示规则不同,德国民法典采取设定上的公示原则。也就是说,债权质押不是与债权转让而是与动产质押适用同样的占有公示规则。按照德国民法典第1280条,对于仅以让与合意为转让必要的债权,质押人仍需将设质通知债务人,债权质押才生效。在此,设质通知属于有相对人的意思表示。② 该规定被认为是对第1274条权利设质一般规定的偏离,也是第398条债权转让规则的特别规定。③ 按照第398条的规定,债权转让无需向债务人通知即生效,通知第三人只是对抗第三人的要件。债权质押的通知生效主义实际是交付原则在权利质押领域的类比或延伸。这里实际体现了立法者的矛盾性。

虽然立法者为债权质押设置了强制公示的要求,在德国的实践中,债权的担保性让与仍然取代了公示性的债权质押成为主流的债权担保方式。担保性债权让与的好处在于非公示性。债权质押向质押人的债务人暴露了该债权被质押以及质押人的财务状况,这对出质人是一种不利。在债权质押,质权人在主债权到期前必须与质押人共同收取设质债权(第1281条),他不能单独对次债务人采取行动。相对于债权质押,担保性债权让与赋予担保权人以直接的债权人地位,相对于次债务人的法律地位更为直接。基于这些理由,债权的担保性让与具有实践上的优势。

债权担保性让与的非公示性问题值得关注。在我国有较多的观点认为,担保性债权让与的非公示性不利于交易安全,是该制度饱受诟病之所在,并主张应当为让与担保、所有权保留以及债权的担保让与设定相应的公示规则。在美国以及欧洲国家,也的确存在类似的登记公示规则。但是,让与担保的优势也恰恰在于其非公示性。如果为让与担保设置公示性要求,则该制度相对于质押规则的优势和独特价值也就不复存在,可能影响该制度的生命

---

① 〔德〕鲍尔/施蒂尔纳:《德国物权法》(下册),申卫星、王洪亮译,法律出版社2006年版,第723页。
② Staudinger/D Wiegand (2009) vorbem zu §1280 Rn.6.
③ Staudinger/D Wiegand (2009) vorbem zu §1280 Rn.1-2.

力和实际作用的发挥。而债权转让规则的公示对抗性也可以保护交易安全。换言之,应留有非公示的选择空间。而本书所提出的灵活的物权变动模式对此有足够的回应力。

三、小　结

物债二分体系排斥权利作为物权的客体,无体物在潘德克吞和德国民法典中不具有体系意义。物权的客体限于有体物,权利不是物权的客体。然而,德国民法典无法回避权利客体化的立法需求,无法回避权利客体化的规则设定。虽然德国民法典将物限定在有体的客体,但权利买卖、转让以及权利用益和担保规则,在德国民法典中仍然有明确的存在。德国民法典将权利买卖和权利移转规则定位在债法,权利用益权和权利担保物权设置在物法。虽然权利客体化存在于法典中,但有关规则以分散和边缘化的方式存在于民法典。

不过,随着权利客体化的重要性的提升,民法典中权利买卖的规则设置发生变化,而对于权利客体化的解读也存在空间。在德国债法改革后,权利买卖逐渐取得规则设置上的同等重要性。权利买卖和物的买卖规则差异逐渐缩小,物与权利作为买卖客体的债法规则趋同。而权利上的权利在物法的存在是解释上的问题,除了占有和所有权规则之外,物和权利作为物法的客体几乎具有同等的体系地位。德国民法典中权利上的用益权和担保权在物法中的规则也相当实用,权利用益和担保规则需准用物上用益和担保规则,将权利上的权利规则放在物上用益和物上担保之后是自然而然的。无论如何,物和权利均可作为用益权和担保权的客体,权利客体化规则存在于德国民法典物法体系中。

基于债权不能作为物权的客体的体系藩篱,债权移转规则遁入债法,其原因固然有从债务人保护角度出发的考虑,并且基于债务人保护的考虑而维持相对性;也在于债权不是所有权,债权作为债的关系中的权利应当位于债法,不能适用所有权移转的规则。但是,权利移转规则准用债权移转规则,特别是将绝对性的无体物上的权利移转规则也定位在债法,带来体系上的不协调。在物法领域,虽然权利用益权和权利质权的设定准用债法中的权利移转规则,体现出权利处分规则在债法定位的统一性。但是,权利质权的公开性要求与此不符,权利处分规则的外在体系割裂仍难以合理解释。

对于权利移转规则,德国民法典以权利移转的非公示性为原则。但是,这种非公示性存在诸多的例外。无体的股权、知识产权等权利移转的公示性以特别法的形式存在。而债权转让的非公示性也在债权质押规则发生例外,债权的担保性让与维持实践中债权担保规则的非公示性。可以说,如何设置权利的移转规则,仍然是德国民法典未能很好解决的问题。从权利归属和移转的绝对性出发,公示性要求应是对抗第三人的必要条件。而这也可为"隐藏性"的担保方式留有空间。

总体而言,基于对物债二分的执着,德国民法典未能很好地处理权利客体化的问题,特别是关于权利作为客体与物作为客体的关系、权利处分规则的体系设置、权利移转及其公示性等问题,均存在优化的空间。我国《民法典》编纂在这方面也未有更多的考虑,甚至在权利客体化上存在明显的体系疏漏。

第二节 非权利类无体物与物法上的绝对归属

如上所述,在德国民法典立法之前,罗马法上所没有的无体财产,如著作权和发明权也已经是买卖法的客体。[①] 日耳曼法学者以及个别潘德克吞学者也已经将其作为民法的重要内容进行详细阐述,只是德国民法典的立法者没有将其纳入法典的体系。而在民法典通过之后,德国学者在客体的概念之下尝试将新的生活领域纳入到民法调整范围中来,这相对于潘德克吞体系下的传统的客体的概念,是一种外在体系的更新。

当代潘德克吞学理对客体概念及其与有体物概念关系的建构,意味着有体物概念的弱化,以有体物为中心的物法体系可能被重构。这在当代德国学理也已经有很多讨论,只是在法的外在体系上,德国民法典仍然维持其原有的面貌,在没有大的法典修订情况下这毋宁是自然的现象。而在教科书体例上,由于知识产权法和民法典的分立,加上教学分工的需要,知识产权法没有作为民法教科书的一部分,也是正常的。

知识产权法与民法典的关系,尚有争论。德国物法与知识产权法的分立有历史上学派分立因素的影响,也与知识产权制度的理论有关。在当代学理上,物法与知识产权之间的关系也是学者们讨论的对象。[②] 互联网背景下的新型财产能否作为归属的客体,也是财产法所面临的新问题。新的生活领域是否能够融入传统的规范体系,以及在何种程度上能够实现对潘德克吞体系的重塑,甚至这种整合在实际上的必要性,需要讨论。如上所述,德国债法改

---

① Bechmann, Der Kauf nach gemeinem Recht. Teil 2, System des Kaufs nach gemeinem Recht. Scientia Verlag, Aalen, 1884, neudruck 1965, S. 132.
② 有学者将知识产权制度纳入民法教科书中,与物法分立。参见张俊浩主编:《民法学原理》(下册),中国政法大学出版社2000年版,第538页以下。

革在形式上将无体物的买卖纳入到民法典中来,实现了买卖法上的客体更新,但细节问题仍然没有完全解决。① 无论如何,这为新的体系开了头。

需要说明的是,本节所探讨的非权利类无体物与物法体系的扩展,起码在部分上已是超越德国民法典既有实证规定而对物法体系发展的探讨,即在应然层面和建构意义上的物法体系。

一、集合物的物权客体地位

(一)集合物的客体属性

1. 集合物的类型

1.1 物的集合(Sachgesamtheit)

所谓"物的集合"或"集合物"是指多个相互独立的物基于共同的目的相互结合为经济上的一体。② 至于构成总体物的各个独立物相互之间是否有上下位的从属关系,是否存在主物与从物的关系,集合物的构成的意义等问题,尚存在争议。有的持否定态度,③有的持肯定态度。④ 物的集合如仓库中的存货、图书馆、集邮册等。

德国民法典不存在集合物作为所有权客体的规则。德国民法典在第92条第2款、第260条第1款、第1035条使用了"物的集合"的概念,但民法典没有集合物上单独所有权的规定。在德国法上,构成物的集合的各个部分在法律上仍为独立的物,故而物的集合的转让要区分其债法上的效力和物法上的效力,这与德国法对债权行为与物权行为的区分,并且对动产和不动产按照不同的标准确定其转让的法律效力有关。

从构成物的集合的各个独立的组成部分来看,构成物的集合的各个独立的物并不要求一成不变,个别物从集合中分离,甚至个别物的所有者与物的其他部分的所有者不一致,并不导致物的集合特征的丧失。物的集合在于其个别物相互结合所体现出来的更高的价值,但相较于个别物的总的价值的提升,并不是绝对必要的。是否存在物的集合要根据交易中的观点而判断。

1.2 权利的集合(Rechtsgesamtheit)

权利的集合指的是归属于同一主体的物及其他客体,尤其是权利的统一体,它们结合地发挥功能。⑤ 物的集合与权利的集合的区分是共同法

---

① Haedicke, a. a. O., S. 44, 45.
② Soergel/Marly, Vor § 90 Rz 6.
③ Soergel/Marly, Vor § 90, Rz 6.
④ Staudinger/Jickeli/Stieper (2004), § 90, Rn. 18.
⑤ Soergel/Marly, Vor § 90 Rz 9.

(gemeines Recht)的产物,两者的法律地位并没有区别。典型的权利的集合是企业,它可以由土地、机器设备、原材料等动产,还可以由债权、知识产权,以及客户关系、商业秘密等权利及其他具有经济价值的利益组成,并具有经济上的一体性。德国的学说和判例试图对企业的概念作出更为精确的界定,但在企业作为侵权和反不正当竞争法保护的客体外,并没有取得很大的成功。①

德国民法典在第1085条、第1363条、第1364条、第1365条、第1373条以下、第1922条所使用的"财产"(Vermoegen)也归属于权利的集合概念之下。② 它因其相对的独立性而有在经济上和法律上作一体处理的必要,但不能在支配的意义上作为统一的客体而存在。德国民法典在财产之外还承认所谓的"特别财产",特别财产相对于权利人的财产具有法律上的相对独立性,为特别规则所调整,例如,破产财产、信托财产等。

2. 罗马法上的集合物

在罗马法时代,超越单个物的整体性已是学说和实务需要处理的问题。有观点认为,罗马法上物的集合可作为法律上的一物,但立法者从温德沙伊德的观点出发,认为该概念不必要。③ 卡泽尔也认为,罗马法上集合物(Ganze)可以是所有权的客体,即使构成集合物的个别物归属于他人。④ 当然,也有研究者从罗马法原始文献的分析出发,认为罗马法尚不存在明确的物的集合上的所有权,但不排除解释上的可能性。⑤ 还有观点认为,在罗马法上物的集合(如兽群、图书馆)属于无体物,且不是所有权的客体。⑥ 可以说,在对罗马法的解释上,对物的集合还存在不同的观点和理解的可能性。但集合物在罗马法上作为归属的客体,是主流观点。

权利的集合往往包含有体物之外的权利等其他无体财产,至少并不能像物的集合那样作为有体物。对于遗产,盖尤斯一方面将遗产归入无体物,另一方面又将遗产归入集合物。如将集合物列入无体物,可以解释盖尤斯的不一致。无论如何,罗马法上的占有的令状保护以及对物诉讼等适用于有体物

---

① Beisel/Klumpp, Der Unternehmenskauf, 6. Auflage, Verlag C. H. Beck, München, 2009, Rn. 12.
② Staudinger/Jickeli/Stieper (2004) Vorbem 24 zu §§ 90-103.
③ Ludwig Kuhlenbeck, Von den Pandekten zum Bürgerlichen Gesetzbuch, Carl Heymanns Verlag, Berlin, 1898, S. 268.
④ Kaser/Knuetel, Roemisches Privatrecht. 19. Aufl., Verlag C. H. Beck, München, 2008, S. 106.
⑤ Daubermann, Die Sachgesamtheit als Gegenstand des klassischen romischen Rechts., Verlag Peter Lang, Frankfurt am Main, 1993, S. 147.
⑥ 江平、米健:《罗马法基础》(修订本第三版),中国政法大学出版社2004年版,第177页。

的规则对于遗产也有适用。特别是用益权的准占有或权利占有,也是罗马法学家所探讨和使用的概念。① 对于企业所有权,罗马法可能尚不存在该等问题。如果在罗马法上物的集合可以成为所有权的客体,则权利的集合也有解释的空间。至少从物法的角度探讨集合物作为物权客体的可能性,可以从罗马法找到依据。

(二)集合物所有权的学说与实务

在学理上,对于过于极端地将经济上的具有一体性的整体物在法律上拆分为单个的物和事实关系的做法,一直不乏批评的意见。② 德国民法典在第92条第2款、第260条第1款、第1035条使用了"物的集合"的概念,但没有关于整体物上单独所有权的规定。无论如何,物的集合概念至少是实证法所规定的。有德国学者对超越个别物客体特定性的整体物的所有权可能性的问题进行了探讨,这种探讨在学理上是有趣的。而且,不顾物的整体的个别构成而尝试在经济或功能一体的物或权利的整体之上建立所有权,这并非无中生有。普鲁士普通邦法中即有关于整体物上所有权的规定,在法国法上也存在营业所有权的制度。③ 在德国法上,由于建立在个别物之上的物权客体特定原则,整体物上的所有权只能在学理的层面上进行探讨。④ 不过,整体物的处分或者整体物上的所有权如今是否是一个法律现实,也许并不那么清晰,德国法本身也是发展变化的。

在整体物上是否存在独立的所有权的问题,至少涉及以下两个问题:一是构成整体的个别物的所有权归属不一致,就是说,整体物虽然具有经济上的一体性,但是在内部构成上存在不同的归属,如果承认整体物上的独立所有权,则其内部构成上的归属不一致,是否是一个需要解决的问题,需要探讨;二是整体物的构成成分的多样性,即构成整体物的部分在法律上存在不同的处分方式,例如,构成整体物的可能包括动产、不动产,以及其他法律或事实上需要特别处分的客体,如果承认整体物上的所有权,则这些内部成分的处分是否仍然保有独特性,也是问题。也即,如果要超越建立在个别物的客体特定原则的归属制度,似乎还需要进一步的制度建构,这是否合适还存在疑问。当然,这些问题仍然着眼于构成整体物的个别物,而强化从整体出发的观点也许是更重要的。

---

① 〔德〕马克斯·卡泽尔、罗尔夫·克努特尔:《罗马私法》,田士永译,法律出版社2018年版,第213页。
② Oertmann, Zum Rechtsproblem der Sachgesamtheit, AcP 136 (1932), 88.
③ Staudinger/Jickeli/Stieper Vorbem zu §§ 90-103 Rn.33.
④ Oertmann, a.a.O., AcP 136 (1932), 88.

1. 学理对整体物所有权的探讨

德国学理对整体物的所有权也有探讨,但集合物所有权没有成为主流学说,在表面上也没有为司法裁判所采纳。这里主要涉及整体物相对于构成整体的个别物的独立性的问题。对此,德国学者存在三种不同的观点,这在逻辑上大概也是如此:一种观点认为,整体物所有权与归属于其他主体的物的所有权互相独立,两者互不影响,整体物的处分不涉及归属于他主的个别物;第二种观点认为,整体物之上和构成整体的个别物之上的所有权互相重叠,即这里存在双重所有权,一方面,个别物保持其独立的所有权和处分可能性,另一方面也作为整体的一部分而成为整体处分所涉及,这是德国学者基尔克和 Oertmann 的观点;[①]第三种观点认为,整体物的所有权可以吸收构成整体物的个体的所有权,就是说,个体物不再具有客体上的独立性,其上的所有权消灭。这三种观点分别代表了整体与个体之间强弱不同的结合关系。显然,如果整体的处分可以在部分之外完成,整体物的转让不因部分的未转让而无效,则也意味着整体性成立。甚至如果整体物的转让导致"成分"的同时转让,即使部分的所有主有所不同,则这意味着整体性进一步强化。

对于这三种整体与个体之间的关系,德国学者 Oertmann 认为,第一种观点相当于不承认整体物之上的所有权,可以置而不论;第三种观点则过分强调了整体物所有人的法律地位,对个体物所有权人的利益是一种过分的剥夺。[②] 显然,如果谁只是偶然地甚至是恶意地将他人之物置于自己的整体物范围,即发生整体吸收个体所有权的规则,会出现人人自危的局面。他认为,双重所有权的观点具有较大的接受可能性。不过,他对整体物的所有权的承认不是建立在对整体物作为"有体性"的一物的基础之上。相反,他认为整体物是一种文化、经济意义上的一体性,这种整体物作为一种无体的经济或文化上的存在,与有体的个别确定的物是互相独立和分离的。至于人们是扩大物的概念并将之称为所有权,还是将之作为无体物并称之为无体财产权,仅仅是一个具有次要意义的问题。[③]

整体物法律地位的意义首先在于法律处分,即在物法上的处分。Oertmann 认为,整体物的转让,因其与个别特定的有体物的独立和分离,而无需实行所谓的交付原则,单纯的合意即可实现整体物所有权的移转。[④] 这

[①] Gierke, Die Soziale Aufgabe des Privatrechts, 1889, S. 54; Oertmann, Zum Rechtsproblem der Sachgesamtheit, AcP 136 (1932), 92.

[②] Oertmann, Zum Rechtsproblem der Sachgesamtheit, AcP 136 (1932), 96.

[③] Oertmann, a. a. O., 95-98.

[④] Oertmann, a. a. O., 102.

与德国法上,对于其他权利实行与债权的合意转让相同的规则相一致。至于整体物转让对归属于他人的个别物的效力,存在善意取得的适用空间。① 通过对整体中的个别物的善意取得,整体物实现了内部构成上的法律一体性。可见,整体物的处分也还是对个体物的处分有所顾忌和影响,而并非单纯的对抽象的整体物的处分。这在常理上也是如此,谁购买一个整体物,当然不意味着不顾个别构成而取得一个抽象的整体。因而,整体物的归属仍然很难脱离个别物的归属而抽象地存在,这是整体物所有权的尴尬所在,这也是整体物的事物的本质所决定的,它就是一种处于中间状态的存在。除此之外,整体物法律地位的意义也在于其保护的问题之上。按照 Oertmann 的观点,整体物无疑可以作为返还原物所有权请求权及妨害排除请求权的客体。这不仅在程序上有好处,在实体上被告也不能以个别物不属于整体物的权利人而主张针对整体物的物上请求权的抗辩。② 笔者以为,这种观点无疑是有道理的。

这种整体物上所有权的观点,因不能解决所有的整体物涉及的法律问题,而存在局限性。尤其是在所有权保留和让与担保的问题上,整体物的所有权虽然可以实现整体物与个别物的独立,但整体物中个别物的进入和流出仍然需要其他制度的建构,即所谓的预期让与合意和预期占有改定。③ 而从现实来看,整体物的担保制度,恰恰是整体物最重要的存在领域。而如上所述,预期让与合意与预期占有改定的说服力,仍然是有限的。

尤其值得一提的是,Oertmann 没有承认整体物作为有体物的法律一体性,这样他对整体物所有权的整个理论都无法与德国法建立在物的有体性的所有权规则相协调,当然他对此早已承认,他是在法政策的角度讨论问题。按照他的观点,整体物作为一种无体物,并在无体财产权的意义上来理解。Oertmann 提到,这里是扩大有体物的所有权还是发生无体财产权的问题并不重要。且企业作为无体财产权的客体的观点在德国学理上已经被抛弃。④ 然而,德国学者 Pawlowski 仍然将企业作为无体物,并作为权利占有的客体。⑤ 有学者如 Huebner 也将物的整体作为一种无体物来理解。⑥

从实证的角度而言,德国民法典上自始就不存在整体物作为绝对权客体

---

① Oertmann, a. a. O. , 102.
② Oertmann, a. a. O. , 103.
③ Oertmann, a. a. O. , 103.
④ Staudinger/Jickeli/Stieper Vorbem zu §§ 90-103 Rn. 33.
⑤ Pawlowski, Der Rechtsbesitz im geltenden Sachen und Immateriglauterrecht, Verlag Göttingen Schwartz, Göttingen, 1961, S. 106.
⑥ Huebner/Lehmann, Allgemeiner Teil des Buergerlichen Gesetzbuches. 2. Aufl. , De Gruyter, Berlin, 1996. § 16 II 1, S. 166.

的制度。德国法没能建立整体物上的所有权,这在以个别物的客体特定原则为基础的理论之下是无法实现的。显然,如果人们一方面坚持个别物上的所有权,另一方面又承认整体物也是特定的物,这就陷入了自我矛盾之中,整体物所有权和个别物所有权的客体特定性是互相否定的。这也是德国学理发展出整体物作为无体财产权的原因。即使是这种学理仍然无法摆脱整体物的特定性与个别物特定性之间的矛盾,因为整体物无法摆脱个别特定物而存在,而德国民法典或者德国学理正是建立在这种个别物的客体特定性之上。

如上文在物的重要成分的制度上所提出的,在物的可分离性的问题上,物的成分与特定物本身的可分离性在不断的强化。而物的法律一体性并没有因为物的可分离性而成为问题。这对于判断物的整体性也有意义。既然物的成分的分离不是十分困难的问题,则物的整体上的所有权也可以成立。只不过德国法及学理过于强调以特定一物为基础的物权客体特定性,整体物本身作为物权客体的问题在学理上还存在困难。实际上,只要稍微向前一小步,集合物整体的所有权即可成立。

2. 司法实务

德国司法实践在何种程度上仍然坚守建立在个体物上的客体特定原则,可以在整体物转让和担保的问题上展开讨论。如上所述,即使坚持建立在个别物基础上的客体特定原则,也不意味着具有整体性的多数物的移转要分多次、个别性地完成,这在担保的情形也是如此。在一个总体的名称之下,将集合物一次性地转让,在物法上也可以实现,与是否承认物的整体作为物权的客体没有不同。问题在于,如果构成整体物的个别物的归属存在多样性,则这样的整体转让如何实现?对此,存在多种建构的可能性。在整体物让与担保的情形,个别构成物所有权归属与整体物归属的不一致,不影响让与担保的成立,这体现在让与担保的客体构成部分上存在所有权保留,或者让与担保人将整体物中的个别物剥离而不作为让与担保客体的情形。在直接当事人之间,通过让与合意等约定性的安排,可以解决整体物归属的问题。在其他情形,外观上属于整体的个体物,在整体物存在明确的或可信赖的归属主体时,可能直接通过对个别物的归属信赖,个别构成物的所有权可以通过整体物转让所伴随的个别物的善意取得而变动。在结果上,这与整体物作为整体而处分是相同的。可以说,在动产的情形,具有经济一体性的物的整体物所有权归属,并非十分难以解决的问题。

在另外一种情况,即物的整体的构成具有动产和不动产及其他财产构成上的多样性,则整体物的处分很难通过个别物的整体处分而实现。这在德国上尤其如此,德国法上动产和不动产的转让实行不同的法律制度,动产的占有移转尚能在整体上一次完成,不动产则很难与动产一次性地同时实现所有权的移转。这体现在德国法上的所谓企业所有权的问题之上。德国民法典以及德国商法典的立法者认为,企业的概念无法界定,准确地进行描述也是不可能的。① 如德国学者所言,企业作为债法上的客体,是毫无疑问的。虽然德国商法上存在营业取得(德国商法典第22条第1款)、营业上的用益权(德国商法典第22条第2款)等规定,但是企业仍然无法作为处分的客体,构成企业的不动产要通过登记、动产要通过交付、企业核心也要通过适当的方式实现归属的变动。② 在德国法上,不存在通过登记而取得整个企业的法律手段,仅仅是就整个营业的让与合意是不够的。③ 另外,即使是在债法上,如果企业的买卖涉及不动产,则这里仍然涉及德国民法典第311b条所规定的不动产买卖合同公证的形式性要求,只不过是整个企业买卖合同还是仅仅是涉及土地的部分应符合形式强制的要求,存在争议。④ 主流观点认为,这里存在整个合同的形式强制,否则合同——在考虑德国民法典第139条的情况下——无效。⑤ 这里,在债法上,企业转让也要涉及不动产买卖的特殊规则。当然,也有很多学者致力于强调营业的整体性,例如,有的学者将营业作为特别财产,有的学者把企业作为扩大了的所有权的客体。⑥ 不过,从现实而言,显然无法忽视构成企业的个别物的存在。

(三) 集合物所有权的可能性

在法律上,如何处理物的整体性的确是生活层面的需求向物法所提出的问题。物的整体性体现为物的集合、权利的集合等概念,具体而言又涉及如资产整体转让、浮动担保、工厂抵押等问题。这些问题在德国民法典立法之时已经部分地存在,但民法典立法者从严格的客体特定原则出发,不承认这些经济一体的物的法律一体性。这可能也并不符合罗马法的规则,罗马法承认多个物上的统一所有权的客体。德国民法典的立法者认为,集合物始终是一个想象的客体,而非真实存在的客体,因此不能归入物的概念并作为权利

---

① Beisel/Klumpp, Der Unternehmenskauf, 6. Aufl., Verlag C. H. Beck, München, 2009, Rn. 12.
② Baur/Stuerner, Sachenrecht, 18. Aufl., Verlag C. H. Beck, München, 2009, § 28 II Rn. 10. Heidinger, in: Münchener Kommentar zum HGB, 3. Auflage, 2010, HGB § 22, Rn. 22.
③ Heidinger, in: Münchener Kommentar zum HGB, 3. Auflage, 2010, HGB § 22, Rn. 22.
④ Heidinger, a. a. O., Rn. 21.
⑤ Seeger, Die „einseitige Abhängigkeit"—zum Umfang der Beurkundungsbedürftigkeit zusammengesetzter Grundstücksgeschäfte. MittBayNot 2003, 11.
⑥ Baur/Stuerner, a. a. O., Rn. 5.

的客体,在集合物总体上的权利始终是单个物上的权利的集合。① 在当代,人们也认为,集合物不具有有体性。② 取得物的集合必须通过构成整体的单个物的取得来完成,事实处分也是如此。例如,某人购买一个企业,其中的动产必须交付,不动产必须登记,商标等无形财产也必须通过合适的方式移转。这里,恰恰是从生活事实出发不存在一体转让的可能性。

  德国学者基尔克批评民法典立法者将统一的生活世界割裂开来,虽然组成整体的物与物之间具有功能上的联系,但在法律上它们是一个一个的物,仅在一个一个的个别确定的物上才存在所有权。③ 这样才与物法上的客体特定原则相一致。④ 在德国法上不存在整体物的所有权。⑤ 基尔克说到,虽然法律只承认单个物作为所有权的客体,但特定一物的确定并不是从永恒不变的自然法则出发,而是从法律生活中发展出来的观点和需要出发。⑥ 他认为,德国民法典立法者将经济上具有一体的物分割为无法计数的单个的物,这导致生活事实关系与其法律形式之间的内在不一致,是有害的。⑦ 从交易中的观点来看,经济上的一物恰恰要成为法律上的一物,既然物的集合和独立的一物的判断都对准交易中的观点,则应该认可物的整体本身作为物的法律地位。严格的物的概念与对物的狭义支配有关。从直接效力的角度而言,人们无法同时支配两个物,即使它们有内在的联系。

  如上所述,物的特定性的问题涉及物的可分性也涉及物的整体性,两者是一个问题的两个方面。物的整体性涉及彼此独立的物之间的关系及其作为法律客体的问题。按照德国民法典立法者的观点,虽然物的非重要成分也可以作为独立的物权客体,但物的非重要成分与重要成分结合成法律上的一物,物的非重要成分可以作为独立的权利客体,甚至在非重要成分上的所有权保留也不影响整体物的特立性和所有权的单一性;除非有另外的约定,其与物的归属及处分同步。与此相反,存在功能及经济上联系的独立的物与物所形成的整体不能作为独立的物权客体,这与物的非重要成分可作为独立的权利客体是不一致的。德国民法典在物的可分性与物的整体上的逻辑应当

---

① Gierke, Personengemeinschaften und Vermögensinbegriffe in dem Entwurfe eines Bürgerlichen Gesetzbuches für das Deutsche Reich, De Gruyter, Berlin 1889, S. 107.
② Huebner, Allgemeiner Teil des Buergerlichen Gesetzbuches, 2. Aufl., De Gruyter, 1996, S. 166.
③ Gierke, a. a. O., S. 109.
④ Bork, Allegmeiner Teil des Buergerlichen Gesetzbuchs, Mohr Siebeck Verlag, Tübingen, 2001, S. 97.
⑤ Larenz/Wolf, Allgemeiner Teil des Buergerlichen Rechts, 9. Aufl., Verlag C. H. Beck, München, 2004, S. 358.
⑥ Gierke, a. a. O., S. 109.
⑦ Gierke, a. a. O., S. 109.

是一致性的,对物的成分与物的整体之间区别对待的实质合理性,是值得怀疑的。

1. 作为有体物的集合物所有权

物的集合与权利的集合属于有体物还是无体物,存在争议。单纯的物的集合是由有体物组成的,它们是有体物的"堆积"。但是否仍作为有体物,可有不同的理解。如何理解集合物的客体属性,的确与人们如何看待客观世界和事物有关。一种可能是将集合物作为独立的、无体的权利客体,与构成集合物的成分及其归属无关,在集合物上成立独立的无体财产权。但是这导致集合物与构成集合物的独立的有体物脱离,也不符合交易中或日常观念中人们对集合物的理解。换言之,虽然人们认可集合物的整体性,但是还是将构成集合的单独的物包含在内。不能脱离集合物的具体构成而将集合物视为与构成之物无关的物。

正确的理解应当是,与物的成分与整体的关系类似,集合物也可以作为整体而成立有体物的单独所有权。既然物的非重要成分上可以成立单独的所有权,没有理由否定集合物可以成立单独的所有权。集合物只是物的成分的另一种表现方式。如在交易中,集合物可以作为债法交易上的客体,则基于交易中集合物的整体性和独立性,也应认可集合物的独立物权客体地位。而且,集合物具有超越个别物简单相加的功能或价值。虽然可以在观念上将集合物作为抽象的、观念上的存在,但在法律上并没有必要,在逻辑上也不是必须在集合物的具体构成之外将集合物作为无体物来独立出来。否则,还可能带来交易上的复杂安排。集合物仍是由复数的有体物组成的有体物,是构成集合物各个单独物的所有权的"扩张",不存在超越各个具体构成之物的独立的客体,也不发生双重所有权。

2. 集合物所有权的其他情形

2.1 遗产的整体性

在罗马法上,遗产和继承具有相当的重要性。基于罗马法的遗存,德国民法典的继承编具有很多的条文。与物的归属具有关联性的是遗产的整体性问题。遗产作为整体还是作为个体的集合而成为归属权的客体的问题可以探讨。

所谓遗产,即归属于被继承人的财产,包括动产、不动产、债权以及其他具有财产价值的有体或无体物的整体。遗产具有概括性、整体性。除了有体物及其上的权利,数字遗产,如网络账户、数据等,也是遗产的组成部分,具有可继承性。企业也可以是遗产的组成部分。作为整体的遗产可以具有复杂的具体构成。但自罗马法以来债务不是遗产的组成部分。① 遗产具有整体性、包容性和独立性,但又与构成遗产的成分相重叠。换言之,作为整体组成部分的具体财产构成也是继承法所保护的遗产。这为遗产客体属性的确定带来难题。

在罗马法上,遗产作为整体可以成为裁判官法中占有保护的对象。② 盖尤斯《法学阶梯》中遗产被作为无体物,其意义在于表达遗产的整体性。换言之,遗产是作为无体物而纳入物法体系的。德国民法典并没有将遗产作为物权的客体,而是将遗产独立出来。继承法不是物法,而是与物法相独立的一编。在德国民法典中,继承权也是独立的主观权利类型。③ 继承权是基于继承人身份的财产权利,但遗产的归属和变动独立于物法的规则,遗产并不是德国民法典所认可的物权客体。在德国民法典中,缺乏遗产作为整体的归属权变动规则;换言之,在物法上不承认遗产的客体地位。

但是,德国民法典并没有忽视遗产的整体性。相反,德国民法典第1942条以下是以遗产的整体性为基础的。遗产作为整体,不论其为动产还是不动产,抑或其他财产权利,均在继承发生时直接移转给继承人;换言之,不考虑物权变动方式而发生遗产整体性的和一次性的归属变动。当然,这是基于特定法律事实和法律规定而发生的,不是基于合意而发生的归属权变动。但是,这是一种将遗产作为整体的归属权变动规则。而且,遗产的整体性并不因继承事实发生后而丧失,非因分割不丧失客体的整体性。

德国民法典为遗产设立了独立的权利保护机制。德国民法典第2018条以下规定了遗产请求权。遗产请求权以罗马法和共同法上的遗产诉权(hereditatis petition)为基础④,体现了立法者对古典罗马法的尊崇。遗产请求权以维护遗产的整体性为目的,其所针对的是不享有继承权而取得遗产占有之人,而非任何对遗产整体性有损害的主体。换言之,遗产请求权所针对的是遗产占有人。⑤ 这是其在权利主体关系上的独特之处。这里的遗产占有人,具有与地役权占有意义上的权利的事实行使相同的含义。遗产被作为无体物而成为权利占有的客体。但是,在遗产占有人之外,遗产及构成遗产的具体财产权仍应适用各自的权利保护规则,根据权利所针对的不同主体和客体设置了权利保护的不同规则。这只能在继承法的独立性和继承法律关

---

① 〔德〕马克斯·卡泽尔、罗尔夫·克努特尔:《罗马私法》,田士永译,法律出版社2018年版,第683页。
② 同上。
③ MüKoBGB/Helms, 8. Aufl., 2020, BGB § 2018 Rn.7.
④ MüKoBGB/Helms, 8. Aufl., 2020, BGB § 2018 Rn.3.
⑤ MüKoBGB/Helms, 8. Aufl., 2020, BGB § 2018 Rn.1.

系上得到解释。

遗产请求权是一种独立的继承法上的整体性请求权(Gesamtanspruch)。①它被认为是物法上所有人与占有人关系的继承法"孪生"制度,这在两者的条文内容相似性上也有明显的体现。② 同样,善意遗产占有人享有物法上所有人与占有人关系中类似的法律地位。从功能上而言,遗产请求权以遗产整体为客体并以维护整体性为目的,遗产的代位物也属于遗产请求权的客体。整体性的遗产请求权的好处在于可以避免遗产请求权的碎片化。从内容上而言,遗产请求权则或为物权请求权或为债法请求权。例如,第 2018 条、第 2019 条、第 2020 条的规定属于物权请求权,而第 2021 条、第 2023 条具有债权请求权的属性。③ 两者的区分在破产法上有实际意义。但是,遗产整体能否作为破产别除权的客体则尚存疑问,在物债二分的体系逻辑下似难以成立。遗产请求权的本质是统一的遗产整体请求权,与遗产中个别财产的请求权不同但可以并存。④ 遗产请求权也可以表现为个别的请求权,如遗产中的物权请求权、不当得利请求权、损害赔偿请求权等。只要这些财产或权利属于遗产,是遗产整体的组成部分,个别的请求权就可作为遗产请求权来理解。

遗产的整体性还体现在遗产买卖。德国民法典第 2380 条规定:"自遗产买卖合同签订起,买受人承担遗产意外毁损或灭失的风险。因遗产而生的用益或使用负担由买受人承担。"这是德国民法典第 446 条所规定的标的物风险负担因交付而移转规则的特别规定。⑤ 按照德国学者的说法,遗产买卖之所以适用特别的风险负担规则,原因在于遗产是作为整体而不是构成遗产的单个客体。换言之,遗产买卖的价格是基于遗产整体而确定的,而不考虑构成遗产各个客体的价格。⑥ 按照笔者的理解,一方面,遗产买卖的客体是遗产整体而不是各个客体,自然应当针对遗产整体来确定风险负担规则;另一方面,遗产整体构成有复杂性,无法按照各个客体归属权变动的时间单独确定遗产整体的风险负担规则。但最根本的原因在于,遗产作为整体无法适用立基于单个客体的有体物交付规则。

在德国法上,并没有基于遗产买卖的遗产作为整体的归属权变动规则。换言之,遗产没有物法上的客体地位。这不仅在物法编,在继承编也是如此。对于遗产归属权的变动,基于遗产买卖合同,遗产出卖人负有使得遗产买受

---

① BeckOK BGB/Müller-Christmann, 61. Ed. 1.2.2022, BGB § 2018 Rn.6, 7.
② Löhnig, Das Anspruchssystem des Erbe-Erbschaftsbesitzer-Verhältnisses, JA 2018, 648.
③ MüKoBGB/Helms, 8. Aufl., 2020, BGB § 2018 Rn. 8.
④ MüKoBGB/Helms, 8. Aufl., 2020, BGB § 2018 Rn. 7.
⑤ Jauernig/Stürner, 18. Aufl., 2021, BGB § 2380 Rn. 1.
⑥ MüKoBGB/Musielak, 8. Aufl., 2020, BGB § 2380 Rn. 1-3.

人取得构成遗产的所有单个客体的移转义务。例如,作出不动产变动意思表示、办理登记手续、完成动产交付等等。只有这样,构成遗产的单个物的所有权才能发生变动。如果买卖双方不办理土地登记簿的变动,买受人将无法取得归属于遗产的土地等不动产。这与德国民法典第1942条所规定的法定移转规则不同。换言之,德国法在遗产整体性上并没有贯彻始终。我国《民法典》第1122条、第230条涉及遗产继承的物权变动,似与德国民法典对遗产整体性的考虑有所不同。但在此也应作同样的理解。相反,忽视遗产整体性是不正确的。至于能否基于第230条认为我国实证法已将遗产整体作为民法上的物权客体,则很有疑问。

2.2 "企业"所有权

在德国法上,企业所有权(Unternehmenseigentum)也是可以提出的,即企业作为有体物和无体物所构成的财产整体,而成为所有权的客体。这尤其体现在企业作为不当得利返还的客体,以及营业权(Recht am eingerichteten und ausgeübten Gewerbebetrieb)的侵权法保护等问题上。梅迪库斯将营业权作为框架权利,并与一般人格权并列。① 如德国学者所言,除了企业的返还请求权之外,对于企业的保护与对于所有权的保护几乎没有区别,企业既可以作为妨害排除请求权的客体,也可以作为第823条第1款上的其他权利为侵权法所保护。② 虽然经由法院所实现的营业权作为侵权法保护的其他权利的法律发展为有的德国学者所批评,但德国联邦最高法院并没有将营业权的保护拉回到不正当竞争法的道路上来。③ 营业权的绝对权保护还不能完全为反不正当竞争法所涵盖。就是说,对营业权的侵害不仅仅体现在竞争法上。④ 无论如何,在侵权法上,营业作为第823条第1款的绝对权利的客体,是司法实践和学理所认同的观点。从不当得利法来看,德国联邦最高法院也认为,企业是独立的组织体,企业整体而非构成企业的具体的物或其他无体财产是不当得利返还的客体。⑤

企业作为债法上的转让的客体涉及物的瑕疵担保责任的问题。在这里,既然企业作为买卖的客体,则物的瑕疵自然也存在于企业的整体之上,这也是企业作为物的整体性的一种典型的表现。企业作为买卖客体的瑕疵,即使

---

① 〔德〕迪特尔·梅迪库斯:《德国债法分论》,杜景林、卢谌译,法律出版社2007年版,第666页。
② Baur/Stuerner, a. a. O., Rn. 16 ff.
③ MüKoBGB/Wagner, 5. Auflage, 2009, § 823, Rn. 187 ff.
④ Schmidt, Integritaetsschutz von Unternehmen nach § 823 BGB-Zum „Recht am eingerichteten und ausgeuebten Gewerbebetrieb". JuS 1993, S. 985.
⑤ MüKoBGB/Schwab, 8. Aufl., 2020, BGB § 812 Rn. 23.

与构成企业的个别物的瑕疵有关,也具有相对的独立性,尤其是营业上的瑕疵对整个合同的效力的问题上有意义。不过,这里还存在激烈的争议,企业买卖建立在整体性的瑕疵还是建立在个别物的瑕疵上,存在不同的观点。① 实际上,由于企业整体有个别的有体物、权利和事实性的法益(如客户关系和供货渠道),企业转让上的整体物的瑕疵的判断不能完全脱离这些个体物来判断,但是只有在个体物的瑕疵意味着整个企业作为经济和功能的整体就企业买卖的客体而言缺乏所约定的或通常的品质,才存在企业买卖的瑕疵。② 相反,单纯组成企业整体的个别物的瑕疵不意味着企业买卖的瑕疵。因而,企业的整体性对于企业买卖的瑕疵的判断是有意义的。在债法上,企业的经济一体性与法律一体性是统一的。

拉伦茨虽认可企业是第一顺位的无体物的权利客体,但企业无法作为物上的支配权和使用权的客体。③ 实际上,仅仅是在物法的客体特定原则之下,企业作为所有权的客体无法在实在法上成立。这是由德国法上物权行为的二元模式所决定的,与物权的客体特定原则联系在一起。这种动产物权与不动产物权严格区分的法律制度应有其可诟病之处,动产与不动产的区分也不是绝对的,尤其是企业,其作为经济上的一体物,无法完全用动产与不动产的分类所涵盖。

在德国法上,即使不存在完全的企业的所有权,也在部分上存在企业的法律归属。也许非此即彼的概念化的所有权本身就存在问题,企业所有权是所有权的一种不完全的类型化的存在。相反,承认企业所有权,即在营业之上成立与有体物相同的所有权,则企业作为整体的处分仍需其他制度的配套以及学理的进一步建构,这里企业占有与企业登记是可以想象的问题,而埋没整体物构成的个体特定性在此成为必要的步骤,这似乎又是不符合事理逻辑的。无论如何,不应以完全割裂企业与构成企业的成分的方式认识企业所有权。

企业作为整体的归属变动通过合同一次完成,在制度建构上并非不可能。甚至,在相对性物权和相对性处分行为的物权变动框架内,企业整体的物权变动不是什么难事。这在结果上可能导致企业的归属与构成企业的成分的归属存在时间差,构成企业的土地及动产的权利外观与实际的权利状况将出现不一致。通过一次性的法律行为实现企业归属的变动的好处在于,企

---

① Faust, Beck'scher Online-Kommentar, Hrsg: Bamberger/Roth. 18. Aufl., 2007, BGB § 453, Rn. 27.
② Faust, a. a. O., Rn. 27.
③ 〔德〕卡尔·拉伦茨:《德国民法通论》(上册),王晓晔、邵建东、程建英、徐国建、谢怀栻译,法律出版社2003年版,第400—401页。

业归属变动的时间具有确定性,这虽然是以个别物的归属的事实状态和法律状态不一致为代价的,但从企业的经济整体性来考虑,在企业归属的明晰性与企业构成归属的明晰性之间,选择前者有其合理性。这特别是对所谓的企业核心的转让有意义。[1] 而企业核心的转让对企业本身的转让又是极为重要的。[2] 通过一次性的法律行为实现整个企业归属的变动,是否意味着忽略构成企业的个别物法律地位,也可以再考虑。企业作为整体的处分是否意味着对构成企业的个体物的忽视,也不是必然的。这里个别物的归属在何种程度上对整个企业的归属有影响,可以是个别判断的问题。就是说,可以在一定程度上实现整个企业的归属与构成企业的个别物的归属的不一致。这有时也是符合现实的权属状况的。无论如何,起码构成企业的个别客体的权利状况与整个企业的归属存在不同,这不是妨害整个企业转让的障碍。从这一点来看,企业整体作为处分的对象,反而有其值得称道之处。而法律上的构造或者设计,尽管与经济上的事实的结构相一致,既是对当事人意思的尊重,也是对"事物的本质"的尊重。因而,整个企业或营业的绝对归属权应可以成立。这并不必然要求将企业作为超越构成企业个别客体的无体物。德国法没有承认企业在处分上的一体性,从法律发展的角度而言,毋宁不是一个实质合理性上的障碍,而是一个具有时代性的立法选择的问题。

企业和遗产等"集合"作为所有权的客体,是与作为有体物所有权客体的集合物(如图书馆、仓库、羊群)不同的客体形态。在此,有体物与无体物的二元划分体现出局限性。企业和遗产既包括有体物的成分,也含有无体的成分,但是在客体层面应并未形成超越组成部分的独立的客体类型。换言之,企业、遗产等客体具有构成上的复杂性,作为"复杂物",其并非有体物和无体物二分的概念逻辑所能完全涵盖。据此,将企业或遗产归入有体物或无体物可能都是不符合"事物本质"的。是否有必要在构成企业或遗产的个别财产之外再抽象出与构成无关的、另一个独立的无体的客体概念,也值得怀疑。应当认可人类社会中这类复杂客体的独特性,而这与所有权所自带的归属观念并不违背。

二、有体物所有权与知识产权

在德国著作权法学的历史上,知识产权的概念曾经流行。按照这种观点,作者对作品的权利与所有人对有体物的权利相同,是一种所有权。不过,

---

[1] Baur/Stürner, Sachenrecht, 17. Aufl., Verlag C. H. Beck, München, 1999, § 28 Rn. 10.
[2] EBJS/Reuschle, 4. Aufl., 2020, HGB § 25 Rn. 29, 30. BechokHGB/Bömek, 38 Ed. 15. 7. 2022, HGB § 22 Rn. 12.

这种立基于自然法理论的类比有体物所有权的观点后来为其他理论所替代。康德在此发挥了重要作用,他将著作权看作是作者人格的体现,著作权是一种人格权。这种观点虽然最终也没有成为持久性的通说,但是对之后的著作权法理论发挥重要的影响。后来的无体财产权利理论即将著作权看作是人格与财产的结合,而这又区分为所谓的二元论和一元论,二元论是德国早期著作权法学者 Kohler 的观点,他将作者对作品的权利理解为一种作者对无体物的绝对支配权,而著作人格权虽然与财产权密切相关,但两者的客体并不相同。Kohler 的观点最终也为所谓的一元论所取代,虽然二元论有很多支持者,但一元论是主流观点。按照一元论的观点,著作权是人格与财产的复合体,两者的联系相对于两者的区别要更紧密,这里有所谓的树形理论。德国著作权法即是基于一元化理论建构的。

不过,随着英美知识产权理论影响的加深,尤其是欧盟指令的影响,知识产权的概念再次成为讨论的对象。在著作权法上,传统的德国学理将著作权看作是作者人格的体现,其次才从财产的角度对其进行理解。而美国法上,虽然对知识产权的正当性问题存在激烈的争论,但知识产权概念是主流学理接受的观点。[①] 知识产权在德国也越来越成为人们所接受的概念。我国《民法典》第 123 条对知识产权的概念进行了规定:"知识产权是权利人依法就下列客体享有的专有的权利:(一) 作品;(二) 发明、实用新型、外观设计;(三) 商标;(四) 地理标志;(五) 商业秘密;(六) 集成电路布图设计;(七) 植物新品种;(八) 法律规定的其他客体。"但是,该规定属于列举式的规定,何为"专有权利"也存在解释的必要。

(一) 知识产权的概念争议

知识产权(Geistiges Eigentum, Intellectual Property)在美国法上作为一个法律概念,与美国法上含义非常宽泛的所有权(Property)观念有关。[②] 在美国法上,由于信息自由与知识的绝对归属之间存在冲突,知识产权的正当性问题成为激烈的讨论对象。[③] 与此不同,德国知识产权法学界仍在争论知识产权作为著作权与商标及专利等工业产权保护上位概念的可行性的问题。就是说,美国学者已经开始反思这个概念和制度的正当性,而德国学者还在讨论这个概念能否作为概念使用。美国的理论反思从所有权角度出发的合

---

① Goldhammer, Die Begruendung des Geistigen Eigentums in der US-amerikanischen Rechtswissenschaft und ihre Bedeutung fuer die deutsche Diskussion. Zeitschrift fuer Geistiges Eigentum, Band 1, 2009, S.139 ff.
② Goldhammer, a. a. O., S.140.
③ Goldhammer, a. a. O., S.140.

理性,德国的理论试图探索知识产权概念的可能性,但两者的差别实际也是相对的。在德国法上,由于学说传统的原因,从所有权角度对"知识产权"法律现象进行理解的观点,仍处于争议之中。不过,如德国学者所说,虽然存在教义学上的疑问,但由于国际性语言使用的影响,知识产权的概念在德国已经越来越获得认同。① 在很早的司法判例以及个别立法上,知识产权的概念已经偶尔被使用,现在一些著名的学术机构也已在机构名称中使用知识产权这样的概念。②

以德国学者雷炳德为代表的传统的观点排斥知识产权这样的概念。雷炳德认为,著作权本身不是纯粹的财产权,而是带有更多的人格权方面的特征,他从一元化的理论出发,主张放弃知识产权这样的名称,而代之以"作品主宰权"。③ 这种作品主宰权也就是作品的支配权,并在人格与财产"混合"的角度来理解。雷炳德认为,从人格权的角度来理解著作权并不与人格权的概念相矛盾,人格权的财产权因素也确实为德国的联邦最高法院的判决所确认。同时,雷炳德强调著作权与工业产权之间的区别,前者与作者的人格有关,而后者与作者的审美及人格表达无关。按照他的观点,著作权和工业产权无法经由知识产权这样的概念而实现法律的统一,不但不存在统一的知识产权法典的可能性,即使是将这些法律领域纳入民法典,著作权制度也更应归入人格权法而非财产权法。知识产权制度不具有理论基础上的统一性。这种关于著作权人格权角度的理解,更是通过人格权的商业化来证明其观点的合理性。换言之,人格权的概念并不排斥其财产性内容。

有德国学者沿着人格权的思路,对从知识产权的角度对著作权进行理解的观点进行反驳。例如,德国学者 Markus 在对著作权与所有权之间的不同考察后,认为著作权与所有权存在以下差别:首先,无体物与有体物不同,它不具有事实上的排他性,物法上的公示原则及善意取得不能适用;其次,所有权不具有著作权的人格权特征,著作权因而是不可以转让的,著作权的商业利用以作者同意和授权为前提,是可以撤销的。④ 按照 Markus 的观点,著作权作为主观权利应作为人格权法归入私法的体系中去。这与德国联邦最高法院关于 Marlene Dietrich 的判决相符合,该判决在认可人格权制度保护人格之外,也确认人格权的财产内容。⑤ 按照这种观点,著作权归属于私法的

---

① MüKoBGB/Drexl, 5. Auflage, 2010, Internationales Immaterialgüterrecht, Rn. 1.
② Ohly, Geistiges Eigentum? JZ 2003, 545.
③ 〔德〕M. 雷炳德:《著作权法》,张恩民译,法律出版社 2004 年版,第 26—28、75 页。
④ Markus, Die Einordnung des subjektiven Urheberrechts in das System der buergerlichen Rechte, Hamburg 2008, Gesprochen von Rebinger, in: UFITA, 2009 I, S. 222.
⑤ Rebinder, a. a. O. , S. 222.

权利体系没有问题,但并非直接归入财产权,而是应作为具有财产性成分的人格权归入人格权法调整范围。

雷炳德所代表的一派观点是传统的观点,这种观点越来越遭到一些持知识产权观点的学者的反对,人们试图在财产权的维度上实现知识产权制度的统一性,并进而考虑其与民法典已有制度的关系,这不缺乏学说传统的支撑,自然法学者最初就是从所有权角度来理解知识产权制度。德国学者 Jänlich 详细地对知识产权制度与物法的各个具体制度进行了逐一比较后认为知识产权与所有权在基本结构上具有相似性,知识产权可以界定为对经由智力创造所形成的无体物(immateriales Gut)的绝对的、排他的支配权。[①] 按照他的观点,虽然两者并不等同,但知识产权与所有权具有相同的结构。这种观点为在共同的财产权甚至所有权概念之下建构有体物和无体物的归属制度提供了理论上的可能性。

与试图将知识产权归入民法典的讨论不同,有德国学者从独立的知识产权法典的思路出发,并且建设性地提出知识产权总则构成的意见。[②] 知识产权法典的可能性建立在知识产权概念的可能性上。换言之,涵盖文学艺术作品、发明及商标等知识产权客体的统一的知识产权概念是可能的。知识产权法典的优点在于其概观性以及法律制度的内部统一性。[③] 按照这种观点,不应将知识产权与物权之间相连接,而应建立独立的知识产权法典。在法国、意大利已经有知识产权法典的立法例,不过,这两个法典缺乏总则。知识产权法典总则可能的内容包括关于权利的保护、转让、登记,知识产权的限制,分则各部分之间的关系等等。[④]

知识产权法典的独立性并不与知识产权的概念相矛盾,正是知识产权这样的上位概念才能够进一步正当化知识产权法典的正当性。这种观点虽然与将知识产权纳入物法的思路有出入,但对于知识产权的财产权本质定位,与人格权理论不同,而具有统一性。

(二) 知识产权的财产权性

从上述德国学理来看,对于知识产权制度及其与民法典的关系存在三种不同的观点:传统的观点否定知识产权概念,否定知识产权制度的统一性,并

[①] Jänich, Geistiges Eigentum—eine Komplementärerscheinung zum Sacheigentum? Mohr Siebeck, Tübingen, 2002, S. 380.
[②] Ahrens, Brauchen wir einen Allgemeinen Teil der Rechte des Geistigen Eigentums? GRUR 2006, 617.
[③] Ahrens, a. a. O., S. 618.
[④] Ahrens, a. a. O., S. 621 ff.

且试图将知识产权制度的不同部分分别与传统民法的不同制度相连接;第二种观点认为知识产权制度作为统一的上位概念与所有权制度和物法有较大的相似性,并且试图将知识产权法归入物法;第三种观点则在承认知识产权制度的概念前提下,主张制定独立的知识产权法典,与将知识产权法归入物法的观点不具有根本的分歧。

知识产权财产权属性是争论各方都认可的观点,从财产权的角度对知识产权进行归类是可取的。知识产权人格权的观点绕道人格权商业化来解释著作财产权,不如直接将知识产权作为财产权。从欧盟的指令来看,从财产法角度理解的知识产权具有更大的可接受性,也正是指令对传统的学理带来冲击。知识产权相对于有体物所有权应受到更多的限制,则是需要特别注意的。有知识产权法学者反对从所有权的角度理解知识产权,也在于反对知识的垄断,从知识传播和传承的角度而言,即使承认知识产权的概念,也必须对其进行较于有体物所有权更多的限制。既有的知识产权制度中不乏这样的规定。

值得注意的是,上述的讨论没有涉及民法典的物法体系,没有学者试图在德国民法典中添加一编,专门对知识产权制度进行规定,也没有学者试图整合有体物所有权和无体物所有权,而建构新的体系。德国学者至多只是在知识产权与物法相似性的角度来探讨物法规则对知识产权的适用性,而不涉及对民法典外在体系的变更。这与民法典的权威性和稳定性有关。对于他国而言,法典体系则不是实现两者整合的障碍。

(三) 物法在知识产权上的可适用性

1. 知识产权客体的可支配性

在潘德克吞体系下,物是物权的客体,行为是债的客体。至于权利作为客体则为主流观点所否定,人们认为权利上的权利与权利本身具有同样的结构。虽然日耳曼法学者对于无体物作为所有权的客体持肯定的观点,但这没有为立法者所接受,也没有获得广泛的共识。潘德克吞学者所处理的是流传下来的罗马法的材料,新的法律领域既没有为潘德克吞学者足够地重视,也没有为民法典的立法者纳入考虑的范围。

不过,民法学者对于新的法律现象纳入民法学说体系并非排斥,在民法典通过后不久,学界就几乎达成共识,无体物可以成为支配的客体。而无体物包括传统的权利、能量、自然力这些不能为人所直接把握的物理世界的客体,以及著作权、发明权等权利的财产权部分。有观点认为,非权利类无体物作为支配权的客体,取决于法律的明确规定。① 这与知识产权作为一种人的创造有关,需要一个法律上确定的评价标准。知识产权也涉及权利人与公共利益之间的协调关系,私人的知识垄断受到严格的限制。不过,知识产权是否存在法定主义,还有不同意见。与有体物的绝对归属权不同,知识产权应不存在严格的物权法定原则,②但其类型化是有必要的。

知识产权的客体虽然不具有外在的有体性,但它们也在观念上独立,因而也是存在的,作为与创造者相分离的独立的存在物,其与创造者本人的存在及特性不相关。③ 我们不能说一项作品是不存在的,虽然它与有体物不同,不是可以直接感知的;我们更不能说一项发明是不存在的,虽然它的存在具有非实体性。在这一点上它们与有体物没有不同,作为无体物它们也是可以在事实上进行支配的。按照德国学者 Haedicke 的观点,从先法律客体来看,有体物和无体物的区分没有任何理由。④ 拉伦茨区分第一层面的事实支配的客体和第二层面的法律支配的客体。作为所有权客体的有体物与作为知识产权客体的无体物没有区别,在第一层面的事实支配上没有不同。⑤

作为知识产权客体的无体物的存在本身是否是一种与法律无关的先法律的存在,还可以讨论。在罗马法上,人们不认为古罗马时代的画家在木板上的画作是一种独立的无体物,虽然也存在木板添附于画的观点,但木板添附于画不是知识产权存在的证明。⑥ 把内容和载体区分并将前者作为知识产权的客体,是近代以来的现象。就此而言,知识产权的观念及作为无体物的知识产权的客体取决于法秩序对其的承认。

2. 知识产权的占有

有体物和无体物在事实支配上的相似性,为有体物规则在无体物上的适用奠定了基础。有学者认为,在知识产品上同样存在占有和所有权,无体物上的所有权与有体物的所有权完全是可以类比的。⑦ 基于无体物所有权的

---

① Larenz/Wolf, Allgeneier Teil des Buergerlichen Rechts., 9. Aufl., Verlag C. H. Beck, München, 2004, S. 368.
② Koos: Die Domain als Vermögensgegenstand zwischen Sache und Immaterialgut—Begründung und Konsequenzen einer Absolutheit des Rechts an der Domain., MMR 2004, 359.
③ Alios Troller/ Patrick Troller, Kurzlehrbuch des Immaterialueterrechts. Patentrecht, Markenrecht, Urheberrecht, Muster-und Modellrecht, Wettberwerbsrecht, Firmenrecht, 3. Aufl., Helbing Lichtenhahn Verlag, Basel, 1989, S. 21.
④ Haedicke, a. a. O., S. 54.
⑤ Haedicke, a. a. O., S. 47 ff.
⑥ Behrends, Die Spezifikationslehre, ihre Gegner und die media sentia in der Geschichte der roemischen Jurisprudenz, SZ 112 (1995), 197.
⑦ Troller, a. a. O., S. 22. Kamen Troller, Grundzuege des schweizerischen Immaterialgueterrechts, Helbing Lichtenhahn Verlag, Basel, 2000, S. 20, 33.

观点,著作人格权与著作财产权应当分开。人格权保护的规则不能毫无疑虑地适用在无体物权利之上。① 人格权与财产权有不同的客体,人格权的客体是姓名、身体完整性、自由等,而在作品上只有财产权。这种将知识产权——主要是著作权——中的人格因素从知识产权客体剥离的观点,与其所主张的无体物上的占有和所有权一致,几乎将有体物和无体物的区别取消。

就占有制度而言,存在物的占有和权利占有的分歧,知识产权法上的占有是物的占有还是权利占有,存在争议。从无体物事实可支配的角度而言,无体物作为物的占有的客体能够成立。德国学者 Druey 认为,信息(Information)作为无体物,只要处于权利主体为法律所保护的个人领域之内,就是占有的客体。② 这是从与有体物对比的角度对占有进行理解的尝试。与之不同的是作品原件的占有和利用问题,在此涉及物权与知识产权关系的协调。按照德国著作权法第 44 条(UrhG §44)规定,作品原件转让的,有异议时取得人不享有作品的收益权(Nutzungsrecht)。同时,除非作者明确排除,绘画或摄影作品的取得人享有公开展览的权利。这是在尊重著作权的前提下,对作品所有人对物支配权的尊重。换言之,作品可以为所有人所公开展览以及获取展览收益,著作权人的著作权后位于作品所有权。但是,作品的著作权人可以通过在转让合同中通过明确的约定将取得人的展览权排除,从根本上还是著作权人的利益优先。实际上,作品载体的所有权与著作权的关系更为复杂。我国《民法典》第 600 条对此有相关但不同的规定,该规定似缺乏实务层面的实用性,在学理层面的价值亦属显然。

相反,在权利占有的概念之下,占有即知识产权的事实行使。③ 德国学者 Pawlowski 持权利占有的观点,无体物也可以是占有的客体,其占有为权利的事实行使。④ 有学者指出,权利占有的概念虽然在民法典上被否定了,但是在知识产权法上,基于其日耳曼法传统,恰恰成为了一个法律概念,民法上的占有与著作权法上的占有存在不同。⑤

无体物的占有,还有需要明确之处。无体物本身是否可以像有体物那样成为占有的客体,还是知识产权的事实行使成立权利占有,涉及对占有制度的理解,以及知识产权法上的占有如何构造的问题。当然,物的占有与权利

---

① Kamen Troller, a. a. O. , S. 20.
② Druey, Information als Gegenstand des Rechts, Polygraphischer Verlag, Zürich, 2006, S. 104.
③ Jänich, a. a. O. , S. 220 ff.
④ Pawlowski, Der Rechtsbesitz im geltenden Sachen-und Immaterialguerterrecht, Verlag Göttingen Schwartz, Göttingen, S. 9 ff.
⑤ Rebinder, Der Rechtsbesitz als Grundlage der Vermutungen des § 10 UhrG. UFITA 2009 1. S. 237.

占有是否具有统一性,也值得探讨。即使对物的占有,也可以理解为所有权的事实行使,这与权利占有就没有不同。

3. 知识产权与物法具体制度的衔接

按照德国学者拉伦茨和沃尔夫的观点,知识产权法上的客体同样要有确定性和可支配性,知识产权作为支配权也要符合类型强制和类型法定原则。① 就是说,物法上的这些原则不仅适用于有体的客体,在无体的财产权也适用。当然,正如物法上的类型强制存在不同观点,知识产权的类型强制和类型法定也是如此,有司法判决对无体财产权的类型法定进行突破,德国学者对此提出批评。② 同时,无体物上的支配权也要如有体物的所有权一样,满足公示性的要求。拉伦茨认为知识产权的客体通过不同的方式实现权利的公示。③ 作为绝对权,知识产权也与所有权的保护制度具有相似之处,权利人享有排除妨害和妨害防止请求权。知识产权是德国民法典第823条第1款意义的上绝对权,为侵权法所保护。物权行为与债权行为的区分,也适用于知识产权的"转让"。④

德国学者Jänlich也认为,知识产权的支配性、绝对性、排他性、客体特定性、类型法定及类型强制也均与物权具有可比性、相似性。⑤ 物法上的原则和具体制度在知识产权上能够适用。他的观点为Hacker所赞同。⑥ 虽然,知识财产本身是无形的,但占有和登记同样具有外部可识别性,知识产权的善意取得也存在可能。⑦ 这在美国法上是一种现实。

除了物权法定原则不无疑义之外,物法上的原则和制度几乎均对知识产权适用,这是用有体物所有权来看待、审视、理解知识产权制度的一种尝试。在宏观的体系层面,有体物与无体物(知识产权及其客体)的区别比较有限,物法体系的扩展和共同规范并不是不可逾越的难题。这为我国《民法典》第123条所规定的知识产权适用物权编的相关规定提供了可能性。

---

① Larenz/Wolf, a. a. O., S. 252.
② Schack, Gueterzuordnung als Rechtsprinzip. (Besprechung) UFITA 2010 II, 515.
③ Larenz/Wolf, a. a. O., S. 253.
④ Bu Yuanshi, Verfügung und Verpflichtung im chinesischen Zivil- und Immaterialgüterrecht. Über die Rezipierbarkeit des Abstraktionsprinzips in China, JZ 2010, S. 26 ff.
⑤ Jänich, a. a. O., S. 185 ff.
⑥ Hacker: Geistiges Eigentum—eine Komplementärerscheinung zum Sacheigentum, GRUR Int 2004, 691.
⑦ Jänich, a. a. O., S. 276 ff.

第九章　新型无体财产的绝对归属

随着现代社会文化和经济的发展,新的法律现象层出不穷,例如,体育赛事节目、数据及数据库、域名、商业秘密、网络虚拟财产等等,它们作为一种社会和经济中存在的客观现象,本身不具有物的外在有体性。但是,人们恰恰在不断地尝试把这些无体物的归属类比于有体物的所有权。

知识产权制度与物法制度的可类比性,意味着物法扩大的可能性。同样的问题也存在于其他无体物之上,即是否存在体育赛事转播权的所有权、是否存在数据库的所有权、是否存在域名所有权、是否存在商业秘密所有权? 与关于知识产权制度的探讨一样,从根本上而言,其涉及的都是所有权或者归属问题。这些新型无体财产同样涉及客体的特定性、可支配性以及占有和移转等问题。

如果承认这些客体的绝对的归属,意味着权利主体对这些无体财产的绝对的、排他的支配权。对此,按照德国学者 Peukert 的观点,承认这些客体上的绝对支配权,意味着对一般的行为自由的限制,而从德国基本法出发,一般的行为自由优于所有权保护。[1] 他认为法秩序的首要任务在于,在一个自由竞争的社会中保护一般的行为自由,其次才是所有权的绝对归属。[2] 在所有权保护与一般的行为自由的保护之间,后者具有价值上的优位性。从这个判断出发,与司法判决中倾向于承认新型支配权的观点相反,他认为,对于绝对性的支配权的扩大,应持谨慎的态度,立法所确立的类型法定和类型强制不应通过司法判决而任意突破。这里应存在绝对权类型确认的立法保留。[3] 通过司法判决承认法律所没有规定的绝对权,意味着对一般的行为自由的改变,而这应该由立法者来决定。[4] 他对德国联邦法院关于 Marene Dietrich 一案的判决持批评的态度,该判决确立了人格权的财产性内容,而这被认为是一种人格权内涵的扩张。

---

[1] Alexander Peukert, Gueterzuordnung als Rechtsprinzip, Mohr Siebeck Verlag, Tübingen, 2008, S. 910.
[2] Hamio Schack, Gueterzuordnung als Rechtsprinzip, UFITA 2010 II, S. 515.
[3] Sosnitza, Güterzuordnung als Rechtsprinzip, GRUR 2010, 91.
[4] Hamio Schack, Gueterzuordnung als Rechtsprinzip. Besprechung in: UFITA 2010 II, S. 521.

固守绝对权法定主义的立场,是不值得赞同的。当然,有德国学者对 Peukert 的观点表示反对,认为他过于强调一般的行为自由,德国法在基于占有的债权物权化的问题上,在营业权保护的问题上,已经将其扩展为侵权法上的绝对权保护。① 这是学理和司法判决广为接受的观点,而 Peukert 对此仍然反对。Peukert 的观点固然有保守性,但基本的价值定位却是成立的。司法裁判对法律的发展产生的影响不可避免,但应在这样的价值判断下审慎地进行。

在财产法领域,基于社会生活的变化和新的客体类型的发生,对于新型无体财产的归属的承认是必要和无法避免的。特别是,司法裁判需要在法典的桎梏下解决新型无体财产的归属问题。一方面,裁判者可能因固守成文法的拘束而对新型无体财产相关的裁判出现偏差;另一方面,这也可能引发新的裁判规则的出现,并最终导致法典法或成文法上规则的改变或新规则的确立。法律的发展即在法典法与判例相互作用下发生。

第一节 物权客体三分法及新型无体财产的体系定位

一、无体物的可支配性

(一) 物的有体性与可支配性

1. 有体性与物的事实可支配性

物的有体性与物的可支配性之间的关联似乎是无需多言的。一块客观存在的石头,人们可以把它拿在手里,也可以雕刻成石雕,或者把它抛出去并激起美丽的浪花,人们可以对其进行事实支配。同样,对于土地、矿藏等不动产,虽然人们不能把它拿在手里,不能把它从一个地方挪到另一个地方,但是,人们可以在上面耕种、挖掘、建造或进行其他直接针对不动产的行为。并且,通过对这种直接针对不动产行为的可能性的让与,人们也可以实现不动产的占有移转。事实支配意味着人们可以在物上实现自己的意志,而无需他人行为的介入。在这一点上,动产与不动产并没有区别。这也体现在人们对于物的竞争性事实支配上面,物的事实支配本身并不是排他的,虽然人们可以在一片土地上面种上庄稼,但单纯从事实支配角度而言,这不排除人们将庄稼铲除并盖上崭新的建筑。只有当归属规则介入时才存在利益分配的问题,也就是排他性的问题,这时人们要判断,谁是正当的支配人,以及谁虽然

---

① Sosnitza, Güterzuordnung als Rechtsprinzip, GRUR 2010, 91.

不是正当的支配人但却也可以对物进行事实上的处分。单纯的事实支配本身并不意味着什么,只有与法律理由相结合才有意义。从制度而言,事实支配的排他性,涉及物的占有和所有的问题。

相反,对于无体的债,人们既不能把它拿在手里,也不能将其毁损或事实上交给他人,这对于其他的无体的客体也是一样。不过,除了与有体物结合的相对性支配权意义上的债权之外,对于抽象的债,人们也不需要对其进行事实处分。我们很难想象,如何将债在事实上进行毁损和损坏,我们不能把债扔在水里,对于债不存在外在的事实支配的可能性和必要性。虽然我们可以说"我们之间的欠账一笔勾销了",但这不是事实支配。这与有体物不同,人们可以对物进行事实上的支配,如上所述,这可以是对所有权本身的行使,也可以是对所有权的侵害。虽然抽象的所有权与债一样本身是无形的,但物本身的事实处分对所有权的存在和内容有影响,是所有权及其行使本身的表现。

对于无体的知识产权的客体,人们并没有因为其无体性而排除事实支配的可能性。人们认为智慧财产权是一种支配权,例如,作为著作权客体的作品,不因其客体的无体性而否定其支配权的本质。① 作品的作者无疑可以对其作品进行修改甚至毁损,这是一种事实处分。作品本身是无体的,但当作品处于"成竹在胸"的状态时,我们不能说它是作品,只有以某种形态表现出来的时候才是作品。例如,即兴创作并演唱的歌曲,即使没有记录下来,但这首歌曲可能已经是作品。事实上,当作品没有表现出来的时候,法律是无法介入也是没有必要介入的,人们不能主张,在某首歌曲被唱出来之前或某件艺术品被创作出来之前已经作为一种抽象物为自己的意识所创造并拥有。因而,只有作品以某种事实状态表现出来的时候,才是作品。从这一点而言,作品不仅仅是抽象的存在,它要求一种外在性,这甚至是一种"有体性"。当作品通过外在的形式而表现的时候,例如,一首当众即兴创作并演唱的歌曲,已经存在对其保护的必要,不仅作者本人可以再次演唱并进行改动,人们也可以对其进行演唱和篡改;就是说,不仅作者本人而且第三人也可以对作品进行事实支配,这时作者与第三人之间的利益就成为法律考虑的对象。当然,对此还要区分作品的存在与作品的发表。②

对于网络世界中的新型财产,人们也是可以支配的。例如,对于域名,持

---

① Pawlowski, Allgemeiner Teil des BGB, 7. Aufl., C. F. Müller Verlag, Heidelberg, 2003, S. 144 ff; Andreas von Tuhr, Der Allgemeine Teil des Buergerlichen Rechts, Duncker & Humblot, Leipzig, 1910, S. 133.

② 〔德〕M. 雷炳德:《著作权法》,张恩民译,法律出版社 2004 年版,第 23、271、337 页。

有人可以事实支配。持有人可以占有、使用、转让、注销域名,实现对域名的事实支配。虽然德国法从债的关系理解域名的交易,但这可能正是德国法以债的模式处理无体财产转让的不足所在,即忽视了从主客体关系的角度适用规则的问题。

从有体性角度而言的事实支配,意味着对物的现实的外在作用力,可以说是一种最直观的事实支配,而这意味着物本身是一种物理性的存在,如果套用哲学上的说法,物必须具有"客观实在性"。然而,法律上的物与自然科学和哲学上的物至少不是直接相关的。如上所述,事实支配意味着主体相对于客体无需他人的协助而实现自己意志的可能性。从外在可支配的角度而言,物的有体性不是必要的。物的有体性与物的可支配性之间没有必然的对应关系。

2. 物的有体性与法律行为支配

在物的事实可支配性之外,在德国法上,还存在法律支配的概念,即所谓的处分行为。处分行为以权利归属变动为目的并直接发生所意欲的法律效果。处分行为通过德国民法典第137条处分禁止的效力规则而实证化。按照第137条,应区分处分禁止的债法和物法效果,不得通过法律行为限制或排除可转让权利的(物法上的)处分可能性,而该等限制或排除的债法效果不受影响。处分行为是德国民法典体系中非常重要的概念,特别是对物债二分有意义。虽然在德国民法典立法之前,已经有学者对处分的概念加以探讨和使用,但作为技术性的法律概念,处分行为(Verfuegung)概念的创制要归属于德国民法典的立法者。① 人们认为,是民法典创造了这样的概念。②

处分行为几乎主要是在财产权或财产法律关系上使用。③ 但是,这样一个由立法者引入的处分行为概念的体系及价值功能,没有被进一步探讨。德国有学者说道:"人们至多在原因行为与履行行为的分离的角度上对其进行解释,而这不过是物权行为与债权行为相分离的一种重复。"④德国民法典在财产法体系建构方面存在不完全之处,一方面无体物的归属被排除在外,另一方面财产权利的处分也缺乏进一步的建构。

显然,处分法律行为的客体不限于有体物,不仅仅是所有权可以处分,债

---

① Wilhelm, Begriff und Theorie der Verfuegung, in: Wissenschaft und Kodifikation des Privatrechts in 19. Jahrhundert II., Die rechtliche Verselbstaendigung der Austauschverhaeltnisse vor dem Hintergrund der wirtschaftlichen Entwicklung und Doktrin, Verlag Vittorio Klostermann, Frankfurt am Main, 1978, S. 220.
② Wilhelm, a.a.O., S. 221.
③ Wilhelm, a.a.O., S. 221.
④ Wilhelm, a.a.O., S. 221.

权及其他财产权均可以作为处分行为的客体。从法律处分的角度出发,物的有体性是没有意义的,这在有体物与所有权作为一体的情形也是如此。不过,在德国法上,物权行为与物的事实处分是联系在一起的,似乎是物权行为与物的有体性存在密切联系。弗卢梅曾强调交付的意义,他是在占有相对于处分意思表示的关系上而言的。换言之,买受人应当最终取得物的事实支配。不过,物权行为与物的有体性之间的联系又是不紧密的,尤其在非即时占有移转的情形,例如,在拟制交付、占有改定,是否进行物的外在的事实支配的移转不影响物的所有权及占有的移转。占有移转的法律意义,甚至也仅仅是一种法律行为的形式意义。德国学者温德沙伊德也认为,交付(Uebergabe)是所有权让与(Eigentumsuebertragung)的形式。① 在德国民法典第二委员会的意见中,交付也仍然是意思表示严肃性的体现。② 对占有在所有权移转问题上的意义,德国学者和司法裁判也在进行弱化的处理。物的有体性虽然与物权行为有关,但并非绝对,物权行为事实上可以脱离物的事实支配而存在,具有关键意义的仍是物权变动意思表示及有所弱化的公示原则。而且,在德国实证法上权利类无体物的处分以非公示性为一般规则,有体物处分的强制公示性在德国法上甚至仅被作为"例外"规则。当然,从反思和批判性建构的角度,笔者仍持权利处分本身的非公示性,以及公示对抗第三人的"区分说"。换言之,不具有"公示性"的相对性的物权也是可能的。

总体而言,物的有体性与物的事实支配及法律支配均不存在必然的联系。在当代学理上,可支配性可以作为客体的法律特征,并非有体物所独有的法律特征。以有体物为基础的可支配性,是一种外在的、物理支配意义上的狭义观点,并不符合当今的社会现实和归属权变动规则的多样化需求。

(二) 无体物的占有

无体物的事实支配与占有概念相关联。然而,如果占有的有体性不是必需的,且处分行为中占有的形式性要求可以弱化,无体物占有的意义何在?这是探讨无体物占有所应回答的问题。其意义在于,可以利用有体物的占有保护规则,实现对无体物的保护。即使占有的权利公示功能在弱化,但占有作为绝对权客体变动的公示方式,仍然有其意义。这体现为无体物的善意取得制度。换言之,德国民法典第854条、第861—862条关于占有保护的规定,以及第1004条、第1006—1007条关于占有公示功能的规定,还有第937条、第929条规定的权利取得和移转功能,可以作为无体物占有及排他性的

---

① Staudinger/Wiegand (2004) Vorbem 21 zu §§ 929 ff.
② Staudinger/Wiegand (2004) Vorbem 21 zu §§ 929 ff.

一般规则而发挥作用。虽然罗马法以来时移世易，仍不能忽视占有制度在物法中的基础性地位。当然，根据无体物具体类型的不同，有体物的占有规则可能需要修正，或者需要适应无体物的具体场景。但是，无体物的占有规则与有体物的占有规则具有共同性。两者的本质均在事实支配及由此发生的占有人的归属地位。

在共同的概念内核之下，是否应再区分权利占有与非权利类无体物的占有？这个问题涉及对非权利类无体物的理解。非权利类无体物在德国民法典第453条有所规定，物的买卖规则准用于非权利类无体物的买卖。承认非权利类无体物的归属权客体地位，意味着债法与物法的客体可以取得大体的一致性。那么，从占有的角度，真的不应当区分权利占有和非权利类无体物的占有吗？这涉及是否应当将占有制度进一步区分为物的占有和权利占有这一基本问题。非权利类无体物处于有体物和权利中间，其准用的是有体物还是权利占有规则，并不明确。如非权利类无体物适用有体物的占有规则还好说些，如适用权利占有规则，则面临权利占有在德国民法典中被视为另类和例外的问题。人们甚至认为，权利占有的概念是有害的(irreführend)，是应当避免的。① 那么，非权利类无体物是经由权利占有还是直接适用有体物的占有规则呢？

所谓权利占有，即权利的事实行使。按照德国民法典第1029条，"权利占有人的占有"准用第854条以下的"占有保护"规则。据此，土地的占有人行使登记于土地登记簿的地役权受到妨害的，可以行使占有保护规则项下的请求权和自力救济权。但是，德国民法典对权利占有的扩大适用是排斥的，第1029条也没有将物的占有的其他效力赋予地役权占有人。至少从实证法的角度，经由权利占有而寻找非权利类无体物的占有规则，存在障碍。然而，权利占有的概念为非权利类无体物的占有提供了指引，非权利类无体物的占有是否也可以作为权利的事实行使呢？非权利类无体物作为生活世界中的客体，并不是作为其他权利的事实行使，而是直接作为归属权的客体。即使作为权利的事实行使，也只能作为完全性的归属权的直接行使。因此，非权利类无体物应准用的是有体物的占有，而非权利占有。

如果不承认非权利类无体物的主客体关系，否定非权利类无体物的客体存在性，而将非权利类无体物视为债权，则需通过权利占有来解决。换言之，将非权利类无体物的占有，作为持有人的债权的事实行使来理解。虽然权利占有本身在德国民法典上是处于"封印"状态的，在学理上，权利占有与物的

---

① MüKoBGB/Schäfer, 8. Aufl., 2020, BGB § 854 Rn. 9.

占有的关系也不是非此即彼、互不相容的。如上所述,物的占有也可以视为所有权的事实行使,而权利的事实行使本身也即权利占有。在意大利民法典上,占有的概念表现为所有权或其他物权的事实行使。① 换言之,有体物的占有被作为有体物所有权的事实行使。欧洲法律文化具有共通的罗马法渊源,虽然存在偶然性因素和差异,各国占有制度的差异不应被过分夸大。权利占有与物的占有的共同点反而应当被强调。这为权利占有与物的占有的统一理解提供了基础。

按照德国民法典第453条第1款第2句规定,数字产品的买卖不发生交付义务,不适用第433条第1款第1句交付义务及第2句免于物的瑕疵和权利瑕疵的规定,似乎是明确拒绝了无体物类比有体物的可占有性。但实际上,这只是立法技术问题。从生活层面来看,非权利类无体物的占有与有体物的占有均表现为主客体关系。实际上,德国民法典第327条,特别是第327条第3款规定了数字产品(digitale Produkte)的提供(Bereitstellung)规则。这与有体物的交付具有可比性。至于权利占有,仍不妨碍从其他权利的事实行使角度理解。

二、主客体关系视角下的无体物归属

(一) 无体物作为归属权客体的类型

德国民法典第90条的规定源于潘德克吞学派,特别是受到萨维尼物债二分学说的影响,而潘德克吞法学派是基于古典罗马法传统。但第90条规定并不是某种亘古不变的真理,相反具有一定的偶然性。按照瑞士民法典(ZGB)第713条,所有权的客体不限于有体物。奥地利、法国等国的民法典也不存在有体物的限定。出于尊重实在法的需要,德国的司法裁判在既有的法秩序内适用和发展法律,超越民法典既有的概念框架甚至完全不顾制定法的限定发展法律,是困难的。而学说又追随司法裁判,无法实现制定法体系性的突破。德国民法典的物法维持了相对的稳定性和封闭性,一旦引入无体物的概念,德国民法典的实证法体系即面临重构的问题。但是,德国民法典实际也包括权利、遗产等无体物的归属、保护和处分规则。可以说,德国的民法学说之所以仍然坚守物的有体性以及物法体系的封闭性,主要原因就在于对形式意义上的制定法的尊重。从德国法内部来看,坚持第90条的约束力这一点是无可厚非的,而且是自然的。

---

① 〔意〕鲁道夫·萨科、拉法埃莱·卡泰丽娜:《占有论》,贾婉婷译,中国政法大学出版社2014年版,第63页。

从社会生活本身来看,将外在的客体世界仅仅局限于有体物已经与时代脱节。实际上,在 20 世纪初,德国的司法和学界就面临如何将电能等纳入民法典的问题。电能供应属于买卖合同还是服务合同的争议背后,体现的是对电能这一无体物客体属性认识的差异。① 从自然科学的角度,电能应属于外在的客观世界中的事物,但在法学上则不被视为有体物。按照德国民法典第 90 条,法律上的物也仅是客体世界的一部分。在此,能够为人力所事实支配,而且是最原始意义上的自然人支配力的观念挥之不去。这有所谓的古典罗马法传统的影响。但罗马法本身是面向生活的,是灵活而具有适应性的。就此而言,有体物的窠臼与罗马法也是不符的。如上所述,有体物和无体物的分类在罗马法上已经存在,而且遗产等无体物的保护和移转规则具有丰富的制度内容。只是 19 世纪的潘德克吞法学以古典罗马法之名"背离"了罗马法。

在现代社会,人类所能感知和支配的客体世界在宏观和微观层面均得到扩充,更多的客体进入法律的视野。未来科技的发展可能是超乎想象的。在互联网和数字经济时代,主客体关系展现出新的形态,线上生活和虚拟世界的兴起和发展,对法学提出了如何应对的挑战。在此,一方面应当尊重传统,另一方面也应守正创新。在既有的学说体系内,发展有体物的概念,将新的社会生活领域和新事物纳入传统的、以有体物为客体的物法体系,是基本的出路。如上所述,在 19 世纪已有德国学者提出,将第 90 条扩大解释为除了观念物(Gedankending)之外的客体②,以适应电能等无体物的客体化需求。以客体的概念扩展财产法体系的探讨更不是什么新鲜事。在数字时代,也有观点建议通过修法将数据等无体物纳入第 90b 条③,为域名、网络虚拟财产等作为归属权客体的探讨也提供了参考。新的时代需要主客体关系的法学新视角。

物法上的客体分类涉及主客体关系的理解。主客体关系是哲学命题,以人的主体性和自由意志为前提。在客体层面,人们在探讨客观性(Wirklichkeit)和存在性(Realitaet)的关系。这对于理解虚拟现实领域的客体定位有意义。换言之,虚拟物也是存在的,客体化的。虽然法学也受到哲学的影响,但着眼于社会生活领域定分止争的法学不必完全从某种哲学理论出发。对于物法上的客体类型的确定,也没有必要从自然科学出发,不必将

---

① Lahusen, Verdinglichung durch Datenschutz, AcP 221 (2021), 1, 2.
② Ludwig Kuhlenbeck, Von den Pandekten zum Bürgerlichen Gesetzbuch, Carl Heymanns Verlag, Berlin, 1898, S. 264f.
③ Omlor, Kryptowährungen im Geldrecht, ZHR183 (2019) 294, 341.

物限定于外在的物质世界中真实存在的客体。否则,不能很好解释权利客体化以及数字世界中的客体属性问题。在此,应强调在法律上客体概念的"独立性",而非哲学、自然科学或其他标准。换言之,人们的普遍日常观念、交易中的需要、事物的本质以及合目的性等是法学考虑的因素。

物法上的客体可以按照有体物、权利与非权利类无体物的"三分法"。这种区分不完全是基于逻辑的,而且主要是基于经验的,是描述性的。权利应主要指自身客体化而非以外在化的客体为支配对象的债权等权利类型。除了传统的有体物和权利外,非权利类无体物的归属问题具有重要性。如上所述,在罗马法时代,人们就面临债、兽群、遗产等客体作为无体物的问题。在当代社会,非权利类无体物的重要类型是著作权和工业产权领域的作品、发明、商标等。作品、发明等知识产权客体的独立化,也是基于人类观念的更新。非权利类无体物也应当包括企业、遗产等。这些非权利客体的特征是,仅存在于人的思维中,本身不具有独立的、外在的、物质化的客体边界。非权利类的无体物还应当包括数字时代的"网络物"或"数字财产",如域名、数据、数字货币、网络游戏装备等。在人们的日常观念和交易中,这些物均是"客体化"的。换言之,人们可以将支配意志直接作用于这些客体。只是在物法的传统观念中,这些无体物不具有客体地位,而其中的主要原因就在于它们不具备德国民法典第90条所规定的有体性。三分法的客体类型有罗马法传统及事理逻辑的支持,实际也有德国民法典的基础,是基于德国法自身而提出的。

(二) 绝对权与排他性

无体财产作为绝对性归属权的客体,除了涉及与债的关系的区分外,还涉及归属权的直接支配性和相对于第三人的排他性问题。所谓直接支配性强调的是权利人对客体的直接作用可能性,即不需要借助他人的授权或同意,直接将自己的意志作用于该等客体。而所谓的排他性,即排除第三人对客体的直接支配。就此而言,两者也不是完全区分的。在某些债的关系中,债权人也可以基于债的关系而对客体享有直接支配力。这种基于债权地位的占有可以对抗第三人,涉及的债权物权化问题上文已有探讨。债权本身也可以成为处分的客体,也具有某种排他性。也就是说,物和债的区分不是绝对的。无论如何,直接支配性和排他性仍然是归属权的基本属性。

德国民法典通过第823条第1款所规定的"其他权利"解决物法体系过于封闭的问题。第823条第1款可以作为物法编之外的绝对权条款。按照赫克(Heck)的观点,第 823 条第 1 款的"其他权利"是"空白规定"(Blankettgesetz)。① 言外之意是,第 823 条第 1 款关于其他权利的规定过于开放,无法预见将发展出何种其他权利。无论如何,在德国民法典的实证框架内,超越物法的绝对性财产权的类型既有存在空间,实际上也广泛存在。第 823 条第 1 款还是民法典与其他法律领域的连接条款,其他法律所确立的绝对权类型因而可以纳入民法典的绝对权体系,但不以其他法律的具体规定为必要。通过司法裁判所确立的绝对权类型也可以经由该条获得实证基础。然而,根据德国民法典立法者的考虑,其他权利的侵权法保护并不是无限的,不存在侵权法的超级一般条款。否则,立法者所确立的绝对权保护条款(第 823 条第 1 款)、违反保护性法律的法益保护条款(第 823 条第 2 款)以及悖俗侵害条款(第 826 条)三分法的框架将不复存在。那么,第 823 条第 1 款意义上的绝对权的含义,就有必要再略作探究。这对无体物的绝对归属有意义。

实际上,上文关于归属权的绝对性与相对性的部分,已对物法上的绝对权与相对权有所阐述。这与第 823 条第 1 款的其他权利可能不完全重合。就是说,第 823 条第 1 款的其他权利虽是开放的,但仍应具有绝对性。但从根本上而言,这涉及第三人范围的问题。并且,相对性物权本身具有相对性的特征,却不意味着对不能对抗第三人。客体归属的相对性与绝对权的排他性,从权利类型化的角度而言彼此并不排斥,而是具有相容性。在德国民法典立法者那里,第 823 条第 1 款意义上的"其他权利"以有体物所有权为"模版"(Referenzgröße)。② 在此,归属的绝对性和用益的排他性是基本的内涵。但是,第 823 条第 1 款并没有提供明确的概念和规则,"其他权利"作为绝对权的标准具有不明确性,这在德国法上也仍是没有解决的问题。③ 特别是,仍无法形成涵盖各种绝对权类型的、具有全面解释力的概念。较重要的观点认为,其他权利作为绝对权本身不在于对客体的全面支配性,而在于排他性,即为不特定的第三人所尊重的权利。④ 但这主要是相对于非客体关涉性的绝对权而言的,如监护权、探视权等。对于财产权,仍应强调主客体间的归属关系。另外,德国法中也存在相对性的物权。归属的绝对性与相对性并不矛盾,而是可以彼此融合共存。虽然相对性的归属是针对特定主体的,但仍然是直接针对物的权利,并且具有相对于第三人的效力。这种归属权不必然意

---

① MüKoBGB/Wagner, 8. Aufl., 2020, BGB § 823 Rn.301.
② MüKoBGB/Wagner, 8. Aufl., 2020, BGB § 823 Rn.301.
③ MüKoBGB/Wagner, 8. Aufl., 2020, BGB § 823 Rn.304.
④ MüKoBGB/Wagner, 8. Aufl., 2020, BGB § 823 Rn.304.

味着针对任何第三人均可以主张排他性。例如,保留所有权中的让与人仍然是所有人,但相对于作为期待权人的买受人具有相对性,不能对抗第三人的善意取得。另外,绝对权的特征也是不尽相同的。例如,德国破产法第47条意义上的别除权、德国民诉法第771条的第三人异议权以及第803条项下的权利等是绝对权的特征,但不是绝对权必须具备的标准。特别是,某些物权化的权利是第823条第1款意义上的绝对权,但不必然具备上述全部特征。实际上,德国学者也承认,第823条第1款的其他权利需要在具体情形中确定。在此,在本章所要探讨的域名、数据、网络虚拟财产等作为绝对权的客体问题上,仍存在不同的争论意见。无论如何,第823条第1款所规定的"其他权利"在物法之外为新型无体财产权的实证化提供规范基础,实现对生活世界的开放性。

德国民法典的立法者并没有将有体物和无体物纳入统一的排他性的绝对权。① 在学说上,第1004条能否作为绝对权保护的一般规则,存在不同的观点。较保守的观点认为,将第1004条适用于所有绝对性权利的做法,忽视了有体物和无体物的区别。② 而且,第1004条也是不能毫无修正地适用于其他非有体物的。然而,更多的观点对第1004条作为绝对权保护的一般规则持赞同态度。③ 德国学者在此提出一般性的妨害责任(Störerhaftung)概念。德国帝国法院时期的司法裁判就已将该条作为受法律保护的其他绝对性权益妨害防止性的不作为请求权的一般规则基础。④ 德国联邦最高法院的司法裁判也已将第1004条作为其他绝对性权益保护的一般规则,这已经是稳定的司法裁判观点,或者称之为习惯法上的准妨害排除请求权(quasi-negatorischer Abwehranspruch)⑤。在司法实践中,营业权、一般人格权等绝对性归属权的保护,均可援引第1004条的规定。无论如何,非权利类无体物中的作品、发明等,其作为支配权的客体已得到认可,与有体物所有权的排他性规则具有相似性。⑥

当然,德国联邦最高法院对第1004条的适用也是有限度的。网络虚拟财产、域名、数据等情形,目前尚未发生第1004条扩大适用的司法裁判观点。

---

① Alexander Peukert, Gueterzuordnung als Rechtsprinzip, Mohr Siebeck Verlag, Tübingen, 2008, S. 232-236.
② MüKoBGB/Raff, 8. Aufl., 2020, BGB § 1004 Rn. 39.
③ Jauernig/Berger, 18. Aufl., 2021, BGB § 1004 Rn. 1-3;BeckOK BGB/Fritzsche, 61. Ed. 1. 2. 2022, BGB § 1004 Rn. 1-4;HK-BGB/Hans Schulte-Nölke, 11. Aufl., 2021, BGB § 1004 Rn. 1.
④ BeckOK BGB/Fritzsche, 61. Ed. 1. 2. 2022, BGB § 1004 Rn. 2.
⑤ HK-BGB/Hans Schulte-Nölke, 11. Aufl., 2021, BGB § 1004 Rn. 1.
⑥ MüKoBGB/Raff, 8. Aufl., 2020, BGB § 1004 Rn. 18-21.

相反,司法裁判并未认可这些新型财产的绝对归属权地位。应当看到,新型无体财产的归属的确较为复杂,涉及持有人与平台之间相对性法律关系的切割。但是,从事物本质和交易中的观点出发,还是应当从主客体关系来看待新型无体财产的归属问题。而单纯从债的角度处理这些关系,反而可能与物债区分的基本法学框架不符,导致归属问题债权化的局面。这在德国法上已有体现。对于域名、网络虚拟财产等,司法裁判均倾向于债权的思路。在此,将债权作为归属权或者债权物权化等思考方式,也是一种解决之道。换言之,在债法的框架下,并将债权作为归属权,也可以解决新型财产的法律问题。但是,还是从主客体关系角度归属绝对权的客体更合适。特别是,债的定位在原始取得、权利排他性与侵权法保护、交易规则适用等方面存在不足。

第 1004 条涉及无体物排他性的范围问题。与有体物以其外在的客体边界作为排他性的基本规则相似,无体物作为独立的客体的边界也是相对清晰的。尽管不占据外在可感知的物理空间,无体物也有其外在的边界,即相对于其他客体的独立性。而且,在现代社会,有体物的排他性本身是复杂的问题,涉及精神性侵入、功能妨害等,不完全是物理边界划定的问题。那种认为绝对权是权利主体对客体所享有的全面的支配权的观点有误导性。[①] 不仅在物质性的绝对人格权益,而且在所有权上也是如此。例如,在德国,网络连接权(Recht am Internetzugang)是第 823 条第 1 款定义上的其他权利。[②] 绝对权排他性上的价值权衡问题具有一般性,与有体物在客体物理边界上的差异不是否定无体物排他性的理由。

第二节　新型无体财产及其归属规则

一、互联网域名

(一) 学说争议

互联网给人类社会带来深远的影响和几乎无限的可能性。所谓域名,即互联网空间的名称,与网站的 IP 地址互为表里。它所代表的是网络上的一个处所。域名是互联网时代出现的法律现象,没有互联网也就没有域名的存在可能和必要。据此,有人将域名作为网络虚拟财产。但与网络虚拟财产不同,互联网域名并不是对现实世界的虚拟呈现,相反是现实世界所没有的现

[①] MüKoBGB/Wagner, 8. Aufl., 2020, BGB § 823 Rn. 188-191.
[②] MüKoBGB/Wagner, 8. Aufl., 2020, BGB § 823 Rn. 340.

象,就此域名与通常的网络虚拟财产不同。无论如何,从财产法角度出发,域名也存在主客体关系的问题。

域名的财产权属性涉及物债关系的定位。从域名的事物本质来看,域名持有人通过向域名管理机构(DENIC)申请注册域名后,按照在先申请规则取得域名的持有人地位(Inhaber),可以将域名关联到特定的网站,也可以在交易中将域名转让、出租、设定担保等,可以对域名进行事实和法律上的处分。但对于域名持有人的法律地位,存在债权说与物权说的争议。按照主流观点,域名是注册人与域名管理机构之间的债权债务关系的体现,持有人享有的是相对性的债权使用权。[1] 域名是持有人与注册机构之间债权债务关系的权利束,不存在主客体意义上的归属关系。少数学说认为,域名并非单纯的合同关系,域名作为法律客体具有事实和法律上的可支配性,应是绝对权的客体。[2] 还有的观点认为,虽然域名是债权使用权,但也有排他效力。应当区分域名在持有人与注册管理机构之间的相对性关系以及相对于第三人的绝对归属效力。域名是债权作为归属权具有排他效力的很好说明。[3] 持有人对域名的权利具有物权化的属性,域名应当作为第823条第1款的其他权利。[4] 另外,域名实际作为网站的名称使用的,可以受到德国民法典第12条的保护,此时域名通过姓名权规则而获得绝对权地位。[5]

(二) 司法裁判观点

在德国的司法实践中,域名本身不是绝对权的客体。按照德国联邦最高法院的裁判观点,持有人对域名既不享有有体物的所有权,也不享有类似的其他绝对性的财产权人地位。[6] 域名持有人不享有民法典第823条第1款的绝对权保护,也不享有第1004条项下的妨害排除请求权。但是,域名存在物权化的需求。域名持有人对域名排他性的占有和支配需要保护。德国学者认为,这应当由立法者采取行动,而有体物的保护规则的方案可能是不合适的。[7]

基于德国联邦最高法院的司法裁判观点,也有学者提出域名归属的绝对

---

[1] Staudinger/Fritzsche (2018), BGB § 12, Rn. 100a.
[2] Koos, Die Domain als Vermögensgegenstand zwischen Sache und Immaterialgut-Begründung und Konsequenzen einer Absolutheit des Rechts an der Domain. , MMR 2004, 359.
[3] MüKoBGB/Wagner, 8. Aufl., 2020, BGB § 823 Rn. 331.
[4] Peter Krebs, Maximilian Becker: Die Teilverdinglichung und ihre Anwendung auf Internetdomains, JZ 2009, 932.
[5] MüKoBGB/Heine, 9. Aufl., 2021, BGB § 12 Rn. 244-248.
[6] MüKoBGB/Heine, 9. Aufl., 2021, BGB § 12 Rn. 243.
[7] MüKoBGB/Raff, 8. Aufl., 2020, BGB § 1004 Rn. 36.

性。德国联邦最高法院认可域名持有人的权益侵害型不当得利请求权,这为域名适用第 823 条第 1 款提供了可能性。① 换言之,两者在权利属性上应具有相似性。另外,债权作为归属权也具有不可侵性,应当区分债权的归属与请求的不同。从债权归属的角度,债权也适用第 823 条第 1 款。基于域名的先申请规则,司法裁判也认可在先申请人的优先地位。域名持有人可以获得优先于后位申请人的地位,这与债权平等原则不符。② 换言之,持有人的在先申请人地位应具有主客体层面的归属性,相对于后位申请人体现出排他性。

域名的查封与域名的权利属性有关。德国司法裁判观点认为,域名的查封应适用德国民诉法(ZPO)第 857 条第 1 款。③ 与动产查封不同,在此并不存在对域名本身的查封。域名查封的客体应是债务人与域名注册管理机构(DENIC)之间基于注册合同的债法请求权和义务的整体(Gesamtheit)。④ 这种观点与域名的债权说定位一致。但是,这里存在需解释之处。既然查封的是债权债务的整体,则债务人不应再向原债权人履行;这不符合域名查封的目的,也不是域名查封的实际情况。按照德国联邦最高法院的观点,域名的查封不影响域名注册管理机构(DENIC)债务的履行。⑤ 通过处分禁止可以实现域名查封的目的⑥,不必将域名禁止访问。所查封的应当是域名归属权变动的可能性。而且,域名注册管理机构作为查封债权人的第三债务人,负有将域名登记在新的使用权人名下的义务。在此,还是从归属的角度能够更好地解释域名的查封问题。

(三) 域名的转让规则

在德国法,域名的转让应区分负担行为与处分行为。域名的权利属性与域名转让所适用的规则密切相关。按照德国学者的观点,域名转让的原因行

---

① BGH: Rechtsnatur der Registrierung von Domainnamen-gewinn. de. , NJW 2012, 2034.
② MüKoBGB/Wagner, 8. Aufl. , 2020, BGB § 823 Rn.331.
③ Karl-Heinz Fezer, Markenrecht 4. Auflage 2009, Verlag C. H. Beck, München, G. Domainrecht-Kennzeichen im Internet, Rn. 108. BGH GRUR 2005, 969, 970-Domain-Pfändung; LG Möchengladbach MMR 2005, 197-Pfändung einer Internetdomain.
④ BGH GRUR 2005, 969, 970-Domain-Pfändung; Karl-Heinz Fezer, G. Domainrecht-Kennzeichen im Internet, in: Fezer, Markenrecht, 4. Auflage, 2009, Verlag C. H. Beck, München, Rn.108.
⑤ Karl-Heinz Fezer, Markenrecht 4. Auflage 2009, Verlag C. H. Beck, München, G. Domainrecht -Kennzeichen im Internet, Rn. 111; BFH: Pfändung einer Internetdomain. , MMR 2021, 315.
⑥ BFH Urt. v. 15. 9. 2020-VII R 42/18, BeckRS 2020, 37157; BFH: Pfändung einer Internetdomain. , MMR 2021, 315.

为可以是买卖合同,也可以是委托或其他类似的事务处理合同。这是符合生活事实的,在域名的隐私持有下,域名受让人实际是受托持有域名。这与德国法通过委托合同处理信托所有权的问题是一致的。当然,域名转让中更多的是买卖合同,即以变更域名持有人的归属和对价支付为主要合同目的。至于将域名的买卖合同本身也理解为事务处理合同,即出卖人协助买受人取得域名注册人的法律地位,也是一种理解的视角。这种观点将域名转让视为新申请。但是,从事物本质来看,买卖合同双方应当是将域名的归属作为处分的对象而予以变换。

如上所述,德国法将物的买卖和权利买卖规则一体化,基本适用同样的规则。在请求权基础上,物的买卖和权利买卖对应不同的法律条文。如将域名的转让视为债权转让,则域名的买卖应适用第453条。也有观点认为,对于域名等更合适的称谓是无体的客体。① 这涉及对域名客体属性的理解。后一种观点显然是将域名作为支配的对象,而非债权债务的整体来理解。这里更进一步的差异还在于,无体物能否作为占有的客体并发生交付义务履行的问题。从事物本身来看,无体物也应当具有事实支配的可能性,可以成为占有和交付的客体。而且,德国学理对数据等无体物占有的问题已有较多探讨。② 对于域名的占有问题,则尚未被充分关注。

在处分行为层面,域名转让的实证法上的规则基础是债权转让,更准确地说是合同权利义务的概括承受。域名持有人除了将债权人地位转让给受让人,也将对域名注册管理机构的义务转让给受让人。换言之,这里涉及德国民法典并未规定的合同权利义务概括承受。③ 在此,债权转让规定在第398条,债务承担应当适用第414条。这意味着债权债务关系的继受取得。但这里并非没有争议。按照德国学者的观点,在域名转让的事实层面,应发生域名的新注册(Neuregistrierung)④。域名转让的新申请说从域名的商业实践出发,在政策层面也利于域名注册管理机构,在德国有很多支持者。但是,更准确的应该是,域名注册管理机构将原申请人的法律地位更换为新的注册申请人,受让人享有原持有人的在先注册利益。域名转让的本质在域名争议中具有相当的重要性,特别是在先权利保护的问题上。

域名的转让涉及域名事实支配地位的移转。域名作为一种外在的客体,其事实支配地位应当移转给买受人。换言之,这里涉及域名的占有和交付问

---

① MüKoBGB/Westermann, 8. Aufl., 2019, BGB § 453 Rn. 6.
② Michl,"Datenbesitz"—ein grundrechtliches Schutzgut? NJW 2019, 2729.
③ MüKoBGB/Heine, 9. Aufl., 2021, BGB § 12 Rn. 298.
④ MüKoBGB/Heine, 9. Aufl., 2021, BGB § 12 Rn. 298.

题,将域名作为支配权的客体可以更好地解释域名的处分。如果买受人仅取得域名法律上的持有人地位,而没有对域名的实际支配,这不符合其作为买受人的预期。事实支配是法律支配的前提和重要内涵,没有事实支配的法律上的归属是无意义的。可以说,域名转让的新申请和债权债务移转的说法不能很好地解释域名的转让。

当然,在买受人取得域名实际控制人地位的情况下,虽然域名的可支配性体现为域名的使用和处分自由,但这种意思自治也受到域名注册管理机构协助和管理义务的"制约"。

二、网络虚拟财产

网络虚拟财产是虚拟世界中的客体,同样是与互联网相伴生的事物。网络虚拟财产的取得、存储和交易需要依存于网络平台且只能在网络环境下进行。但是,网络虚拟财产也是现实世界的组成部分,网络虚拟财产的交易和保护会发生现实的财产变动。在德国司法实践中,还发生虚拟土地租赁的税法适用问题,联邦最高法院持肯定态度。① 还有些网络虚拟财产本身具有虚拟与现实的交互性,线下与线上的绝对区隔并不存在。网络虚拟财产与现实世界的关系还因所谓的元宇宙、非同质化存证(NFT)而再度趋近,这些网络现象是现实世界在网络世界的"投射"。可以说,网络虚拟财产也是"存在的",是法律所需关注的现实世界的组成部分。如何将网络虚拟财产纳入既有法律规则体系的问题无法回避。

网络虚拟财产的重要发生场景是互联网在线游戏,网络游戏装备(如虚拟形象、铠甲、武器等)曾是网络虚拟财产的主要类型。随着数字经济的发展,网络虚拟财产的类型在不断变化。网络虚拟货币(如比特币)也是网络虚拟财产的重要形态,它在互联网环境下还充当了交换媒介的功能。网络虚拟财产的虚拟性在于,它是在互联网环境中由网络运营者通过数据记载和呈现的电子数据,并在网络环境中体现为网络使用者支配的虚拟物。网络虚拟财产存在于网络环境中,是现实世界中没有真实存在的客体类型;其在网络世界又是"存在的",可以为网络用户支配,发生主客体的支配关系。

网络虚拟财产的权利属性存在争议。法律关系是民法的基本工具,从这个角度介入网络虚拟财产的讨论是基本的思路。从主体的角度而言,网络虚拟财产的法律问题可归结为网络平台与用户之间,以及网络用户相互之间的法律关系。从内容而言,这里面所涉及的无非是合同、财产归属以及侵权责

---

① BFH:"Vermietung" von virtuellem Land in einem Online-Spiel, DStR 2022, 547.

任等具体问题。从既有规则出发并从应然的角度,探讨网络虚拟财产的规则适用和体系定位有意义。

(一) 网络游戏装备

1. 合同关系

德国民法典在第327条规定了以数字内容和数字服务为客体的消费者合同。这被称为德国民法典数字时代的开启。[①] 数字内容和数字服务的区分体现的似乎是归属客体与给付行为的差异。但是,数字产品(Digitale Produkte)是两者的共同上位概念,第327—327u条在多数情况下对两者均适用。[②] 人们认为,数字内容和数字服务也无法明确区分。[③] 从客体类型来看,所谓数字内容包括计算机软件、音视频、电子游戏、电子书等;而数字服务包括云数据存储服务、在线视听、在线游戏等。至于智能手机、电脑等包含电子软件的混合客体,则可作为传统的有体物的消费者买卖合同的客体。[④] 基于对欧盟指令转化的针对性和消费者保护的立法目的,德国民法典的"数字化"修改并非面面俱到。在此,网络虚拟财产本身尚没有直接或完全纳入数字产品消费者合同的调整范围,但网络游戏装备至少可部分受到在线游戏即数字服务条款的调整。

基于网络游戏环境中不同的生活事实,网络平台经营者可与游戏用户发生买卖合同、租赁合同、承揽合同以及保管合同等关系。[⑤] 在此,学理和司法裁判还存在一定的争议。德国民法典的修改没有解决这方面的争议,没有明确数字内容和服务合同的具体合同类型。[⑥] 这也是数字合同和消费者合同类型多样化的体现。德国学者往往认为,租赁合同是在线网络游戏的主要合同关系。在此,由于网络游戏平台处于德国民法典所规定的经营者地位,消费者保护是重要问题。特别是游戏经营者利用格式条款排除和限制终端用户权利,例如,禁止游戏装备或游戏账户的转让。这些约定的有效性存在争议,需要根据具体情形个别化判断。[⑦] 在此,限制用户转让网络虚拟财产的

[①] Bittner, Verträge über digitale Produkte-der Beginn des digitalen Zeitalters im BGB, VuR 2022, 9.
[②] MüKoBGB/Metzger, 9. Aufl., 2022, BGB § 327 Rn.6.
[③] MüKoBGB/Metzger, 9. Aufl., 2022, BGB § 327 Rn.8.
[④] Bach, Neue Richtlinien zum Verbrauchsgüterkauf und zu Verbraucherverträgen über digitale Inhalte, NJW 2019, 1705.
[⑤] Diegmann/Kuntz, Praxisfragen bei Onlinespielen, NJW 2010, 561.
[⑥] Bittner, Verträge über digitale Produkte-der Beginn des digitalen Zeitalters im BGB, VuR 2022, 9.
[⑦] Diegmann/Kuntz, Praxisfragen bei Onlinespielen, NJW 2010, 561.

约定原则上是无效的,不仅仅是在处分层面,而且基于消费者保护的规则也发生在债法层面。换言之,德国民法典中一般交易条件的相关规定,包括内容控制、禁止过度剥夺消费者的主要权利等规定应予适用。

在网络用户之间,网络虚拟财产的转让涉及买卖合同的适用。在债法层面,也涉及客体定位的问题,但基于第453条与第433条的准用关系,实际差异不是很大。而对价问题则涉及网络虚拟财产转让的价款支付义务。在此,应区分依托于游戏平台的代币支付与脱离游戏平台交易的金钱对价支付。在前者,可能涉及以非有体物为客体的互易,在后者则涉及真正的买卖合同。当然,互易也可参照买卖合同。在处分层面,如将网络虚拟财产视为债权使用权,则适用德国民法典第398条债权让与的规定;如将网络虚拟财产视为无体物,则应当属于其他财产而适用第413条。当然,由于权利转让准用债权转让的规定,两者有很多共性。但是,仍然不能忽视两者的差异。在此,虚拟财产的转让是否通知债务人甚至取得网络游戏运营者的同意,及其对虚拟财产转让效力的影响,有实际意义。从互联网用户的意思自治和消费者权益保护的角度来看,还是从无体物而非债权的定位更好。债权转让还涉及与债务人关系的处理。

按照德国民法典修改后的第453条第1款第2句,数字内容的买卖不适用第433条第1款第1句、第2句的规定,即不发生交付义务的履行,也不适用物的买卖的瑕疵责任。① 如将网络虚拟财产定位为数字内容,则该条应当适用。但是,虽然都是无体的,可是德国学者一般区分电子书、软件与网络虚拟财产。② 网络虚拟财产能否归入"数字内容"有疑问。从事物本身来看,网络虚拟财产的交付义务是应当履行的,即将网络虚拟财产的用益和处分可能性移转给受让人,且出让人不再继续保有。这涉及主客体的事实支配,发生无体物的占有和交付问题。换言之,还是从在无体物而非债权层面能够更好地进行解释。

2. 归属问题

网络游戏财产等网络虚拟财产不具有有体性,不是德国民法典第90条意义上的有体物。在此,网络虚拟财产与通常的计算机软件不具有可比性。正如书籍与作品的关系,标准化的软件化体于特定的介质之上可以作为有体物。而网络虚拟财产通常不能存在于专门的介质并与之一体化。即使存储于特定的介质,如硬盘或电脑中,网络虚拟财产也相对于载体保持其独立性,

---

① HK-BGB/Ingo Saenger, 11. Aufl., 2021, BGB § 453 Rn.5.1.
② BeckOK BGB/Fritzsche, 61. Ed. 1.2.2022, BGB § 90 Rn.28, 29.

不属于德国民法典第 90 条和第 903 条意义上的有体物,也直接不适用第 985 条的所有物返还请求权。

网络虚拟财产的归属问题可分为相对于网络游戏运营者的相对方之间,以及相对于不特定的第三人的效力上。在此,主流的观点认为,网络平台是网络虚拟财产的最终控制主体。网络虚拟财产是网络游戏的组成部分,是提前设计或者基于游戏的运行而发生的。作为存储在网络运营商数据库中的数据,网络游戏的玩家只是基于合同关系使用,不享有最终的支配权。通过网络游戏运营者的维护和管理,网络虚拟财产才得以存在和呈现,游戏玩家对网络虚拟财产的占有和使用是基于网络运营商的积极作为义务的履行,不享有对网络虚拟财产的支配权。显然,这是将网络虚拟财产持有者与平台的关系锁定为合同关系的逻辑。

网络虚拟财产的归属问题也并未受到忽视。在学理上,不乏有观点认为,网络虚拟财产与游戏本身是相对独立的,应属于无体的法律客体。网络虚拟财产具有事实和法律上的可支配性,可类比有体物所有权并比照第 929 条第 1 款进行占有移转。① 另外,基于网络运营商对网络平台的管理责任,有观点认为,其应当享有虚拟住宅权(virtuelles Hausrecht)的排他性地位。② 在司法裁判上,德国某些法院曾对网络聊天室运营者的虚拟住宅权予以认可。③ 这是司法裁判应对新的社会现象的规则创新。在学理上,仍有论者强调该制度在社交网络相关案件中的适用性。④ 也有的观点认为,在民法上不存在所谓的住宅权制度,在此仍是第 1004 条的类比适用问题。⑤ 换言之,在此可类比有体物的妨害排除请求权。无论如何,网络平台运营者也有责任排除他人对网络用户账号和网络虚拟财产的妨害,这应是所谓虚拟住宅权制度秩序维护功能的体现。据此,网络虚拟财产的持有者应享有类似绝对性的无体财产权的保护。⑥ 至于网络运营商本身,自然也不得任意侵入网络用户的账户甚至损害其账户内的虚拟财产。

对于网络虚拟财产能否适用第 985 条作为返还请求权的客体,相关的文献还未涉及。从归属的角度,应当认可第 985 条的理念及规则在此的可适用性。在技术层面,这涉及数据恢复的问题。对于网络虚拟财产能否作为第

---

① Lober/Weber, Money for Nothing? Der Handel mit virtuellen Gegenständen und Charakteren, MMR 2005, 653.
② Jauernig/Teichmann, 18. Aufl., 2021, BGB § 823 Rn.18a.
③ Virtuelles Hausrecht im » Chat-Room «., LG Bonn ZUM-RD 2000, 545, 546.
④ Schrader, Virtuelles Hausrecht in einem sozialen Netzwerk, JA 2022, 422.
⑤ MüKoBGB/Raff, 8. Aufl., 2020, BGB § 1004 Rn.33.
⑥ Rippert/Weimer, Rechtsbeziehungen in der virtuellen Welt., ZUM 2007, 272.

823条第1款的其他权利问题,应当持肯定意见。即使作为债权,网络虚拟财产也具有归属性,这也是债权不可侵性的体现。Wagner 认为域名是债权不可侵性的典型体现。实际上,在债权的思路下,网络虚拟财产被盗、被删等更是侵害债权作为归属权的典型表现。持有人对网络虚拟财产的归属和支配是直接的被侵害的对象,而这属于债权归属性而非请求性的内容。在此,是否将网络虚拟财产物权化,不影响损害赔偿责任。

从主客体关系来看,网络虚拟财产具有归属性,在交易中可以成为处分的客体,也应具有第823条第1款上的不可侵性。从与游戏平台的关系来看,网络虚拟财产依赖于平台的维护和作为义务,具有相对性;但从与游戏玩家的关系,特别是相对于第三人而言,又具有直接支配性和排他性。这是网络虚拟财产关系的复杂性的体现。基于网络虚拟财产不同的特征,适用相应的规则是较务实的做法。这意味着承认网络虚拟财产的绝对权属性。

(二) 虚拟货币

虚拟货币(Virtuelle Währung)的法律地位受到很多关注。虚拟货币有很多类型,如网络游戏平台或在线视频平台发行的可用于购买装备、直播打赏等的虚拟货币。这种意义上的虚拟货币与网络游戏装备没有区别,都属于网络游戏的道具。除此之外,加密货币(Kryptowährungen),如比特币,也应当属于虚拟货币。加密数字货币具有代币的属性,即替代法定货币的支付功能。实际上,网络游戏中的虚拟货币也具有交易中介功能,且与法定货币存在关联。加密数字货币应属于网络虚拟财产,在这一点上它与网络游戏装备具有共性。同时,虚拟货币在互联网世界乃至现实世界充当着交易媒介的功能。例如,比特币可以和某些法定货币进行兑换,甚至取得法定货币的地位。这是虚拟游戏中的虚拟货币所不具备的。在为法律或法规所禁止的交易领域,比特币等数字加密货币作为交易对价的功能具有重要性。据此,加密货币也具有监管层面的风险性。

虚拟货币与电子货币不等同。德国民法典第675c条规定了支付服务与电子货币(E-Geld)。电子货币的金钱价值具有可转换性,即针对发行人可以兑换为现实的法定货币或黄金。① 典型的电子货币如 Paypal 等账户内的记载的货币权益。② 电子货币并不是德国民法典第90条意义上的物,它在德国民法典中的位置是处于第675条的事务处理合同项下的,而且按照第675c条的规定应属于支付服务这种事务处理合同的工具,据此它应具有债权的属

---

① BeckOK BGB/Schmalenbach, 61. Ed. 1.2.2022, BGB § 675c Rn.13.
② HK-BGB/Hans Schulte-Nölke, 11. Aufl., 2021, BGB § 675c Rn.3.

性。从与法定货币的转换关系及与支付服务机构的关系来看,电子货币应当具有记账货币(Buchgeld)的属性。① 换言之,与传统的储蓄账户债权具有可比性。

比特币等虚拟货币不是电子货币。比特币是"挖矿者"自行"发现"的,且不能针对发行者主张兑换。而且,比特币与法定货币或黄金之间并没有相对稳定的"汇率",它的价值存在变动性。其他加密货币也具有同样的不确定性。相反,有观点认为,与法定货币可兑换且具有统一换算率的具有稳定价格的加密货币,则可以作为电子货币,②如法定数字货币。在此,实际上涉及虚拟货币支付工具地位的法律认可问题。

1. 虚拟财产

虚拟货币属于网络虚拟财产,它是现实世界所没有的,同样具有互联网依存性。它的价值在于可以在网上或线下用于支付,基于这种功能而具有财产价值。比特币不具有有体性,不是德国民法典第 90 条意义上的有体物,不发生民法典上的有体物所有权。在德国法上,有价证券可以按照有体物的规则转让。但虚拟货币也不是有价证券,原因也在于其非有体性,即没有化体为物。

加密货币通常也不是债权,持有人并没有向其他比特币持有人、比特币"发行人"请求给付的请求权。③ 在此,德国学说认为,应区分比特币等代币型存证(Currency Token),以及实用型存证(Utility Token)和投资型存证(Investment Token),后者虽也基于区块链而存在、支配和移转,但有具体的发行人并可能成立债权债务关系。④ 投资型存证与电子有价证券具有可比性。⑤ 在此,投资型存证的发行和持有本身也是可以区分的。而且,可主张投资收益不意味着持有的存证本身也是债权。换言之,不应单纯从债权而是也应从归属的角度对投资型存证予以定位。就此而言,代币型存证与其他类型的存证也并没有不同。

在区块链上,虚拟货币具有唯一性和特定性,其与持有人的关系是排他的。例如,只有持有比特币私匙的人才可以支配比特币,将其转让、设定担保或用于消费支付。基于这种主客体支配关系,比特币作为无体物,成立绝对性的财产权利的空间是存在的。⑥ 换言之,在互联网时代,德国民法典第 90

---

① MüKoBGB/Casper, 8. Aufl., 2020, BGB § 675c Rn.30.
② BeckOK BGB/Schmalenbach, 61. Ed. 1.2.2022, BGB § 675c Rn.13.
③ Skauradszun, Kryptowerte im Buergerlichen Recht, AcP (2021), 353.
④ Skauradszun, a.a.O., AcP (2021), 353.
⑤ Schwark/Zimmer/Kumpan, 5. Aufl., 2020, WpHG § 2 Rn.83.
⑥ Skauradszun, a.a.O., AcP (2021), 353.

条的有体物有扩展的必要。有学者建议,应在德国民法典第 90 条项下增加第 90b 条,以实现对虚拟货币等无体物的应对。① 目前,德国电子有价证券法(eWpG)第 2 条第 3 款规定:"电子有价证券应视为德国民法典第 90 条规定的物。"该款虽具有拟制性,但其对有体物概念桎梏的突破意义不容小觑。投资类的虚拟存证可以借此适用电子有价证券以及有体物的规则。在此,作为绝对权客体的虚拟货币可以准用第 985 条、第 1004 条的规定。另外,虚拟货币上的权利也应属于德国民法典第 823 条第 1 款上的其他权利。

在德国法上,除在电子有价证券的个别情形,尚没有明确的法律依据认可虚拟货币的绝对归属性。虚拟货币有财产价值,作为非有体物、非权利类的其他类型的无体物,在德国民法典的既有框架下,可以作为合法的买卖合同的标的物。② 加密货币的买卖适用德国民法典第 453 条。在此,是否存在交付义务可以探讨。按照德国民法典第 453 条第 1 款第 2 句的规定,电子内容的买卖不涉及交付义务的履行,第 433 条的规定是排除适用的。在学理上,虚拟货币能否适用交付的规定可能存在争议。无论如何,可以探讨的问题是,虚拟货币的转让是否需要完成交付? 在此,至少虚拟货币的"事实支配"地位需要实际移转,否则买受人无法实现对比特币的"持有"。基于此,加密货币的转让更应比照有体物而非单纯权利的转让规则。

加密货币应是可以强制执行的,否则比特币将成为免于司法查封的"自由财产",这反而不利于债权人保护。加密数字货币作为绝对性的财产权查封,应存在可能性。③ 无论如何,加密数字货币可依据民诉法第 857 条查封。④ 另外,查封债务人针对第三人的虚拟货币转让而发生的价款债权作为对价物,可以作为查封客体。这已不是比特币查封的问题,但为虚拟数字货币的强制执行提供了另一种可能的途径。

2. 支付中介

基于对欧盟反洗钱指令的转化需求,德国金融法(Kreditwesengesetz)已作出相应修改,并将数字加密货币纳入调整范围。按照该法第 1 条第 11 款第 4 句的规定,"加密货币是非央行或公权机构发行或保兑的,不具有法定货币或金钱的法律地位,但是基于约定或事实行为而为自然人或法人作为交换或支付媒介使用,并且通过电子途径而移转、存储以及处理的电子价值凭

---

① Omlor, Kryptowährungen im Geldrecht, ZHR183 (2019) 294, 341.
② MüKoBGB/Westermann, 8. Aufl., 2019, BGB § 433 Rn.12.
③ Effer-Uhe, Kryptowährungen in Zwangsvollstreckung und Insolvenz am Beispiel des Bitcoin, ZZP 2018, 513.
④ Effer-Uhe, a.a.O., ZZP 2018, 513.

证。"该规定被认为对于民法上理解和定位数字货币有意义。① 这种观点值得赞同。除法秩序统一的理由外,该法对数字货币的描述性定义是符合事物本质的。就此,加密货币在本质上还是应当定位于"货币",即一般等价物的功能。

然而,在现行德国法上,加密货币不是法定货币,不享有官方认可的支付中介地位。否定加密货币官方支付地位的理由在于维护中央政府的货币发行权的垄断地位,也在于维护金融秩序。加密货币的合法财产地位也体现了监管的矛盾性。虚拟货币的价值依据在于其货币功能,但恰恰这一点不被认可。无论如何,只要在民法上认可其作为虚拟财产的合法地位,虚拟货币就可以作为支付中介而使用。至于其用于洗钱等非法交易的支付,则是法秩序所不认可的。这不是否定虚拟货币本身合法性的理由。

基于虚拟货币的非法定支付中介地位,利用虚拟货币所进行的买卖,在法技术层面只能定位于第480条的互易,而非第433条的买卖。② 即使作为互易,这里也不是有体物而是以无体物作为交易中介物的互易。

(三) 非同质化存证

非同质化存证(NFT)是英文"Non Fungible Token"的翻译语。所谓存证(Token),即区块链上的一个区块(Block),是一串计算机代码。③ 但是,暂时还没有法律对Token作出明确的概念界定。存证可分为同质化和非同质化的。如上所述,同质化存证分为代币型存证、投资型存证和实用型存证。同质化存证类似于"种类物",具有相互的可替代性。非同质化存证所代表的是"特定物",具有唯一性和不可替代性。从内容来看,非同质化存证可以体现为无体的图像、影片、作品,乃至有体的动产或不动产,如建筑物。④ 从法律角度来看,非同质化存证所代表的是基于区块链技术的特定化的、不可复制的虚拟物,具有财产价值和可交易性。换言之,其也是一种网络虚拟财产。与虚拟货币等同质化存证不同,它可以具有特定的使用价值和"特定物"属性,而非交易等价物。

非同质化存证具有事实上的排他性,这一点上它与加密货币具有相似性。但是否属于法律上的绝对归属权的客体,存在争议。非同质化存证不是德国民法典第90条意义上的有体物。有观点认为,非同质化存证只是内容

---

① Skauradszun, Kryptowerte im Buergerlichen Recht, AcP (2021), 353.
② Hoeren/Sieber/Holznagel MultimediaR-Hdb/*Möllenkamp/Shmatenko* Teil 13.6 Rn. 62-63.
③ Rauer/Bibi, Non-fungible Tokens—Was können sie wirklich? ZUM 2022, 20.
④ Rauer/Bibi, a. a. O., ZUM 2022, 20.

的载体,与所代表或承载的具体内容不同,它仅仅是单纯的事实而不是权利。① 还有的观点认为,非同质化存证应当与有体物类似,持有者享有与有体物相同或相似的绝对性的无体财产权。② 这是从非同质化存证作为归属权客体的角度而言的,以持有者与非同质化存证之间的主客体直接支配关系为着眼点。反对者认为,绝对性财产权应属于立法者决定的事项,不能单纯基于非同质化存证事实上的排他性而成立。至于非同质化存证上所负载的信息内容,应个别判断其权利属性,可成立如著作权或其他类型的绝对性权利。非同质化存证应与内容区分,本身并非著作权的客体。应当说,区分非同质化存证与所负载内容的基本立场是值得赞同的,这里存在不同的法律客体和不同的法律关系。但是,否定非同质化存证作为绝对权的客体,或者将其仅仅作为一种事实,不能说明非同质化存证所具有的财产权属性。非同质化存证具有成为绝对权客体的可能性。

非同质化存证的转让涉及所谓的智能合约问题,存在不同的解释路径。从法律行为的角度,仍应区分负担行为和处分行为。但法律行为以具有法律上约束力的意思表示为基础。而主流观点认为,智能化合约是自动化的事实,本身并不是德国民法典第 145 条项下的契约,而且智能化合约本身包含着自动化履约的因素。③ 但是,这不妨碍当事人通过自动化合约而达成法律上具有约束力的一致意思表示。换言之,智能化合约可以体现为民法典的意思表示及法律行为,成为当事人意思自治的工具。基于此,与主流观点相反,笔者认为可以将基于智能化合约的非同质化存证的转让作为法律行为,并将其纳入德国民法典第 453 条项下的买卖合同。

在处分行为层面,德国学者认为,非同质化存证不能按照有体物的规则转让,德国民法典第 929 条项下的动产交付规则不适用于存证的转让,第 932 条的善意取得规则也不适用。④ 相反,按照权利转让的思路,应适用第 398 条、第 413 条项下的规则。这属于权利转让规则的基本思路。还有的观点认为,基于非同质化存证与所负载的具体内容的一体化关系,应当将非同质化存证的转让适用内容转让的规则。例如,非同质化存证所负载的内容为著作权的,则应适用著作权许可的相关规定。对此,还是应当根据客体的不同而确定所适用的规则,而不是将不同层面的客体相混淆。保持不同层面客体和归属依据的独立性,有其实际意义。

---

① Denga, Non-Fungible Token im Bank- und Kapitalmarktrecht, BKR 2022, 288.
② Hoeren/Prinz, Das Kunstwerk im Zeitalter der technischen Reproduzierbarkeit-NFTs (Non-Fungible Tokens) in rechtlicher Hinsicht, CR 2021, 565.
③ Rauer/Bibi, Non-fungible Tokens-Was können sie wirklich? ZUM 2022, 20.
④ Hoeren/Sieber/Holznagel MultimediaR-Hdb/*Möllenkamp/Shmatenko* Teil 13.6 Rn. 68.

非同质化存证是持有人事实支配的客体。基于区块链技术的特殊性,存证的转让以事实支配地位的移转为必要。但是,德国学界拒绝将存证的支配类比有体物。在权利转让规则下,技术层面的存证转让只能被视为单纯的事实。① 然而,正是这种事实体现着区块链上存证的权利归属主体。基于第413条、第398条的非公示化的权利移转规则,不能很好地解释区块链上的非同质化存证的交易事实。在此,以区块链交易本身的技术规则为基础,在法律上调整和重构存证(Token)的归属和转让规则,是必要的。

当然,能否将存证的转让类比有体物的占有移转,还是可以探讨的;或者说,存在可能性。反对的观点认为,存证的转让是基于持有人的单方操作,即通过密匙向区块链上的区块发出通知并通过区块链特有的核验机制最终确认,新的交易被记录在区块链上并形成新的区块数据。在此,并不存在存证本身的"交付"(Verschieben)。② 这种观点是从有体物动产的事实支配来理解的,而存证显然不发生与有体物同等形式上的占有移转。而且,这种观点忽视了存证本身的特定性,也没能解释新的持有人对存证事实支配的取得。

三、数 据

(一) 数据的客体定位

在互联网时代,个人信息或数据保护是重要的问题。欧盟一般数据保护条例(DS-GVO)第1条对个人数据保护作出了规定。基于该条例的一般性和抽象性,德国联邦数据保护法(BDSG)不完全是对欧盟条例的国内法转化,后者有其独立的规范价值。③ 但两者对基于个人数据保护目的意义上的数据概念的使用应是相同的。在民法上,作为归属权客体的数据应不限于个人数据。实际上,德国刑法典第268条第2款、第202a条、第263a条等数据概念与个人数据保护法意义上的数据不完全相同。④ 但德国刑法典第303a条对民法上数据作为归属权客体也有意义。⑤ 因此,从归属层面探讨数据的归属,不局限于个人数据。⑥ 当然,个人数据是其中极为重要的类型,也是备受关注的对象。

在法律上,个人信息保护目的意义上的数据与作为第823条第1款的绝

---

① Hoeren/Sieber/Holznagel MultimediaR-Hdb/*Möllenkamp/Shmatenko* Teil 13.6 Rn.69-70.
② Hoeren/Sieber/Holznagel MultimediaR-Hdb/*Möllenkamp/Shmatenko* Teil 13.6 Rn.10-11.
③ Paal/Pauly/Frenzel, 3. Aufl., 2021, BDSG § 3 Rn.2.
④ MüKoStGB/Hefendehl/Noll, 4. Aufl., 2022, StGB § 263a Rn.21-23.
⑤ MüKoBGB/Wagner, 8. Aufl., 2020, BGB § 823 Rn.338.
⑥ Riehm, Rechte an Daten-Die Perspektive des Haftungsrechts, VersR 2019, 714, 717.

对权意义上的数据不同。① 前者属于人格权法或者说是一般人格权保护的范畴。② 但是，从人格权的角度只能为其提供有限的保护。③ 从归属权或绝对权而言，数据也应包括客体化的个人数据。在此，人格权法与财产权法之间的区分关系尚不十分明晰。至少需对财产法意义上数据的概念进行界定。在此，人们较推崇由 Herbert Zech 提出的区分④，即分为语义层面、结构层面和编码层面的数据概念。这实际上提出了数字时代数据概念的事物本质问题。换言之，数据应是编码化的电子信息。所谓语义层面（semantische Ebene）的数据，强调的是数据的内容或内涵，即作为姓名、肖像、作品、商业秘密等的信息本身。个人数据保护意义上的也是这一层面的数据，即与特定自然人的关联的个人信息内容。⑤ 语义层面的数据受到保护的可能是人格权、著作权、商业秘密等，可以归属既定的权利体系；所谓的"数据库权"也应是从内容角度出发的。所谓结构层面的数据，强调的是与载体结合的数据形态，如书籍、相册、CD、唱片等。这一层面的数据所代表的是有体的特定客体。在此，应当是有体物所有权发挥作用。具有独立的权利客体意义的是编码层面（syntaktische Ebene）的数据⑥，即机器可读的电子代码，它也占据一定的空间，但不具有直接的可支配性，而是需要借助电子介质读取和支配。换言之，它是被机器存储和读取的电子信息编码（codierte Informationen），而非其他类型的信息。⑦ 当然，这种区分具有逻辑上的意义，不代表三者在现实上也是分开的。相反，内容意义上的个人信息与编码层面的数据是相结合的。但这不影响其各自作为独立的权利客体。

（二）个人数据作为"对待给付"

目前，德国民法典中暂没有关于个人数据作为人格权或所有权的客体的规定。而经营者往往通过合同获取和利用消费的个人数据，甚至未经消费者同意滥用用户的个人信息，这引发消费者保护和个人信息保护的问题。欧盟与数字产品和数字服务有关的合同法指令⑧对此予以回应。德国民法典第327—327s条将该指令转化为国内法。德国民法典第312条第1a款、第327条第3款将欧盟一般数据条例中的"个人数据"（personenbezogene Daten）作

---

① Jauernig/Teichmann, 18. Aufl., 2021, BGB § 823 Rn. 18.
② Lahusen, Verdinglichung durch Datenschutz, AcP 221（2021），1, 20.
③ Riehm, Rechte an Daten-Die Perspektive des Haftungsrechts, VersR 2019, 714, 718.
④ Zech, Information als Schutzgegenstand Mohr Siebeck Verlag, Tübingen, 2012 S. 25, 35 ff.
⑤ Riehm, Rechte an Daten-Die Perspektive des Haftungsrechts, VersR 2019, 714, 715.
⑥ Riehm, Rechte an Daten-Die Perspektive des Haftungsrechts, VersR 2019, 714, 715.
⑦ MüKoStGB/Hefendehl/Noll, 4. Aufl., 2022, StGB § 263a Rn. 23.
⑧ RL（EU）2019/770.

为民法典中的概念,以之作为消费者获取"数字产品"的"对待给付"。据此,个人数据也成为德国民法典中的实证概念。此处的个人数据应从财产或财产化的角度理解。个人数据,也即特定化自然人的或可将自然人特定化的个人相关信息。信息与数据的概念是通用的。在此,可特定化的个人数据,除了个人的姓名、住址等,生物识别信息如基因信息、指纹等,还包括与个人同一性有关的经济、社会、心理等方面的信息,还包括个人的电子邮件、IP 地址、网名等信息。① 值得注意的是,按照欧盟法院的判决,能够特定化个人的动态 IP 地址也可能构成个人信息。②

消费者所提供的个人数据,通常并不能作为第 320 条意义上的双务性对待给付,但仍使得以提供个人数据取得电子产品的消费合同具有有偿性。第 327 条并未明确使用对待给付的表述,而是事实上提供或负有义务。这与消费者无偿地获取数字内容或数字服务的事实是相符的。当然,如果经营者和消费者均存在互负对待给付的合意,应也不妨成立双务合同。在此,经营者应还受到一般交易条款的制约。③ 所谓提供,一般基于消费者的主动作为,如通过上传、开放获取途径等积极的行为;也包括消极的提供,即消费者在获取和使用数字产品的过程中所产生的数据,为作为合同相对方的经营者获取直接的处理可能性,不需要消费者的积极作为。④ 这需通过事先的同意或合同等机制实现,且涉及个人信息保护的问题。从事物本质来看,法律应当是以认可自然人对其个人数据的可支配性为基础的,即可以由消费者自行决定是否提供以获取相关的数字内容或服务。至于从人格权的财产化还是直接从财产权的角度理解,尚可探讨。而个人数据的提供,与完全移转个人数据的归属是否等同,也并非必然。无论如何,个人数据应具有财产法上的意义,并客体化。

(三) 数据所有权

通常认为,数据并非德国民法典第 90 条意义上的有体物。所谓有体性,通常要求物占有一定的外在物理空间,并可为人力所感知和直接支配。按照与古典罗马法一脉相承的历史法学派的观点,占有和所有权的客体限于有体物。对于数据,人们认为其不具备这些特征。这涉及对数据这一新事物的理解。在 19 世纪,民法学者就面临电力或电能作为有体物的问题,引发很多学

---

① MüKoBGB/Metzger, 9. Aufl., 2022, BGB § 327 Rn. 15.
② EuGH: Speicherung von IP-Adressen beim Besuch einer Website., NJW 2016, 3579.
③ MüKoBGB/Wurmnest, 9. Aufl., 2022, BGB § 307 Rn. 22.
④ MüKoBGB/Metzger, 9. Aufl., 2022, BGB § 327 Rn. 16.

理上的争议。在 21 世纪,数据则被认为是数字时代给法学提出的新问题。①实际上,数据是否属于有体物,似乎也并不是必然的。数据也以可度量单位的方式占据一定的物理空间,只不过人们习惯于将其称为无体物。

有观点认为,个人数据持有者事实上享有对其个人数据的直接支配地位,并且这种支配地位是排他的。然而,这实际取决于数据最初存储的载体占有者。换言之,提供数字内容或服务的平台企业反而也可能是数据事实上的支配者。目前来看,法律认可个人数据主体对数据的直接支配地位,数据持有人对数据的直接支配关系受到德国联邦数据保护法的保护。个人数据主体对数据的用益利益也得到了德国民法典的认可,消费者可以将其个人数据用于"换取"数字内容或数字服务。据此,消费者等数据生产者或写入者才是数据最初的占有主体。当然,除了作为对价物之外,数据的可用益性主要还是体现在内容层面。虽然数据相对于其归属主体的使用价值不大,但数据所有权对于个人数据主体而言有意义。

在德国法上,对于数据所有权的讨论涉及实然与应然的问题。在学说上,数据所有权学说有很多支持者。反对的意见认为,数据所有权的立法是不必要的,且可能与信息的自由流通价值不符。应当说,反对数据所有权的观点并不成立。数据的非竞争性只是经济学上的概念,而其是否具有竞争性、排他性取决于法律本身。至于信息的流动和表达自由与数据权利的定分止争功能不冲突。立法者并没有将数据纳入民法典的财产法体系,仍不妨碍学说将数据纳入民法典既有的财产法的体系。这里涉及第 90 条、第 903 条或著作权等无体财产权规则的类推适用问题。换言之,数据所有权与有体物所有权具有类似的绝对权属性。并且,数据所有权与有体物所有权具有相似性,即具有归属上的直接性,以及效力上的排他性,可以发生第 985 条以及第 1004 条的物权请求权保护。

德国学者 Wagner 认为,数据权利应直接归入第 823 条第 1 款的其他绝对权之下,而不是类推适用第 903 条。② 这实际涉及第 823 条第 1 款权利类型的开放性问题。换言之,可以直接将数据权利作为第 823 条第 1 款的独立的权利类型。这是直接从实然的角度出发的,即直接将数据归于第 823 条第 1 款之下。另外,Wagner 的思路也从刑法出发,即德国刑法典第 202a 条、第 303a 条。对此,可能还存在争议。这也正是第 823 条第 1 款"其他权利"作为开放条款和授权规范的体现。鉴于德国民法典第 90 条的严格性,第 823 条第 1 款成为财产法体系扩展的规则基础。在第 823 条第 1 款项下,一般人

---

① Lahusen, Verdinglichung durch Datenschutz, AcP 221 (2021), 1, 5.
② MüKoBGB/Wagner, 8. Aufl., 2020, BGB § 823 Rn.338.

格权、营业权等德国民法典没有明确规定的其他类型的绝对财产权受到侵权法的保护，发生损害赔偿责任。将数据直接归入第823条第1款项下的绝对权具有很大的突破性。只是对于数据上的绝对权，还没有直接的司法裁判予以确认。相反，汉堡、罗斯托克等地方高等法院的司法裁判对数据所有权采取的是否定的意见。①

在德国法上，与有体的载体相结合的数据，可以作为有体物所有权的客体得到既有法秩序的认可。联邦最高法院将计算机软件作为有体物。② 在此，数据与计算机软件具有可类比性，作为知识产权客体的计算机软件只是有体的磁盘的内容。③ 数据化体为物而成为载体所有权的功能，是数据受到有体物所有权保护的逻辑基础。这是在传统观点下理解数据所有权的视角。显然，这种数据有体化的形式只能对数据提供有限的保护。在交易中，大部分数据与载体均是可分离的。数据载体中的数据内容被删除，不影响载体作为物的所有权。特别是，个人数据通常不能作为有体物的内容或功能而存在，有体化的存储介质与所存储的个人数据之间不存在一体化关系。而云数据更是脱离了有体的载体，无法通过有体物的所有权获得保护。随着技术的发展，云数据的规模将是海量的。云数据对单独的数据所有权提出了更迫切的现实需求。

在破产法上，数据可以成为第47条别除权的对象。④ 虽然该条不限于物权返还请求权，但从该条的目的出发还是体现出数据的归属性。在此，从实务而言，所涉及的不仅仅是电子数据返还的问题，还包括删除或禁止使用。否则，无法达到别除的目的。无论如何，数据可以成为绝对性归属权的客体，不仅是重要的学说观点，而且有德国实证法的基础。

第三节　本章小结

由于德国民法典第90条的排除功能，无体物无法在民法典物法的框架内实现体系的扩展，在现有的法律框架下毋宁是自然的结果。不过，德国学者对知识产权等无体财产与物法的关系并未忽视，主流民法学者和部分知识产权法学者对知识产权客体作为无体物持肯定态度，物法的原则和具体制度在知识产权上的适用具有可能性。

---

① OLG Rostock Hinweisbeschluss v. 21.12.2021-2 U 27/21, BeckRS 2021, 42957, Rn.7.
② BGH v. 4.11.1987 VIII ZR 31476., FHZivR 34 Nr. 1017.
③ OLG Karlsruhe: Haftung für Zerstörung von Computerdaten, NJW 1996, 200.
④ BeckOK InsR/Haneke, 27. Ed. 15.4.2022, InsO § 47 Rn. 85-86.

新型无体财产与知识产权有所不同,德国的主流学说并不赞同新型无体财产的绝对归属权属性。无体物的归属与有体物的归属都涉及权利的归属与一般的行为自由及社会公共利益的协调。即使承认无体物的所有权,无体物的归属相对于有体物也有更多的限制。这在知识产权、网络虚拟财产、数据、域名等无体物的归属和保护上均有所体现。

无论如何,通过突破物的有体性的局限而实现物法体系的扩展,在理论上具有可能性,并部分地也在实证上是德国法的现实。虽然外在体系的意义较为有限,出于法典的概览性功能,将无体物纳入并与物法整合仍是新财产法体系化的基本思路。更为重要的是,将无体物纳入物法的归属权体系,涉及无体物取得、转让及保护规则的适用,有现实意义。

结　　语

物法的独立体系是潘德克吞法学以古典罗马法为基础发展而来的。有体物概念对物债二分有意义。与盖尤斯《法学阶梯》的物法体系不同，潘德克吞体系将物限定于有体的客体，债等无体物排除在物法的客体之外。潘德克吞法学通过有体物及相关概念和规则的建构，实现物法体系的独立、自治和封闭。

德国民法典立法采纳了潘德克吞物债二分的体系框架。物债二分有逻辑清晰的优势，与生活事实也是基本相符的。但德国民法典并非单纯将潘德克吞法学实证化，在德国民法典物债二分的体系内存在保护第一买受人及有权占有保护等物债关联的制度。德国的司法裁判也并非严守物法的封闭性，物法在法典之外的发展不可忽视。德国的物法体系及物债关系具有体系、具体制度构成及司法裁判规则上的多层次性、复杂性。

虽然物的概念限定于有体的客体，债权等权利的客体化在德国民法典中并不缺位。在债法，买卖合同的客体具有开放性，包括权利及其他无体的客体，且与有体物具有同等的体系重要性。在物法，权利等无体物的担保、用益规则也体现了物法的开放性。只是在客体处分规则上，债权等权利的转让规则被置于债法，而有体物的转让位于物法并需完成公示。权利归属和处分上的物债二分，加上总则有体物概念的限定性，物法体系的完整性被部分遮蔽。盖尤斯体系中有体物与无体物二分的开放体系也是德国财产法的部分现实。

新的社会现象也带来物法体系的扩展可能性。在德国法上，知识产权意义上的无体财产权没有进入民法典，是基于历史而非逻辑的原因。知识产权概念已逐渐获得认同，物权与知识产权等财产权均为绝对权、支配权，具有相似性。至于新型无体财产，德国司法裁判主要在物债二分的框架下根据既有的规则予以解决，囿于物权法定等原因，网络虚拟财产、域名等新型无体财产被定位于债权债务关系，并借助债法中权利处分规则解决法律适用问题。但在学理上纳入物法体系的探讨也非绝无仅有。从主客体这一生活层面的事实关系来看，可将新型无体财产纳入物法体系。

物法体系应具有开放性。物权的客体既包括有体物，也可以包括权利及其他无体物。无体物的客体化涉及无体物的可支配性、占有以及权利保护、转让等规则。开放的物法体系意味着包括有体物和无体物的不同客体类型的归属、保护及流转规则的一般性、共同性。债权等权利以及非权利类无体客体原则上可以成为物法占有及物权请求权等制度保护的对象。在权利处分上，开放的物法体系将权利以及其他无体物的转让纳入物法，并以处分的相对性和公示的对抗性为基本规则。当然，物法体系的开放性并不否定不同类型客体财产的差异性，特别是不同客体归属强度、权利保护以及交易规则的特殊性。

在开放的物法体系下，物法和债法保持分立但不追求严格的物债二分，承认占有的归属本质，认可基于原因关系的占有权，尊重第一买受人的优先地位。开放的物法体系将不动产与动产物权的区分相对化，承认非权利类无体物的可占有性并区分于权利占有，维持动产占有与不动产登记簿的功能差异并协调占有与登记的关系，坚守物权客体特定原则并以类型化弱化物权法定原则，在所有权绝对原则下承认整体物所有权和相对性的归属权，承认并区分物权的归属权与请求权双重属性。开放的物法体系尊重物权取得规则的相对独立性但不回避与债法的关联，采纳物权行为理论并采取灵活多样的物权变动规则。开放的物法体系认可担保规则的整体性和相对的体系独立性，重视有体物以外的权利及非权利类无体物等客体作为用益物权及担保物权客体的体系定位，并始终保持对新型财产权客体及新类型归属权的开放性。

开放的物法体系具有与社会生活的契合性、规则内容上的包容性，在保持物法稳定性的同时具有灵活性，能够更好地实现物法的体系化，具有物法体系的规则汇集和可概览功能，且仍能够保持法律概念的逻辑性和法的内在道德价值的一致性，是可以成立且有意义的。

参 考 文 献

一、著作类

1. 王泽鉴:《民法学说与判例研究》(第7册),中国政法大学出版社1998年版。
2. 王泽鉴:《民法物权》(第二册),中国政法大学出版社2001年版。
3. 江平、米健:《罗马法基础》(修订本第三版),中国政法大学出版社2004年版。
4. 〔德〕萨维尼:《当代罗马法体系 I——法律渊源·制定法解释·法律关系》,朱虎译,中国法制出版社2010年版。
5. 史尚宽:《物权法论》,中国政法大学出版社2000年版。
6. 周枏:《罗马法原论》(上册),商务印书馆1994年版。
7. 〔美〕罗杰·H.波恩哈特、安·M.伯克哈特:《不动产》,钟书峰译,法律出版社2003年版。
8. 〔德〕弗朗茨·维亚克尔:《近代私法史》,陈爱娥、黄建辉译,上海三联书店2006年版。
9. 〔德〕M.雷炳德:《著作权法》,张恩民译,法律出版社2004年版。
10. 〔意〕彼得罗·彭梵得:《罗马法教科书》(2017年校订版),黄风译,中国政法大学出版社2018年版。
11. 〔德〕卡尔·拉伦茨:《法学方法论》,陈爱娥译,商务印书馆2003年版。
12. 〔德〕卡尔·拉伦茨:《德国民法通论》,王晓晔、邵建东、程建英、徐国建、谢怀栻译,法律出版社2003年版。
13. 陈卫佐译注:《德国民法典》(第2版),法律出版社2006年版。
14. 〔美〕艾伦·沃森:《民法法系的演变及形成》,李静冰、姚新华译,中国政法大学出版社1992年版。
15. 〔德〕迪特尔·梅迪库斯:《德国民法总论》,邵建东译,法律出版社2000年版。

二、论文期刊类

1. 〔意〕桑德罗·斯奇巴尼:《法学家:法的创立者》,薛军译,载《比较法研究》2004年第3期。
2. 王洪亮:《论登记公信力的相对化》,载《比较法研究》2009年第5期。
3. 徐国栋:《共和晚期希腊哲学对罗马法之技术和内容的影响》,载《中国社会科学》2003年第5期。

4. 谢怀栻:《从德国民法百周年说到中国的民法典问题》,载《中外法学》2001 年第 1 期。

5. 吴越:《德国民法典之债法改革对我国的启示》,载《法学家》2003 年第 2 期。

6. 李中原:《ius 和 right 的词义变迁——谈两大法系权利概念的历史演进》,载《中外法学》2008 年第 4 期。

7. 〔意〕弗兰克·费拉利:《从抽象原则与合意原则到交付原则——论动产物权法法律协调之可能性》,田士永译,米健校,载《比较法研究》2001 年第 3 期。

8. 〔德〕诺贝特·赫斯特:《法律实证主义辩护》,袁治杰译,载《比较法研究》2009 年第 2 期。

三、外文文献

1. Ahrens, Hans-Jürgen, Brauchen wir einen Allgemeinen Teil der Rechte des Geistigen Eigentums? GRUR 2006.

2. Archiv für das Zivil- und Kriminalrecht der Königlich-Preußischen Rheinprovinzen. Bd. 95, 1906.

3. Avenarius, Martin, Der pseudo-ulpianische liber singularis regularum. Entstehung, Eigenart und Überlieferung einer hochklassischen Juristenschrift, 2005, S. 86 ff.

4. Bachmayer, Christian, Mietrecht in der notariellen Praxis, BWNotZ 2004, 4, 15.

5. Baldus, Christian, die Systematische Funktion der sogenannten Verkehrsauffassung beim Verlust des Besitzes: Portugiesisches, deutsches und römisches Modell, ZEuP 2006, S. 773.

6. Baldus, Christian, Römische Privatautonomie, AcP 210 (2010), 3.

7. Bales, Klaus, Aktuelle Fragen und höchstrichterliche Urteile zur Sicherungsübereignung. Sparkasse; Jg. 120, 2003, Heft: 5, S. 241, 244.

8. Baur, Fritz/Stürner, Rolf, Sachenrecht, 18. Aufl., Verlag C. H. Beck, München, 2009.

9. Bechmann, August, Der Kauf nach gemeinem Recht-Teil 2: System des Kaufs nach gemeinem Recht, Scientia Verlag, Aalen, 1965.

10. Behrends, Okko, Die geistige Mitte des römischen Rechts, SZ 125 (2008), 25.

11. Behrends, Okko, Die Institutionen Justinians als Lehrbuch, Gesetz und Ausdruck klassischen Rechtsdenkens, in: Behrends, Okko/Knütel, Rolf/Kupisch, Berthold/Seiler, Hans-Hermann, Corpus Iuris Civilis, Text und Übersetzung I Institutionen, 1. Aufl., C. F. Müller, Heidelberg, 1990, S. 272.

12. Behrends, Okko, Die lebendige Natur eines Baumes und die menschliche Struktur eines Bauwerks: Eine dualistische Entscheidungsbegründung aus dem vorklassischen Servitutsrecht und ihre theoretische Begründung nebst dem klassischen Gegenbild, in: Manthe, Ulrich/Krampe, Christoph, Quaestiones Iuris. Festschrift für Joseph Georg Wolf zum

70. Geburtstag, Duncker & Humblot, Berlin, 2000, S. 21 ff.

13. Behrends, Okko, Die Spezifikationslehre, ihre Gegner und die media sentia in der Geschichte der römischen Jurisprudenz, SZ 112 (1995), 197.

14. Behrends, Okko, Institutionelles und prinzipielles Denken im römischen Privatrecht, SZ 95 (1978), 189.

15. Behrends, Okko, Mucius Scaevola, Quintus, in: Stolleis, Michael, Juristen. Ein biographisches Lexikon. Von der Antike bis zum 20. Jahrhundert, Verlag C. II. Beck, München, 1995, S. 444.

16. Beisel, Wilhelm/Klumpp, Hans-Hermann, Der Unternehmenskauf, 6. Aufl., Verlag C. H. Beck, München, 2009.

17. Bekker, Ernst Immanuel, System des heutigen Pandektenrechts: Band 1, Böhlau Verlag, Weimar, 1886.

18. Binder, Julius, Der Gegenstand, ZHR 59 (1906), 1-78.

19. Böhringer, Walter, Das deutsche Grundbuchsystem im internationalen Rechtsvergleich, BWNotZ 1987, 25.

20. Bork, Reinhard, Allgemeiner Teil des Bürgerlichen Gesetzbuchs, Mohr Siebeck Verlag, Tübingen, 2001.

21. Brüning, Christoph, Die Sonderrechtsfähigkeit von Grundstücksbestandteilen-Ein zivilrechtliches Problem bei der Privatisierung kommunaler Leitungsnetze, VIZ 1997, 398.

22. Bruns, Viktor, Besitzerwerb durch Interessenvertreter, Mohr Siebeck Verlag, Tübingen, 1910.

23. Bu Yuanshi, Verfügung und Verpflichtung im chinesischen Zivil-und Immaterialgüterrecht Über die Rezipierbarkeit des Abstraktionsprinzips in China, JZ 2010, S. 26 ff.

24. Bund, Elmar, Beiträge der Interessenjurisprudenz zur Besitzlehre, in: Kroeschell, Karl, Festschrift für Hans Thieme zu seinem 80. Geburtstag, Jan Thorbecke Verlag, Ostfildern, 1986, S. 367.

25. Canaris, Claus-Wilhelm, Die Verdinglichung obligatorischer Rechte, in: Jakobs, Horst Heinrich, Festschrift für Werner Flume zum 70. Geburtstag, Verlag Dr. Otto Schmidt, Köln, 1978, S. 375.

26. Chiusi Tiziana, Res: Realität und Vorstellung, in: Schermaier, Martin Josef (Hrsg.), Iurisprudentia universalis, Festschrift. für Theo Mayer-Maly 2002, Böhlau Verlag, Köln, S. 101.

27. Coing, Helmut, Europäisches Privatrecht-Band 2: 19. Jahrhundert, Überblick über die Entwicklung des Privatrechts in den ehemals gemeinrechtlichen Ländern, Verlag C. H. Beck, München, 1989.

28. Coing, Helmut, Zur Geschichte des Begriffs „subjektives Recht", in: Coing,

Helmut/Lawson, Frederick Henry/Grönfors, Kurt, Das Subjektive Recht und der Rechtsschutz der Persönlichkeit, Wolfgang Metzner Verlag, Frankfurt am Main, 1959, S. 8 ff.

29. Coing, Helmut/Honsell, Heinrich, in: J. von Staudingers Kommentar zum Bürgerlichen Gesetzbuch mit Einführungsgesetz und Nebengesetzen: Eckpfeiler des Zivilrechts, Verlag Dr. Otto Schmidt, Köln, 2008, S. 38.

30. Costede, Hermine, Der Eigentumswechsel beim Einbau von Sachgesamtheiten, NJW 1977, 2340.

31. Dawson, John Philip, The Oracles of the Law, William S. Hein & Co., New York, 1968.

32. De Coninck, Julie, The Functional Method of Comparative Law: Quo Vadis?, RabelsZ 74 (2010), 346, 348.

33. Dernburg, Heinrich, Pandekten, Band 1: Allgemeiner Theil und Sachenrecht, H. W. Müller Verlag, Berlin, 1896.

34. Diep, Godehard, in: juris Praxiskommentar BGB, 5. Aufl., Juris Saarbrücken, Saarbrücken, 2010, § 858 BGB, Rn. 1.

35. Drexl, Josef, in: Münchener Kommentar zum BGB, 5. Aufl., Verlag C. H. Beck, München, 2010, Internationales Immaterialgüterrecht. Rn. 1.

36. Druey, Jean Nicolas, Information als Gegenstand des Rechts, Schulthess Polygraphischer Verlag, Zürich, 1995.

37. Dubischar, Roland, Doppelverkauf, JuS 1970, S. 7.

38. Dubischar, Roland, Über die Grundlagen der schulsystematischen Zweiteilung der Rechte in sogenannte absolute und relative: Ein dogmengeschichtlicher Beitrag zur Lehre vom subjektiven Privatrecht, Dissertation Präzis, Universität Tübingen, 1961.

39. Dulckeit, Gerhard, die Verdinglichung obligatorischer Rechte, Mohr Siebeck Verlag, Tübingen, 1951.

40. Eckert, Hans-Georg, Veräußerung des Mietgrundstücks ohne Vermieterwechsel - Drei Missverständnisse und eine ungeklärte Frage zum Anwendungsbereich des § 566 BGB, in: Börstinghaus, Ulf Peter/Eisenschmid, Norbert, Festschrift für Huber Blank zum 65. Geburtstag, Verlag C. H. Beck, München, 2006, S. 166.

41. Eckert, Hans-Werner/Maifeld, Jan/Matthiessen, Michael, Handbuch des Kaufrechts, Verlag C. H. Beck, München, 2007.

42. Eichler, Hermann, Die Rechtsidee des Eigentums: Eine rechtsdogmatische und rechtspolitische Betrachtung, Duncker & Humblot, Berlin, 1994.

43. Enneccerus, Ludwig/Nipperdey, Hans Carl, Lehrbuch des bürgerlichen Rechts, Mohr Siebeck Verlag, Tübingen, 1959.

44. Ernst, Wolfgang, Eigenbesitz und Mobiliarerwerb, Mohr Siebeck Verlag, Tübingen, 1992.

45. Faust, Florian, in: Beck'scher Online-Kommentar, 7 Ed. Bamberger, Heinz Georg/ Roth, Herbert, 2007, BGB § 453, Rn. 27.

46. Faust, Florian, Einstellung von Versorgungsleistungen nach Ende des Mietverhältnisses-Besitzschutz, JuS 2009, 865.

47. Feuerborn, Andreas, Der Bestimmtheitsgrundsatz bei der Übereignung von Sachgesamtheiten. ZIP 2001, 600.

48. Fezer, Karl-Heinz, Markenrecht, 4. Aufl. , Verlag C. H. Beck, München, 2009.

49. Fikentscher, Wolfgang/Heinemann, Andreas, Schuldrecht, 10. Aufl. , De Gruyter Recht, Berlin, 2006.

50. Fleischer, Holger/Wedemann, Frauke, Kodifikation und Derogation von Richterrecht, AcP 209 (2009), 598, 627.

51. Flume, Werner, Die Bewertung der Institutionen des Gaius, SZ 79 (1962), 1.

52. Franzmann, Till, Sicherer Immobilienerwerb durch Notar und Grundbuch, MittBayNot 2009, 346.

53. Frenz, Norbert, „Kauf bricht nicht Miete" - Zur Problematik der § § 571 ff. BGB bei Grundstücksverträgen, MittRhNotK 1991 Heft 7-8, 168.

54. Fritzsche, Jörg, in: Beck'scher Online-Kommentar, 16 Ed. Bamberger, Heinz Georg/Roth, Herbert, 2010, BGB § 90, Rn. 5.

55. Füller, Jens Thomas, Eigenständiges Sachenrecht?, Mohr Siebeck Verlag, Tübingen, 2006.

56. Ganter, Hans Gerhard, Die Sicherungsübereignung von Windkraftanlagen als Scheinbestandteil eines fremden Grundstücks, WM 2002, 105.

57. Gierke, Otto von, Deutsches Privatrecht, Band 1: Allgemeiner Teil und Personenrecht, Verlag von Duncker & Humblot, Leipzig, 1895.

58. Gierke, Otto von, Der Entwurf eines bürgerlichen Gesetzbuchs und das deutsche Recht, Verlag von Duncker & Humblot, Leipzig, 1889.

59. Giesen, Richard, Scheinbestandteil - Beginn und Ende, AcP 202 (2002), 693.

60. Gehrlein, Markus, Die Wirksamkeit einer Sicherungsübereignung, LSK 2008, 410748.

61. Goldhammer, Michael, Die Begründung des Geistigen Eigentums in der US-amerikanischen Rechtswissenschaft und ihre Bedeutung für die deutsche Diskussion, ZGE 1 (2009) 139.

62. Gordley, James/Mattei, Ugo, Protecting Possession, 44 Am. J. Comp. L. 299. (1996).

63. Gursky, Karl-Heinz, in: J. von Staudingers Kommentar zum Bürgerlichen Gesetzbuch, Sellier de Gruyter, Berlin, 2002, § 893, Rn 23.

64. Haedicke, Maximilian, Rechtskauf und Rechtsmängelhaftung: Forderungen,

Immaterialgüterrechte und sonstige Gegenstände als Kaufobjekte und das reformierte Schuldrecht, Mohr Siebeck Verlag, Tübingen, 2003.

65. Hagenbucher, Florian, Die Eintragung der Eigentumsvormerkung für den Grundstückskäufer: ein unvermeidbares Risiko für den Verkäufer? MittBayNot 2003, 249.

66. Hassemer, Winfried, Gesetzesbindung und Methodenlehre, ZRP 2007, 213, 218.

67. Häublein, Martin, in: Münchener Kommentar zum BGB, 5. Aufl., Verlag C. H. Beck, München, 2008, § 566, Rn. 2.

68. Heck, Philipp, Grundriss des Sachenrecht, Scientia Verlag, Aalen, 1960.

69. Heidinger, Andreas, in: Münchener Kommentar zum HGB, 3. Aufl., Verlag C. H. Beck, München, 2010, § 22, Rn. 22.

70. Herrlein, Jürgen, Versorgungssperre im Mietrecht: Possessorischer Besitzschutz als Legitimation offensichtlich rechtsmissbräuchlichen Mieterverhaltens?, NZM 2006, 527.

71. Hinz, Werner, Im Überblick: Einstweiliger Rechtsschutz im Mietprozess, NZM 2005, 841, 844.

72. Hofmeister, Herbert, Rechtssicherheit und Verbraucherschutz-Form im nationalen und europäischen Recht-2. Referat, DNotZ 1993, 32.

73. Holch, Georg, in: Münchener Kommentar zum BGB, 2. Aufl., Verlag C. H. Beck, München, 1984, § 90 RdNm. 4.

74. Horn, Norbert, Ein Jahrhundert Bürgerliches Gesetzbuch, NJW 2000, 40.

75. Hübner, Heinz/Lehmann, Heinrich, Allgemeiner Teil des Bürgerlichen Gesetzbuches. 2. Aufl., De Gruyter, Berlin, 1966.

76. Hübner, Heinz, Allgemeiner Teil des Bürgerlichen Gesetzbuches, De Gruyter, Berlin, 1996.

77. Hübner, Heinz, Kodifikation und Entscheidungsfreiheit des Richters in der Geschichte des Privatrechts, Peter Hanstein Verlag, Königstein, 1980.

78. Husserl, Gerhart, Der Rechtsgegenstand: rechtslogische Studien zu einer Theorie des Eigentums, Springer, Berlin, 1933.

79. Jänich, Volker Michael, Geistiges Eigentum - eine Komplementärerscheinung zum Sacheigentum?, Mohr Siebeck Verlag, Tübingen 2002.

80. Junker, Michael, Das wirtschaftliche Eigentum als sonstiges Recht im Sinne des § 823 Abs. 1 BGB, AcP 193 (1993), 348.

81. Jauernig, Othmar, Bürgerliches Gesetzbuch Kommentar, 13. Aufl., Verlag C. H. Beck, München, 2009.

82. Johow, Reinhold, Die Vorlagen der Redaktoren für die erste Kommission zur Ausarbeitung des Entwurfs eines Bürgerlichen Gesetzbuches, Sachenrecht, Teil 1, Allgemeine Bestimmungen, Besitz und Eigentum, De Gruyter, Berlin, 1982.

83. Johow, Reinhold, Entwurf eines bürgerlichen Gesetzbuchs für das Deutsche Reich:

Sachenrecht, Gebrudt in Der Reichsbruderei, Berlin, 1880. 84. Joost, Detlev, in: Münchener Kommentar zum BGB, 5. Aufl., Verlag C. H. Beck, München, 2009, § 859, Rn. 12.

84. Kaiser, Wolfgang/McDougall, Andreas, Klassisches Recht, in: Schmöckel, Mathias/Stolte, Stefan, Examinatorium Rechtsgeschichte, Verlag Franz Vahlen, München, 2008.

85. Kaser, Max, Das Urteil als Rechtsquelle im römischen Recht, in: Strasser, Rudolf/Schwimann, Michael/Hoyer Hans, Festschrift für Fritz Schwind, Manz'sche Verlags- und Universitätsbuchhandlung, Wien, 1978, S. 118.

86. Kaser, Max, Der römische Anteil am deutschen bürgerlichen Recht, JuS 1967, 338.

87. Kaser, Max, Eigentum und Besitz im älteren römischen Recht, 2. Aufl., Böhlau Verlag, Köln, 1956.

88. Kaser, Max, Gaius und die Klassiker, SZ 70 (1953), 131 ff.

89. Kaser, Max/Knütel, Rolf, Römisches Privatrecht. 19. Aufl., Verlag C. H. Beck, München, 2008.

90. Kaser, Max, Zur Problematik der römischen Rechtsquellenlehre, in: Wolf, Ernst, Festschrift für Werner Flume zum 70. Geburtstag, Carl Heymanns Verlag, Köln, S. 108.

91. Katzenstein, Matthias, Einstweilige Verfügung bei Doppelvermietung, ZZP 116 (2003), 473.

92. Kindel, Wilhelm, Das Recht an der Sache: Kritische Bemerkungen zum dritten Buche des Entwurfs eines Bürgerlichen Gesetzbuches für das Deutsche Reich, Morgenstern Verlag, Breslau, 1889.

93. Kohler, Jürgen, Das Verfügungsverbot lebt—Stellungnahme zu: Hans Wieling, Jus ad rem durch einstweilige Verfügung? JZ 1982, 839 ff.—, JZ 1983, 586.

94. Kohler, Josef, die Idee des Geistigen Eigentums und ihre Konstruktion, AcP 82 (1894), 141.

95. Kohler, Jürgen, Doppelvermietung - ein Glücksspiel für die Mieter? NZM 2008, 545.

96. Kötz, Hein/Wagner, Gerhard, Deliktsrechts, 9. Aufl., Luchterhand Literaturverlag, Neuwied, 2001.

97. Kramer, Ernst August, in: Münchener Kommentar zum BGB, 5. Aufl., Verlag C. H. Beck, München, 2007, Einleitung zum Schuldrecht, Rn. 18.

98. Krause, Hermann, Der deutschrechtliche Anteil an der heutigen Privatrechtsordnung, JuS 1970, S. 319.

99. Kuhlenbeck, Ludwig, Von den Pandekten zum Bürgerlichen Gesetzbuch, Carl Heymanns Verlag, Berlin, 1898.

100. Kupisch, Berthold, Institutionensystem und Pandektensystem: zur Geschichte des Res-Begriffs, in: the Irish Jurist. XXV-XXVII, 1990-1992., S. 294.

101. Kupisch, Berthold, Zur Wirkungsgeschichte der Institutionen, in: Behrends, Okko/Rolf, Knütel/Berthold, Kupisch et al., Corpus Iuris Civilis. Text und Übersetzung I Institutionen, 1. Aufl., C. F. Müller Verlag, Hüthig, 1990, S. 286.

102. Larenz, Karl, Entwicklungstendenzen der heutigen Zivilrechtsdogmatik, JZ 1962, 109.

103. Larenz, Karl/Wolf, Manfred, Allgemeiner Teil des Bürgerlichen Rechts, 9. Aufl., Verlag C. H. Beck, München, 2004.

104. Lehmann-Richter, Arnold, Räumung des Mieters im Wege der Selbstjustiz - Ein rechtsfolgenfreier Raum?, NZM 2009, 177.

105. Leipold, Dieter, Grundlagen des einstweiligen Rechtsschutzes, Verlag C. H. Beck, München, 1971.

106. Löber, Burckhardt, Grundeigentum in Spanien. Handbuch für Eigentümer, Käufer und Verkäufer. 6. Aufl., Edition für internationale Wirtschaft Verlags- und Kommunikationsgesellschaft, Frankfurt am Main, 2000.

107. Lopau, Eberhard, Der Rechtsschutz des Besitzes, JuS 1980, 501.

108. Luig, Klaus, Die Theorie der Gestaltung eines nationalen Privatrechtssystems aus römisch-deutschen Rechtsstoff., in: Coing, Helmut/Wilhelm, Walter (Hrsg.), Wissenschaft und Kodifikation des Privatrechts in 19. Jahrhundert. I., Verlag Vittorio Klostermann, Frankfurt am Main, 1975, S. 241.

109. Marly, Jochen, in: Soergel, Kommentar zum Bürgerlichen Gesetzbuch: Band 1, 13. Aufl., W. Kohlhammer GmbH, Stuttgart, 2000, Vor § 90 Rz 1.

110. Medicus, Dieter, Allgemeiner Teil des BGB, 8., Aufl., C. F. Müller Verlag, Heidelberg, 2002.

111. Medicus, Dieter, Anspruch und Einrede als Rückgrat einer zivilistischen Lehrmethode, AcP 174 (1974), 313.

112. Medicus, Dieter, Besitzschutz durch Ansprüche auf Schadensersatz, AcP 165 (1965), 136.

113. Medicus, Dieter, Bürgerliches Recht: Eine nach Anspruchsgrundlagen geordnete Darstellung zur Examensvorbereitung. 21. Aufl., Carl Heymanns Verlag, Köln, 2007.

114. Medicus, Dieter, Die Forderung als »sonstiges Recht" nach § 823 Abs. 1 BGB? in: Deutsch, Erwin, Festschrift Steffen, 1995, De Gruyter, Berlin, S. 334.

115. Medicus, Dieter, Schuldrecht II Besonderer Teil, 14. Aufl., Verlag C. H. Beck, München, 2007.

116. Medicus, Dieter, Zur Auslegung eines Raumübereignungsvertrages Abstrakt, EWiR 2000, 1047-1048.

117. Medicus, Dieter/Lorenz, Stephan, Schuldrecht II, Besonderer Teil, 15. Aufl., Verlag C. H. Beck, München, 2010.

118. Meier, Isaak, Grundlagen des einstweiligen Rechtsschutzes, Schulthess Juristische Medien, Zürich, 1983.

119. Meischeider, Emil, Besitz und Besitzschutz, Kessinger Publishing, 1876.

120. Mertens, Hans-Georg, Untersuchungen zur zivilrechtlichen Judikatur des Reichsgerichts vor dem Inkrafttreten des BGB, AcP 174 (1974), 333, 349.

121. Metzger, Ernest, Roman Judges, Case Law, and Principles of Procedure, 22 Law & Hist. Rev. 243, 252.

122. Michaelis, Karl, Voraussetzungen und Auswirkungen der Bestandteilseigenschaft, in: Dietz, Rolf/Hübner, Heinz (Hrsg.), Festschrift für Nipperdey, Verlag C. H. Beck, München, S. 554.

123. Michaels, Ralf, Sachzuordnung durch Kaufvertrag. Traditionsprinzip, Konsensprinzip, ius ad rem in Geschichte, Theorie und geltendem Recht, Duncker & Humboldt, Berlin, 2002.

124. Muirhead, John Spencer, An Outline of Roman Law, 2. Aufl., William Hodge & Company Ltd., London, 1947.

125. Müller, Klaus, Sachenrecht, 4. Aufl., Carl Heymanns Verlag, Köln, 1997.

126. Müssig, Ulrike, Geschichte des Richterrechts und der Präjudizienbindung auf dem europäischen Kontinent, ZNR 28 (2006), 79, 81.

127. Murray, Real Estate Conveyancing in 5 European Union Member States. A Comparative Study, 2007, http://www.cnue-nouvelles.be/en/000/actualites/murray-report-final.pdf.

128. Ohly, Ansgar, Geistiges Eigentum? JZ 2003, 545.

129. Ohly, Ansgar, Generalklausel und Richterrecht, AcP 201 (2001), 2.

130. Örtmann, Paul, Zum Rechtsproblem der Sachgesamtheit. AcP 136 (1932), 91.

131. Otte, Gerhard, Vermietung als Verfügung, in: Jickeli, Joachim/Kreutz, Peter/Reuter, Dieter (Hrsg.), Gedächtnisschrift für Jürgen Sonnenschein, De Gruyter, Berlin, 2002, S. 181.

132. Pahlowl, Louis, Eigentum, in: Schmöckel, Mathias/Stolte, Stefan, Examinatorium Rechtsgeschichte, Verlag Franz Vahlen, München, 2008, S. 71.

133. Palandt, Otto, Bürgerliches Gesetzbuch Kommentar, 67. Aufl., Verlag C. H. Beck, München, 2008.

134. Pawlowski, Hans-Martin, Der Rechtsbesitz im geltenden Sachen und Immaterialgüterrecht, 1961, S. 106

135. Petersen, Jens, Grundfragen zum Recht des Besitzes, JURA 2002, 160.

136. Peukert, Alexander, Güterzuordnung als Rechtsprinzip, Mohr Siebeck Verlag, Tübingen, 2008.

137. Podehl, Jörg, Einstweiliger Rechtsschutz bei Doppelverkaufen. BB 2006, S. 2484.

138. Posner, Richard, Savigny, Holmes, and the Law and Economics of Possession, 86 Va. L. Rev. 535.

139. Puchta, Georg, Pandekten, 12., auf Grund der früheren A. F. Rudorff'schen Bearb. sorgfältig rev. und verm. Aufl., von Th. Schirmer, Johann Ambrosius Barth Verlag, Leipzig, 1877.

140. Raiser, Ludwig, Eigentumsanspruch und Recht zum Besitz, in: Caemmerer, Ernst von (Hrsg.), Festschrift für Martin Wolff, Mohr Siebeck Verlag, Tübingen, 1952, S. 136.

141. Ranieri, Filippo, Die Lehre der abstrakten Übereignung in der deutschen Zivilrechtswissenschaft des 19. Jahrhunderts, in: Coing, Helmut/Wilhelm, Walter (Hrsg.), Wissenschaft und Kodifikation des Privatrechts im 19. Jahrhundert., Verlag Vittorio Klostermann, Frankfurt am Main, 1978.

142. Rebinder, Manfred, Der Rechtsbesitz als Grundlage der Vermutungen des § 10 UhrG. UFITA 2009 1. S. 237.

143. Riggert, Rainer, Neue Anforderungen an Raumsicherungsübereignungen? NZI 2009, 139.

144. Rodríguez-Rosado, Bruno, Abstraktionsprinzip und redlicher Erwerb als Mittel zum Schutze des Rechtsverkehrs, Peter Lang, Frankfurt am Main, 2009.

145. Rückert, Joachim, Idealismus, Jurisprudenz und Politik bei Friedrich Carl von Savigny, Verlag Rolf Gremer, Ebelsbach, 1984.

146. Rückert, Joachim, Savignys Dogmatik im „System", in: Heldrich, Andreas/Canaris, Claus-Wilhelm, Festschrift für Claus-Wilhelm Canaris zum 70. Geburtstag, Verlag C. H. Beck, München, 2007.

147. Rüfner, Thomas, in: Historisch-kritischer Kommentar zum BGB, Mohr Siebeck Verlag, Tübingen, 2003, §§ 90-133, Rn. 7.

148. Rüfner, Thomas, Eigentum und Vermieterstellung, Zur analogen Anwendung von § 566 BGB, in: Lobinger, Thomas/Richardi, Reinhard/Wilhelm, Jan, Festschrift für Eduard Picker zum 70. Geburtstag, Mohr Siebeck Verlag, Tübingen, 2010.

149. Rüthers, Bernd, Methodenrealismus in Jurisprudenz und Justiz, JZ 2006, 53, 60.

150. Säcker, Franz Jürgen, in: Münchener Kommentar zum BGB, 5. Aufl., Verlag C. H. Beck, München, 2006, Rn. 66.

151. Sandrock, Otto, Das Privatrecht am Ausgang des 20 Jahrhunderts--Deutschand-Europa- und die Welt, JZ 1996, 4.

152. Savigny, Friedrich Karl von, System des heutigen römischen Rechts, Band 1, De Gruyter, Berlin, 1840.

153. Schack, Haimo, Güterzuordnung als Rechtsprinzip. (Besprechung) UFITA 2010 II, 515.

154. Scheidacker, Tobias, Wasser abstellen erlaubt? - Eine aktuelle Untersuchung zur

Sperrung von Versorgungsleitungen und anderen Besitzstörungen in der Miete und im Wohnungseigentum, NZM 2005, 281.

155. Schlosser, Hans, Grundzüge der Neueren Privatrechtsgeschichte, 10. Aufl., C. F. Müller Verlag, Heidelberg, 2005.

156. Schmid, Christoph/Lee, Gabriel/Fink, Marcel et al., Zusammenfassung der rechtlichen und ökonomischen Studie zum Dienstleistungsmarkt im Bereich des Grundstücksverkehrs, 2007, http://ec.europa.eu/competition/sectors/professional_services/studies/csm_standalone_de.pdf.

157. Schmidt, Andreas/Büchler, Olaf, in: Hamburger Kommentar zum Insolvenzrecht, ZAP Verlag, Recklinghausen, 2006, § 47, Rn. 2.

158. Schmidt, Karsten, BGH: Übereignung einer Sachgesamtheit - sachenrechtlicher Bestimmtheitsgrundsatz, JuS 2000, 1118.

159. Schmidt, Karsten, Integritätsschutz von Unternehmen nach § 823 BGB-Zum „Recht am eingerichteten und ausgeübten Gewerbebetrieb". JuS 1993, S. 985.

160. Schmitz, Stefan, Regelungen zum Übergang von Besitz, Nutzungen, Lasten etc. in Grundstückskaufverträgen. RNotZ 2001, 365, 373.

161. Scholz, Harald, Versorgungssperre bei vermietetem Sondereigentum, NZM 2008, 387.

162. Schön, Wolfgang, Zur Analogiefähigkeit des § 571 BGB, JZ 2001, 122.

163. Schreiber, Klaus, Sachenrecht, 4. Aufl., Richard Boorberg Verlag, Stuttgart, 2003.

164. Schröder, Jan, Die deutsche Rechtswissenschaft des 19. Jahrhunderts: Theorie und Verbindungen zur Rechtspraxis, ZNR 28 (2006), S. 33 - 47.

165. Schröder, Jan, Recht als Wissenschaft: Geschichte der juristischen Methode vom Humanismus bis zur historischen Schule, Verlag C. H. Beck, München, 2001.

166. Schwab, Karl/Prütting, Hans, Sachenrecht, 30. Aufl., Verlag C. H. Beck, München, 2002.

167. Schwarz, Andreas, Zur Entstehung des modernen Pandektensystems, in: Rechtsgeschichte und Gegenwart, 1960, S. 4.

168. Seeger, Christopher, Die „einseitige Abhängigkeit"-zum Umfang der Beurkundungsbedürftigkeit zusammengesetzter Grundstücksgeschäfte. MittBayNot 2003, 11.

169. Sohm, Rudolf, Der Gegenstand: Ein Grundbegriff des Bürgerlichen Gesetzbuches, Kessinger Publishing, 1905.

170. Sosnitza, Olaf, Besitz und Besitzschutz, Mohr Siebeck Verlag, Tübingen, 2003.

171. Spellenberg, Ulrich, Sicherheit im Grundstücksverkehr, in: Pfister, Bernhard/Will, Michael (Hrsg.), Festschrift für Lorenz (1991), Verlag C. H. Beck, München, S. 780.

172. Spyridakis, Johannes, Zur Problematik der Sachbestandteile, Mohr Siebeck Verlag, Tübingen, 1966.

173. Staake, Marco, Vormerkung und Vermietung, JURA 2006, 562.

174. Stein, Peter, The Development of the Institutional System, in: Gibbon, Edward/Womersley, David (Hrsg.), Studies in Justinian's Institutes in memory of J. A. C. Thomas, Penguin Verlag, London, 1983, S. 156.

175. Steindl, Harald, Idealismus, Jurisprudenz und Politik bei Friedrich Carl von Savigny, NJW 1985, 1613.

176. Stephanblome, Markus, Die Einordnung des subjektiven Urheberrechts in das System der bürgerlichen Rechte. Hamburg 2008. Gesprochen von Rebinger, in UFITA, 2009 I, S. 222.

177. Strack, Astrid, Hintergründe des Abstraktionsprinzips, JURA 2011, 7.

178. Stürner, Rolf, Der hundertste Geburtstag des BGB – nationale Kodifikation im Greisenalter? JZ 1996, 750.

179. Süss, Theodor, Das Traditionsprinzip—Ein Atavismus des Sachenrechts, in: Festschrift für Martin Wolff (1952), S. 141 ff.

180. Thomas, Heinz/Putzo, Hans/Reichold, Klaus et al. Zivilprozessordnung, 26. Aufl., Verlag C. H. Beck, München, 2004.

181. Troller, Alois/Troller, Patrick, Kurzlehrbuch des Immaterialgüterrechts: Patentrecht, Markenrecht, Urheberrecht, Muster- und Modellrecht, Wettbewerbsrecht, Firmenrecht, 3. Aufl., Helbing Lichtenhahn Verlag, Basel, 1989.

182. Tuhr, Andreas von Binding, Der Allgemeine Teil des Deutschen Bürgerlichen Rechts: Erste Band, Verlag von Duncker & Humblot, Leipzig, 1910.

183. Troller, Kamen, Grundzüge des schweizerischen Immaterialgüterrechts, Helbing Lichtenhahn Verlag, Basel, 2001.

184. Tuor, Peter/Schnyder, Bernhard, Das Schweizerische Zivilgesetzbuch, Schulthess Polygraphischer Verlag, Zürich, 1986.

185. Vieweg, Klaus, in: juris Praxiskommentar BGB, 4. Aufl., Juris Saarbrücken, Saarbrücken, 2008, § 93 BGB, Rn 9.

186. Volker, Schad, Die Verleitung zum Vertragsbruch-eine unerlaubte Handlung?, utzverlag GmBH, München, 2010.

187. Wagner, Gerhard, in: Münchener Kommentar zum BGB, 5. Aufl., Verlag C. H. Beck, München, 2009, § 823, Rn. 144.

188. Waldstein/Rainer, Römische Rechtsgeschichte, 10. Aufl., 2005, S. 260 ff. In: Wieacker, Franz, Vom Römischen Recht, 2. Aufl., K. F. Koehler Verlag, Stuttgart, 1961, S. 161 ff.

189. Watson, Alan, The Importance of "Nutshells", 42 Am. J. Comp. L. 1, 4

(1994).

190. Wesener, Gunter, Dingliche und persönliche Sachenrechte—iura in re und iura ad rem. Zur Herkunft und Ausbildung dieser Unterscheidung, in: Jayme, Erik/Laufs, Adolf/Misera, Karlheinz et al., Festschrift für Hubert Niederländer, Universitätsverlag Winter, Heidelberg, 1991, S. 195 ff.

191. Westermann, Harm, in: Münchener Kommentar zum BGB, 5. Aufl., Verlag C. H. Beck, München, 2008, § 433, Rn. 10.

192. Westermann, Harm, BGB-Sachenrecht, 11. Aufl., C. F. Müller Verlag, Heidelberg, 2005, S. 11.

193. Westermann, Harm, Sachenrecht, 7. Aufl., C. F. Müller Verlag, Heidelberg, 1998.

194. Wicke, Hartmut, Umwandlung wesentlicher Bestandteile in Scheinbestandteile—Anmerkungen zum Urt. des BGH v. 2. 12. 2005-V ZR 35/05, DNotZ 2006, 253.

195. Wieacker, Franz, Griechische Wurzeln des Institutionensystems, SZ (Roem. Abt.) 70 (1953), 125.

196. Wieacker, Franz, Pandektenwissenschaft und Industrielle Revolution, in: Juristen Jahrbuch 9. Bd., 1969, S. 12.

197. Wieacker, Franz, Sachbegriff, Sacheinheit und Sachzuordnung, AcP 148 (1943), 57.

198. Wieacker, Franz, Über das klassische in der römischen Jurisprudenz. In: Wieacker, Franz, Vom Römischen Recht. Zehn Versuch. 2. Aufl., K. F. Koehler Verlag, Stuttgart, 1961, S. 161.

199. Wieacker, Franz, Zur Ideologie der römischen Juristen: vom Gebrauch aktueller Erklärungsmodelle in der heutigen Romanistik, in: Jakobs, Horst Heinrich, Festschrift für Werner Flume zum 70. Geburtstag, Verlag Dr. Otto Schmidt, Köln, 1978, S. 233-254.

200. Wiegand, Wolfgang, Die Entwicklung des Sachenrecht im Verhältnis zum Schuldrecht, AcP 190 (1990), 114.

201. Wiegand, Wolfgang, Numerus clausus der dinglichen Rechte. Zur Entstehung und Bedeutung eine zentralen zivilrechtlichen Dogmas, in: Köbler, Gerhard, Festschrift Kröschell, Peter Lang Verlag, Frankfurt am Main, 1987, S. 633.

202. Wieling, Hans, Grund und Umfang des Besitzschutzes, in: Harder, Manfred, De iustitia et iure, Festschrift für Ulrich von Lübtow zum 80. Geburtstag, Duncker & Humboldt, Berlin, 1981, S. 573.

203. Wieling, Hans, Jus ad Rem durch einstweilige Verfügung? JZ 1982, 840.

204. Wieling, Hans, Sachenrecht, 5. Aufl., Springer, Berlin, 2007.

205. Wieling, Hans, Sachenrecht, Band 1, Sachen, Besitz und Rechte an beweglichen Sachen, 2. Aufl., Springer, Berlin, 2006.

206. Wilhelm, Jan, Sachenrecht, 2. Aufl., De Gruyter, Berlin, 2002.

207. Wilhelm, Walter, Begriff und Theorie der Verfügung, in: Coing, Helmut, Wissenschaft und Kodifikation des Privatrechts in 19. Jahrhundert - Band 2: Die rechtliche Verselbständigung der Austauschverhältnisse vor dem Hintergrund der wirtschaftlichen Entwicklung und Doktrin, Verlag Vittorio Klostermann, Frankfurt am Main, 1977, S. 220.

208. Windscheid, Bernhard, Lehrbuch des Pandektenrechts, 6. Aufl., Band 1, Scientia Verlag, Frankfurt am Main, 1887.

209. Wolff, Martin/Raiser, Ludwig, Sachenrecht, Mohr Siebeck Verlag, Tübingen, 1957.

210. Zajtay, Imre, Begriff, System und Präjudiz in den kontinentalen Rechten und im Common Law, AcP 165 (1965), 109.

211. Zeising, Jörg, Petitorische Durchbrechung possessorischen Besitzschutzes, JURA 2010, 251.

212. Zimmermann, Reinhard, Das Bürgerliche Gesetzbuch und die Entwicklung des Bürgerlichen Rechts, in: Historisch-kritischer Kommentar zum BGB, Mohr Siebeck Verlag, Tübingen, 2003, S. 18-19.

后　　记

　　本书是在笔者博士论文的基础上经修改、增删和再体系化而成的。这本书的时间跨越较大。从去德国留学到现在,十年的时间已过。回想起来,从构思到落笔,从查找资料到写作,从成文到增补,都是艰辛的求索过程。所幸点滴积累汇聚成这本书,算是个小小的成果。

　　本书宏大的题目可能显得不够谦虚。物法体系这个词汇已经很大,其历史形成和发展,更是不可能完成的学术任务。所幸本书的展开既不以时间为顺序,也不以史料的整理为皈依。本书的书名,可能只是作者一时的灵光闪现,想想把"历史"二字去掉或许也未尝不可。"历史"这两个字可能是笔者着眼于德国民法典的学术背景,即历史法学派及罗马法的影响而自动带入的。书名没有改动,也在于出版资助的申请书中用的就是这个题目,想改并不合适。不过,本书也的确涉及较多不同时期的学说以及司法裁判观点。例如,对盖尤斯体系的解读及潘德克吞体系的形成,涉及德国不同时期学者的观点梳理、解读和评价,对于德国物法的具体制度内容及其发展,也涉及不同时期的文献资料。

　　当然,德国物法的学术资料并不是笔者可以穷尽的,而笔者的德语阅读水平也是局限。在德国私法文献的海洋中,我也许可以将自己比喻为海边拾贝壳的孩子,偶然捡拾到美丽的贝壳就如获至宝。本书中的德文资料的时间跨度还是较大的,而笔者所检索的德语文献也规模庞大。本书所引用的文献都是笔者查找、筛选、阅读后而使用的。查找文献是个苦差事。每每头脑中闪现出需要解决的问题,就要去查找资料,不敢任意发挥。笔者所提出的观点,也是基于文献的支撑而思考或生发的。有时候,花好长时间也找不到一篇合适的文献,而锁定文献后还需要花时间消化阅读。记得 Okko Behrends 教授的一篇文章,笔者读了一个月的时间。后来,笔者曾几次想给教授写封邮件,但未能付诸实践,成为遗憾。当然,笔者对罗马法上用益物权的研究并未取得更多的成果,也许这个缺憾后面可以补上。在德国时,查找资料还不那么难。回国后,找资料就不那么方便。这也是导致本书迟迟不能完成的原因之一。

本书从内容上而言,并不是对德国物法相关的学说理论、裁判观点的单纯铺陈,笔者试图以逻辑的方式呈现德国物法的体系构成,并以德国学说争议和裁判观点为基础,探讨物法体系的发展。对于物的概念、物的成分、占有、不动产登记、物权行为、善意第一买受人地位、相对性的物权、无体物等基本民法概念和制度,笔者试图提供自己的视角和观点。应当说,笔者内心是极为尊重并敬仰德语法学文化的,基于这种尊重和敬仰,笔者以教义学细节和宏观体系并重,试图展现德国物法学说体系的历史和现实,并且也试图提出物法体系和制度的理想图景。德语法学的历史性和传承性,以及身在此山中的感觉,是笔者敢于提出一种"不同的"物法体系的支撑。笔者肯定是不能很好地完成给自己设定的目标的,特别是书稿的内容还缺少一些版块,甚至有些内容可能还存在纰漏。但是,任何事情都有它的时空限制。一千个人眼中有一千个哈姆雷特,每个人对同一对象的理解可能是不同的。本书所提出的开放物法体系及其内部制度构成的体系关联性、融贯性的细节,或许知音少。如果本书对物法的研究能带来一点点启发甚或成为批判的起点,也是有益的。

后记可以写的内容很多,但不能缺少的是致谢。首先要感谢本人的导师江平先生,老人家为我出国留学联系了美国哈佛大学的爱德华教授,给我引荐了来法大讲学的德国科隆大学法学院 Horn 教授,并通过米健教授联系了德国多所大学的教授。江老师和师母对我平时也是关爱有加。与江老师交往的细节我都铭记。在江老师 90 岁寿辰时,我曾写了篇很长的稿子,追忆师生交往的点滴往事。我记得,在闲谈中他曾说我的思维比较活跃、自由,这一点和他年轻时比较像。他得知我和爱人生了个女儿后,说我有了三口之家,并露出了欣慰的笑容。我看他略作迟疑,仿佛在想象我和家人在一起的场景。江老师在学术和生活上对我有很多指导和鼓励,对我的博士论文选题给了很多的关注和极大的宽容。他也曾问我,怎么理解构建中国自主的法学知识体系的问题?我略作思索,提出了自己的看法。

还要感谢德国弗莱堡大学的施蒂尔纳教授,他接收我在他的研究所做了 25 个月的学习和研究,并在我回国时向我发出继续研究的邀请,后来还为我求职写了推荐信。我仍记得施蒂尔纳教授来北京时我与他相聚的短暂时光,也记得他在我回国前邀请我在弗莱堡大教堂下面的餐厅吃饭的友谊。我在弗莱堡大学法学院的图书馆收获颇丰,图书馆馆长 Paschek 先生还曾开放馆藏旧书仓库,让我挑选想要的德文法学书籍带回国。感谢图宾根大学的 Schröder 教授,感谢弗莱堡大学 Kaiser 教授,感谢科隆大学 Prütting 教授。感谢德国留学期间给我帮助的 Andreas、Picker、Matern、Müller 等一众德国友人。留学德国的点滴往事仍记忆犹新。坦率而言，那是一段"苦难的"征程，是每个坚守的白天和无眠的夜晚。当然也有很多"乐趣"吧。除了弗莱堡的美景，还有很多人生经历。记得有一个晚上，我从弗莱堡市图书馆完成写作后出来，发现错过了最后一班地铁。正赶上天降大雪，在昏暗路灯的映衬下，四周白茫茫的一片。我决定就从图书馆走路回到 Molzhofziedlung 的住处。那是一段很长的路，需要走几个小时。当时鹅毛大雪越下越大，我独自一人踏雪而行，默默地走路，只听到咯吱咯吱的脚步声。

感谢法大的李永军教授，他对本书稿的选题提出了积极的建议，当然也增加了难度。感谢张俊浩教授。感谢清华大学法学院的申卫星、王洪亮、徐雨衡等老师。感谢北京社科院许传玺、马一德老师。感谢中国社科院梁慧星、孙宪忠、张广兴等老师。感谢黑龙江大学董惠江老师。感谢北京大学钱明星老师。感谢米健、赵旭东、王卫国、赵威、龙卫球、程合红、辛崇阳、王涌、张彤、费安玲、刘智慧、刘家安、舒国滢、方流芳、田士永、朱庆育、王军、高圣平等老师。他们给我的学术发展提供了帮助，与他们交往的细节我都历历在目，所获得的启发和恩情我也铭记于心。感谢黄国珍、邓江源、张世鹏、张雄庆、丁计魁、孙兆晖、沈建峰、陈夏红、袁治杰、蒯化平、闫荣涛、胡雅妮、毕经纬、龙云丽、冯珏、张传奇、柯伟才、傅梅英、刘锐、任自力、聂卫锋、唐潇潇、周召、陈贻健、任彦、甄增水、赵天睿、刘建、陈文炯、何薇、祁甘露、雷小政、马丁、杨芳、张红、聂卫峰、朱虎、水淼、尤小龙、秦全胜、王洁、陶品竹、张鑫、刘志强、谷升、杨旭、刘云、陈静、陈耀权、景俊美、胡春秀、李军、孙参政、田志钢、张婷婷、鞠燕、王雷、马国瑞、刘思思、葛平亮、郭志京、秦静、唐勇、王如华、萧宝兴、邢昀、彭晔、程世刚、喻存根、李沅格等诸多的同门、师友，在此无法一一列举。希望本书的出版能够作为向他们致谢、致敬的表达。当然，文责自负。

感谢国家留学基金对我出国留学期间的资助。感谢北京社科理论著作出版基金以及国家社科基金对本书出版的资助。感谢诸位匿名评审专家，专家的意见、建议使得本书的结构和体系更加完善。感谢北京大学出版社蒋浩先生以及李倩、孙嘉阳、钱玥等编辑老师。感谢吴诗雨、李嘉俊两位女士。本书能够出版，得益于他们的惠助。感谢我的母校和无法历数的同学。我在法大学习生活了12年的时间，那里有我青春年少的梦想和青涩时光的记忆。感谢我所供职的北京市社会科学院及不同时期的院领导，为我提供了学术平台。

感谢我的家人。我的母亲、父亲、妹妹，我的爱人和我的女儿！我能拥有一个美好的家庭，这是我生命的依托和欢喜的源泉。我希望我能给家人带来幸福、美满的人生。

感谢生命中所有的相遇和风雨。生活中不总是阳光明媚，但我们依然能够遵从自己的内心。所以，愿我们总能拥有美好、乐观、释然的心情。

王伟伟

2020 年 11 月 19 日

初拟于北京昌平